Schriftenreihe der
Neuen Juristischen Wochenschrift

Im Einvernehmen mit den Herausgebern der NJW
herausgegeben von
Rechtsanwalt Prof. Dr. Konrad Redeker
Rechtsanwalt Felix Busse

Heft 40

D1725742

Beamtenrecht in der Praxis

von

Prof. Dr. Helmut Schnellenbach

Präsident des Verwaltungsgerichts
Gelsenkirchen

4., überarbeitete und erweiterte Auflage

C.H.BECK'SCHE VERLAGSBUCHHANDLUNG
MÜNCHEN 1998

Zitierweise: Schnellenbach, NJW-Schriften 40, 4. A.

CIP-Kurztitelaufnahme der Deutschen Bibliothek

Schnellenbach, Helmut:
Beamtenrecht in der Praxis / von Helmut Schnellenbach.
– 4., überarb. und erw. Aufl. – München : Beck, 1998
(Schriftenreihe der Neuen juristischen Wochenschrift ;
H. 40)
ISBN 3 406 44002 9

ISBN 3 406 44002 9

Druck der C. H. Beck'schen Buchdruckerei, Nördlingen
Gedruckt auf säurefreiem, alterungsbeständigem Papier
(hergestellt aus chlorfrei gebleichtem Zellstoff

Vorwort zur 4. Auflage

Die hiermit vorgelegte 4. Auflage meines Buches bezweckt zunächst, wesentliche Neuregelungen des Beamtenrechts aufzuzeigen und zu erläutern. In erster Linie ist das Gesetz zur Reform des öffentlichen Dienstrechts vom 24. Februar 1997 (BGBl. I 322) zu nennen. Es soll vornehmlich dem Leistungsgedanken im Beamtenrecht stärkere Geltung verschaffen, Mobilität und Flexibilität der Beamten erhöhen und Personalauswahl und -einsatz optimieren. Daneben ist das Dreizehnte Gesetz zur Änderung dienstrechtlicher Vorschriften (Zweites Nebentätigkeitsbegrenzungsgesetz) vom 9. September 1997 (BGBl. I 2294) zu erwähnen.

Außerdem war es mein selbstverständliches Anliegen, nicht nur die seit der letzten Auflage angefallene Rechtsprechung und Literatur einzuarbeiten, sondern meine bisherigen Darlegungen auch unabhängig hiervon zu überdenken und zu ergänzen.

Zwei Teile sind hinzugekommen. Sie tragen die Überschriften „Schadensersatzhaftung des Beamten" sowie „Leistungsstufen, -prämien und -zulagen". Damit wollte ich zum einen eine Lücke in der bisherigen Themenauswahl schließen und zum anderen die neuen leistungsbezogenen Besoldungsinstrumente vorstellen und – soweit schon angängig – kommentieren.

Die Konzeption des Buches, möglichst Teilbereiche des Beamtenrechts zu erfassen, die für Beamte und ihre Anwälte, für Verwaltungen und für Verwaltungsgerichte typischerweise besonders bedeutsam sind, hat sich allem Anschein nach bewährt. Nach wie vor lege ich Wert darauf, daß meine Ausführungen nicht als Versuche umfassender, systematischer Darstellungen mißverstanden werden.

Bei der Bezugnahme auf gesetzliche und untergesetzliche Vorschriften habe ich regelmäßig nur das Bundesrecht herangezogen. Diese Beschränkung war in Anbetracht der Fülle des Stoffes einerseits und der vorgegebenen quantitativen Grenzen andererseits unvermeidlich. Anhang A enthält eine Synopse, aus der sich die dem Bundesbeamtengesetz und dem Beamtenrechtsrahmengesetz korrespondierenden Bestimmungen der Landesbeamtengesetze numerisch ablesen lassen. Anhang B ergänzt den 11. Teil, Anhang C den 12. Teil.

Das Manuskript ist Ende Dezember 1997 abgeschlossen worden.

Gelsenkirchen, im Januar 1998   Helmut Schnellenbach

Inhaltsübersicht

Inhaltsverzeichnis

XVIII   *Inhaltsverzeichnis*

Abkürzungsverzeichnis

a. A .... anderer Ansicht
a. a. O .... am angegebenen Ort
Abl .... Amtsblatt
abw .... abweichend
Achterberg/Püttner,
BesVR .... Achterberg/Püttner (Herausgeber), Besonderes Ver-
                    waltungsrecht, Bd. 1, Heidelberg 1990
a. E .... am Ende
a. F .... alter Fassung
AllgVV .... Allgemeine Verwaltungsvorschrift
Anm .... Anmerkung
AnwSZV .... Anwärtersonderzuschlags-Verordnung i. d. F. v.
                    11. 6. 1990, BGBl. I 1033
AöR .... Archiv des öffentlichen Rechts
AO .... Abgabenordung v. 16. 3. 1976, BGBl. I 613
AP .... Arbeitsrechtliche Praxis
ArbplSchG .... Arbeitsplatzschutzgesetz i. d. F. v. 14. 4. 1980,
                    BGBl. I 425
ArchPF .... Archiv für das Post- und Fernmeldewesen
AS .... Amtliche Sammlung der Entscheidungen der Ober-
                    verwaltungsgerichte Rheinland-Pfalz und Saarland

BAG .... Bundesarbeitsgericht
BAGE .... Entscheidungen des Bundesarbeitsgerichts
Battis, BBG .... Battis, Bundesbeamtengesetz mit Erläuterungen,
                    2. Aufl., München 1997
Baumbach/Lauterbach/
Albers/Hartmann,
ZPO .... Baumbach/Lauterbach/Albers/Hartmann, Zivilpro-
                    zeßordnung, 55. Aufl., München 1997
BayAGBGB .... Bayerisches Ausführungsgesetz zum BGB v. 20. 9.
                    1982, GVBl. 803
BayBesG .... Bayerisches Besoldungsgesetz i. d. F. v. 13. 8. 1982,
                    GVBl. 517
BayBG .... Bayerisches Beamtengesetz i. d. F. v. 11. 5. 1987,
                    GVBl. 150
BayBZ .... Bayerische Beamtenzeitung

BayDO	Bayerische Diziplinarordnung i. d. F. v. 15. 3. 1985, GVBl. 31
BayLbV	Verordnung über die Laufbahnen der bayerischen Beamten v. 4. 3. 1996, GVBl. 99
BayObLG	Bayerisches Oberstes Landgericht
BayPOG	Bayerisches Polizeiorganisationsgesetz v. 10. 8. 1976, GVBl. 303
BayVBl	Bayerische Verwaltungsblätter
BayVerfGH	Bayerischer Verfassungsgerichtshof
BayVGH	Bayerischer Verwaltungsgerichtshof
BayVGH n. F	Sammlung von Entscheidungen des Bayerischen Verwaltungsgerichtshofs (neue Folge)
BB	Der Betriebsberater (Zeitschrift)
BBG	Bundesbeamtengesetz i. d. F. v. 27. 2. 1985, BGBl. I 479
BBesG	Bundesbesoldungsgesetz i. d. F. v. 16. 5. 1997, BGBl. I 1065
BBesGVwV 12	Allgemeine Verwaltungsvorschrift zu § 12 BBesG (s. Anlage C)
BbgLBG	Beamtengesetz für das Land Brandenburg v. 24. 12. 1992, GVBl. 506
BBiG	Berufsbildungsgesetz v. 14. 8. 1969, BGBl. I 1112
BDH	Bundesdisziplinarhof
BDHE	Entscheidungssammlung des Bundesdisziplinarhofes
BDO	Bundesdisziplinarordnung v. 20. 7. 1967, BGBl. I 751
BDSG	Bundesdatenschutzgesetz v. 20. 12. 1990, BGBl. I 2954
BDisG	Bundesdisziplinargericht
BeamtVG	Beamtenversorgungsgesetz i. d. F. v. 16. 12. 1994, BGBl. I 3858
BehindertenR	Behindertenrecht (Zeitschrift)
BeLBG	Berliner Landesbeamtengesetz i. d. F. v. 20. 2. 1979, GVBl. 368
BeLfbG	Berliner Gesetz über die Laufbahnen der Beamten i. d. F. v. 9. 4. 1996, GVBl. 152
BeOVGE	Entscheidungssammlung des Oberverwaltungsgerichts Berlin
BErzUrlV	Bundeserziehungsurlaubsverordnung i. d. F. v. 25. 4. 1997, BGBl. I 983
Betr	Der Betrieb (Zeitschrift)
BGB	Bürgerliches Gesetzbuch
BGBl	Bundesgesetzblatt

BVerwG .... Bundesverwaltungsgericht
BVerwGE .... Entscheidungen des Bundesverwaltungsgerichts
BW DiszH .... Baden-Württembergischer Disziplinarhof
BW LBG .... Baden-Württembergisches Landesbeamtengesetz
i. d. F. v. 19. 3. 1996, GBl. 285
BWV .... Bundeswehrverwaltung (Zeitschrift)
BW VGH .... Baden-Württembergischer Verwaltungsgerichtshof
BZRG .... Bundeszentralregistergesetz i. d. F. v. 21. 9. 1984, BGBl. I 1229

Clemens/Millack,
BBesG .... Clemens/Millack/Engelking/Lantermann/Henkel, Besoldungsrecht des Bundes und der Länder, Kommentar, Stuttgart Std. April 1997

DBG .... Deutsches Beamtengesetz
DDB .... Der Deutsche Beamte (Zeitschrift)
Dok. Ber. B .... Dokumentarische Berichte aus dem Bundesverwaltungsgericht, Ausgabe B
DÖD .... Der Öffentliche Dienst (Zeitschrift)
DÖV .... Die Öffentliche Verwaltung (Zeitschrift)
DRiG .... Deutsches Richtergesetz i. d. F. v. 19. 4. 1972, BGBl. I 713
DRiZ .... Deutsche Richterzeitung
DV .... Durchführungsverordnung
DVBl .... Deutsches Verwaltungsblatt

EGMR .... Europäischer Gerichtshof für Menschenrechte
EG-Vertrag .... Vertrag über die Europäische Gemeinschaft i. d. F. v. 7. 2. 1992, ABl. EG Nr. C 191 v. 19. 7. 1992, S. 1 ff.
EhfG .... Entwicklungshelfer-Gesetz v. 18. 6. 1969, BGBl. I 549
Einigungsvertrag .... Vertrag zwischen der Bundesrepublik Deutschland und der Deutschen Demokratischen Republik über die Herstellung der Einheit Deutschlands v. 31. 8. 1990, BGBl. I 889
EMRK .... Europäische Menschenrechtskonvention v. 4. 11. 1950, BGBl. 1952 II 686
Erichsen/Martens,
AllgVR .... Erichsen/Martens (Herausgeber), Allgemeines Verwaltungsrecht, 10. Aufl., Berlin-New York 1995
EStG .... Einkommensteuergesetz i. d. F. v. 16. 4. 1997, BGBl. I 821

ESVGH .... Entscheidungssammlung des Hessischen und des Baden-Württembergischen Verwaltungsgerichtshofes

EuGH .... Europäischer Gerichtshof

EWG-Vertrag .... Vertrag zur Gründung der Europäischen Wirtschaftsgemeinschaft v. 25. 3. 1957, BGBl. II 766

Eyermann,
VwGO .... Eyermann, Verwaltungsgerichtsordnung, 10. Aufl., München 1998

FFG .... Frauenfördergesetz v. 24. 6. 1994, BGBl. I 1406

Finkelnburg/Jank,
Vorläufiger Rechts-
schutz .... Finkelnburg/Jank, Vorläufiger Rechtsschutz im Verwaltungsstreitverfahren, 3. Aufl., München 1986

FinM .... Finanzminister (Finanzministerium)

FinVerwG .... Gesetz über die Finanzverwaltung i. d. F. v. 30. 8. 1971, BGBl. I 1426

GBl .... Gesetzblatt

GemRdErl .... Gemeinsamer Runderlaß

GeschOBReg .... Geschäftsordnung der Bundesregierung v. 11. 5. 1951, GMBl. S. 137

GG .... Grundgesetz für die Bundesrepublik Deutschland

GKÖD I .... Fürst/Bauschke/Mühl/Strötz/Summer/Wilhelm/Zängl, Beamtenrecht des Bundes und der Länder, Bd. I des Gesamtkommentars Öffentliches Dienstrecht, Berlin 1973 ff., Std. Dezember 1997

GKÖD III .... Schinkel/Seifert, Besoldungsrecht des Bundes und der Länder, Bd. III des Gesamtkommentars Öffentliches Dienstrecht, Berlin 1973 ff., Std. Oktober 1997

GMBl .... Gemeinsames Ministerialblatt der Bundesministerien

Grabitz/Hilf, EGV/
EWGV .... Grabitz/Hilf, Kommentar zur Europäischen Union, München Stand: Juli 1997

Grundrechte .... Bettermann/Neumann/Nipperdey/Scheuner, Die Grundrechte, Berlin 1954 ff.

GVBl, GVOBl .... Gesetz- und Verordnungsblatt

HBG .... Hessisches Beamtengesetz i. d. F. v. 11. 1. 1989, GVBl. I 26

HeilvfV .... Heilverfahrensverordnung v. 25. 4. 1979, BGBl. I 502

Hesse, Verfassungs-
recht .... Hesse, Grundzüge des Verfassungsrechts der Bundesrepublik Deutschland, 20. Aufl., Heidelberg 1995
HessVGRspr .... Rechtsprechung der Hessischen Verwaltungsgerichte
Hildebrandt/Demmler/
Bachmann, NW LBG . Hildebrandt/Demmler/Bachmann, Beamtengesetz für das Land Nordrhein-Westfalen, Kommentar, Neuwied 1963 ff.
HmbBG .... Hamburgisches Beamtengesetz i. d. F. v. 29. 11. 1977, GVBl. 367
HmbJVBl .... Hamburgisches Justizverwaltungsblatt
HmbLVO .... Hamburgische Laufbahnverordnung v. 28. 11. 1978, GVBl. 391
HmbOVG .... Hamburgisches Oberverwaltungsgericht
HRG .... Hochschulrahmengesetz i. d. F. v. 9. 4. 1987, BGBl. I 1170
HStruktG .... (Erstes) Haushaltsstrukturgesetz v. 18. 12. 1975, BGBl. I 3091
HVGH .... Hessischer Verwaltungsgerichtshof

i. d. F. .... in der Fassung
IM .... Innenminister (Innenministerium)
IÖD .... Informationsdienst Öffentlicher Dienst
Isensee/Kirchhof, HdB
d. StR .... Isensee/Kirchhof (Herausgeber), Handbuch des Staatsrechts, Heidelberg 1987 ff.
iVm .... in Verbindung mit

JArbSchG .... Jugendarbeitsschutzgesetz v. 12. 4. 1976, BGBl. I 965
JMBl NW .... Justizministerialblatt Nordrhein-Westfalen
JuS .... Juristische Schulung (Zeitschrift)
JW .... Juristische Wochenschrift
JZ .... Juristenzeitung

Kathke, Personalakten-
recht .... Kathke, Personalaktenrecht, Heidelberg 1994
Keymer/Kolbe/Braun,
Nebentätigkeits-
recht .... Keymer/Kolbe/Braun, Das Nebentätigkeitsrecht des Bundes und der Länder, Kommentar, München-Münster 1987 ff.

NW DiszS .... Disziplinarsenat für das Land Nordrhein-Westfalen
NW HNtV .... Hochschulnebentätigkeitsverordnung Nordrhein-
                          Westfalen v. 11. 12. 1981, GVBl. 726
NW KrO .... Kreisordnung für das Land Nordrhein-Westfalen
                          i. d. F. v. 14. 7. 1994, GVBl. 646
NW LBG .... Beamtengesetz für das Land Nordrhein-Westfalen
                          i. d. F. v. 1. 5. 1981, GVBl. 234
NW NtV .... Nebentätigkeitsverordnung Nordrhein-Westfalen
                          i. d. F. v. 21. 9. 1982, GVBl. 605
NW OVG .... Oberverwaltungsgericht für das Land Nordrhein-
                          Westfalen
NWVBl .... Nordrhein-Westfälische Verwaltungsblätter
NZA .... Neue Zeitschrift für Arbeitsrecht
NZWehrR .... Neue Zeitschrift für Wehrrecht

OLG .... Oberlandesgericht
OVG .... Oberverwaltungsgericht
OVGE .... Entscheidungen der Oberverwaltungsgerichte für
                          das Land Nordrhein-Westfalen sowie für die Län-
                          der Niedersachsen und Schleswig-Holstein

Palandt, BGB .... Palandt, Bürgerliches Gesetzbuch, 57. Aufl., Mün-
                          chen 1998
PersV .... Die Personalvertretung (Zeitschrift)
PflVG .... Pflichtversicherungsgesetz v. 7. 11. 1939, RGBl. I
                          2223 i. d. F. des Gesetzes v. 5. 4. 1965, BGBl. I
                          213
Plog/Wiedow/Beck/
Lemhöfer, BBG .... Plog/Wiedow/Beck/Lemhöfer, Kommentar zum
                          Bundesbeamtengesetz (mit Beamtenversorgungsge-
                          setz) 2. Aufl., Neuwied 1965 ff., Std. Oktober 1997
RBB .... Reichsbesoldungsblatt
RDiszH .... Reichsdisziplinarhof
RdNr .... Randnummer
RdSchr .... Rundschreiben
Redeker/von Oertzen,
VwGO .... Redeker/von Oertzen, Verwaltungsgerichtsord-
                          nung, 12. Aufl., Stuttgart-Berlin-Köln-Mainz 1997
RG .... Reichsgericht
RGBl .... Reichsgesetzblatt
RGZ .... Entscheidungen des Reichsgerichts in Zivilsachen
RiA .... Recht im Amt (Zeitschrift)
RP LBG .... Landesbeamtengesetz Rheinland-Pfalz i. d. F. v.
                          14. 7. 1970, GVBl. 242

RP LfbVO .... Landesverordnung über die Laufbahnen der Beamten des Landes Rheinland-Pfalz v. 26. 6. 1971, GVBl. 143

RP OVG .... Oberverwaltungsgericht Rheinland-Pfalz

RP VerfGH .... Verfassungsgerichtshof Rheinland-Pfalz

RVO .... Reichsversicherungsordnung

SächsBG .... Beamtengesetz für den Freistaat Sachsen v. 16. 6. 1994, GVBl. 1153

SBG .... Saarländisches Beamtengesetz i. d. F. v. 27. 12. 1996, ABl. 301

Scheerbarth/Höffken/
Bauschke/Schmidt, BR Scheerbarth/Höffken/Bauschke/Schmidt, Beamtenrecht, 6. Aufl., Siegburg 1992

Schmidt-Aßmann,
BesVR .... Schmidt-Aßmann (Herausgeber), Besonderes Verwaltungsrecht, 10. Aufl., Berlin-New York 1995

Schnellenbach, Dienstliche Beurteilung .... Schnellenbach, Die dienstliche Beurteilung der Beamten und der Richter, 2. Aufl., Heidelberg 1995

Schoch/Schmidt-
Aßmann/Pietzner,
VwGO .... Schoch/Schmidt-Aßmann/Pietzner, Verwaltungsgerichtsordnung, Kommentar, München Std. Mai 1997

Schröder/Lemhöfer/
Krafft/Laufbahnrecht . Schröder/Lemhöfer/Krafft, Das Laufbahnrecht der Bundesbeamten, München 1997

Schütz, BR .... Schütz, Beamtenrecht des Bundes und der Länder, Kommentar, 5. Aufl., Heidelberg 1973 ff., Std. Dezember 1997

SchwBG .... Schwerbehindertengesetz i. d. F. v. 29. 4. 1974, BGBl. I 1005

Schwegmann/Summer,
BBesG .... Schwegmann/Summer, Kommentar zum Bundesbesoldungsgesetz, München 1975 ff., Std. Dezember 1997

SG .... Soldatengesetz i. d. F. v. 15. 12. 1995, BGBl. I 1737

SGB VII .... Sozialgesetzbuch – Gesetzliche Unfallversicherung – v. 7. 8. 1996, BGBl. I 1254

SGB X .... Sozialgesetzbuch – Verwaltungsverfahren – v. 18. 8. 1980, BGBl. I 1469

SH LBG .... Beamtengesetz für das Land Schleswig-Holstein i. d. F. v. 20. 12. 1996, GVOBl. 1

VVDStRL .... Veröffentlichungen der Vereinigung der deutschen Staatsrechtslehrer

VVG.......................... Versicherungsvertragsgesetz v. 30. 5. 1908, RGBl. 263

VwGO .... Verwaltungsgerichtsordnung v. 21. 1. 1960, BGBl. I 17

VwVfG .... Verwaltungsverfahrensgesetz v. 25. 5. 1976, BGBl. I 1253

VwVzBeamtVG 31   Allgemeine Verwaltungsvorschrift zu § 31 BeamtVG (s. Anhang B)

Weiß/Niedermaier/
Summer/Zängl,
BayBG .... Weiß/Niedermaier/Summer/Zängl, Bayerisches Beamtengesetz, Kommentar, München 1966 ff.

Werturteilsstreit .... Albert und Topitsch (Herausgeber), Werturteilsstreit, Darmstadt 1971

Wiese, BR .... Wiese, Beamtenrecht, 3. Aufl., Köln-Berlin-Bonn-München 1988

WissR .... Wissenschaftsrecht, Wissenschaftsverwaltung, Wissenschaftsförderung (Zeitschrift)

Wolff/Bachof/Stober,
VwR I, II .... Wolff/Bachof/Stober, Verwaltungsrecht, Bd. I, 10. Aufl., München 1994; Bd. II, 5. Aufl., München 1987

WRV .... Weimarer Reichsverfassung

z. A. .... zur Anstellung

ZBR .... Zeitschrift für Beamtenrecht

ZPO .... Zivilprozeßordnung

ZRP .... Zeitschrift für Rechtspolitik

ZTR .... Zeitschrift für Tarifrecht

1. Teil. Einstellung, Anstellung, Beförderung

Die BLV (§ 3, § 10 Abs. 1, § 12 Abs. 1 Satz 1) definiert die in der Über- **1** schrift aufgeführten Begriffe als Unterbegriffe der *Ernennung.* Sie geht dabei von § 6 Abs. 1 BBG (§ 5 Abs. 1 BRRG) aus. Danach bedarf es einer Ernennung vornehmlich
– zur Begründung eines Beamtenverhältnisses (Nr. 1 a. a. O.),
– zur ersten Verleihung eines Amtes (Nr. 3 a. a. O.) und
– zur Verleihung eines anderen Amtes mit anderem Endgrundgehalt und anderer Amtsbezeichnung (Nr. 4 a. a. O.).
Im zunächst genannten Fall ist die Einstellung (§ 3 BLV), im folgenden die Anstellung (§ 10 Abs. 1 BLV) angesprochen; ist im letzten Fall das andere Endgrundgehalt höher als dasjenige des früheren Amtes, so handelt es sich um eine Beförderung (§ 12 Abs. 1 Satz 1 BLV).

I. Vorbemerkungen zur Ernennung

Die Ernennung ist ein rechtsgestaltender, bedingungsfeindlicher *Verwal-* **2** *tungsakt* (§ 35 Satz 1 VwVfG),[1] dessen Wirksamkeit von der Einwilligung des zu Ernennenden[2] und der Aushändigung einer Ernennungsurkunde[3] mit bestimmtem Mindestinhalt (§ 6 Abs. 2 Satz 2 BBG; § 5 Abs. 2 Satz 2 BRRG)[4] abhängt.[5] Spätestens in der vorbehaltlosen Entgegennahme der Ernennungsurkunde ist eine schlüssige Einwilligungserklärung zu erblicken.[6] Für eine andere Auslegung bleibt nur Raum, wenn der Adressat den Ur-

---

[1] BVerwGE 34, 168; BVerwG, ZBR 78, 333.
[2] Bei Minderjährigkeit des zu Ernennenden sind die §§ 107 und 113 BGB analog anwendbar; vgl. BVerwGE 34, 168 sowie BVerwG, RiA 69, 219 und ZBR 96, 258.
[3] Die Originalurkunde muß dem zu Ernennenden von Hand zu Hand übergeben, durch eigenhändig zuzustellenden eingeschriebenen Brief mit Rückschein übersandt oder durch Postzustellungsurkunde unter Ausschluß der Ersatzzustellung zugeleitet werden. In den beiden letzterwähnten (Ausnahme-)Fällen muß zweifelsfrei feststehen, daß der zu Ernennende seiner Ernennung zustimmt. Vgl. RdSchr. d. BMI v. 8. 12. 1966, MinBlFin 67, 113. Solange sich die Ernennungsurkunde noch im Besitz der Dienstbehörde befindet, kann der Ernennungsvorgang jederzeit angehalten werden; BVerwGE 55, 212. Bis zur Aushändigung kann die erste Ausfertigung der Urkunde gegen eine andere ausgetauscht werden; SOVG, ZBR 85, 274.
[4] Vgl. auch Summer, PersV 84, 223 (225 ff.).
[5] Ist das zu verleihende Amt im Zeitpunkt der Aushändigung der Ernennungsurkunde rechtlich nicht (mehr) vorhanden, so liegt eine Ernennung nicht vor; BVerwG, ZBR 84, 41.
[6] BVerwGE 34, 168; RP OVG, ZBR 56, 262; OVG Lüneburg, ZBR 64, 366.

kundeninhalt im Zeitpunkt der Übergabe nicht kennt und die Urkunde sofort nach Kenntniserlangung unter Protest zurückreicht.[7] Die Anfechtung der Einwilligungserklärung richtet sich nach den allgemeinen Rechtsgedanken der §§ 119ff. BGB.[8] Sie muß auch bei arglistiger Täuschung und bei Drohung (§ 123 BGB) unverzüglich nach Behebung des Irrtums oder der Zwangslage gegenüber der Ernennungsbehörde erfolgen (s. § 121 Abs. 1 Satz 1 BGB); § 124 Abs. 1 BGB ist nicht entsprechend anwendbar.[9] Fehlt die Einwilligungserklärung des zu Ernennenden oder entfällt die Einwilligung infolge Anfechtung rückwirkend (s. § 142 Abs. 1 BGB), so ist die Ernennung unwirksam. Wird dem zu Ernennenden keine Ernennungsurkunde ausgehändigt oder genügt die Ernennungsurkunde nicht den Mindestanforderungen des § 6 Abs. 2 Satz 2 BBG (§ 5 Abs. 2 Satz 2 BRRG),[10] so ist die Ernennung nicht rechtswirksam (§ 6 Abs. 2 Satz 3 BBG, § 5 Abs. 3 Satz 1 BRRG; s. auch § 44 Abs. 2 Nr. 2 VwVfG). Eine rückwirkende Heilung dieser Mängel ist ebensowenig möglich wie eine Ernennung auf einen zurückliegenden Zeitpunkt (s. § 10 Abs. 2 Satz 2 BBG, § 5 Abs. 4 BRRG).[11, 12]

II. Vorbemerkungen zu den Arten der Beamtenverhältnisse

3   § 5 BBG (§ 3 BRRG) zählt die möglichen Beamtenverhältnisse auf. Das Beamtenverhältnis auf *Lebenszeit* bildet – einem hergebrachten Grundsatz

---

[7] GKÖD I, RdNr 49 zu § 6 BBG.

[8] Ein Irrtum über die Pflichten, die sich aus der durch Ernennung begründeten Rechtsstellung ergeben, ist unbeachtlicher Motivirrtum (s. § 119 Abs. 2 BGB); vgl. OVG Lüneburg, ZBR 64, 366. Allgemein zur Anfechtung im öffentlichen Recht RP OVG, NVwZ 84, 316 sowie Krause, VerwArch 61, 297.

[9] NW OVG, DVBl 52, 605. Zu Begriff „unverzüglich" s. BVerwG, Buchholz 316 § 22 VwVfG Nr. 1 (Überlegungsfrist von einem Monat).

[10] Zur Bestimmung der Rechtsstellung muß unter Umständen auf außerhalb der Urkunde liegende Erkenntnismittel (z. B. eine Einweisungsverfügung) zurückgegriffen werden, so etwa, wenn eine Amtsbezeichnung gleichlautend bei zwei Besoldungsgruppen ausgebracht ist, die Urkunde selbst aber nur die Amtsbezeichnung als solche enthält; Summer, PersV 84, 223 (227). S. auch SH OVG, NVwZ 95, 1139.

[11] Zur Nichtigkeit und zur Rücknahme der Ernennung s. §§ 11 ff. BBG, §§ 8 ff. BRRG. Die Nichtigkeits- und Rücknahmegründe sind dort abschließend aufgezählt; BVerwGE 81, 282 (284); BVerwG, NJW 70, 2260. Ein Rückgriff auf das VwVfG verbietet sich daher insoweit (§ 1 Abs. 1 VwVfG), abgesehen von § 52 VwVfG, dessen Anwendbarkeit von Scheerbarth/Höffken/Bauschke/Schmidt, BR, § 12 V 1 a, zutreffend angenommen wird. Eine durch Aushändigung der Ernennungsurkunde vollzogene Ernennung kann selbst dann nur noch nach der eingangs angeführten Sonderregelung zurückgenommen werden, wenn sich die Rechtswidrigkeit der Ernennung vor dem in der Urkunde bezeichneten Tage ihres (inneren) Wirksamwerdens herausstellt; vgl. BVerwGE 55, 212, BayVGH, ZBR 77, 154 sowie SOVG, ZBR 85, 274. Zurückgenommen werden kann nur die konkrete Ernennung, für die der Rücknahmetatbestand erfüllt ist; HVGH, NVwZ-RR 96, 340. Zum Ganzen Günther, DÖD 90, 281 ff.

[12] Zum Ausschluß einer rückwirkenden Beförderung vgl. BW VGH, ZBR 75, 316; SOVG, ZBR 76, 87.

des Berufsbeamtentums (Art. 33 Abs. 5 GG) entsprechend[13] – die Regel (s. § 3 Abs. 1 Satz 2 BRRG). Es kommt nur in Betracht, wenn der Bewerber dauernd hoheitsrechtliche Aufgaben oder solche Aufgaben wahrnehmen soll, welche aus Gründen der Sicherung des Staates oder des öffentlichen Lebens nicht ausschließlich Personen übertragen werden dürfen, die in einem privatrechtlichen Arbeitsverhältnis stehen (§ 5 Abs. 1 Nr. 1 BBG, § 3 Abs. 1 Satz 1 Nr. 1 BRRG). Das Beamtenverhältnis auf *Widerruf* dient vor allem als dienstrechtlicher Rahmen für die Ableistung des – bei Laufbahnbewerbern – vorgeschriebenen oder üblichen Vorbereitungsdienstes (§ 5 Abs. 2 Nr. 1 BBG, § 3 Abs. 1 Satz 1 Nr. 4a BRRG). Darüber hinaus ist es für Bewerber vorgesehen, die nur nebenbei oder vorübergehend mit hoheitsrechtlichen Aufgaben oder mit den soeben näher beschriebenen Sicherungsaufgaben betraut werden sollen (§ 5 Abs. 2 Nr. 2 BBG, § 3 Abs. 1 Satz 1 Nr. 4b BRRG). Nebenbei wurden z. B. der Bahnagent und der Posthalter verwendet.[14] Ein vorübergehender Einsatz im Beamtenverhältnis auf Widerruf kann sich insbesondere anbieten, um die Zeit zwischen dem Bestehen der Laufbahnprüfung und einer – unter Umständen verzögerten – Übernahme des Bewerbers als Beamter auf Probe sinnvoll zu überbrükken.[15] Das Beamtenverhältnis auf *Probe* ist ein Bewährungsdienstverhältnis.[16] Jeder Bewerber – also auch der „andere Bewerber" im Sinne des § 7 Abs. 1 Nr. 3b BBG (§ 4 Abs. 3 BRRG) – hat es zu durchlaufen, bevor er Beamter auf Lebenszeit werden darf (§ 5 Abs. 1 Nr. 2a, § 9 Abs. 1 Nr. 3 BBG, § 3 Abs. 1 Satz 1 Nr. 3a, § 6 Abs. 1 BRRG). Seit dem 1. 7. 1997[17] wird ein Amt mit leitender Funktion im Bund zunächst im Beamtenverhältnis auf Probe übertragen (§ 5 Abs. 1 Nr. 2b, § 24a BBG). Das bisherige Beamtenverhältnis auf Lebenszeit besteht fort. Die Länder können Entsprechendes bestimmen (§ 3 Abs. 1 Satz 1 Nr. 3b, § 12a BRRG). Wer innerhalb des für Beamte auf Lebenszeit vorgegebenen Aufgabenfeldes nur während einer bestimmten Zeitdauer tätig sein soll, kann nach näherer Maßgabe spezialgesetzlicher Regelungen (s. § 95 Abs. 1 BRRG) in das Beamtenverhältnis auf *Zeit* berufen werden (§ 5 Abs. 4 BBG, § 3 Abs. 1 Satz 1 Nr. 2 BRRG). Für

---

[13] BVerfGE 9, 268 (286); vgl. auch BVerfGE 21, 329 (345); 44, 249 (262); 70, 251 (266); 71, 255 (268).

[14] Vgl. dazu Ule, ZBR 75, 129 (130 f.).

[15] GKÖD I, RdNr 9 zu § 5 BBG. Zur Besoldung der Beamten auf Widerruf s. § 1 Abs. 1 Nr. 1, Abs. 2 und Abs. 3 BBesG iVm §§ 59 ff. BBesG. Es gibt keinen hergebrachten Grundsatz des Berufsbeamtentums, daß Angehörige des öffentlichen Dienstes im Ausbildungsverhältnis zu alimentieren wären; BVerfG, ZBR 93, 60.

[16] Mindestens mißverständlich ist es, wenn das BVerwG (Buchholz 232 § 32 BBG Nr. 8 und ZBR 79, 331) auch das Beamtenverhältnis der im Vorbereitungsdienst stehenden Beamten auf Widerruf als „Bewährungsdienstverhältnis" bezeichnet. Treffend ist statt dessen insoweit der Ausdruck „Ausbildungsdienstverhältnis"; s. in diesem Sinne BVerfG, ZBR 93, 60. Vgl. auch RdNrn 197 ff.

[17] S. Art. 1 Nrn. 2, 4 und Art. 2 Nrn. 2, 4 des Gesetzes zur Reform des öffentlichen Dienstrechts v. 24. 2. 1997, BGBl. I 322.

Beamte auf Zeit gelten die Vorschriften für Beamte auf Lebenszeit entsprechend, soweit das BRRG nichts anderes bestimmt (§ 95 Abs. 2 Satz 1 BRRG). Beamte auf Zeit sind unter anderem die kommunalen Wahlbeamten und die Hochschulassistenten (§ 176 a Abs. 2 Hs. 2 BBG, § 48 HRG).[18] Die in § 5 Abs. 3 BBG (§ 3 Abs. 2 BRRG) schließlich erwähnten *Ehrenbeamten* nehmen ihr Amt – auf Zeit oder auf Widerruf – nebenberuflich und grundsätzlich ohne Anspruch auf Besoldung oder Versorgung wahr (s. § 177 BBG, § 115 BRRG, aber auch § 68 BeamtVG). Das Ehrenbeamtenverhältnis ist im wesentlichen auf Grund spezifischer Bedürfnisse der Kommunalverwaltung entstanden und hat hier nach wie vor seinen bedeutsamsten Anwendungsbereich.[19]

III. Einstellung

4   Ein Beamtenverhältnis wird *begründet* (§ 6 Abs. 1 Nr. 1 BBG, § 5 Abs. 1 Nr. 1 BRRG), sobald der Bewerber[20] in eines der in Abschnitt II bezeichneten Beamtenverhältnisse berufen wird, es sei denn, dies geschieht im Wege einer Umwandlung im Sinne des § 6 Abs. 1 Nr. 2 BBG (§ 5 Abs. 1 Nr. 2 BRRG).[21] Die Übernahme eines Beamten auf Widerruf in das Beamtenverhältnis auf Probe[22] oder eines Beamten auf Probe in das Beamtenverhältnis auf Lebenszeit fällt nur dann unter den Begriff der Umwandlung, wenn die

---

[18] Zur Ermächtigung der Länder, leitende Funktionen durch Gesetz im Zeitbeamtenverhältnis zu übertragen (§ 12 b BRRG) s. Verf., NVwZ 97, 521 (522) sowie Battis, BBG, § 23 a, RdNr 11 mit weiteren Nachweisen.
[19] Als Ehrenbeamte des Bundes sind die Honorarkonsularbeamten (Wahlkonsuln) zu erwähnen; s. §§ 20 ff. des Konsulargesetzes v. 11. 9. 1974, BGBl. I 2317. Vgl. auch Günther, ZBR 86, 97 (98) mit Nachweisen in Anm. 29 f.
[20] In das Beamtenverhältnis darf nur berufen werden, wer Deutscher ist oder die Staatsangehörigkeit eines anderen Mitgliedstaates der Europäischen Gemeinschaften besitzt (§ 7 Abs. 1 Nr. 1 BBG, § 4 Abs. 1 Nr. 1 BRRG); soweit Art. 48 Abs. 4 EWG-Vertrag („Beschäftigung in der öffentlichen Verwaltung") reicht, darf freilich nur ein Deutscher berufen werden (§ 7 Abs. 2 BBG, § 4 Abs. 2 BRRG). Der EuGH (DVBl 86, 883, NJW 88, 1441 und NVwZ 92, 1181) definiert die im Klammerzusatz zitierte Wortfolge dahin, daß z. B. Tätigkeiten bei Bahn und Post, aber auch im Schul- und Hochschulbereich nicht darunter fallen. S. im einzelnen Büchner/Gramlich, RiA 92, 110 ff., Fischer, RiA 95, 105 ff. und Hillgruber, ZBR 97, 1 ff. sowie Verf., ZBR 96, 327 (329), außerdem Kunig in: Schmidt-Aßmann, BesVR, 6. Abschn. RdNr 28. Ein etwaiger gemeinschaftsrechtlicher Anspruch eines Unionsbürgers auf Einstellung als Beamter geht entgegenstehenden deutschen Rechtsvorschriften vor und kann unmittelbar vor den deutschen Gerichten geltend gemacht werden; BVerwG, NVwZ 93, 780. Zur Auslegung des Art. 48 Abs. 4 EWG-Vertrag s. neuerdings EuGH, NJW 96, 3199. *Zusatz:* Die frühere Europäische Wirtschaftsgemeinschaft ist inzwischen in „Europäische Gemeinschaft" umbenannt; statt „EWG-Vertrag" muß es nunmehr korrekt „EG-Vertrag" heißen.
[21] Vgl. BVerwG, Buchholz 232.5 § 55 BeamtVG Nr. 1.
[22] Vgl. BVerwG, ZBR 79, 184.

Beamtenverhältnisse ohne Dienstherrnwechsel und ohne zeitliche und rechtliche Unterbrechung ineinander übergehen. Dagegen liegen Einstellungen[23] vor,

– wenn derselbe Dienstherr den mit der Ablegung der Laufbahnprüfung kraft Gesetzes gemäß § 32 Abs. 2 Satz 2 BBG (§ 22 Abs. 3 BRRG) aus dem Beamtenverhältnis auf Widerruf ausgeschiedenen Beamten zum Beamten auf Probe ernennt,

– wenn dem Beamten auf Lebenszeit ein (weiteres) Amt mit leitender Funktion zunächst im Beamtenverhältnis auf Probe übertragen wird (s. § 24 a BBG, § 12 a BRRG),

– wenn der aktive Beamte bei einem anderen Dienstherrn in ein weiteres Beamtenverhältnis eintritt (s. § 29 Abs. 1 Satz 1 Nr. 2, Abs. 3 Satz 2 BBG, § 22 Abs. 2 Satz 1 BRRG) oder

– wenn der Ruhestandsbeamte reaktiviert (s. §§ 39, 45 BBG, §§ 29, 32 Abs. 1 BRRG)[24] oder der Ehrenbeamte in eines der anderen Beamtenverhältnisse berufen wird oder die umgekehrte Fallgestaltung vorliegt (s. § 177 Abs. 1 Nr. 3 BBG, § 115 Abs. 3 BRRG).[25]

Weder Einstellung noch Umwandlung sind der Dienstherrnwechsel gemäß § 123 iVm § 18 Abs. 2 Satz 1 Hs. 1 und Abs. 4 BRRG und der Übertritt oder die Übernahme eines Beamten im Rahmen der Umbildung von Körperschaften gemäß §§ 128 ff. BRRG. Soll dem Bewerber zugleich mit der Begründung des Beamtenverhältnisses erstmalig ein Amt im statusrechtlichen Sinne verliehen werden (§ 6 Abs. 1 Nr. 3 BBG, § 5 Abs. 1 Nr. 3 BRRG),[26] so lassen sich beide Ernennungsakte dergestalt verbinden, daß *nur eine* Ernennungsurkunde ausgehändigt wird, die außer den Worten „unter Berufung in das Beamtenverhältnis" mit dem die Art des Beamtenverhältnisses bestimmenden Zusatz die Amtsbezeichnung enthalten muß (s. § 6 Abs. 2 Satz 2 Nrn. 1 und 3 BBG, § 5 Abs. 2 Satz 2 Nrn. 1 und 3 BRRG).

1. Begründung eines Beamtenverhältnisses auf Widerruf zum Zwecke der Ableistung des Vorbereitungsdienstes

Es gelten unterschiedliche Grundsätze, je nachdem, ob der Vorberei- 5 tungsdienst allein auf die Erlangung der beamtenrechtlichen Laufbahnbefä-

---

[23] Eine Berufung in das Beamtenverhältnis ist auch dann eine Einstellung, wenn der Beamte schon vorher bei seinem Dienstherrn als Arbeitnehmer beschäftigt gewesen ist.

[24] BVerwG, Buchholz 232 § 45 BBG Nr. 3.

[25] Die Übernahme in ein Beamtenverhältnis auf Zeit vollzieht sich in Nordrhein-Westfalen auch dann nicht im Wege der Umwandlung, sondern der Einstellung, wenn sich der Beamte schon bislang bei demselben Dienstherrn in einem gleichartigen Beamtenverhältnis befunden hat; NW OVG, DÖD 84, 45.

[26] S. RdNrn 47 ff.

higung[27] ausgerichtet ist oder ob er sich daneben als Ausbildungsstätte im Sinne des Art. 12 Abs. 1 Satz 1 GG darstellt. Im ersten Fall ist ausschließlich der Regelungsbereich des Art. 33 GG berührt; soweit es sich im anderen Fall um Zulassungsbeschränkungen handelt, wird Art. 33 GG durch Art. 12 Abs. 1 GG – in noch näher zu bestimmender Weise – überlagert. Zugleich als Ausbildungsstätte ist der Vorbereitungsdienst anzusehen, falls er kraft Vorschrift oder Tradition auch von solchen Bewerbern durchlaufen und mit einer Prüfung abgeschlossen werden muß, die einen Beruf außerhalb des öffentlichen Dienstes ergreifen wollen.[28] Diese Voraussetzung ist in der Rechtsprechung vornehmlich für den juristischen Vorbereitungsdienst,[29] aber auch für eine Reihe pädagogischer Vorbereitungsdienste[30] und den Vorbereitungsdienst des höheren Forstdienstes[31] bejaht worden. Vorbereitungsdienste, die nur „minimale Berufsmöglichkeiten außerhalb des öffentlichen Dienstes" eröffnen, wird man ausklammern müssen.[32]

a) Nur laufbahnrechtlich relevanter Vorbereitungsdienst

6   § 5 Abs. 2 BBG (§ 3 Abs. 1 Satz 1 BRRG) macht durch das Wort „kann" deutlich, daß auch die Berufung eines Bewerbers in das Beamtenverhältnis auf Widerruf zum Zwecke der Ableistung des Vorbereitungsdienstes grundsätzlich in das pflichtgemäße *Ermessen* des Dienstherrn gestellt ist. Aus Art. 33 Abs. 2 GG ergeben sich freilich Grenzen des Verwaltungsspielraumes. Im Kern sind die folgenden drei Fallgruppen auseinanderzuhalten: 1. Der Kreis der Bewerber um Aufnahme in den Vorbereitungsdienst ist zahlenmäßig kleiner oder höchstens gleich der von der Einstellungsbehörde *vorab* selbstbindend festgelegten Aufnahmekapazität:[33] Weist die für die Auswahl zuständige Behörde einen Bewerber kraft ihrer Beurteilungsermächtigung[34] als (überhaupt) geeignet aus, so hat er einen Einstellungsanspruch.[35]

---

[27] § 2 Abs. 2 BLV: „Eine Laufbahn umfaßt alle Ämter derselben Fachrichtung, die die gleiche Vor- und Ausbildung oder eine diesen Voraussetzungen gleichwertige Befähigung erfordern (Laufbahnbefähigung); zur Laufbahn gehören auch Vorbereitungsdienst und Probezeit." Zur Laufbahnbefähigung nicht-deutscher Unionsbürger s. § 20a BBG, § 14c BRRG.

[28] BVerfGE 39, 334 (372ff.); BVerwGE 6, 13; 16, 241; 47, 330.

[29] BVerwGE 6, 13; BVerwG, Buchholz 238.5 § 5 DRiG Nr. 1 und DÖD 82, 29.

[30] BVerwGE 47, 330; 47, 365 (367); 61, 176; 62, 267 (270); BayVGH, NJW 76, 1858; OVG Berlin, NJW 78, 1871; BW VGH, ZBR 76, 150; NW OVG, NVwZ 84, 126 und DÖD 85, 280; vgl. auch BVerwG, DVBl 82, 588.

[31] BVerwGE 16, 241.

[32] So mit Recht Weiß/Niedermaier/Summer/Zängl, BayBG, Art. 2 Erl. 48 (c).

[33] Die Stellen für Beamte auf Widerruf werden in den Erläuterungen zum Haushaltsplan ausgewiesen (§ 17 Abs. 6 BHO).

[34] Vgl. BVerwGE 11, 139; BVerwG, Buchholz 11 Art. 33 Abs. 2 GG Nr. 4, RiA 81, 217 und DÖV 81, 632: Die gerichtliche Überprüfung der behördlichen Eignungseinschätzung ist darauf beschränkt, ob die Verwaltung anzuwendende Begriffe verkannt, der Beurteilung einen unrichtigen Sachverhalt zugrunde gelegt, allgemeingültige

2. Die Zahl der Bewerber überwiegt die Aufnahmekapazität: Eine Verdichtung des Ermessens zur Einstellungspflicht erfordert unter diesen Umständen, daß der Bewerber auf Grund der allein maßgeblichen Einschätzung der Auswahlbehörde in einer nach Eignungsgraden erstellten Liste einen Platz erlangt, der innerhalb der Aufnahmekapazität liegt.

3. Die Einstellungsbehörde sieht von einer vorherigen Fixierung der Aufnahmekapazität ab: Eine rechtliche Bindung ist dann nur insofern vorhanden, als die Auswahl der Bewerber nach Eignungsgesichtspunkten zu treffen ist.

Dem pflichtgemäßen Ermessen des Dienstherrn bleibt es überlassen, wel- **7** chen *sachlichen* – d. h. ausschließlich an Art. 33 Abs. 2 GG[36] ausgerichteten – Einzelkriterien (Auslesefaktoren) er bei einer Auswahlentscheidung das größere Gewicht beimißt[37] und wie er der Forderung des Verfassungsgebers, jedem Deutschen nach seiner Eignung, Befähigung und fachlichen Leistung gleichen Zugang zu jedem öffentlichen Amte zu eröffnen, im übrigen prinzipientreu Rechnung trägt.[38] Zu „Befähigung" und „Eignung" gehört auch eine uneingeschränkte Verwendungsbreite. Ein künftiger laufbahngerechter dienstlicher Einsatz darf mithin Sicherheitsbedenken nicht begegnen.[39] Bei der Auswahl der Bewerber für den Auswärtigen Dienst können die Überlegungen auf den Gesundheitszustand von Familienangehörigen erstreckt werden.[40] Mit Art. 33 Abs. 2 GG vereinbar ist es, wenn der Dienstherr *Höchstaltersgrenzen* festsetzt,[41] deren Überschreitung eine Einstellung ausschließt; sie brauchen nicht gesetzlich festgelegt zu werden.[42] Bei einer aus *Kapazitätsgründen* notwendigen Auswahl darf das Lebensalter des Be-

---

Wertmaßstäbe nicht beachtet oder sachwidrige Erwägungen angestellt hat; s. auch Fußn 118 sowie RdNr 170.

[35] Zur sog. Ermessensreduzierung auf Null vgl. allgemein BVerwGE 11, 95; 37, 112; BVerwG, DVBl 69, 586; NW OVG, DVBl 67, 546; HmbOVG, NJW 77, 1254; OVG Lüneburg, DVBl 67, 779; Erichsen/Martens, AllgVR, § 10 II 2 (RdNr 22); weitere Nachweise bei Kopp, VwGO, § 114, RdNr 6.

[36] Zu den in Art. 33 Abs. 2 GG verwendeten Begriffen s. RdNr 170 . Zu den Auswirkungen des Art. 48 EWG-Vertrag auf den Inländervorbehalt des Art. 33 Abs. 2 GG s. Summer, ZBR 93, 97 (104 ff.); vgl. schon Fußn 20.

[37] BVerwG, Buchholz 232 § 12 BBG Nr. 26 und § 79 BBG Nr. 26 sowie RiA 81, 217.

[38] BVerwGE 68, 109; BVerwG, Buchholz 237.1 Art. 12 BayBG Nr. 2 und RiA 81, 217. Zur Selbstbindung durch Verwaltungsvorschriften vgl. die letzterwähnte Entscheidung sowie BVerwGE 52, 193 (199 f.). Zu rechtsaufsichtlichen Weisungen des Staates gegenüber kommunalen Dienstherren in bezug auf das Eignungsfeststellungsverfahren BayVGH, NJW 89, 790 (betr. die Weisung, jeden Beamtenbewerber bei der Einstellungsuntersuchung einem HIV-Test zu unterziehen).

[39] NW OVG, DÖD 90, 94 unter Hinweis auf BVerwGE 83, 90 (94 f.).

[40] BW VGH, ESVGH 33, 279.

[41] S. dazu § 48 BHO. Vgl. auch BVerwG, ZBR 81, 228 sowie Buchholz 232 § 15 BBG Nr. 11.

[42] BVerwG, Buchholz 232 § 15 BBG Nr. 11 und Buchholz 237.1 Art. 7 BayBG 46 Nr. 2; vgl. auch BVerwG, Buchholz 232 § 15 BBG Nr. 7.

werbers – auch hiervon abgesehen – in die Erwägungen einbezogen werden, falls es – allein oder zusammen mit anderen Umständen – Rückschlüsse auf die Eignung für die Aufnahme in den Vorbereitungsdienst des erstrebten Beamtenberufes ermöglicht. Die Gewährung eines *Bonus* für die einheimischen Bewerber bei Eignungstests ist hingegen unzulässig.[43] Mit Rücksicht auf (und als Ausprägung von) Art. 33 Abs. 2 GG bestimmt § 122 Abs. 1 BRRG (als einheitlich und unmittelbar für Bund und Länder geltende Vorschrift), daß die Zulassung eines Bewerbers zum Vorbereitungsdienst einer Laufbahn nicht deshalb abgelehnt werden darf, weil er die für seine Laufbahn vorgeschriebene Vorbildung (§ 13 BRRG) im Bereich eines anderen Dienstherrn erworben hat.[44] Vorausgesetzt ist dabei allerdings, daß die in einem Land erworbene Vorbildung „ein wesentliches Maß an Übereinstimmung" mit der Vorbildung aufweist, wie sie in dem aufnehmenden Land[45] nach dem hier geltenden Bildungsrecht erworben und nach dem hier geltenden Laufbahnrecht gefordert wird.

8   Am *Sozialstaatsprinzip* (Art. 20 Abs. 1 GG) oder etwa an Art. 6 Abs. 4 GG orientierte Überlegungen dürfen nur Bedeutung erlangen, wenn es im Einzelfall um die Auswahl unter mehreren Bewerbern geht, die aus der Sicht des Dienstherrn gleich geeignet sind,[46] oder wenn eine gesetzliche Regelung[47] die bevorzugte Einstellung bestimmter Bewerbergruppen[48] vorschreibt. Während Art. 33 Abs. 2 GG im ersten Fall stets unberührt bleibt,[49] kann es sich im zweiten Fall auch um Reaktionen des Gesetzgebers auf typische Sachlagen handeln, die durch eine Kollision der in Art. 20 Abs. 1 oder

---

[43] BVerwG, ZBR 79, 368. Der Heimatort darf ebensowenig wie der Studien- oder der Examensort bei der Auslese herangezogen werden; vgl. Maunz/Dürig/Herzog/Scholz, GG, Art. 33, RdNr 21 sowie Menger, VerwArch 73, 86 (99 ff.) mit weiteren Nachweisen. Lediglich bei ansonsten gleich qualifizierten Bewerbern kann demjenigen der Vorzug gegeben werden, der mit den „örtlichen und gemeindlichen Verhältnissen" vertraut ist; BVerwG, a. a. O.

[44] Zur Abstimmungspflicht der „zuständigen Stellen des Bundes und der Länder" s. § 13 Abs. 3 Satz 4 BRRG.

[45] Vgl. dazu BVerwGE 64, 142; 64, 153 sowie NW OVG, DVBl 83, 1115: Die Zulassung zum Vorbereitungsdienst für das Lehramt kann in Nordrhein-Westfalen nicht deswegen versagt werden, weil der Bewerber die betreffende (gleichwertige) erste Staatsprüfung in einem anderen Bundesland abgelegt hat.

[46] Vgl. NW OVG, ZBR 73, 177.

[47] Eine gesetzliche Regelung ist insofern grundsätzlich unerläßlich; vgl. NW OVG, DÖD 80, 231 (233) sowie Schmidt-Aßmann, NJW 80, 16 (20 f.) mit weiteren Nachweisen. S. auch Goerlich, ZBR 89, 240. Außerdem BVerfG, ZBR 96, 333.

[48] S. § 4 Abs. 4 Satz 3 BLV. Als Beispiele derartiger „Vorzugsregeln" (Goerlich, a. a. O.) seien § 50 Abs. 1 SchwbG, § 11 a ArbPlSchG und § 125 b BRRG genannt. Zur sog. Frauenförderung s. RdNr 58. Keine eigentliche Vorzugsregel im vorstehenden Sinne ist Art. 36 Abs. 1 GG, der Art. 33 Abs. 2 GG allerdings auch in gewisser Weise überlagert; s. dazu Verf., NJW 89, 2227 (2229).

[49] Allerdings nur, wenn der ernstliche Versuch, zu einem Auswahlergebnis (allein) nach Eignungsgesichtspunkten zu gelangen, vorausgegangen ist; Schmidt-Aßmann, NJW 80, 16 (18) unter Hinweis auf VG Augsburg, DÖV 78, 367 m. Anm. Kind.

Art. 6 Abs. 4 GG einerseits und in Art. 33 Abs. 2 GG andererseits niedergelegten Verfassungsprinzipien geprägt sind. Eindrucksvoll ist die Warnung Goerlichs[50] vor „Regeln, die starre Vorbehalte oder Quoten für Stellen schaffen und leistungs*un*abhängig[51] sichern, einen separaten Auswahlprozeß unter den bevorzugten Bewerbern installieren und durch die Reservierung von Plätzen ... nicht bevorzugten Konkurrenten die Zugangschance praktisch leistungs*un*abhängig[51] nehmen". Die Konservierung des Qualifikationsstatus, wie sie § 125b BRRG vorsieht, ist ein aus dem Hochschulzugangsrecht entlehntes Modell, das rechtspolitischen und verfassungsrechtlichen Zweifeln entrückt ist.[52]

b) Vorbereitungsdienst als Ausbildungsstätte[53]

Art. 12 Abs. 1 GG läßt, soweit die – hier nach den *objektiven* Gege- 9
benheiten zu ermittelnde – Ausbildungskapazität reicht,[54] nicht zu, daß die Aufnahme in den Vorbereitungsdienst mit der Begründung verweigert wird,[55]
– der Bedarf an Beamtennachwuchs sei gedeckt,
– der Bewerber überschreite eine für die Berufung in das Beamtenverhältnis gesetzte Höchstaltersgrenze oder
– er habe bei seinem Schul- oder Hochschulabschluß oder einer Staatsprüfung bestimmte Ergebnisse (Prädikate oder Noten) nicht erreicht.[56, 57]
Dem Regelungsvorbehalt des Art. 12 Abs. 1 Satz 2 GG genügen dagegen
– durch Gesetz oder auf Grund eines Gesetzes aufgestellte – *subjektive Zulassungsvoraussetzungen*,[58] die dem Schutz eines wichtigen und sicherungs-

---

[50] A.a.O., S. 242.
[51] Besser wäre es, hier die Worte „qualifikationsunabhängig" bzw. „qualifikationsabhängig" (als Oberbegriffe) zu benutzen.
[52] Ebenso Goerlich, a.a.O., S. 242. Es ist nicht aus verfassungsrechtlichen Gründen geboten (gewesen), § 125b BRRG auch auf vor seinem Inkrafttreten liegende Sachverhalte anzuwenden (BVerwG, NVwZ 93, 696) oder rückwirkend in Kraft zu setzen (BVerfG, ZBR 96, 333).
[53] Zu den Anforderungen an die verfassungsmäßige Gestaltung von *berufsbezogenen* Prüfungen s. (im Anschluß an BVerfGE 84, 34) BVerwG, NVwZ 93, 681, 686 und 689.
[54] Ein verfassungsrechtlicher Anspruch auf Schaffung zusätzlicher Ausbildungsstellen besteht grundsätzlich nicht; HVGH, DÖD 95, 83 mit weiteren Nachweisen.
[55] Vgl. GKÖD I, RdNr 21 zu § 18 BBG.
[56] Zu den Voraussetzungen der Anerkennung einer im Bereich eines anderen Dienstherrn erworbenen Vorbildung als laufbahnrechtlich „vorgeschriebener Vorbildung" (§§ 15a ff. BBG, § 13 BRRG) vgl. die zu § 122 Abs. 1 BRRG ergangenen Entscheidungen BVerwGE 64, 142 und 64, 153. S. schon RdNr 7 a. E.
[57] Nicht gegen Art. 12 Abs. 1 Satz 1 GG verstößt es, wenn die Zulassung zum Vorbereitungsdienst als Ausbildungsstätte vorübergehend deshalb unterbleibt, weil eine längere, dem persönlichen Bereich des Auszubildenden zuzurechnende Unterbrechung bevorsteht, welche die Aufnahme der Ausbildung als zur Zeit nicht erfolgversprechend erscheinen läßt; BVerwG, Buchholz 232 § 5 BBG Nr. 2.
[58] Vgl. BVerfGE 7, 377 (404f.); 30, 292 (316ff.); 36, 47 (59); 39, 210 (225f.).

bedürftigen Gemeinschaftsgutes vor möglichen Nachteilen oder Gefahren zu dienen bestimmt und geeignet sind.[59] Derartige Gemeinschaftsgüter stellen unter anderem der staatliche Auftrag zur Erziehung von Kindern[60] und die Rechtspflege[61] dar. Deshalb ist es in der Regel im Ergebnis verfassungsrechtlich nicht zu bemängeln, wenn die Ernennung eines erheblich vorbestraften Bewerbers zum Beamten auf Widerruf wegen charakterlicher Nichteignung für den Beruf des Lehrers[60] oder des Juristen[61] abgelehnt wird. Ein etwaiges grundsätzliches Verwertungsverbot nach § 51 Abs. 1 BZRG wie auch die Ausnahmeregelung des § 52 Abs. 1 Nr. 4 BZRG müssen allerdings in die Überlegungen der Einstellungsbehörde einfließen.[62]

10   Soweit der Vorbereitungsdienst im Beamtenverhältnis abgeleistet wird,[63] gehört zu den verfassungsrechtlich unbedenklichen subjektiven Zulassungsvoraussetzungen auch die Gewähr künftiger *Verfassungstreue* (§ 7 Abs. 1 Nr. 2 BBG, § 4 Abs. 1 Nr. 2 BRRG).[64] Diesem Erfordernis ist Teilabschnitt c) gewidmet.

11   Die auf verwaltungspraktischen Notwendigkeiten beruhende Festsetzung von *Einstellungsterminen* berührt den Normbereich des Art. 12 Abs. 1 Satz 1 GG solange nicht, wie ein Bewerber bei unvermeidlich typisierender Betrachtung
– den Zeitraum zwischen der Erlangung seines laufbahnrechtlich vorgeschriebenen Bildungsstandes und dem Einstellungstermin finanziell zumutbar zu überbrücken vermag und
– trotz der Unterbrechung noch substantiell an seinen Bildungsstand anknüpfen kann.

---

[59] Subjektive Zulassungsvoraussetzungen, die ein Landesgesetzgeber aufstellt, können von allen Bewerbern verlangt werden, auch von solchen aus anderen Bundesländern. Das Grundrecht der Freizügigkeit (Art. 11 GG) gebietet keine Abstriche. Vgl. BVerwGE 64, 142; 64, 153.

[60] BVerwGE 47, 330 (343); BVerwG, Buchholz 237.0 § 38 BW LBG Nr. 3; NW OVG, DÖD 79, 36 sowie NW OVG 24. 2. 1982 – 6 A 1842/80 –, zit. nach Schütz, BR, ES/A II 1.5 Nr. 2.

[61] BayVGH, ZBR 78, 307; vgl. auch BVerwG, Buchholz 238.5 § 5 DRiG Nr. 1. S. daneben BayVGH, DVBl 88, 360 (zur religiös motivierten Weigerung eines Bewerbers um Aufnahme in den juristischen Vorbereitungsdienst, den für Beamte geltenden Diensteid zu leisten).

[62] S. dazu die Nachweise in Fußn 136 f.

[63] S. hierzu Verf., ZBR 96, 327 ff. § 14 Abs. 1 Satz 1 Hs. 2 BRRG überläßt es den Ländern, darüber zu entscheiden, ob der Vorbereitungsdienst bei sog. Monopolausbildungen in einem Beamtenverhältnis auf Widerruf oder in einem anderen öffentlich-rechtlichen Ausbildungsverhältnis abgeleistet wird (vgl. insoweit Verf., a.a.O., Anm. 3 a).

[64] BVerwGE 61, 176; BVerwG, NJW 82, 784. Die Beschäftigung von Studienreferendaren ist nach Auffassung des EuGH, NVwZ 87, 41 nicht gemäß Art. 48 Abs. 4 EWG-Vertrag von den Freizügigkeitsregelungen ausgenommen; ob für den juristischen Vorbereitungsdienst das gleiche gilt (s. im einzelnen Randelzhofer in: Grabitz/Hilf, EGV/EWGV, Art. 48, RdNr 63 mit Nachweisen), hat BVerwG, NVwZ 93, 780 offengelassen; s. schon BVerwG, NVwZ 92, 1208 (1209). Vgl. bereits Fußn 20.

Der Haushaltsgesetzgeber kann die Zahl der Ausbildungsplätze grund- **12** sätzlich – in eigener, naturgemäß auf die Wahrung unterschiedlichster Gemeinschaftsinteressen gerichteter Verantwortung – durch *Haushaltsgesetz* wirksam beschränken.[65] Die dadurch bedingten Wartezeiten müssen von den Einstellungsbewerbern hingenommen werden, solange ihr – mit dem staatlichen Ausbildungsmonopol untrennbar verknüpfter – Ausbildungsanspruch dadurch nicht im Kern berührt ist.[66]

Übersteigt die Bewerberzahl die Ausbildungskapazität, so kann eine *Zu-* **13** *lassungsregelung*, die ausreichende Festlegungen über die Zahl der Ausbildungsplätze und die Auswahl unter den Bewerbern[67] enthalten muß, prinzipiell nur durch Gesetz oder auf Grund eines Gesetzes ergehen (Art. 12 Abs. 1 Satz 2 GG).[68] Eine Eilzuständigkeit der Exekutive, beschränkt auf eine Übergangsfrist, kann im Interesse der Funktionssicherung des Ausbildungsbereichs bei Entwicklungen in Betracht gezogen werden, die nicht so früh vorhersehbar waren, daß die erforderlichen gesetzgeberischen oder verordnungsrechtlichen Schritte noch zeitgerecht hätten eingeleitet werden können.[69]

Für sog. Monopolausbildungen ist aus Art. 12 Abs. 1 GG das Gebot ab- **14** zuleiten, die *Kapazitäten* erschöpfend *auszulasten*.[70] Der verfassungsrechtlich gewährleistete Zulassungsanspruch eines Bewerbers, der alle Voraussetzungen für die Einstellung erfüllt, ist rechtlich unabhängig von dessen Rangstelle; daß ungenutzte Plätze an andere, rangbessere Bewerber hätten vergeben werden müssen, ist kein tragfähiger Ablehnungsgrund.[71]

---

[65] SH OVG, RiA 97, 47.

[66] SH OVG, a.a.O., hält eine Wartezeit von 15 Monaten im Einzelfall (bei einer durchschnittlichen Wartezeit von acht Monaten) im Blick auf den juristischen Vorbereitungsdienst zumindest noch nicht für „evident verfassungswidrig".

[67] Ein Schul- oder Hochschulabschluß oder das Ergebnis der ersten Staatsprüfung können in Fällen eines Überangebots an Bewerbern Bedeutung erlangen; vgl. Menger, VerwArch 73, 86 (94 ff.) mit weiteren Nachweisen.

[68] BW VGH, ZBR 76, 150; HmbOVG, DVBl 87, 316; NW OVG, DÖD 85, 280; VG Neustadt, ZBR 76, 283; Scheerbarth/Höffken/Bauschke/Schmidt, BR, § 12 I 4 d) dd); Menger, VerwArch 73, 86 (90), der sich (a.a.O., S. 91 ff.) auch zum Inhalt einer gesetzlichen oder verordnungsrechtlichen Zulassungsregelung äußert und u. a. überzeugend darlegt, daß Heimat-, Studien- oder Examensort keine Rolle spielen dürften (a.a.O., S. 97 ff.); s. schon Fußn 43. Vgl. außerdem HVGH, DÖD 95, 83 mit Nachweisen: Das Sozialstaatsprinzip rechtfertige es, bei der Auswahl unter den Bewerbern um eine Ausbildungsstelle (für das Lehramt an Grundschulen) neben dem Leistungsprinzip auch Wartezeit und soziale Härtegründe zu berücksichtigen.

[69] BVerfGE 33, 1 (13 ff.); 40, 276; vgl. auch BVerwG, DVBl 78, 918 und NW OVG, DÖD 80, 231.

[70] OVG Berlin, NJW 78, 1871; SH OVG, NVwZ-RR 95, 279; HVGH, NJW 97, 959. Zur Ermittlung der Ausbildungsplätze s. gleichfalls die angeführten Entscheidungen; des weiteren GKÖD I, RdNr 21 zu § 18 BBG.

[71] OVG Berlin und SH OVG, a.a.O. (Fußn 70) unter Hinweis auf BVerfGE 39, 258 (269 ff.) und BVerfGE 39, 276 (293).

c) Gewähr künftiger Verfassungstreue

15   Das Verfassungstreueerfordernis (§ 7 Abs. 1 Nr. 2 BBG, § 4 Abs. 1 Nr. 2 BRRG) gilt – als hergebrachter Grundsatz des Berufsbeamtentums im Sinne des Art. 33 Abs. 5 GG[72] – für *jedes* Beamtenverhältnis,[73] also auch für das Beamtenverhältnis auf Widerruf.[74] Gleichgültig ist, auf welches Tätigkeitsfeld sich die Ausbildung im Vorbereitungsdienst bezieht,[75] solange dieser nicht *außerhalb* eines Beamtenverhältnisses abgeleistet wird;[76] nur dann können mit Rücksicht auf Art. 12 Abs. 1 Satz 1 GG an die Gewähr künftiger Verfassungstreue „jedenfalls nicht die gleichen Anforderungen . . . gestellt werden . . . wie an einen Vorbereitungsdienst im Beamtenverhältnis auf Widerruf".[77] Ob § 7 Abs. 1 Nr. 2 BBG (§ 4 Abs. 1 Nr. 2 BRRG) ein Merkmal der „Eignung" im Sinne des Art. 33 Abs. 2 GG zum Gegenstand hat, wie überwiegend angenommen wird,[78] kann zweifelhaft sein,[79] ist jedoch ohne praktische Bedeutung: Den Verfassungsbezug stellt Art. 33 Abs. 5 GG sicher; daß es sich bei der Prognose, ob der Bewerber in Zukunft jederzeit für die freiheitliche demokratische Grundordnung eintreten wird, um einen – der Einstellungsbehörde übertragenen – gerichtlich nur eingeschränkt überprüfbaren Akt wertender Erkenntnis handelt, ist gleichfalls unumstritten[80] und nicht von der Zuordnung des Verfassungstreueerfordernisses zum Eignungsbegriff des Art. 33 Abs. 2 GG abhängig.

16   *Internationales Recht* steht der eben dargestellten Rechtslage nicht entgegen. Allerdings hat der EGMR[81] die – mit der Mitgliedschaft in einer (nicht verbotenen) verfassungsfeindlichen Partei begründete – Entfernung einer Gymnasiallehrerin aus dem Dienst unter den obwaltenden Umständen als einen unverhältnismäßigen Eingriff in das Recht auf freie Meinungsäuße-

---

[72] BVerfGE 39, 334 (346 f.); BVerwGE 61, 176 mit weiteren Nachweisen.

[73] S. dazu die von der Bundesregierung am 17. 1. 1979 beschlossenen „Grundsätze für die Prüfung der Verfassungstreue", abgedruckt in PersV 79, 89. Vgl. auch Battis, BBG, § 7, RdNrn 19 ff. Zur Verfassungstreueprüfung nach der Wiedervereinigung s. Kathke, ZBR 92, 344 ff. und Plog/Wiedow/Beck/Lemhöfer, BBG, § 7, RdNrn 33 ff. mit Rechtsprechungsnachweisen.

[74] BVerwGE 61, 176; BVerwG, NJW 82, 784.

[75] BVerfGE 39, 334 (355); BVerwGE 47, 331 (340); vgl. auch Scholz, ZBR 82, 129.

[76] Vgl. dazu BVerfGE 39, 334 (345, 371 ff.) sowie Verf., ZBR 96, 327 ff.; s. schon Fußn 63.

[77] BVerwG, NJW 82, 784 unter Bezugnahme auf BVerfGE 39, 334 (374) und 46, 43 (52 ff.). S. außerdem BAGE 36, 344; 40, 1: Der angestellte Lehramtsanwärter brauche lediglich gegenüber Staat und Verfassung eine „gleichsam neutrale" Haltung einzunehmen; er dürfe im Unterricht nur die Grundwerte der Verfassung nicht „in Zweifel ziehen".

[78] Vgl. BVerwGE 61, 176; ferner Schick, NVwZ 82, 161 (163).

[79] Vgl. Gusy, RiA 79, 201 (204 ff.). Richtig dürfte es sein, das Verfassungstreueerfordernis als eine der (konkreten) Eignung *vorgeschaltete* allgemeine persönliche Voraussetzung für die Berufung in das Beamtenverhältnis zu betrachten.

[80] BVerwGE 61, 176 (184 ff.); vgl. auch BVerfGE 39, 334 (354).

[81] NJW 96, 375. S. dazu insbesondere Häde/Jachmann, ZBR 97, 8 ff.

rung (Art. 10 EMRK) und die Vereinigungsfreiheit (Art. 11 EMRK) qualifiziert. Der Gerichtshof hat jedoch zugleich klargestellt, daß der demokratische Staat das Recht habe, von seinen Beamten die Treue zu den grundlegenden Verfassungsprinzipien zu verlangen; einer Bewertung des deutschen „Systems als solchen" hat er sich enthalten.[82] Außerdem hat der Gerichtshof seine Auffassung bekräftigt, daß die EMRK kein Recht auf Einstellung in den öffentlichen Dienst begründe; die bloße Weigerung, eine Person zum Beamten zu ernennen, stelle keinen Konventionsverstoß dar.

Den *Begriff* der freiheitlichen demokratischen Grundordnung im Sinne **17** des GG hat das BVerfG[83] verbindlich[84] ausgelegt: Er bezeichne „eine rechtsstaatliche Herrschaftsordnung auf der Grundlage der Selbstbestimmung des Volkes nach dem Willen der jeweiligen Mehrheit und der Freiheit und Gleichheit". Als tragende Prinzipien dieser Ordnung seien (mindestens) „die Achtung vor den ... Menschenrechten ...", die Volkssouveränität, die Gewaltenteilung, die Verantwortlichkeit der Regierung, die Gesetzmäßigkeit der Verwaltung, die Unabhängigkeit der Gerichte, das Mehrparteiensystem und die Chancengleichheit für alle politischen Parteien ..." anzusehen.

Ob der Bewerber um Aufnahme in den beamtenrechtlich ausgestalteten **18** Vorbereitungsdienst Gewähr dafür bietet, daß er jederzeit für die (vorstehend präzisierte) freiheitliche demokratische Grundordnung im Sinne des GG eintritt, kann – wie dargelegt – nur *prognostisch*, d.h. mit dem Risiko des Irrtums, beurteilt werden. In die stets notwendig einzelfallorientierte Würdigung sind einzubeziehen:
– die gegenwärtige oder frühere Zugehörigkeit des Bewerbers zu einer Partei oder einer Organisation, deren Zielsetzungen Prinzipien der freiheitlichen demokratischen Grundordnung widerstreiten, und zwar unabhängig davon, ob sie ihre Anliegen „planvoll mit aktiver kämpferischer Tendenz" verfolgt,[85]

---

[82] A. a. O., S. 377. S. auch Fußn 113.
[83] BVerfGE 2, 1 (12 f.); 5, 85 (140).
[84] Vgl. dazu Schick, NVwZ 82, 161 (163).
[85] BVerfGE 39, 334 (359). Es bedarf keines vorherigen Verbotes der Partei durch das BVerfG (BVerfG, a. a. O., S. 357 ff.; BVerwGE 47, 330 [344 ff.]; 52, 313 [327 f.]; BVerwG, ZBR 81, 249). Als verfassungsfeindliche *Parteien* hat die Rechtsprechung die frühere DKP (BVerwGE 47, 330 [359 ff.]; 73, 263; BVerwG, NJW 85, 503; BAG, NJW 76, 1708 [1710 ff.]; BayVGH, ZBR 74, 136 [138 f.]; BW VGH, ESVGH 27, 65 [67 ff.] und ZBR 77, 325; HVGH, DVBl 77, 828 [830 f.]), die frühere SEW (OVG Berlin, ZBR 78, 397), die MLPD (BW VGH, VBlBW 85, H. 9 IV [LS]) und die NPD (BVerwGE 61, 194 und 43, 200 sowie BVerwG, ZBR 86, 202) eingeschätzt. Wie die Mitgliedschaft bei der PDS zu beurteilen ist, dürfte von der künftigen *Parteiarbeit* abhängen (so auch GKÖD I, RdNr 65 zu § 7 BBG). Da die PDS ihr *Parteiprogramm* als solches „den veränderten Verhältnissen angepaßt" hat (GKÖD I, a.a.O.), dürfte z. Zt. davon abzuraten sein, sie als verfassungsfeindliche Partei im Sinne des obigen Textes zu behandeln. Zur Partei „Die Republikaner" s. VG Münster, DÖV 95, 519. Als verfassungsfeindliche *Organisationen* sind angesehen worden der KBW (BrOVG, ZBR 75, 222 und DVBl 78, 969), der Kommunistische Hochschulbund (BayVGH,

- die gegenwärtigen oder früheren Aktivitäten des Bewerbers für eine derartige Partei oder Organisation,[85, 86]
- seine sonstigen Verhaltensweisen, soweit sie Rückschlüsse auf seine Haltung gegenüber der freiheitlichen demokratischen Grundordnung zulassen,[87] sowie
- seine Äußerungen während des Einstellungsverfahrens, insbesondere bei einer mündlichen Anhörung.[88]

Folgende wesentliche *Leitgedanken* sind hierbei zu beachten:

19   Die auf freiem Willen beruhende Mitgliedschaft in einer verfassungsfeindlichen Partei oder Organisation schließt zwar ein zukünftiges verfassungstreues Verhalten nicht ohne weiteres aus,[89] bei der gebotenen Berücksichtigung der Einzelumstände kann sie aber ein bedeutsames Beurteilungselement sein, zumal wenn der Beitritt zu der Partei oder Organisation zu politischen Aktivitäten für ihre Ziele verpflichtet.[90] Ist der Bewerber inzwischen aus der Partei oder Organisation ausgetreten, so kann darin eine Distanzierung auch gegenüber ihren Zielsetzungen liegen.

20   Als *Aktivitäten* für eine Partei oder Organisation mit Zielen, die der freiheitlichen demokratischen Grundordnung widerstreiten, kommen insbesondere in Frage:

- (interne und externe) Kandidaturen auf örtlicher oder überörtlicher Ebene,[91]
- Teilnahme an Veranstaltungen der Partei oder Organisation, sofern sich daraus nach Lage der Dinge auf eine Identifikation mit den Partei- oder Organisationszielen schließen läßt, und
- (Mit-)Herausgabe oder Verbreitung von Publikationen der Partei oder Organisation, die in inhaltlicher Beziehung gegen die freiheitliche demokratische Grundordnung oder einzelne ihrer Prinzipien gerichtet sind.[92]

BayVBl 78, 538 und BayVGH 10. 2. 1983 – 3 B 82 A.1 –, zit. nach Schütz, BR, ES/A II 1.5 Nr. 11), die kommunistisch beeinflußte Vereinigung Demokratischer Juristen (BayVGH, DVBl 78, 744 [747 ff.]) und die kommunistische Jugendorganisation Spartacus (BW VGH, NJW 77, 971 [972]) sowie die Deutsche Friedensunion (RP OVG, ZBR 86, 271). Zur Mitgliedschaft im Sozialistischen Hochschulbund s. Bay-VGH 6. 7. 1988 – 3 B 86.02278 –, zit. nach Schütz, BR, ES/A II 1.5 Nr. 20.

[86] Unerheblich ist es, ob ein Bewerber, der durch die Übernahme von Parteiämtern und Kandidaturen bei allgemeinen Wahlen für eine verfassungsfeindliche Partei aktiv in der Öffentlichkeit eintritt, „nach seiner inneren Einstellung das Programm und die Ziele der Partei in ihrer Gesamtheit oder nur insoweit billigt, als er sie für verfassungskonform hält"; BVerwG, NJW 85, 503 unter Fortführung von BVerwGE 73, 263. Vgl. auch BVerwG, ZBR 86, 202. Zur Irrtumsproblematik s. von Schwichow, DÖD 85, 1.

[87] BVerwG, ZBR 82, 85.

[88] BVerwGE 62, 169 verneint mit Recht einen Anspruch auf anwaltlichen Beistand bei der Anhörung; dazu krit. Schoch, NJW 82, 545.

[89] BVerfGE 39, 334 (335, 359); BVerwGE 52, 313 (336); 59, 355; 61, 176.

[90] BVerwGE 47, 330; 52, 313; 59, 355; 61, 176.

[91] BVerwG, Buchholz 237.5 § 7 HBG Nr. 1.

[92] BVerwG, ZBR 76, 312.

Sowohl bei partei- oder organisationsbezogenen Aktivitäten als auch bei 21
sonstigen Verhaltensweisen junger Menschen, die zeitlich mehr oder weniger weit zurückliegen, ist zu bedenken, daß sie „häufig Emotionen in Verbindung mit engagiertem Protest entsprungen und Teil von Milieu- und
Gruppenreaktionen sind".[93] Ihnen darf deshalb nur deutlich geringeres Gewicht beigemessen werden als etwa einer über Jahre hinweg bis in die Gegenwart oder jüngste Vergangenheit aufrechterhaltenen nachdrücklichen Beteiligung an Bestrebungen, die mit der freiheitlichen demokratischen Grundordnung nicht vereinbar sind.[94] Auch dürfen die Erwartungen in Richtung
auf eine spätere Distanzierung nicht „zu hoch geschraubt" werden.[94] Überdies hat sich die Einstellungsbehörde ungeachtet der grundsätzlichen Geltung des Verfassungstreuegebotes auch für Beamte auf Widerruf dessen bewußt zu sein, daß sie ihre Prognose „mangels eigener Beobachtungen" auf
einer „besonders schmalen Beurteilungsgrundlage" trifft und deshalb die
„vorhandenen tatsächlichen Umstände" mit großer Vorsicht werten muß.[95]

Ein Bewerber, der seine Treuepflicht zum Staat unter den Vorbehalt stellt, 22
daß seine Pflichten als (künftiger) Beamter mit seinen *religiösen Überzeu-*
gungen vereinbar sein müßten, bietet keine Gewähr dafür, daß er sich jederzeit für die freiheitliche demokratische Grundordnung einsetzen wird;
Art. 4 GG verpflichtet nicht dazu, ihn in den Staatsdienst einzustellen.[96]

Die *mündliche Anhörung* des Bewerbers im Einstellungsverfahren drängt 23
sich auf. Schick[97] bemerkt im Ergebnis zu Recht, daß sie nur „in Ausnahmefällen" verzichtbar sei. Das BVerwG hebt zwar einerseits die Bedeutung
des Vorstellungsgesprächs für den Dienstherrn hervor, der sich so „in unmittelbarer, persönlicher und von Dritten nicht beeinflußter Rede und Ge-
genrede ein Bild von der Persönlichkeit des Bewerbers ... verschaffen"
könne;[98] andererseits verneint es – offenbar auch mit Rücksicht auf BVerf-
GE 39, 334 (352) – eine (Regel-)Verpflichtung zur mündlichen Anhörung.[99]
Zu der vom BVerwG[100] zutreffend als geboten erachteten Würdigung der
Persönlichkeit des bis dahin außerhalb des öffentlichen Dienstes stehenden
Bewerbers dürfte aber selbst ein in Personalangelegenheiten erfahrener
Verwaltungsbeamter ohne mündliche Anhörung (d.h. nur auf Grund der

---

[93] BVerfGE 39, 334 (356).
[94] BVerwGE 61, 176; BVerwG, DÖD 82, 29. Zur Gewichtung zurückliegenden und
neueren Verhaltens eines Beamtenbewerbers bei der Prognose zu seiner künftigen
Verfassungstreue vgl. BVerwG, NJW 85, 506.
[95] BVerwGE 61, 176 (190); BGH, DÖD 80, 60.
[96] VG Freiburg, NJW 81, 2829 m. Anm. Fertig. Vgl. auch RP OVG, ZBR 86, 271:
Aktivitäten in einer verfassungsfeindlichen Organisation (hier: der Deutschen Friedensunion) rechtfertigen den Schluß auf mangelnde Verfassungstreue auch dann,
wenn diese Betätigung ihren Grund in religiöser Überzeugung findet.
[97] NVwZ 82, 161 (165).
[98] BVerwGE 62, 169 (173).
[99] BVerwGE 47, 330 (338); 52, 313 (335); 61, 176 (184).
[100] BVerwGE 61, 176 (184f.).

Bewerbungsunterlagen und etwaiger Auskünfte der Verfassungsschutzbehörden) so gut wie nie in der Lage sein. Eine Pflicht, den Verlauf oder das Ergebnis einer mündlichen Anhörung *schriftlich* festzuhalten, besteht weder von Verfassungs wegen[101] noch nach einfachem Recht. Der Rechtsschutz des Betroffenen ist dadurch gewährleistet, daß die Einstellungsbehörde eine ihm ungünstige Entscheidung begründen und dabei den Gesprächsverlauf, soweit sie sich auf ihn stützt, näher darlegen muß.[102]

24   Hat die Einstellungsbehörde wegen hinreichend gewichtiger – einzeln oder in ihrer Gesamtheit betrachteter[103] – Umstände[104] im Ergebnis die *ernste Besorgnis*, daß der Bewerber einer künftigen Verfassungstreuepflicht nicht genügen werde, so reicht dies aus, um die Ernennung zum Beamten auf Widerruf abzulehnen.[105]

2. Begründung eines Beamtenverhältnisses auf Probe

a) *Probezeit zur späteren Verwendung auf Lebenszeit*

25   Die Ernennung eines Bewerbers zum Beamten auf Probe in den Fällen des § 5 Abs. 1 Nr. 2 a BBG, § 3 Abs. 1 Satz 1 Nr. 3 a BRRG kann sich als Begründung (§ 6 Abs. 1 Nr. 1 BBG, § 5 Abs. 1 Nr. 1 BRRG) oder als Umwandlung (jeweils Nr. 2 a. a. O.) eines Beamtenverhältnisses darstellen. Eine Umwandlung liegt vor, wenn einem Beamten auf Widerruf nach Ableistung des Vorbereitungsdienstes und Bestehen der Laufbahnprüfung ohne zeitliche und rechtliche Unterbrechung bei demselben Dienstherrn der Status des Beamten auf Probe verliehen wird. Scheidet der Beamte auf Widerruf hingegen mit dem Bestehen der Laufbahnprüfung oder mit Ablauf des Tages der Aushändigung des Prüfungszeugnisses kraft Gesetzes aus dem Beamtenver-

---

[101] Sofern freilich qua Verwaltungsübung Protokolle gefertigt werden, ist Art. 3 Abs. 1 GG zu beachten.

[102] Im Sinne des Textes BVerwGE 81, 365 (für die Einstellung als Beamter auf Probe).

[103] Vgl. dazu BVerwGE 59, 355; ferner BVerfGE 39, 334 (353); BVerwGE 47, 330 (338, 340); 47, 365 (375, 377).

[104] Der Verhältnismäßigkeitsgrundsatz verbietet es dem Dienstherrn, „sich vor Übernahme eines Beamtenbewerbers in den Vorbereitungsdienst zu dessen Lasten systematisch Berichterstattungen nach entsprechenden Erhebungen von anderen (Staatsschutz-)Behörden zutragen zu lassen"; dem Dienstherrn ist es aber nicht verwehrt, „bereits aus anderem Anlaß vorhandene und für die Einstellung als erheblich in Betracht kommende Erkenntnisse der Staatsschutzbehörden einzuholen und zu verwerten" (BVerwG, DÖD 83, 27). Zur Verwaltungspraxis s. Kathke, ZBR 92, 344 (346).

[105] Zur Weigerung eines Bewerbers, Fragen des Dienstherrn nach der Mitgliedschaft in einer Partei mit einer der Verfassung widersprechenden Zielsetzung zu beantworten, s. BVerwG, ZBR 83, 181; zur *nachträglichen* Bereitschaft, auf derartige Fragen eine Antwort zu erteilen, s. BVerwG, DÖD 83, 27; zur Möglichkeit eines *neuen* Einstellungsverfahrens s. BVerwGE 61, 176 (192); BVerwG, DÖD 83, 27.

hältnis aus (s. § 32 Abs. 2 Satz 2 BBG, § 22 Abs. 3 BRRG),[106] so ist eine Begründung des Beamtenverhältnisses auf Probe im Sinne der jeweiligen Nr. 1 a. a. O. unabhängig davon erforderlich,[107] ob ein zeitliches Intervall zwischen den beiden Beamtenverhältnissen eintritt oder vermieden wird.[108]

Die Berufung in das Beamtenverhältnis auf Probe[109] setzt voraus (§ 7 **26** Abs. 1 Satz 1 BLV), daß der Bewerber zuvor die *Laufbahnbefähigung* (§ 2 Abs. 2 BLV) erlangt hat (§ 5 BLV).[110] Wer unter den Voraussetzungen der §§ 13–14 c BRRG die Befähigung für eine Laufbahn erworben hat, besitzt die Befähigung für entsprechende Laufbahnen bei allen Dienstherren im Geltungsbereich des BRRG (§ 122 Abs. 2 BRRG).[111] Entfällt die Laufbahnbefähigung eines Laufbahnbewerbers – etwa infolge Aufhebung der (Laufbahn-)Prüfungsentscheidung – nachträglich, so sind die Vorschriften über die Laufbahnbefähigung und die Ernennung „anderer Bewerber" (§ 7 Abs. 1 Nr. 3 b, § 21 BBG, § 4 Abs. 3, § 16 BRRG) zugrunde zu legen.[112] Auch hier ist das Verfassungstreuegebot (§ 7 Abs. 1 Nr. 2 BBG, § 4 Abs. 1 Nr. 2 BRRG) zu beachten. Im wesentlichen kann insoweit auf Teilabschnitt 1.c)[113] Bezug genommen werden. Ergänzend ist zu bemerken, daß der Dienstherr den Bewerber während der Ableistung eines Vorbereitungsdienstes hat näher kennenlernen können. Die hieraus resultierenden Eindrücke müssen für

---

[106] Vgl. BVerwG, ZBR 79, 331; NW OVG, RiA 76, 239; s. auch RdNrn 192 ff.

[107] BayVGH, ZBR 80, 122.

[108] Art. 6 Abs. 4 GG verbietet es, die Berufung in das Beamtenverhältnis auf Probe bis zum Ablauf des absoluten Beschäftigungsverbotes für Schwangere (s. § 1 Abs. 2, § 3 Abs. 1 MuSchV) zurückzustellen; BVerfGE 44, 211. Vgl. auch BVerwG, Buchholz 232 § 5 BBG Nr. 2 sowie Battis, ZBR 82, 166 (170). S. daneben Fußn 131.

[109] Die Stellen für Beamte auf Probe, die noch nicht angestellt sind, werden in den Erläuterungen zum Haushaltsplan ausgewiesen (§ 17 Abs. 6 BHO).

[110] Vgl. dazu BVerwGE 32, 148; BVerwG, Buchholz 237.6 § 18 LBG Nds. Nr. 2. Die Regelung der Laufbahnprüfung von Beamtenanwärtern bedarf in ihren wesentlichen Teilen einer Festlegung durch Gesetz oder Rechtsverordnung; BVerwG, DÖD 96, 61.

[111] S. dazu z. B. BW VGH 2. 9. 1986 – 4 S 909/85 – und 28. 10. 1986 – 4 S 850/85 –, zit. nach Schütz, BR, ES/A II Nrn. 17, 18. S. in diesem Zusammenhang § 13 Abs. 3 Satz 4 BRRG.

[112] BVerwG, ZBR 85, 338: Die Ernennung eines „anderen Bewerbers" zum Beamten auf Probe sei gemäß – richtig: analog (Zusatz des Verf.) – § 14 Abs. 2 BW LBG zurückzunehmen, wenn „andere Bewerber" in der in Betracht kommenden Laufbahn nicht in das Beamtenverhältnis berufen werden dürften. BBG und BRRG enthalten keine korrespondierenden Vorschriften.

[113] RdNrn 15 ff. Vgl. auch EGMR, NJW 86, 3005 und NJW 86, 3007: Das Verfassungstreueerfordernis als Voraussetzung u. a. für die Ernennung zum Beamten auf Probe greife nicht in die Ausübung des in Art. 10 MRK geschützten Rechts der freien Meinungsäußerung ein. S. schon RdNr 16. Häde/Jachmann, ZBR 97, 8 (13) ist zuzustimmen, wenn sie mit Rücksicht auf EGMR, NJW 96, 375 betonen, daß „sich die Anstellungsbehörde schon sehr frühzeitig entscheiden muß, ob sie einen Bewerber, der Mitglied einer extremistischen Partei ist, einstellt oder nicht". Verweigere sie einem solchen Bewerber nicht von vornherein die Verbeamtung, könne sie ihn später nur noch „unter erschwerten Bedingungen" aus dem öffentlichen Dienst entfernen.

sein prognostisches Urteil über die Gewähr künftiger Verfassungstreue des Bewerbers besonderes Gewicht haben.[114]

27 Grundsätzlich steht auch die Ernennung eines Bewerbers zum Beamten auf Probe im pflichtgemäßen *Ermessen* des Dienstherrn (s. § 5 Abs. 1 BBG, § 3 Abs. 1 Satz 1 BRRG).[115, 116] Ein *Ernennungsanspruch* kommt nur in Betracht, falls
– die Ernennung rechtswirksam zugesichert worden ist[117] oder
– Art. 3 Abs. 1 oder Art. 33 Abs. 2 GG zu einer Ermessensreduzierung auf Null führen.[118]

28 Die *Ernennungszusicherung* fällt unter den Begriff der Zusicherung im Sinne des § 38 Abs. 1 Satz 1 VwVfG;[119, 120] § 2 Abs. 2 BBesG ist nicht ein-

---

[114] BVerfGE 39, 334 (356). Zu den allgemeinen Grundsätzen für die Prüfung der Verfassungstreuegewähr bei der Einstellung von Beschäftigten in der öffentlichen Verwaltung im Beitrittsgebiet s. GKÖD I, RdNrn 66 ff. zu § 7 BBG sowie Kathke, ZBR 92, 344 (346 ff.). Die neuen Länder haben – mit Ausnahme Brandenburgs – in ihren Beamtengesetzen Regelungen erlassen, um die Verbeamtung belasteter Personen zu verhindern und belastete Beamte auf Probe zu entlassen; s. hierzu im einzelnen Battis, BBG, § 7, RdNr 13 zu § 5 BBG.

[115] GKÖD I, RdNr 1 zu § 5 BBG.

[116] Soweit das Landesrecht (s. z. B. § 6 NW LVO) für die Einstellung (oder Übernahme) in das Beamtenverhältnis auf Probe Höchstaltersgrenzen vorschreibt und soweit diese Grenzen bei Verzögerungen namentlich wegen der Geburt oder der Betreuung von Kindern hinausgeschoben werden, ist folgendes zu beachten (s. NW OVG, ZBR 95, 113): Der „wesentliche Verursachungsbeitrag der Kindesbetreuung" kann durch einen „anderen Verursachungsbeitrag" verdrängt werden, etwa durch eine nicht mehr durch die Betreuung eines Kindes gerechtfertigte Ablehnung eines Einstellungsangebotes (a. a. O., S. 114). Des weiteren NW OVG, ZBR 95, 202: Die Kausalität der Kindesbetreuung für die Verzögerung der begehrten Einstellung sei auch dann ausgeschlossen, wenn der Laufbahnbewerber nach der Einstellungspraxis des Dienstherrn vor Überschreitung der Höchstaltersgrenze nicht eingestellt worden wäre. Das Risiko, daß sich im Streitfall die Kausalität nicht erweisen lasse, trage der Bewerber.

[117] Vgl. dazu eingehend Günther, ZBR 82, 193 ff., der zutreffend anmerkt, daß beamtenrechtliche Zusicherungen in der Praxis außerordentlich selten seien.

[118] Zu beachten ist, daß die Begriffe „Eignung", „Befähigung" und „fachliche Leistung" eine immanente Beurteilungsermächtigung an den Dienstherrn enthalten; BVerwGE 61, 325 mit weiteren Nachweisen. Eine Ermessensreduzierung auf Null setzt deshalb voraus, daß die Einstellungsbehörde kraft ihrer Beurteilungsermächtigung die Eignung des Bewerbers *vor* ihrer eigentlichen Auswahlentscheidung *selbst* festgestellt hat. Bei Bedarf an mehreren Beamten kommt es dementsprechend auf die *Besser*eignung einer dem Bedarf korrespondierenden Zahl an Bewerbern gegenüber anderen an.

[119] Ein Inaussichtstellen oder selbst die Mitteilung der Einstellungsabsicht, verbunden mit der Bitte, „bezüglich der Aushändigung der Ernennungsurkunde" zu einer bestimmten Zeit bei einer bestimmten Behörde „vorzusprechen", genügen nach BVerwG, ZBR 79, 331 noch nicht für eine Zusicherung; zustimmend Battis, BBG, § 183, RdNr 4 mit weiteren Nachweisen; krit. dazu Günther, ZBR 82, 193 (195).

[120] Zur Übernahme in die Laufbahn des Amtsanwalts nach erfolgreichem Durchlaufen der Ausbildung und Bestehen der Amtsanwaltsprüfung s. BW VGH, ZBR 93, 272.

schlägig und ihrer Wirksamkeit mithin nicht hinderlich. Sie muß von der für die Ernennung zuständigen Behörde in schriftlicher Form erteilt werden; sonst ist sie unverbindlich. Die behördeninterne Befugnis des Erklärenden ist seit Inkrafttreten des VwVfG[121] nicht mehr von Belang.[122] Bei anderen als Laufbahnbewerbern darf eine Ernennungszusicherung erst gegeben werden, nachdem der Bundespersonalausschuß die Befähigung festgestellt hat (§ 38 Abs. 1 Satz 2 VwVfG, § 21 Satz 2 BBG; s. auch § 16 Abs. 1 iVm § 61 BRRG). Gleiches gilt hinsichtlich der etwaigen Mitwirkung einer anderen Behörde[123] und der Beteiligung der Personalvertretung (§ 76 Abs. 1 Nr. 1, § 77 Abs. 1 BPersVG). Auf die Rücknahme einer Ernennungszusicherung findet § 48 VwVfG, auf den Widerruf § 49 VwVfG entsprechende Anwendung (§ 38 Abs. 2 VwVfG). Ändert sich die Sach- oder Rechtslage[124] nach Abgabe der Zusicherung derart, daß die Behörde bei Kenntnis der nachträglich eingetretenen Änderung die Zusicherung nicht gegeben hätte oder aus rechtlichen Gründen nicht hätte geben dürfen, so erlischt eo ipso die Bindung an die Zusicherung (§ 38 Abs. 3 VwVfG).

Art. 3 Abs. 1 oder Art. 33 Abs. 2 GG[125] vermitteln einen Anspruch auf **29** Ernennung zum Beamten auf Probe, sofern bei Zugrundelegung des *Gleichbehandlungsgrundsatzes* oder des Prinzips der *Bestenauslese* keine andere ermessensgerechte Entscheidung als die Ernennung vertretbar erscheint. Wie schon oben in ähnlichem Zusammenhang hervorgehoben ist,[126] bestimmt der Dienstherr allerdings *vorrangig* sowohl seinen künftigen Bedarf an Beamten auf Lebenszeit als auch die aus seiner Sicht maßgeblichen Eignungs-, Befähigungs- und Leistungsmerkmale (Auslesefaktoren) und deren Präferenzordnungen.[127, 128] Selbstbindungen, die er etwa durch Ausbildungs- und

---

[121] Für die Zeit vor Inkrafttreten des VwVfG vgl. BVerwGE 26, 31; BVerwG, NJW 76, 303.

[122] Vgl. aber auch Knack, VwVfG, § 38, RdNr 3.3.3; Stelkens/Bonk/Sachs, VwVfG, § 38, RdNrn 35 ff.

[123] S. dazu etwa § 9 FinVerwG.

[124] Zur Frage, ob das spätere Auftreten eines – verglichen mit dem Zusicherungsempfänger – besseren Bewerbers eine Änderung der „Sachlage" darstellt; vgl. Günther, ZBR 82, 193 (202).

[125] Die „Positivliste" des Abs. 2 wird durch Abs. 3 dahin ergänzt, daß z.B. das religiöse Bekenntnis als Kriterium bei der Auswahl nicht berücksichtigt werden darf; BVerwGE 81, 22. Für die Sonderfälle des Religionslehrers und des Lehrers an einer Bekenntnisschule s. BVerfGE 6, 306 (339); 41, 29 (46 ff.); BVerwGE 19, 252 (257 ff.) sowie RdNr 223. Zur sog. Frauenförderung s. RdNr 58.

[126] S. dazu RdNr 6 f.

[127] Das Auswahlkriterium „fachliche Leistung" kann nur belangvoll werden, wenn der Bewerber zuvor schon beruflich tätig gewesen ist. Vgl. in diesem Zusammenhang BW VGH, VBlBW 85, H. 8 III (LS): Die Einstellungsbehörde handle ermessensfehlerhaft, wenn sie Leistungen, die ein Laufbahnbewerber auf einem Dienstposten seiner Laufbahn oder einem gleichwertigen Dienstposten im Angestelltenverhältnis erbracht habe, bei der Entscheidung über die Bewerbung schlechterdings außer Betracht lasse und allein nach Maßgabe der Laufbahnprüfung entscheide.

Prüfungsvorschriften[129] eingeht, zeitigen, soweit mit Art. 33 Abs. 2 GG vereinbar, über Art. 3 Abs. 1 GG mittelbare Außenwirkung. Keine Verletzung des Gleichbehandlungsgrundsatzes (mit welcher Rechtsfolge auch immer) liegt vor, wenn der Dienstherr die Verbeamtung eines in sog. Mangelfächern ausgebildeten Lehrers im Angestelltenverhältnis nur deswegen ablehnt, weil er – anders als im übrigen mit ihm vergleichbare Lehrer – eine Beurlaubung aus familiären Gründen (s. § 48 a BRRG a. F.) begehrt.[130] Die Ablehnung der Einstellung einer Bewerberin in das Beamtenverhältnis auf Probe, die nach der Einstellung nicht Dienst leisten, sondern Urlaub zur Kinderbetreuung in Anspruch nehmen will, bedeutet keine unzulässige Benachteiligung auf Grund des Geschlechts.[131] Gegen Art. 33 Abs. 2 GG ist aber zumindest in der Regel verstoßen, wenn der Heimat-, Studien- oder Examensort in die Auswahlerwägungen einbezogen wird.[132] § 122 Abs. 2 BRRG, der einheitlich und unmittelbar für Bund und Länder gilt, verbietet es, bei der Auswahlentscheidung für die Übernahme in das Beamtenverhältnis auf Probe einen Befähigungserwerb im eigenen Bereich des Dienstherrn zu fordern.[133] Allerdings darf der Dienstherr den sachlichen Aussagewert der im Bereich eines anderen Dienstherrn erzielten Prüfungsnote – vergleichend – gewichten und dabei unterschiedlichen Prüfungsanforderungen sowie einer unterschiedlichen Beurteilungspraxis Rechnung tragen.[134] Nicht angängig ist es jedoch, spezielle fachliche Kenntnisse und Erfahrungen, die ein Bewerber aufweist, nur dann zu berücksichtigen, wenn er sie in dem Land erworben hat, in dem er eingestellt werden möchte, oder solche Kenntnisse und Erfahrungen generell und ohne Einzelfallprüfung nur bei denjenigen Mitbewerbern zu unterstellen, die ihre Laufbahnprüfung in diesem Land abgelegt haben.[135] Soweit die Einstellungsbehörde prüft, ob ein strafgerichtlich verurteilter Bewerber, dessen Verurteilungen im Bundeszentralregister getilgt worden oder zu tilgen sind, die notwendige charakterliche (Befähigung und) Eignung besitzt, hat sie das grundsätzliche Verwertungsverbot des § 51 Abs. 1 BZRG samt der Ausnahmeregelung des § 52 Abs. 1 Nr. 4 BZRG[136] in ihre

---

[128] Zur Berücksichtigung des Gesundheitszustandes von Familienangehörigen als Eignungsmerkmal bei der Einstellung eines Bewerbers in den höheren Auswärtigen Dienst s. BW VGH, ESVGH 33, 279.

[129] Zum Erlaß von Verwaltungsvorschriften über die Einrichtung einer Warteliste für Lehramtsbewerber durch die zuständige oberste Landesbehörde BVerwG, NVwZ-RR 90, 619.

[130] BrOVG, NVwZ 82, 565, wo auch ein Verstoß gegen Art. 6 GG überzeugend verneint wird.

[131] BVerwG, NJW 96, 474. S. aber auch Fußn 108.

[132] S. dazu schon Fußn 43 und 68.

[133] BVerwGE 68, 109.

[134] BVerwG, a. a. O.; vgl. auch die Anm. von Schoch, DVBl 84, 434 (436). Wie BVerwG, a. a. O.: OVG Lüneburg, NVwZ 95, 803.

[135] LArbG Köln, ZBR 90, 333.

[136] Vgl. dazu BVerwGE 54, 81; BGH, NJW 72, 1203.

Erwägungen einzubeziehen.[137] Verlauf und Ergebnis eines Einstellungsgesprächs brauchen nicht schriftlich festgehalten zu werden.[138] Der zu beteiligenden Personalvertretung (§ 76 Abs. 1 Nr. 1, § 77 Abs. 1 BPersVG) sind die Unterlagen sämtlicher – also auch der nicht im öffentlichen Dienst stehenden – Bewerber vorzulegen. Sie bedarf ihrer, um prüfen zu können, ob die Dienststelle bei der Auswahl die verfassungsrechtlichen Grenzen eingehalten hat (arg. § 77 Abs. 2 Nr. 1 BPersVG).[139, 140]

Das Gesetz zur Reform des öffentlichen Dienstrechts vom 24. 2. 1997[141] **30** hat für Beamte des Bundes die Möglichkeit einer unbefristeten Teilzeitbeschäftigung bis zur Hälfte der regelmäßigen Arbeitszeit eingeführt, die ohne weitere (familien- oder arbeitsmarktpolitische) Voraussetzungen *allein auf Antrag* gewährt werden kann, soweit dienstliche Belange nicht entgegenstehen (Art. 2 Nr. 15, § 72a BBG n.F.).[142] Der Bewerber konnte den Antrag auch nach früherem Recht schon vor Berufung in das Beamtenverhältnis auf Probe stellen. Nach der höchstrichterlichen Rechtspre-

---

[137] BW VGH, DÖD 85, 38.

[138] BVerwGE 81, 365.

[139] BVerwGE 61, 325 u.a. mit Hinweis auf BVerwGE 37, 169 (171f.). Die Personalvertretung darf ihr eigenes Werturteil über die Eignung der Bewerber nicht an die Stelle der Beurteilung durch die zuständige Behörde des Dienstherrn setzen und damit die *inhaltliche* Beteiligung an einem Vorgang beanspruchen, der von vornherein ihrer Mitbestimmung nicht zugänglich ist; BVerwG, NVwZ 87, 137. Zur Begründungspflicht der Personalvertretung s. BVerwG, PersV 90, 439 mit weiteren Nachweisen sowie Verf., PersV 91, 289 (290). S. außerdem BVerwG, PersV 93, 231: Zustimmungsverweigerung zur Einstellung von Beschäftigten wegen drohender Benachteiligung anderer Beschäftigter nur, wenn der Personalrat den Verlust eines Rechts, einer Anwartschaft oder anderer *rechtlich* erheblicher Positionen der vorhandenen Beschäftigten geltend macht. S. aber zur Abgrenzung NW OVG, ZBR 95, 84.

[140] Der Personalrat hat bei Bundesbehörden kein Recht, an den Vorstellungsgesprächen des Dienststellenleiters oder einer von ihm bestellten Auswahlkommission mit Einstellungsbewerbern teilzunehmen; BVerwG, ZBR 79, 240.

[141] BGBl I 322.

[142] Das frühere Recht kannte mit Rücksicht auf den „hergebrachten Grundsatz" der Hauptberuflichkeit und das innerlich damit verknüpfte Lebenszeitprinzip (BVerfGE 70, 251 [256]; BVerwGE 82, 196 [202f.]) nur zwei – als Ausnahmeregelungen ausgestaltete – Varianten von Teilzeitermäßigung, nämlich: die Arbeitszeitermäßigung wegen bestimmter familiärer Gegebenheiten (§ 79a Abs. 1 Nr. 1 BBG a.F., § 48a Abs. 1 Nr. 1 BRRG a.F.) und die Teilzeitbeschäftigung aus arbeitsmarktpolitischen Gründen (§ 72a BBG a.F., § 44a BRRG a.F. für Fälle des überfüllten Arbeitsmarktes und § 72b BBG a.F., § 44b BRRG a.F. für Fälle des sog. leergefegten Arbeitsmarktes). Über der Diskussion zur Verfassungsmäßigkeit der sog. Zwangsteilzeit (s. dazu RdNr 31) ist die Frage, ob die *voraussetzungslose* unbefristete Antragsteilzeit denn mit dem „hergebrachten Grundsatz" der Hauptberuflichkeit zu vereinbaren sei, gänzlich in den Hintergrund getreten. Daraus, daß das BVerwG (s. Fußn 143) entscheidendes Gewicht auf die Freiwilligkeit des Entschlusses zur Teilzeitbeschäftigung gelegt hat, läßt sich nicht folgern, daß *jedwede* Durchbrechung des Hauptberuflichkeitsgrundsatzes schon dann verfassungsrechtlich bedenkenfrei erscheine, wenn der Beamte nur damit einverstanden sei.

chung[143] mußte er dies jedoch *freiwillig* tun. Das BVerwG hat die Freiwilligkeit für den Fall verneint, daß der Bewerber vor die Alternative gestellt worden war, entweder bereits bei Einstellung als Probebeamter eine Teilzeitbeschäftigung anzunehmen oder garnicht als solcher eingestellt zu werden.[144] Die Möglichkeit der Arbeitszeitermäßigung aus *familiären Gründen* ist bestehen geblieben: Auch wer sich um Einstellung in das Beamtenverhältnis auf Probe bewirbt, hat hierauf, falls zwingende dienstliche Belange nicht entgegenstehen, einen Anspruch (s. § 72a Abs. 4 Satz 1 Nr. 1 BBG n. F.), während die Gewährung der voraussetzungslosen Antragsteilzeit bereits an „einfachen" dienstlichen Gründen scheitert und überdies in das Ermessen der zuständigen Dienstbehörde gestellt ist.[145]

31   Der Bundesrat hatte in seiner Stellungnahme zum Gesetzentwurf der Bundesregierung die Einfügung eines § 3a BRRG gefordert,[146] der es dem Dienstherrn gestatten sollte, „zur Steigerung der Effizienz des Personaleinsatzes" „verbindlich" – d.h. auch gegen den Willen des Bewerbers – ein Beamtenverhältnis „unter der Voraussetzung ständiger Teilzeitarbeit von mindestens der Hälfte der regelmäßigen Arbeitszeit" zu begründen. In ihrer Gegenäußerung[147] hatte die Bundesregierung dies – unter anderem unter Hinweis auf die Rechtsprechung des BVerwG[148] – abgelehnt: *Zwangsteilzeit* sei mit den verfassungsrechtlich garantierten hergebrachten Grundsätzen des Berufsbeamtentums nicht vereinbar. Außerdem hatte die Bundesregierung darauf aufmerksam gemacht, daß allenfalls ledige Beamte und Beamte im höheren Dienst „bei einer Reduzierung der Arbeitszeit auf 50% noch über ein Einkommen verfügen, das über den durchschnittlichen Sozialhilfeleistungen liegt". § 44a BRRG n.F. („Teilzeitbeschäftigung für Beamte ist durch Gesetz zu regeln") ist so lapidar gefaßt, daß die Länder jedenfalls

---

[143] BVerwGE 82, 196 (202ff.); BVerwG, DVBl 92, 917 und Buchholz 232 § 72a BBG Nr. 3. S. aber auch Fußn 142.

[144] S. die Nachweise in Fußn 143. Vgl. weiterhin BVerwG, RiA 93, 96: Eine vor höchstrichterlicher Klärung der Rechtslage (nach altem Recht) ausgesprochene Ermäßigung der Arbeitszeit eines neu eingestellten Beamten auf Grund eines ihm abverlangten Antrags ohne die Möglichkeit der Wahl der vollen Beschäftigung war rechtswidrig, aber nicht nichtig; ein Wiederaufgreifen des Verwaltungsverfahrens liegt im pflichtgemäßen Ermessen des Dienstherrn. S. auch SOVG, ZBR 95, 205 (zur Ermessensreduzierung auf Null) sowie HVGH, ZBR 95, 278: Bei der Entscheidung über die Rücknahme eines rechtswidrigen, die Teilzeitermäßigung eines Lehrers anordnenden Verwaltungsakts sei der Dienstherr an haushaltsrechtliche Vorgaben gebunden. Er könne sich ohne Ermessensfehler darauf berufen, daß keine besetzbare volle Planstelle zur Verfügung stehe, müsse allerdings auf den Haushaltsgesetzgeber „einwirken, damit dieser alsbald die erforderlichen Planstellen bereitstellt".

[145] Zur Möglichkeit der Reduzierung der Arbeitszeit auf weniger als die Hälfte der regelmäßigen Arbeitszeit s. § 72a Abs. 5 BBG.

[146] BT-Dr 13/3994, S. 55f.

[147] BT-Dr 13/3994, S. 79.

[148] S. die Nachweise in Fußn 143.

durch das Rahmenrecht nicht gehindert sind, nunmehr gleichsam auf eigenes Risiko die Zwangsteilzeit zu ermöglichen.[148a]

Eine Verwaltungspraxis, geprüfte Lehramtsanwärter zunächst mit befri- **32**
steten Arbeitsverträgen als *(Teil-)Zeitangestellte* zu beschäftigen, kann zwar
dem – ausschließlich öffentlichen Interessen dienenden – Funktionsvorbehalt zugunsten des Berufsbeamtentums (Art. 33 Abs. 4 GG) widersprechen,[149] verletzt aber nicht das Recht des Bewerbers auf gleichen Zugang zu
einem öffentlichen Amte (Art. 33 Abs. 2 GG).[150] Welche Bewerber zu welchen späteren Zeitpunkten vom (Teil-)Zeitangestelltenverhältnis in das Beamtenverhältnis auf Probe übernommen werden, muß freilich – nach Maßgabe des fächerspezifischen Bedarfs[151] – grundsätzlich anhand der aus
Art. 33 Abs. 2 GG abzuleitenden Kriterien entschieden werden.[152] Wegen
möglicher Einwirkungen des Sozialstaatsprinzips ist auf Teilabschnitt 1.a)
a. E.[153] zu verweisen.[154]

[148a] Zur Öffnungsklausel des § 44 a BRRG s. Battis, ZBR 97, 237 ff.

[149] Ausschlaggebend für die Rechtmäßigkeit der Übertragung hoheitlicher Aufgaben an Nichtbeamte ist, daß das durch Art. 33 Abs. 4 GG normierte Regel-/Aus-
nahme-Verhältnis – bei einer vergleichenden Gesamtwürdigung, die alle Dienstbe-
ziehungen des in Frage stehenden Verwaltungsbereichs berücksichtigt – gewahrt
bleibt und daß es einen sachlichen Grund für die Ausnahme gibt; vgl. Maunz/Dürig/
Herzog/Scholz, GG, Art. 33, RdNr 42; ferner BVerfGE 9, 268 (284). S. aber auch
Ruland, ZRP 83, 278 (283) mit Nachweisen. Ferner Summer, ZBR 93, 97 (98 Anm. 8):
Von der Konzeption des Art. 33 Abs. 4 GG her sei der Beamtenstatus „für *Lehrer*
heute vielfach notwendiger als für manche klassische Eingriffsverwaltung". Zum
Funktionsvorbehalt und zur Zweispurigkeit des öffentlichen Dienstes s. des weiteren Battis in: Achterberg/Püttner, BesVR, 4/1 RdNrn 39 ff. sowie Lecheler in: Isen-
see/Kirchhof, HdB d. StR III, § 72, RdNrn 8 ff., 23 ff. S. schließlich Verf., ZBR 96,
327 ff.

[150] BW VGH, NJW 80, 1868; NW OVG, DÖD 82, 66; vgl. auch BW VGH,
ZBR 82, 32 (LS) sowie Maunz/Dürig/Herzog/Scholz, GG, Art. 33, RdNrn 12, 17 und
40.

[151] Zur Ablehnung der Verbeamtung eines in sog. Mangelfächern ausgebildeten
Lehrers im Angestelltenverhältnis, weil er eine Beurlaubung aus familiären Gründen
begehrt, s. RdNr 29.

[152] Das Versprechen gegenüber Bewerbern, die zunächst als (Teil-)Zeitangestellte
beschäftigt werden, nach mehrjähriger (erfolgreicher) Tätigkeit in das Beamtenverhältnis auf Probe übernommen zu werden, kann, wenn es hinreichend konkret gefaßt
und mit (rechtlichem) Bindungswillen abgegeben wird, Zusicherungscharakter haben;
vgl. dazu Günther, ZBR 82, 193 mit weiteren Nachweisen sowie BW VGH, ZBR 82,
32 (LS). Nach BW VGH, ZBR 86, 283 werden die Rechte *künftiger* Lehramtsbewerber nicht berührt, wenn der Dienstherr *anstehende* Bewerber als sog. Nebenlehrer im
Angestelltenverhältnis mit der Zusage einer beamtenrechtlichen Einstellung übernimmt.

[153] RdNr 8.

[154] Schmidt-Aßmann, NJW 80, 16 (18) weist – unter Anführung markanter Beispiele – überzeugend darauf hin, daß nicht alles, „was unter der Flagge des sozialen
Gesichtspunktes segelt oder sonst sich für den einen oder anderen subjektiv als ein
solches Kriterium darstellen mag", seinem objektiven Gehalt nach diese Qualifizierung verdiene.

b) Probezeit zur Übertragung eines Amtes mit leitender Funktion

33   Nach früherem Recht wurden leitende Funktionen in der öffentlichen Verwaltung regelmäßig unmittelbar auf Dauer im Beamtenverhältnis auf Lebenszeit vergeben. Der Dienstherr konnte seine Eignungsprognose[155] daher später gewöhnlich nicht mehr korrigieren. Um Fehleinschätzungen namentlich in Richtung auf die Fähigkeit zur Personalführung mit ihren mißlichen Folgen möglichst zu entgehen, werden im Bundesbereich nunmehr Ämter mit leitender Funktion zunächst grundsätzlich (s. aber § 24a Abs. 1 Sätze 3 und 4 BBG) im Beamtenverhältnis *auf Probe* übertragen (§ 24a BBG). Die Länder können Entsprechendes bestimmen (§ 12a BRRG).[155a] Derartige Ämter sind im Bund die Ämter der Abteilungs- und der Unterabteilungsleiter in den obersten Bundesbehörden und die der Besoldungsordnung B angehörenden Ämter der Leiter der übrigen Bundesbehörden sowie der bundesunmittelbaren Körperschaften, Anstalten und Stiftungen des öffentlichen Rechts, soweit sie nicht richterliche Unabhängigkeit besitzen; in den Ländern ist der Kreis auf die der Besoldungsordnung B angehörenden Ämter mit leitender Funktion sowie die Ämter der Leiter von Behörden oder Teilen von Behörden eingegrenzt (s. jeweils Abs. 6).[155b] Vom Tage der Ernennung zum Beamten auf Probe an ruhen für die Dauer der Probezeit grundsätzlich die Rechte und Pflichten aus dem Amt, das dem Beamten zuletzt im – fortbestehenden – Beamtenverhältnis auf Lebenszeit übertragen worden ist (s. jeweils Abs. 2 Satz 2); das – fortbestehende – Beamtenverhältnis auf Lebenszeit wird durch das neue Beamtenverhältnis auf Probe „überlagert". Mit dem erfolgreichen Abschluß der Probezeit soll – im Länderbereich: muß – dem Beamten das (Führungs-)Amt auf Dauer im Beamtenverhältnis auf Lebenszeit übertragen werden (s. jeweils Abs. 5 Satz 1 Hs. 1). Haben sich die Leistungserwartungen nicht erfüllt, verbleibt der Beamte in dem Statusamt, das er vor der Ernennung zum Beamten auf Probe innehatte; er erhält einen diesem Amt korrespondierenden Dienstposten. Weitergehende Ansprüche bestehen nicht (s. jeweils Abs. 5 Sätze 2 und 3).

34   Bei der *Auswahl* zwischen mehreren Bewerbern um ein Amt mit leitender Funktion ist das Bestenausleseprinzip (Art. 33 Abs. 2 GG) *uneingeschränkt* zu beachten. Auf Abschnitt V.1[156] kann sinngemäß Bezug genommen werden. Daß die probeweise Wahrnehmung des Amtes eine spätere Korrektur der Eignungsprognose zuläßt, mindert nicht die Anforderungen, die insoweit im Auswahlstadium zu stellen sind.[157]

---

[155] S. hierzu RdNr 170.

[155a] Zur Verfassungsmäßigkeit der Regelung Günther, ZBR 96, 65 (73); Battis, ZBR 96, 193 (197); s. auch Leisner, ZBR 96, 289 (297f.)

[155b] Die genannten Ämter sind für eine unmittelbare Besetzung im Beamtenverhältnis auf Lebenszeit gesperrt (Ausnahme jeweils Abs. 3 Satz 1); s. Plog/Wiedow/Beck/Lemhöfer, BBG, § 24a, RdNr 5

[156] RdNrn 56ff.

[157] Zur Übertragung leitender Funktionen im Zeitbeamtenverhältnis s. Verf., NVwZ

3. Prozessuale Fragen

a) *Verwaltungsrechtsweg*

Für die auf Erfüllung gerichtete Klage eines (außerhalb eines Beamtenver- **35** hältnisses stehenden) Bewerbers, dessen Einstellungsantrag nicht zum Ziel geführt hat, ist der Verwaltungsrechtsweg gegeben.[158] Dies folgt aus einer entsprechenden Anwendung des § 126 Abs. 1 BRRG,[159] ohne daß es eines Rückgriffs auf § 40 Abs. 1 VwGO bedürfte.[160] Die Klage auf Verpflichtung des Beklagten zur Begründung eines Beamtenverhältnisses – oder Neubescheidung des Einstellungsverlangens[161] – steht einer Klage „aus dem Beamtenverhältnis" gleich.[162]

Wird im Verwaltungsstreitverfahren *schlechthin* die Aufnahme in den **36** *öffentlichen Dienst* eines bestimmten Verwaltungszweiges begehrt, so hängt die Zulässigkeit des Rechtsweges davon ab, ob es innerhalb des in Betracht kommenden Verwaltungszweiges und des engeren Bereichs, zu dem der Kläger Zugang erhalten möchte, nur Dienstnehmer im Beamtenverhältnis oder daneben auch solche im (privatrechtlichen) Arbeitsverhältnis gibt. Ist letzteres der Fall, so muß der Rechtsstreit, soweit er sich (auch) auf die Begründung eines Arbeitsverhältnisses bezieht, an das zuständige Arbeitsgericht verwiesen werden, weil insofern der Verwaltungsrechtsweg nicht eröffnet ist.[163] Die *Zweispurigkeit* der Beschäftigungsverhältnisse führt dazu, daß der Bewerber, dem es ausschlaggebend darum geht, *überhaupt* in den öffentlichen Dienst zu gelangen, unter Umständen (neben- oder nacheinander) *sowohl* eine verwaltungsgerichtliche *als auch* eine arbeitsgerichtliche Klage erheben muß.[164]

Während es im Ergebnis keinen Zweifeln begegnet, daß der erfolglos ge- **37** bliebene Einstellungsbewerber mit seinem Erfüllungsbegehren den Verwaltungsrechtsweg beschreiten kann, liegt es nicht ohne weiteres auf der Hand, ob er nach Ausschöpfung des Stellenkontingents durch anderweitige Stel-

---

97, 521 (522). Vgl. außerdem Plog/Wiedow/Beck/Lemhöfer, BBG, § 24a, RdNr 21 mit weiteren Nachweisen.
[158] Vgl. BVerwGE 26, 31 (für den Fall einer angeblichen Einstellungszusage); ferner BGHZ 23, 36 und BAG, RiA 66, 66. RP OVG, ZBR 64, 242 stellt mit Recht darauf ab, ob der Kläger einen Anspruch geltend macht, der dem Beamtenrecht eigen ist oder in ihm wurzelt (a. a. O., S. 243); des weiteren Verf., ZBR 92, 257 (258 f.).
[159] Battis, BBG, § 172, RdNr 7.
[160] So aber BW VGH, ZBR 82, 29.
[161] S. dazu RdNr 38.
[162] S. auch § 52 Nr. 4 VwGO: Dort sind die Streitigkeiten, die sich auf die Entstehung eines Beamtenverhältnisses beziehen, im Hinblick auf die örtliche Zuständigkeit ausdrücklich den Klagen aus einem gegenwärtigen oder früheren Beamtenverhältnis gleichgestellt. Zum maßgeblichen Zeitpunkt für die Beurteilung der Sach- und Rechtslage s. BayVGH, ZBR 86, 126.
[163] BW VGH, ZBR 82, 29.
[164] § 17 Abs. 2 Satz 1 GVG führt nicht zu einem anderen Ergebnis.

lenbesetzung auch ein Schadensersatzbegehren an die Verwaltungsgerichte herantragen kann. Der BayVGH und das VG Ansbach[165] haben dazu die Ansicht geäußert, daß sich der Einstellungsbewerber wie jeder andere Staatsbürger insoweit auf einen Amtshaftungsanspruch (§ 839 BGB, Art. 34 GG) verweisen lassen müsse; eine Erstreckung der Fürsorgepflicht in den „Vorraum" des Beamtenverhältnisses, nämlich in das Stadium der Vorgänge, die die Ernennung bewirken sollen, sei verfassungsrechtlich nicht geboten.[166] Man wird demgegenüber einräumen müssen, daß sich die gegenteilige Auffassung immerhin darauf berufen könnte, die Problematik sei losgelöst vom Rechtsinstitut der Verletzung der Fürsorgepflicht zu sehen und ein Erfüllungsanspruch, soweit er im Lichte seiner Einklagbarkeit nach oder analog § 126 Abs. 1 BRRG zu betrachten sei, müsse ein (auch) in dieser Beziehung gleichartiges Pendant in einem Schadensersatzanspruch haben.[167]

b) Klageart und vorläufiger Rechtsschutz

38   Da die Beamtenernennung Verwaltungsaktscharakter hat,[168] bieten sich als sachdienliche Klagearten *Verpflichtungs- oder Bescheidungsklage* an (§ 42 Abs. 1, § 113 Abs. 5 Satz 2 VwGO). Eine Verpflichtungsklage kann nur dann aussichtsreich sein, wenn das Ermessen, welches dem Dienstherrn grundsätzlich zusteht, auf die Ernennung als einzige rechtlich zulängliche Möglichkeit geschrumpft ist (s. § 113 Abs. 5 Satz 1 VwGO).

39   Für eine (allgemeine) Leistungsklage[169] in Gestalt einer *Unterlassungsklage*,[170] die darauf abzielt, daß dem Beklagten untersagt werde, die Einstellung aus einem bestimmten Grunde – etwa wegen Fehlens der charakterlichen Eignung – abzulehnen, fehlt das Rechtsschutzinteresse.[171] Wenn der fragliche Grund von der Einstellungsbehörde als *einziges* Hindernis für eine Beamtenernennung angesehen wird, kann der Bewerber nämlich Verpflichtungsklage erheben; andernfalls erreicht er mit der erfolgreichen Bescheidungsklage, daß der Beklagte gehalten ist, über seinen Einstellungsantrag erneut zu entscheiden und dabei die den vermeidlichen Hinderungsgrund verneinende Rechtsauffassung des Gerichts zu beachten, während die Unterlassungsklage – für sich genommen – nicht zu einem die Neubescheidung anordnenden Ausspruch des Gerichts führen kann. Ebenso unzulässig ist eine Klage

---

[165] ZBR 85, 167.

[166] Ebenso Verf., DÖD 90, 153 (154). S. aber auch Verf., ZBR 92, 257 (259).

[167] Vgl. insoweit BVerwG, NJW 89, 538 sowie Verf., NVwZ 89, 435; aber auch Günther, NVwZ 89, 837.

[168] S. dazu RdNr 2.

[169] Zur (allgemeinen) Leistungsklage als Klageart vgl. BVerwGE 31, 301; s. auch § 126 Abs. 3 BRRG.

[170] Zur Unterlassungsklage vgl. BVerwGE 40, 323; BVerwG, DVBl 71, 746; Redeker/von Oertzen, VwGO, § 42, RdNr 162 mit weiteren Nachweisen.

[171] NW OVG 24. 2. 1982 – 6 A 1842/80 – hält in einem solchen Fall fälschlicherweise ein Verpflichtungsbegehren für gegeben; das Problem des Rechtsschutzinteresses behandelt das Gericht nicht.

auf *Feststellung*, daß die in einem Bundesland erworbene Befähigung für ein Lehramt gemäß § 122 Abs. 2 BRRG zum Erwerb der Befähigung für die entsprechende Laufbahn in einem anderen Land geführt habe. Diese Klage betrifft kein „Rechtsverhältnis" im Sinne des § 43 Abs. 1 VwGO, sondern nur ein einzelnes rechtliches Element, das für die Beurteilung eines (künftigen) Einstellungs- oder Versetzungsantrags Bedeutung erlangen kann.[172]

Erledigt sich das Einstellungsbegehren während des Rechtsstreits dadurch, daß der Bewerber zum Beamten ernannt wird oder das Stellenkontingent anderweit ausgeschöpft ist, so ergibt sich für ihn die Frage, ob er den ursprünglichen Verpflichtungs- oder Bescheidungsantrag mit Erfolgsaussicht auf einen *Fortsetzungsfeststellungsantrag* (§ 113 Abs. 1 Satz 4 VwGO) umstellen kann oder aber die Hauptsache gemäß § 161 Abs. 2 VwGO für erledigt erklären sollte. Daß § 113 Abs. 1 Satz 4 VwGO auf Verpflichtungs-[173] und Bescheidungsklagen[174] analoge Anwendung findet, ist zweifelsfrei. Die Zulässigkeit eines Fortsetzungsfeststellungsantrags wird jedoch nicht selten am fehlenden Feststellungsinteresse[175] scheitern. Ist dem Kläger durch die unterbliebene oder aus seiner Sicht verspätete Einstellung ein Schaden entstanden, so könnte zwar ein Schadensersatzanspruch gemäß Art. 34 GG iVm § 839 BGB erwägenswert sein; Voraussetzungen hierfür sind aber, daß die Ablehnung der Einstellung – zu einem früheren Zeitpunkt – rechtswidrig gewesen ist, daß der für die Ablehnung verantwortliche Amtswalter schuldhaft gehandelt hat und daß der Kläger ohne den Rechtsfehler – zu einem früheren Zeitpunkt – eingestellt worden wäre oder hätte eingestellt werden müssen. Ist auch nur eines dieser Merkmale[176] *offensichtlich* nicht erfüllt und damit ein Schadensersatzprozeß *offenbar* aussichtslos, so besteht insofern kein Feststellungsinteresse.[177]

Die in die Diskussion eingeführte[178] Rechtsfigur einer *Drittanfechtung* **41** der Beamtenernennung durch einen erfolglos gebliebenen Mitbewerber (die

40

---

[172] BVerwG, ZBR 87, 376.

[173] Vgl. BVerwGE 51, 264 (265); 52, 313 (316); 68, 360 (367); 72, 38 (41); 89, 354; BVerwG, ZBR 82, 77.

[174] Vgl. BVerwG, NVwZ 87, 229 und BayVBl 86, 313.

[175] Allgemein zum Feststellungsinteresse bei beamtenrechtlichen Fortsetzungsfeststellungsklagen Verf., DVBl 90, 140 ff. sowie ZBR 92, 257 (270 f.).

[176] Zum fehlenden Verschulden, wenn ein *Kollegialgericht* das Verhalten des für die Ablehnung verantwortlichen Beamten inzwischen als rechtmäßig bewertet hat, vgl. BVerwG, NJW 85, 876 und ZBR 86, 149, jeweils mit weiteren Nachweisen. S. auch RdNr 70. Vgl. aber außerdem BrOVG, DÖD 88, 194 mit der Einschränkung, das Urteil des Kollegialgerichts müsse erkennen lassen, daß das Gericht die Sach- und Rechtslage „mit der gebotenen Sorgfalt gewürdigt" habe.

[177] S. dazu im einzelnen Verf., DVBl 90, 140 (144). Zur Annahme eines Feststellungsinteresses (u. a.) unter dem Gesichtspunkt der Rehabilitation vgl. BVerwG, RiA 82, 153. Daß ein anderer Bewerber als besser qualifiziert betrachtet worden ist, reicht insoweit nicht aus; Günther, ZBR 79, 93 (111).

[178] Zum Meinungsstand s. Günther, NVwZ 86, 697 (698) sowie die Voraufl., 1. Teil, Anm. 153 ff.

sog. Konkurrentenklage[179]), welche hauptsächlich im Blick auf Beförderungsamts-Konkurrenzen erörtert worden ist, hatte keine Zukunft mehr, nachdem das BVerwG[180] klargestellt hatte, daß die Ernennung des zum Zuge gekommenen Bewerbers ein den erfolglosen Mitbewerber „nicht betreffender Verwaltungsakt" sei und daß das Besetzungsverfahren „mit der endgültigen anderweitigen Besetzung einer Stelle" „beendet" werde. Als probates Mittel zur Gewährung effektiven Rechtsschutzes (auch) bei Einstellungskonkurrenzen ist inzwischen die *einstweilige Sicherungsanordnung* (§ 123 Abs. 1 Satz 1 VwGO) etabliert, mit der eine Stellenbesetzung – die „Schaffung vollendeter Tatsachen"[181] – vorläufig untersagt wird.[182] Eine Sicherungsanordnung ist in Betracht zu ziehen, wenn die Besorgnis glaubhaft gemacht ist (§ 123 Abs. 3 VwGO, § 920 Abs. 2, § 294 ZPO), daß die Auslese unter den in die Auswahlerwägungen Einzubeziehenden in verfahrens- oder in materiellrechtlicher Hinsicht nicht fehlerfrei getroffen worden ist.[183] Verfahrensfehler können darin liegen,

– daß die Einstellungsbehörde einer Ausschreibungspflicht nicht genügt hat,[184]
– daß sie ihrer Pflicht zur Beteiligung der Personalvertretung (§ 76 Abs. 1 Nr. 1, § 77 Abs. 1 BPersVG) nicht oder nicht in der gebotenen Weise nachgekommen ist oder
– daß es an der notwendigen Chancengleichheit der Bewerber mangelt, etwa deshalb, weil ein Bewerber (anders als die übrigen) sich nicht in einem Vorstellungsgespräch vor einer Auswahlkommission hatte präsentieren können.

Fehler materiellrechtlicher Art können in Verstößen gegen das Bestenausleseprinzip (Art. 33 Abs. 2 GG) oder gegen Diskriminierungsverbote (Art. 3 Abs. 3, Art. 33 Abs. 3 GG, § 8 Abs. 1 Satz 2 BBG)[185] bestehen. Der Antragsteller hat bei einem Rechtsschutz, der bereits im *Vorfeld* einsetzt, den Vorteil, daß er nur die Fehlsamkeit des bisherigen Auswahlverfahrens und/oder -ergebnisses und die *Möglichkeit* der Kausalität der Fehler, nicht dagegen glaubhaft zu machen braucht, daß er bei ordnungsgemäßem Vorge-

---

[179] Zur Terminologie s. Wittkowski, NJW 93, 817.

[180] BVerwGE 80, 127; BVerwG, ZBR 89, 281.

[181] BVerfG, DVBl 89, 1247 (1248); s. dazu Verf., NVwZ 90, 637.

[182] S. Verf., DÖD 90, 153 (156 f.).

[183] Der inzwischen gängige Ausdruck „Bewerberverfahrensanspruch" (s. zuerst HVGH, NJW 85, 1103 und ZBR 86, 205 [206] ist nicht gerade glücklich, weil er nicht recht deutlich werden läßt, daß „die Beachtung der Verfahrensrechte ... nicht Selbstzweck" ist (RP VerfGH, ZBR 95, 23 [25]). „Verfassungsrechtliches Schutzobjekt (ist) das Recht auf gleichen Zugang zu den öffentlichen Ämtern. Die Funktion des Verfahrens besteht und erschöpft sich deshalb darin, die Durchsetzung dieses materiellen Rechts sicherzustellen." (RP VerfGH, a.a.O.). Vgl. schon Günther, ZBR 90, 284 [286]; daneben SH OVG, NVwZ-RR 94, 350 [351].

[184] S. dazu Fußn 341.

[185] Vgl. BW VGH, DVBl 68, 255.

hen und Zugrundelegung rechtlich bedenkenfreier Maßstäbe zwingend aus-
zuwählen (gewesen) sei (wäre).[186] Soll die Ernennung nicht mit dem Tage
der Aushändigung der Ernennungsurkunde, sondern erst später wirksam
werden (vgl. § 10 Abs. 2 Satz 1 BBG), so ist der Eintritt der (inneren) Wirksamkeit nach Aushändigung der Urkunde nicht mehr durch einstweilige
Anordnung zu verhindern.[187]

Eine *einstweilige Regelungsanordnung* (§ 123 Abs. 1 Satz 2 VwGO) des **42**
Inhalts, daß der Antragsgegner zur Einstellung eines Bewerbers als Beamten
auf Probe (oder auf Lebenszeit) verpflichtet wird, liefe zumindest in der Regel auf eine unzulässige Vorwegnahme der Entscheidung in der Hauptsache
und eine Überschreitung des Entscheidungsrahmens der Hauptsache hinaus.
Sie ist gewöhnlich schon deshalb – überdies zumeist aber auch, weil sich ein
Anordnungsanspruch kaum je wird glaubhaft machen lassen – nicht diskutabel.

Wo der Vorbereitungsdienst zugleich Ausbildungsstätte im Sinne des **43**
Art. 12 Abs. 1 Satz 1 GG ist,[188] kann die *sofortige* Aufnahme in den Vorbereitungsdienst unter Vorwegnahme der Entscheidung in der Hauptsache
hingegen die einzige Möglichkeit effektiver Rechtsschutzgewährung sein,
so daß eine Verpflichtung der Verwaltung, einen Bewerber in das Beamtenverhältnis auf Widerruf zu berufen, solchenfalls auch im Wege der einstweiligen Anordnung ausgesprochen werden kann.[189] Der Erlaß einer einstweiligen Anordnung auf vorläufige Zulassung eines aus Kapazitätsgründen ab-
gelehnten Bewerbers zum juristischen Vorbereitungsdienst setzt nicht
voraus, daß der Bewerber glaubhaft macht, er könne den Vorbereitungsdienst auch in einem anderen Bundesland nicht ohne erheblichen Zeitverlust
beginnen.[190]

c) Vorverfahren

Der Bewerber muß gegen die Ablehnung seines Einstellungsantrags zu- **44**
nächst Widerspruch einlegen (§ 126 Abs. 3 BRRG iVm §§ 68ff. VwGO)[191]
und kann grundsätzlich erst klagen, nachdem sein Widerspruch zurückgewiesen worden ist (§ 74 VwGO). Ist über seinen Einstellungsantrag oder

---

[186] In diesem Sinne BrOVG, DÖD 85, 42; HVGH, NJW 85, 1103; NW OVG, ZBR
86, 54; VG Freiburg, ZBR 85, 350.
[187] SOVG, ZBR 85, 274.
[188] S. RdNrn 9ff.
[189] S. hierzu Finkelburg/Jank, Vorläufiger Rechtsschutz, RdNr 922 mit umfassenden Nachweisen.
[190] HmbOVG, DVBl 87, 316; abw. BrOVG 86, 477.
[191] Bis zum Abschluß eines verwaltungsgerichtlichen Verfahrens kann die nach § 39
VwVfG regelmäßig erforderliche Begründung nachgeholt werden (§ 45 Abs. 1 Nr. 2,
Abs. 2 VwVfG). Ermessenserwägungen können auch noch im verwaltungsgerichtlichen Verfahren ergänzt werden (§ 114 Satz 2 VwGO). Zu den Anforderungen, die
an die Begründung eines Verwaltungsakts gestellt werden dürfen, durch den die Einstellung eines Beamtenbewerbers abgelehnt wird, s. BVerwG, RiA 81, 217 (218f.).

seinen Widerspruch ohne zureichenden Grund in angemessener Frist sachlich nicht entschieden worden, so ist die Klage auch ohne (abgeschlossenes) Vorverfahren zulässig (§ 75 Satz 1 VwGO). Sie darf jedoch nicht vor Ablauf von drei Monaten seit der Einlegung des Widerspruchs oder seit dem Antrag auf Einstellung erhoben werden, außer wenn wegen besonderer Umstände des Falles eine kürzere Frist geboten ist (§ 75 Satz 2 VwGO). Wird einem Bewerber, der (zumindest in erster Linie) um Einstellung als Beamter nachgesucht hatte, als Reaktion auf seinen Antrag lediglich ein Angebot zum Abschluß eines Arbeitsvertrages unterbreitet, so kann darin zugleich die konkludente Ablehnung des Einstellungsantrags zu erblicken sein. Für die Auslegung ist auf den Empfängerhorizont des Bewerbers abzustellen; Zweifel wirken sich zum Nachteil der öffentlichen Verwaltung aus.[192]

d) Beweislast[193]

45   Bleibt in tatsächlicher Hinsicht offen, ob der Bewerber die persönlichen Voraussetzungen für eine Einstellung (s. insbesondere § 7 BBG, § 4 BRRG sowie Nr. 1 DV zu § 27 DBG)[194] erfüllt, so ist seine Klage abzuweisen. Den Nachteil der Beweislosigkeit trägt er auch, wenn sich die für die Annahme eines Einstellungsanspruchs entscheidungserheblichen Umstände nicht klären lassen.[195]

46   Herrscht Streit über die Gewähr künftiger *Verfassungstreue* des Bewerbers, so kann sich die Beweislastproblematik nur in bezug auf die *tatsächlichen Grundlagen* der dem Dienstherrn vorbehaltenen Prognose, nicht dagegen im Blick auf diese selbst stellen.[196] Die Unerweislichkeit der Tatsachen, aus denen der Dienstherr seine Zweifel herleitet, wirkt sich zu seinen Lasten, ein non liquet hinsichtlich solcher Fakten, die geeignet sein könnten, die Zweifel zu zerstreuen, zu Lasten des Bewerbers aus.[197] Den Dienstherrn trifft mithin die Beweislast etwa dann, wenn nicht festgestellt werden kann, ob der Bewerber einer Partei oder Organisation mit verfassungsfeindlicher Zielsetzung angehört oder nahesteht oder ob er an einer bestimmten Veranstaltung teilgenommen hat; der Bewerber bleibt dagegen z.B. beweisfällig,

---

[192] BVerwGE 41, 305; vgl. auch NW OVG, DÖD 60, 55.

[193] Die Erörterung der Beweislastfragen an dieser Stelle beruht ausschließlich darauf, daß die Beweislast nur im Prozeß bedeutsam wird. Werden Grundsätze der Beweislast verletzt, so handelt es sich für eine Revision (s. § 137 Abs. 3 VwGO) um materiellrechtliche, nicht um Verfahrensfehler; BVerwGE 19, 87 (94); 45, 131; BGHZ 31, 358.

[194] Zur Einstellungsuntersuchung vgl. OLG Düsseldorf, ZBR 80, 389 (LS).

[195] Zur Beweislast im Zusammenhang mit Ernennungen s. im einzelnen Verf., ZBR 95, 321 (323 ff.).

[196] BVerwGE 61, 176 (189) mit weiteren Nachweisen; mißverständlich insofern BVerfGE 39, 334 (353), es gebe keine „Beweislast", weder für den Bewerber, daß er die geforderte Gewähr biete, noch für die Einstellungsbehörde, daß dies nicht der Fall sei (vgl. dazu Kriele, NJW 79, 1 [2]). S. auch Lecheler in: Isensee/Kirchhof, HdB d. StR III, § 72, RdNrn 96 ff.

[197] S. Fußn 196.

falls sich die Richtigkeit seiner Behauptung, daß seine frühere Verbindung zu einer derartigen Partei oder Organisation inzwischen entfallen sei, im Prozeß nicht bestätigt.[198]

IV. Anstellung

Die erste Verleihung eines Amtes (§ 6 Abs. 1 Nr. 3 BBG, § 5 Abs. 1 Nr. 3 **47** BRRG) wird regelmäßig[199] nach erfolgreichem Abschluß der Probezeit (§ 10 Abs. 2 Satz 1 BLV) vollzogen. Frühestens ist sie gleichzeitig mit der Einstellung rechtlich möglich, weil nur ein Beamter Amtsinhaber sein kann,[200] spätestens muß sie zusammen mit der Ernennung zum Beamten auf Lebenszeit oder auf Zeit vorgenommen werden.[201]

1. Amtsbegriff

Der Begriff des Amtes wird sowohl im BBG als auch im BRRG und in **48** den Beamtengesetzen der Länder in verschiedenen Bedeutungen verwendet. Das BVerwG[202] hat die auf H. J. Wolff[203] zurückgehende Unterscheidung zwischen dem Amt im *statusrechtlichen* und dem Amt im *funktionellen* Sinne übernommen. Unter dem Amt im statusrechtlichen Sinne ist die durch die Zugehörigkeit zu einer Laufbahngruppe, die besoldungsrechtliche Einstufung,[204] insbesondere das Endgrundgehalt, und die Amtsbezeichnung charakterisierte Rechtsstellung des Beamten zu verstehen.[205] Mit dem Amt im funktionellen Sinne kann zum einen der abstrakte Aufgabenkreis ge-

---

[198] S. hierzu auch Nierhaus, Beweismaß und Beweislast, 1989, S. 360 f.

[199] S. jedoch § 10 Abs. 3, 4 BLV, § 9 Abs. 7 Satz 4 ArbplSchG, § 8 a SVG und § 17 Abs. 1 EhfG, die eine Anstellung schon während der Probezeit zulassen. Zum Ausgleich wehrdienstbedingter Verzögerungen bei der Anstellung eines Beamten, dessen Laufbahnausbildung im Arbeitsverhältnis durchgeführt worden ist, vgl. BVerwG, RiA 82, 154. S. auch § 16 a Abs. 1 ArbplSchG, demzufolge bei der Festsetzung des Anstellungszeitpunktes bei einem früheren Soldaten auf Zeit nicht nur die Zeit des gesetzlichen Grundwehrdienstes, sondern auch die zweijährige Dienstzeit zu berücksichtigen ist; dazu BVerwG, ZBR 86, 170 und DVBl 90, 253.

[200] S. dazu § 44 Abs. 1 Nr. 3 BLV.

[201] So ausdrücklich § 9 Abs. 1 Satz 2 HmbBG.

[202] BVerwGE 49, 64; 60, 144; 65, 270; BVerwG, ZBR 75, 226 und ZBR 81, 339.

[203] Vgl. nunmehr Wolff/Bachof/Stober, VwR II, § 109 I.

[204] Ehrenbeamte und Beamte auf Widerruf, die nur nebenbei verwendet werden, haben, da das BBesG auf sie nicht anwendbar ist (§ 1 Abs. 1 Nr. 1 a. a. O.), kein Amt im statusrechtlichen Sinne, wohl aber Beamte auf Widerruf, die nur vorübergehend verwendet werden; s. dazu RdNr 3.

[205] Vgl. BVerwGE 87, 310 (313); BVerwG, NVwZ-RR 96, 161. Beispiel: Regierungsinspektor oder Regierungsoberinspektor (Anlage I zum BBesG, Besoldungsordnung A, Besoldungsgruppen A 9 und A 10 iVm Vorbemerkung 1 Abs. 2 der Anlage I a. a. O. und der durch Vorbemerkung 1 Abs. 3 der Anlage I a. a. O. für den Bundesbereich dem BMI vorbehaltenen Festsetzung der Zusätze zu den Grundamtsbezeichnungen).

meint sein, welcher innerhalb einer Behördenorganisation der Rechtsstellung des Beamten entspricht (Amt im *abstrakt*-funktionellen Sinne);[206] zum anderen kann auch der dem Beamten durch Organisations- und Geschäftsverteilungsplan bei der Beschäftigungsbehörde übertragene Dienstposten „Amt" genannt werden (Amt im *konkret*-funktionellen Sinne).[207, 208]

49   § 6 Abs. 1 Nr. 3 BBG (§ 5 Abs. 1 Nr. 3 BRRG) meint das Amt im *statusrechtlichen* Sinne.[209] Bis zur Anstellung hat der Beamte auf Probe kein statusrechtliches Amt, wohl aber ein solches im funktionellen Sinne; er führt noch keine Amtsbezeichnung (§ 81 BBG), sondern eine Dienstbezeichnung, die sich regelmäßig an die Amtsbezeichnung des Eingangsamtes der Laufbahn – mit dem Zusatz „zur Anstellung" („z. A.") – anlehnt (§ 9 BLV). Dem Beamten auf Widerruf im Vorbereitungsdienst ist nicht einmal ein Amt im funktionellen Sinne zugeordnet, weil dies dem Ausbildungszweck des Vorbereitungsdienstes zuwiderliefe;[210] eine Anstellung während des Vorbereitungsdienstes scheidet gleichfalls aus.

2. Anstellungsanspruch

50   Wie die übrigen Ernennungen[211] steht auch die – mitbestimmungspflichtige (§ 76 Abs. 1 Nr. 1, § 77 Abs. 1 BPersVG) – Anstellung grundsätzlich im pflichtgemäßen *Ermessen* des Dienstherrn. § 10 Abs. 2 Satz 1 BLV begründet – für sich genommen – keinen Anstellungsanspruch. Dies folgt aus der einschränkenden Wendung „im Rahmen der besetzbaren Planstellen" und aus dem angefügten Satz 2, wonach bei der Entscheidung über die Anstellung die Ergebnisse der Bewährungsfeststellung (§ 7 Abs. 3 BLV), die fachlichen Leistungen und Dienstzeiten nach Abschluß der Probezeit (§ 7 Abs. 1 BLV) und das Ergebnis der Laufbahnprüfung oder einer als gleichwertig anerkannten Prüfung zu berücksichtigen sind. Nur eine Zusicherung im Sinne des § 38 Abs. 1 Satz 1 VwVfG, eine Ermessensreduzierung unter den verfassungsrechtlich verbürgten Aspekten der Gleichbehandlung (Art. 3 Abs. 1 GG) und/oder der Bestenauslese (Art. 33 Abs. 2 GG) oder § 9 Abs. 2 Satz 1 BBG (§ 6 Abs. 2 Satz 1 BRRG) können zu einem Anstellungs*anspruch* führen. Nach der letztgenannten Bestimmung ist ein Beamtenverhältnis auf Probe spätestens nach fünf Jahren in ein solches auf Lebenszeit umzuwandeln, wenn der Beamte die beamtenrechtlichen Voraussetzungen hierfür

---

[206] Beispiel: der abstrakte (potentielle) Aufgabenkreis eines Regierungsdirektors bei einer obersten Bundesbehörde.

[207] Beispiel: das Haushaltsreferat in der Zentralabteilung des Bundesministeriums X.

[208] Zum sog. funktionsgebundenen Amt (und zu Veränderungen des Amtsinhalts infolge Änderung der Behördenorganisation) vgl. RP OVG, ZBR 84, 69.

[209] Battis, BBG, § 6, RdNr 9; GKÖD I, RdNrn 23 ff. zu § 6 BBG; Schütz, BR, RdNr 8 zu § 8 NW LBG.

[210] GKÖD I, RdNr 29 zu § 6 BBG.

[211] S. schon RdNrn 6 ff., 25 ff.

erfüllt. Ist er bis dahin nicht angestellt, so wächst ihm aus § 9 Abs. 2 Satz 1 BBG (§ 6 Abs. 2 Satz 1 BRRG) ein Anspruch auf Anstellung zu, weil eine Umwandlung des Probe- in das Lebenszeitbeamtenverhältnis rechtlich unzulässig ist, solange der Beamte kein Amt im statusrechtlichen Sinne bekleidet oder verliehen erhält. Das Fehlen einer freien und besetzbaren Planstelle ist in diesem Fall kein Anstellungshindernis;[212] die Verwaltung ist allerdings haushaltsrechtlich in der Weise gebunden, daß sie, spätestens wenn der Umwandlungsanspruch entsteht und damit zugleich die Anstellung beamtenrechtlich unabweisbar wird, über eine Planstelle verfügen muß, in die der Beamte mit der Anstellung eingewiesen werden kann (s. dazu § 17 Abs. 5, § 49 Abs. 1 BHO).

Die Beamten werden grundsätzlich im *Eingangsamt* ihrer Laufbahn ange- **51** stellt (§ 12 Abs. 1 BRRG, § 10 Abs. 5 BLV). Die Anstellung in einem höheren Amt kann der Bundespersonalausschuß auf Antrag der obersten Dienstbehörde für Einzelfälle oder für Gruppen von Fällen zulassen, „wenn der Bewerber für das Beförderungsamt geeignet erscheint" (§ 10 Abs. 6 Satz 1, § 44 Abs. 1 Nr. 5 BLV). Wird ihm nach Zulassung einer Ausnahme bei der Anstellung ein Beförderungsamt verliehen, so gilt dies zugleich als Beförderung (§ 44 Abs. 3 BLV).

Die *Mindestbewährungszeiten* für Beförderungen in Spitzenämter des ge- **52** hobenen und des höheren Dienstes (s. § 12 Abs. 5 und 6 BLV) rechnen (spätestens) von der Anstellung an (§ 12 Abs. 7 BLV). Nach Nr. 1 der Richtlinien des BMI zur Regelung des Allgemeinen Dienstalters (ADA-Richtlinien)[213] beginnt das ADA im Eingangsamt mit der Anstellung.

V. Beförderung

Wird einem Beamten ein anderes Amt mit höherem Endgrundgehalt und **53** anderer Amtsbezeichnung (§ 81 BBG; s. auch § 117 BRRG) verliehen, so stellt dies eine Beförderung dar (§ 12 Abs. 1 Satz 1 BLV), die einer Ernennung bedarf (§ 6 Abs. 1 Nr. 4 BBG, § 5 Abs. 1 Nr. 4 BRRG).[214] Der Amtsbegriff wird auch hier[215] in seinem statusrechtlichen Sinne verwendet.[216] Ob

---

[212] S. § 3 Abs. 2 BHO.

[213] RdSchr. d. BMI v. 1. 8. 1968, GMBl. S. 264, zuletzt geändert am 17. 2. 1994, GMBl. S. 374.

[214] Werden Ämter *kraft Gesetzes* einer anderen Besoldungsgruppe zugeordnet, so bedarf es keiner Ernennung (Beförderung oder Rangherabsetzung), auch wenn sich zugleich die Amtsbezeichnung ändert; vgl. BVerwGE 40, 229; BVerwG, ZBR 67, 17; Günther, ZBR 79, 93 (94) mit weiteren Nachweisen.

[215] S. schon RdNrn 47 ff.

[216] S. dazu RdNr 48. Vgl. auch GKÖD I, RdNr 32 zu § 6 BBG, wo richtig bemerkt ist, daß die Bezugnahme des Gesetzestextes auf das Endgrundgehalt eindeutig auf die Maßgeblichkeit des statusrechtlichen Amtsbegriffs hinweise; weiterhin BVerwG, Buchholz 232 § 23 BBG Nr. 2.

sich das Amt im funktionellen Sinne mit der Beförderung ändert, ist gleichgültig.[217] § 12 Abs. 2 Satz 1 BLV sieht ausdrücklich vor, daß das Beförderungsamt verliehen wird, nachdem der Beamte seine Eignung durch die
probeweise Wahrnehmung des höherbewerteten Dienstpostens nachgewiesen hat (§ 11 BLV).[218] In einem solchen Fall ändert sich das Amt im konkret-funktionellen Sinne mit der Beförderung also nicht, es sei denn, zwischen der Erprobung und der Beförderung liegt ein zeitliches Intervall,
währenddessen der Beamte wieder auf einem statusadäquaten Dienstposten
eingesetzt worden ist. Zum (End-)Grundgehalt gehören die Amtszulagen
(§ 42 Abs. 2 Satz 2 BBesG),[219] nicht dagegen – widerrufliche – Stellenzulagen (§ 42 Abs. 3 BBesG), mögen sie auch ruhegehaltfähig sein.[220]

54   *Laufbahnrechtlich*[221] steht es einer Beförderung gleich, wenn dem Beamten, ohne daß sich die Amtsbezeichnung ändert, ein Amt mit höherem Endgrundgehalt verliehen wird (§ 12 Abs. 1 Satz 2 BLV).[222] Es handelt sich
hierbei um einen Verwaltungsakt, der aber nicht den Charakter einer Ernennung (§ 6 Abs. 1 Nr. 4 BBG, § 5 Abs. 1 Nr. 4 BRRG) hat.[223]

55   Das geltende Recht kennt nur noch die *Funktionsbeförderung.*[224] Beförderungsämter dürfen, soweit bundesgesetzlich nichts anderes bestimmt ist,
nur eingerichtet werden, wenn sie sich von den Ämtern der niedrigeren Besoldungsgruppe nach der Wertigkeit der zugeordneten Funktionen wesent-

---

[217] BVerwG, Buchholz 232 § 23 BBG Nr. 2. Die Vergabe eines *Beförderungsdienstpostens* (ohne Beförderung) ist eine Umsetzung, hat also keinen Verwaltungsaktscharakter; s. dazu RdNrn 141 ff. Vgl. auch Günther, DÖD 84, 161; ders., NVwZ 86, 697
(699 f.); außerdem BVerwG, ZBR 89, 281; ebenso VG Neustadt, NJW 87, 672; a.A.
BayVGH, NVwZ 83, 755. S. daneben Verf., DÖD 90, 153 (154).

[218] S. nunmehr auch § 12 Abs. 2 Satz 1 Nr. 4 BRRG: Vor der Beförderung soll die
Eignung für einen höherbewerteten Dienstposten in einer Erprobungszeit von mindestens drei Monaten „festgestellt" werden. § 11 Satz 2 BLV, der Ausnahmen vom
Erprobungserfordernis zuließ, ist durch Art. 9 Nr. 3 des Gesetzes zur Reform des
öffentlichen Dienstrechts vom 24. 2. 1997 (s. Fußn 17) gestrichen worden. Zur Erpro-
bungsbeschäftigung beim zweitinstanzlichen Gericht als Voraussetzung für die Beförderung zum Vorsitzenden Richter erster Instanz s. HVGH, ZBR 97, 67.

[219] S. auch § 12 Abs. 1 Satz 3 BLV.

[220] Die Gewährung der Zulage gemäß § 46 BBesG bedeutet nicht die Übertragung
eines neuen, besonderen statusrechtlichen Amtes, selbst wenn sie Bestandteil der ruhegehaltfähigen Dienstbezüge ist (Abs. 3 a. a. O.).

[221] Zum Unterschied zwischen laufbahnrechtlicher und statusrechtlicher Beförderung vgl. SOVG, RiA 86, 233.

[222] Beispiel: Einem Ministerialrat bei einer obersten Bundesbehörde, der bislang ein
Amt der Besoldungsgruppe A 16 innehat, wird als Ministerialrat ein Amt der Besoldungsgruppe B 3 verliehen. S. auch RdNr 84.

[223] Ändern sich zwar das Amt und die Amtsbezeichnung, nicht aber das Endgrundgehalt (Beispiel: Amtsinspektor wird Regierungsinspektor, Oberamtsrat wird Re-
gierungsrat), so bedarf es einer Ernennung, falls die Laufbahngruppe wechselt (§ 6
Abs. 1 Nr. 5 BBG, § 5 Abs. 1 Nr. 5 BRRG). Bleibt diese gleich, scheidet eine Ernennung aus; vgl. Scheerbarth/Höffken/Bauschke/Schmidt, BR, § 12 IV 3 a) cc). S. auch
RdNr 84.

[224] Günther, ZBR 79, 93 (94).

lich abheben (§ 25 BBesG). „Regelbeförderungen"[225] oder „Bewährungs-beförderungen"[225], durch die das jeweilige erste Beförderungsamt einer Laufbahn ohne Funktionsänderung erreicht werden konnte, kommen nicht mehr in Betracht.[226]

1. Bestenauslese und sog. Hilfskriterien

Der Begriff des „öffentlichen Amtes" in Art. 33 Abs. 2 GG umfaßt nicht **56** nur Eingangs-, sondern auch *Beförderungsämter*.[227] Dies bedeutet, daß „jeder Deutsche . . . nach seiner Eignung, Befähigung und fachlichen Leistung gleichen Zugang" auch zu den Beförderungsämtern hat. § 23 BBG stellt demgemäß durch Verweisung auf die Grundsätze des § 8 Abs. 1 Satz 2 BBG klar, daß die Auslese unter den Bewerbern (auch) bei Beförderungen „nach Eignung, Befähigung und fachlicher Leistung[228] ohne Rücksicht auf Geschlecht,[229] Abstammung, Rasse, Glauben, religiöse[230] oder politische Anschauungen, Herkunft oder Beziehungen vorzunehmen" ist (s. dazu Art. 3 Abs. 3, Art. 33 Abs. 3 GG). § 7 BRRG, der sich allgemein auf (sämtliche) Ernennungen bezieht, hat im übrigen denselben Wortlaut.

Mit dem Prinzip der Bestenauslese wäre es nicht vereinbar, dem Dienst-[231] **57** oder dem Lebensalter der Bewerber Bedeutung für die Auswahlentscheidung auch dann beizumessen, wenn deren Qualifikationen voneinander abweichen.[232] *Dienst- oder Lebensalter* sind nur berücksichtigungsfähig, – sofern sie im Einzelfall (schon in der dienstlichen Beurteilung des Beamten[233] zu ziehende) Rückschlüsse auf besondere, für die Wahrnehmung

---

[225] Vgl. dazu Schütz, BR, RdNrn 13 ff. zu § 8 NW LBG. Zur Regelbeförderung vgl. insbesondere BVerwG, Buchholz 237.455 5. ÄndGHmbBG Nr. 1.

[226] S. Art. 1 § 1 Nr. 2, Art. 47 HStruktG.

[227] Günther, ZBR 79, 93 (95, 100); GKÖD I, RdNr 21 zu § 2 BBG; Schütz, BR, RdNr 2 zu § 7 NW LBG.

[228] Es verstößt gegen Art. 33 Abs. 2 GG, wenn bei der Besetzung freier Schulleiterstellen „generell und grundsätzlich" Bewerber aus dem Kollegium der betreffenden Schule nicht berücksichtigt werden; HVGH, DVBl 88, 1071.

[229] Vgl. dazu GKÖD I, RdNr 20 zu § 8 BBG. Zur sog. Frauenförderung als Hilfskriterium s. RdNr 58.

[230] Vgl. dazu BW VGH, DVBl 68, 255. S. schon RdNr 29, namentlich Fußn 125.

[231] Das Allgemeine Dienstalter (ADA) der Beamten wird gewöhnlich auf Grund von Richtlinien der jeweiligen obersten Dienstbehörden festgesetzt (s. schon RdNr 52 und Fußn 213). Die Festsetzung hat Verwaltungsaktscharakter; BVerwGE 19, 19 (21 ff.). Vgl. auch BVerwG, DVBl 86, 1156. S. weiterhin BW VGH, NVwZ-RR 92, 494 und SH OVG, ZBR 95, 23 (zum Hinausschieben des ADA bzw. des Beförderungsdienstalters um die Zeit einer Beurlaubung ohne Dienstbezüge oder eines Erziehungsurlaubs).

[232] Insoweit nicht ganz unbedenklich BVerwG, NJW 89, 538 (dazu Verf., NVwZ 89, 435).

[233] S. dazu RdNrn 424 ff. In den Beurteilungsrichtlinien des nordrhein-westfälischen Innenministeriums für den Polizeibereich vom 25. 1. 1996, MBl NW S. 278, ist unter Nr. 6 (Leistungs- und Befähigungsbeurteilung) Wert auf folgende Feststellung

des in Betracht kommenden Amtes notwendige oder förderliche allgemeine oder dienstliche Erfahrungen zulassen oder
– sofern mehrere nach Eignung, Befähigung und fachlicher Leistung gleichwertige Bewerber miteinander konkurrieren.[234]

Soziale Gesichtspunkte oder (sonstige[235]) Erwägungen, die sich an der *Fürsorge- und Schutzpflicht* des Dienstherrn (§ 79 BBG, § 48 BRRG) ausrichten,[236] dürfen ebenfalls nur – nachrangig – herangezogen werden, wenn zwischen Bewerbern zu wählen ist, die im wesentlichen gleich qualifiziert sind.[237] Als rechtlichen Bedenken entzogene Hilfskriterien sind des weiteren die bisherige Leistungsentwicklung,[238] die Daten der jeweils letzten Fachprüfungen[239] sowie die Innehabung eines herausgehobenen Dienstpostens anzuführen.[240]

58   Soweit das Landesrecht unter gewissen tatbestandlichen Voraussetzungen – mit oder ohne sog. Öffnungsklausel[241] – die *Bevorzugung* gleich qualifi-

---

gelegt: „Bei der Beurteilung der Merkmale sind Lebens- und Diensterfahrung zu berücksichtigen, soweit sie sich in der Ausprägung der Leistungs- und Befähigungsmerkmale oder in der Eignung niederschlagen; in der Regel ist anzunehmen, daß sich Diensterfahrung positiv auf das Leistungsbild auswirkt."

[234] Vgl. BVerwGE 19, 19; BVerwG, Buchholz 237.6 § 8 Nds. LBG Nr. 1; BW VGH, ZBR 75, 316; HVGH, NJW 85, 1103; NW OVG, JMBl NW 74, 56; RP OVG, DÖD 75, 114; s. außerdem Verf., NVwZ 89, 435 (436). Soweit der Dienstherr zu dem Ergebnis gelangt ist, daß mehrere Bewerber bei einem auf die aktuellen Gegebenheiten rekurrierenden Vergleich „im wesentlichen gleich beurteilt" – und damit gleich qualifiziert – seien, so sollte es ihm versagt sein, alsdann auf „möglicherweise auch geringe Differenzen bei Eignung, Leistung und Befähigung" als *Hilfskriterium* abzustellen; a. a. A. VG Braunschweig, DÖD 92, 42 unter Bezugnahme auf OVG Lüneburg 11. 7. 1991 – 2 M 697/91 –.

[235] Der Klammerzusatz soll verdeutlichen, daß soziale Gesichtspunkte – wie etwa die Schwerbehinderteneigenschaft – *zugleich* unter dem rechtlichen Aspekt der Fürsorge und des Schutzes bedeutsam sein können.

[236] Auch Dienst- und Lebensalter können als nachrangige Auswahlkriterien im inneren Zusammenhang mit der Fürsorge- und Schutzpflicht gesehen werden, soweit sie nicht auf größere Lebens- oder Berufserfahrung schließen lassen und insofern bereits für eine eignungs-, befähigungs- und leistungsbezogene Auslese Bedeutung erlangen. S. auch insoweit Verf., NVwZ 89, 435 (436) sowie schon Fußn 233.

[237] NW OVG, DÖD 73, 167 unter Fortführung von NW OVG, OVGE 22, 78 sowie NW OVG, ZBR 86, 276. Vgl. auch BVerwG, DVBl 85, 452 (454): Das Dienstalter müsse „selbst dann kein ausschlaggebendes Gewicht haben . . ., wenn zwei Bewerber gleich gut beurteilt sind". Die Formulierung ist insofern mißverständlich, als sie den unrichtigen Eindruck erwecken könnte, das Dienstalter könne auch dann belangvoll sein, wenn die Bewerber *unterschiedlich* beurteilt sind. Zu BVerwG, NJW 89, 538 s. Verf., NVwZ 89, 435 (436). Zur Problematik, wann Konkurrenten „im wesentlichen" gleich geeignet sind, s. Verf., ZBR 97, 169 (176 f.) sowie unten RdNr 79.

[238] S. auch BVerwG, Buchholz 237.6 § 8 Nds. LBG Nr. 3 und HVGH, ZBR 95, 109.

[239] HVGH, DÖD 92, 210.

[240] Zur Schwerbehinderung eines Bewerbers s. RdNr 62.

[241] Als Beispiel für eine Frauenförderungsregelung mit sog. Öffnungsklausel mag § 25 Abs. 5 Satz 2 Hs. 1 NW LBG dienen.

zierter *weiblicher* Beförderungsbewerber fordert,[242] ist seine Vereinbarkeit mit höherrangigem (nationalem) Recht (Art. 3 Abs. 2 und 3, Art. 33 Abs. 2 GG, § 7 BRRG) umstritten und mindestens zweifelhaft.[243] Der EuGH[244] hat eine Frauenförderungsregelung *ohne Öffnungsklausel* für mit europäischem Gemeinschaftsrecht unvereinbar erklärt; hingegen erachtet er [244a] eine solche Regelung *mit Öffnungsklausel* für europarechtskonform, „vorausgesetzt, diese Regelung garantiert den männlichen Bewerbern ... in jedem Einzelfall, daß ... alle die Person der Bewerber betreffenden Kriterien berücksichtigt werden und der den weiblichen Bewerbern eingeräumte Vorrang entfällt, wenn eines oder mehrere dieser Kriterien zugunsten des männlichen Bewerbers überwiegen". Die Folge der rechtlichen Unsicherheiten ist, daß die Verwaltungsgerichte Stellenbesetzungen auf entsprechenden Antrag eines Konkurrenten im Wege der einstweiligen Anordnung nicht selten (vielleicht auch künftig) vorläufig untersagen (werden), wenn einer Bewerberin gegenüber dem als gleich qualifiziert ausgewiesenen Antragsteller (allein) mit Rücksicht auf ihr Geschlecht der Vorzug gegeben wird. Dies ist insbesondere dann mißlich, wenn der qua Frauenförderung ausgewählten Bewerberin bei Orientierung an einem anderen, hinsichtlich seiner rechtlichen Tragfähigkeit dem Streit entzogenen Hilfskriterium die Präferenz hätte eingeräumt werden können. Solange keine restlose Klärung der Frauenförderungsproblematik erzielt ist, sollte die *Reihenfolge* der Hilfskriterienprüfung durch die Verwaltung – im Wege teleologischer Reduktion der Frauenförderungsregelungen – dergestalt umgekehrt werden, daß zunächst danach gefragt wird, wer aus dem Kreis der Konkurrenten zum Zuge kommen müßte, wenn man von der jeweiligen Frauenförderungsnorm absieht. Ist dies eine Frau, so sollte die Auswahlentscheidung (allein) mit dem dafür maßgeblichen (anderen) Hilfskriterium begründet werden.[245]

Während die obergerichtliche Rechtsprechung zum Teil[246] davon ausgeht, **59** daß eine starre *Reihen- und Rangfolge* von Hilfskriterien nicht aufgestellt werden könne, wird auch die Ansicht geäußert, daß „leistungsfremde Hilfskriterien" – wie namentlich das Lebensalter oder das Datum der I. Fach-

---

[242] Aus einer Stellenausschreibung, wonach der Bewerbung von Frauen mit Interesse entgegensehen werde, kann nicht geschlossen werden, daß Frauen bei im wesentlichen gleicher Eignung männlichen Bewerbern gegenüber in jedem Fall bevorzugt würden, SH OVG, NVwZ 94, 1229.

[243] Vgl. u. a. OVG Berlin, NVwZ 92, 1227; HVGH, DÖD 95, 209 (210); NW OVG, NVwZ 91, 501 und ZBR 93, 94. S. auch Battis, BBG, § 8, RdNr 15 mit umfassenden Nachweisen.

[244] DVBl 95, 1231. S. auch NW OVG, ZBR 96, 95 und OVG Lüneburg, ZBR 96, 184 (185 f.).

[244a] NJW 97, 3429.

[245] S. hierzu Verf., NWVBl 94, 371.

[246] Vgl. NW OVG, ZBR 95, 80 (81) sowie NW OVG 5. 11. 1985 – 6 A 468/84 –; s. auch BVerwG, DVBl 86, 1156 (1157); VG Braunschweig, DÖD 92, 142.

prüfung im Bereich des mittleren Polizeivollzugsdienstes – nur in „seltenen Ausnahmefällen" in Betracht gezogen werden dürften.[247] Welcher Meinung man sich anschließen will, wird davon abhängig sein,

- ob man Art. 33 Abs. 2 GG vorrangige Ausstrahlungswirkung auch auf die Hilfskriterienebene zuerkennt oder
- ob man insoweit den hergebrachten Grundsatz der Fürsorge und des Schutzes[248] für dominant hält oder
- ob man es dem pflichtgemäßen Ermessen des Dienstherrn anheimstellt, hier (auch von personalpolitischen Überlegungen mitgeprägte) Präferenzen zu finden.

Die überwiegenden Gründe sprechen für die an letzter Stelle genannte Variante. Sie allein genügt dem Verfassungsrang des Fürsorge- und Schutzprinzips wie auch dem Gewaltenteilungsprinzip, das ein Übergreifen der Verwaltungsgerichte in den originären personalpolitischen Gestaltungsspielraum des Dienstherrn verbietet. Nicht umstritten ist, daß der Dienstherr, auch was die – in den Ermessensbereich fallende – Handhabung der Hilfskriterien anbelangt, auf die Wahrung des Gleichbehandlungsgrundsatzes bedacht sein muß.[249] Insbesondere da Beförderungen mitbestimmungspflichtig sind,[250] fällt es nicht immer leicht, eine Verwaltungsübung beim Hilfskriteriengebrauch durchzuhalten. Es ist von daher ratsam, wenn sich die Verwaltung von vornherein auf nicht allzu unelastische Muster festlegt (oder festlegen läßt).

60   Die Festlegung von *Wartezeiten*, d.h. Zeiten, die verstrichen sein müssen, bevor eine Beförderung in ein Spitzenamt des gehobenen oder des höheren Dienstes – frühestens – erfolgen kann (s. § 12 Abs. 5 und 6 BLV), ist (verfassungs-)rechtlich unproblematisch,[251] solange sie an Erwägungen orientiert ist, die vor Art. 33 Abs. 2 und 3 GG Bestand haben. Gleiches gilt für das (grundsätzliche) Verbot eines Überspringens regelmäßig zu durchlaufender Ämter (s. § 24 BBG, § 12 Abs. 3 BLV) und die (grundsätzlichen) Verbote einer Beförderung[252]

---

[247] Vgl. vor allem HVGH, NVwZ-RR 96, 49 (51) und NVwZ-RR 96, 279 (280) mit weiteren Nachweisen; für die Besetzung eines Beförderungsdienstpostens s. SH OVG, ZBR 96, 339.

[248] S. RdNrn 355 ff.

[249] NW OVG 5. 11. 1985 – 6 A 468/84 –. S. ferner Verf., DÖD 90, 153 (156 f.) und ZBR 97, 169 (174).

[250] S. § 76 Abs. 1 Nr. 2, § 77 Abs. 1 BPersVG.

[251] BayVGH, VRspr 22, 688; vgl. auch RP OVG, ZBR 81, 378. Eine verwaltungsinterne Ermessensbindung dahin, daß über die laufbahnrechtlichen Wartezeiten hinausreichende – an der Planstellensituation orientierte – „Mindestwartezeiten" für eine Beförderung zu beachten seien, darf sich nicht in Widerspruch zu der verfassungsrechtlichen Verpflichtung setzen, Beförderungen nach Eignung, Befähigung und fachlicher Leistung vorzunehmen; NW OVG 16. 7. 1984 – 6 A 1089/83 –. S. nunmehr auch RP OVG, DÖV 97, 880.

[252] S. § 12 Abs. 2 Satz 2 BRRG (für Kinderbetreuungszeiten) sowie § 12 Abs. 7–9 BLV.

– während der Probezeit (s. § 12 Abs. 4 Nr. 1 BLV),
– vor Ablauf eines Jahres nach der Anstellung[253] oder der letzten Beförderung (s. § 12 Abs. 4 Nr. 2 BLV) oder
– innerhalb von zwei Jahren vor Vollendung des die Altersgrenze bestimmenden Lebensjahres (s. § 41 BBG, § 12 Abs. 4 Nr. 3 BLV).[254, 255]

Worauf ein *Eignungsmangel* beruht, ist im Rahmen der Bestenauslese **61** gleichgültig. Hat er seine Ursache im dienstlichen Bereich, so kann der Beamte gleichwohl nicht verlangen, daß er so behandelt werde, als ob der Mangel nicht gegeben sei. Dies trifft insbesondere für gesundheitliche Einschränkungen[256] zu, die auf dienstliche Überbeanspruchung zurückgehen, aber auch für Eignungs- und Leistungsdefizite, welche sich auf jahrelange einseitige Verwendung des Beamten zurückführen lassen. Soweit hier an Schadensersatzansprüche wegen Verletzung der Fürsorge- und Schutzpflicht[257] zu denken sein könnte, sind sie jedenfalls nicht auf eine Beförderung *entgegen* Art. 33 Abs. 2 GG gerichtet.

Für *Schwerbehinderte* bestimmt § 13 BLV:[258] Es dürfte ihnen auch bei **62** der Beförderung nur ein Mindestmaß körperlicher Eignung abverlangt werden (Abs. 1). Eine etwaige behinderungsbedingte Minderung ihrer Arbeits- und Verwendungsfähigkeit[259] sei bei der Beurteilung ihrer Leistungen zu berücksichtigen (Abs. 3). Ein Anspruch Schwerbehinderter auf *bevorzugte* Beförderung ist hingegen nicht anzuerkennen.[260] Das *Hilfskriterium* Schwerbehinderung hat selbst dann, wenn Verwaltungsvorschriften[261] solches anordnen, keinen Vorrang vor anderen Hilfskriterien, etwa der bisherigen Leistungsentwicklung oder dem Dienstalter der Bewerber.[262] § 14 Abs. 2 SchwbG verlangt keine derartige Bevorzugung. Sie wäre mit der Fürsorge- und Schutzpflicht, die dem Dienstherrn (auch) gegenüber nichtbehinderten Beamten obliegt, nicht vereinbar.[263]

---

[253] S. dazu RdNrn 47 ff.
[254] Vgl. BayVGH, BayVBl 60, 155; RP OVG, ZBR 81, 378. Zur Frage, ob der Dienstherr aus Gründen der Altersstruktur den Bewerberkreis beschränken darf, s. Roellecke, VBlBW 95, 1; Püttner, DVBl 97, 259.
[255] Zur Beförderungssperre zwischen zwei Bundes- oder Landtagsmandaten s. § 8 a BBG, § 7 a BRRG.
[256] Vgl. dazu BVerwG, Buchholz 235.17 § 25 LBesG NW Nr. 2.
[257] S. RdNrn 375, 410 ff.
[258] S. auch § 4, § 14 Abs. 2 und § 50 Abs. 1 SchwBG.
[259] Zur Auslegung des § 13 Abs. 3 BLV s. Verf., PersV 88, 472.
[260] Vgl. dazu BVerwGE 26, 8; BVerwG, DÖD 70, 95 sowie Buchholz 232 § 23 BBG Nr. 18 und § 79 BBG Nr. 26; s. daneben OVG Lüneburg, NVwZ-RR 96, 281. Zur Konkurrenz gleich beurteilter Bewerber, von denen der eine schwerbehindert, der andere aber erheblich älter ist, vgl. RP OVG, DÖD 79, 210. Zur dienstlichen Beurteilung schwerbehinderter Beamter s. Verf., Dienstliche Beurteilung, RdNrn 388 ff. S. außerdem VG Gelsenkirchen, ZBR 89, 124.
[261] S. etwa den in der Entscheidung NW OVG, ZBR 95, 80 (81) zitierten RdErl.
[262] NW OVG, a. a. O.
[263] NW OVG, a. a. O.

a) Zu den Mitteln der Bestenauslese

63   Eignung, Befähigung und fachliche Leistung sind auf der Grundlage *dienstlicher Beurteilungen*[264] (und des insoweit aussagekräftigen weiteren Personalakteninhalts[265]) zu vergleichen.[266] Die Ernennungsbehörde, die die Auswahl unter mehreren Bewerbern *in der Substanz* nicht einer anderen Behörde (oder sonstigen Stelle) überlassen kann,[267] darf sich über den Aussagegehalt einer Beurteilung nur in Ausnahmefällen und nur aus schwerwiegenden sachlichen Gründen hinwegsetzen; Erkenntnisse, die gar im Widerspruch zum Inhalt der über einen Bewerber erstellten dienstlichen Beurteilungen stehen, darf sie erst recht nicht ohne weiteres – d. h. ohne Einschaltung des/der Beurteiler und ohne Anhörung des Bewerbers selbst – in ihre Auswahlerwägungen einfließen lassen.[268] Die Durchführung eines *Vorstellungsgesprächs* zur Vorbereitung der Beförderungsentscheidung ist desungeachtet jedenfalls dann nicht zu beanstanden, wenn mehrere Bewerber nach ihren Beurteilungen eine (annähernd) gleiche Qualifikation aufweisen.[269, 270]

64   Schwierigkeiten ergeben sich, wenn es darum geht, freigestellte Mitglieder von *Personalvertretungen* mit ihren nicht freigestellten Kollegen zu vergleichen. Hierbei ist das Benachteiligungs- und Begünstigungsverbot des § 8 BPersVG zu beachten, das unter anderem eine Beurteilung der Tätigkeit in der Personalvertretung nicht zuläßt.[271] Auch bei längeren Freistellungen darf die letzte dienstliche Beurteilung nicht außer Betracht bleiben; nur wenn sie keine Schlüsse auf den *gegenwärtigen* Befähigungs- und Eignungsstand des Freigestellten (mehr) ermöglicht, ist dieser dem Durchschnittsbereich[272] zu-

---

[264] S. RdNrn 424 ff. sowie NW OVG, ZBR 86, 276 und NVwZ-RR 95, 100: Eine Beförderungsentscheidung dürfe nicht ausschließlich nach dem Eindruck eines Auswahlgesprächs getroffen werden. Entsprechend HVGH, DVBl 93, 966: Ein Vorstellungsgespräch ersetze nicht den auf dem Fundament zeitnaher Beurteilungen vorzunehmenden Leistungs- und Eignungsvergleich.

[265] S. HVGH, ZBR 89, 378.

[266] S. aber auch BrOVG, DÖD 88, 194; HVGH, ZBR 90, 185.

[267] BayVGH, NVwZ 90, 285 (für das Verhältnis Landesregierung/Ressortminister); NW OVG, RiA 96, 206: Nur der für die Besetzung der Stelle verantwortliche Dienstvorgesetzte habe darüber zu entscheiden, welchen Bewerber er für am geeignetsten halte. Er sei als Beurteilung eines in ein anderes Bundesland abgeordneten Beamten durch den dortigen Dienstvorgesetzten nicht gebunden; weiche er von der Beurteilung ab, müsse er freilich plausibel machen, weshalb und dies tue. S. weiterhin SH OVG, NVwZ-RR 94, 527.

[268] Vgl. HmbOVG, DÖD 93, 45.

[269] NW OVG, ZBR 84, 45; HVGH, DVBl 93, 966.

[270] Vgl. Günther, ZBR 79, 93 (96). Zur Pflicht des Dienstherrn, mit der Beförderungsentscheidung bis zur unmittelbar bevorstehenden dienstlichen Beurteilung eines Bewerbers zuzuwarten, s. BrOVG, DÖD 85, 42.

[271] BVerwG, ZBR 92, 177; s. auch VG des Saarlandes, ZBR 88, 397.

[272] Dabei ist auf den *wahren* Beurteilungsdurchschnitt in dem jeweiligen behördlichen Beurteilungsbereich (dazu Verf., RiA 90, 120 [123 f.]), nicht etwa auf das Gesamturteil „Durchschnitt" (s. dazu RdNrn 455 ff.) abzustellen.

zuordnen,[273] falls nicht – je nach Fallgestaltung – einer fiktiven Laufbahn-nachzeichnung der Vorzug einzuräumen ist.[274] Schwebt ein staatsanwalt-schaftliches Ermittlungsverfahren,[275] ein Strafverfahren oder ein Diszipli-narverfahren[276] gegen den Beamten, kann der Dienstherr währenddessen, ohne gegen die Fürsorge- und Schutzpflicht (§ 79 BBG, § 48 BRRG) zu verstoßen, von nicht behobenen *Eignungszweifeln* ausgehen und eine Be-förderung allein deshalb zurückstellen.[277] Hat der Beamte über Jahre hin-weg unzureichende Leistungen erbracht, so kann eine Beförderung trotz nachhaltiger Leistungssteigerung zunächst unterbleiben, bis sich sicher ab-schätzen läßt, ob sich das nunmehr günstigere Leistungsbild stabilisiert.[278]

b) Zum Rechtsanspruch auf Beförderung

Die Beantwortung der Frage, ob Art. 33 Abs. 2 GG und die ihm korre-spondierenden einfach-rechtlichen Vorschriften zu einem *Anspruch auf Be-förderung* führen können, hängt ausschlaggebend davon ab, ob die Grund-gesetznorm nur dem öffentlichen Interesse oder zumindest auch dem Inter-esse des bestgeeigneten Bewerbers zu dienen bestimmt ist.[279] Das BVerwG hat seine ursprünglich vertretene Auffassung,[280] daß die auf Art. 33 Abs. 2 GG beruhenden §§ 23 und 8 Abs. 1 Satz 2 BBG ausschließlich eine „den Belangen des öffentlichen Dienstes bestmöglich entsprechende Besetzung offener Dienstposten" sichern sollten, später modifiziert: Das öffentliche Interesse sei zwar „in erster Linie", das berechtigte Interesse des Beamten, im Rahmen der dienst- und haushaltsrechtlichen Möglichkeiten leistungs-und eignungsangemessen aufzusteigen, aber immerhin „in zweiter Linie" Schutzzweck.[281] Günther[282] hat in diesem Zusammenhang zutreffend darauf

65

---

[273] Vgl. dazu BayVGH, ZBR 85, 232.

[274] VG des Saarlandes, ZBR 88, 397; s. außerdem SOVG, RiA 93, 208: Habe das freigestellte Personalratsmitglied seit der letzten dienstlichen Beurteilung während eines ins Gewicht fallenden Zeitraumes Dienst getan, sei seine dabei deutlich gewor-dene Qualifikation (Leistung und Befähigung) „im Rahmen der Fortschreibung an-gemessen zu berücksichtigen".

[275] BVerwG, BayVBl 75, 568 sowie Buchholz 232 § 23 BBG Nr. 17.

[276] BVerwG, ZBR 90, 22 und Buchholz 236.1 § 42 Nr. 1; NW OVG, DÖD 74, 211; vgl. auch Kodal, ZBR 81, 89. Eine Entschädigung als Ausgleich dafür, daß die Beför-derung während des Disziplinarverfahrens zurückgestellt worden ist, sieht das Gesetz nicht vor; BVerwG, ZBR 81, 380. Das Disziplinarverfahren ist freilich ohne vermeid-bare Verzögerung durchzuführen; BVerfGE 46, 17 (28 f.).

[277] S. auch § 9 Abs. 3, § 10 Abs. 1 Satz 2 BDO (Beförderungsverbote bei Gehalts-kürzung und Versetzung in ein Amt derselben Laufbahn mit geringerem Endgrund-gehalt); vgl. weiterhin § 8 BDO und dazu BVerwG, Buchholz 232 § 23 BBG Nr. 19.

[278] BW VGH, DÖD, 75, 110.

[279] BVerfGE 27, 297 (307); Erichsen/Martens, AllgVR, § 11 II 5; Wolff/Bachof/Stober, VwR I, § 43 RdNrn 8 ff.

[280] BVerwGE 15, 3 (6).

[281] BVerwGE 19, 252; 49, 214; 49, 232; BVerwG, NJW 89, 538 (dazu Verf., NVwZ 89, 435 sowie Günther, NVwZ 89, 837); vgl. auch Siegmund-Schultze, VerwArch 73, 137 (143).

[282] ZBR 79, 93 (99).

aufmerksam gemacht, daß die Belange des öffentlichen Dienstes und ein Beförderungsanspruch des bestgeeigneten Bewerbers *gleichgerichtet* seien. Wenn man Art. 33 Abs. 2 GG nicht nur als Rechtsreflex ansieht, sondern annimmt, daß er ein subjektiv-öffentliches Recht des bestgeeigneten Bewerbers gewähre, so läuft dies nicht auf eine Verkürzung notwendiger verwaltungspolitischer Spielräume hinaus. Die Verfassungsnorm oder ihre einfachrechtlichen Ausprägungen können nämlich nur als Anspruchsgrundlagen herangezogen werden, wenn

- eine freie und besetzbare Beförderungsplanstelle vorhanden ist,[283]
- diese Stelle nach dem Willen der Verwaltung auch tatsächlich mit einem Beförderungs- und nicht mit einem Versetzungsbewerber[284] besetzt werden soll[285] und
- der Bewerber durch den Dienstherrn kraft seiner Beurteilungsermächtigung selbst als der geeignetste qualifiziert wird.[285a, 286]

66   Eines Rückgriffs auf den hergebrachten Grundsatz der Fürsorge und des Schutzes (Art. 33 Abs. 5 GG) oder gar die einfach-rechtliche Fürsorge- und Schutzpflicht (§ 79 BBG, § 48 BRRG)[287] bedarf es nur, soweit die Kriterien des Art. 33 Abs. 2 GG für die Auswahlentscheidung nicht hinreichen,[288] d. h. in den Fällen, in denen mehrere gleich geeignete Bewerber um ein Beförderungsamt konkurrieren.[289] Die – zweifelhafte[290] – These des BVerwG, daß die Fürsorge- und Schutzpflicht nur im Rahmen des zur Zeit bekleide-

---

[283] Wegen der Obergrenzen für die Anteile der Beförderungsämter s. § 26 BBesG; s. auch § 17 Abs. 5, § 49 BHO (Hinweis auf RdNr 50 a. E.). Aus der Wahrnehmung der Obliegenheiten eines höherwertigen Dienstpostens folgt in der Regel kein Anspruch des Beamten auf Verleihung eines entsprechenden Status (vgl. § 19 Abs. 2 BBesG); BVerwG, DÖV 85, 875 (zum Begehren eines Beamten auf Verleihung eines funktionsgebundenen Amtes, das der von ihm wahrgenommenen Funktion entspricht).

[284] S. hierzu RdNr 68.

[285] Eine allgemeine Haushaltssperre ist auch dann grundsätzlich nicht zu beanstanden, wenn sie laufende Besetzungsverfahren erfaßt; Schwegmann/Summer, BBesG, § 19, RdNr 12.

[285a] Hierbei ist in der Regel auf die Eignungseinschätzung am Ende der Erprobungszeit (§ 11 Satz 1 BLV) abzustellen.

[286] Im Rahmen seiner Erwägungen zur Beförderungseignung darf der Dienstherr – je nach Lage der Dinge – auch die Anforderungen des zu besetzenden Amtes im funktionellen Sinne berücksichtigen.

[287] Etwa, um soziale Gesichtspunkte zur Geltung zu bringen; vgl. dazu NW OVG, ZBR 73, 177.

[288] Soweit der Beförderungs*anspruch* des Bestgeeigneten (auch) auf die Fürsorge- und Schutzpflicht gestützt wird (vgl. Schütz, BR, RdNr 8 zu § 85 NW LBG mit weiteren Nachweisen), fehlt eine Begründung dafür, weshalb dem Aspekt der Bestenauslese in *jedem* Fall Vorrang vor anderen aus dieser Grundpflicht ableitbaren Gesichtspunkten eingeräumt werden soll.

[289] Remmel, RiA 82, 21 (25 f.); Wilke, JZ 80, 440 (441); vgl. auch Günther, ZBR 79, 93 (101) sowie RP OVG, RiA 75, 98. S. dazu im einzelnen RdNrn 7, 59.

[290] Vgl. Schack, ZBR 63, 353; Schick, ZBR 67, 297 (298); Schütz, BR, RdNr 8 zu § 85 NW LBG; Tietgen, DVBl 63, 513.

ten Amtes bestehe,[291] richtet sich gegen die Annahme eines aus der Für-
sorge- und Schutzpflicht fließenden Anspruchs, als bestgeeigneter Bewerber befördert zu werden. Sie kann jedoch – trotz ihrer weiten Fassung –
nicht dahin gedeutet werden, daß sich das BVerwG damit auch gegen die
hilfsweise und *nachrangige* Heranziehung des Fürsorge- und Schutzprinzips
bei der Auswahl unter *gleich* geeigneten Bewerbern habe aussprechen wollen.

c) *Übertragbarkeit der Auslesegrundsätze auf andere dienstrechtliche Akte*

Was für die Auslese bei Beförderungen gilt, ist auch in den Fällen **67**
– der Verleihung eines Amtes mit höherem Endgrundgehalt ohne Änderung der Amtsbezeichnung (§ 12 Abs. 1 Satz 2 BLV),
– der probeweisen Übertragung eines Beförderungsdienstpostens (§ 11
BLV)[292] und
– der Übertragung eines Amtes mit leitender Funktion im Beamtenverhältnis auf Probe (§ 24 a BBG, § 12 a BRRG)[293]
maßgeblich.[294]

d) *Konkurrenzen zwischen Versetzungs- und Beförderungsbewerbern*

Konkurrieren Versetzungs- und Beförderungsbewerber um ein Amt, **68**
so bedarf es einer Grenzziehung zwischen Personalhoheit und Bestenausleseprinzip und – falls die Stelle ausgeschrieben ist – einer Antwort auf die
Frage, ob ein Dienstherr, wenn er sich zu einer Stellenausschreibung entschlossen hat,[295] in der Folge noch frei ist, die Stelle anders als nach Maßgabe des Art. 33 Abs. 2 GG zu besetzen. Die in der Judikatur vorherrschende
Meinung[296] läßt sich dahin zusammenfassen,

---

[291] BVerwGE 15, 3; 19, 252; 19, 332; BVerwG, ZBR 78, 33.

[292] Vgl. dazu Schröder, ZBR 78, 292 (297f.) sowie BW VGH, NJW 73, 75. Die
Übertragung eines Beförderungsdienstpostens vollzieht sich in Gestalt einer Umsetzung; s. schon Fußn 217. Zur Berücksichtigung des Bestenausleseprinzips bei der
Übertragung intern höher bewerteter Dienstposten, denen keine feste Planstelle zugeordnet ist (sog. Topfwirtschaft), s. NW OVG, RiA 85, 286. S. außerdem Verf., NJW
89, 2227 (2230) sowie DÖD 90, 153 (157): Mit Rücksicht auf den Erprobungscharak-
ter der Dienstpostenübertragung dürfte es sich rechtfertigen lassen, der Auswahl aus
personalpolitischen Erwägungen eine Struktur zugrunde zu legen, die sich aus einer
Kombination des Grundelements „Dienstalter" mit dem Modifikationselement „letzte
dienstliche Beurteilung" aufbaut.

[293] S. schon RdNr 34.

[294] S. § 1 Abs. 1, § 4 Abs. 4 Satz 1 BLV. Vgl. auch HVGH, DÖD 95, 38 für die Eig-
nungsauswahl im Zusammenhang mit der Zulassung zur Ausbildung für den höheren
Polizeivollzugsdienst (Erfordernis einer schriftlichen Begründung der Auswahlentscheidung, auch im Blick auf eine psychologische Begutachtung der Bewerber).

[295] S. dazu RdNr 78.

[296] BW VGH, NVwZ 93, 93; BayVGH, BayVBl 96, 758; NW OVG, NVwZ 92,
369; ähnlich RP OVG, DÖD 85, 48 für die Bewerbung um einen Beförderungsdienst-

– daß der Dienstherr eine Beförderungsstelle nach pflichtgemäßem Ermessen mit einem Versetzungsbewerber besetzen darf, ohne einem Beförderungsbewerber gegenüber dazu verpflichtet zu sein, die Auswahl nach Eignung, Befähigung und fachlicher Leistung vorzunehmen, und
– daß es grundsätzlich gleichgültig ist, ob die Stelle zuvor ausgeschrieben worden war.

Dem ist beizupflichten. Das dem Dienstherrn durch § 26 Abs. 1 Satz 1 BBG, § 18 Abs. 1 Satz 1 BRRG eingeräumte *Ermessen* wird nicht dadurch im Sinne einer Verpflichtung zur Bestenauslese eingeschränkt, daß *andere* Beamte als der Versetzungsbewerber, die gleichfalls für die Besetzung der Stelle in Betracht kommen, bei einem Erfolg ihrer Bewerber befördert werden müßten. Die Stellenausschreibung bindet den Dienstherrn nicht in der Weise, daß er nunmehr zwingend unter allen Bewerbern ein Auswahlverfahren mit dem Ziel der Bestenauslese durchzuführen hätte.[297] Natürlich ist der Dienstherr aus Rechtsgründen nicht gehindert, seiner Besetzungsentscheidung bei einem aus Beförderungs- und Versetzungsbewerbern bestehenden Bewerberfeld (auch) Erwägungen der Bestenauslese zugrunde zu legen.[298] Soweit er sich für einen Beförderungsbewerber entscheidet, muß dieser in Relation zu den übrigen Beförderungsbewerbern der qualifizierteste sein (falls nicht nachrangig auf ein Hilfskriterium rekurriert werden muß).[299, 300]

2. Schadensersatz wegen unterbliebener oder verspäteter Beförderung

69   Mit der Besetzung der Beförderungsplanstelle wandelt sich ein etwaiger – auf Erfüllung gerichteter – Beförderungsanspruch, dem schuldhaft nicht entsprochen worden ist, in einen Schadensersatzanspruch wegen Nichterfüllung.[301, 302] Sieht man – wie hier[303] – Art. 33 Abs. 2 GG und § 23 iVm § 8

posten und dessen Übertragung an einen Mitbewerber, der ein entsprechendes Statusamt schon innehat. A. A. HVGH, ZBR 90, 24 für den Fall einer Stellenausschreibung. S. zum Ganzen Günther, DÖD 93, 162 ff.

[297] S. auch insoweit RdNr 78.

[298] S. dazu BW VGH, a. a. O. (Fußn 296). Weiterhin SH OVG, NVwZ-RR 97, 373: Auch ein Versetzungsbewerber könne jedenfalls dann gegenüber dem Dienstherrn auf Einhaltung des Grundsatzes der Bestenauslese bestehen, wenn der Dienstherr einen Dienstposten „im Wege einer an diesem Grundsatz orientierten Auswahlentscheidung" vergebe (Hinweis auf BVerwGE 95, 73 [84]). Eine „Selbstbindung" in dem angesprochenen Sinne folgt nach RP OVG, NVwZ-RR 97, 369 noch nicht aus einer Stellenausschreibung, die unabhängig davon zu erfolgen hat, ob eine Versetzung oder eine Beförderung in Betracht kommt. S. schließlich auch BayVGH, NVwZ-RR 97, 368.

[299] NW OVG, NVwZ 92, 369 (370).

[300] Zur Konkurrenz von Angestellten und Beamten s. HVGH, NVwZ-RR 94, 525. Zur Vergleichbarkeit der Beurteilung eines Beamten und eines Angestellten s. OVG Lüneburg, NdsVBl 95, 407 sowie Sommer, NdsVBl 95, 129.

[301] BVerwGE 13, 17.

[302] Ein *Folgenbeseitigungsanspruch*, gerichtet auf Zuweisung der nächsten gleichartigen freiwerdenden Planstelle (vgl. die Nachweise bei Wilke, JZ 80, 440 [442 Anm. 44]), ist abzulehnen. Ebenso Martens, ZBR 92, 129 (133). Zum Anwendungs-

Abs. 1 Satz 2 BBG (§ 7 BRRG) als Rechtsgrundlagen eines Beförderungsanspruchs des bestgeeigneten Bewerbers an, so ist der korrespondierende Schadensersatzanspruch nicht auf eine Verletzung der Fürsorge- und Schutzpflicht, sondern auf die Nichterfüllung der – verfassungsrechtlich verbürgten – Pflicht zur Bestenauslese zu stützen.[304]

Das Begehren des übergangenen Bewerbers, dienst-,[305] besoldungs- und **70** versorgungsrechtlich[306] so gestellt zu werden, als ob er zum Zeitpunkt der Aushändigung der Ernennungsurkunde an den Mitbewerber (oder des Wirksamwerdens der Ernennung) befördert worden wäre,[307] kann nur Erfolg haben, wenn

– der Dienstherr seine Pflicht zur Bestenauslese (hilfsweise: zur Auslese zwischen gleich geeigneten Bewerbern nach Fürsorge- und Schutzpflichtgesichtspunkten[308] und unter Beachtung des Gleichbehandlungsgrundsatzes) verletzt hat,[309]
– dies auf Verschulden beruht[310] und
– die unterbliebene oder verspätete[311] Beförderung (als Schaden) durch die Pflichtverletzung adäquat verursacht ist.[312]

---

bereich des Folgenbeseitigungsanspruchs vgl. BVerwGE 38, 336; 59, 319; 75, 354. Dieser setzt einen rechtswidrigen *Eingriff* der Verwaltung voraus und ist nicht in Betracht zu ziehen, wenn einem Anspruch auf ein (bestimmtes) Verwaltungshandeln – hier: auf Erlaß eines begünstigenden Verwaltungsakts – nicht genügt ist; vgl. BVerwG, RiA 79, 140 (142) und BayVBl 85, 503. Allerdings trifft die Behörde, welche einen Bewerber rechtswidrig nicht eingestellt hat, eine „Folgenbeseitigungslast": Sobald sich erneut eine Einstellungsmöglichkeit bietet, hat sie ihr früheres fehlsames Verhalten, soweit ihr rechtlicher Spielraum dies zuläßt, wiedergutzumachen; vgl. dazu Rüfner in: Erichsen/Martens, AllgVR, § 50 V 3 (RdNr 33).

[303] RdNrn 56 ff.

[304] Vgl. dazu Verf., ZBR 81, 301 (303 f.). Ebenso BVerwG, NJW 89, 538 (dazu Verf., NVwZ 89, 435; krit. Günther, NVwZ 89, 837); weiterhin BVerwG, ZBR 92, 106.

[305] Zur Verbesserung des Allgemeinen Dienstalters (ADA) im Wege des Schadensersatzes vgl. OVG Lüneburg, DVBl 72, 962, NW OVG, ZBR 86, 276 sowie SOVG, ZBR 76, 87; zur Änderung der Amtsbezeichnung (s. § 81 Abs. 3 BBG) eines während des aktiven Dienstes zu Unrecht nicht beförderten Ruhestandsbeamten vgl. BW VGH, ZBR 72, 308.

[306] Zur Versorgung s. BVerwG, ZBR 97, 15; NW OVG, ZBR 86, 276.

[307] Zum Ausschluß einer Naturalrestitution (Nachholung der unterbliebenen Beförderung) vgl. BVerwGE 15, 3 (11); 28, 155 (162); 53, 12 (20 f.); ferner OVG Lüneburg, DVBl 72, 962; SOVG, ZBR 76, 87.

[308] Eine ausreichende Personalausstattung des einem Beamten unterstellten Referates ist im Hinblick auf mögliche Beförderungen nicht Gegenstand der Pflicht des Dienstherrn zur Fürsorge; BVerwG, ZBR 80, 379.

[309] S. BrOVG, DÖD 88, 194 zur Nichtberücksichtigung einer „aktuell anstehenden und im Entwurf bereits vorliegenden Regelbeurteilung".

[310] Zum Fehlen des Verschuldens für den Fall, daß ein Kollegialgericht die Beförderungsentscheidung zwischenzeitlich als Rechtens qualifiziert hat, s. Fußn 176.

[311] NW OVG, DÖD 73, 258.

[312] BVerwGE 15, 3 (11); BW VGH, ZBR 72, 308; OVG Lüneburg, OVGE 29, 479; SOVG, ZBR 76, 87; HmbOVG, DÖD 92, 238. Es kann nicht hilfsweise oder gar als

Der Kausalitätsnachweis kann nur gelingen, wenn sich im nachhinein sagen läßt, daß sich die zuständige Behörde bei Vermeidung der Rechtsverletzung voraussichtlich für gerade diesen Bewerber entschieden hätte[313] (oder rechtlich zwingend hätte entscheiden müssen) – eine Feststellung, die sich beim Vorhandensein besser qualifizierter (gleichfalls erfolglos gebliebener) Mitbewerber nicht treffen läßt; bei (im wesentlichen) gleich qualifizierten Konkurrenten kommt es auf die bisherige Handhabung der Hilfskriterien durch die Behörde an. Unter Umständen – vornehmlich, wenn die Beförderungspraxis einer Behörde über Jahre hinweg rechtswidrig war – ist es angezeigt, die Entwicklung längerfristig zurückzuverfolgen und nachzuzeichnen. Daneben ist der Rechtsgedanke des § 839 Abs. 3 BGB auch hier zu berücksichtigen mit der Folge, daß der Schadensersatzanspruch schon dann entfällt, wenn es der Beamte verabsäumt hat, rechtzeitig *vorläufigen* verwaltungsgerichtlichen Rechtsschutz[314] in Anspruch zu nehmen.[315]

71 Auf die *Verjährung* des Schadensersatzanspruchs ist die auch für das Beamtenrecht geltende Regelung der §§ 197, 198, 201 BGB anzuwenden. Ansprüche auf wiederkehrende Leistungen verjähren danach in vier Jahren, jeweils zum Jahresende. Auf „wiederkehrende Leistungen" können nicht nur Erfüllungsansprüche, sondern auch Schadensersatzansprüche gerichtet sein, die auf Grund ein und desselben schädigenden Ereignisses an die Stelle solcher Erfüllungsansprüche treten.[316]

3. Prozessuale Fragen

a) Rechtsweg

72 Für einen auf Art. 33 Abs. 2 GG gestützten Erfüllungs- oder Schadensersatzanspruch ist der Verwaltungsrechtsweg (§ 126 Abs. 1 BRRG), für einen Schadensersatzanspruch gemäß Art. 34 GG iVm § 839 BGB der Rechtsweg zu den Zivilgerichten eröffnet.[317]

„Minus" zu einer Schadensersatzklage auf Neubescheidung geklagt werden; SOVG, RiA 86, 233.

[313] Vgl. BVerwG, NJW 92, 297; s. aber auch NW OVG, ZBR 84, 45. Der entsprechend anzuwendende § 287 ZPO räumt dem Richter allerdings ein beträchtliches Ermessen ein; dieser kann sich insbesondere mit einer überwiegenden Wahrscheinlichkeit begnügen; BGH, NJW 91, 1412, NJW 94, 3295 (3297) und ZBR 95, 314.

[314] S. RdNrn 75 ff.

[315] Vgl. BVerwG, DÖD 86, 93; NW OVG 4. 8. 1988 – 12 A 570/87 –.

[316] BVerwG, ZBR 97, 15.

[317] Nach § 17 Abs. 2 GVG entscheidet das Gericht des zulässigen Rechtsweges den Rechtsstreit „unter allen in Betracht kommenden rechtlichen Gesichtspunkten"; Art. 34 Satz 3 GG bleibt allerdings „unberührt". D. h.: Die Zivilgerichte, bei denen ein Schadensersatzanspruch wegen unterbliebener Beförderung unter dem rechtlichen Gesichtspunkt der Amtshaftung anhängig gemacht wird, haben auch zu prüfen, ob ein beamtenrechtlicher Anspruch aus Verletzung des Bestenausleseprinzips begründet sein könnte. Den Verwaltungsgerichten ist es hingegen verwehrt, § 839 BGB, Art. 34 Satz 1 GG als mögliche Anspruchsgrundlage heranzuziehen.

b) Klageart und vorläufiger Rechtsschutz

Ein auf Beförderung gerichtetes *Erfüllungsbegehren* ist im Wege der *Ver-* **73** *pflichtungsklage* (§ 42 Abs. 1 VwGO) zu verfolgen. Hält der Beamte die Ablehnung seines Beförderungsverlangens für rechtswidrig, sieht er aber keine ausreichenden Gründe für eine Ermessensverdichtung, so wird er sich zweckmäßigerweise mit einer *Bescheidungsklage* (s. § 113 Abs. 5 Satz 2 VwGO) begnügen. Das eine wie das andere Klagebegehren kann sich dadurch in der Hauptsache erledigen, daß der Kläger befördert wird oder daß infolge der Besetzung der Beförderungsplanstelle mit einem anderen Bewerber eine der tatbestandlichen Voraussetzungen entfällt, an die ein Beförderungsanspuch oder ein Anspruch auf ermessensfehlerfreie Entscheidung über das Beförderungsverlangen geknüpft ist.[318] Für eine *Fortsetzungsfeststellungsklage* (§ 113 Abs. 1 Satz 4 VwGO) besteht solchenfalls vornehmlich dann ein Feststellungsinteresse, wenn der Kläger die Geltendmachung eines Schadensersatzanspruchs nach Art. 34 GG iVm § 839 BGB (mindestens ernstlich) beabsichtigt[319] oder wenn Wiederholungsgefahr[320] gegeben ist. Wird ein Bewerber in der „ganz konkreten Konkurrenzsituation" für weniger geeignet als sein erfolgreicher Mitbewerber gehalten, so kann es in Zukunft nicht zu einer gleichartigen Situation – und damit nicht zu einer Wiederholungsgefahr – kommen, weil es an der Identität der Bewerbergruppen und der rechtlich relevanten Qualifikationen der Bewerber fehlt.[321]

Für den *Schadensersatzanspruch* ist die *Verpflichtungsklage* die richtige **74** Klageart.[322] Eine *Anfechtungsklage* (§ 42 Abs. 1 VwGO) gegen die Beförderung des erfolgreichen Mitbewerbers (sog. Konkurrentenklage) kommt nicht in Betracht.[323]

Der Schaffung „vollendeter Tatsachen" kann – wie schon im Zusammen- **75** hang mit der Einstellungskonkurrenz entwickelt worden ist –[324] durch die Inanspruchnahme *vorläufigen Rechtsschutzes* entgegengewirkt werden. Bei

---

[318] BVerwGE 80, 127: Mit der „endgültigen anderweitigen Besetzung" einer Stelle werde „eine durch Ausschreibung eingeleitete Stellenbesetzung beendet". Vgl. dazu Weiß, ZBR 89, 273 (275).

[319] Vgl. dazu BVerwG, DÖV 64, 167, DVBl 68, 220 und DVBl 73, 365; RP OVG, NJW 77, 72; allgemein Redeker/von Oertzen, VwGO, § 113, RdNr 32 mit weiteren Nachweisen aus der Rechtsprechung. Soweit der Kläger sein Schadensersatzverlangen aus einer Verletzung der *Fürsorgepflicht* herleitet oder herleiten will, bedarf er einer Feststellung nach § 113 Abs. 1 Satz 4 VwGO für seinen (künftigen oder bereits anhängigen) Schadensersatzprozeß nicht, weil die Frage der Rechts- und Pflichtwidrigkeit des Verhaltens des Dienstherrn in diesem Prozeß durch das Verwaltungsgericht *selbständig* geprüft werden muß; BVerwG, BayVBl 82, 348; HVGH, ZBR 85, 258. S. im einzelnen Verf., DVBl 90, 140 (141).

[320] Vgl. dazu Günther, ZBR 79, 93 (111 f.). Zum Begriff der Wiederholungsgefahr allgemein Verf., DVBl 90, 140 (142 f.).

[321] In diesem Sinne BVerwG, NVwZ 83, 755 (756).

[322] S. RdNr 419.

[323] S. RdNr 41.

[324] S. gleichfalls RdNr 41.

Ausschreibung der Stelle können nur diejenigen eine Sicherungsanordnung begehren, die sich um die Stelle *beworben* hatten.[325] In zeitlicher Hinsicht knüpft die Antragsbefugnis grundsätzlich[326] daran an, daß die Auswahlentscheidung oder -entschließung des Dienstherrn bereits getroffen ist.[327] Ist die Stelle *nicht ausgeschrieben*, so unterliegt die Antragsbefugnis in persönlicher Hinsicht nur insofern einer Einschränkung, als der Antragsteller die laufbahnrechtlichen Voraussetzungen für eine Übertragung des Beförderungsamtes erfüllen muß. Der an einer Beförderungsstelle Interessierte ist bei fehlender Ausschreibung, was die Besetzbarkeit einer solchen Stelle und den Stand des Auswahlverfahrens betrifft, auf sog. informelle Kontakte angewiesen, sofern nicht – wie im Anschluß an die Rechtsprechung des BVerfG[328] geboten – *unabhängig von einer Stellenausschreibung* alle diejenigen Beamten über das Auswahlergebnis unterrichtet werden, die laufbahnrechtlich für die Stelle in Frage kommen.[329]

76   Die vom BVerfG[330] für notwendig gehaltene „*Mitteilung*" über das Auswahlergebnis hat Doppelcharakter: Einerseits soll sie den übergangenen Konkurrenten über die Auswahlentschließung oder -entscheidung unterrichten, damit dieser, wenn er sich Erfolg davon verspricht, vorläufigen Rechtsschutz mit dem Ziel in Anspruch nehmen kann, „die umstrittene Beförderungsstelle offenzuhalten". Zum anderen verkörpert die „Mitteilung" den Verwaltungsakt, „mit dem die Bewerbung eines nicht berücksichtigten Beamten abschlägig beschieden wird".[331] Insoweit ist ihre Begründung an § 39 Abs. 1 VwVfG zu messen.[332] Der Beamte muß durch die „Mitteilung" – und nicht erst durch Nachfrage[333] – Kenntnis davon erhalten, ob dem ausgewählten Beamten aus qualifikationsbezogenen Überlegungen – d.h. normalerweise wegen einer besseren dienstlichen Beurteilung – oder unter Zugrundelegung eines oder mehrerer, im einzelnen zu bezeichnender (!) Hilfskriterien der Vorrang eingeräumt werden soll.[334] Entgegen der Auffassung des VG Frankfurt[335] braucht ihm der Name des erfolgreichen Bewerbers nicht eröffnet zu werden; dies ist aber auch nicht zurei-

---

[325] So mit Recht Günther, ZBR 90, 284 (286 Anm. 25).

[326] S. aber SH OVG, DÖD 94, 68 für mehrstufige Auswahlverfahren (hier: Schulträgervorschlag bei Besetzung von Schulleiterstellen).

[327] Gegen eine Vorverlagerung des vorläufigen Rechtsschutzes in das Stadium vor Stellenausschreibung Verf., ZBR 88, 391 (Anm. zu RP OVG, ZBR 88, 390); vgl. auch Bracher, ZBR 89, 139 (141).

[328] DVBl 89, 1247; s. hierzu Verf., NVwZ 90, 637.

[329] S. im einzelnen Verf., ZBR 97, 169 (175).

[330] DVBl 89, 1247.

[331] BVerwGE 80, 127 (130).

[332] Verf., ZBR 97, 169 (174).

[333] Verf., a.a.O. (Fußn 332). Ebenso Wittkowski, NVwZ 95, 345 (346) unter Aufgabe seiner früheren abw. Meinung (NJW 93, 817 [819]).

[334] Verf., NVwZ 90, 637 (638) und ZBR 97, 169 (174). Im gleichen Sinne SH OVG, NVwZ-RR 94, 350 (351). S. außerdem BGH, ZBR 95, 314.

[335] NVwZ 91, 1210.

chend.[336] Eine zweiwöchige Wartefrist, gerechnet ab ordnungsgemäßer Bekanntgabe des Auswahlergebnisses, sollte genügen.[337] Da die „Mitteilung" (auch) Verwaltungsakt ist, muß sie der Betroffene rechtzeitig mit Widerspruch und Klage angreifen. Die Möglichkeit, eine Sicherungsanordnung zur vorläufigen Verhinderung der Beförderung eines anderen zu erstreiten, entfällt, sobald die „Mitteilung", der andere solle befördert werden, unanfechtbar geworden ist;[338] eine bereits erlassene Sicherungsanordnung ist analog § 927 ZPO aufzuheben, wenn der Begünstigte keinen Rechtsbehelf gegen die „Mitteilung" einlegt.

Unterbleibt die „Mitteilung" oder ist sie lückenhaft und unterläßt ein Beamter, der (ordnungsgemäß) zu unterrichten gewesen wäre, infolgedessen die Inanspruchnahme vorläufigen verwaltungsgerichtlichen Rechtsschutzes, so kann ihm der Dienstherr dieserhalb zum *Schadensersatz* verpflichtet sein.[339] Hat ein nicht oder unzureichend unterrichteter Konkurrent „auf Verdacht" einen Antrag auf Erlaß einer einstweiligen Anordnung gestellt und gewinnt er während des gerichtlichen Verfahrens – nunmehr unter Würdigung des Inhalts der Antragserwiderung und/oder nach Akteneinsicht – die Überzeugung, daß seinem Antrag kein Erfolg beschieden sein werde, so wird er sinnvollerweise den Antrag unter Protest gegen die Kostenlast zurücknehmen; nach § 155 Abs. 5 VwGO können die Verfahrenskosten solchenfalls dem Dienstherrn auferlegt werden.[340]

Übersicht über mögliche Verfahrensrügen (Auswahl):
– *Der Dienstherr habe eine Ausschreibungspflicht verletzt.*[341]
Wird dem Beamten (sei es durch Mitteilung der Behörde, sei es anderweit) noch rechtzeitig bekannt, daß eine Stellenbesetzung bevorsteht, so kann er seinen Anordnungsanspruch – wegen Fehlens der Kausalität – nicht mehr auf den Ausschreibungsmangel gründen.[342]
– *Der Dienstherr dürfe die Stelle nicht neu ausschreiben.*
Die Stellenausschreibung bindet den Dienstherrn weder dahin, daß er die Stelle nunmehr auch besetzen müsse;[343] noch hindert sie ihn grundsätz-

---

[336] Verf., ZBR 97, 169 (174); Wittkowski, NVwZ 95, 345 (346).
[337] Verf., ZBR 97, 169 (174 f.) mit weiteren Nachweisen.
[338] NW OVG, RiA 93, 156; HVGH, DÖD 95, 256. Zur Verwirkung der Antragsbefugnis bei überlangem Zuwarten HVGH, NVwZ 94, 398 (399).
[339] Vgl. BGH, ZBR 95, 314.
[340] Vgl. VG Gelsenkirchen, NVwZ-RR 97, 109. BW VGH, ZBR 96, 340 (342) favorisiert eine Erledigungserklärung des Antragstellers und verweist wegen der Kostentragung auf § 161 Abs. 3 VwGO.
[341] S. dazu BVerwGE 49, 232 (keine allgemeine Ausschreibungspflicht aus Art. 33 Abs. 2 GG) sowie BVerwGE 56, 324 und HVGH, NVwZ-RR 92, 34 (Ausschreibungspflicht aus gefestigter Verwaltungsübung), schließlich BVerwGE 79, 101 und BVerwG, ZBR 97, 25 (Ausschreibungspflicht aus personalvertretungsrechtlichen Mitbestimmungstatbeständen). Vgl. im übrigen Verf., ZBR 97, 169 (170 Anm. 24). S. daneben Battis, BBG, § 8, RdNr 6.
[342] S. auch SH OVG, NVwZ-RR 94, 350 (351).
[343] Vgl. Günther, ZBR 79, 93 (101 Anm. 136); HVGH, NVwZ 90, 789 (LS). S. auch

lich, die Stelle (wenn auch nicht nach Belieben, sondern aus sachlichen Erwägungen) erneut auszuschreiben.[344]
– *Der ausgewählte Bewerber habe die Ausschreibungsfrist nicht eingehalten.*
Ausschreibungsfristen sind keine Ausschlußfristen in dem Sinne, daß es dem Dienstherrn rechtlich verwehrt wäre, nach Fristablauf eingegangene Bewerbungen zu berücksichtigen; er kann nach Sichtung der fristgerechten Bewerbungen unter Umständen gar von sich aus weitere Beamte zu Bewerbungen ermuntern.[345]
– *Die Bewerbung des Antragstellers sei zu Unrecht wegen Fristversäumnis unbeachtet geblieben.*
Der Dienstherr verhält sich in der Regel nicht rechtswidrig, wenn er verspätete Bewerbungen ohne Sachprüfung zurückweist.[345]
– *Der Dienstherr habe der Mitbestimmungspflichtigkeit einer Beförderung (s. § 76 Abs. 1 Nr. 2, § 77 Abs. 1 BPersVG) nicht Rechnung getragen.*
In einem derartigen Gesetzesverstoß ist zugleich eine Verletzung der geschützten Rechtssphäre der Bewerber zu erblicken.[346, 347]
– *Der Dienstherr habe innerhalb der dienstlichen Beurteilung, die der Auswahl zugrunde gelegt worden sei, aus einem Sachverhalt ungünstige Schlüsse gezogen, ohne dem Antragsteller zuvor Gelegenheit zur Stellungnahme zu geben.*
Trifft dies zu, so hat sich der Dienstherr eines Verstoßes gegen die Fürsorge- und Schutzpflicht schuldig gemacht.[348]
– *Die Personalakte des Antragstellers, die ergänzend zur Meinungsbildung herangezogen worden sei, habe Behauptungen oder Bewertungen enthalten, die für ihn ungünstig seien oder ihm nachteilig werden könnten, ohne daß er dazu angehört worden sei.*
Die Verfahrensrüge rechtfertigt sich aus § 90b Satz 1 BBG, § 56b Satz 1 BRRG.[349]
– *Bei der Auswahl seien Erkenntnisse ohne vorherige Anhörung des Antragstellers berücksichtigt worden, die sich weder aus einer dienstlichen Beurteilung noch aus der Personalakte ergeben hätten und für ihn ungünstig seien.*

BVerwG, NVwZ 97, 283: Der Dienstherr sei auf Grund seines Organisationsrechts befugt, ein Auswahlverfahren zur Besetzung einer Beförderungsplanstelle aus sachlichen Gründen jederzeit zu beenden, ohne daß schützenswerte Rechte der Bewerber damit berührt wären.

[344] S. Verf., ZBR 97, 169 (170) mit weiteren Nachweisen.
[345] S. Verf., a. a. O., S. 170 f.
[346] S. Verf., ZBR 97, 169 (171); Wittkowski, NJW 93, 817 (820).
[347] S. im übrigen BVerwG, NVwZ 90, 974. Im Anordnungsverfahren nach § 123 VwGO sollte eine Zustimmungsverweigerung allenfalls in krassen Fällen von Begründungsmängeln als „unbeachtlich" bewertet werden.
[348] S. Verf., a. a. O. (Fußn 346), S. 171 mit weiteren Nachweisen.
[349] Verf., a. a. O. (= Fußn 348). Zur nachträglichen Behebung von Anhörungsmängeln s. gleichfalls Verf., a. a. O., S. 172.

Auch hier hat sich der Dienstherr in Widerspruch zu seiner Fürsorge- und Schutzpflicht gesetzt.[350]
- *In das Mitbestimmungsverfahren seien seitens des Dienstherrn derartige Behauptungen oder Bewertungen eingeführt worden.*
Insoweit gilt Gleiches, wie vorstehend angemerkt.
- *Der Antragsteller sei zu einem Vorstellungsgespräch (Auswahlgespräch) nicht geladen worden.*
Räumt der Dienstherr den Bewerbern im Interesse der Bestenauslese auch die Möglichkeit ein, sich in einem Vorstellungsgespräch (Auswahlgespräch) vor einer Auswahlkommission zu präsentieren, so darf er niemanden ausnehmen, der nach Maßgabe seines Amtes und seiner (letzten) dienstlichen Beurteilung in den Bewerberkreis einzubeziehen wäre.[351]
- *Der Auswahlkommission hätten stimmberechtigte Vertreter des Personalrats und der Schwerbehindertenvertretung angehört.*
NW OVG[352] sieht dies mit Recht als „bedenklich" an. Die Verantwortungsebenen und die gesetzlich vorgezeichneten Verfahrensstadien der Meinungsbildung werden vermengt.
Übersicht über mögliche Fehlerrügen materiellrechtlicher Art (Auswahl): 79
- *Die dienstliche Beurteilung des Antragstellers oder eines Mitbewerbers sei mit Mängeln behaftet.*
Beurteilungsfehler können hier nicht dargestellt und diskutiert werden.[353] Die Erfahrung zeigt aber, daß der erfolglose Bewerber mit inhaltlichen Angriffen gegen die eigene Beurteilung oder gar die Beurteilung des für die Beförderung in Aussicht genommenen Mitbewerbers im Verfahren des vorläufigen Rechtsschutzes nur selten durchdringt.[354] Dienstliche Beurteilungen setzen sich eben hauptsächlich aus Wertungen zusammen, die sich auf eine Vielzahl von Beobachtungen und Eindrücken stützen. Der Dienstherr ist zwar verpflichtet, seine Wertungen plausibel zu machen; er braucht dazu aber keine Tatsachen anzuführen.[355] Im allgemeinen wird es dem Antragsgegner in einem Anordnungsverfahren gelingen, einsichtig werden zu lassen, daß die Plausibilisierung der Wertungen einer umstrittenen dienstlichen Beurteilung in einem (künfti-

---

[350] S. HVGH, NVwZ-RR 96, 161.
[351] Vgl. dazu NW OVG, NVwZ-RR 95, 100. Zur Chancengleichheit s. auch Verf., ZBR 97, 169 (172) mit weiteren Nachweisen.
[352] S. Fußn 351.
[353] S. im einzelnen RdNrn 477 ff.
[354] S. insoweit bereits Verf., RiA 90, 120 (124). Vgl. auch SOVG, ZBR 95, 382 (LS): Habe ein Bewerber um ein Beförderungsamt im Rahmen eines Leistungsvergleichs eine um mehrere Bewertungsstufen schlechtere Beurteilung als der ausgewählte Mitbewerber vorzuweisen, so sei es „unwahrscheinlich, daß seine von ihm angegriffene Beurteilung ... auf das dem Mitbewerber zuerkannte Gesamturteil angehoben werden könnte". S. außerdem Verf., ZBR 97, 169 (172).
[355] Grundlegend BVerwGE 60, 245 (249 f.); s. dazu Verf., Dienstliche Beurteilung, RdNrn 440 ff.

gen) Prozeß um die Rechtmäßigkeit dieser Beurteilung möglich sein wird.[356]

– *Die Auswahl basiere auf dienstlichen Beurteilungen, die nicht mehr aktuell seien.*

Werden Regelbeurteilungen – wie inzwischen üblich – zu festen Stichtagen fällig[357] und ist die Beurteilungsperiode vergleichsweise kurz bemessen,[358] so wird dem Aktualisierungsgebot[359] gewöhnlich dadurch Genüge getan, daß der Auslese für die Übertragung des Beförderungsamtes die jeweils letzte über die Bewerber gefertigte Regelbeurteilung zugrunde gelegt wird.[360] Nur wenn es sich unter derartigen Vorgaben ausnahmsweise auf Grund konkreter, faßbarer Anhaltspunkte aufdrängt, daß sich das Leistungs- und Befähigungsbild eines Bewerbers seit der letzten Regelbeurteilung nachhaltig zum Positiven verändert hat, können Fürsorgepflicht und Bestenausleseprinzip gleichermaßen danach verlangen, über den Beamten aus Anlaß der Bewerbung um ein Beförderungsamt eine (aktuelle) Bedarfsbeurteilung zu erstellen.[361] Bedarfsbeurteilungen können normalerweise auch diejenigen Bewerber beanspruchen, die am letzten Regelbeurteilungsdurchgang wegen Überschreitens einer durch Richtlinien festgelegten Lebensaltersgrenze nicht mehr teilgenommen haben.[362] Schließlich ist eine Bedarfsbeurteilung unerläßlich, wenn einer der Bewerber bei der letzten Regelbeurteilung noch ein niedrigeres Statusamt bekleidet hat, erst danach befördert worden ist und nunmehr ein weiteres Beförderungsamt anstrebt.[363]

– *Die Eignungsbewertung sei nicht schlüssig aus der Leistungsbewertung abgeleitet worden.*

Das Verhältnis zwischen Leistungs-, Befähigungs- und Eignungsbewertung ist dahin zu präzisieren, daß die Eignungsbewertung – unter steter Orientierung am Anforderungsprofil der Beförderungsstelle[364] – folgerichtig aus dem Leistungs- und Befähigungsprofil des Beamten entwickelt werden muß.[365]

---

[356] Zum Fehlen einer Theorie der Plausibilisierung s. Verf., ZBR 95, 321 (326).

[357] Vgl. Verf., a. a. O. (Fußn 355), RdNrn 203 ff.

[358] Drei Jahre sollten nicht überschritten werden. S. auch Verf., DVBl 95, 1153 (1156).

[359] S. Verf. , a. a. O. (Fußn 355), RdNrn 88 f., 219, 222. Vgl. auch HmbOVG, DÖD 91, 257; RP OVG, ZBR 94, 83; SOVG, ZBR 94, 322 (LS).

[360] Vgl. BVerwG, Buchholz 232 § 23 BBG Nr. 15; s. aber auch Verf., a. a. O. (Fußn 355), RdNr 221 mit weiteren Nachweisen sowie HmbOVG, DÖD 91, 257 und RP OVG, ZBR 94, 83.

[361] Vgl. BW VGH 4. 10. 1994 – 11 S 1355/94 –; außerdem Verf., a. a. O. (Fußn 355), RdNrn 206, 223.

[362] S. auch hierzu Verf., a. a. O. (Fußn 355), RdNrn 214, 219 und 221.

[363] Vgl. in diesem Kontext Verf., a. a. O. (Fußn 355), RdNr 267, Anm. 88.

[364] Vgl. BayVGH, ZBR 94, 350 (351); HVGH, ZBR 94, 347; weiterhin RP OVG, DÖD 94, 294 und SH OVG, ZBR 96, 339 (340). S. auch OVG Lüneburg, NVwZ-RR 96, 677 und Verf., ZBR 97, 169 (173).

[365] S. Verf., ZBR 97, 169 (173) mit Nachweisen.

– *Der Antragsteller und der (nach einem Hilfskriterium) ausgewählte Mitbewerber seien zu Unrecht als „im wesentlichen" gleich geeignet angesehen worden.*

Die Frage, ob (Leistungs-)Gesamturteile „im wesentlichen" gleich sind, kann sich insonderheit dann stellen, wenn in der Beurteilungspraxis durch verbale Zusätze zu den eigentlichen Gesamturteilsstufen sog. Binnendifferenzierungen ausgebracht werden, sei es, daß der Richtliniengeber diese Möglichkeit bereits vorsieht, sei es, daß sich die Verwaltungsübung dahin entwickelt (hat). Sind solche Zusätze – wie etwa „obere (untere) Grenze" oder „oberer (unterer) Bereich" in einer Weise etabliert, daß damit, für die Beurteilten nachvollziehbar, Zwischenstufen bezeichnet werden, die wie die eigentlichen Stufen selbst verwendet werden, so ist derartigen Zusätzen die Relevanz nicht abzusprechen.[366]

– *Es sei ein Hilfskriterium zugrunde gelegt worden, das rechtlichen Bedenken ausgesetzt sei.*

Oder: *Eine eingeführte Reihen- und Rangfolge der Hilfskriterien sei nicht beachtet worden.*

Hierzu kann auf RdNrn 57 ff. verwiesen werden.

– *Der Dienstherr habe seine Auswahlentscheidung nur deshalb zu Gunsten des konkurrierenden Inhabers des Beförderungsdienstpostens getroffen, weil dieser aus haushaltsrechtlichen Gründen schon auf der zu vergebenden Planstelle geführt werde und weitere freie Planstellen nicht zur Verfügung ständen.*

Eine Beschränkung des Bewerberkreises auf Bewerber, die einen Beförderungsdienstposten bereits innehaben, kann freilich dann akzeptabel sein, wenn die betreffenden Dienstposten nach ihrer funktionellen Bewertung gemäß § 18 BBesG einem höheren statusrechtlichen Amt als demjenigen des Dienstposteninhabers zugeordnet sind *und* wenn der Haushaltsplan weniger Planstellen ausweist, als derart unterbesetzte Beförderungsdienstposten existieren. Sofern diese Voraussetzungen nicht gegeben sind, muß der Bewerberkreis auch für solche Bewerber offen sein, die keinen Dienstposten bei der in Frage kommenden Dienststelle besitzen.[366a]

Der Dienstherr muß *vor* Aushändigung von Ernennungsurkunden den **80** rechtskräftigen Abschluß des Verfahrens nach § 123 Abs. 1 Satz 1 VwGO – auch ohne richterlichen Hinweis[367] – grundsätzlich abwarten.[368] Ausnahme-

---

[366] S. zum Ganzen Verf., ZBR 97, 169 (173 f., 176 f.) mit Rechtsprechungsnachweisen. Zur Problematik der Überdifferenzierung s. BrOVG, ZBR 93, 189 (Reihung einer größeren Zahl von Beförderungsbewerbern allein nach wirklichkeitsfremd überfeinerten rechnerischen Unterschieden der dienstlichen Beurteilungen).

[366a] RP OVG, DÖD 97, 161; o. auch Plog/Wiedow/Beck/Lemhöfer, BBG, § 23, RdNr 5 b.

[367] S. Verf., ZBR 97, 169 (178 f.) mit weiteren Nachweisen, insbesondere auf HVGH, NVwZ-RR 92, 34 f. und ZBR 95, 310.

[368] HVGH, NVwZ 94, 1231 und ZBR 95, 310.

fälle: (1) Organisatorische Belange, denen nicht durch eine kommissarische Aufgabenübertragung abgeholfen werden kann,[369] gebieten zwingend, daß die Beförderung schon nach einer für den Konkurrenten negativen *erstinstanzlichen* Entscheidung vollzogen wird. (2) Der ausgewählte Bewerber überschritte bei weiterer Verzögerung der Urkundenaushändigung die Altersgrenze des § 12 Abs. 4 Nr. 3 BLV.

81   Während der HVGH[370] meint, daß bei *mehreren* freien Stellen keine Beförderung auf *einer* dieser Stellen vorgenommen werden dürfe, hält das BVerwG[371] dafür, daß „in der Regel zur Sicherung des Anspruchs *eines* Beamten die einstweilige Freihaltung *nur einer* Planstelle in Betracht zu ziehen" sei. Beide Thesen vermögen nicht restlos zu überzeugen. Sie laufen beide auf eine statische Betrachtungsweise hinaus, die nicht sachadäquat ist. Man sollte die Stadien des Antragseingangs, der Antragserwiderung und der Vorlage von Personal- und Verwaltungsvorgängen bei Gericht und schließlich das Stadium der (erstinstanzlichen) Entscheidung ins Auge fassen. Die Zahl der freizuhaltenden Stellen wird sich zumeist von Stadium zu Stadium dank zunehmender Erkenntnisdichte und infolge fortschreitender Analyse immer weiter reduzieren lassen – im Idealfall auf nur eine Stelle, die entweder dem Antragsteller oder einem bestimmten ausgewählten Mitbewerber zufallen muß.

c) Vorverfahren

82   Insoweit wird auf Abschnitt III.3.c)[371a] verwiesen.[372]

d) Beweislast[373]

83   Der *Beamte* trägt die Beweislast für die Tatsachen, aus denen sich sein Erfüllungsanspruch herleitet. Nichts anderes gilt grundsätzlich beim Schadensersatzanspruch wegen Nichterfüllung. Insbesondere unterliegt der Beamte, falls sich in tatsächlicher Hinsicht nicht klären läßt, ob er – bei Vermeidung der festgestellten Verletzung des Bestenausleseprinzips – zwingend

---

[369] Vgl. dazu SH OVG, ZBR 96, 339.

[370] NVwZ-RR 92, 34 (35). Der Antragsteller kann sich allerdings darauf beschränken, nur die Auswahl *bestimmter* Bewerber zu beanstanden.

[371] ZBR 94, 52 (53). Nur „besondere Umstände" könnten „ausnahmsweise zur Sicherung des Anspruchs *eines* Beamten die Zurückstellung *mehrerer* Beförderungen unabweisbar machen".

[371a] S. RdNr 44.

[372] *Klagevoraussetzung* (d. h. nicht im Prozeß nachholbare Sachurteilsvoraussetzung [Verf., ZBR 92, 257]) ist , daß der Beamte sein Schadensersatzbegehren als solches zunächst durch Antragstellung gegenüber seinem Dienstherrn erhebt; s. dazu RdNr 416 f.

[373] S. Fußn 193. Zur Beweislast in Beförderungsprozessen Günther, DÖD 94, 14 ff., 55 ff.; vgl. außerdem Verf., ZBR 95, 321 (324 f.).

(zu einem bestimmten Zeitpunkt) zu befördern gewesen wäre.[374] Den *Dienstherrn* trifft der prozessuale Nachteil, wenn aus tatsächlichen Gründen offenbleibt, ob der Verstoß gegen die Pflicht zur Bestenauslese schuldhaft war.[375]

---

[374] Vgl. aber Günther, ZBR 79, 93 (104).
[375] BVerwG, Buchholz 232 § 79 BBG Nr. 68.

2. Teil. Versetzung, Abordnung, Umsetzung

Das Amt im *statusrechtlichen* Sinne[1] kann – von den nachfolgend ge- nannten beiden Ausnahmen abgesehen – nur im Wege der Ernennung (§ 6 Abs. 1 Nrn. 2, 4 und 5 BBG, § 5 Abs. 1 Nrn. 2, 4 und 5 BRRG) oder der disziplinarischen Versetzung des Beamten in ein Amt derselben Laufbahn mit geringerem Endgrundgehalt (§ 5 Abs. 1 BDO) geändert werden; bei der Übertragung eines anderen Amtes im *funktionellen* Sinne[2] bedarf es dagegen keines Ernennungsakts. Nicht von einer Ernennung abhängig sind die *statusberührenden* Übertragungen

– eines anderen (statusrechtlichen) Amtes mit anderem Endgrundgehalt, aber gleicher Amtsbezeichnung[3] oder

– eines anderen (statusrechtlichen) Amtes mit gleichem Endgrundgehalt, aber anderer Amtsbezeichnung ohne Laufbahngruppenwechsel.[4]

Diese Amtsübertragungen haben Verwaltungsaktscharakter; in Ermangelung einer anderen überzeugenden Konstruktion sind sie – als sog. *statusberührende Versetzungen* – analog § 26 Abs. 1 BBG (§ 18 Abs. 1 BRRG) zu behandeln, um so zu gewährleisten, daß der Beamte, falls sein Status ohne seine Zustimmung verändert werden kann, zumindest unter den Schutz der Versetzungsregelung gestellt ist.[5] Die disziplinarische Dienstgradherabset-

---

[1] S. dazu RdNr 48. Vgl. auch Fußn 5.

[2] Zur Abgrenzung der hochschulrechtlichen Bestimmung von Lehraufgaben durch die zuständigen Hochschulgremien von beamtenrechtlichen Eingriffen in das Amt im funktionellen Sinne durch Maßnahmen des Dienstherrn vgl. BVerwG, ZBR 80, 349.

[3] S. dazu das Beispiel im 1. Teil, Fußn 222. Vgl. auch GKÖD I, RdNr 35 zu § 6 BBG. Auf diese sog. *ernennungsähnlichen* Verwaltungsakte (s. BVerwGE 81, 282 [286f.]) sind §§ 11, 12 BBG (§§ 8, 9 BRRG) entsprechend anzuwenden; GKÖD I, RdNr 11 zu § 6 BBG.

[4] Vgl. dazu BVerwGE 65, 270 (vorläufige Verwendung eines Gerichtsvollziehers im Aufgabenbereich des regulären mittleren Justizdienstes) sowie BVerwG, NVwZ-RR 93, 420 (Wechsel vom Polizeivollzugsdienst in den Polizeiverwaltungsdienst). S. überdies BayVGH, ZBR 97, 194.

[5] BVerwGE 65, 270 [275f.]; vgl. dazu im einzelnen Summer, PersV 85, 441 und Weiß/Niedermaier/Summer/Zängl, BayBG, Art. 34 E 4a sowie GKÖD I, RdNr 3 zu § 26 BBG. Die Versetzung eines Leitenden Landesmedizinaldirektors als Chefarzt eines Krankenhauses in eine Verwaltungsabteilung des Dienstherrn berührt nicht das statusrechtliche Amt; die hierdurch entfallende Möglichkeit, Einkünfte aus Privatliquidation zu erzielen, muß bei der rechtlichen Qualifizierung der Maßnahme „unberücksichtigt bleiben, weil es sich dabei um eine mit dem funktionellen Amt verbundene Nebentätigkeit handelt, die für den Rang der Beamtenstellung (Zusatz: und für das Amt im statusrechtlichen Sinne) nicht maßgebend ist"; BVerwGE 87, 310 (315ff.) unter Hinweis auf BVerfGE 47, 327 (412). S. nunmehr auch § 26 Abs. 2 Satz 2 BBG (§ 18 Abs. 2 Satz 2 BRRG) als *Sonderfall* einer statusberührenden Versetzung; Plog/Wiedow/Beck/Lemhöfer, BBG, § 26, RdNrn 2d und 34a.

zung bewirkt den Verlust aller Rechte aus dem bisherigen Statusamt einschließlich der damit verbundenen Dienstbezüge und der Befugnis, die bisherige Amtsbezeichnung zu führen (§ 10 Abs. 1 Satz 1 BDO). Sie betrifft
also auch – freilich erst in zweiter Linie – das Amt im funktionellen Sinne,
und zwar insofern, als dieses grundsätzlich dem Amt im statusrechtlichen
Sinne entsprechen muß.[6]

85   Wird dem Beamten bei einer anderen Behörde desselben Dienstherrn
oder bei einem anderen Dienstherrn nicht nur vorübergehend ein anderes
Amt im abstrakt-funktionellen Sinne zugewiesen, so handelt es sich um eine
organisationsrechtliche Versetzung (§ 26 BBG, § 18 BRRG).[7] Abordnung
und Umsetzung lassen auch das abstrakt-funktionelle Amt unberührt;[8] sie
beziehen sich ausschließlich auf das funktionelle Amt im konkreten Sinne:
Abordnung (§ 27 BBG, § 17 BRRG) ist die vorübergehende Übertragung
eines anderen Amtes im konkret-funktionellen Sinne bei einer anderen
Dienststelle (Behörde) desselben Dienstherrn oder bei einem anderen
Dienstherrn.[9] Wird dem Beamten dagegen, ohne daß sein Status berührt
wäre, innerhalb seiner Beschäftigungsbehörde – auf Dauer oder vorübergehend – ein anderes Amt im konkret-funktionellen Sinne zugewiesen, so liegt
eine Umsetzung vor.[10] Von den Rechtsinstituten der Versetzung, Abordnung oder Umsetzung sind schlichte *Dienstausübungsanweisungen* (s. § 55
Satz 2 BBG; § 37 Satz 2 BRRG) zu unterscheiden. Als Beispiel aus der
Rechtsprechung ist die Anweisung an einen beamteten Kraftfahrer der früheren Deutschen Bundesbahn zu nennen, unter unveränderter personen-
rechtlicher Kontrolle für eine privatrechtlich ausgestaltete regionale Busver-
kehrsgesellschaft – wie zuvor für die frühere Deutsche Bundesbahn selbst
und auf derselben Linie – Fahrtätigkeit zu leisten.[11]

---

[6] BVerwGE 49, 64; 60, 144; 87, 310; 89, 199; vgl. auch BVerwG, Buchholz 232 § 26
BBG Nr. 10, Buchholz 237.8 § 33 LBG Rh.-Pf. Nr. 1 und Buchholz 237.8 § 56 LBG
Rh.-Pf. Nr. 1 sowie ZBR 95, 374. S. aber auch RdNrn 110 ff.

[7] BVerwG, Buchholz 232 § 26 BBG Nr. 18; s. auch BVerwGE 66, 270 (276).

[8] Für die Abordnung ergibt sich dies daraus, daß die dienstrechtliche Zugehörigkeit
des Beamten zur bisherigen Stammdienststelle (Stammbehörde) – im Kern – aufrechterhalten bleibt; BVerwGE 40, 104 sowie BVerwG, ZBR 75, 226 und Buchholz 232
§ 26 BBG Nr. 18. S. auch Leisner, ZBR 89, 193 (194) und Müssig, DÖD 90, 109
(110 f.), jeweils mit weiteren Nachweisen. Vgl. dazu RdNr 123.

[9] BVerwG, Buchholz 232 § 26 BBG Nr. 18. Zur Zuweisung gemäß § 123a BRRG
s. RdNrn 135, 136.

[10] BVerwG, Buchholz 232 § 26 BBG Nrn. 14 und 18. Die Abberufung von dem bisherigen Dienstposten muß mit der Zuweisung eines anderen Dienstpostens einher-
gehen; NW OVG, ZBR 84, 339.

[11] BVerwGE 69, 303; vgl. auch BVerwG, Buchholz 238.3 A § 76 BPersVG Nr. 2.

I. Vorbemerkungen zu organisations- und haushaltsrechtlichen Aspekten

Das BVerwG[12] hat mit Recht hervorgehoben, daß die Beantwortung der **86** Frage, ob im Einzelfall eine Versetzung,[13] Abordnung oder Umsetzung gegeben sei, maßgeblich von organisations- und haushaltsrechtlichen Gesichtspunkten abhänge. In der Ausbringung von *Planstellen* und deren Verteilung auf die einzelnen Behörden komme (auch) die „feste Eingliederung dieser Stellen und . . . der jeweiligen Stelleninhaber in die Organisation der betreffenden Behörde zum Ausdruck". Der mit dem abstrakt-funktionellen Amtsbegriff des § 26 BBG (§ 18 BRRG) verknüpfte Begriff der *Behörde*, der dem Dienststellenbegriff des § 27 Abs. 1 Satz 1 BBG (§ 17 Abs. 1 Satz 1 BRRG) deckungsgleich ist, erfaßt jede organisatorisch verselbständigte Verwaltungseinheit, die – mit persönlichen und sächlichen Mitteln ausgestattet – einen örtlich und gegenständlich abgrenzbaren Aufgabenbereich versieht.[14] Die weiter gefaßte[15] Behördendefinition des § 1 Abs. 4 VwVfG kann hier nicht zugrunde gelegt werden. Wollte man „jede Stelle, die Aufgaben der öffentlichen Verwaltung wahrnimmt", als „Behörde" („Dienststelle") im beamtenrechtlichen Sinne ansehen, so liefe dies darauf hinaus, daß die Anwendungsfelder der Versetzung und der Abordnung gegenüber demjenigen der Umsetzung überdehnt würden. Auch eine „Vervielfältigung" der verwaltungsorganisatorisch einheitlichen Dienststelle zu einem personalvertretungsrechtlich verselbständigten Dienststellenteil (s. § 6 Abs. 3 BPersVG) darf nicht zu diesem Effekt führen. Personalvertretungsrechtliche „Verselbständigungsbeschlüsse" haben für den Begriff der „Behörde" („Dienststelle") deshalb keine Bedeutung.[16]

Schulen sind regelmäßig als Behörden anzusehen, so daß der von einer **87** Schulaufsichtsbehörde auf Dauer angeordnete Wechsel eines Lehrers zu einer anderen Schule innerhalb desselben Schulamtsbezirks eine Versetzung ist.[17] Auch die in der Trägerschaft der öffentlichen Hand befindlichen *Krankenhäuser* und *Kliniken* fallen unter den im Rahmen des § 26 BBG (§ 18 BRRG) „nach dienstrechtlichen Grundsätzen" auszulegenden Behör-

---

[12] Buchholz 232 § 26 BBG Nr. 18. S. weiterhin BVerwGE 87, 310 (313 f.); BVerwG, DÖD 85, 132 und DÖD 92, 279.

[13] Die sog. statusberührenden Versetzungen (s. dazu RdNr 84) bleiben hier außer Betracht.

[14] Vgl. BVerfGE 10, 20 (48); BVerwGE 87, 310 (312 f.); NW OVG, MDR 66, 444 und NJW 67, 949; Rudolf in: Erichsen/Martens, AllgVR, § 53 III 1 b (RdNrn 31 ff.).

[15] S. dazu BT-Dr 7/910, S. 32 f.

[16] BVerwG, ZBR 91, 52 mit weiteren Nachweisen.

[17] NW OVG, RiA 83, 198 mit weiteren Nachweisen. Im gleichen Sinne BW VGH, ZBR 87, 63; vgl. aber auch HVGH, HessVGRspr 83, 87. Anders für Hamburg: HmbOVG, ZBR 97, 31 (LS).

denbegriff,[18] es sei denn, die Krankenhaus- oder Klinikleitung ist in wesentlichen Bereichen – insbesondere bei Personalangelegenheiten gewichtigerer
Art – nicht entscheidungsbefugt.[19] Die Verwaltung einer *Gemeinde* ist als
eine Behörde zu betrachten. Innerhalb der Kommunalverwaltung gibt es
keine eigenständigen Dienststellen „in Form von Behörden".[20] Werden
einem Kommunalbeamten andere Dienstaufgaben übertragen, handelt es
sich infolgedessen stets um eine Umsetzung.[21]

II. Versetzung

88   Wie ausgeführt,[22] ist unter organisationsrechtlicher Versetzung die – auf
Dauer angelegte – Übertragung eines anderen Amtes im abstrakt-funktionellen Sinne[23] zu verstehen. Dieses kann einer anderen Behörde[24] des-

---

[18] BVerwGE 87, 310 (313). Im Anschluß hieran bejaht NW OVG, DVBl 91, 1210
die Behördeneigenschaft für einen städtischen Schlachthof trotz Zuordnung zum De-
zernat des Stadtkämmerers wegen einer gegenüber sonstigen Ämtern „bedeutsamen
Verselbständigung" (zw.).

[19] BW VGH, DÖD 96, 114 (115) unter Hinweis auf BVerwG, ZBR 87, 54 und BW
VGH, PersV 95, 118.

[20] BayVGH, ZBR 92, 111; BW VGH, ZBR 92, 111.

[21] Vgl. Scheerbarth/Höffken/Bauschke/Schmidt, BR, § 14 II 3b; Schütz, BR,
RdNr 10 zu § 28 NW LBG mit weiteren Nachweisen. Vgl. auch SOVG, ZBR 85, 315:
Der Wechsel eines Polizeivollzugsbeamten von einem Polizeirevier zu einem anderen
innerhalb des Saarlandes sei eine Umsetzung.

[22] S. RdNr 85.

[23] Die Überweisung des Beamten auf *Widerruf* im Vorbereitungsdienst an eine andere Ausbildungsstätte (vgl. dazu RP OVG, DÖD 61, 67) ist keine Versetzung,
s. RdNr 49; vgl. ferner Günther, ZBR 78, 73 (76 f.) und DÖD 87, 7 (15) sowie Schütz,
BR, RdNr 17 zu § 28 NW LBG. Ule, BR, RdNr 2 zu § 18 BRRG will die Verset-
zungsvorschriften *entsprechend* anwenden. Für einen Analogieschluß ist aber von
vornherein insoweit kein Raum, als die einschlägige Ausbildungsregelung das „eigene
Rechtsinstitut" der Überweisung (RP OVG, a. a. O.) *abschließend* normiert. Differen-
zierend Plog/Wiedow/Beck/Lemhöfer, BBG, § 26, RdNr 3: Es bestehe kein Grund,
auszuschließen, daß ein Anwärter in besonderen Fällen die Gesamtausbildung leitende Stammdienststelle wechselt; in einem solchen Fall liege eine Versetzung vor.
Vgl. auch VG Augsburg, ZBR 86, 91 (Unterrichtsauftrag an einen Beamten auf Widerruf im Vorbereitungsdienst als Verwaltungsakt). Beamte auf *Probe* sind versetzbar
(und umsetzbar, NW OVG, ZBR 86, 89); s. gleichfalls RdNr 49. Bei *Ehrenbeamten*
ist die Versetzung ausgeschlossen (§ 177 Abs. 1 Nr. 2 BBG), bei *Personalratsmitglie-
dern* und bei beamteten *Professoren* – zur Sicherung ihrer Unabhängigkeit (Scheer-
barth/Höffken/Bauschke/Schmidt, BR, § 14 VI 2 c) – erschwert (s. einerseits RdNr
114, andererseits § 176 a Abs. 5 BBG, § 50 Abs. 2 HRG). Zur Versetzbarkeit der beamteten Dozenten an der Fachhochschule für öffentliche Verwaltung des Landes
Rheinland-Pfalz vgl. RP OVG, ZBR 86, 19.

[24] Mit der Versetzung braucht kein Ortswechsel verbunden zu sein; s. aber § 3
Abs. 1 Nr. 1 BUKG. Ist dies jedoch der Fall, braucht der Beamte grundsätzlich nicht
umzuziehen; s. aber RdNrn 228, 363. Der Beamte muß auch nicht in eine neue Planstelle eingewiesen werden; er kann seine bisherige Planstelle „mitbringen".

selben Dienstherrn (§ 2 BBG, § 2 Abs. 1, § 121 BRRG) zugeordnet sein. Die Versetzung eines Beamten in den Geschäftsbereich eines anderen Dienstherrn richtet sich nach § 26 Abs. 2 Satz 1 BBG, § 18 Abs. 2 Satz 1 und Abs. 4 BRRG iVm § 123 BRRG.

Von der Versetzung sind die Verlegung der gesamten Behörde an einen **89** anderen Sitz[25] und der gesetzliche Übertritt und die Übernahme der Beamten bei der Umbildung von Körperschaften (§§ 128 ff. BRRG) zu unterscheiden, die innerhalb dieser Arbeit unerörtert bleiben.[26]

1. Versetzung innerhalb des Dienstbereichs des bisherigen Dienstherrn

a) Versetzung auf Antrag des Beamten

Der Beamte kann grundsätzlich innerhalb des Dienstbereichs seines **90** Dienstherrn versetzt werden, wenn er es beantragt (§ 26 Abs. 1 Satz 1 BBG, § 18 Abs. 1 Satz 1 BRRG). Da ein Versetzungsantrag des Beamten ohne weiteres die Zustimmung zur Versetzung einschließt, ist diese Maßnahme solchenfalls nur an das Vorhandensein der *Befähigung* für das erstrebte Amt, nicht aber an die tatbestandliche Voraussetzung geknüpft, daß das neue Amt im abstrakt-funktionellen Sinne dem bisherigen gleichwertig ist (s. § 26 Abs. 1 Satz 2 und Abs. 2 BBG, § 18 Abs. 1 Satz 2 und Abs. 2 BRRG). Die noch zu erörternde[27] Frage des Wertigkeitsverhältnisses zwischen dem bisherigen und dem neuen Amt (Unterwertigkeit, Gleichwertigkeit, Höherwertigkeit) gewinnt bei einer Versetzung auf Antrag des Beamten erst im Rahmen der Ermessenserwägungen des Dienstherrn Bedeutung.

Der für die Versetzungsentscheidung zuständige Dienstvorgesetzte, wel- **91** cher ermächtigt ist, über den Antrag des Beamten nach seinem *Ermessen* zu entscheiden, hat sich am Gesetzeszweck auszurichten[28] und die rechtlichen Grenzen einzuhalten, die für die Ausübung seines Ermessens gelten (s. § 40 VwVfG).[29] Soweit das Gesetz die Versetzung auf Antrag des Beamten zuläßt, trägt es der *Fürsorge- und Schutzpflicht* des Dienstherrn (§ 79 BBG, § 48 BRRG) Rechnung, die unter anderem gebietet, daß der Beamte
– sein spezifisches Können, gegebenenfalls auch seine Beförderungseignung, am richtigen Arbeitsplatz unter Beweis stellen kann[30] und

---

[25] S. RdNr 103 a. E.
[26] Vgl. dazu Battis, BBG, § 26, RdNrn 21 ff.; Plog/Wiedow/Beck/Lemhöfer, BBG, § 26, RdNrn 51 ff.; Schütz, BR, RdNrn 35 ff. zu § 28 NW LBG, jeweils mit weiteren Nachweisen; ferner BVerwG, NVwZ 82, 438 (zum Begriff des „gleichzubewertenden Amtes" in § 130 Abs. 1 BRRG).
[27] S. RdNr 93.
[28] Vgl. BVerfGE 9, 137 (147 f.); BVerwGE 19, 332; 30, 313.
[29] Die Ablehnung eines Versetzungsantrags muß die Ermessenserwägungen erkennen lassen, die zu der negativen Entscheidung geführt haben; HVGH, HessVGRspr 85, 38.
[30] S. dazu RdNr 375; vgl. auch BVerwG, DÖD 65, 177.

– vor gesundheitlichen Schäden bewahrt wird, die ihm wegen der Art seiner bisherigen dienstlichen Tätigkeit oder wegen klimatischer Verhältnisse am bisherigen Dienstort drohen.[31]

92 Ein Versetzungs*anspruch* kann sich nur dann ergeben, wenn jede andere Entscheidung als die Versetzung ermessensfehlerhaft wäre.[32] Dazu müssen „schwerwiegende persönliche Gründe" oder „außergewöhnliche Härten" im Einzelfall – bei Anlegung eines strengen Maßstabes – die Versetzung unabweisbar erscheinen lassen.[33] Eine Ermessensreduzierung in doppelter Hinsicht ist erforderlich, wenn der Beamte – wie regelmäßig – nicht nur die Weg-Versetzung, sondern auch die Übertragung eines abstrakt-funktionellen Amtes bei einer bestimmten anderen Behörde begehrt.[34] Haben die für den Dienstherrn handelnden Behörden einen Katalog von Versetzungskriterien aufgestellt, der rechtlich unbedenklich ist, so entfaltet dieser Katalog ermessensbindende Wirkung. Bevorzugt der Katalog verheiratete gegenüber nicht verheirateten Versetzungsbewerbern, so ist der Dienstherr nicht verpflichtet, den verheirateten Beamten solche Beamte gleichzustellen, die in eheähnlichen Verhältnissen leben.[35]

93 Die *Wertigkeitsproblematik*, die bei der Versetzung auf Antrag des Beamten nicht zur Tatbestandsseite gehört, sondern ihren Ort innerhalb des Ermessensraumes hat, ist durch den Gesetzgeber hinreichend vorentschieden: Regel ist, daß das Amt im abstrakt-funktionellen Sinne in seiner Wertigkeit – mindestens – dem Amt im statusrechtlichen Sinne zu entsprechen hat, Ausnahme, daß jenes gegenüber diesem unterwertig ist.[36] Daran haben § 26 Abs. 2 Satz 2 BBG n. F. und § 18 Abs. 2 Satz 2 BRRG n. F. nichts geändert. Beantragt der Beamte seine Versetzung in ein unterwertiges Amt im abstrakt-funktionellen Sinne, weil er sich den Anforderungen seines bisherigen Amtes nicht (mehr) gewachsen fühlt, so liegt hierin nicht ohne weiteres zugleich die Zustimmung zu einer korrespondierenden Statusänderung, die gemäß § 6 Abs. 1 Nrn. 4 oder 5 BBG (§ 5 Abs. 1 Nrn. 4 oder 5 BRRG) einer Ernennung (Rückernennung) bedarf.[37] Der Dienstherr verhält sich freilich im allgemeinen nicht ermessensfehlerhaft, wenn er den Antrag auf Versetzung in ein unterwertiges Amt im abstrakt-funktionellen Sinne deshalb ablehnt, weil der Beamte nicht zugleich einer Rückernennung zustimmt. Bei einer nur *zeitweiligen*, behebbaren Leistungsschwäche

---

[31] S. dazu RdNr 381; vgl. auch BVerwG, ZBR 69, 47.

[32] Zur sog. Ermessensreduzierung auf Null s. allgemein 1. Teil, Fußn 35; vgl. auch BVerwG, Buchholz 232 § 26 BBG Nr. 16.

[33] RP OVG, NVwZ 94, 1230 mit dem zutreffenden Bemerken, daß ein kommunalpolitisches Engagement hierfür nicht reiche.

[34] Günther, ZBR 78, 73 (79) unter Hinweis auf BVerwG, Buchholz 232 § 26 BBG Nr. 16.

[35] RP OVG, NVwZ 94, 1230.

[36] Günther, ZBR 78, 73 (77). Vgl. auch BVerfG, DÖV 85, 1058 m. Anm. Siedentopf.

[37] HVGH, ZBR 95, 107 (108).

bieten sich Abordnung und/oder Umsetzung als sachadäquatere Maßnahmen an.

b) Versetzung bei dienstlichem Bedürfnis

Während sich die gesetzliche Möglichkeit, den Beamten auf Antrag zu versetzen, als Ausprägung der Fürsorge- und Schutzpflicht des Dienstherrn darstellt, dient die Ermächtigung zur Versetzung bei dienstlichem Bedürfnis dazu, die *Funktionalität* der öffentlichen Verwaltung zu sichern und womöglich zu steigern.[38] Der Begriff des „dienstlichen Bedürfnisses" ist demgemäß dahin zu interpretieren, daß er die personellen Erfordernisse umfaßt, die aus dem *generellen* Organisationsziel der öffentlichen Verwaltung und dem *besonderen* Organisationszweck des konkreten Verwaltungsbereichs folgen.

94

Das dienstliche Bedürfnis[39] an einer Versetzung kann sich insbesondere herleiten aus

95

– der allgemeinen Personallage im ganzen Dienstzweig, bei der bisherigen Dienstbehörde oder bei der Dienstbehörde, an die der Beamte versetzt wird,

– der vollständigen Auflösung einer Dienstbehörde,

– der spezifischen Eignung des Beamten für das Amt im abstrakt-funktionellen Sinne, welches ihm mit der Versetzung zufällt,[40]

– nicht überzeugenden Leistungen des Beamten bei der bisherigen Dienstbehörde,

– dem Interesse, durch Übertragung eines anderen Amtes derselben oder einer anderen Laufbahn eine Zurruhesetzung des Beamten wegen Dienstunfähigkeit zu vermeiden (s. § 42 Abs. 3 BBG, § 26 Abs. 3 BRRG), oder

– einem Verhalten des Beamten, das zu einem (Dauer-)Spannungsverhältnis innerhalb der bisherigen Dienstbehörde beigetragen hat.

Im einzelnen ist hierzu erläuternd zu bemerken:

Die Versetzung bietet sich als Mittel an, um die – nicht nur vorübergehende – *Über-*[41] oder *Unterbesetzung*[42] bei einzelnen Behörden eines Ge-

96

---

[38] Vgl. RP OVG, DÖD 61, 67.

[39] Nicht zutreffend erscheint die Ansicht des BVerwG, Buchholz 232 § 26 BBG Nr. 16, daß ein dienstliches Bedürfnis entbehrlich sei, wenn der Beamte der Versetzung zustimme, weil dieses Erfordernis allein seinem Schutz dienen solle. Eine Versetzung ohne dienstliches Bedürfnis kann nur auf dem sachlogischen Fundament der Fürsorge und des Schutzes für den Beamten aufbauen. Insofern kommt zwar einem Versetzungs*antrag*, nicht aber einer bloßen Zustimmung, die der Beamte bei seiner Anhörung (s. RdNr 108) erklärt, hinreichende Relevanz zu. Eine andere Frage ist es, ob ein Beamter, der seiner Versetzung zugestimmt hat, im Widerspruchs- oder im Verwaltungsstreitverfahren hiergegen noch mit Erfolgsaussicht angehen kann; s. auch Fußn 112 sowie RdNr 143.

[40] Zu den verschiedenen Bedeutungen des Amtsbegriffs s. RdNr 48.

[41] Zur Weg-Versetzung wegen Personalüberschusses vgl. BVerwG, Buchholz 232 § 26 BBG Nr. 16; weiterhin RP OVG, DÖD 84, 203 (Für die Annahme eines dienstlichen Bedürfnisses reiche es, daß angesichts der Überbesetzung eine dienstliche Not-

schäftsbereichs auszugleichen. *Welche* Beamten versetzt werden, ist keine Frage des dienstlichen Bedürfnisses, sondern des Auswahlermessens.[43]

97   Bei der vollständigen Auflösung einer Behörde liegt die Notwendigkeit einer Weg-Versetzung der Behördenangehörigen auf der Hand. Bei der Zu-Versetzung kommt Ermessen zur Geltung.

98   Zu den grundsätzlichen Pflichten des Dienstherrn gehört es, den Beamten „so einzusetzen, daß zwischen den Anforderungen des Amtes und der *Eignung* des Inhabers weitgehende Übereinstimmung besteht".[44] Nicht nur der Fürsorge- und Schutzgedanke,[45] sondern auch das oben[46] schon angesprochene Funktionalitätsprinzip können es gebieten, einen Beamten zu versetzen, der sich auf seinem Tätigkeitsfeld nicht oder nicht so bewährt, wie es von demjenigen erwartet wird, dem dieser Wirkungskreis (auch) zukünftig übertragen werden (bleiben) soll.[47] Ein dienstliches Bedürfnis für eine Versetzung wird in einem solchen Fall allerdings erst unter der weiteren Voraussetzung anzunehmen sein, daß die Übertragung einer anderen (gleichwertigen) Amtsstelle (eines anderen Amtes im konkret-funktionellen Sinne) bei derselben Beschäftigungsbehörde – kurz: eine Umsetzung – nicht möglich oder untunlich ist. Keine Umsetzung, sondern nur eine Versetzung kommt in Betracht, wenn sich der Beamte den Anforderungen des Dienstes bei einer obersten Bundes- oder Landesbehörde[48] oder bei einer Behörde in einer Großstadt[49] nicht (mehr) gewachsen zeigt oder wenn er sich wegen mangelnder Gewandtheit im Umgang mit Menschen für eine Behörde der organisationsrechtlich ersten Stufe mit Publikumsverkehr als nicht tauglich erweist.[50]

99   Unter dem Aspekt des *Eignungsmangels* kann sich ein dienstliches Weg-Versetzungsbedürfnis[51] auch aus unzureichender Einsatzbereitschaft sowie daraus ergeben, daß der Beamte mit seinem dienstlichen oder außerdienstlichen Verhalten das Ansehen seiner Beschäftigungsbehörde erheblich gefährdet und deshalb dort nicht mehr tragbar ist.[52] Das BVerwG[53] hat da-

---

wendigkeit vorhanden sei, *irgend*einen Beamten zu versetzen). Zur Versetzung eines Professors, dessen Lehrbefugnis sich dergestalt auf bestimmte Studiengänge bezieht, daß mit der Einstellung dieser Studiengänge durch die Universität sein dortiges Aufgabengebiet entfällt, NW OVG, RiA 91, 197.

[42] Zur Versetzung wegen Personalmangels vgl. BayVGH, BayVBl 67, 173.
[43] S. dazu RdNr 103; vgl. auch hierzu RP OVG, DÖD 84, 203.
[44] BVerwG, DÖD 65, 177.
[45] S. insoweit RdNrn 90 ff.
[46] S. RdNr 94.
[47] Vgl. BVerwG, DÖD 65, 177. Vgl. auch BVerwG, ZBR 84, 193 (LS) – Versetzung/Umsetzung im Interesse eines, verglichen mit dem Versetzten/Umgesetzten, Förderungswürdigeren –.
[48] NW OVG, NDBZ 61, 196 (LS).
[49] BVerwG, DÖD 65, 177.
[50] BayVGH, BayVBl 69, 216.
[51] BVerwG, VRspr 16, 283.
[52] BW VGH, ZBR 61, 282; OVG Lüneburg, VRspr 12, 36.
[53] 23. 8. 1962 – VI C 138.60 –, zit. nach Günther, ZBR 78, 73 (78 Anm. 83).

her die Versetzung eines Polizeibeamten gebilligt, dessen Straftaten in seinem bisherigen kleinstädtischen Einsatzort bekannt zu werden drohten. Dagegen läßt sich ein dienstliches Bedürfnis für eine Versetzung nicht aus einem möglichen Interesse des Dienstherrn an einer Disziplinierung des Beamten rechtfertigen.[54] Liegt einer Versetzung, mit der einem anderweitig sachlich begründeten dienstlichen Bedürfnis Rechnung getragen wird, *daneben* auch der Zweck zugrunde, „die Dienstzucht zu festigen",[55] so könnte hierdurch freilich allenfalls die Rechtmäßigkeit der Ermessensausübung berührt werden.[56]

Aus § 42 Abs. 3 BBG (§ 26 Abs. 3 BRRG) geht hervor, daß der Gesetz- **100** geber das Interesse, eine Zurruhesetzung des Beamten wegen *Dienstunfähigkeit* tunlichst zu vermeiden, als ein dienstliches (Versetzungs-)Bedürfnis betrachtet. Die gesetzliche Regelung ermöglicht einen Statuswechsel wie auch eine unterwertige Beschäftigung. Beim Statuswechsel ist vor allem an die Versetzung eines Beamten aus dem sog. *Vollzugsdienst* in ein Amt der korrespondierenden *Verwaltungslaufbahn* (ohne Außendienstbelastung) zu denken.[57]

Gerät der Beamte in den Verdacht, eine *Straftat* oder ein *Dienstvergehen* **101** begangen zu haben, so kann es je nach den obwaltenden Umständen angezeigt sein, ihn bis zur Klärung der Angelegenheit im Straf- oder im Disziplinarverfahren nicht oder jedenfalls nicht bei seiner bisherigen Beschäftigungsbehörde Dienst verrichten zu lassen. Entscheidet sich der Dienstherr nicht für eine Zwangsbeurlaubung (§ 60 BBG, § 41 BRRG),[58] so ist eine Abordnung,[59] regelmäßig aber keine Versetzung zu erwägen, weil das dienstliche Bedürfnis gewöhnlich nur dahin gehen kann, den Beamten bis zum rechtskräftigen Abschluß des Straf- oder des Disziplinarverfahrens – d.h. (zunächst) nur zeitweilig – von seiner bisherigen Dienststelle fernzuhalten.

(Dauer-)Spannungen innerhalb einer Behörde kann durch die Weg- **102** Versetzung – gegebenenfalls schon durch die Umsetzung – des Beamten begegnet werden, dem die Ansammlung des Konfliktstoffes objektiv zuzurechnen ist oder der sich gegen eine mögliche nachhaltige Bereinigung

---

[54] BVerwGE 26, 65; BVerwG, ZBR 66, 280 (m. Anm. Wilhelm) und ZBR 66, 304 (m. Anm. Scheerbarth). Außerdem Plog/Wiedow/Beck/Lemhöfer, BBG, § 26, RdNr 23 b.

[55] S. dazu BVerwGE 36, 65; BVerwG, ZBR 66, 280.

[56] S. RdNr 106.

[57] Vgl. hierzu GKÖD I, RdNr 26 f. zu § 42 BBG sowie BVerwG, NVwZ-RR 93, 420 und BayVGH, NVwZ-RR 93, 314. Zur unterwertigen Beschäftigung ist – im Anschluß an GKÖD I, a. a. O. – anzumerken, daß körperliche Gebrechen, aber auch eine Schwäche der körperlichen und geistigen Kräfte in aller Regel auch die Dienstunfähigkeit für unterwertige Tätigkeiten beeinträchtigen. S. auch Summer, ZBR 93, 17 ff.

[58] Zur Befugnis der Einleitungsbehörde, einen Beamten vorläufig des Dienstes zu entheben, wenn das förmliche Disziplinarverfahren gegen ihn eingeleitet wird oder eingeleitet ist, s. § 91 BDO.

[59] S. RdNrn 123 ff.

sperrt.[60] Verschuldensgesichtspunkte können nur im Rahmen der Ermessensausübung von Belang sein,[61] vornehmlich dann, wenn der Beamte Hinderungsgründe geltend macht, die aus seiner Sicht einer Versetzung entgegenstehen.[62] Bei Beteiligung mehrerer Beamter kann es schon für die Beurteilung des dienstlichen Bedürfnisses – d. h. für die Tatbestandsseite der Versetzung – bedeutsam sein,

– wessen Wechsel die Effektivität der Arbeit in der Dienststelle voraussichtlich am wenigsten beeinträchtigt[63] und

– wie zugleich den Interessen der aufnehmenden Behörde möglichst entsprochen werden kann.

Die Fragen nach den Graden der (Mit-)Verursachung und nach einer etwaigen Schuld eines oder mehrerer Beteiligter gehören zur Ermessensseite.[64]

103   Bei seiner *Ermessensbetätigung* darf der Dienstherr davon ausgehen, daß der Beamte mit der Möglichkeit seiner Versetzung und etwaigen daraus resultierenden Unannehmlichkeiten rechnen muß.[65] Nur „schwerwiegende persönliche Gründe" oder „außergewöhnliche Härten" können dazu veranlassen, zwingenden dienstlichen Belangen den Vorrang zu versagen.[66] Kann dem dienstlichen Bedürfnis auf unterschiedliche Weise, jedoch mit im wesentlichen gleicher Wirkkraft abgeholfen werden, so gewinnt das *Verhältnismäßigkeitsgebot* besondere Bedeutung.[67] Dies gilt vornehmlich für die Auswahl unter mehreren, für eine Versetzung in Betracht kommenden Beamten.[68] Auch die Frage, wie eng oder wie weit der Kreis der „in Betracht kommenden" Beamten gezogen werden muß, wird sich vielfach nicht ohne Verhältnismäßigkeitserwägungen entscheiden lassen: Unter Umständen kann es angesichts der Nachteile einer Versetzung für die zunächst ins Auge gefaßten Beamten geboten sein, den Rahmen der personellen Überlegungen zu erweitern. Bei der *Verlegung* der gesamten Behörde – z.B. bei der Verlegung einer Dienststelle von den alten in die neuen Bundesländer – besteht (anders als bei der Versetzung) grundsätzlich kein Auswahlermessen, es sei denn, im Einzelfall müßte ganz ausnahmsweise eine „außergewöhnliche Härte" bejaht werden, die ein Absehen von der Folgepflicht rechtfertigen könnte.[69]

---

[60] BVerwGE 26, 65; BVerwG, ZBR 66, 280 und ZBR 78, 200.

[61] Vgl. aber auch BVerwG, ZBR 69, 47; ferner Günther, ZBR 78, 73 (78) und Becker, RiA 78, 102 (106).

[62] S. RdNrn 103 ff.

[63] BVerwG, ZBR 69, 47. Vgl. aber auch NW OVG, DÖV 83, 125 (LS), wo der „Umstand ..., in welchem Maße der Dienstbetrieb durch die jeweilige(n) Versetzung(en) beeinträchtigt würde", den Ermessenserwägungen zugeordnet wird.

[64] Vgl. dazu BVerwG, ZBR 78, 200. S. weiterhin RdNr 105.

[65] BVerwGE 26, 65; BW VGH, ZBR 61, 282; OVG Lüneburg, ZBR 59, 393.

[66] BVerwGE 26, 65.

[67] Vgl. BVerwG, DÖD 65, 177.

[68] (Für das Soldatenrecht) BVerwG, ZBR 94, 244; BayVGH, ZBR 95, 51.

[69] BayVGH, NVwZ-RR 95, 683.

Das BVerwG[70] hat einen die Versetzung hindernden „schwerwiegen- 104
den persönlichen Grund" darin erblickt, daß der Beamte an dem in Aussicht genommenen neuen Dienstort *wahrscheinlich* – nicht nur möglicherweise – vorzeitig *dienstunfähig* werde. Dies kann nicht bedeuten, daß
die – wahrscheinlichen oder auch nur ernsthaft als möglich zu betrach-
tenden – gesundheitlichen Auswirkungen der Versetzung für den Beamten oder seine Familienangehörigen,[71] von der vorstehend angesprochenen
Fallgestaltung abgesehen, für die Ermessensausübung unerheblich wären.
Soweit das dienstliche Bedürfnis darin besteht, die Unter- oder Überbesetzung einer Behörde zu beheben, kann die Möglichkeit versetzungs-
bedingter gesundheitlicher Nachteile für den Beamten oder seine Familienangehörigen dem Dienstherrn zureichenden Anlaß zu der Prüfung geben,
ob nicht ein *anderer* Beamter versetzt werden könnte oder ob eine Versetzung (von der überbesetzten) an eine *andere* Behörde vorzuziehen sei.[72]
Erkrankt der Beamte oder einer seiner Familienangehörigen im Anschluß
an die Versetzung, kann dies zu einer Verpflichtung des Dienstherrn führen, die Versetzung rückgängig zu machen oder eine Weiterversetzung zu
verfügen.[73] Eine „außergewöhnliche Härte" im oben näher bezeichneten
Zusammenhang kann darin gesehen werden, daß der Beamte innerhalb
weniger Jahre bereits wiederholt versetzungsbedingte Wechsel des Fami-
lienwohnortes hatte hinnehmen müssen[74] oder daß die Versetzung sehr beträchtliche Rückschläge infolge der notwendigen Umschulung der Kinder
befürchten läßt.[75] Der auf der Versetzung beruhende Wegfall der Möglichkeit, eine Nebentätigkeit fortzuführen, stellt dagegen keine beachtliche
„Härte" dar.[76]

Ergibt sich das dienstliche Bedürfnis aus einer Spannungslage,[77] so be- 105
darf es zwar keiner ins einzelne gehenden, abschließenden Klärung der
Schuldfrage, die zu weiteren Mißhelligkeiten führen könnte; ermessensfehlerhaft ist es jedoch, gerade denjenigen (objektiv) Beteiligten zu versetzen, den ersichtlich kein Verschulden an der Entstehung und der Fort-

---

[70] Buchholz 232 § 26 BBG Nr. 11.

[71] Vgl. BVerwG, ZBR 96, 395: Der Gesundheitszustand der Ehefrau eines Soldaten
könne ein Hindernis für eine Versetzung an einen vom bisherigen Wohnort weit ent-
fernten Standort sein. S. weiterhin OVG Lüneburg, ZBR 59, 393 (zur Möglichkeit
einer Erkrankung des Beamten oder seiner Ehefrau infolge der klimatischen Bedingungen am neuen Dienstort).

[72] Günther, ZBR 78, 73 (79).

[73] BVerwG, Buchholz 232 § 26 BBG Nr. 11.

[74] Vgl. Plog/Wiedow/Beck/Lemhöfer, BBG, § 26 RdNr 30 d.

[75] Vgl. auch hierzu OVG Lüneburg, ZBR 59, 393.

[76] BVerwG, Buchholz 232 § 26 BBG Nr. 3. S. schon Fußn 5.

[77] Vgl. auch RP OVG, DÖD 84, 203: Besteht ein dienstliches Bedürfnis, im Interesse des Abbaues einer Überbesetzung *irgend*einen Beamten der überbesetzten Behörde
zu versetzen, so kann eine Spannungslage (die das dienstliche Bedürfnis nicht konsti-
tuiert) bei der Auswahl des Beamten berücksichtigt werden.

dauer der Konfliktsituation trifft, sondern der sich verständigungsbereit zeigt.[78]

106 Die – zweckwidrigen[79] – Beweggründe, den Beamten zu disziplinieren oder andere Beamte abzuschrecken,[80] haben keine Rechtswidrigkeit der Versetzung zur Folge, falls sie nicht ausschlaggebend sind, sondern nur *neben* tragfähige Ermessenserwägungen treten, die an ein (nicht-disziplinäres) dienstliches Bedürfnis anknüpfen.[81]

107 Eine „Einengung des dem Dienstherrn sonst für eine Versetzung zustehenden Ermessensspielraumes" will das BVerwG[82] im Falle der Versetzung eines Krankenhauschefarztes in eine Verwaltungsabteilung seines Dienstherrn[83] aus dem damit verbundenen Verlust der Befugnis zur Privatpatientenbehandlung und -liquidation ableiten: Diese Befugnis gehöre „unabhängig von der näheren rechtlichen Konstruktion zum Dienstrecht der beamteten Chefärzte".[84] Sie bilde „die Voraussetzung, unter der die Berufung in das Amt ausgesprochen und angenommen werde, sozusagen die ‚Geschäftsgrundlage'"; dies bedinge „einen besonderen, bei sonstigen Nebentätigkeiten nicht gegebenen Schutz dieser Rechtsstellung".[85]

108 Bevor der Dienstherr seine Ermessensentscheidung über die Versetzung trifft, hat er den Beamten grundsätzlich zu *hören*.[86] § 26 Abs. 1 Satz 3 BBG schreibt eine Anhörung freilich nur für den Fall vor, daß der Beamte die Verwaltung wechselt, d. h. von einem – in der Regel durch organisatorische Zuordnung zur Behörde der Zentralstufe abgegrenzten – Verwaltungszweig (Geschäftsbereich) in einen anderen Verwaltungszweig (Geschäftsbereich) versetzt wird.[87] Ein Umkehrschluß verbietet sich jedoch, sei es, daß man § 28 Abs. 1 VwVfG für anwendbar hält, sei es, daß man auf die allgemeine

---

[78] BVerwGE 26, 65 (70 ff.). S. außerdem SOVG 16. 11. 1989 – 1 R 8/89 –, abgedr. bei Schütz, BR, ES/A II 4.1 Nr. 14. Vgl. aber auch die zur Umsetzung ergangene Entscheidung RP OVG, DÖV 83, 392 (LS). Unter Umständen kann es angeraten sein, *mehrere* „Kontrahenten" zu versetzen; GKÖD I, RdNr 20 zu § 26 BBG.

[79] S. Plog/Wiedow/Beck/Lemhöfer, BBG, § 26, RdNr 23 b.

[80] Davon zu unterscheiden ist das Bestreben des Dienstherrn, dem Beamten, der beruflich oder menschlich versagt hat, „an anderer Stelle . . . eine Chance zur Rehabilitierung zu geben"; GKÖD I, RdNr 20 zu § 26 BBG.

[81] BVerwGE 26, 65 (72 f.); 65, 270 (278); BVerwG, ZBR 66, 280 und ZBR 66, 304.

[82] BVerwGE 87, 310 (318).

[83] S. schon Fußn 5.

[84] Hinweis auf BVerfGE 52, 303 (334 f.).

[85] S. dazu 7. Teil, Fußn 31; weiterhin BVerwGE 87, 319.

[86] Zur Unterrichtung und Anhörung der *Schwerbehindertenvertretung* s. § 25 Abs. 2 Satz 1 SchwbG. Unterbleibt die Anhörung der Schwerbehindertenvertretung vor der Versetzungsentscheidung, so ist die Durchführung oder Vollziehung der Entscheidung, sobald der Fehler bemerkt wird, auszusetzen und die Beteiligung innerhalb von sieben Tagen – ab Aussetzung – nachzuholen; sodann ist „endgültig zu entscheiden" (§ 25 Abs. 2 Satz 2 SchwBG).

[87] Vgl. Rudolf in: Erichsen/Martens, AllgVR, § 53 IV 2; ferner Günther, ZBR 78, 73 (80).

Fürsorge- und Schutzpflichtnorm abhebt.[88] Insoweit ist auf die Darlegungen unter RdNr 368 zu verweisen.

Bei Identität des Dienstherrn bedarf es *keiner Zustimmung* des Beamten **109** zur Versetzung,

– wenn das neue Amt mit mindestens demselben Endgrundgehalt verbunden ist wie das bisherige Amt und *entweder derselben* Laufbahn (§ 26 Abs. 1 Satz 2 Hs. 1 BBG, § 18 Abs. 1 Satz 2 Hs. 1 BRRG) *oder* bei Vorhandensein (*besonderer*, im Gesetz nicht näher bezeichneter) „dienstlicher Gründe" einer *gleichwertigen*[89] oder *anderen* Laufbahn[90] angehört (§ 26 Abs. 2 Satz 1 Hs. 1 BBG, § 18 Abs. 2 Satz 1 Hs. 1 BRRG) oder

– wenn die Voraussetzungen des § 26 Abs. 2 Satz 2 BBG (§ 18 Abs. 2 Satz 2 BRRG) erfüllt sind.[91]

Stellenzulagen gelten nicht (mehr) als Bestandteile des Grundgehaltes (§ 26 Abs. 1 Satz 2 Hs. 2 BBG, § 18 Abs. 1 Satz 2 Hs. 2 BRRG), während Amtszulagen (nach wie vor) hierzu zu rechnen sind (s. § 42 Abs. 2 Satz 2 BBesG). Was infolge einer Versetzung entfallende ruhegehaltfähige Stellenzulagen angeht, so wird der Besitzstand durch besoldungsrechtliche Regelungen gewahrt (s. § 13 Abs. 1 Satz 1 Nr. 1 BBesG n.F.).

Bei der *Auflösung* oder einer wesentlichen *Änderung* des Aufbaues oder **110** der Aufgaben einer Behörde oder der Verschmelzung von Behörden kann ein Beamter, dessen Aufgabengebiet davon berührt wird, *auch ohne seine Zustimmung* in ein Amt derselben oder einer gleichwertigen Laufbahn *mit geringerem Endgrundgehalt* im Bereich desselben Dienstherrn versetzt werden, wenn eine seinem bisherigen Amt entsprechende Verwendung nicht möglich ist; das Endgrundgehalt muß mindestens dem des Amtes entsprechen, das der Beamte vor dem bisherigen Amt innehatte (§ 26 Abs. 2 Satz 2

---

[88] Vgl. Ule, BR, RdNr 7 zu § 18 BRRG; s. auch Kunig, ZBR 86, 253 (257 ff.).

[89] Die Wertigkeit der Laufbahn bestimmt sich nach ihrem Rang im System der Laufbahngruppen (§§ 16 ff. BBG, § 11 Abs. 2 BRRG, § 2 Abs. 1 BLV) und nach der Vor- und Ausbildung, die sie voraussetzt (§ 7 Abs. 1 Nr. 3 a BBG, § 11 Abs. 1 BRRG, § 2 Abs. 2 BLV). § 6 Abs. 2 Satz 2 BLV stellt dementsprechend im Zusammenhang mit dem Laufbahnwechsel (§ 6 Abs. 1 BLV) heraus, daß Laufbahnen einander gleichwertig seien, „wenn sie zu derselben Laufbahngruppe gehören und die Befähigung für die neue Laufbahn auf Grund der bisherigen Laufbahnbefähigung und Tätigkeit durch Unterweisung erworben werden kann". Ob die „Einschätzung des Dienstpostens in der allgemeinen Wertung" (BVerwG 23. 8. 1962 – VI C 138.60 –, zit. nach Günther, ZBR 78, 73 [77]) ergänzend Beachtung verdient, ist sehr zweifelhaft, und zwar schon deshalb, weil die Versetzung nicht an den Dienstposten (das konkret-funktionelle Amt), sondern an das Amt im abstrakt-funktionellen Sinne anknüpft; s. RdNr 85; vgl. auch Günther, ZBR 78, 73 (77 f.), der den angeführten – wegen seiner Unbestimmtheit fraglos zunächst einer Präzisierung bedürftigen – Gesichtspunkt „allenfalls im Rahmen der Ermessensausübung" für beachtlich hält.

[90] Besitzt der Beamte nicht die Befähigung für die andere Laufbahn, hat er – zur Vorbereitung der Versetzung – an Maßnahmen für den Erwerb der neuen Befähigung teilzunehmen (§ 26 Abs. 3 BBG, § 18 Abs. 3 BRRG).

[91] S. RdNr 110.

BBG, § 18 Abs. 2 Satz 2 BRRG). Der Beamte erhält zur Wahrung seines besoldungsrechtlichen Besitzstandes gleichfalls eine Ausgleichszulage (§ 13 Abs. 1 Satz 1 Nr. 1 BBesG).[92]

111 In der Begründung der Bundesregierung zum Entwurf eines Gesetzes zur Reform des öffentlichen Dienstrechts[93] ist zu § 18 Abs. 2 BRRG dargelegt:

„Absatz 2 normiert schwerwiegende Eingriffe in die Rechtsstellung des Beamten. Gleichwohl ist in den Fällen des Satzes 1 davon abgesehen worden, im Gesetz selbst die Voraussetzungen des Eingriffs über die erforderlichen dienstlichen Gründe hinaus näher zu bezeichnen. Denn bereits aus dem allgemeinen Verwaltungsrecht folgt, daß bei diesen Maßnahmen der Grundsatz der Verhältnismäßigkeit strikt einzuhalten ist. Danach setzt jede Maßnahme u. a. voraus, daß dem Dienstherrn eine Verwendung des Beamten in dessen bisherigem Amt objektiv unmöglich ist. Zudem sind sowohl bei der Anwendung des Verhältnismäßigkeitsgrundsatzes als auch bei der Auslegung der Eingriffsvoraussetzung ‚dienstliche Gründe' auch die Grenzen zu beachten, die Artikel 33 Abs. 5 GG setzt. Deshalb kann etwa wegen der verfassungsrechtlich gebotenen Unabhängigkeit des Beamten und dem Prinzip der lebenszeitigen Übertragung aller einer Laufbahn angehörenden Ämter eine Versetzung in ein Amt einer anderen Laufbahn nur bei erheblichen organisatorischen Schwierigkeiten des Dienstherrn gerechtfertigt sein; in der Person des Beamten liegende Gründe scheiden insoweit aus. . . .“

Gerade wegen des andauernden politischen Streits um Art. 33 Abs. 5 GG wäre es dringend erwünscht (wenn nicht gar verfassungsrechtlich unerläßlich) gewesen, *im Gesetzestext selbst* mindestens klarzustellen, daß nur *besondere* „dienstliche Gründe" (also solche, die über ein „dienstliches Bedürfnis" im Sinne des § 18 Abs. 1 Satz 1 BRRG *hinausgehen* und zudem nicht in der Person des Beamten liegen dürfen) geeignet sein können, tatbestandsausfüllend zu wirken.[94]

Fernerhin steckt in der vorzitierten Begründung, die Tatbestandsauslegung, Verhältnismäßigkeitsgrundsatz und „hergebrachte Grundsätze" miteinander vermengt, ein Widerspruch: Während einmal davon die Rede ist, daß dem Dienstherrn eine Verwendung des Beamten in dessen bisherigem Amt „objektiv unmöglich" sein müsse, wird dieser Maßstab später dahin heruntergeschraubt, daß bereits „erhebliche organisatorische Schwierigkeiten des Dienstherrn" ausreichen könnten.[95]

---

[92] S. schon oben RdNr 109. Der Beamte, der mit der Versetzung in ein Amt mit niedrigerem Endgrundgehalt sein bisheriges statusrechtliches Amt verliert, darf die frühere Amtsbezeichnung nur noch mit dem Zusatz „a. D." führen (§ 81 Abs. 2 Satz 2 BBG).

[93] BT-Dr 13/3994.

[94] Vgl. bereits RdNr 109. S. auch Battis, BBG, § 26, RdNr 17 mit weiteren Nachweisen.

[95] Ohne Zweifel gilt als „Grundsatz" (BVerwGE 87, 310 [317]), daß sich im Zusammenhang mit der notwendigen Auflösung oder Umbildung einer Behörde „aus

Soweit der Beamte nach der Versetzung unterwertig beschäftigt wird, hat **112** der Dienstherr im Rahmen seiner Möglichkeiten um eine künftige Verwendung bemüht zu sein, die dem bisherigen Amt im statusrechtlichen Sinne wieder korrespondiert. In der Regel wird ein „dienstliches Bedürfnis" an einer alsbaldigen *Weiter*versetzung des unterwertig beschäftigten Beamten bestehen. Wenn ihm im Interesse einer Behebung seiner regelwidrigen Verwendung der Vorzug vor Mitbewerbern um ein Amt im abstrakt-funktionellen Sinne gegeben wird, so kann dieser Gesichtspunkt eine Ermessensausübung zu seinen Gunsten tragen.

Die Versetzung ist, soweit nicht § 77 Abs. 1 BPersVG eingreift, gemäß **113** § 76 Abs. 1 Nr. 4 BPersVG *mitbestimmungspflichtig*. Neben der Personalvertretung der *abgebenden* Dienststelle muß grundsätzlich, d. h. wenn dies vom Gesetzgeber nicht ausdrücklich anders geregelt ist, auch die Personalvertretung der *aufnehmenden* Dienststelle zustimmen.[96] Die „doppelte Dienststellenbezogenheit" der Maßnahme führt bei „vertikalen Versetzungen" (von der übergeordneten zur nachgeordneten Dienststelle und umgekehrt) nicht etwa zu einer Konzentration der Mitbestimmung dahin, daß nur die bei der höheren Dienststelle gebildete Stufenvertretung zu beteiligen wäre; die originäre Zuständigkeit der jeweiligen „örtlichen" Personalräte bleibt unberührt.[97, 98] Der Personalrat der *aufnehmenden* Dienststelle kann der Maßnahme nicht mit der Begründung widersprechen, daß die Bedarfsprognose seiner Dienststelle fehlerhaft sei, daß die Auswahl unter mehreren Versetzungsbewerbern nicht sachgerecht erscheine oder daß für den zu versetzenden Beamten an dem von ihm gewünschten Ort keine Einsatzmöglichkeiten bestünden.[99] Er kann seine Zustimmungsverweigerung aber auch mit individuellen Belangen des zu Versetzenden begründen, „wenn und soweit er damit geltend macht, daß mit ihnen auch tatsächliche Nachteile nicht unerheblichen Gewichts für die *von ihm vertretenen* Beschäftigten, etwa in Form von Mehrbelastungen, verbunden sein können".[100] Vom Personalrat nicht beanstandete, in die Verantwortung des Dienststellenleiters fallende *formelle Mängel* bei der Einleitung des Mitbestimmungsverfahrens berühren jedenfalls dann nicht die Rechtmäßigkeit einer Versetzung, wenn sich diese Mängel nicht ausnahmsweise auf die zu der beabsichtigten Maßnahme *ausdrücklich* erteilte Zustimmung ausgewirkt haben.[101]

Mitglieder des *Personalrates* selbst dürfen nur gegen ihren Willen versetzt **114** werden, wenn dies auch unter Berücksichtigung ihrer Mitgliedschaft „aus

---

der bisherigen Rechtsstellung des einzelnen Beamten keine Einschränkungen der Organisationsgewalt des Dienstherrn ergeben können".
[96] BVerwG, ZBR 95, 340 unter teilweiser Änderung der früheren Rechtsprechung.
[97] BVerwG, a. a. O., S. 343.
[98] Für den Fall einer Auflösung der bisherigen Dienststelle s. BayVGH, ZBR 95, 51.
[99] BVerwG, ZBR 89, 146.
[100] BVerwG, ZBR 93, 373.
[101] BVerwGE 81, 288.

wichtigen dienstlichen Gründen unvermeidbar" ist (§ 47 Abs. 2 Satz 1
BPersVG). Die Versetzung bedarf der Zustimmung des Personalrates, dem
der zu versetzende Beamte angehört (s. § 47 Abs. 2 Satz 3 BPersVG).[102, 103]
Bei der Versetzung eines Mitgliedes der Stufenvertretung gilt dies auch dann,
wenn sie nicht zum Verlust des Amtes in der Stufenvertretung führt.[104]

115   Für eine Versetzung im Wege der „vorläufigen Regelung" gemäß § 65
Abs. 5 BPersVG ist normalerweise kein Raum, weil nur eine *zeitlich befri-
stete* Maßnahme gewöhnlich dem Anliegen genügt, bei größtmöglicher Beschleunigung ein Höchstmaß an Mitbestimmung zu gewährleisten.[105] Etwas
anderes könnte allenfalls dann gelten, „wenn von vornherein feststünde, daß
jede spätere Modifizierung der einmal getroffenen vorläufigen Regelung zu
einer Schädigung (bzw. konkreten Gefährdung) überragender Gemeinschaftsgüter oder -interessen (z. B. pädagogisch nicht hinnehmbaren Beeinträchtigungen bei Lehrerwechsel) führen müßte".[105]

2. Versetzung in den Dienstbereich eines anderen Dienstherrn

116   Die Versetzung eines Beamten in den Dienstbereich eines anderen Dienstherrn ist nur *ausnahmsweise ohne* seine *Zustimmung* zulässig, nämlich
(gemäß § 26 Abs. 2 Satz 1 BBG, § 18 Abs. 2 Satz 1 BRRG) lediglich dann,
wenn *besondere* „dienstliche Gründe" (also solche, die über ein „dienstliches Bedürfnis" im Sinne des § 26 Abs. 1 Satz 1 BBG und des § 18 Abs. 1
Satz 1 BRRG *hinausgehen* und zudem nicht in der Person des Beamten liegen dürfen) einen derartigen schweren Eingriff in seine Rechtsstellung unabweisbar gebieten.[106, 107] Der abgebende Dienstherr verfügt die Versetzung,
nachdem ihm eine schriftliche Erklärung (§ 123 Abs. 2 Satz 1 Hs. 2 BRRG)
des aufnehmenden Dienstherrn zugegangen ist, mit der dieser seine Über-
nahmebereitschaft bekundet (§ 123 Abs. 2 Satz 1 Hs. 1 BRRG).[108] Das Ein-

---

[102] RP OVG, ZBR 63, 27.

[103] Wird die Versetzung mit dem Willen des Beamten ausgesprochen, so entfällt die
Zustimmungsbedürftigkeit; BVerwG, Buchholz 238.3 A § 47 BPersVG Nr. 1 und
ZBR 82, 185. Zur Unbeachtlichkeit des Fehlens einer Zustimmung des Personalrates
bei Auflösung der Beschäftigungsbehörde s. BayVGH, ZBR 95, 51 (52 f.).

[104] BVerwG, ZBR 82, 185.

[105] S. BVerwG, ZBR 93, 185.

[106] S. RdNr 111. Zur Versetzung „mit oktroyiertem Dienstherrnwechsel" vgl.
Günther, ZBR 96, 299 ff., der zu dem „Wertungsergebnis" gelangt, daß „die Neue-
rung ... bei drastischem Aufgabenwegfall, entsprechender Aufgabenverlagerung, Be-
hördenauflösung ... vielleicht gerade noch legitimierbar (sei)". „Sonstige Felder"
dürfe der Tatbestand nicht haben (a. a. O., S. 302).

[107] S. aber die Sonderregelung in § 8 Abs. 1 und 2 BPolBG. Dazu HVGH, ZBR 96,
218.

[108] Vgl. NW OVG, RiA 74, 127. Da es sich um die Übernahme in den Dienst eines
anderen Dienstherrn handelt, richtet sich die Erteilung bzw. Versagung des Einver-
ständnisses – ein Verwaltungsakt (s. dazu im einzelnen Günther, ZBR 93, 353 [355 ff.]
mit weiteren Nachweisen in Anm. 43) – nach den Grundsätzen, die für die *erstmalige*

verständnis mit der Versetzung eines Beamten aus einem anderen Bundesland kann mit der Begründung versagt werden, dessen Vorbildung genüge nicht den rahmenrechtlichen Mindestanforderungen (§ 122 Abs. 2 BRRG).[109] Die Personalvertretung der aufnehmenden Dienststelle ist wie bei einer Einstellung zu beteiligen.[110] Wird der Beamte in ein Amt eines anderen Dienstherrn versetzt, wird das Beamtenverhältnis mit dem neuen Dienstherrn fortgesetzt; auf die beamten- und besoldungsrechtliche Stellung des Beamten finden die im Bereich des neuen Dienstherrn geltenden Vorschriften Anwendung (§ 18 Abs. 4 BRRG). Tritt der Beamte, ohne versetzt zu sein, in ein öffentlich-rechtliches Dienst- oder Amtsverhältnis bei einem anderen Dienstherrn, so ist er aus dem bisherigen Beamtenverhältnis grundsätzlich kraft Gesetzes (§ 29 Abs. 1 Satz 1 Nr. 2 BBG; s. auch § 22 Abs. 2 BRRG) entlassen.

3. Prozessuale Fragen

a) Verwaltungsrechtsweg und Klageart

§ 126 Abs. 1 BRRG eröffnet für Streitigkeiten zwischen dem Beamten **117** und seinem Dienstherrn, die Versetzungen betreffen, den Rechtsweg zu den Verwaltungsgerichten. Da es sich bei der Versetzungsverfügung um einen *Verwaltungsakt* (§ 35 Satz 1 VwVfG)[111] handelt, kommen als Klagearten in Betracht:

– die Anfechtungsklage (§ 42 Abs. 1 VwGO), falls sich der Beamte gegen seine Versetzung zur Wehr setzt,[112, 113]
– die Bescheidungsklage, sofern er die Ablehnung seines Versetzungsantrags für rechtsfehlerhaft hält und eine erneute Bescheidung unter Beach-

---

Begründung eines Beamtenverhältnisses gelten (BVerwG, DÖD 87, 75; BayVGH, BayVBl 81, 47; NW OVG, DVBl 85, 1247); s. dazu RdNrn 4 ff. Die Einverständniserklärung ist „materielle Wirksamkeitsvoraussetzung der Versetzung selbst"; BVerwG, ZBR 89, 146. Zur Anfechtung der Einverständniserklärung durch den aufnehmenden Dienstherrn wegen arglistiger Täuschung s. BW VGH, VBlBW 88, 151 (m. krit. Anm. Battis). Zum Rechtsschutz umfassend Günther, a. a. O., S. 359 ff.

[109] BVerwG, NVwZ 87, 599; s. auch BVerwG, NVwZ 87, 600 (zur Versetzung eines Realschullehrers in ein anderes Bundesland bei nicht übereinstimmender Fächerverbindung).

[110] BVerwGE 78, 257 unter Anknüpfung an § 123 Abs. 2 BRRG.

[111] BVerwGE 60, 144; BVerwG, ZBR 81, 339.

[112] Hat der Beamte seiner Versetzung zugestimmt, so wird seine Anfechtungsklage in der Regel schon deshalb erfolglos bleiben, weil er nicht in seinen Rechten verletzt ist (s. § 113 Abs. 1 Satz 1 VwGO), s. auch Fußn 38.

[113] Gemäß § 52 Nr. 4 Satz 1 VwGO ist das Verwaltungsgericht *örtlich zuständig*, in dessen Bezirk der dienstliche Wohnsitz des Klägers im Zeitpunkt der Zustellung der (bei Klageerhebung oder Antragstellung nach § 80 Abs. 5 VwGO noch existenten) Versetzungsverfügung gelegen war. BayVGH, ZBR 85, 210 (LS) und VG Darmstadt, NVwZ-RR 96, 162. Im einzelnen zur örtlichen Zuständigkeit Verf., ZBR 92, 257 (266).

tung der Rechtsauffassung des Verwaltungsgerichts erstrebt (§ 113 Abs. 5 Satz 2 VwGO), und

– die Verpflichtungsklage (§ 42 Abs. 1 VwGO), wenn er meint, das Ermessen des Dienstherrn habe sich (ausnahmsweise) dahin verdichtet, daß dieser rechtlich nicht umhin könne, ihn (den Beamten) antragsgemäß zu versetzen.[114]

118   Bei der *Anfechtungsklage* ist die Sach- und Rechtslage zur Zeit der Widerspruchsentscheidung maßgeblich.[115] Spätere Ereignisse haben außer Betracht zu bleiben, selbst wenn sie es rechtfertigen könnten, die Versetzung *seit ihrem Eintritt* auszusprechen. Die Versetzung ist nicht zu den Verwaltungsakten mit Dauerwirkung zu rechnen, weil das Postulat einer „unbefristeten Kontrollpflicht" des Dienstherrn – als vorauszusetzendes „Essentiale" – zu weit ginge.[116] Soweit Ermessen zu betätigen ist, kann der Dienstherr seine Ermessenserwägungen nunmehr auch noch im verwaltungsgerichtlichen Verfahren ergänzen (§ 114 Satz 2 VwGO i.d.F. durch das 6. VwGOÄndG).[117]

119   Bei *Bescheidungs- und Verpflichtungsklagen* kommt es auf die tatsächlichen und rechtlichen Verhältnisse im Zeitpunkt der letzten mündlichen Verhandlung vor Gericht an.[118]

b) Ausschluß der aufschiebenden Wirkung des Widerspruchs und der Anfechtungsklage

120   § 126 Abs. 3 Nr. 3 BRRG n. F. schließt seit Juli 1997[118a] die aufschiebende Wirkung von Widerspruch und Anfechtungsklage aus (s. § 80 Abs. 1 und Abs. 2 Satz 1 Nr. 3 VwGO).[119] Abgesehen davon, daß die für den Dienstherrn handelnden Amtswalter jetzt der (nicht allzu großen) Mühe enthoben sind, die Versetzungsverfügung mit einer Vollziehungsanordnung nebst Begründung (s. § 80 Abs. 2 Satz 1 Nr. 4 und Abs. 3 Satz 1 VwGO) zu versehen, wird hierdurch *im Effekt* kaum etwas geändert. Der Beamte hatte nämlich schon nach früherem Recht in einem verwaltungsgerichtlichen Verfahren des vorläufigen Rechtsschutzes nur dann Erfolgsaussichten, wenn die Versetzungsverfügung *offensichtlich rechtswidrig* war oder wenn ihn der Sofortvollzug *unzumutbar hart* traf.[120] Hinter der verwaltungsgerichtlichen

---

[114] S. dazu Fußn 32.
[115] BVerwG, ZBR 69, 47; vgl. auch BVerwGE 28, 292.
[116] *Günther,* DÖD 93, 9 (22). Zur Abordnung s. RdNr 137.
[117] Zum Rechtsschutz nach Erledigung der Versetzungsverfügung (z.B. infolge Aufhebung durch den Dienstherrn oder Zurruhesetzung) s. § 113 Abs. 1 Satz 4 VwGO; vgl. dazu BVerwG, ZBR 71, 305 und Buchholz 232 § 26 BBG Nr. 12.
[118] *Redeker/von Oertzen,* VwGO, § 108, RdNrn 22 ff. mit weiteren Nachweisen.
[118a] Zur Reform *Günther,* DÖD 96, 173 ff.
[119] Zur aufschiebenden Wirkung s. BVerwGE 13, 1 (8); 18, 72 (75); 24, 92 (98). Sie verbietet alle Folgerungen tatsächlicher oder rechtlicher Art, die sonst aus dem Verwaltungsakt gezogen werden könnten.
[120] S. dazu RdNr 96 der Voraufl. mit weiteren Nachweisen, insbesondere auch Fin-kelnburg/Jank, Vorläufiger Rechtsschutz, RdNr 928.

Spruchpraxis standen zwei Grundgedanken: zum einen die Erwägung, daß die Bereitschaft zur Versetzung zu den Dienstpflichten des Beamten gehöre, zum anderen die Einsicht, daß Organisationsakte wie die Versetzung, soweit sie sich auf ein dienstliches Bedürfnis stützen, ihren Sinn grundsätzlich nur erfüllen, wenn sie auch alsbald vollzogen werden. Diese Überlegungen werden die Rechtsprechung auch künftig bestimmend beeinflussen, wobei die Fälle des § 26 Abs. 2 BBG (§ 18 Abs. 2 BRRG) allerdings insofern subtiler Würdigung schon im Verfahren nach § 80 Abs. 5 VwGO bedürfen, als es sich hier um schwere Eingriffe in die Rechtsstellung des Beamten handelt, die dieser im vorhinein nicht ohne weiteres gewärtigen muß.[121]

c) Kontrolldichte der verwaltungsgerichtlichen Prüfung

Der Zentralbegriff des „dienstlichen Bedürfnisses" ist ein unbestimmter **121** Rechtsbegriff ohne Beurteilungsermächtigung zugunsten der Verwaltung.[122] Die Nachprüfung der tatsächlichen und rechtlichen Grundlagen der Versetzung durch die Verwaltungsgerichte ist mithin prinzipiell unbeschränkt.[122] Soweit das dienstliche Bedürfnis aber auf Gesichtspunkte („Faktoren") zurückgeht, hinsichtlich deren eine Beurteilungsermächtigung besteht, bleibt diese unberührt.[122] Das gilt vornehmlich dann, wenn die Versetzung aus der mangelnden persönlichen oder fachlichen Eignung des Beamten für sein bisheriges Amt hergeleitet wird.[123] Die Einschätzung der Eignung ist *allgemein* ein dem Dienstherrn vorbehaltener Akt wertender Erkenntnis. Daß sich die Eignungsfrage im Rahmen eines Rechtsstreits über die Rechtmäßigkeit einer Versetzungsverfügung stellt, vermag hieran nichts zu ändern. Außerdem hat das BVerwG[124] dem Dienstherrn jedenfalls im Blick auf die Besetzung leitender Stellen einen verwaltungspolitischen Entscheidungsspielraum zugebilligt, der im Verwaltungsstreitverfahren wie eine Beurteilungsermächtigung zu behandeln sein dürfte. Dem Dienstherrn fällt außerdem die Letztverantwortung insofern zu, als *er* – und nicht das Verwaltungsgericht – zu entscheiden hat, wie auf Besetzungsdefizite zu reagieren ist, die bei verschiedenen Dienstbehörden gleichzeitig auftreten, aber nicht sämtlich zur selben Zeit behoben werden können. Soweit organisationspolitische Vorgaben in die Ausfüllung des Rechtsbegriffs „dienstliche Gründe" (§ 26 Abs. 2 Satz 1 BBG, § 18 Abs. 2 Satz 1 BRRG) einfließen, greift eben-

---

[121] S. schon RdNrn 111, 116.
[122] BVerwGE 26, 65; BVerwG, ZBR 69, 47 und Buchholz 232 § 26 BBG Nr. 11; s. auch Leisner, ZBR 89, 193 (199) mit weiteren Nachweisen, dem zuzustimmen ist, wenn er davor warnt, „den Gesamtbegriffsinhalt des ‚dienstlichen Bedürfnisses' in einzelne Beurteilungsspielräume aufzulösen und damit die gerichtliche Nachprüfung des Begriffs doch auszuschließen". Vgl. außerdem (für das Soldatenrecht) BVerwG, ZBR 94, 244 (245).
[123] BayVGH, BayVBl 69, 216.
[124] BVerwGE 26, 65 (76f.). S. außerdem BVerwGE 53, 95 (97); 63, 139; 93, 232; 103, 4 (6).

falls der Gewaltenteilungsgrundsatz mit der Folge ein, daß die Rechtsprechung diese Vorgaben als „Faktoren" bei der Rechtsanwendung hinzunehmen hat.

122   Die rechtliche Würdigung der *Ermessensausübung* selbst ist darauf beschränkt, ob der Dienstherr die gesetzlichen Grenzen des Ermessens überschritten oder von dem Ermessen in einer dem Zweck der Ermächtigung nicht entsprechenden Weise Gebrauch gemacht hat (§ 114 Satz 1 VwGO). Eine Ermessensüberschreitung oder ein Ermessensfehlgebrauch können sowohl im Bereich der Behörde gegeben sein, der die Entscheidung über die Weg-Versetzung obliegt, als auch im Bereich der Behörde, die wegen der Aufnahme des Beamten beteiligt ist.

III. Abordnung

123   Durch die Abordnung wird dem Bundesbeamten[125]
- bei einer anderen Dienststelle (Behörde) seines Dienstherrn (§ 27 Abs. 1 BBG, § 17 Abs. 1 BRRG) oder
- bei einer anderen Dienststelle (Behörde) im Bereich eines anderen Dienstherrn nach Bundesrecht (§ 27 Abs. 3 BBG, § 17 Abs. 3 BRRG) oder nach Landesrecht (§ 123 Abs. 1 BRRG)

vorübergehend (ganz oder teilweise) ein anderes Amt im konkret-funktionellen Sinne übertragen.[126, 127] Da die dienstrechtliche Zugehörigkeit des abgeordneten Beamten zur bisherigen Stammdienststelle (Stammbehörde) – im Kern – fortbesteht,[128] bleibt auch sein dortiger Dienstvorgesetzter für die beamtenrechtlichen Entscheidungen über die persönlichen Angelegenheiten des Beamten zuständig (§ 3 Abs. 2 Satz 1 BBG), soweit diese nicht untrennbar mit dessen dienstlicher Tätigkeit bei der neuen Beschäftigungsbehörde zusammenhängen. Dem Behördenvorstand der Dienststelle, an die der Beamte abgeordnet ist, fallen Dienstvorgesetztenfunktionen – mit anderen Worten – nur insoweit zu, als es sich um *tätigkeitsbezogene* beamtenrechtliche Entscheidungen (wie z.B. Urlaubsgewährung, Dienstbefreiung oder Erteilung einer Aussagegenehmigung) handelt.[129] Für die

---

[125] Beamte auf Probe können bereits vor der Anstellung, Beamte auf Widerruf im Vorbereitungsdienst hingegen zu keinem Zeitpunkt abgeordnet werden; s. dazu schon RdNr 49. Was Beamte auf Widerruf angeht, ist dies streitig (a. A., d. h. für die Möglichkeit einer Abordnung: Plog/Wiedow/Beck/Lemhöfer, BBG, § 27, RdNr 6 und Ule, BR, RdNr 2 zu § 17 BRRG; wie hier: Günther, ZBR 78, 73 [81] und Schütz, BR, RdNr 2 zu § 29 NW LBG). Zur Abordnung beamteter Professoren s. § 50 Abs. 2 HRG.

[126] Ein Wechsel des Dienstortes gehört nicht zum Begriff der Abordnung; s. aber § 4 Abs. 1 Nr. 2 iVm § 3 Abs. 1 Nr. 1 BUKG.

[127] Von der Abordnung ist die Übertragung einer Nebentätigkeit zu unterscheiden, die der Beamte bei einer anderen Behörde (Dienststelle) wahrnehmen soll.

[128] S. schon Fußn 8.

[129] Vgl. Kremer, RiA 83, 67; Leisner, ZBR 89, 193 (194); Müssig, DÖD 90, 109 mit weiteren Nachweisen.

Abordnung eines Beamten aus dem unmittelbaren oder mittelbaren Landesdienst in den Bundesdienst trifft § 27 Abs. 4 BBG eine spezielle Regelung.[130]

1. Abordnung innerhalb des Dienstbereichs des bisherigen Dienstherrn

Die Abordnung setzt ein *dienstliches Bedürfnis* voraus; eine Abordnung 124
auf Antrag des Beamten kennt das Gesetz nicht. Dies bedeutet nicht, daß ein Abordnungs*verlangen* rechtlich belanglos wäre. Zum einen läßt es die Fürsorge- und Schutzpflicht des Dienstherrn (§ 79 BBG, § 48 BRRG) nicht zu, ein derartiges Petitum ohne weiteres zu übergehen. Zum anderen kann ein „Abordnungsantrag" sowohl für die Annahme eines dienstlichen Bedürfnisses als auch für die Ermessensausübung Bedeutung erlangen.[131]

Wie bei der Versetzung kann das dienstliche Bedürfnis aus der Perso- 125
nallage oder aus den Leistungen, der Eignung oder dem Verhalten des Beamten erwachsen. Besonders zu erwähnen sind die Fälle einer Abordnung
- zum Ausgleich einer vorübergehenden Über- oder Unterbesetzung,[132]
- zum Zwecke der Fortbildung,[133]
- zur Erprobung in Sicht auf eine Beförderungseignung[134] oder
- zur Vorbereitung einer Versetzung, deren verfahrensrechtliche Abwicklung noch nicht abgeschlossen ist oder der noch Hindernisse entgegenstehen, die jedoch in absehbarer Zeit behebbar sein müssen.[135]

Die *Dauer* der Abordnung braucht nicht von vornherein bestimmt zu 126
sein; sie kann – wie § 27 Abs. 3 Satz 2 BBG (§ 17 Abs. 3 Satz 2 BRRG) zu entnehmen ist – bei Beamten auf Lebenszeit selbst fünf Jahre übersteigen. Nach den Umständen des Einzelfalles[136] darf jedoch kein Zweifel daran bestehen, daß es sich um eine *vorübergehende* Maßnahme handelt.[137] Der Charakter eines nicht auf Dauer angelegten Akts ist auch gewahrt, wenn die Abordnung der – noch ungewissen – Bewährung dient, sofern sie am Ende der Erprobungszeit aufgehoben werden oder in eine Versetzung einmünden soll.[137] Auch daß das Ende der Abordnung durch den bevorstehenden Eintritt des Beamten in den Ruhestand fixiert ist, genügt den Anforderungen.[138]

---

[130] RdNr 133 f.
[131] Ebenso Günther, ZBR 78, 73 (82).
[132] BVerwGE 7, 228; vgl. auch Plog/Wiedow/Beck/Lemhöfer, BBG, § 27 RdNr 18.
[133] S. RdNr 376.
[134] Vgl. § 11 BLV.
[135] BVerwGE 7, 228; RP OVG, RiA 67, 34. Die Abordnung eines Beamten zum Zwecke seiner späteren Versetzung ist ermessensfehlerhaft, wenn bereits feststeht, daß die angestrebte Versetzung aus tatsächlichen oder rechtlichen Gründen nicht verwirklicht werden kann; RP OVG, ZBR 86, 298.
[136] Vgl. Schütz, BR, RdNr 4 zu § 29 NW LBG.
[137] OVG Lüneburg, VRspr 12, 36; RP OVG, ZBR 54, 188; vgl. aber auch RP OVG, RiA 67, 34.
[138] BW VGH, DÖV 76, 420.

127   Der Beamte darf *grundsätzlich* nur zu einer seinem Amt im statusrecht-
lichen Sinne[139] „entsprechenden" Tätigkeit abgeordnet werden (§ 27 Abs. 1
BBG, § 17 Abs. 1 BRRG). Die in der Abordnungsverfügung mindestens im
Kern festzulegenden[140] Dienstaufgaben, die ihm bei der anderen Dienststelle
(Behörde) vorübergehend übertragen werden, müssen also im Prinzip so beschaffen sein, daß sie sich mit dem statusrechtlichen Amt immerhin vereinbaren lassen; der neue Arbeitsbereich darf – anders ausgedrückt – bei einer
Gesamtwürdigung nicht durch unterwertige Beschäftigungen geprägt
sein.[141] Für die tatsächlichen und rechtlichen Betrachtungen ist das Amt im
statusrechtlichen Sinne,[142] nicht dagegen ein Dienstpostenvergleich entscheidend.

128   § 27 Abs. 2 BBG (§ 17 Abs. 2 BRRG) trifft folgende *Ausnahmeregelung*:
Falls ihm die Wahrnehmung einer neuen Tätigkeit auf Grund seiner Vorbildung oder Berufsausbildung zuzumuten ist, kann der Beamte aus „dienstlichen Gründen" auch dann (ganz oder teilweise) – ohne seine Zustimmung
für höchstens zwei Jahre – dazu abgeordnet werden, wenn diese Tätigkeit
nicht seinem Statusamt und nicht einmal einem Amt mit demselben Endgrundgehalt entspricht. „Dienstliche Gründe" können sich auch hier[143] nur
aus einer *besonderen*, der dienstlichen Sphäre zuzurechnenden Sachlage ergeben, deren Beschaffenheit nicht nur ein „dienstliches Bedürfnis" im Sinne
des § 27 Abs. 1 BBG (§ 17 Abs. 1 BRRG), sondern einen darüber hinausrei-
chenden *dringenden Handlungsbedarf* in Richtung auf die Abordnung auslöst.[144] In die Zumutbarkeitsprüfung sind die Schwere des Eingriffs in die
Rechtsstellung des Beamten, der Grad an Dringlichkeit, der zu dem Eingriff
nötigt, sowie seine Dauer einzubeziehen. Anders als bei der Versetzung[145]
wird man nicht verlangen können, daß der Eingriff unabweisbar geboten ist.

129   Das Bundesbeamtenrecht schreibt eine der Abordnung des Beamten vor-
ausgehende *Anhörung* nicht ausdrücklich vor. § 29 Abs. 1 Satz 2 NW LBG
bestimmt demgegenüber, daß der Beamte vor der Abordnung gehört werden *solle*, d. h. im Regelfall zu hören sei.[146] Für den Bundesbereich dürfte

---

[139] BW VGH, DÖV 76, 420.

[140] Str., wie im Text BW VGH, ZBR 76, 154; a. A. RP OVG, ZBR 86, 298 sowie
Plog/Wiedow/Beck/Lemhöfer, BBG, § 27, RdNr 6. Vgl. auch BrOVG, DÖD 85, 40.

[141] S. Fußn 139; des weiteren BVerwGE 69, 208 (209).

[142] BW VGH, DÖV 76, 420; s. auch BVerwG, Buchholz 237.6 § 31 NdsLBG Nr. 1.
Modifizierend Günther, ZBR 78, 73 (82), der ein arg.e contrario aus § 26 Abs. 1 Satz 2
BBG (a. F.) herleiten will. Vgl. auch HVGH, ESVGH 32, 274: Ist für die neue Tätigkeit im Stellenplan keine dem statusrechtlichen Amt des abgeordneten Beamten entsprechende, sondern nur eine niedrigerwertige Planstelle ausgewiesen, so ist diese
Tätigkeit selbst dann unterwertig, wenn der Dienstherr den Dienstposten höher bewertet und bei dem Haushaltsgesetzgeber die Bewilligung einer höherwertigen Planstelle beantragt hat.

[143] S. schon RdNr 111.

[144] Vgl. dazu BVerwG, NVwZ 92, 1096 (1097).

[145] S. auch insoweit RdNr 111.

[146] Vgl. Kopp, VwVfG, § 40, RdNr 11 f. mit weiteren Nachweisen.

sich aber Entsprechendes aus der Fürsorge- und Schutzpflicht (§ 79 BBG, § 48 BRRG)[147] oder aus § 28 VwVfG[148] herleiten lassen.[149]

Mitglieder des *Personalrates* dürfen nur unter den gleichen Voraussetzungen abgeordnet werden, an die auch ihre Versetzung gebunden ist.[150]   **130**

Die *Ermessenserwägungen* des Dienstherrn werden – jedenfalls strukturell – denjenigen ähneln, die bei Versetzungsentscheidungen anzustellen sind,[151] sofern und soweit sich nicht daraus, daß die Abordnung nur als *vorübergehende* Maßnahme vorgesehen ist, Unterschiede vor allem in bezug auf die Beachtlichkeit entgegenstehender Interessen des Beamten ergeben.[152]

Die Abordnung wird von der abgebenden im Einvernehmen mit der aufnehmenden Behörde verfügt, wenn beide nicht eine gemeinsame vorgesetzte Behörde haben, welche die Angelegenheit an sich zieht. Sie unterliegt grundsätzlich[153] der *Mitbestimmung* der Personalräte der abgebenden und der aufnehmenden Dienststelle, falls ihre Dauer drei Monate übersteigt (§ 76 Abs. 1 Nr. 5 BPersVG).[154]   **132**

2. Abordnung in den Dienstbereich eines anderen Dienstherrn

Die Abordnung zu einem anderen Dienstherrn[155] nach Bundes- oder nach Landesrecht, die gleichfalls ein dienstliches Bedürfnis voraussetzt, bedarf dem Grundsatz des § 27 Abs. 3 Satz 1 BBG (§ 17 Abs. 3 Satz 1 BRRG)   **133**

---

[147] S. RdNr 368.

[148] S. auch insoweit RdNr 368. Vgl. dazu Kunig, ZBR 86, 253 (257 ff.); weiterhin BrOVG, DÖD 85, 40.

[149] Zur Unterrichtung und Anhörung der Schwerbehindertenvertretung s. Fußn 86. Hier gilt Entsprechendes.

[150] S. RdNr 114.

[151] S. RdNrn 103 ff. Zu Kriterienkatalogen für die Abwägung dienstlicher und persönlicher Belange bei einer Abordnungsentscheidung s. BayVGH, ZBR 94, 158.

[152] Vgl. dazu Günther, ZBR 78, 73 (83). S. schon Fußn 137.

[153] S. aber § 77 Abs. 1 BPersVG.

[154] S. RdNr 113. Dies gilt auch für Teilabordnungen; NW OVG, ZBR 87, 59 (Teilabordnung eines an einer Gesamtschule beschäftigten Lehrers an eine – im gleichen Gebäudekomplex befindliche – Schule anderer Schulform). Eine vorläufige Regelung (s. § 69 Abs. 5 BPersVG), mit der ein Lehrer zur Abdeckung des Unterrichtsbedarfs an einer anderen Schule an diese abgeordnet wird, ist ausnahmsweise zulässig, wenn ihre Geltungsdauer bis zum Abschluß des zügig zu gestaltenden Mitbestimmungsverfahrens begrenzt wird und wenn nach Lage des Falles mit dessen Abschluß bis zum Ende des Schulhalbjahres zu rechnen ist (BVerwG, ZBR 93, 185 und RiA 94, 92). Vgl. schon RdNr 115.

[155] Die Abordnung erfordert, daß der Träger der Stelle, bei welcher der Beamte vorübergehend tätig werden soll, Dienstherrnfähigkeit (§ 121 BRRG, § 2 BBG) besitzt. Diese Voraussetzung ist bei einem privatwirtschaftlichen Unternehmen selbst dann nicht erfüllt, wenn die öffentliche Hand daran mehrheitlich beteiligt ist. Der Beamte kann dorthin nicht abgeordnet werden. Möglich ist aber die Gewährung von Sonderurlaub; s. § 89 Abs. 2 BBG, § 13 Abs. 2 SUrlV. Vgl. überdies RdNr 135.

zufolge der Zustimmung des Beamten. Abweichend hiervon ist die Abordnung auch ohne Zustimmung des Beamten zulässig, wenn die neue Tätigkeit einem Amt mit demselben Endgrundgehalt auch einer gleichwertigen oder anderen Laufbahn entspricht und die Abordnungsdauer fünf Jahre nicht übersteigt (§ 27 Abs. 3 Satz 2 BBG; s. auch § 17 Abs. 3 Satz 2 BRRG). Auch in solchen Fällen müssen aber *besondere* „dienstliche Gründe" von erheblichem Gewicht gegeben sein, wie sie oben[156] näher umschrieben sind. Insofern ist der Abordnungstatbestand einschränkend auszulegen. Die Zumutbarkeitsproblematik dürfte hier dagegen der Ermessensseite zuzuordnen sein.

134   Die Abordnung wird von dem abgebenden im – schriftlich zu erklärenden – Einverständnis mit dem aufnehmenden Dienstherrn verfügt (§ 123 Abs. 2 Satz 1 BRRG). Sie hat die Rechtsfolgen,
- daß auf den Beamten die für den Bereich des aufnehmenden Dienstherrn geltenden Vorschriften über die Pflichten und Rechte der Beamten mit Ausnahme der Regelungen über Diensteid, Amtsbezeichnung, Besoldung und Versorgung entsprechende Anwendung finden (§ 17 Abs. 4 Satz 1, § 123 Abs. 1 BRRG; s. auch § 27 Abs. 4 Hs. 1 BBG) und
- daß zur Zahlung der dem Beamten zustehenden Dienstbezüge auch der aufnehmende Dienstherr verpflichtet ist (§ 17 Abs. 4 Satz 2, § 123 Abs. 1 BRRG; s. auch § 27 Abs. 4 Hs. 2 BBG).

3. Zur Zuweisung gemäß § 123 a BRRG

135   Das Fünfte Gesetz zur Änderung besoldungsrechtlicher Vorschriften vom 28. 5. 1990[157] hat in Gestalt der Zuweisung ein neues beamtenrechtliches Rechtsinstitut geschaffen, das man als *abordnungsähnliche Beurlaubung* bezeichnen kann.[158] § 123 a Abs. 1 BRRG eröffnet die Möglichkeit, dem Beamten, dessen Rechtsstellung einschließlich des Anspruchs auf Besoldung[159] unberührt bleibt (Abs. 3 Satz 1 a.a.O.), im dienstlichen oder öffentliche Interesse mit seiner Zustimmung vorübergehend eine seinem Amt entsprechende Tätigkeit bei einer öffentlichen Einrichtung[160] außerhalb des Anwendungsbereichs des BRRG zu übertragen. Sogar die Zuwei-

---

[156] RdNrn 116, 128. S. auch Battis, BBG, § 27, RdNr 8 mit Nachweisen.

[157] BGBl. I 1967.

[158] Vgl. GKÖD I, RdNr 21 zu § 27 BBG unter Bezugnahme auf Weiß/Niedermaier/Summer/Zängl, BayBG, Art. 33 E 19 c. Verfassungsrechtliche Bedenken bei Plog/Wiedow/Beck/Lemhöfer, BBG, § 27, RdNr 13. S. außerdem Hoffmann, ZTR 90, 327: Die Zuweisung nach § 123 a BRRG vermeide die „Distanzierung" einer Beurlaubungslösung (s. Fußn 155). Vgl. schließlich Lorenzen, PersV 90, 369 ff und Kotulla, ZBR 95, 168 ff.

[159] S. auch § 9 a Abs. 2 BBesG.

[160] Öffentliche Einrichtungen im Sinne des § 123 a Abs. 1 BRRG sind supra- und internationale Organisationen, aber auch andere Staaten und Einrichtungen in anderen Staaten, s. die Nachweise in Fußn 158.

sung einer Tätigkeit bei einer *nicht*-öffentlichen Einrichtung[161] im In- und Ausland ist zulässig, „wenn dringende öffentliche Interessen dies erfordern" (Abs. 1 Satz 2 Hs. 1 a.a.O.). Die Zuweisung ist in beiden Varianten *Verwaltungsakt.*[162]

Durch das Reformgesetz vom 24. 2. 1997[163] ist folgender neuer Abs. 2 in § 123 a BRRG eingefügt worden:

136

„Dem Beamten einer Dienststelle, die ganz oder teilweise in eine privatrechtlich organisierte Einrichtung der öffentlichen Hand umgebildet wird, kann auch ohne seine Zustimmung eine seinem Amt entsprechende Tätigkeit bei dieser Einrichtung zugewiesen werden, wenn dringende öffentliche Interessen dies erfordern."

Die Bestimmung geht auf die Beschlußempfehlung und den Bericht des Innenausschusses (4. Ausschuß) vom 25. 6. 1996 zurück.[164] Zu ihrer Rechtfertigung hat der Innenausschuß ausgeführt:[165] Die Privatisierung öffentlicher Aufgaben verlange nach einem „flexiblen Personaleinsatz". Durch die vorzitierte Norm werde eine Möglichkeit geschaffen, das vorhandene Personal der Dienststelle auf das Unternehmen in privater Rechtsform überzuleiten, um so nach einer Privatisierung die zuverlässige Aufgabenerfüllung auch zukünftig zu sichern. Es muß sich freilich um ein Unternehmen mit Mehrheitsbeteiligung der öffentlichen Hand handeln, damit die Verantwortung des Dienstherrn uneingeschränkt gewahrt bleibt. Obwohl der Gesetzestext dies nicht sagt, kann § 123 a Abs. 2 BRRG aus Gründen des Systemzusammenhangs nur als Rechtsgrundlage für eine *vorübergehende* Maßnahme (mit Verwaltungsaktsqualität) in Anspruch genommen werden.[165a]

4. Prozessuale Fragen

a) *Verwaltungsrechtsweg und Klageart*

Die Zulässigkeit des Verwaltungsrechtsweges bei Streitigkeiten über Abordnungen (Zuweisungen) folgt aus § 126 Abs. 1 BRRG. Wehrt sich der Beamte gegen eine Abordnung (Zuweisung), so ist die Anfechtungsklage (§ 42 Abs. 1 VwGO) richtige Klageart, weil auch die Abordnungsverfügung

137

---

[161] Beispiel: Deutscher Sicherheitsbeamter wird bei den ausländischen Stationen deutscher Fluggesellschaften eingesetzt (Hoffmann, ZTR 90, 327 [328]).

[162] S. die Nachweise in Fußn 158. Die Zuweisung für eine Dauer von mehr als drei Monaten ist mitbestimmungspflichtig (§ 76 Abs. 1 Nr. 5 a BPersVG).

[163] BGBl. I 322.

[164] BT-Dr 13/5057. Der Ausschuß hat vor allem an die Privatisierung öffentlicher Aufgaben im kommunalen Bereich gedacht.

[165] A.a.O., S. 64 (Zu Art. 1 Nr. 17 b).

[165a] Battis, BBG, § 27, RdNr 6 spricht davon, daß der Beamte „nicht nur vorübergehend, sondern typischerweise für eine lange Übergangszeit, möglicherweise für die Dauer seiner beruflichen Tätigkeit" außerhalb des öffentlichen Dienstes eingesetzt werden könne (zw.).

(Zuweisungsverfügung) *Verwaltungsaktscharakter* hat.[166] Erstrebt er eine Abordnung (Zuweisung), die ihm der Dienstherr versagt, wird er Bescheidungsklage erheben, falls er der Auffassung ist, daß sein Abordnungsbegehren (Zuweisungsbegehren) ermessensfehlerhaft behandelt worden sei; hält er – ausnahmsweise – eine Ermessensreduzierung auf Null für gegeben,[167] kommt die Verpflichtungsklage (§ 42 Abs. 1 VwGO) in Betracht. Hinsichtlich der maßgeblichen Sach- und Rechtslage gilt grundsätzlich zunächst Entsprechendes, wie zur Versetzung dargelegt.[168] Anders als bei der Versetzung geht es aber nicht fehl, die Abordnung (Zuweisung) als eine *vorübergehende* Amtsübertragung (Tätigkeitsübertragung) mit einer Kontrollpflicht sowohl der Stammbehörde als auch der aufnehmenden Behörde (Einrichtung) dahin zu verknüpfen, ob das dienstliche Bedürfnis (das dienstliche oder öffentliche Interesse) *jeweils fortbesteht*, und angesichts dessen die Regeln über Verwaltungsakte mit *Dauerwirkung* anzuwenden.[169]

b) Ausschluß der aufschiebenden Wirkung des Widerspruchs und der Anfechtungsklage bei Abordnungen

138   Auch insoweit kann auf die Ausführungen zur Versetzung[170] Bezug genommen werden. Sofern über einen Antrag auf Anordnung der aufschiebenden Wirkung des Widerspruchs oder der Anfechtungsklage gegen eine Abordnungsverfügung (§ 80 Abs. 5 Satz 1 VwGO) auf Grund einer Interessenabwägung zu entscheiden ist, wird besonders zu berücksichtigen sein, daß das Verfahren die Vollziehung einer *nur vorübergehenden* Maßnahme zum Gegenstand hat.[171] Der Sofortvollzug einer Abordnung kann den Beamten nur in seltenen Ausnahmefällen *unzumutbar* belasten.[172] Wird die Abordnung freilich mit dem Ziel der Versetzung angeordnet,[173] so sind folgerichtig schon diejenigen privaten Interessen des Beamten beachtlich, die er seiner späteren Versetzung entgegenhalten könnte.[174]

c) Aufschiebende Wirkung des Widerspruchs und der Anfechtungsklage bei Zuweisungen

139   Da die Zuweisung (§ 123a BRRG) in § 126 Abs. 3 Nr. 3 BRRG n.F. (anders als die Abordnung) nicht erwähnt ist, muß es insoweit bei der Regel des § 80 Abs. 1 Satz 1 VwGO bleiben.

---

[166] BVerwGE 60, 144 (147); BVerwG, ZBR 81, 339; vgl. auch Günther, ZBR 78, 73 (81 f., insbes. Anm. 126).
[167] S. Fußn 32.
[168] RdNr 118 f.
[169] A. A. Günther, DÖD 93, 9 (24).
[170] RdNr 120.
[171] S. auch RdNr 131.
[172] Finkelnburg/Jank, Vorläufiger Rechtsschutz, RdNr 931.
[173] S. dazu RdNr 125.
[174] Vgl. BrOVG, DÖD 85, 40.

d) Kontrolldichte der verwaltungsgerichtlichen Prüfung

Die unter RdNr 121 f. entwickelten Grundsätze gelten entsprechend.   **140**

IV. Umsetzung

Die Umsetzung[175] ist die Übertragung eines anderen Amtes im konkret- **141**
funktionellen Sinne,[176] ohne daß das Amt im statusrechtlichen und im
abstrakt-funktionellen Sinne berührt würden oder die Beschäftigungsbehörde sich änderte.[177] Das BVerwG[178] hat die Umsetzung dahin gekennzeichnet, daß sie „zu der Vielzahl der im einzelnen nicht normativ erfaßten
Maßnahmen zu rechnen (sei), die zur Erhaltung und Gewährleistung der
Funktionsfähigkeit der öffentlichen Verwaltung unerläßlich sind". Sie falle
„ihrem objektiven Sinngehalt nach" unter die Anordnungen, welche die
dienstliche Verrichtung eines Beamten betreffen und sich in ihren Auswirkungen auf die organisatorische Einheit beschränken, der er angehört.
Der Gesetzgeber habe die Voraussetzungen der Umsetzung – anders als
diejenigen der Versetzung und der Abordnung (sowie nunmehr auch der
Zuweisung) – gesetzlich nicht geregelt. Dies spreche zumindest mittelbar
dafür, „daß auch er die Umsetzung als innerorganisatorische, die Indivi-
dualsphäre des Beamten nicht notwendigerweise berührende Maßnahme
wertet".

Die Änderung des Aufgabenbereichs eines Beamten durch nicht-perso- **142**
nenbezogene *Organisationsverfügung* stellt das BVerwG[179] mit Recht der
Umsetzung gleich: Was für die Übertragung eines neuen Amtes im konkret-
funktionellen Sinne gilt, muß erst recht gelten, wenn die Arbeitszuteilung in
bezug auf den bisherigen Dienstposten, der dem Beamten als solcher erhalten bleibt, nur teilweise abgewandelt wird.[180]

---

[175] Der Ausdruck „Umsetzung" geht auf das Personalvertretungsrecht zurück; s.
§ 47 Abs. 2 Satz 2, § 76 Abs. 1 Nr. 4 BPersVG.

[176] Keine Umsetzungen sind die bloße Zuteilung eines anderen Dienstraumes, die
Verlegung der Behörde an einen anderen Ort oder eine Änderung der innerbehördlichen Organisationsstruktur, welche den Aufgabenbereich des Beamten als solche
nicht berührt; vgl. Scheerbarth/Höffken/Bauschke/Schmidt, BR, § 14 II 1.

[177] Wird der Beamte aus dienstlichen Gründen zu einem Teil der Beschäftigungsbehörde umgesetzt, der an einem anderen Ort als dem bisherigen Dienst- oder Wohnort untergebracht ist, so steht dies umzugskostenrechtlich einer Versetzung aus
dienstlichen Gründen im Sinne des § 3 Abs. 1 Nr. 1 BUKG gleich (§ 3 Abs. 2 Nr. 2
BUKG).

[178] BVerwGE 60, 144. Auch die Vergabe eines *Beförderungsdienstpostens* an einen
von mehreren Bewerbern ist nach BVerwG, ZBR 89, 281 eine Umsetzung, wenn die
Beschäftigungsbehörde die gleiche bleibt; s. dazu RdNr 148.

[179] ZBR 81, 339 und DÖD 92, 237.

[180] Ebenso BayVGH, ZBR 82, 33 (LS) für Änderungen des Geschäftsplanes einer
Behörde.

1. Ermessensausübung

143   Das BVerwG[181] hat die Umsetzung lediglich an die tatbestandliche Voraussetzung geknüpft, daß „der Aufgabenbereich des neuen Dienstpostens... dem abstrakten Aufgabenbereich des statusrechtlichen Amtes" entsprechen müsse.[182] Seien sodann „einschlägige Rechtsvorschriften, etwa des Personalvertretungs-[183] und des Schwerbehindertenrechts[184] beachtet worden", so könne die Rechtmäßigkeit der Umsetzung nur auf „Ermessensfehler" überprüft werden. Dies bedeutet, daß etwa die Frage eines dienstlichen Bedürfnisses für die Umsetzung – anders als bei Versetzung und Abordnung – in den Bereich der Ermessensausübung verlagert ist.[185] Ein dienstliches Bedürfnis oder Fürsorge- und Schutzerwägungen zugunsten des Beamten dürften jedoch unverzichtbar sein, weil die Umsetzung andernfalls willkürlich und deshalb ermessensfehlerhaft wäre.[186] Im übrigen sind dem Dienstherrn bei der Handhabung seines Ermessens „grundsätzlich sehr weite Grenzen gesetzt".[187]

---

[181] BVerwGE 60, 144; BVerwG, ZBR 81, 339.

[182] Battis, NVwZ 82, 87 (88) bezeichnet dieses Erfordernis als „ungeschriebenes Tatbestandsmerkmal".

[183] Hinsichtlich der Beteiligung der Personalvertretung steht die Umsetzung einer Versetzung gleich, sofern sie mit einem Wechsel des Dienstortes verbunden ist (§ 76 Abs. 1 Nr. 4 BPersVG). Zu den möglichen Gründen für eine Zustimmungsverweigerung der Personalvertretung s. insbesondere BVerwG, ZBR 93, 373 mit weiteren Nachweisen. Auch die vorübergehende Umsetzung eines Personalratsmitgliedes innerhalb der Dienststelle unterliegt der Zustimmung des Personalrates (§ 47 Abs. 2 Satz 2 BPersVG); BVerwG, ZBR 82, 86.

[184] Vgl. § 25 Abs. 2 SchwbG sowie Fußn 86.

[185] Die Fürsorge- und Schutzpflicht gebietet eine *Anhörung* des Beamten; eine Umsetzung ohne vorherige (oder rechtzeitig nachgeholte) Anhörung ist rechtswidrig, NW OVG, ZBR 86, 274.

[186] Unklar BVerwG, ZBR 75, 226 (228): Die Verwaltung brauche bei der Umsetzung ein dienstliches Bedürfnis „nicht nachzuweisen". Plog/Wiedow/Beck/Lemhöfer, BBG, § 26, RdNr 46 meinen, daß ein dienstliches Bedürfnis im Sinne des § 26 Abs. 1 Satz 1 BBG nicht nötig sei, sondern daß „jeder sachliche Grund" hinreiche. Ein praktischer Unterschied ist angesichts der üblichen weiten Handhabung des Begriffs „dienstliches Bedürfnis" und im Hinblick darauf, daß „sachliche Gründe" sicherlich nur im Dienst angelegte Gründe sein können, kaum vorhanden (ebenso Plog/Wiedow/Beck/Lemhöfer, a.a.O.). Zu sachfremden (parteipolitischen) Erwägungen SOVG, ZBR 95, 47. Ein planmäßiger Arbeitsplatzwechsel („Rotation"), den der Diensttherr für Verwaltungsbereiche anordnet, in denen Aufträge an außerhalb der Verwaltung stehende Personen oder Unternehmen vergeben werden, um die in den betreffenden Bereichen tätigen Beamten (und die Verwaltung) vor Abhängigkeiten gegenüber Dritten zu schützen, kann *allein dieserhalb* sachlich gerechtfertigt sein; VG Frankfurt, DÖD 90, 74 (das aber wohl nur unter der Voraussetzung eines nicht auf die Beteiligung *nur eines* Beamten begrenzten Anlasses). Erst recht unbedenklich ist es, wenn der Diensttherr sich bei einer Rotationsaktion von seiner Förderungspflicht (s. RdNr 375) leiten läßt.

[187] Eine Umsetzung, die auf einen Sachverhalt gestützt wird, der tatsächlich nicht gegeben ist, ist rechtswidrig; NW OVG, ZBR 86, 274; VG Köln, ZBR 84, 314 (s. schon Fußn 185).

Versucht man diese „Grenzen" aus der Rechtsprechung des BVerwG zu ermitteln, so gelangt man zu den Feststellungen, daß die Umsetzung generell nicht „durch einen Ermessensmißbrauch maßgeblich geprägt" sein dürfe[188] und daß das Ermessen durch die „besonders gelagerten Verhältnisse" des Einzelfalles – in unterschiedlichem Maße – „eingeschränkt" sein könne. Eine – wirkliche oder vermeintliche – Einbuße an gesellschaftlichem Ansehen,[189] ein Verlust der Chance, auf einem höherbewerteten Dienstposten befördert zu werden, ein Wegfall der Vorgesetzteneigenschaft, eine Verringerung der Mitarbeiterzahl oder Veränderungen der Funktionsbezeichnung ohne statusrechtliche Bedeutung stellen für sich allein keine die Umsetzung hindernden Umstände dar.[190] Als „besonders gelagerte Verhältnisse" hat das BVerwG angesehen

– die spezifische wissenschaftliche Vorbildung und praktische Ausbildung des Beamten und ihren engeren Laufbahnbezug,[191]
– die Zusicherung[192] der Übertragung einer bestimmten Aufgabe durch den Dienstherrn, sofern dadurch ein schutzwürdiges Vertrauen des Beamten auf Beibehaltung der Funktion begründet worden ist,[193] und
– die Übertragung von Leitungsaufgaben, die besondere fachliche Anforderungen stellen, falls sich der Beamte gerade um einen leitenden Posten beworben und der Dienstherr ihn auf Grund seiner fachlichen Qualifikation ausdrücklich für diesen Posten eingestellt hat.[194]

Auch der Aufgabenbereich eines *Hochschullehrers* kann – etwa durch **144** eine anderweitige Grenzziehung zwischen Hauptamt und Nebentätigkeit – verändert werden, solange diesem ein Dienstposten verbleibt, der seinem durch Art. 5 Abs. 3 GG mitgeprägten statusrechtlichen Amt entspricht.[195]

---

[188] BVerwGE 60, 144 (151); BVerwG, ZBR 88, 217, DÖD 92, 237 und DÖD 92, 279 (280). Zum Ermessen des Dienstherrn bei der Umsetzung eines Beamten im Zusammenhang mit *Nichtraucherschutz* am Arbeitsplatz BVerwG, ZBR 88, 217.

[189] Die Berufsehre des Beamten muß nach Möglichkeit geschont werden; die Umsetzung darf – anders ausgedrückt – keine „verkappte Disziplinarmaßnahme" sein; s. Günther, ZBR 78, 73 (85) sowie NW OVG, DÖD 88, 95 (96).

[190] S. BVerwG, NVwZ 92, 573 (574) unter Hinweis auf BVerwGE 60, 144 (151) und BVerwG, ZBR 85, 223; außerdem BVerwG, DÖD 92, 279 (280).

[191] Vgl. dazu BVerwG, Buchholz 237.3 § 27 BG Bremen Nr. 1.

[192] S. § 38 VwVfG, der freilich nicht unmittelbar anwendbar ist; vgl. BVerwG, NJW 88, 783.

[193] BVerwG, ZBR 68, 218.

[194] BVerwG, Buchholz 232 § 26 BBG Nr. 14 und ZBR 68, 218. S. freilich BVerwG, DÖD 92, 279 (280): „Soweit aus länger zurückliegenden Entscheidungen, z.B. den in BVerwGE 60, 144 (152) angeführten Urteilen, eine weitergehende Einschränkung der Entziehung von leitenden Funktionen entnommen werden konnte, ist dies ... überholt". Ob damit auch die im Text gekennzeichnete *besondere* Fallgestaltung gemeint ist, begegnet Zweifeln.

[195] BVerwG, NVwZ-RR 96, 337 (338) mit weiteren Nachweisen. S. auch RdNr 243.

145   Die Reform des Rechts der Versetzung und der Abordnung[196] kann nicht ohne Ausstrahlungswirkung auf des Recht der Umsetzung bleiben: Beim Vorliegen *besonderer* „dienstlicher Gründe"(s. § 26 Abs. 2, § 27 Abs. 2 BBG n.F., § 17 Abs. 2, § 18 Abs. 2 BRRG n.F.) kann auch ein *unterwertiger Einsatz* des Beamten erfolgen, wenn und soweit er sich sachlich und zeitlich als unabweisbar aufdrängt. Insofern ist die Rechtsprechung des BVerwG[197] *nunmehr* (vorsichtig und mit Augenmaß) zu modifizieren.

2. Prozessuale Fragen

a) *Verwaltungsrechtsweg und Klageart*

146   Daß Streitigkeiten über eine Umsetzung das Beamtenverhältnis betreffen und daß daher gemäß § 126 Abs. 1 BRRG der Verwaltungsrechtsweg eröffnet ist, kann – unabhängig von der Frage, ob die Umsetzung (stets oder unter gewissen Voraussetzungen) einen Verwaltungsakt darstellt – nicht zweifelhaft sein.[198] Allerdings ist einzuräumen, daß nicht wenige verwaltungsgerichtliche Entscheidungen aus der Zeit vor dem Urteil des BVerwG vom 22. 5. 1980 (BVerwGE 60, 144)[199] den Anschein erwecken, als ob mit einer Verneinung des Verwaltungsaktscharakters der Umsetzung *ohne weiteres* auch der Verwaltungsrechtsschutz entfalle. Dies hängt aber (zumeist) nicht damit zusammen, daß der Umsetzung mit der Verwaltungsaktseigenschaft zugleich jeweils sinngemäß auch die Natur eines Rechtsakts überhaupt abgesprochen worden wäre.[200] Vielmehr ist die Möglichkeit des Verwaltungsrechtsschutzes in Gestalt der (allgemeinen) Leistungsklage[201] vermutlich durchaus erkannt worden. Eine (nähere) Erörterung in dieser Richtung ist jedoch durchweg deshalb unterblieben, weil die Klagebefugnis stillschweigend als offensichtlich nicht gegeben angesehen worden ist.[202]

---

[196] S. RdNrn 109 ff., 128.

[197] S. RdNr 141 (am Anfang).

[198] Soweit ersichtlich ist bisher dem Erfordernis eines der Klage vorausgehenden Antrags an den Dienstherrn (s. Verf., ZBR 92, 257 [264 ff.]) bei Umsetzungen keine sonderliche Aufmerksamkeit zuteil geworden. Zwei Fallgestaltungen sind auseinanderzuhalten: Will der Beamte umgesetzt werden, so muß er sich dieserhalb zunächst mit einem Antrag im Verwaltungsverfahren an seinen Dienstherrn wenden. Möchte er sich gegen eine ihm angesonnene Umsetzung wehren, so kann er dies unmittelbar mit dem (auf Nichtvollzug oder Rückumsetzung zielenden) Widerspruch.

[199] Vgl. dazu Teufel, ZBR 81, 20; Menger, VerwArch 72, 149; Schütz, BayVBl 81, 609; Erichsen, DVBl 82, 95; Battis, NVwZ 82, 87; J. Martens, NVwZ 82, 480.

[200] Vgl. aber Erichsen, DVBl 82, 95 (96); ferner Menger, VerwArch 68, 169 (170 ff.).

[201] S. RdNr 147.

[202] S. RdNr 150.

Das BVerwG[203] bewertet die Umsetzung und die ihr gleichstehende **147** Änderung des Aufgabenbereichs durch nicht-personenbezogene Organisationsverfügung als „innerbehördliche Maßnahmen ohne Verwaltungsaktsqualität", und zwar unabhängig davon, ob dem Beamten etwa Vorgesetztenfunktionen und/oder Beförderungsmöglichkeiten entzogen werden[204] und/oder ob seine künftige Verwendung tatsächlich nicht seinem Amt im statusrechtlichen Sinne entspricht.[205] Als Klageart kommt hiernach ausnahmslos die *allgemeine Leistungsklage*, nicht dagegen die Anfechtungs- oder die Verpflichtungsklage (§ 42 Abs. 1 VwGO) in Betracht.[206] In bezug auf das *konkrete Klageziel* hat das BVerwG[207] entschieden, daß eine Umsetzung, die wegen fehlender Zustimmung der Personalvertretung fehlerhaft sei, nur dadurch in einer dem Rechtsschutzanspruch des Beamten genügenden Weise rückgängig gemacht werden könne, daß der ursprüngliche Zustand wiederhergestellt, dem Beamten also sein früherer Dienstposten wieder übertragen werde. Gleiches hat das Gericht[208] für den Fall angenommen, daß die Umsetzung „aus materiellen Gründen schon hinsichtlich der ‚Wegversetzung' von dem bisherigen Dienstposten" fehlsam erscheine. Der Umstand, daß der frühere Dienstposten zwischenzeitlich einem anderen Beamten übertragen worden sei, stehe der Rückgängigmachung nicht entgegen, weil dieser ebensowenig wie jener einen Anspruch auf unveränderte und ungeschmälerte Ausübung des ihm übertragenen Dienstpostens habe. *Anders* dürften die Dinge aber liegen, wenn für den neuen Dienstposteninhaber keine statusangemessene – oder unter Umständen zumutbar unterwertige[209] – Umsetzungsmöglichkeit vorhanden ist oder wenn die Rechtswidrigkeit allein aus der „Zuversetzung" auf den neuen Dienstposten folgt, etwa weil dieser unterwertig ist und weil sich Verwendungsalternativen bieten, die auf einen statusadäquaten Einsatz hinauslaufen. Dann wird man dem Dienstherrn einen Ermessensspielraum zugestehen müssen, den Beamten auf einen anderen (amtsadäquaten) Dienstposten weiterumzusetzen.[210]

---

[203] BVerwGE 60, 144; 65, 270 (273); 69, 307; BVerwG, ZBR 81, 339. Weitere Nachweise bei Finkelnburg/Jank, Vorläufiger Rechtsschutz, RdNr 932, Anm. 60.

[204] BVerwG, DÖD 92, 237.

[205] BVerwGE 49, 64 (67 f.); 60, 144 (150); 65, 270 (273); 87, 310 (315). S. aber auch RdNr 145.

[206] Vgl. BVerwG, DÖD 92, 237 und DÖD 92, 279; s. auch BW VGH, ZBR 81, 204. Kommt es zum Streit darüber, ob die neue Tätigkeit „unterwertig" ist und ob damit die Grundsätze über die sog. statusberührende Versetzung (s. RdNr 84) übertragbar sein könnten (vgl. dazu Plog/Wiedow/Beck/Lemhöfer, BBG, § 26, RdNr 47), so handelt es sich im Prozeß nicht um ein Problem der Klageart (Anfechtungs- oder Leistungsklage?), sondern um eine der Begründetheitsstation zuzuordnende Frage.

[207] BVerwGE 75, 138.

[208] ZBR 88, 217 (218); ebenso SOVG, ZBR 95, 47; abw. NW OVG, ZBR 84, 282, ZBR 84, 340 und DÖD 88, 95 (96).

[209] S. RdNr 145.

[210] S. schon Verf., ZBR 92, 257 (263 f.). Vgl. auch SOVG, ZBR 95, 47 mit weiteren Nachweisen.

Unentschieden gelassen hat das BVerwG[211], ob „der Dienstherr im Falle der Rechtswidrigkeit einer … nicht personenbezogenen Organisationsverfügung rechtlich wie bei fehlerhaften Umsetzungen verpflichtet werden kann, den ursprünglichen Zustand dadurch wiederherzustellen, daß er die vorgenommene Änderung der Aufgabenbereiche rückgängig macht". Auch insoweit dürfte es näherliegen, es in das Ermessen des Dienstherrn zu stellen, die Rechtswidrigkeit der Organisationsverfügung, jedenfalls soweit ein größerer Personenkreis betroffen ist, auch anders als in der im Zitat angesprochenen Weise zu beheben.[212] Hat der Dienstherr einem Umsetzungs*verlangen* des Beamten aus dessen Sicht ermessensfehlsam nicht entsprochen, wird dieser darauf klagen, den Dienstherrn zur Neubescheidung zu verurteilen (s. § 113 Abs. 5 Satz 2 VwGO).[213] Nur falls er meint, gar einen Umsetzungs*anspruch* zu haben, wird er seinen Klageantrag dahin fassen, daß der Dienstherr verurteilt werde, ihn (den Beamten) umzusetzen.[214]

148   Das BVerwG[215] qualifiziert auch die Übertragung eines *Beförderungs*-dienstpostens (eines *höherbewerteten* Dienstpostens) als Umsetzung. Damit wird man sie nicht als Verwaltungsakt bewerten können. Gewisse Bedenken sind indessen nicht zu übersehen, und zwar gerade dann nicht, wenn man in die Erwägungen einbezieht, daß das BVerwG[216] die Umsetzung – wie dargelegt[217] – „zu der Vielzahl der im einzelnen nicht normativ erfaßten Maßnahmen" rechnet. In § 12 Abs. 2 Satz 1, § 11 Satz 1 BLV (s. auch § 12 Abs. 2 Satz 1 Nr. 4 BRRG n.F.) findet sich immerhin eine *normative* Erprobungsregelung, derzufolge ein Beförderungsamt grundsätzlich nur demjenigen verliehen werden kann, der seine Eignung auf einem höherbewerteten Dienstposten nachgewiesen hat.[218] Schließt man sich dem BVerwG an, so kann die rechtswidrige Besetzung eines Beförderungsdienstpostens mit einem Mitbewerber solange „rückgängig gemacht werden und der Beförderungsdienstposten anderweitig besetzt werden", wie dieser Mitbewerber nicht befördert und in eine entsprechende Planstelle eingewiesen worden ist.[219, 220] Das RP OVG[221] äußert, daß der Dienstherr in einer

---

[211] DÖD 92, 237.

[212] S. Fußn 210.

[213] Zur Zulässigkeit der Bescheidungsklage auch bei der allgemeinen Leistungsklage vgl. Bettermann, DVBl 69, 703; Hoffmann Becking, VerwArch 62, 191 (197); Erichsen, DVBl 82, 95 (100).

[214] S. dazu Fußn 32.

[215] ZBR 89, 281. Dazu Battis, BBG, § 23, RdNr 14 mit Nachweisen.

[216] BVerwGE 60, 144.

[217] RdNr 141.

[218] S. dazu Verf., DÖD 90, 153 (154).

[219] Speziell zum vorläufigen Rechtsschutz bei der Beförderungsdienstposten-Konkurrenz Verf., DÖD 90, 153 (157).

[220] Die Feststellung des Dienstherrn, daß die Probezeit nach § 11 Satz 3 BLV als geleistet gelte, ist nach BrOVG, DÖD 95, 35 ein Verwaltungsakt, der unter Umständen auch zurückgenommen werden kann.

[221] NVwZ-RR 96, 51 (52); s. auch Fußn 235.

Konkurrenz um das korrespondierende Beförderungsamt aus Fürsorgegründen gehalten sei, „den Bewährungsvorsprung des Dienstposteninhabers
so lange bei seiner Auswahlentscheidung außer Betracht zu lassen, als ...
ein Hauptsacherechtsstreit um die Rechtmäßigkeit der Dienstpostenübertragung schwebt".

b) Vorverfahren

Nach § 126 Abs. 3 BRRG bedarf es auch bei der allgemeinen Leistungs- **149**
klage eines Vorverfahrens (§§ 68 ff. VwGO).[222] Die Fristbestimmungen
des § 70 Abs. 1 Satz 1 und Abs. 2 VwGO sind, wenn man die (bedenk-
liche) Rechtsprechung des BVerwG zur dienstlichen Beurteilung[223] zugrunde legt, nicht anwendbar: Der Beamte braucht also nicht innerhalb
eines Monats bzw. eines Jahres nach Bekanntgabe seiner Umsetzung Widerspruch einzulegen, hat bei längerem Zuwarten unter Umständen jedoch
den Verwirkungseinwand zu gewärtigen;[224] er muß im übrigen – wiederum nach Auffassung des BVerwG[225] – bei der Klageerhebung nach Ergehen des Widerspruchsbescheides die Monatsfrist des § 74 VwGO einhal-
ten.[226]

c) Klagebefugnis

Die Klagebefugnis, die auch bei der allgemeinen Leistungsklage Sachur- **150**
teilsvoraussetzung ist,[227] hat das BVerwG[228] jeweils mit der lapidaren, nicht
näher aufgefächerten Begründung bejaht, daß der Kläger geltend gemacht
habe, durch die Umsetzung oder durch die Änderung seines Aufgabenbereichs mittels Organisationsverfügung in seiner individuellen Rechtssphäre verletzt zu sein. Entsprechend der Linie des BVerwG erscheint
es auch nicht angeraten, durch erhöhte Anforderungen an die Darlegungen des Klägers hierzu nunmehr die Zulässigkeitsstation des Umsetzungs-
rechtsstreits an *dieser* Stelle zu überfrachten. Dogmatisch vertretbar wäre

---

[222] Die Rechtsprechung (BVerwGE 60, 144; BVerwG, ZBR 81, 339) bietet – anders
als die Judikatur zur dienstlichen Beurteilung (s. dazu RdNr 466 f.) – keinen Anhalt
dafür, daß dem Vorverfahren ein Antrag auf Aufhebung der Maßnahme voraufgehen
müsse, über den zunächst durch Verwaltungsakt zu befinden sei; vgl. auch hierzu
J. Martens, NVwZ 82, 480 (481). Eingehend Verf., ZBR 92, 257 (266 ff.). S. schon
Fußn 198.
[223] S. dazu RdNr 466.
[224] S. dazu RdNr 468.
[225] S. auch dazu RdNr 466.
[226] Es ist daher mindestens mißverständlich, wenn Battis, NVwZ 82, 87 (88) von der
„grundsätzlich unbefristeten Klage gegen dienstliche Beurteilungen" spricht; vgl. auch
Redeker/von Oertzen, VwGO, § 74, RdNr 1.
[227] BVerwGE 36, 192; BVerwG, NJW 77, 118; NW OVG, NJW 80, 2323; str. Zum
Meinungsstand vgl. Kopp, VwGO, § 42, RdNr 38.
[228] BVerwGE 60, 144 (150); BVerwG, ZBR 81, 339.

es schon, dem Kläger „eine besondere Substantiierungspflicht aufzuerlegen", weil er „eine die Amtswaltung und daher im Regelfall Individualrechte ... nicht betreffende Maßnahme" angreift.[229] Jedoch müßte dann befürchtet werden, daß die „sehr stark von den Besonderheiten des jeweiligen Einzelfalles abhängigen, kaum noch voraussehbaren Differenzierungen",[230] die für die frühere Rechtsprechung bezeichnend waren, *erneut* – wenn auch woanders – in die Zulässigkeitsüberlegungen Eingang fänden.

d) Vorläufiger Rechtsschutz

151   Da es sich – folgt man dem BVerwG – bei der Umsetzung *nie* um einen Verwaltungsakt handelt, zeitigt der Widerspruch keine aufschiebende Wirkung; § 80 Abs. 1 Satz 1 VwGO ist nicht anwendbar. Ebenso scheidet eine Anwendung des § 80 Abs. 5 VwGO aus. Vorläufigen Rechtsschutz kann der Beamte nur gemäß § 123 VwGO erlangen,[231] und zwar
– solange die Umsetzung noch nicht durch Aufnahme der neuen Tätigkeit und anderweitige Besetzung des bisherigen Dienstpostens vollzogen ist: nach Abs. 1 *Satz 1* (vorläufiges Verbleiben auf dem bisherigen Dienstposten oder wenigstens dessen Freihalten),
– wenn er bereits umgesetzt ist: nach Abs. 1 *Satz 2* (vorläufige Rückumsetzung).[232]
Die Erfolgsaussichten eines Antrags auf Erlaß einer einstweiligen Anordnung, der auf eine Aussetzung der Zuweisung anderer Dienstgeschäfte oder zumindest der Dienstpostenvergabe an einen anderen Beamten oder gar auf eine vorläufige Rückumsetzung durch den Dienstherrn abzielt, werden normalerweise, selbst wenn man unberücksichtigt läßt, daß die Entscheidung in der Hauptsache (jedenfalls zum Teil) vorweggenommen würde,[233] nur gering sein. In der Regel besteht nämlich ein öffentliches Interesse an der sofortigen Durchführung von Organisationsakten, damit die wirksame Erledigung der laufenden öffentlichen Aufgaben gewährleistet bleibt.[234] Die persönlichen Belange des Beamten werden demgegenüber zurücktreten müssen, es sei denn, dieser ist offensichtlich rechtswidrig behandelt worden oder es ist ihm aus sonstigen Gründen schlechthin nicht zu-

---

[229] Erichsen, DVBl 82, 95 (100).
[230] BVerwGE 60, 144 (147 f.).
[231] HmbOVG, DÖD 79, 60; BW VGH, ZBR 81, 204; NW OVG, ZBR 84, 282; SOVG, ZBR 85, 315; vgl. auch HVGH, NVwZ 82, 638 (zur Übertragung eines höherwertigen Dienstpostens an einen von mehreren Bewerbern).
[232] Vgl. Finkelnburg/Jank, Vorläufiger Rechtsschutz, RdNr 934 mit weiteren Nachweisen, die auch einen Antrag für zulässig halten, dem Dienstherrn durch einstweilige Anordnung aufzugeben, über die Umsetzung (ermessensfehlerfrei) neu zu entscheiden; a. A. NW OVG, ZBR 84, 282.
[233] S. allgemein Finkelnburg/Jank, Vorläufiger Rechtsschutz, RdNrn 231 ff.
[234] BayVGH, ZBR 97, 194 (195).

zumuten, die Folgen der Umsetzung auch nur vorübergehend hinzunehmen.[235]

---

[235] SOVG, ZBR 95, 47. Zum vorläufigen Rechtsschutz bei der Konkurrenz um *Beförderungsdienstposten* s. Fußn 219. RP OVG, NVwZ-RR 96, 51 (52) unterscheidet wie folgt: Seien bei einer Konkurrenz um einen Beförderungsdienstposten *nur Beamte* beteiligt, so bestehe kein Anordnungsgrund für eine vorläufige Untersagung der Dienstpostenvergabe. Konkurrierten hingegen *Beamte und Angestellte* um einen Beförderungsdienstposten, so sei für die Beamten deshalb ein Anordnungsgrund gegeben, weil die Tarifautomatik des § 22 Abs. 2 BAT für Angestellte statusverbessernd wirke, sofern mit der Dienstpostenvergabe eine Wahrnehmung von Tätigkeiten verbunden sei, die eine Höhergruppierung zur Folge hätten; eine solche „Statusverbesserung" könne der Dienstgeber dem angestellten Dienstposteninhaber nämlich nicht ohne weiteres, sondern nur durch Änderungskündigung gemäß § 53 BAT, wieder entziehen. S. schon RdNr 148.

3. Teil. Entlassung von Beamten auf Probe und auf Widerruf

BBG und BRRG enthalten zum einen Entlassungstatbestände, die unab- **152** hängig von der Art des Beamtenverhältnisses eingreifen, zum anderen solche, die nur für einzelne Beamtengruppen gelten. Jeder Beamte ist *kraft Gesetzes* entlassen, wenn er

- die Eigenschaft, Deutscher (Art. 116 GG) oder Unionsbürger (Art. 8 EG-Vertrag) zu sein, verliert (§ 29 Abs. 1 Satz 1 Nr. 1 und Satz 2 BBG, § 22 Abs. 1 Satz 1 Nr. 1 und Satz 2 BRRG) oder
- in ein öffentlich-rechtliches Dienst- oder Amtsverhältnis zu einem anderen Dienstherrn tritt, sofern es sich dabei nicht um ein Beamtenverhältnis auf Widerruf oder als Ehrenbeamter handelt oder gesetzlich nichts anderes bestimmt ist (§ 29 Abs. 1 Satz 1 Nr. 2 BBG, § 22 Abs. 2 BRRG).[1]

Beamte auf Probe und auf Widerruf sind kraft Gesetzes mit dem Ende des Monats entlassen, in dem sie die Altersgrenze (§ 41 Abs. 1 BBG, § 25 Abs. 1 BRRG) erreichen (§ 31 Abs. 5, § 32 Abs. 1 Satz 2 BBG, § 22 Abs. 1 Satz 1 Nr. 2 BRRG).

Für Beamte, denen ein Amt *mit leitender Funktion* (zunächst) im Be- **153** amtenverhältnis auf Probe übertragen worden ist (§ 24a Abs. 1 Satz 1 BBG, § 12a Abs. 1 Satz 1 BRRG), gilt die Sonderregelung des § 24a Abs. 4 Satz 1 BBG (§ 12a Abs. 4 Satz 1 BRRG). Danach ist der Beamte mit Ablauf der Probezeit, mit Beendigung des (durch das Probebeamtenverhältnis „überlagerten") Beamtenverhältnisses auf Lebenszeit, mit der Versetzung zu einem anderen Dienstherrn oder mit der Verhängung einer nur im förmlichen Disziplinarverfahren zulässigen Disziplinarmaßnahme *kraft Gesetzes* aus dem Beamtenverhältnis auf Probe entlassen.

Durch rechtsgestaltenden *Verwaltungsakt* ist zu entlassen, **154**

- wer sich weigert, dem Gesetz entsprechend den Diensteid[2] zu leisten oder das ersatzweise vorgeschriebene Gelöbnis[2] abzulegen (§ 28 Nr. 1 BBG, § 23 Abs. 1 Nr. 1 BRRG),[3]
- wer zur Zeit der Ernennung als Inhaber eines Amtes, das kraft Gesetzes mit dem Mandat unvereinbar ist, Mitglied des Deutschen Bundestages

---

[1] S. aber auch § 29 Abs. 3 Satz 2 und Abs. 4 BBG; ferner § 125 Abs. 1 Satz 1 BRRG, wonach der Beamte entlassen ist, wenn er zum Berufssoldaten oder zum Soldaten auf Zeit ernannt wird (§ 125 Abs. 1 Satz 1 BRRG findet in den Fällen des § 16a Abs. 1 Nrn. 1 und 2 ArbplSchG keine Anwendung; § 16a Abs. 2 und 5 a.a.O.).

[2] § 58 BBG, § 40 BRRG.

[3] Vgl. OVG Lüneburg, ZBR 64, 366.

war und nicht innerhalb der von der obersten Dienstbehörde gesetzten angemessenen Frist sein Mandat niederlegt (§ 28 Nr. 2 BBG, § 33 Abs. 3 BRRG),

– wer ohne Genehmigung der obersten Dienstbehörde seinen Wohnsitz oder dauernden Aufenthalt im Ausland nimmt (§ 28 Nr. 3 BBG, § 23 Abs. 1 Nr. 5 BRRG),

– wer dienstunfähig ist, ohne daß die Voraussetzungen des § 4 Abs. 1 BeamtVG erfüllt sind (§ 35 Satz 2 BBG, § 23 Abs. 1 Nr. 2 BRRG), falls nicht entsprechend § 42 Abs. 3 BBG (§ 26 Abs. 3 BRRG) von der Entlassung abgesehen wird,

– wer nach Erreichen der Altersgrenze berufen worden ist (§ 41 Abs. 4 Satz 2 BBG, § 23 Abs. 1 Nr. 4 BRRG) oder

– wer seine Entlassung beantragt (§ 30 BBG, § 23 Abs. 1 Nr. 3 BRRG).[4]

155   Durch rechtsgestaltenden *Verwaltungsakt kann* ein Beamter entlassen werden, der die Eigenschaft als Deutscher (Art. 116 GG) verliert, aber Unionsbürger (Art. 8 EG-Vertrag) bleibt, sofern er in eine Laufbahn eingestellt worden und darin verblieben ist, deren Aufgaben insgesamt im Sinne des § 7 Abs. 2 BBG (§ 4 Abs. 2 BRRG) die Wahrnehmung durch Deutsche erfordert (§ 29 Abs. 2 BBG, § 23 Abs. 2 BRRG).

156   Im folgenden werden lediglich Entlassungsgründe behandelt, die *nur* die Beamten auf Probe und auf Widerruf betreffen.

I. Entlassung von Beamten auf Probe im Sinne des § 5 Abs. 1 Nr. 2 a BBG (§ 3 Abs. 1 Satz 1 Nr. 3 a BRRG) durch Verwaltungsakt

157   Der Beamte auf Probe[5] kann entlassen werden

– bei einem Verhalten, das – unterstellt, er wäre Beamter auf Lebenszeit – zu einer Disziplinarmaßnahme führen würde, die nur im förmlichen Disziplinarverfahren verhängt werden kann (§ 31 Abs. 1 Satz 1 Nr. 1 BBG, § 23 Abs. 3 Nr. 1 BRRG),

– bei mangelnder Bewährung (§ 31 Abs. 1 Satz 1 Nr. 2 BBG, § 23 Abs. 3 Nr. 2 BRRG),

– bei Dienstunfähigkeit, wenn er nicht nach § 46 BBG (§ 27 BRRG) in den Ruhestand versetzt wird (§ 31 Abs. 1 Satz 1 Nr. 3 BBG; s. auch § 23 Abs. 1 Nr. 2 BRRG), oder

---

[4] Vgl. hierzu im einzelnen Günther, ZBR 94, 197 ff.

[5] Auch ein Hochschullehrer, der Beamter auf Probe ist, kann nach § 31 BBG (§ 23 BRRG) – etwa wegen mangelnder fachlicher Bewährung oder charakterlicher Nichteignung – entlassen werden; Art. 5 Abs. 3 Satz 1 GG wird hierdurch nicht berührt (BVerwG, Buchholz 237.1 Art. 42 BayBG Nr. 3 und Art. 43 BayBG Nr. 2 sowie Buchholz 237.2 § 67 LBG Berlin Nr. 2).

– bei Auflösung, Verschmelzung oder wesentlicher Änderung des Aufbaus der Beschäftigungsbehörde (s. § 26 Abs. 2 Satz 2 BBG, § 18 Abs. 2 Satz 2 BRRG), falls das Aufgabengebiet des Beamten von der Auflösung oder Umbildung berührt wird und eine anderweitige Verwendung nicht möglich ist (§ 31 Abs. 1 Satz 1 Nr. 4 BBG, § 23 Abs. 3 Nr. 3 BRRG).

Liegt die mangelnde Bewährung freilich allein darin, daß nicht behebbare Zweifel an der gesundheitlichen Eignung des Probebeamten bestehen, so ist § 42 Abs. 3 BBG (§ 26 Abs. 3 BRRG) sinngemäß anzuwenden; Entsprechendes gilt in den Fällen des § 31 Abs. 1 Satz 1 Nr. 3 BBG (§ 23 Abs. 1 Nr. 2 BRRG).[6] Politische Beamte (§ 36 BBG, § 31 Abs. 1 BRRG), die Beamte auf Probe sind, können jederzeit entlassen werden (§ 31 Abs. 2 BBG, § 31 Abs. 2 BRRG).

Diese Aufzählung ist *abschließend*.[7] Stets hängt die Entlassung von einer **158** Ermessensentscheidung des Dienstherrn ab.[8] Die Fälle der Entlassung wegen Organisationsänderungen (§ 31 Abs. 1 Satz 1 Nr. 4 BBG, § 23 Abs. 2 Nr. 3 BRRG, s. auch § 130 Abs. 1 Satz 2 BRRG) und der Entlassung von politischen Beamten auf Probe (§ 31 Abs. 2 BBG, § 31 Abs. 2 BRRG) bleiben im Rahmen dieser Arbeit unerörtert.

1. Entlassung wegen eines Dienstvergehens

a) Tatbestandliche Voraussetzungen

Der Entlassungsgrund des § 31 Abs. 1 Satz 1 Nr. 1 BBG (§ 23 Abs. 3 **159** Nr. 1 BRRG) liegt in einem Dienstvergehen (§ 77 Abs. 1 BBG, § 45 Abs. 1 BRRG)[9] des Beamten auf Probe,[10] welches bei einem Beamten auf Lebenszeit zumindest eine Gehaltskürzung zur Folge hätte (s. § 5 Abs. 1, § 29, §§ 33 ff. BDO). Der Dienstherr und – im Streitfalle – die Verwaltungsgerichte müssen bei hypothetischer Betrachtung mit der „erforderlichen Sicherheit" zu der Überzeugung gelangen, daß im entsprechenden Fall gegen einen Beamten auf Lebenszeit wenigstens eine derartige Maßnahme durch das zuständige (letztinstanzlich entscheidende) *Disziplinargericht* verhängt

---

[6] Vgl. dazu Summer, ZBR 93, 17 (20 ff.).

[7] BVerwG, DÖD 63, 174; OVG Lüneburg, DVBl 50, 651 und ZBR 62, 324.

[8] BVerwG, DÖD 62, 196 und DÖD 63, 174.

[9] Vgl. dazu BVerwGE 21, 50; BVerwG, ZBR 68, 346.

[10] Verweis und Geldbuße sind auch bei Beamten auf Probe zulässig (§ 5 Abs. 3 BDO; s. auch § 29 Abs. 1 BDO). Ein förmliches Disziplinarverfahren (§§ 33 ff. BDO) findet hingegen bei Dienstvergehen von Beamten auf Probe nicht statt. Anders ist die Rechtslage in *Bayern* (vgl. Art. 6 Abs. 5, Art. 115 Abs. 2 BayDO), wo sich der Dienstherr bei dem Dienstvergehen eines Beamten auf Probe, das dieser nach Ablauf der laufbahnrechtlichen Probezeit begeht, statt für eine Entlassung auch für eine im förmlichen Disziplinarverfahren zu verhängende Gehaltskürzung entscheiden kann, wenn sie ihm als Reaktion auf das Fehlverhalten ausreichend erscheint; vgl. dazu im einzelnen Bartha, ZBR 85, 217 (220 f.) sowie Zängl, PersV 85, 45 ff.

worden wäre; es genügt nicht, daß der Beamte auf Lebenszeit sie nur „möglicherweise erhalten hätte".[11] Alle Erkenntnismittel sind auszuschöpfen, um eine unterschiedliche Bewertung gleichartigen Verhaltens bei Beamten auf Lebenszeit einerseits und Beamten auf Probe andererseits zu vermeiden.[12] Fehlt einschlägige disziplinargerichtliche Rechtsprechung zu gleich oder ähnlich gelagerten Dienstvergehen, haben der Dienstherr und die Verwaltungsgerichte „unter Heranziehung und Anführung disziplinarrechtlicher Grundsätze sowie der in der Rechtsprechungspraxis der Disziplinargerichte erkennbaren Maßstäbe und Tendenzen – nachvollziehbar – eine eigenständige Bewertung des dem Beamten auf Probe zur Last gelegten Verhaltens vorzunehmen".[13] Ist der Sachverhalt, der sich als Dienstvergehen darstellt, auch Gegenstand eines Straf- oder Bußgeldverfahrens gewesen, so sind die tragenden tatsächlichen Feststellungen eines dieserhalb ergangenen rechtskräftigen Urteils grundsätzlich[14] auch für den Dienstherrn und die Verwaltungsgerichte bindend (s. § 18 Abs. 1 Satz 1 BDO).[15] Soll die Entlassung des Beamten auf Probe auf ein Fernbleiben vom Dienst gestützt werden, so sind Dienstherr und Verwaltungsgerichte, was die Würdigung des Fernbleibens als eines Dienstvergehens betrifft, gemäß § 130 Abs. 2 BDO an eine disziplinargerichtliche Entscheidung gebunden, durch die der Verlust der Dienstbezüge des Beamten nach § 9 BBesG als Rechtens bestätigt worden ist.[16] Das Maßnahmeverbot des § 14 BDO ist im Zusammenhang mit der Entlassung von Beamten auf Probe ohne Bedeutung.[17]

160 Der folgende Überblick über Tendenzen in der Rechtsprechung des BVerwG zum *Disziplinarmaß*[18] erfaßt Gruppen von Dienstvergehen, mit denen sich die Verwaltungs- und die Gerichtspraxis häufiger zu beschäftigen hat:
– Bei *Untreue* oder *Unterschlagung* im Amt[19] wird regelmäßig auf Entfernung aus dem Dienst erkannt. *Typisierte* Milderungsgründe sind eine un-

---

[11] Vgl. BVerwGE 26, 228; 62, 280; 66, 19; BVerwG, ZBR 68, 346; BayVGH, NVwZ 89, 83 mit weiteren Nachweisen.

[12] BVerwGE 62, 280.

[13] BVerwGE 62, 280 (284).

[14] S. jedoch § 18 Abs. 1 Satz 2 BDO, der im Verwaltungsstreitverfahren über die Entlassung eines Beamten auf Probe wegen eines Dienstvergehens entsprechend anzuwenden ist.

[15] BVerwGE 66, 19; BVerwG, DÖD 75, 89; HVGH, ZBR 65, 254 (LS). Vgl. auch BVerwG, DVBl 87, 255.

[16] BVerwG, DÖD 85, 34. S. aber auch BVerwG, NVwZ 85, 115 sowie DVBl 87, 252.

[17] BVerwGE 43, 241 (244); 66, 19; BVerwG, DÖD 83, 19.

[18] Vgl. dazu Claussen, ZBR 86, 223 (239 ff.) sowie Sträter, ZBR 92, 289 (292 ff.) und Hertel, ZBR 93, 289 (296 ff.).

[19] Sträter, a. a. O., S. 292 spricht von „Zugriffsdelikten". Der *Versuch* eines Zugriffs auf dienstliche Gelder unterliegt den für Zugriffsdelikte geltenden Maßstäben, wenn das Verhalten des Beamten entsprechend seinem Handlungswillen wertungsmäßig einem Zugriff gleichsteht; BVerwG, NVwZ-RR 94, 451.

ausweichliche, unverschuldete wirtschaftliche Notlage, eine schockartig wirkende, psychische Ausnahmesituation oder Besonderheiten, die das Delikt als einmalige, persönlichkeitsfremde Gelegenheitstat erscheinen lassen.[20] Darüber hinaus werden sowohl die freiwillige, nicht durch Furcht vor einer unmittelbar bevorstehenden Entdeckung bestimmte Wiedergutmachung des Schadens wie auch die vollständige und vorbehaltlose Offenbarung der Tat in der Annahme, daß sie noch nicht entdeckt sei, als Ausnahmetatbestände anerkannt.[21] Schließlich kann die Geringwertigkeit des unterschlagenen Betrages (Gegenstandes) als weiterer Milderungsgrund anzuerkennen sein.[22] Als geringwertig sind etwa 50 DM anzusehen.[23] Die disziplinarrechtlichen Grundsätze zur Beurteilung von Zugriffen auf amtlich anvertraute oder dienstlich zugängliche Vermögenswerte gelten nicht uneingeschränkt für die Zueignung von Vermögenswerten sozialer Einrichtungen wie beispielsweise der Selbsthilfeeinrichtungen der Beamten.[24]

– Bei der *Annahme von Bargeld* (Bestechlichkeit, §§ 331, 332 StGB, oder verbotene Geschenkannahme, § 70 BBG, § 43 BRRG) wird gleichfalls gewöhnlich die Höchstmaßnahme als angemessen erachtet.[25] Allerdings können hier auch andere Milderungsgründe als bei der Amtsuntreue und -unterschlagung in Betracht kommen.[26]

– Bei einer *Verletzung des Postgeheimnisses*, auch wenn sie wiederholt geschehen ist, kann eine „Regel", was das Disziplinarmaß angeht, wegen der unterschiedlichen Erscheinungsformen dieses Dienstvergehens nicht aufgestellt werden.[27]

– *Diebstahl* unter Ausnutzung dienstlicher Möglichkeiten im Dienstgebäude[28] oder zu Lasten eines Kollegen führt in der Regel zur Entfernung

---

[20] Vgl. dazu BVerwG, ZBR 85, 202 und DÖV 85, 929 (LS). Zur Rechtsprechung im einzelnen s. Sträter, a. a. O., S. 293 f.

[21] BVerwGE 86, 1; 86, 283 (mit ausdehnender Modifikation BVerwGE 93, 39); BVerwG, NVwZ-RR 93, 38 (auch zum Zusammentreffen mehrerer Milderungsgründe); BVerwG, NVwZ 95, 603. Der Milderungsgrund der Wiedergutmachung des Schadens vor Entdeckung der Tat ist zu verneinen, wenn der Beamte eine zusätzliche Verfehlung mit erheblichem Eigengewicht begangen hat; BVerwG, NVwZ 96, 184.

[22] BVerwGE 93, 314.

[23] BVerwG, NVwZ-RR 96, 453; s. auch die Rechtsprechung zu § 248 a StGB.

[24] S. dazu BVerwG, NVwZ-RR 93, 41.

[25] Vgl. dazu BVerwG 14. 5. 1986 – 1 D 157.85 –; s. auch BVerwG, DVBl 87, 253. Des weiteren BVerwG, NVwZ 95, 171 und NVwZ-RR 96, 516 (517).

[26] Vgl. BVerwGE 83, 49; 86, 5; 86, 74. S. auch BVerwG, NVwZ-RR 94, 681 (Rangherabsetzung bei verbotener Geschenkannahme durch preisgünstigen Ankauf eines fabrikneuen Pkw ohne kausale Verknüpfung zwischen der Zuwendung und einer Amtshandlung des Beamten).

[27] Vgl. BVerwGE 76, 172.

[28] BVerwG, NVwZ-RR 96, 453 (Diebstähle eines Pförtners im Dienstgebäude während des Dienstes). Gleichgültig sind die Eigentumsverhältnisse am Diebesgut; BVerwG, a. a. O.

aus dem Dienst.[29] Eine Ausnahme von der Höchstmaßnahme kann angebracht sein, wenn die Wegnahme mit dem Willen geschieht, Wertersatz zu leisten.[30] Bei Diebstählen außerhalb des dienstlichen Bereiches ist das Disziplinarmaß unterschiedlich: bei Diebstahl im besonders schweren Fall (§ 243 StGB) mindestens Dienstgradherabsetzung,[31] bei Diebstahl im Warenhaus oder im Selbstbedienungsladen mindestens Gehaltskürzung, unter Umständen sogar Entfernung aus dem Dienst; dies insbesondere bei „systematischem Zusammenstehlen zahlreicher Gegenstände von hohem Wert".[32] Die *Funktion* des Beamten kann eine Verschärfung der Maßnahme rechtfertigen. Das trifft vor allem für Polizeibeamte zu, denen „umfassender Rechtsgüterschutz anvertraut" ist.[33]

– (Fortgesetzter) *Beihilfebetrug* eines Beamten stellt ein schwerwiegendes innerdienstliches Dienstvergehen dar, das im förmlichen Disziplinarverfahren – unter Umständen gar mit der Entfernung aus dem Dienst – zu ahnden ist.[34] Als Diziplinarmaß bei Betrug zum Nachteil des Dienstherrn durch Führen *privater Telefongespräche* unter Kennzeichnung als Dienstgespräche ist eine Gehaltskürzung als angemessen bewertet worden.[34 a]

– *Streik oder streikähnliches Verhalten* wird je nach Intensität mindestens mit einer Geldbuße, gegebenenfalls aber auch deutlich strenger geahndet.[35]

– Die außerdienstliche *Trunkenheit* am Steuer fordert dann mindestens eine Gehaltskürzung,[36] wenn erschwerende Umstände gegeben sind.[37] Dies ist z. B. der Fall, wenn es sich um eine Wiederholungstat handelt oder wenn gleichzeitig mit dem Verstoß gegen § 316 StGB weitere Straftatbestände erfüllt sind.[38] Beamte im (gefahrengeneigten) *Betriebsdienst* verwirken bei

---

[29] Vgl. BVerwG, ZBR 85, 90. Zum Milderungsgrund der Geringwertigkeit s. BVerwG, NVwZ-RR 96, 453.

[30] BVerwG, ZBR 85, 28.

[31] BVerwGE 53, 368; 73, 370; vgl. weiterhin BVerwG, DVBl 87, 252 (Entfernung aus dem Dienst bei einem Wohnungseinbruch).

[32] BVerwG 12. 6. 1985 – 1 D 139.84 –.

[33] OVG Berlin 17. 8. 1982 – 1 D 7.82 –; anders BVerwG, ZBR 85, 203 für Polizeivollzugsbeamte des Bundesgrenzschutzes; dagegen Claussen, ZBR 86, 223 (240).

[34] BVerwG, ZBR 93, 379.

[34 a] BVerwG, NJW 94, 3115.

[35] BVerwGE 76, 192 erwägt – und verneint – Entfernung aus dem Dienst beim Vorsitzenden des Personalrates eines Postamtes, der trotz Belehrung der Amtsleitung rechtswidrig eine Personalversammlung durchgeführt und dadurch den Dienstbetrieb schwerwiegend beeinträchtigt hatte.

[36] Vgl. BayVGH, ZBR 93, 220 mit weiteren Nachweisen.

[37] Zur disziplinarrechtlichen Ahndung bei chronischer Trunksucht s. NW OVG, NJW 93, 3015.

[38] Vgl. BVerwGE 63, 148. Zum unerlaubten Handel mit Betäubungsmitteln (Heroin) s. BayVGH, RiA 84, 90 (Entfernung aus dem Dienst). Ebenso (nämlich Entfernung aus dem Dienst) BVerwG, ZBR 95, 26 bei Rauschgifthandel und mehrfachem Fernbleiben vom Dienst. Schließlich BVerwG, ZBR 97, 47 (Gehaltskürzung beim Erwerb geringer Mengen von Cannabisprodukten zum Eigenverbrauch bei einschlägiger Vorbelastung).

Alkoholverfehlungen, schon wenn es sich um den ersten Verstoß handelt, gewöhnlich mindestens eine Gehaltskürzung;[39] mindestens mit einer Dienstgradherabsetzung ist zu reagieren, wenn die Trunkenheit erhebliche Folgen gehabt hat[40] oder wenn es sich um einen – nicht notwendig im dienstlichen Bereich begangenen – Wiederholungsfall handelt.[41]

– Bei aktivem Einsatz für eine *verfassungsfeindliche Partei* und mangelnder Bereitschaft zur Distanzierung ist ein Verbleiben des Beamten im Dienst nicht vertretbar.[42, 43]

§ 31 Abs. 1 Satz 1 Nr. 1 BBG (§ 23 Abs. 3 Nr. 1 BRRG) ist auch auf ein **161** Dienstvergehen anwendbar, das der Beamte auf Probe *nach Ablauf* der laufbahnrechtlichen *Probezeit* (s. §§ 7, 8 BLV) begangen hat.[44] Während sich § 31 Abs. 1 Satz 1 Nr. 2 BBG (§ 23 Abs. 3 Nr. 2 BRRG) nur auf die mangelnde Bewährung in der laufbahnrechtlichen Probezeit bezieht, knüpft die Entlassung wegen eines Dienstvergehens ausschließlich an die Rechtsstellung des Beamten auf Probe an, welche fortbesteht, solange sein Beamtenverhältnis nicht in ein solches auf Lebenszeit umgewandelt worden ist.[45]

---

[39] BVerwG, NVwZ-RR 96, 215 mit weiteren Nachweisen.

[40] BVerwG, DÖD 90, 143.

[41] Vgl. BVerwG, ZBR 85, 90; krit. zur Rechtsprechung des BVerwG Claussen, ZBR 86, 223 (241 f.), der betont, daß der vorsätzliche Verstoß gegen ein absolutes Alkoholverbot „dort nicht ernst genug genommen werden (kann), wo der weitere laufbahnmäßige Einsatz des Beamten eine Gefährdung von Personen sowie von erheblichen Sachwerten zur Folge hat". Vgl. auch BVerwG, DVBl 87, 250 (Dienstgradherabsetzung bei einem Rückfall in die Alkoholabhängigkeit nach zwei Entziehungskuren).

[42] Vgl. BVerwGE 86, 99; BVerwG, NJW 85, 503. Zur Verwertbarkeit von Erkenntnissen des Verfassungsschutzes bei der Entlassung eines Beamten auf Probe wegen Zweifeln an seiner Verfassungstreue s. BW VGH, NVwZ 91, 695. S. schon RdNrn 15 ff., 26. Zum Disziplinarmaß bei geheimdienstlicher Tätigkeit eines Beamten für das Ministerium für Staatssicherheit der ehemaligen DDR, auch zu Milderungsgründen BVerwG, NVwZ-RR 96, 516: Bereits der Verstoß gegen die Verfassungstreuepflicht lege die Verhängung der Höchstmaßnahme nahe. S. ferner BVerwG, NVwZ 95, 171.

[43] Aus der Rechtsprechung der Oberverwaltungsgerichte zur Entlassung von Probebeamten s. namentlich BW VGH, ZBR 84, 313 (LS) – regelmäßiges Schlafen während des Dienstes bei einem Grenzaufsichtsbeamten –; BW VGH, RiA 88, 106 – unangemessene herabsetzende Auslassungen eines Lehrers gegenüber Schülern und Kollegen (Entlassungstatbestand verneint) –; BayVGH 24. 3. 1982 – 3 B 81 A.2684–, abgedr. bei Schütz, BR, ES/A II 5.1 Nr. 3 – außerdienstliche Trunkenheitsfahrt eines Polizeibeamten –; BayVGH 13. 5. 1982 – 3 B 81 A. 2260 –, abgedr. bei Schütz, BR, ES/A II 5.1 Nr. 2 – Verkehrsunfallflucht eines Polizeibeamten –; BayVGH 7. 5. 1986 – 3 B 85 A. 2083–, abgedr. bei Schütz, BR, ES/A II 5.1 Nr. 35 – außerdienstlicher Diebstahl eines Beamten –; RP OVG, NVwZ 85, 927 – leichtfertiges Schuldenmachen, Nichteinhaltung von Zahlungsterminen und Ignorieren von Mahnungen mit der Konsequenz von Vollstreckungsmaßnahmen der Gläubiger – (s. auch BVerwG, NVwZ-RR 96, 452). Die Disziplinarrechtsprechung des NW OVG zu Dienstvergehen im Zusammenhang mit Dienstwaffengebrauch ist in DVBl 91, 716 (717 f.) referiert.

[44] BW VGH, DÖD 79, 87.

[45] BVerwGE 26, 228.

Sind die tatbestandlichen und die verfahrensrechtlichen Voraussetzungen für eine Entlassung erst zu einem Zeitpunkt erfüllt, in dem bereits ein Umwandlungsanspruch des Beamten auf Probe entstanden war, so ist dieser besonderen Sach- und Rechtslage nicht im Wege einschränkender Interpretation auf der Tatbestandsseite des § 31 Abs. 1 Satz 1 Nr. 1 BBG (§ 23 Abs. 3 Nr. 1 BRRG), sondern im Rahmen der Ermessensausübung Rechnung zu tragen.[46]

b) Ermessensausübung

162   Ist ein Entlassungsgrund im Sinne des § 31 Abs. 1 Satz 1 Nr. 1 BBG (§ 23 Abs. 3 Nr. 1 BRRG) gegeben, so liegt in der Entlassung in der Regel kein fehlsamer Ermessensgebrauch;[47] die Entlassungsverfügung muß hier im allgemeinen zu den Ermessenserwägungen selbst keine näheren Ausführungen enthalten.[48]

163   Die gesetzlichen Grenzen des Ermessens (s. § 40 VwVfG) sind freilich überschritten, wenn die Entlassung trotz eines *Anspruchs* des Beamten *auf Umwandlung* seines Beamtenverhältnisses auf Probe in ein solches auf Lebenszeit verfügt wird, es sei denn, das Dienstvergehen ist so schwerwiegend, daß es nach der einschlägigen disziplinargerichtlichen Rechtsprechung oder den aus ihr erkennbaren Maßstäben und Tendenzen bei einem Beamten auf Lebenszeit eine Entfernung aus dem Dienst zur Folge hätte.[49] Der Rechtsanspruch des Beamten auf Probe, zum Beamten auf Lebenszeit ernannt zu werden, verbietet – abgesehen von dem genannten Ausnahmefall – die Ent-

---

[46] S. dazu RdNr 163 f.

[47] Vgl. BVerwGE 66, 19 (25) mit weiteren Nachweisen. Zum Sonderfall der Entlassung eines bereits 10 Jahre Dienst tuenden Polizeibeamten, der sich aus religiösen Gründen weigerte, Schußwaffen gegen Menschen einzusetzen und an Samstagen sowie an Feiertagen Dienst zu versehen, VG Sigmaringen, NVwZ 91, 199 (201); s. dazu auch RdNr 225.

[48] BVerwGE 66, 19 (25); 82, 356 (358 f.); BVerwG, ZBR 68, 346, ZBR 76, 52, DÖD 83, 19 und RiA 84, 40; BayVGH, NVwZ 89, 83. Entgegen Günther, ZBR 85, 321 (324) stellt der zweite Halbsatz im Text keine „Faustregel" dar, die „angesichts des kodifizierten allgemeinen Verwaltungsverfahrensrechts (zu) überdenken" wäre. Gemäß § 39 Abs. 2 Nr. 2 VwVfG bedarf es einer Begründung nicht, soweit demjenigen, der von einem Verwaltungsakt betroffen ist, „die Auffassung der Behörde über die Sach- und Rechtslage ... auch ohne schriftliche Begründung ... ohne weiteres erkennbar ist". Enthält die Entlassungsverfügung keine näheren Ausführungen zu den Ermessenserwägungen, so kann und muß der Beamte „ohne weiteres" davon ausgehen, daß die Behörde *keinen Ausnahmefall* als gegeben erachtet hat, in dem trotz eines Entlassungsgrundes im Sinne des § 31 Abs. 1 Satz 1 Nr. 1 BBG (§ 23 Abs. 3 Nr. 1 BRRG) von einer Entlassung hätte abgesehen werden können. Die Fürsorgepflicht wird – wiederum entgegen Günther (a.a.O.) – noch nicht dadurch berührt, daß ein „Irrtum" des entlassenen Beamten „denkbar" ist; s. dazu RdNr 370.

[49] BVerwGE 26, 228; 41, 75; OVG Lüneburg, ZBR 68, 112; GKÖD I, RdNr 15 zu § 9 BBG; Plog/Wiedow/Beck/Lemhöfer, BBG, § 9, RdNrn 19 ff.

lassung. Der Beamte auf Probe ist vielmehr trotz seines Dienstvergehens zum Beamten auf Lebenszeit zu ernennen; danach ist gegebenenfalls das förmliche Diszplinarverfahren einzuleiten. Ein *Umwandlungsanspruch* kommt in Betracht,

– wenn eine laufbahnrechtliche Vorschrift[50] oder die Verwaltungspraxis des Dienstherrn in Verbindung mit Art. 3 Abs. 1 GG die Ernennung des Beamten auf Probe zum Beamten auf Lebenszeit gebieten[51] oder

– § 9 Abs. 2 BBG (§ 6 Abs. 2 BRRG) eingreift.

Nach der vorbezeichneten Bestimmung ist das Beamtenverhältnis auf Probe grundsätzlich spätestens nach fünf Jahren in ein solches auf Lebenszeit umzuwandeln, falls der Beamte die beamtenrechtlichen Voraussetzungen hierfür erfüllt, insbesondere das 27. Lebensjahr vollendet hat (§ 9 Abs. 1 Nr. 2 BBG, § 6 Abs. 1 BRRG);[52] sonst ist die Entstehung des Umwandlungsanspruchs bis zum Eintritt des noch fehlenden Erfordernisses aufgeschoben.[53] *Rechtshemmend* wirken

– der Lauf einer (zusätzlichen) angemessenen Überprüfungs- und Überlegungsfrist, die der Ernennungsbehörde zuzubilligen ist, wenn Umstände, welche der Umwandlung möglicherweise entgegenstehen,[54] so spät in Erscheinung treten, daß sie nicht mehr vor dem Ende der regelmäßigen Frist geklärt oder gewürdigt werden können,[55] sowie

– die Durchführung des in § 126 Abs. 1 BDO zwingend vorgeschriebenen Untersuchungsverfahrens,[56] sofern es mit der gebotenen Beschleunigung aufgenommen und abgewickelt wird.[57]

Daß seit der Begehung des Dienstvergehens geraume Zeit verstrichen ist, **164** führt – für sich betrachtet – nicht zu einer Ermessensreduzierung, solange der Beamte auf Probe nicht begründeten Anlaß für die Annahme hat, der Dienstherr werde von einer Entlassung absehen.[58] Vornehmlich wenn dieser das Untersuchungsverfahren (§ 126 Abs. 1 BDO)[59] bis zum Abschluß eines Strafverfahrens aussetzt (s. § 17 BDO), welches wegen desselben Sachverhalts anhängig ist, kann eine erhebliche Verzögerung eintreten, ohne daß der Beamte daraus schließen darf, eine Entlassung würde nicht mehr erwogen. Auch daraus, daß die Entlassungsverfügung nicht mit einer Vollziehungsan-

---

[50] Vgl. dazu BW VGH, DÖD 79, 87.

[51] Insoweit meldet Günther, ZBR 85, 321 (326 f.) Zweifel an.

[52] S. dazu BayVGH, NVwZ 89, 83.

[53] BVerwGE 41, 75; NW OVG, ZBR 84, 17.

[54] Z.B. der Verdacht eines Dienstvergehens oder Zweifel an der Dienstfähigkeit; s. auch RdNrn 181 ff.

[55] Vgl. BVerwGE 19, 344; OVG Lüneburg, ZBR 62, 324; a. A. Battis, BBG, § 9, RdNr 9 und Ule, BR, RdNr 7 zu § 7 BRRG; wie hier: GKÖD I, RdNr 15 zu § 9 BBG und Schütz, BR, RdNr 3 zu § 9 NW LBG.

[56] Vgl. RdNr 166 ; s. dazu BayVGH, ZBR 86, 374 und NVwZ 89, 83.

[57] Vgl. auch BVerwGE 26, 228 (231 f.).

[58] BW VGH, DÖD 79, 87.

[59] S. dazu RdNr 166.

ordnung (§ 80 Abs. 2 Satz 1 Nr. 4 VwGO) verbunden ist, kann der Beamte zu seinen Gunsten nichts herleiten.

c) Terminliche Möglichkeiten der Entlassung

165 Die Entlassung wegen eines Dienstvergehens kann
- fristlos (§ 31 Abs. 4 BBG, § 23 Abs. 5 BRRG) mit Wirkung vom Tag der Bekanntgabe der Entlassungsverfügung,
- unter Einhaltung der in § 31 Abs. 3 BBG vorgesehenen Fristen oder
- unter Gewährung einer Auslauffrist

erfolgen. Auch im letzterwähnten Fall handelt es sich um eine – aus sozialen Gründen modifizierte – *fristlose* Entlassung.[60] Die Entlassungsverfügung muß dies unmißverständlich zum Ausdruck bringen, unter anderem damit der Beamte seine Rechtsverfolgung danach ausrichten kann.[61] So setzt die fristlose Entlassung etwa nur die Anhörung des Personalrates (§ 79 Abs. 3 BPersVG), die Entlassung unter Einhaltung einer Frist aber dessen Mitwirkung (§ 78 Abs. 1 Nr. 4 BPersVG) voraus. Entgegen der Auffassung des NW OVG[62] muß es dem Dienstherrn allerdings möglich sein, *Auslegungszweifel* des Beamten insoweit nachträglich – mit Wirkung ex nunc – zu beseitigen, indem er klarstellt, daß eine fristlose Entlassung (mit Auslauffrist) gewollt gewesen sei. Die Umdeutung einer rechtswidrigen fristlosen in eine fristgemäße Entlassung[63] scheidet solange aus, bis die andersartige Beteiligung des Personalrates – unter Umständen während des Widerspruchsverfahren[64] – bewirkt ist.[65]

d) Entlassungsverfahren

166 Werden Tatsachen bekannt, die den Verdacht rechtfertigen, daß der Beamte auf Probe ein *Dienstvergehen* begangen haben könnte, so ist der Dienstvorgesetzte gehalten, die zur Aufklärung des Sachverhalts erforderlichen Ermittlungen (Vorermittlungen) zu veranlassen (§ 26 Abs. 1 Satz 1

---

[60] NW OVG, RiA 81, 78. Vgl. aber auch BVerwG, DÖD 83, 19: Eine ausdrückliche Bezeichnung als „fristlose Entlassung" oder als „Entlassung ohne Einhaltung einer Frist" sei nicht erforderlich. Soweit das BVerwG der Ansicht sein sollte, daß der Beamte schon aus der Nichteinhaltung der in § 31 Abs. 3 BBG vorgesehenen Frist auf den Willen des Dienstherrn schließen müsse, ihn *fristlos* zu entlassen, überzeugt das nicht; die Frist könnte immerhin falsch berechnet worden sein. Ob man (allein) darauf abstellen kann, wie „kurz" oder „lang" die gewährte Frist ist (vgl. Günther, ZBR 85, 321 [328]), erscheint mehr als fraglich.

[61] S. Fußn 60.

[62] RiA 81, 78.

[63] Vgl. dazu BVerwG, RiA 84, 40; HVGH, ZBR 66, 176; ferner BW VGH, DVBl 77, 582.

[64] Vgl. BVerwGE 68, 189; BVerwG, NVwZ 93, 698: Eine ausdrückliche Zustimmungserklärung des Personalrates zur *fristlosen* Entlassung eines Beamten auf Probe umfasse auch die *fristgebundene* Entlassung.

[65] NW OVG, RiA 81, 78 a. E.; s. außerdem BW VGH, NVwZ 90, 789.

BDO). Ist deren Ergebnis, daß ein Verhalten in Betracht kommt, welches bei einem Beamten auf Lebenszeit zu einer im förmlichen Diszplinarverfahren zu verhängenden Maßnahme führen könnte, so muß ein Untersuchungsverfahren eingeleitet werden (§ 126 Abs. 1 BDO).[66] Auf Grund des zusammenfassenden Berichts des mit der Untersuchung beauftragten Beamten[67] entscheidet die Einleitungsbehörde (§ 35 BDO) in eigener Verantwortung, ob das Verfahren eingestellt oder durch Disziplinarverfügung[68] beendet oder ob die Entlassung ausgesprochen werden soll. Sie ist hierbei an die tatsächlichen Feststellungen eines rechtskräftigen Urteils gebunden, das im Straf- oder im Bußgeldverfahren ergangen ist (§ 18 Abs. 1 Satz 1 BDO).[69] Die Entlassung, die nicht auf Sachverhalte gestützt werden kann, welche die Ernennungsbehörde bei der Berufung des Beamten in das Beamtenverhältnis auf Probe gekannt hat oder hätte kennen müssen,[70] darf durch die dafür zuständige Behörde regelmäßig erst nach *Anhörung* des Beamten[71] erfolgen, gleichgültig, ob man dieses Gebot aus der Fürsorge- und Schutzpflicht des Dienstherrn (§ 79 BBG, § 48 BRRG) ableitet oder hierzu auf § 28 VwVfG abstellt.[72] Die Anhörung ist freilich mit einer den Mangel

---

[66] BVerwGE 43, 241; 82, 356 (359). S. nunmehr auch § 126 Abs. 3 BDO i. d. F. des Art. 11 Nr. 2a des Gesetzes zur Reform des öffentlichen Dienstrechts vom 24. 2. 1997, BGBl. I 322: „Wird in Vorermittlungen (§ 26) nicht zweifelsfrei der Verdacht ausgeräumt, daß der Beamte auf Probe schuldhaft gegen das Verbot der Annahme von Belohnungen und Geschenken (§ 70 des Bundesbeamtengesetzes) verstoßen oder fortgesetzt und vorwerfbar Minderleistungen unter Verstoß gegen § 54 Satz 1 des Bundesbeamtengesetzes erbracht hat, ist eine Untersuchung … durchzuführen; …" Bei der Anordnung der Untersuchung steht dem Personalrat weder nach § 78 Abs. 1 Nr. 3 noch nach § 78 Abs. 1 Nr. 4 BPersVG ein Mitwirkungsrecht zu; HVGH, ZBR 84, 257.

[67] Ein Schlußgehör wie im förmlichen Disziplinarverfahren (§ 63 Abs. 1 Satz 1 BDO) ist nicht erforderlich; BVerwGE 82, 356 (359): Da die Untersuchung hier nicht Teil eines disziplinarischen Verfahrens, sondern des Verwaltungsverfahrens zur Vorbereitung der Entlassung sei, komme den disziplinarrechtlichen Formvorschriften auch im übrigen nur eingeschränkte Relevanz zu.

[68] S. § 5 Abs. 3, §§ 29ff. BDO.

[69] BVerwG, ZBR 76, 52.

[70] BayVGH, BayVBl 55, 278; RP OVG, AS 5, 29. Gegenüber Günther, ZBR 85, 321 (326) ist folgendes klarzustellen: Wenn im Text von „Sachverhalten" die Rede ist, so bezieht sich dies nicht nur auf dienstliche Verfehlungen im *Widerrufs*beamtenverhältnis, sondern auch auf (andere) Tatsachen, die herangezogen werden könnten, um *Rückschlüsse* im Zusammenhang mit dienstlichen Verfehlungen des *Probe*beamten zu ziehen. Daß das Kennenmüssen der Kenntnis der zuständigen Ernennungsbehörde gleichzuerachten ist, ergibt sich aus dem – auch bei Günther (a. a. O.) anklingenden – Gebot einer *ausgewogenen* Abgrenzung der Zurechnungsbereiche.

[71] Bei einem Dienstgespräch aus diesem Anlaß darf sich der Beamte auf Probe anwaltlichen Beistandes bedienen; BrOVG, ZBR 76, 18.

[72] S. dazu RdNr 368. Daß der Probebeamte während des Untersuchungsverfahrens Gelegenheit gehabt hat, sich zum Vorwurf eines Dienstvergehens zu äußern, macht seine Anhörung nach Eröffnung der Entlassungsabsicht des Dienstherrn allein noch nicht überflüssig.

ihres Unterbleibens heilenden Wirkung noch bis zum Abschluß eines verwaltungsgerichtlichen Verfahrens nachholbar (arg. § 45 Abs. 1 Nr. 3 und Abs. 2 VwVfG).[73]

167   Nach § 79 Abs. 3 BPersVG ist der *Personalrat* – unabhängig von einem darauf gerichteten Antrag des Beamten – vor fristlosen Entlassungen während der Probezeit anzuhören. Eine Nachholung der Anhörung mit heilender Wirkung (s. § 45 Abs. 1 Nr. 3 VwVfG) kann insofern nicht erfolgen, weil sie mit dem Zweck dieser spezifischen Beteiligungsform nicht vereinbar wäre.[74] § 79 Abs. 3 BPersVG will nämlich – über die bloße Unterrichtung des Personalrates hinaus[75] – sicherstellen, daß die Personalvertretung etwaige Bedenken äußern kann, *bevor* sich der Dienstherr eine abschließende Meinung bildet; Einwände des Personalrates sollen *vor* dem Ausspruch der Entlassung berücksichtigt werden.[76] Ist die Anhörung unterblieben, so kann die Entlassung nur – nach ordnungsgemäßer Anhörung des Personalrates und *neuer* Entschließung des Dienstherrn – neu verfügt werden.[77] Die fristlose Entlassung eines Beamten auf Probe wegen eines Dienstvergehens ist nicht deshalb rechtswidrig, weil ihr statt des vorgeschriebenen Anhörungsverfahrens ein ordnungsgemäß abgewickeltes Mitbestimmungsverfahren vorausgegangen ist. Unterwirft sich die Dienststelle nämlich einer stärkeren Einwirkung der Personalvertretung auf die geplante Entscheidung, als sie dies an sich müßte, so benachteiligt ihr Vorgehen weder die Personalvertretung noch den Beamten selbst.[78]

168   Wenn ein *schwerbehinderter Beamter* auf Probe entlassen werden soll, so sind vorher die Schwerbehindertenvertretung der Dienststelle, die den Beamten beschäftigt, sowie die Hauptfürsorgestelle[79] zu hören (§ 25 Abs. 2 Satz 1, § 50 Abs. 2 Satz 1 SchwbG).[80] Die Anhörung der Hauptfürsorgestelle ist im Widerspruchsverfahren nicht nachholbar,[81] es sei denn, die Beteiligungserfordernisse aktualisieren sich erst in diesem Stadium; ist die Anhörung der Schwerbehindertenvertretung versäumt worden, so ist die Durchführung (Vollziehung) der Entlassung auszusetzen; die Beteiligung ist

---

[73] Vgl. dazu Kunig, ZBR 86, 253 (257 ff.).

[74] BVerwGE 66, 291; BVerwG, DVBl 85, 1236; NW OVG, RiA 82, 160.

[75] Eine irreführende oder auf Täuschung beruhende Unterrichtung durch die Dienststelle führt zur Anfechtbarkeit der getroffenen Maßnahme. Wenn der „in kurzer und knapper Form" zutreffend ins Bild gesetzte Personalrat hingegen lediglich weitere Informationen für notwendig hält, so muß er diese fordern. Die Entlassung eines Beamten auf Probe ist nicht wegen Verletzung eines vom Personalrat nicht geltend gemachten Informationsanspruchs rechtswidrig; BVerwGE 82, 356 (362 f.).

[76] Vgl. BAGE 31, 343.

[77] So mit Recht Plog/Wiedow/Beck/Lemhöfer, BBG, § 31, RdNr 19 a a. E.

[78] BVerwGE 82, 356 (361); NW OVG, DÖD 88, 269.

[79] Zur Bemessung der Zeit, die der Hauptfürsorgestelle für die Abgabe einer Stellungnahme zuzugestehen ist, s. NW OVG, ZBR 95, 82.

[80] Dazu NW OVG, ZBR 92, 216.

[81] Vgl. BVerwGE 34, 133 (138 f.); BVerwG, ZBR 82, 116 mit weiteren Nachweisen.

innerhalb von sieben Tagen nachzuholen und sodann „endgültig zu entscheiden" (§ 25 Abs. 2 Satz 2 SchwbG). Obwohl der Beamte die Schwerbehinderteneigenschaft kraft Gesetzes erlangt, sobald die Voraussetzungen des
§ 1 SchwbG erfüllt sind,[82] finden § 25 Abs. 2, § 50 Abs. 2 SchwbG – von
Fällen offenkundiger Schwerbehinderung abgesehen[83] – nur Anwendung,
falls der Beamte spätestens im Zeitpunkt des Erlasses des Widerspruchsbescheides entweder als Schwerbehinderter anerkannt ist oder die in § 4
SchwbG vorgesehene Feststellung wenigstens beantragt hat[84, 85] und falls der
Dienstherr in dem einen wie dem anderen Fall hiervon weiß; ob der Sachverhalt dem Dienstherrn durch den Beamten oder auf sonstige Weise zur
Kenntnis gelangt ist, erscheint gleichgültig.[86]

Schon während der Vorermittlungen kann der Beamte, wenn die je- **169**
weiligen Tatbestandsvoraussetzungen erfüllt sind, abgeordnet (§ 27 BBG,
§ 17 BRRG),[87] umgesetzt[88] oder zwangsbeurlaubt (§ 60 BBG, § 41 BRRG)
werden. Sobald die Untersuchung angeordnet ist, kann die Einleitungsbehörde auch die vorläufige Dienstenthebung und die Einbehaltung von bis
zu 50 v. H. der Dienstbezüge verfügen (§ 126 Abs. 1 Satz 3 iVm §§ 91, 92
BDO). Mit der vorläufigen Dienstenthebung wird ein Verbot der Führung
der Dienstgeschäfte gegenstandslos.[89]

2. Entlassung wegen mangelnder Bewährung

a) Tatbestandliche Voraussetzungen

Der Klammerzusatz in § 31 Abs. 1 Satz 1 Nr. 2 BBG verdeutlicht, daß **170**
sich der Bewährungsmangel auf die Eignung, die Befähigung oder die fachliche Leistung – jeweils einzeln oder auch kumulativ[90] – beziehen kann. § 1
BLV enthält Inhaltsbestimmungen dieser Begriffe, an die angeknüpft
werden kann.[91] Dies gilt zunächst für die *fachliche Leistung*, die gleichbe-

---

[82] BVerwGE 13, 195 (200).

[83] NW OVG, DÖD 79, 208 führt als Beispielsfälle Erblindung, Querschnittsläh-
mung und Verlust wichtiger Gliedmaßen an. Nach BVerwG, ZBR 82, 116 begründet
die Offenkundigkeit der Schwerbehinderung jedenfalls dann keinen Entlassungsschutz gemäß § 25 Abs. 2, § 50 Abs. 2 SchwbG, wenn der Beamte oder sein Pfleger
durch ihr Gesamtverhalten während des rechtlich relevanten Stadiums deutlich machen,
daß ein solcher nicht in Anspruch genommen werden soll.

[84] NW OVG, DÖD 79, 208.

[85] BVerwG, ZBR 82, 116 läßt unentschieden, ob die Antragstellung ausreicht.

[86] NW OVG, DÖD 79, 208 verlangt hingegen, daß der *Beamte* seinen Dienstherrn
über seine Zugehörigkeit zum Kreis der Schwerbehinderten unterrichtet.

[87] S. RdNrn 123 ff.

[88] S. RdNrn 141 ff.

[89] Plog/Wiedow/Beck/Lemhöfer, BBG, § 60, RdNr 12; s. auch BayVGH 27. 11.
1986 – 3 CS 86.02908 –, abgedr. bei Schütz, BR, ES/B I 2.2 Nr. 3.

[90] BVerwG, Buchholz 232 § 31 BBG Nr. 3.

[91] S. auch Verf., Dienstliche Beurteilung, RdNrn 81 ff.

deutend mit den Arbeitsergebnissen ist; Bewertungsmaßstab sind die dienstlichen Anforderungen (Abs. 4 a.a.O.). Die *Befähigung* umfaßt „die für die dienstliche Verwendung wesentlichen Fähigkeiten, Kenntnisse, Fertigkeiten und sonstigen Eigenschaften des Beamten" (Abs. 3 a.a.O.). Wie sich die *Eignung* von der Befähigung unterscheidet, läßt sich nur zum Teil aus § 1 Abs. 2 BLV entnehmen: Wenn es dort in Satz 1 heißt, die Eignung umfasse „die allgemeinen beamtenrechtlichen Voraussetzungen (für Einstellung, Anstellung, Übertragung von Dienstposten, Beförderung und Aufstieg) ... und die zur Erfüllung der Aufgaben erforderliche Befähigung", so gelangt ein wesentlicher Aspekt der Abgrenzung von Befähigung und Eignung nicht zum Ausdruck. Gegenstand des Eignungsurteils kann lediglich die *Prognose* darüber sein, ob und wie der Beamte auf Probe die Dienstaufgaben seiner Laufbahn[92] in Würdigung seiner bisherigen fachlichen Leistung und der Eigenschaften, die seine gegenwärtige Befähigung ausmachen, in Zukunft voraussichtlich erfüllen wird.[93, 94] Soweit Rechtsprechung und Literatur die „charakterliche Eignung",[95] die „allgemeine geistige Eignung"[96] und die „gesundheitliche Eignung"[96] als Spezifika der „Eignung" anführen, begegnet dies insofern durchgreifenden Bedenken, als der Eindruck erweckt wird, es drehe sich bei diesen Faktoren *nur* um Eignungsmerkmale. Die zitierten Merkmale betreffen aber in Wahrheit Eigenschaften, die sich ebenso zwanglos dem Begriff der „Befähigung" zuordnen lassen wie etwa Beharrlichkeit, geistige Beweglichkeit und Belastbarkeit. Ein sachlicher Grund dafür, einige – und zudem gerade die genannten – Eigenschaften gänzlich aus dem Befähigungsprofil auszuklammern und *nur* als Eignungsfaktoren zu betrachten, ist nicht ersichtlich.

171   Mit Rücksicht auf § 31 Abs. 1 Satz 1 Nr. 1 BBG (§ 23 Abs. 3 Nr. 1 BRRG) stellt sich die Frage, ob § 31 Abs. 1 Satz 1 Nr. 2 BBG (§ 23 Abs. 3 Nr. 2 BRRG) auch auf Mängel der – unverzichtbaren[97] – *charakterlichen*

---

[92] Befähigungs- wie Eignungsurteil sind *laufbahnbezogen*: Der Probebeamte muß erwarten lassen, daß er auch höherwertige – Beförderungsämtern zuzuordnende – Dienstaufgaben seiner Laufbahn später mindestens vertretungsweise ausreichend erfüllen kann; BVerwG, ZBR 89, 193; BW VGH, ESVGH 33, 78 (LS). Der Dienstherr darf indessen das allgemeine Leistungsniveau nicht *nachträglich* so heben, daß es nur noch von Beamten „über Durchschnitt" nicht auch von solchen erreicht wird, die nur „Durchschnitt" sind, so daß letztere als „nicht bewährt" anzusehen wären; OVG Lüneburg, ZBR 90, 128 (s. auch Verf., NWVBl 89, 329 [334 Anm. 68]).
[93] Zur Verfassungstreuepflicht als Bestandteil der „Bewährung" s. BVerwGE 51, 200 (201); 52, 267 (270); RP OVG, DÖD 88, 35.
[94] Zu Lasten des Beamten geht es, wenn er die gebotene Mitwirkung an notwendigen Feststellungen des Dienstherrn verweigert, z.B. als Lehrer sich einer Hospitation seines Unterrichts widersetzt (BVerwG, Buchholz 237.7 § 34 NW LBG Nr. 3), oder wenn er sich einer erforderlichen ärztlichen Untersuchung versagt.
[95] BVerwGE 15, 3; vgl. auch HVGH, ZBR 69, 174.
[96] GKÖD I, RdNr 15 zu § 8 BBG; Schütz, BR, RdNrn 4, 7 zu § 7 NW LBG.
[97] BVerwG, Buchholz 232 § 31 BBG Nr. 13; Plog/Wiedow/Beck/Lemhöfer, BBG, § 8, RdNr 11. S. auch HVGH, NVwZ 85, 929 (Fall eines Probebeamten, der wegen

Befähigung und Eignung anwendbar ist, die *allein* aus einem *Dienstvergehen* des Beamten auf Probe hergeleitet werden. Die in § 31 Abs. 1 Satz 1 Nrn. 1 und 2 BBG (§ 23 Abs. 3 Nrn. 1 und 2 BRRG) enthaltenen Entlassungsgründe schließen einander nicht aus; sie bestehen vielmehr selbständig nebeneinander. Erfüllt ein und dasselbe Verhalten beide Tatbestände, so hat der Dienstherr zu entscheiden, worauf er die Entlassung stützen will.[98] Er wird hierbei in seine Erwägungen einbeziehen, daß die Entlassung nach § 31 Abs. 1 Satz 1 Nr. 1 BBG (§ 23 Abs. 3 Nr. 1 BRRG)

- eine schuldhaft begangene Dienstpflichtverletzung (§ 77 Abs. 1 BBG, § 45 Abs. 1 BRRG) erfordert und
- ein Untersuchungsverfahren (§ 126 BDO) voraussetzt, aber
- fristlos (§ 31 Abs. 4 BBG, § 23 Abs. 5 BRRG) und
- nach bloßer Anhörung des Personalrates (§ 79 Abs. 3 BPersVG)[99] erfolgen kann,

wohingegen die Entlassung wegen mangelnder Bewährung

- auch bei unverschuldeten charakterlichen Mängeln in Betracht kommt[100] und
- kein Untersuchungsverfahren verlangt, jedoch
- nur unter Einhaltung einer Frist (§ 31 Abs. 3 BBG, § 23 Abs. 5 BRRG) und
- nur unter Mitwirkung des Personalrates (§ 78 Abs. 1 Nr. 4 BPersVG) möglich ist.[101]

Entscheidet sich der Dienstherr für die Variante einer Entlassung wegen Dienstvergehens, so ist damit die Ruhegehaltfähigkeit der im Probebeamtenverhältnis abgeleisteten Dienstzeit ein für allemal – d.h. bei späterer Eingehung eines neuen Beamtenverhältnisses – ausgeschlossen (§ 6 Abs. 2 Satz 1 Nr. 2 BeamtVG); der entlassene Beamte erhält dann auch kein Übergangsgeld (§ 47 Abs. 3 Nr. 1 BeamtVG).

Ein Verhalten des Beamten, mit dem er seine Dienstpflichten verletzt, **172** muß einerseits nicht ohne weiteres einen Mangel seiner charakterlichen

---

ungeordneter finanzieller Verhältnisse als für den Justizvollzugsdienst ungeeignet angesehen worden ist).

[98] BVerwGE 21, 50; 61, 200; 62, 280; BVerwG, RiA 84, 40 (zur Problematik des Nachschiebens von Gründen für mangelnde Bewährung bei einer zunächst nur auf ein Dienstvergehen gestützten Entlassung); BayVGH, ZBR 75, 282; BW VGH, DÖD 79, 80; NW OVG, ZBR 73, 206; RP OVG, RiA 59, 330; einschränkend Schütz, BR, RdNr 9 zu § 34 NW LBG mit weiteren Nachweisen.

[99] Eine ausdrückliche Zustimmungserklärung des Personalrates zur fristlosen Entlassung eines Beamten auf Probe umfaßt auch die fristgebundene Entlassung; BVerwG, NVwZ 93, 698.

[100] BVerwGE 11, 139 (141); 21, 50 (57); BVerwG 25. 6. 1980 – 2 B 32.79 –, zit. nach Becker, RiA 81, 147 (148); NW OVG, RiA 92, 210 (211).

[101] Anders als die Anhörung kann die Mitwirkung während des Widerspruchsverfahrens (nunmehr wohl auch während eines Klageverfahrens) nachgeholt werden; BVerwG 24. 9. 1992 – 2 C 6.92 –. S. auch Fußn. 99.

Befähigung und Eignung begründen, der eine Entlassung zu rechtfertigen vermag; eine Entlassung kann jedoch andererseits unter Umständen auch dann angeraten sein, wenn es sich um ein Dienstvergehen handelt, welches bei einem Beamten auf Lebenszeit keine im förmlichen Disziplinarverfahren zu verhängende Disziplinarmaßnahme zur Folge hätte. Den Ausschlag gibt, ob die Verfehlung „für sich allein Ausdruck einer charakterlichen Schwäche" ist, „die eine Eignung für die Ernennung zum Beamten auf Lebenszeit ausschließt".[102] Eine Feststellung solchen Inhalts wird sich vornehmlich bei *Straftaten* des Beamten treffen lassen, falls diese – auch in Würdigung seines dienstlichen Aufgabenfeldes[103] – schwerwiegende Verstöße gegen die Rechtsordnung bedeuten und falls eine Wiederholung gleichartiger oder ähnlicher Vorfälle nicht zweifelsfrei ausscheidet.[104]

173   Eine weitere Abgrenzungsschwierigkeit ist darin begründet, daß § 31 Abs. 1 Satz 1 Nr. 3 BBG die Dienstunfähigkeit – vorbehaltlich einer sinngemäßen Anwendung des § 42 Abs. 3 BBG (§ 31 Abs. 1 Satz 2 BBG) – als eigenständigen Entlassungstatbestand aufführt. Angesichts dessen könnte fraglich sein, ob begründete *Zweifel* an der psychischen oder physischen Befähigung und Eignung des Beamten auf Probe, die bei isolierter Betrachtung für eine – gleichfalls unter den Vorbehalt einer entsprechenden Anwendung des § 42 Abs. 3 BBG (§ 26 Abs. 3 BRRG) gestellte – Entlassung nach § 31 Abs. 1 Satz1 Nr. 2 BBG (§ 23 Abs. 3 Nr. 2 BRRG) ausreichend wären,[105] nicht aus Subsidiaritätserwägungen solange rechtlich unbeachtlich bleiben müssen, bis sie sich zur *Feststellung* der Dienstunfähigkeit verdichtet haben.[106] Eine dahingehende Auffassung verkennt aber, daß Nrn. 2 und 3 des § 31 Abs. 1 Satz 1 BBG einander zwar überschneiden, daß der Tatbestand der Nr. 3 a. a. O. jedoch keine die Nr. 2 a. a. O. verdrängende Funktion hat.[107] Dies zeigt sich unter anderem daran, daß § 23 Abs. 3 BRRG die Dienstunfähigkeit als spezifischen Entlassungsgrund für Beamte auf Probe[108] nicht erwähnt. Immerhin kann man § 31 Abs. 1 Satz 1 Nr. 3 BBG eine Ausstrahlungswirkung auf die Auslegung und die verwaltungspraktische Handhabung des § 31 Abs. 1 Satz 1 Nr. 2 BBG (§ 23 Abs. 3 Nr. 2 BRRG) dergestalt zuerkennen, daß an die Substanz der in gesundheitlicher Hinsicht bestehenden Befähigungs- und Eignungszweifel nicht zu geringe Anforde-

---

[102] BVerwG, Buchholz 232 § 31 BBG Nr. 13.
[103] Vgl. dazu BW VGH, DÖD 79, 80.
[104] BVerwGE 21, 50; BVerwG, Buchholz 232 § 31 BBG Nr. 17.
[105] BVerwG, Buchholz 232 § 31 BBG Nr. 17 und Buchholz 237.0 § 38 BW LBG Nr. 1.
[106] In diesem Sinne aber Schütz, BR, RdNr 9 zu § 34 NW LBG mit weiteren Nachweisen.
[107] Ebenso BVerwGE 19, 344; 21, 50; BVerwG, DÖD 70, 194; BrOVG, ZBR 75, 222; NW OVG, RiA 92, 210 unter Hinweis auf BVerwG 17. 10. 1989 – 2 B 133.89 –.
[108] S. aber § 23 Abs. 1 Nr. 2 BRRG.

rungen gestellt werden dürfen.[109] Soweit nicht der gesetzliche (Regel-)Vorrang einer gesundheitlich möglichen anderweitigen Verwendung (§ 31 Abs. 1 Satz 2 BBG) im Einzelfall wirksam wird,[110] ist die Entlassung eines Beamten auf Probe rechtlich nicht zu beanstanden, wenn sich während der Probezeit in gesundheitlicher Beziehung Umstände zeigen, die ihn nach ihrer Beschaffenheit für eine Übernahme in das Beamtenverhältnis auf Lebenszeit untauglich erscheinen lassen.[111] § 31 Abs. 1 Satz 1 Nr. 3 BBG verdrängt § 31 Abs. 1 Satz 1 Nr. 2 BBG freilich dann,

– wenn die Dienstunfähigkeit des (anderweit nicht verwendbaren) Probebeamten feststeht[112] und

– wenn sie Folge einer Dienstbeschädigung ist (vgl. § 46 Abs. 1 BBG, § 27 Abs. 1 BRRG).[113]

Obwohl der Gesetzestext dies – im Gegensatz zu § 23 Abs. 3 Nr. 2 **174** BRRG – nicht ausspricht, gilt auch für § 31 Abs. 1 Satz 1 Nr. 2 BBG, daß der Beamte nur entlassen werden kann, wenn er sich in der (individuellen laufbahnrechtlichen) *Probezeit* nicht bewährt hat.[114] Deshalb dürfen in die Wertung zu Lasten des Beamten grundsätzlich Sachverhalte nicht einbezogen werden, die vor Beginn der Probezeit abgeschlossen und dem Dienstherrn bei der Einstellung bekannt waren oder die er hätte kennen müssen.[115] Gleiches trifft für Mängel zu, die erst nach Ablauf der (indivi-

---

[109] Ebenso HVGH, NVwZ 90, 387. S. auch BVerwG, NJW 93, 2546: Die Bewährung in gesundheitlicher Hinsicht könne „schon dann nicht festgestellt werden, wenn die Möglichkeit künftiger Erkrankungen oder des Eintritts dauernder Dienstunfähigkeit vor Erreichen der Altersgrenze nicht mit einem hohen Grad an Wahrscheinlichkeit ausgeschlossen werden kann". Eine Kritik an dieser Formel könnte daran anknüpfen, daß sich selbst bei einem Probebeamten, der während der Probezeit nie erkrankt ist, „die *Möglichkeit* künftiger Erkrankungen" nie „mit einem hohen Grad an Wahrscheinlichkeit" wird ausschließen lassen, zumal wenn man die Prognose für einen Zeitraum von mehreren Jahrzehnten stellt.

[110] S. RdNr 176.

[111] BVerwG, ZBR 63, 215, Buchholz 237.7 § 7 NW LBG Nr. 1 und Buchholz 237.7 § 46 NW LBG Nr. 1. Vgl. auch BVerwG, NJW 93, 2546 (2547) und RP OVG, NVwZ 85, 926: Entlasse der Dienstherr den Probebeamten nicht spätestens am Ende der laufbahnrechtlichen Probezeit wegen mangelnder Bewährung (wozu auch diejenige in *gesundheitlicher* Hinsicht gehöre), so könne er aus diesem Grund die Übernahme in das Beamtenverhältnis auf Lebenszeit nach Ablauf der Probestatusdienstzeit nicht mehr verwehren; (nur) eine Entlassung wegen (festgestellter) Dienstunfähigkeit bleibe möglich (s. dazu RdNrn 181 ff.).

[112] Vgl. dazu BVerwG, DÖD 70, 194.

[113] Vgl. Günther, ZBR 85, 321 (329 f.).

[114] BW VGH, DÖD 82, 61; vgl. auch BVerwG, DÖV 74, 853: Zulässigkeit einer Entlassung wegen mangelnder Bewährung nach Ablauf der Frist des § 9 Abs. 2 BBG (§ 6 Abs. 2 BRRG), sofern die Entlassungsabsicht vor Fristablauf mitgeteilt und die Anhörung des Beamten eingeleitet worden war; s. ferner BVerwGE 19, 344 sowie OVG Lüneburg, ZBR 66, 212.

[115] BVerwGE 19, 344; 61, 200; BayVGH, DVBl 50, 652 und BayVBl 55, 278; RP OVG, AS 5, 29. Vgl. aber auch die einen Widerrufsbeamten betreffende Entscheidung BVerwGE 62, 267.

duellen laufbahnrechtlichen) Probezeit aufgetreten sind.[116] Nach Ablauf der Probezeit gewonnene Erkenntnisse über den *aktuellen* Gesundheitszustand des Beamten vermögen dessen Bewährung nicht mehr in Frage zu stellen.[117]

b) Ermessensausübung

175 Folgende Stadien sind zu unterscheiden:
- Ergeben sich bereits während der regelmäßigen Probezeit aus dem Verhalten oder den Leistungen des Beamten Zweifel an seiner Befähigung oder seiner Eignung, so ist der Dienstherr vor die Frage gestellt, ob die Probezeit ausgeschöpft oder ob der Beamte schon vor ihrem Ablauf entlassen (oder bei gesundheitlichen Mängeln: unter Umständen anderweit verwendet) werden soll. Handelt es sich um Mängel, die als solche feststehen und denen der Beamte – gegebenenfalls trotz Abmahnung[118] – nicht abzuhelfen vermag, so ist die Entlassung (bzw. die anderweitige Verwendung) auch und gerade aus Gründen der Fürsorge nicht hinauszuschieben.[119] Nur so werden Verzögerungen bei der notwendigen Umstellung des Beamten auf einen anderen Beruf (bzw. ein anderes Amt) vermieden.
- Kann die Bewährung (oder auch die Nichtbewährung) bis zum Ablauf der regelmäßigen Probezeit noch nicht festgestellt werden, so liegt es im Ermessen des Dienstherrn, die Probezeit um höchstens zwei Jahre zu verlängern (§ 7 Abs. 3 Satz 2 Hs. 1 BLV).[120] Ein rechtlicher Zwang dazu

---

[116] BVerwGE 26, 228; OVG Lüneburg, ZBR 66, 212; vgl. auch Oppenheimer, ZBR 71, 189 (191 f.). Eine nur scheinbare Ausnahme macht die Rechtsprechung, soweit sie es als zulässig erachtet, daß ein Verhalten des Beamten *nach* dem Ende der Probezeit berücksichtigt wird, um „Rückschlüsse auf einen schon *in* der Probezeit gegebenen Sachverhalt" zu stützen (vgl. BVerwGE 61, 200; 62, 267; BVerwG, RiA 84, 40). S. ferner BVerwG, NJW 93, 2546 (2547).

[117] BW VGH, NVwZ-RR 96, 454; s. aber auch Fußn 139.

[118] Vgl. dazu Günther, ZBR 85, 321 (330). Da es sich so gut wie nie wird nachzeichnen lassen, wie die Probezeit des Beamten bei einer (rechtswidrig unterbliebenen) Abmahnung verlaufen wäre, dürfte die Frage nach der Rechtsfolge einer solchen *fehlenden* Abmahnung gewöhnlich ins Leere gehen. Eine Bewährungs*fiktion* erscheint jedenfalls nicht vertretbar.

[119] BVerwGE 11, 139; 19, 344; BVerwG, NJW 93, 2546 mit weiteren Nachweisen; BayVGH, BayVBl 67, 138; RP OVG, NVwZ 89, 82.

[120] Die Verlängerung der Probezeit erfordert eine bestimmte und eindeutige Erklärung der zuständigen Behörde, durch die insbesondere die zeitliche Dauer festgelegt wird; BW VGH, DÖD 82, 61 (62 f.) unter Bezugnahme auf OVG Lüneburg, ZBR 66, 212. Vgl. auch HVGH, DÖD 85, 43: Eine erst nach Ablauf der regelmäßigen Probezeit (und einer Bedenkzeit des Dienstherrn) ergangene und deshalb verspätete, aber bestandskräftig gewordene Verlängerungsverfügung hat unter anderem zur Folge, daß der Beamte (noch) wegen mangelnder Bewährung entlassen werden kann. Zur Bedenkzeit des Dienstherrn vgl. HVGH, a.a.O. sowie NVwZ 85, 929.

besteht nicht.[121] Ebensowenig ist das Ermessen des Dienstherrn dahin gebunden, während der Probezeitverlängerung keine Entlassung auszusprechen (bzw. keine anderweitige Verwendung anzuordnen).[122]

Das gesetzlich eingeräumte Ermessen kommt nur zum Tragen, solange **176**
sich nicht ausschließen läßt, daß ein Bewährungsmangel während der
Höchstdauer der Probezeit (§ 7 Abs. 3 Satz 2 Hs. 2 BLV) noch behebbar ist.
Abgesehen von gesundheitlichen Mängeln *muß* andernfalls die Entlassung
ausgesprochen werden,[123] weil die Fortsetzung des Beamtenverhältnisses
auf Probe mit dessen Bewährungszweck (§ 7 Abs. 1 Satz 1 BLV) nicht vereinbar wäre. § 7 Abs. 8 Satz 1 BLV bestimmt deshalb: „Beamte, die sich
nicht bewährt haben, werden entlassen."[124] Die Entlassung muß grundsätzlich spätestens zum Ende der möglichen Höchstdauer der laufbahnrechtlichen Probezeit erfolgen, wenn der Dienstherr (nach wie vor) berechtigte
Zweifel hat, ob die Übernahme des Beamten in das Beamtenverhältnis auf
Lebenszeit in Würdigung seines Persönlichkeits- und Leistungsbildes gegenüber der Allgemeinheit zu verantworten ist.[125, 126] Durch § 7 Abs. 8
Satz 2 BLV ist dem Dienstherrn die Möglichkeit eröffnet, den Beamten, statt
ihn zu entlassen, mit seiner Zustimmung in die nächstniedrigere Laufbahn
derselben Fachrichtung zu übernehmen, wenn er hierfür geeignet ist und ein
dienstliches Interesse vorliegt.

In Fällen mangelnder gesundheitlicher Eignung ist § 42 Abs. 3 BBG sinn- **177**
gemäß anzuwenden. Dies bedeutet, daß von der Entlassung des Probebe-

---

[121] Der Dienstherr muß aber nach Ablauf der regelmäßigen Probezeit darüber befinden, ob er einen Beamten, der sich bis dahin nicht bewährt hat, entläßt oder ob er
die Probezeit verlängert (s. auch BVerwG, RiA 89, 261 betr. eine Verlängerung der
Probezeit nach definitiver Feststellung mangelnder Bewährung in Gestalt einer entsprechenden dienstlichen Beurteilung). Unterläßt er eine solche Entscheidung innerhalb angemessener Frist, so kann der Beamte in der Regel (d. h.: sofern nicht besondere Umstände entgegenstehen) darauf vertrauen, daß der Dienstherr seine (des Beamten) Bewährung festgestellt habe; eine Entlassung gemäß § 31 Abs. 1 Satz 1 Nr. 2
BBG (§ 23 Abs. 3 Nr. 2 BRRG) scheidet dann aus. Vgl. BVerwGE 92, 147; BW VGH,
DÖD 82, 61 (63 f.) und NVwZ-RR 96, 454; OVG Lüneburg, ZBR 66, 212. S. weiterhin RP OVG, NVwZ 88, 862: Weiß der Probebeamte auf Grund förmlicher Mitteilung sicher, daß er wegen mangelnder Bewährung in der Probezeit entlassen
werden wird, so ist es unschädlich, wenn die Entlassungsverfügung erst längere Zeit
nach Ablauf der laufbahnrechtlichen Probezeit ergeht.
[122] BVerwG 15. 1. 1980 – 2 CB 14.79 –, zit. nach Becker, RiA 81, 147 (148
Anm. 104).
[123] S. auch BVerwG, NVwZ 91, 170 (172).
[124] S. auch RP OVG, NVwZ 89, 82.
[125] Vgl. BVerwG, Buchholz 237.7 § 34 NW LBG Nr. 3: Es geht zu Lasten eines
Lehrers im Probebeamtenverhältnis, wenn er sich einer Hospitation seines Unterrichts entzieht. S. ferner BW VGH, DÖD 96, 206 für den Fall ungewöhnlich hoher
krankheitsbedingter Ausfallzeiten, so daß auch nach höchstzulässiger Verlängerung
der Probezeit kein zulängliches Erkenntnisfundament vorhanden ist.
[126] Zur Berücksichtigung von Leistungssteigerungen des Beamten während des
Widerspruchsverfahrens s. RdNr 184.

amten abgesehen werden soll, wenn er (ausnahmsweise) in eine gleichwertige andere Laufbahn oder einen anderen Verwendungsbereich im Sinne
eines anderen abstrakt-funktionellen Amtes seiner Laufbahn mit insgesamt
geringeren oder andersartigen (für ihn erfüllbaren) gesundheitlichen Anforderungen wechseln kann.[127]

c) Entlassungsfristen

178   Während der Beamte auf Probe im Fall des § 31 Abs. 1 Satz 1 Nr. 1 BBG
(§ 23 Abs. 3 Nr. 1 BRRG) fristlos entlassen werden kann, sind bei der Entlassung wegen mangelnder Bewährung Fristen einzuhalten, deren Dauer
sich nach der Beschäftigungszeit richtet (s. im einzelnen § 31 Abs. 3 BBG; s.
auch § 23 Abs. 5 BRRG).

d) Entlassungsverfahren

179   Hinsichtlich der Anhörung des Beamten[128] und einer etwaigen Anhörung
der Schwerbehindertenvertretung und der Hauptfürsorgestelle kann auf
RdNrn 166, 168 verwiesen werden. Die Rechtmäßigkeit der Entlassung
hängt nicht davon ab, ob dem Beamten *dienstliche Beurteilungen*[129] ordnungsgemäß eröffnet worden sind (s. § 40 Abs. 1 Satz 2 BLV); es genügt insoweit, daß ihm grundsätzlich vor Ergehen der Entlassungsverfügung die
Möglichkeit eingeräumt wird, sich zu den tatsächlichen Feststellungen zu
äußern, die aus einer dienstlichen Beurteilung übernommen werden sollen,
um die Entlassung zu stützen.[130]

180   Auf Antrag des Beamten hat der *Personalrat* bei der Entlassung mitzuwirken;[131] der Beamte ist von der beabsichtigten Entlassung rechtzeitig vor-

---

[127] S. GKÖD I, RdNr 47 zu § 31 BBG; Plog/Wiedow/Beck/Lemhöfer, BBG, § 31,
RdNr 10 c. Vgl. aber auch Summer, ZBR 93, 17 (20 ff.). Schließlich Fußn. 138.

[128] Gegenstand der Anhörung ist der Sachverhalt, auf den die Entlassung gestützt
werden soll, nicht die Entlassungsverfügung als solche; BVerwG, NVwZ 91, 170.
Zum Umfang der Anhörung, wenn ein Beamter auf Probe wegen mangelnder gesundheitlicher Eignung auf der Grundlage ihm nicht bekannter ärztlicher Gutachten und
Stellungnahmen entlassen werden soll, s. NW OVG, RiA 86, 256.

[129] S. dazu RdNrn 424 ff.

[130] BVerwGE 51, 205. Die dienstliche Beurteilung ist nach der Rechtsprechung kein
Verwaltungsakt (s. dazu RdNr 466). Widerspruch und Klage gegen eine dienstliche
Beurteilung haben deswegen keine aufschiebende Wirkung, die einer Entlassung
hinderlich sein könnte.

[131] Ein Fehler bei der *internen* Willensbildung der Personalvertretung berührt nicht
die Rechtmäßigkeit der Entlassung; BVerwG, RiA 84, 167. Gleiches gilt für einen vom
Dienststellenleiter zu verantwortenden Mangel bei der Einleitung des Mitbestimmungsverfahrens (§ 7 BPersVG) jedenfalls dann, wenn er sich nicht auf die billigende
Entschließung der Personalvertretung ausgewirkt haben kann; BVerwG, DVBl 89,
1155. Soweit das Landesrecht eine Zustimmung des Personalrates vorschreibt, bezieht
sich diese nicht auf die „verwaltungstechnische Entlassungsverfügung", sondern auf
den Vorgang der Entlassung und den ihr zugrunde liegenden Sachverhalt, so daß es
bei gleichgebliebenem Sachverhalt keiner erneuten Zustimmung des Personalrates be-

her in Kenntnis zu setzen (§ 78 Abs. 1 Nr. 4 und Abs. 2 Satz 2 BPersVG). Die *Unterrichtung* des Beamten nach § 78 Abs. 2 Satz 2 Hs. 2 BPersVG hat nicht – wie die Anhörung[132] – zum Ziel, dem Beamten Gelegenheit zu geben, sich gegenüber dem Dienstherrn zu dem ihm mitgeteilten Sachverhalt zu äußern. Vielmehr verfolgt das Gesetz mit ihr den Zweck, den Beamten „zu dem ... in seiner Entscheidungsfreiheit liegenden Entschluß zu veranlassen, ob die Personalvertretung in seiner Angelegenheit in einem Beteiligungsverfahren zwischen ihr und der Dienststelle tätig werden soll".[133] Diesem Zweck wird die Unterrichtung nur gerecht, wenn der Beamte „klar erkennen kann, daß er die ... Entscheidung über sein personalvertretungsrechtliches Antragsrecht nunmehr zu treffen hat".[134] Die Mitwirkung des Personalrates muß grundsätzlich vor dem Ausspruch der Entlassung (als der „beabsichtigten Maßnahme", § 69 Abs. 2 Satz 1 BPersVG) beantragt werden;[135] der Antrag kann freilich noch während eines Klageverfahrens gestellt werden, sofern erst in diesem Stadium eine ordnungsgemäße Unterrichtung des Beamten erfolgt (s. § 45 Abs. 1 Nr. 4 und Abs. 2 VwVfG).[136] War die Unterrichtung unterblieben oder mangelhaft, so führt das mithin nur dann zur nicht mehr behebbaren Fehlerhaftigkeit der Entlassungsverfügung,

– wenn der Beamte den Antrag bis zum Ende eines Klageverfahrens nicht stellt und
– wenn dies darauf beruht, daß er bis dahin nicht oder nicht fehlerfrei gemäß § 78 Abs. 2 Satz 2 Hs. 2 BPersVG über sein Antragsrecht unterrichtet worden war.[137]

3. Entlassung wegen Dienstunfähigkeit

a) Tatbestandliche Voraussetzungen

Eine – gemäß § 31 Abs. 1 Satz 1 Nr. 3 BBG – die Entlassung (gegebenen- **181** falls auch nur eine anderweitige Verwendung, § 31 Abs. 1 Satz 2 BBG)[138] rechtfertigende Dienstunfähigkeit des Beamten auf Probe liegt vor, wenn

---

darf, wenn eine Entlassungsverfügung aus formalen Gründen aufgehoben und durch eine neue, auf einen späteren Entlassungszeitpunkt datierte, ersetzt wird; BVerwG, ZBR 89, 178.

[132] Anhörung und personalvertretungsrechtliche Unterrichtung können allerdings miteinander verbunden werden (BVerwGE 68, 197 [199]).

[133] BVerwGE 68, 197; BVerwG, DVBl 89, 1155.

[134] BVerwGE 81, 277.

[135] BVerwGE 68, 197 (201).

[136] BVerwG, DVBl 84, 441.

[137] BVerwG, ZBR 90, 352. Bei Polizeivollzugsbeamten des Bundes, die sich im Probebeamtenverhältnis befinden, ist § 4 BPolBG zu beachten.

[138] Zur notwendigen Verwendungsbreite vgl. HVGH, NVwZ-RR 93, 652. S. auch Plog/Wiedow/Beck/Lemhöfer, BBG, § 31, RdNr 10c: Die Möglichkeit der anderweitigen Verwendung darf sich nicht auf einen einzigen Dienstposten beschränken.

dieser infolge eines körperlichen Gebrechens oder wegen Schwäche seiner
körperlichen oder geistigen Kräfte zur Erfüllung seiner Dienstpflichten dauernd unfähig ist (§ 42 Abs. 1 Satz 1 BBG, § 26 Abs. 1 Satz 1 BRRG). Als
dienstunfähig kann der Beamte auf Probe auch dann angesehen werden,
wenn er wegen einer Erkrankung innerhalb eines Zeitraumes von sechs Monaten mehr als drei Monate keinen Dienst getan hat und keine Aussicht besteht, daß er innerhalb weiterer sechs Monate voll dienstfähig wird (§ 42
Abs. 1 Satz 2 BBG). Prüfungsmaßstab ist grundsätzlich das innegehabte abstrakt-funktionelle Amt.[139] Wie Summer[140] zutreffend ausführt, ist die Feststellung der Amtsanforderungen „Sache der Verwaltung und nicht des
amtsärztlichen Gutachtens". Die Entlassung wegen Dienstunfähigkeit ist
auch *außerhalb* der laufbahnrechtlichen Probezeit möglich.[141] § 46 Abs. 1
BBG (§ 27 Abs. 1 BRRG) schreibt für den Fall der *Dienstbeschädigung*[142]
die Zurruhesetzung des Beamten auf Probe vor; eine Entlassung – nicht aber
eine anderweitige Verwendung – scheidet dann aus. Nur eine Entlassung
(bzw. eine anderweitige Verwendung) kommt in Betracht, wenn der – nicht
infolge einer Dienstbeschädigung – dienstunfähige Beamte die fünfjährige
versorgungsrechtliche Wartefrist nicht erfüllt (§ 4 Abs. 1 Satz 1 Nr. 1 BeamtVG, § 35 Satz 2 BBG).

b) Ermessensausübung

182   Das Ermessen des Dienstherrn bei nicht dienstbeschädigungsbedingter
Dienstunfähigkeit des Beamten auf Probe ist – abgesehen von der Möglich-
keit einer anderweitigen Verwendung – auf die Alternative *Entlassung* oder
Zurruhesetzung gemäß § 46 Abs. 2 BBG (§ 27 Abs. 2 BRRG) zugespitzt.[142]
Eine Ernennung zum Beamten auf Lebenszeit kommt dagegen auch dann
nicht in Frage, wenn die Fünfjahresfrist des § 9 Abs. 2 BBG (§ 6 Abs. 2
BRRG) verstrichen ist, weil die Dienstfähigkeit zu den beamtenrechtlichen
Voraussetzungen der Ernennung gehört;[143] das Ermessen, welches § 46

---

[139] Plog/Wiedow/Beck/Lemhöfer, BBG, § 31, RdNr 14; Schütz, BR, RdNr 12 zu
§ 34 NW LBG; vgl. auch BW VGH, ESVGH 18, 173. Außerdem RP OVG, NVwZ
85, 926: Nach Ablauf der laufbahnrechtlichen Probezeit kann der Beamte zwar nicht
mehr wegen mangelnder Bewährung in gesundheitlicher Beziehung, wohl aber wegen
(festgestellter) Dienstunfähigkeit entlassen werden.

[140] ZBR 93, 17 (21); s. auch Weiß/Niedermaier/Summer/Zängl, BayBG, Art. 56,
Erl. 9 d. Vgl. außerdem BVerwGE 53, 118 (120 f.) und BVerwG, ZBR 91, 379.

[141] Zum Begriff der Dienstbeschädigung vgl. BVerwG, RiA 82, 119 mit weiteren
Nachweisen.

[142] Ein Aktenvermerk, aus dem sich ersehen läßt, daß die Möglichkeit einer Versetzung in den Ruhestand „jedenfalls bedacht" worden ist, genügt, um zu verifizieren,
daß sich der Dienstherr seines Ermessens bewußt war; BVerwG, NVwZ-RR 89, 560
(561). Einem Beamten auf Probe, der wegen Dienstunfähigkeit entlassen ist, kann ein
Unterhaltsbeitrag bis zur Höhe des Ruhegehaltes gewährt werden (§ 15 Abs. 2 BeamtVG). S. hierzu BW VGH, NVwZ-RR 95, 211.

[143] Vgl. BVerwGE 41, 75; RP OVG, DÖD 90, 96; Becker, RiA 75, 201 (208).

Abs. 2 BBG (§ 27 Abs. 2 BRRG) dem Dienstherrn einräumt, verkürzt sich in einem solchen Fall jedoch auf die Möglichkeit der Zurruhesetzung,[144] es sei denn, dem Dienstherrn war es – auch bei der gebotenen Beschleunigung – nicht möglich, die Frage der Dienstfähigkeit innerhalb der Fünfjahresfrist zu klären,[145] und dem Beamten ist die Einleitung des Entlassungsverfahrens vor Fristablauf mitgeteilt worden.[146] Von dieser besonderen Sachlage abgesehen, richtet sich die Wahl des Dienstherrn zwischen der Entlassung und der Zurruhesetzung nach der Notwendigkeit und Angemessenheit einer Versorgung des Beamten.[147] Hierbei sind dessen Lebens- und Dienstalter, der Grad seiner Versorgungsbedürftigkeit, seine wirtschaftliche Lage, seine Bewährung und seine Würdigkeit von Belang;[148, 149] auch Überlegungen zur Haushaltslage dürfen in die Ermessensausübung einfließen.[150] An der Würdigkeit wird es zumeist fehlen, wenn der Beamte seine Dienstunfähigkeit vorsätzlich oder grob fahrlässig herbeigeführt hat;[151] die Versorgungsbedürftigkeit dürfte im allgemeinen zu verneinen sein, wenn der Beamte nicht erwerbsunfähig (§ 44 Abs. 2 SGB VI) ist.[152]

c) *Entlassungsfristen und Entlassungsverfahren*

Die Entlassungsfristen richten sich nach der Beschäftigungszeit (§ 31 **183** Abs. 3 BBG; s. auch § 23 Abs. 5 BRRG). Ein Verfahren wie bei der Zurruhesetzung eines Beamten auf Lebenszeit gemäß §§ 43, 44 BBG (s. auch § 26 Abs. 2 BRRG) ist im Fall des § 31 Abs. 1 Satz 1 Nr. 3 BBG nicht erforderlich.[153] Was die Anhörungspflichten des Dienstherrn und die Mitwirkung des Personalrates angeht, kann auf RdNrn 166 ff., 180 Bezug genommen werden. Die Ermessenserwägungen müssen in der Begründung der

---

[144] Vgl. für einen Einzelfall RP OVG, DÖD 90, 96.

[145] Dem steht es gleich, wenn die Behörde sich „aus Gründen der beamtenrechtlichen Fürsorge verpflichtet sah, das Äußerste – wenn auch wenig Erfolgversprechende – zu tun, um dem Beamten die Wiederherstellung seiner Dienstfähigkeit (durch eine Alkoholentziehungskur) zu ermöglichen"; BW VGH, VBlBW 91, 269.

[146] BVerwGE 41, 75; BVerwG, DVBl 90, 305; vgl. auch BW VGH, DÖD 75, 231.

[147] Beachte auch § 4 Abs. 1 Satz 1 Nr. 1 BeamtVG und vgl. BVerwG, ZBR 65, 53.

[148] BVerwGE 22, 215; BVerwG, DÖD 70, 33 und NVwZ-RR 89, 560; BW VGH, DÖD 75, 231.

[149] Mängel der Einstellungsuntersuchung haben dagegen außer Betracht zu bleiben; vgl. NW OVG, DÖD 58, 95.

[150] BVerwGE 22, 215 (219); BVerwG, NVwZ-RR 89, 560 und DVBl 90, 305. Zur Wahl zwischen Entlassung und Zurruhesetzung bei Alkoholabhängigkeit BW VGH, VBl BW 91, 269.

[151] Plog/Wiedow/Beck/Lemhöfer, BBG, § 46, RdNr 13.

[152] Vgl. auch Günther, ZBR 85, 321 (334) mit Nachweisen (keine Korrektur einer Entlassung, sofern den Versorgungsinteressen des Probebeamten mit Hilfe eines Unterhaltsbeitrages, § 15 Abs. 2 BeamtVG, und/oder von Nachversicherungsansprüchen, § 8 Abs. 2 iVm §§ 181 ff. SGB VI „hinreichend Rechnung getragen werden kann").

[153] BVerwG, DÖD 70, 33; BayVGH, ZBR 72, 343; Plog/Wiedow/Beck/Lemhöfer, BBG, § 31, RdNr 14; Schütz, BR, RdNr 12 zu § 34 NW LBG.

Entscheidung nicht in jedem Fall näher referiert werden; liegen sie auf der Hand oder sind sie dem Betroffenen bekannt, so kann eine (schriftliche) Begründung gar unterbleiben oder „sehr kurz" ausfallen.[154]

4. Prozessuale Fragen

a) *Verwaltungsrechtsweg und Klageart*

184   Bei der Entlassungsverfügung handelt es sich um einen rechtsgestaltenden *Verwaltungsakt* (§ 35 Satz 1 VwVfG),[155] den der Beamte – nach erfolglosem Widerspruch (§ 126 Abs. 3 BRRG iVm §§ 68 ff. VwGO) – mit der verwaltungsgerichtlichen Anfechtungsklage angreifen kann (§ 126 Abs. 1 BRRG, § 42 Abs. 1 VwGO).[156] Die Rechtmäßigkeit der Entlassung beurteilt sich nach der Sach- und Rechtslage im Zeitpunkt der letzten Verwaltungsentscheidung. Umstände, die erst danach eintreten, sind grundsätzlich unbeachtlich, soweit sie nicht ausnahmsweise Rückschlüsse auf den zur Zeit der letzten Verwaltungsentscheidung vorliegenden Sachverhalt zulassen.[157] Bei der Entlassung eines Beamten auf Probe wegen mangelnder Bewährung dürfen (und müssen) Leistungssteigerungen und -defizite nur berücksichtigt werden, wenn und soweit sie bis zum Erlaß des Widerspruchsbescheides eingetreten sind.[158] Hält der Beamte seine Entlassung wegen Dienstunfähigkeit für ermessensfehlerhaft, so kann er, falls auch er sich als dienstunfähig ansieht (und eine anderweitige Verwendung ausscheidet), neben der Aufhebung der Entlassungsverfügung in der Regel mit Aussicht auf Erfolg nur die Verpflichtung des Dienstherrn beantragen, über sein Zurruhesetzungsbe-

---

[154] BVerwG, NVwZ-RR 89, 560 (561) mit weiteren Nachweisen. S. daneben BVerwG, DVBl 90, 305 unter Hinweis auf § 39 Abs. 1 Satz 3 und Abs. 2 Nr. 2 VwVfG.

[155] BVerwG, DVBl 68, 430. Vgl. auch HVGH, DÖD 84, 197: Die Verlängerung der Probezeit eines Beamten ist ein belastender Verwaltungsakt.

[156] Nicht isoliert anfechtbar ist die Anordnung der Untersuchung nach § 126 Abs. 1 BDO; § 44a VwGO. Vgl. aber auch HVGH, NVwZ-RR 95, 47 (keine unselbständige Verfahrenshandlung, wenn mit der ärztlichen Untersuchung bei einem Dienstunfall Gesundheitsrisiken oder Eingriffe in das Persönlichkeitsrecht verbunden sind).

[157] BVerwGE 62, 280 (287) mit weiteren Nachweisen aus der Rechtsprechung des BVerwG. Zur Ergänzung der Ermessenserwägungen während des Rechtsstreits s. § 114 Satz 2 VwGO.

[158] BW VGH, DÖD 79, 81. Zu eng Günther, ZBR 85, 321 (336), der Leistungssteigerungen während des Widerspruchsverfahrens nur für beachtlich hält, wenn der Widerspruchsbescheid vor dem Ende der Probezeit ergeht: Wer dem Dienstherrn im Anschluß an den Ablauf der Probezeit eine *Bedenkzeit* zubilligt (s. etwa Fußn 120), sollte von einer solchen – nur scheinbar zwingenden – *Über*differenzierung absehen. S. außerdem BVerwG, RiA 89, 261. Auch nach BVerwG, NVwZ 91, 170 (171) müssen allerdings „Leistungen nach Ablauf der ... laufbahnrechtlichen Probezeit ... außer Betracht bleiben, selbst wenn der Status als Beamter auf Probe noch weiter fortbestanden ... oder der Beamte aufgrund der aufschiebenden Wirkung von Widerspruch und Klage zunächst noch weiter Dienst geleistet hat".

gehren unter Beachtung der Rechtsauffassung des Gerichts erneut zu entscheiden (s. § 113 Abs. 5 Satz 2 VwGO).

b) Aufschiebende Wirkung des Widerspruchs und der Anfechtungsklage

Widerspruch und Anfechtungsklage gegen eine Entlassungsverfügung 185
haben aufschiebende Wirkung (§ 80 Abs. 1 VwGO). Dies bedeutet (mindestens), daß tatsächliche oder rechtliche Folgerungen aus dem Verwaltungsakt zunächst nicht gezogen werden dürfen. Wird die sofortige Vollziehung im öffentlichen Interesse angeordnet (§ 80 Abs. 2 Satz 1 Nr. 4
VwGO), so entfällt der Suspensiveffekt. Der Beamte kann jedoch bei dem
Gericht der Hauptsache die Wiederherstellung der aufschiebenden Wirkung
beantragen (§ 80 Abs. 5 Satz 1 VwGO). Das Gericht hat zunächst zu prüfen,
ob das „besondere Interesse" an der sofortigen Vollziehung der Entlassung
schriftlich begründet ist (§ 80 Abs. 3 Satz 1 VwGO). Welche Anforderungen
an den Inhalt der Begründung zu stellen sind, hängt vom jeweiligen Einzelfall ab. Formelhafte Wendungen – wie etwa der beliebte, nicht näher sub-
stantiierte Hinweis auf die Funktionsfähigkeit der Verwaltung – oder die
Wiederholung des Gesetzeswortlauts genügen einerseits nicht;[159] andererseits kann sich das Vollziehungsinteresse je nach Art des Entlassungsgrundes so aufdrängen, daß es eine Überspannung der Begründungspflicht
bedeuten würde, wollte man insoweit eingehende Ausführungen verlangen,
die über die Erwägungen zur Rechtfertigung der Entlassungsverfügung
selbst hinausgingen.[160] Zweifeln begegnet die These des BVerwG,[161] daß der
Sofortvollzug der Entlassung *stets* gerechtfertigt sei, wenn die Entlassungsgründe ein Verbot der Führung der Dienstgeschäfte (§ 60 BBG, § 41
BRRG) zugelassen hätten. Das Verbot der Führung der Dienstgeschäfte[162]
unterscheidet sich nämlich nach Voraussetzungen und Rechtswirkungen
von der Entlassung so erheblich, daß ein (allgemeiner) Schluß von der Zulässigkeit einer Zwangsbeurlaubung auf die Zulässigkeit des Sofortvollzuges
einer Entlassung mindestens problematisch ist. Beispielsweise kann ein
„Entlassungsgrund" aus gerichtlicher Sicht weiterer Aufklärung bedürfen,
so daß insoweit ein *in die Zukunft hin offener* Sofortvollzug noch nicht

---

[159] Finkelnburg/Jank, Vorläufiger Rechtsschutz, RdNr 941; Redeker/von Oertzen,
VwGO, § 80, RdNr 26, jeweils mit weiteren Nachweisen.
[160] Vgl. im einzelnen die Rechtsprechungsnachweise bei Finkelnburg/Jank, a. a. O.
(Anm. 143), wo folgende Gesichtspunkte exemplarisch erwähnt sind: Weiterbeschäfti-
gung als Sicherheitsrisiko, schwerwiegender Verstoß gegen die demokratische Grundordnung, akute Erkrankungen mit Gefährdung für die Allgemeinheit, grobe Täu-
schungshandlungen und Disziplinlosigkeiten mit der Folge einer Zerstörung des
Vertrauensverhältnisses, überdurchschnittliche Fehlleistungen sowie eindeutige Nichteignung.
[161] Buchholz 310 § 80 VwGO Nr. 20 (zust. Günther, ZBR 85, 321 [334]).
[162] Da Widerspruch und Anfechtungsklage gegen ein Verbot der Führung der
Dienstgeschäfte gemäß § 80 Abs. 1 VwGO aufschiebende Wirkung haben, bedarf es
zum Sofortvollzug eines solchen Verbotes gleichfalls der Vollziehungsanordnung.

in Frage kommen könnte, wohingegen es während der Aufklärungsphase durchaus angezeigt sein kann, eine Zwangsbeurlaubung als „materiellrechtlich vorgesehene Sofortmaßnahme *von nur vorübergehender Dauer*"[163] auszusprechen.

186   Bei fehlender oder unzulänglicher *Begründung* hat das Gericht die aufschiebende Wirkung *stets* wiederherzustellen.[164] Gleiches gilt, wenn die Entlassungsverfügung *offensichtlich* rechtswidrig ist; ist sie dagegen *offenbar* rechtmäßig, kann der Wiederherstellungsantrag schon deshalb keinen Erfolg haben.[165] Läßt sich weder die eine noch die andere Feststellung treffen, so ist das öffentliche Interesse an der Vollziehung gegen das private Interesse des Beamten auf Probe, von der Vollziehung der Entlassung einstweilen verschont zu bleiben, abzuwägen. Soweit der Beamte wegen eines *Dienstvergehens* entlassen worden ist, kann die Interessenabwägung dazu führen, daß die aufschiebende Wirkung des Widerspruchs oder der Klage (nur) insoweit wiederhergestellt wird, als ihm bis zur Klärung der gegen ihn erhobenen Vorwürfe im Klageverfahren in Anlehnung an die in § 126 Abs. 1 Satz 3 iVm § 92 Abs. 1 BDO getroffene Regelung die Hälfte seiner Dienstbezüge zu belassen ist.[166] Auch dem Beamten auf Probe, der wegen *mangelnder Bewährung* oder wegen *Dienstunfähigkeit* entlassen worden ist, muß der Dienstherr einen Teil – und zwar in der Regel die Hälfte – seiner Dienstbezüge belassen, um seine wirtschaftliche Existenz zu erhalten und ihm damit auch die Möglichkeit zu geben, wirksam Rechtsschutz zu erlangen, es sei denn, die Entlassung ist offensichtlich rechtmäßig und/oder der Beamte kann seinen Lebensunterhalt aus (sonstigen) eigenen Mitteln bestreiten.[167]

c) *Kontrolldichte der verwaltungsgerichtlichen Prüfung*

187   Beim Entlassungstatbestand der mangelnden Bewährung (§ 31 Abs. 1 Satz 1 Nr. 2 BBG, § 23 Abs. 3 Nr. 2 BRRG) ist die Kontrolldichte der verwaltungsgerichtlichen Prüfung eingeschränkt, soweit es um die Ausfüllung der unbestimmten Rechtsbegriffe „Eignung", „Befähigung" und „fachliche

---

[163] Plog/Wiedow/Beck/Lemhöfer, BBG, § 60, RdNr 7 (Hervorhebung durch Verf.).
[164] H. M.; BrOVG, DÖV 80, 572; HVGH, DÖV 74, 606; Redeker/von Oertzen, VwGO, § 80, RdNr 27 a mit weiteren Nachweisen.
[165] Redeker/von Oertzen, VwGO, § 80, RdNr 49 mit weiteren Nachweisen.
[166] Vgl. BVerwGE 1, 45; NW OVG, ZBR 55, 277 und 29. 9. 1978 – XII B 60/78 – unter Bezugnahme auf Schütz, BR, RdNr 4 a zu § 34 NW LBG a. E.; s. des weiteren Finkelnburg/Jank, Vorläufiger Rechtsschutz, RdNr 947.
[167] Finkelnburg/Jank, Vorläufiger Rechtsschutz, RdNrn 945, 947 mit weiteren Nachweisen; s. auch RP OVG, NVwZ 89, 82 (83). Vgl. weiterhin BVerfG, NVwZ 90, 853: „Zur Vermeidung einer … Notlage und zur vorläufigen Sicherung des notwendigen Lebensunterhaltes" könne eine, sei es auch teilweise, Fortzahlung der Bezüge „jedenfalls dann (geboten sein), wenn sich die Klage … nicht schon von vornherein als unbegründet erwiesen hat" (Entgegen der Argumentation des BVerfG folgt dies nicht aus der Fürsorgepflicht [dazu RdNr 365], sondern aus Art. 19 Abs. 4 GG). S. ferner HVGH, NVwZ-RR 96, 340 (341).

Leistung" geht, bei welcher dem Dienstherrn eine Beurteilungsermächtigung zuzugestehen ist.[168]

II. Entlassung von Beamten auf Probe im Sinne des § 5 Abs. 1 Nr. 2 b BBG (§ 3 Abs. 1 Satz 1 Nr. 3 b BRRG) kraft Gesetzes

Der Beamte, dem ein Amt mit leitender Funktion zunächst im Beamten- **188** verhältnis auf Probe übertragen wird,[169] ist aus *diesem* Beamtenverhältnis kraft Gesetzes entlassen, wenn einer der folgenden Gründe vorliegt (§ 24 a Abs. 4 Satz 1 BBG, § 12 a Abs. 4 Satz 1 BRRG):

1. Ablauf der Probezeit, die regelmäßig zwei Jahre beträgt (§ 24 a Abs. 1 Satz 2 BBG, § 12 a Abs. 1 Satz 2 BRRG)[170] oder
2. Beendigung des – fortdauernden – Beamtenverhältnisses (Richterverhältnisses) auf Lebenszeit oder
3. Versetzung zu einem anderen Dienstherrn oder
4. Verhängung einer nur im förmlichen Disziplinarverfahren zulässigen Disziplinarmaßnahme.

Die allgemeinen Vorschriften über die Entlassung kraft Gesetzes oder **189** durch Verwaltungsakt,[171] namentlich auch die für die Entlassung von Probebeamten geltenden allgemeinen Regelungen[172] bleiben unberührt (§ 24 a Abs. 4 Satz 2 BBG, § 12 a Abs. 4 Satz 2 BRRG). Dies bedeutet unter anderem,

– daß der Beamte seine vorzeitige Entlassung aus dem Beamtenverhältnis auf Probe verlangen kann (s. § 30 BBG, § 23 Abs. 1 Nr. 3 BRRG) oder
– daß er auch schon vor Ablauf der Probezeit mangels Bewährung entlassen werden kann (s. § 31 Abs. 1 Satz 1 Nr. 2 BBG, § 23 Abs. 3 Nr. 2 BRRG).

Der Entlassungsgrund des § 31 Abs. 1 Satz 1 Nr. 1 BBG (§ 23 Abs. 3 **190** Nr. 1 BRRG) tritt hinter der Entlassung kraft Gesetzes gemäß § 24 a Abs. 4 Satz 1 Nr. 4 BBG (§ 12 a Abs. 4 Satz 1 Nr. 4 BRRG) zurück. § 24 a Abs. 2 Satz 3 BBG (§ 12 a Abs. 2 Satz 2 BRRG) bestimmt in diesem Zusammen-

---

[168] BVerwGE 11, 139; 15, 39; 19, 344; 21, 127; BVerwG, NVwZ 91, 170 und NJW 93, 2546.

[169] S. schon RdNrn 3 f., 33 f., 153.

[170] Eines Vollzugsakts oder einer Begründung bedarf es nicht; Battis, BBG, § 24 a, RdNr 7; einschränkend Leisner, ZBR 96, 289 (298). Mit dem Auslaufen der Probezeit erstarkt das Beamtenverhältnis auf Lebenszeit wieder zu voller Geltung. Aus ihm heraus wird das Leitungsamt auf Dauer (und mit entsprechendem Status) übertragen, sofern sich der Beamte während der Probezeit bewährt hat.

[171] S. dazu RdNrn 152 ff.

[172] S. dazu RdNrn 157 ff. § 15 BeamtVG findet auf das hier angesprochene Probebeamtenverhältnis keine Anwendung (§ 15 a Abs. 1 BeamtVG). Aus diesem Beamtenverhältnis ergibt sich kein selbständiger Anspruch auf Versorgung; die Dienstunfallfürsorge bleibt hiervon unberührt (§ 15 a Abs. 2 BeamtVG).

hang, daß Dienstvergehen, die mit Bezug auf das Beamtenverhältnis auf Lebenszeit oder das Beamtenverhältnis auf Probe begangen worden sind, so verfolgt werden, als stünde der Beamte nur im Beamtenverhältnis auf Lebenszeit.

191   Kommt es zum Streit darüber, ob ein Entlassungstatbestand des § 24a Abs. 4 Satz 1 BBG (§ 12a Abs. 4 Satz 1 BRRG) erfüllt ist, so bietet sich – nach erfolglosem Widerspruch (§ 126 Abs. 3 BRRG) – die verwaltungsgerichtliche *Feststellungsklage* (§ 126 Abs. 1 BRRG, § 43 VwGO) an.

III. Entlassung von Beamten auf Widerruf

192   Neben die von der Art des Beamtenverhältnisses unabhängigen Entlassungstatbestände[173] tritt bei Beamten auf Widerruf im Vorbereitungsdienst eine eigenständige Sonderregelung: Das Beamtenverhältnis endet seit dem 1. 7. 1997 im Bund ipso iure mit Ablauf des Tages, an dem dem Beamten
– das Bestehen oder endgültige Nichtbestehen der Prüfung oder
– das endgültige Nichtbestehen einer vorgeschriebenen Zwischenprüfung
bekanntgegeben wird (§ 32 Abs. 2 Satz 2 BBG).[174] § 22 Abs. 3 BRRG ist unverändert: Durch allgemeine Vorschrift *kann* bestimmt werden, daß das Beamtenverhältnis eines Beamten auf Widerruf (in den Ländern) mit Ablegung der Laufbahnprüfung endet. Das endgültige Nichtbestehen einer Zwischenprüfung bleibt unerwähnt.[175] Im übrigen kann der Beamte auf Widerruf „jederzeit durch Widerruf entlassen" werden (§ 32 Abs. 1 Satz 1 BBG, § 23 Abs. 4 Satz 1 BRRG), und zwar fristlos, wenn die Entlassung auf ein Dienstvergehen im Sinne des § 31 Abs. 1 Satz 1 Nr. 1 BBG (§ 23 Abs. 3 Nr. 1 BRRG) gestützt wird, im übrigen nur unter Einhaltung der in § 31 Abs. 3 BBG bestimmten Fristen (§ 32 Abs. 1 Satz 2 BBG; s. auch § 23 Abs. 5 BRRG). Dem Beamten auf Widerruf im Vorbereitungsdienst soll Gelegenheit gegeben werden, den Vorbereitungsdienst abzuleisten und die Prüfung abzulegen (§ 32 Abs. 2 Satz 1 BBG, § 23 Abs. 4 Satz 2 BRRG).

1. Entlassung kraft Gesetzes gemäß § 32 Abs. 2 Satz 2 BBG

193   Mit einer *Laufbahnprüfung,* deren Regelung in ihren wesentlichen Teilen einer Festlegung durch Gesetz oder Rechtsverordnung bedarf,[176] schließen

---

[173] S. dazu RdNr 152; zur gesetzlichen Entlassung des Beamten auf Widerruf wegen Erreichens der Altersgrenze s. § 32 Abs. 1 Satz 2 iVm § 31 Abs. 5 BBG.

[174] Die Vorschrift geht auf die Beschlußempfehlung des Innenausschusses (4. Ausschuß) zurück; s. BT-Dr 13/5057, Art. 2 Nr. 7a.

[175] S. dazu Fußn 153 des 3. Teiles der Voraufl.

[176] BVerwG, DÖD 96, 61. Zu den Anforderungen an die verfassungsmäßige Gestaltung von *berufsbezogenen* Prüfungen s. (im Anschluß an BVerfGE 84, 34) BVerwG, NVwZ 93, 681, 686 und 689.

die Vorbereitungsdienste des mittleren, des gehobenen und des höheren Dienstes ab (§ 21 Abs. 1 Satz 1, § 26 Abs. 1 Satz 1, § 32 Abs. 1 Satz 1 BLV). Die Prüfung kann einmal wiederholt werden; die oberste Dienstbehörde kann in begründeten Ausnahmefällen eine zweite Wiederholung zulassen (§ 21 Abs. 2 Satz 1, § 26 Abs. 2 Satz 1, § 32 Abs. 2 Satz 1 BLV).[177] Der Vorbereitungsdienst des einfachen Dienstes schließt mit der Feststellung ab, ob der Beamte das Ziel des Vorbereitungsdienstes erreicht hat (§ 18 Abs. 3 Satz 1 BLV).[178] Die schriftliche Bekanntgabe der Feststellung, daß das Ziel des Vorbereitungsdienstes erreicht oder nicht erreicht sei, führt in sinngemäßer Anwendung des § 32 Abs. 2 Satz 2 BBG iVm § 18 Abs. 3 Sätze 1 und 4 BLV zur Beendigung des Beamtenverhältnisses auf Widerruf. Bei Bestehen der Laufbahnprüfung bzw. bei der Feststellung, daß das Ziel des Vorbereitungsdienstes erreicht sei, unterliegt es keinen grundsätzlichen Bedenken, die Bekanntgabe erst am Tage der Ernennung des Beamten auf Widerruf zum Probebeamten vorzunehmen, um so einen dienstrechtslosen Zustand zu vermeiden.[179] Wegen des endgültigen Nichtbestehens einer vorgeschriebenen *Zwischenprüfung* ist auf § 18 Abs. 4, § 21 Abs. 3, § 26 Abs. 3 und § 32 Abs. 3 BLV aufmerksam zu machen, die durch die Neufassung des § 32 Abs. 2 Satz 2 BBG rechtlichen Einwänden entrückt sind.[180]

194 Da die Beendigung des Beamtenverhältnisses kraft Gesetzes eintritt[181] und nicht einmal eines deklaratorischen Ausspruchs des Dienstherrn bedarf, stehen ihr die *Entlassungsverbote* des § 10 Abs. 1 MuSchV und des § 4 Abs. 1 BErzUrlV nicht entgegen;[182] Art. 6 Abs. 4 GG ist insoweit nicht berührt.[183]

195 Daß die *Prüfungsentscheidung* angefochten wird, hemmt nicht den Eintritt der in § 32 Abs. 2 Satz 2 BBG (s. auch § 22 Abs. 3 BRRG) vorge-

---

[177] Zur Frage, ob ein „endgültiges" Nichtbestehen schon zu bejahen ist, obwohl die Entscheidung der obersten Dienstbehörde über die Zulassung einer zweiten Wiederholung der Prüfung noch aussteht, s. Schröder/Lemhöfer/Krafft, Laufbahnrecht, Erl. 8 zu § 21 BLV sowie Günther, ZBR 87, 129 (135): „Trotz der theoretischen Möglichkeit einer zweiten Wiederholungsprüfung, die bei erneutem Fehlschlag ‚in begründeten Ausnahmefällen' zugelassen werden kann ..., dürfte das Beamtenverhältnis bei Fallieren in der ersten Wiederholungsprüfung (zunächst) untergehen."

[178] S. aber auch § 18 Abs. 3 Sätze 2 und 3 BLV (Möglichkeit der Laufbahnprüfung).

[179] BVerwG, ZBR 79, 331; vgl. auch BayVGH, ZBR 80, 122.

[180] S. bereits Fußn 175 (mit Weiterverweisung).

[181] Ein Beamter, der nach nicht bestandener Wiederholungsprüfung mit der Bekanntgabe des Prüfungsergebnisses aus dem Beamtenverhältnis auf Widerruf ausscheidet, hat das Ausscheiden vor dem 31. März des auf die Gewährung der Sonderzuwendung folgenden Jahres in der Regel nicht im Sinne des § 3 Abs. 1 Nr. 3 SZG zu vertreten; NW OVG, RiA 82, 60.

[182] BVerwG, ZBR 79, 331 und Buchholz 237.7 § 35 NW LBG Nr. 4; BrOVG, DÖD 82, 37; BW VGH, DÖD 75, 111; NW OVG, ZBR 76, 344. In der Entscheidung des BrOVG ist überzeugend dargelegt, daß die Anwärterbezüge nicht als „Mutterschutzgeld" weiterzugewähren sind, wenn die Schutzfrist erst nach der Beendigung des Beamtenverhältnisses ausläuft.

[183] BVerfGE 44, 211 (215).

sehen, allein an die *tatsächliche* Ablegung der Prüfung anknüpfenden Rechtswirkung.[184] Wird die Prüfungsentscheidung durch die Verwaltungsgerichte nachträglich aufgehoben, lebt das Beamtenverhältnis auf Widerruf nicht – ex tunc – wieder auf.[185]

2. Entlassung durch Verwaltungsakt (Widerruf)

196   Der Grundsatz des § 32 Abs. 1 Satz 1 BBG (§ 23 Abs. 4 Satz 1 BRRG) ist durch § 32 Abs. 2 Satz 1 BBG (§ 23 Abs. 4 Satz 2 BRRG) für Beamte auf Widerruf im *Vorbereitungsdienst* in wesentlicher Beziehung eingeschränkt:[186] Ihnen soll Gelegenheit gegeben werden, den Vorbereitungsdienst abzuleisten und die (Laufbahn-) Prüfung abzulegen.[187] Es empfiehlt sich deshalb insoweit von vornherein eine Konzentration auf die Frage, unter welchen Voraussetzungen *ausnahmsweise* ein (begründungsbedürftiger, § 39 VwVfG) Widerruf *vor* Ablegung (= Bestehen oder endgültigem Nichtbestehen) der Prüfung stattfinden kann. Nur bei der Gruppe von Beamten, die lediglich nebenbei oder vorübergehend für Aufgaben im Sinne des § 4 BBG (§ 2 Abs. 2 BRRG) verwendet werden (§ 5 Abs. 2 Nr. 2 BBG; s. auch § 3 Abs. 1 Nr. 4 b BRRG),[188] gelangt die rechtliche Möglichkeit *jederzeitiger* Entlassung (§ 32 Abs. 1 Satz 1 BBG, § 23 Abs. 4 Satz 1 BRRG) während der gesamten Dauer ihres Dienstverhältnisses zu voller Geltung.

a) Widerruf bei Beamten auf Widerruf im Vorbereitungsdienst vor Ablegung der Prüfung

197   Wegen der Fassung des § 32 Abs. 2 Satz 1 BBG (§ 23 Abs. 4 Satz 2 BRRG) als *Sollvorschrift*[189] kann es nur darum gehen, die atypischen Fallgestaltungen zu erfassen, bei denen eine Entlassung vor dem Bestehen oder endgültigen Nichtbestehen der (Laufbahn-)Prüfung bzw. dem endgültigen Nichtbestehen einer vorgeschriebenen Zwischenprüfung in Betracht zu zie-

---

[184] BVerwGE 72, 207; BVerwG, ZBR 86, 295. Einer Vollziehungsanordnung (§ 80 Abs. 2 Satz 1 Nr. 4 VwGO) in bezug auf die Prüfungsentscheidung bedarf es nicht; BayVGH, VRspr 20, 404; vgl. auch BVerwG, DÖV 74, 598. Krit. zur Rechtsprechung des BVerwG Jörg Schmidt, VBlBW 90, 209.

[185] BVerwG, DÖV 74, 598 und ZBR 86, 295; s. auch Sprau, BayVBl 74, 582; a.A. Schulz-Arenstorff, BayVBl 74, 150.

[186] S. Günther, ZBR 87, 129: „Das Gesetz stellt ... die Ausnahme als Regel voraus." Dem Zweck des § 32 Abs. 2 Satz 1 BBG (§ 22 Abs. 4 Satz 2 BRRG) ist auch bei der Entscheidung über eine vorläufige Dienstenthebung nach § 126 Abs. 4 iVm § 91 BDO Beachtung zu schenken; BVerwG, Buchholz 235 § 126 BDO Nr. 1.

[187] Die Ermessenseinschränkung greift nicht mehr ein, wenn sich der Anwärter nach Abschluß des Vorbereitungsdienstes nicht zur Laufbahnprüfung meldet oder, soweit vorgeschrieben, einen Antrag auf Zulassung stellt; Plog/Wiedow/Beck/Lemhöfer, BBG, § 32, RdNr 8 b.

[188] S. dazu RdNr 3.

[189] Vgl. dazu allgemein BVerwGE 49, 16; 56, 220.

hen ist. Wie bereits in anderem Zusammenhang[190] dargelegt, muß zwischen einem nur laufbahnrechtlich relevanten Vorbereitungsdienst und einem solchen unterschieden werden, der (zugleich) Ausbildungsstätte im Sinne des Art. 12 Abs. 1 Satz 1 GG ist. Im Blick auf ersteren hat das BVerwG[191] ausgeführt: Beständen – etwa wegen unzulänglicher Leistungen – „ernsthafte Zweifel", ob der Beamte das Ziel des Vorbereitungsdienstes, nämlich den Erwerb der Befähigung für die angestrebte Beamtenlaufbahn, erreiche, so könne er entlassen werden. Auch „begründete Zweifel an seiner gesundheitlichen und persönlichen Eignung für die angestrebte Beamtenlaufbahn" könnten eine Entlassung rechtfertigen.[192] Maßstab seien hierbei nicht nur die Anforderungen des Vorbereitungsdienstes, sondern auch diejenigen „des ihm auf Lebenszeit zu übertragenden Amtes". In bezug auf den Vorbereitungsdienst, der (auch) Ausbildungsstätte im Sinne des Art. 12 Abs. 1 Satz 1 GG ist, modifiziert das BVerwG[193] diesen Ansatz wie folgt:

> „Eignung und Befähigung können zwar in Fällen dieser Art nicht – jedenfalls nicht ausschließlich – unter Berücksichtigung der Anforderungen eines dem Beamten nach Ableistung des Vorbereitungsdienstes und Ablegung der Anstellungsprüfung zu übertragenden Amtes beurteilt werden. Vielmehr ist in erster Linie auf die Anforderungen des Vorbereitungsdienstes im Beamtenverhältnis auf Widerruf und auf die des angestrebten Berufes abzustellen: Sie rechtfertigen es unter anderem, den Beamten zu entlassen, weil er nicht die erforderlichen Leistungen bringt, auf nicht absehbare Zeit – etwa aus gesundheitlichen Gründen – an der Ablegung der Prüfung verhindert ist ... oder aber – unabhängig von einem in Betracht kommenden Beamtenverhältnis – für den angestrebten Beruf, etwa wegen vorsätzlich begangener Straftat, ungeeignet erscheint. ..."

Diese Rechtsprechung vermag nicht in jeder Hinsicht zu überzeugen, weil **198** sie den Sinn und Zweck des Vorbereitungsdienstes im Beamtenverhältnis auf Widerruf[194] nicht hinreichend berücksichtigt und dem Charakter des § 32 Abs. 2 Satz 1 BBG (§ 23 Abs. 4 Satz 2 BRRG) als einer Sollvorschrift nicht genügend Rechnung trägt.[194a] Sowohl für den nur laufbahnrechtlich relevanten Vorbereitungsdienst als auch für denjenigen, der (daneben) Ausbildungsstätte im Sinne des Art. 12 Abs. 1 Satz 1 GG ist, gilt, daß sein Sinn und Zweck zum Teil verfehlt würde, falls man dem Dienstherrn zubilligte, auf *fachliche Mängel*, die sich während des Vorbereitungsdienstes zeigen, ohne weiteres durch Widerruf des Beamtenverhältnisses zu reagieren;[195] § 32 Abs. 2 Satz 1 BBG (§ 23 Abs. 4 Satz 2 BRRG) soll gerade sicherstellen, daß auch weniger qualifizierte Beamte auf Widerruf ihren Vorbereitungsdienst beenden können und die Chance erhalten, die (Laufbahn-)Prüfung abzule-

---

[190] S. RdNrn 5 ff.
[191] BVerwGE 62, 267 (269 f.).
[192] Dazu Plog/Wiedow/Beck/Lemhöfer, BBG, § 32, RdNr 8 a, die die Aussage des BVerwG als „nicht tragende" und „wohl mißverständliche" Bemerkung kennzeichnen.
[193] BVerwGE 62, 267 (270).
[194] Vgl. jedoch BVerwGE 62, 267 (269).
[194a] Zustimmend Battis, BBG, § 32, RdNr 4.
[195] S. aber Günther, ZBR 87, 129 (139 Anm. 133).

gen.[196] Die Annahme einer atypischen Fallgestaltung, von der die Entlassung während des Vorbereitungsdienstes abhängt, läßt sich ferner noch nicht daraus herleiten, daß „ernsthafte" oder „begründete" „Zweifel" an *Befähigung* und *Eignung* vorhanden seien. Zutreffend ist hingegen, daß bei prognostischen Betrachtungen je nach Art des Vorbereitungsdienstes auf unterschiedliche Anforderungsprofile abzustellen ist: Bei einem nur laufbahnrechtlich relevanten Vorbereitungsdienst sind letztlich die Anforderungen bestimmend, denen ein Beamter auf Lebenszeit dieser oder einer gleichwertigen Laufbahn genügen muß. Hat der Vorbereitungsdienst (auch) den Charakter einer Ausbildungsstätte, so ist der Beruf als solcher maßgeblich, unabhängig davon, ob er im Beamtenverhältnis oder anderweitig ausgeübt wird.

199   In Anbetracht dessen kann eine Entlassung während des Vorbereitungsdienstes nur ausgesprochen werden, wenn der Beamte
- seine Dienstpflichten in einem Maße verletzt, daß daraus auf eine charakterliche Nichteignung für eine spätere Ernennung zum Beamten auf Lebenszeit oder – sofern der Vorbereitungsdienst (zugleich) Ausbildungsstätte ist – für den angestrebten Beruf schlechthin geschlossen werden kann (Fallgruppe 1),
- nicht die für eine (Fortsetzung der) Ausbildung im Beamtenverhältnis auf Widerruf erforderliche Gewähr der Verfassungstreue bietet (Fallgruppe 2),[197]
- den Vorbereitungsdienst, etwa aus gesundheitlichen Gründen, für geraume Zeit unterbricht oder nach Ableistung des Vorbereitungsdienstes für einen nicht absehbaren oder unvertretbar langen Zeitraum an der Ablegung der Prüfung verhindert ist (Fallgruppe 3)[198] oder
- derart unzureichende Leistungen erbringt, daß das Ziel des Vorbereitungsdienstes (auch bei wohlwollender Betrachtung, wie sie der Sollvorschrift des § 32 Abs. 2 Satz 1 BBG allein entspricht) nicht erreichbar erscheint (Fallgruppe 4).[199]

200   Bei *Fallgruppe 1* (Dienstpflichtverletzung) kann der Entlassungstatbestand des § 31 Abs. 1 Satz 1 Nr. 1 BBG (§ 23 Abs. 3 Nr. 1 BRRG), soweit der Vorbereitungsdienst Ausbildungsstätte im Sinne des Art. 12 Abs. 1 Satz 1 GG ist, nicht unbesehen übernommen werden. Zumindest insofern ist die Formulierung des BVerwG, daß der „Entlassungsschutz" des Beamten auf Widerruf nicht stärker als derjenige des Beamten auf Probe sein könne,[200] mißverständlich. Wie das BVerwG an anderer Stelle[201] richtig be-

---

[196] BW VGH; ZBR 61, 112; NW OVG, ZBR 62, 147; s. weiterhin Günther, ZBR 87, 129 (139).
[197] BVerwGE 47, 365; 62, 267; vgl. auch BVerfGE 39, 334 (355, 370f.).
[198] Zum letztgenannten Fall vgl. BVerwG 4. 5. 1979 – 2 B 3.79 – und 5. 9. 1979 – 2 B 55.78 –, zit. nach Becker, RiA 81, 147 (148 Anm. 106).
[199] Vgl. BayVGH, BayVBl 62, 93.
[200] BVerwGE 62, 267; BVerwG, Buchholz 237.0 § 38 BW LBG Nr. 3.
[201] BVerwGE 62, 267; BVerwG, Buchholz 238.5 § 5 DRiG Nr. 1.

merkt, kommt es bei dem angesprochenen Typus des Vorbereitungsdienstes ausschlaggebend darauf an, ob der Beamte „für den angestrebten Beruf ... ungeeignet erscheint". Eine hypothetische, an der disziplinarrechtlichen Ahndung von Dienstvergehen gegenüber Beamten auf Lebenszeit orientierte Betrachtung kann zwar als Einstiegsüberlegung hilfreich sein; zusätzliche Erwägungen sind jedoch mindestens dann geboten, wenn die Standards für eine Berufsausübung im Beamtenverhältnis (auf Lebenszeit) und eine solche außerhalb des öffentlichen Dienstes nicht unerheblich voneinander abweichen.

Für die Entlassung eines Beamten auf Widerruf wegen mangelnder Ver- **201** fassungstreue *(Fallgruppe 2)* ist es gleichgültig, ob der Vorbereitungsdienst eine Ausbildungsstätte ist oder nicht, da es sich bei der Pflicht zur Verfassungstreue um einen hergebrachten Grundsatz des Berufsbeamtentums (Art. 33 Abs. 5 GG) handelt, der für *jedes* Beamtenverhältnis gilt.[202] Verhaltensweisen des Beamten auf Widerruf, die sich als vor der Begründung des Beamtenverhältnisses abgeschlossene Vorgänge darstellen, darf der Dienstherr bei seiner Entlassungsentscheidung nur in seine Überlegungen einbeziehen, „wenn sie auch – fortwirkend – Rückschlüsse auf die persönliche Eignung[203] des Beamten während des Beamtenverhältnisses auf Widerruf zulassen und Vorgänge während des Vorbereitungsdienstes in einem anderen Licht erscheinen lassen" oder ihnen ein „besonderes Gewicht" verleihen.[204] Hinsichtlich des Verfassungstreuegebotes im einzelnen s. RdNrn 15 ff.

Bei den *Fallgruppen 3 und 4* dürfen angesichts des (bloßen) Ausbildungs- **202** charakters des Vorbereitungsdienstes nicht zu geringe Anforderungen an das tatsächliche Fundament prognostischer Einschätzungen gestellt werden, falls diese für den Beamten im Ergebnis ungünstig sind. „Berechtigte Zweifel" an der gesundheitlichen Eignung für einen erfolgreichen Abschluß sind nicht ausreichend, um den Beamten auf Widerruf aus dem Vorbereitungsdienst zu entlassen. Es kommt vielmehr darauf an, ob Erkrankungen zu Unterbrechung des Vorbereitungsdienstes geführt haben, die bei vorausschauender Betrachtung – wegen der hierdurch verursachten Wissenslücken oder zu erwartender weiterer Ausfallzeiten – eine sinnvolle Fortführung der Ausbildung ausschließen. Bedeutung kann auch die Frage erlangen, ob sich gesundheitliche oder fachliche Mängel des Beamten dahin auswirken können, daß die Ausbildung anderer Beamter im Vorbereitungsdienst oder die Aufgabenerfüllung des öffentlichen Dienstes im übrigen nachhaltig beeinträchtigt werden.

Soll der Beamte auf Widerruf im Vorbereitungsdienst wegen eines Ver- **203** haltens entlassen werden, das bei einem Beamten auf Lebenszeit eine Diszi-

---

[202] BVerwGE 62, 267; s. auch RdNr 15.
[203] Besser: „Befähigung und Eignung"; s. RdNr 170.
[204] BVerwGE 62, 267.

plinarmaßnahme zur Folge hätte, die nur im förmlichen Disziplinarverfahren verhängt werden kann, so ist vorab das Untersuchungsverfahren gemäß § 126 Abs. 1 iVm § 35 BDO durchzuführen (§ 126 Abs. 4 BDO).[204a] Die Entlassung ist ohne Einhaltung einer Frist möglich (§ 32 Abs. 1 Satz 2 iVm § 31 Abs. 4 BBG).[205] In den übrigen Fällen der Entlassung sind die Fristen des § 31 Abs. 3 BBG zu beachten (§ 32 Abs. 1 Satz 2 BBG; s. auch § 23 Abs. 5 BRRG).

204   Was die Anhörung des Beamten selbst, des Personalrates, der Schwerbehindertenvertretung und der Hauptfürsorgestelle anbetrifft, s. RdNrn 166 ff. Die dort behandelten Normen und Grundsätze gelten auch für die Entlassung von Beamten auf Widerruf.

b) Widerruf bei Beamten auf Widerruf im Vorbereitungsdienst der Länder nach Ablegung der Prüfung

205   Endet das Beamtenverhältnis *nach Landesrecht* nicht ipso iure mit dem Bestehen der Prüfung, weil dies nicht durch Gesetz oder allgemeine Verwaltungsanordnung bestimmt ist (s. auch § 22 Abs. 3 BRRG), so kommen grundsätzlich *zwei* rechtliche Möglichkeiten seiner – wegen *Zweckerreichung* notwendigen – Abwicklung in Frage: Zum einen kann das Beamtenverhältnis auf Widerruf in ein solches auf Probe umgewandelt werden (§ 6 Abs. 1 Nr. 2 BBG, § 5 Abs. 1 Nr. 2 BRRG),[206] sei es, daß eine (laufbahnrechtliche) Norm dies vorschreibt, die bisherige Verwaltungspraxis in Verbindung mit dem Gleichbehandlungsgrundsatz (Art. 3 Abs. 1 GG) die Umwandlung gebietet oder eine Umwandlungszusicherung im Sinne des § 38 VwVfG vorliegt, sei es, daß der Dienstherr (in Würdigung des Prüfungsergebnisses) sein Ermessen dahin ausübt.[207] Zum anderen gelangt das § 23 Abs. 4 Satz 1 BRRG korrespondierende Landesrecht, soweit die Umwandlung nicht rechtlich zwingend ist, nach Bestehen der Prüfung zu uneingeschränkter Wirkung. Dies bedeutet, daß der Beamte auf Widerruf, falls er nicht in das Beamtenverhältnis auf Probe übernommen wird, trotz Bestehens der (Laufbahn-)Prüfung jederzeit aus einem *sachlichen Grunde*[208] entlassen werden kann.[209] Die Entlassung darf freilich nicht mehr auf mangelnde (Laufbahn-)Befähigung gestützt werden.[209] Auch die Ablegung der Prüfung selbst – d.h. die Erreichung des mit dem Vorbereitungsdienst und dem Widerrufsbeamtenverhältnis verknüpften Zweckes – dürfte, für sich genommen, bereits einen hinreichenden Entlassungsgrund darstellen.[210]

[204a] S. nunmehr auch § 126 Abs. 4 BDO n. F. (vgl. schon Fußn 66).

[205] S. auch § 6 Abs. 2 Satz 1 Nr. 2 BeamtVG.

[206] S. dazu RdNrn 25, 27.

[207] S. auch SOVG 18. 1. 1990 – 1 R 26/89 –, abgedr. bei Schütz, BR, ES/A II 5.1 Nr. 50.

[208] Vgl. BVerwGE 28, 155; 62, 267; BVerwG, DÖD 64, 52; s. auch RdNr 206.

[209] NW OVG, ZBR 62, 147; SOVG 18. 1. 1990 – 1 R 26/89 –, a.a.O. (Fußn 207).

[210] Ebenso Schütz, BR, RdNr 5 zu § 35 NW LBG.

Das endgültige Nichtbestehen der Prüfung rechtfertigt die Entlassung allerdings solange nicht, wie die Prüfungsentscheidung nicht unanfechtbar oder für sofort vollziehbar erklärt worden ist (§ 80 Abs. 2 Satz 1 Nr. 4 VwGO).[211]

c) Widerruf bei Beamten auf Widerruf, die nebenbei oder vorübergehend verwendet werden

Sie können – nach pflichtgemäßem Ermessen des Dienstherrn – *jederzeit,* **206** d.h. aus jedem sachlichen Grunde, durch Widerruf entlassen werden (§ 32 Abs. 1 Satz 1 BBG, § 23 Abs. 4 Satz 1 BRRG). Die Rechtsprechung zu § 32 Abs. 1 Satz 1 BBG und zu den vergleichbaren landesrechtlichen Bestimmungen hat allgemein als „sachlichen Grund" im vorerwähnten Sinne angesehen,[212] daß der Beamte mehrfach oder schwerwiegend seine Dienstpflichten verletzt[213] oder schuldhaft unerlaubt keinen Dienst versehen hatte[214] oder daß Zweifel an seiner Verfassungstreue,[215] seiner Gesundheit[216] oder seiner persönlichen oder fachlichen Eignung aufgekommen waren.

Auch organisatorische Veränderungen oder haushaltspolitische Überlegungen können den Widerruf des Beamtenverhältnisses rechtfertigen.[217] **207**

3. Prozessuale Fragen

Die Darlegungen unter RdNrn 184 ff. gelten entsprechend. Freilich ist **208** Plog/Wiedow/Beck/Lemhöfer[218] zuzugestehen, daß „die Erwägungen zum vorläufigen Rechtsschutz bei der Entlassung eines Beamten auf Probe[219] nicht uneingeschränkt auf den Fall der Entlassung eines Beamten auf Widerruf, insbesondere eines Anwärters, zu übertragen" sind: Das „erhebliche Interesse (des Anwärters) an vorläufiger Fortsetzung der Ausbildung" (d.h.

---

[211] HVGH, RiA 79, 157; zu der für den Fall des Ausscheidens kraft Gesetzes (§ 32 Abs. 2 Satz 2 BBG, § 22 Abs. 3 BRRG) andersartigen Rechtslage s. RdNr 195.

[212] S. dazu eingehend Günther, ZBR 87, 129 (130 ff.).

[213] Vgl. BW VGH, VRspr 5, 427. Geringfügige einmalige Dienstpflichtverletzungen reichen dagegen nicht aus; sie können zu mißbilligenden Äußerungen des Dienstvorgesetzten (s. § 6 Abs. 2 BDO) Anlaß geben oder auch disziplinarisch mit Verweis oder Geldbuße (§ 5 Abs. 3 BDO) geahndet werden. S. auch § 47 Abs. 3 Nr. 1 BeamtVG.

[214] Vgl. NW OVG, ZBR 55, 337.

[215] S. RdNrn 15 ff.; vgl. auch BVerwGE 62, 267; RP OVG, DVBl 52, 596.

[216] BVerwG, Buchholz 232 § 32 BBG Nr. 15 und Buchholz 237.7 § 46 NW LBG Nr. 1.

[217] Günther, ZBR 87, 129 (130) mit weiteren Nachweisen. Vgl. außerdem Plog/Wiedow/Beck/Lemhöfer, BBG, § 32, RdNr 5: Das Leistungsprofil könne bei der ermessensfehlerfreien Auswahl unter mehreren für eine Entlassung in Betracht Kommenden bedeutsam sein.

[218] BBG, § 32, RdNr 18.

[219] S. RdNr 185.

an der Vermeidung eines irreparablen „Verlustes von Ausbildungszeit") einerseits und der Charakter des nicht der Unterhaltssicherung dienenden Vorbereitungsdienstes andererseits sind Spezifika, denen bei der Entlassung von Probebeamten aus ihrem Bewährungsdienstverhältnis[220] nichts Vergleichbares korrespondiert.

---

[220] S. RdNr 3.

4. Teil. Grundrechtsbeschränkungen

Das öffentlich-rechtliche Dienst- und Treueverhältnis, in dem der Beamte **209** zu seinem Dienstherrn steht (§ 2 Abs. 1 BBG, § 2 Abs. 1 BRRG; s. auch Art. 33 Abs. 4 GG), ist ein *Sonderrechtsverhältnis:*[1] Dem Beamten sind (besondere) Dienstpflichten auferlegt,[2] die über die (allgemeinen) Pflichten des Bürgers gegenüber dem Staat hinausgehen; der Dienstherr schuldet dem Beamten – mit Rücksicht auf die öffentlich-rechtliche Sonderbindung, nicht auf Grund des Sozialstaatsprinzips (Art. 20 Abs. 1 GG) – Fürsorge und Schutz (§ 79 BBG, § 48 BRRG).[3] Einerseits ist es nicht zweifelhaft, daß die Grundrechte (Art. 2 ff. GG) prinzipiell auch im Beamtenverhältnis Geltung beanspruchen.[4] Andererseits begrenzt der Pflichtenkreis des Beamten dessen rechtliche Möglichkeiten, von den Grundrechten Gebrauch zu machen.[5]

I. Verfassungsrechtlicher Ansatz[6]

Sofern die Grundrechte *Gesetzesvorbehalte* aufweisen, sind grundrechts- **210** beschränkende Regelungen der – allgemein und nicht nur für den Einzelfall geltenden (s. Art. 19 Abs. 1 Satz 1 GG) – Beamtengesetze verfassungsrechtlich unbedenklich, es sei denn, sie würden das jeweilige Grundrecht in seinem Wesensgehalt antasten (Art. 19 Abs. 2 GG). Wo ein Gesetzesvorbehalt fehlt, lassen sich Grundrechtsbeschränkungen durch die Beamtengesetze weder mit der Rechtsfigur des sog. besonderen Gewaltverhältnisses[7] noch damit rechtfertigen, daß derjenige, der freiwillig Beamter werde, auf die Grundrechte oder ihre Ausübung insoweit verzichte, als es zu Kollisio-

---

[1] Der Ausdruck „besonderes Gewaltverhältnis" sollte vermieden werden. S. auch Plog/Wiedow/Beck/Lemhöfer, BBG, § 2, RdNr 9 sowie Summer, ZBR 93, 97 (106 ff.).

[2] S. vornehmlich §§ 52 ff. BBG, §§ 35 ff. BRRG. Zu aktuellen Fragen aus dem Bereich der Beamtenpflichten Fleig, RiA 96, 226 ff.

[3] S. dazu RdNrn 354 ff.

[4] BVerfGE 39, 334 (336 f.); BVerfG, NJW 91, 1477.

[5] BVerfGE 7, 155 (162); 39, 334 (336 f.); BVerfG, NJW 83, 2691, NJW 89, 93 und NJW 91, 1478.

[6] Zur Grundrechtsproblematik bei Sonderstatusverhältnissen Loschelder in: Isensee/Kirchhof, HdB d. StR V, § 123; s. auch Lecheler, JuS 92, 473 ff. und GKÖD I, RdNrn 9 ff. zu § 2 BBG und RdNrn 9, 11 zu § 91 BBG.

[7] In diesem Sinne aber z.B. BayVerfGH, BayVGH n.F. 20 II 149 und ZBR 68, 151.

nen mit dem Beamtenrecht komme.[8] Die Konstruktion eines „rechtsfreien Raumes", um Grundrechtsbeschränkungen zu legitimieren, ist spätestens seit der Strafvollzugsentscheidung des BVerfG[9] nicht mehr ernstlich zu vertreten. Ein Grundrechtsverzicht, dessen Annahme fiktiv ist,[10] wäre rechtlich unbeachtlich, weil die Grundrechte nicht zur Disposition stehen.[11] Die Zulässigkeit von Grundrechtsbeschränkungen im Beamtenverhältnis folgt, wenn ein Gesetzesvorbehalt nicht vorhanden ist, aus Art. 33 Abs. 5 GG: Soweit eine beamtengesetzliche Norm grundrechtsbeschränkenden Inhalts Ausdruck eines hergebrachten Grundsatzes des Berufsbeamtentums ist, setzt nicht erst jene, sondern bereits dieser selbst der Grundrechtsausübung Grenzen.[12] Beamtengesetzliche Bestimmungen, die keinen hergebrachten Grundsatz verkörpern, vermögen hingegen nur bei Art. 2 Abs. 1 GG – als Bestandteil der „verfassungsmäßigen Ordnung"[13] – und bei solchen Grundrechten ausübungsbeschränkende Wirkung zu zeitigen, die unter Gesetzesvorbehalt gestellt sind.

211   Wo ein Grundrecht mit einem hergebrachten Grundsatz des Berufsbeamtentums kollidiert, stoßen von Verfassungs wegen geschützte Rechtsgüter aufeinander. Orientiert man sich am Prinzip der praktischen Konkordanz,[14] so müssen *im jeweiligen konkreten Fall*[14] dem Grundrecht wie dem in Frage stehenden hergebrachten Grundsatz Grenzen gezogen werden, damit beide zu *optimaler* Wirksamkeit gelangen können. Plog/Wiedow/Beck/Lemhöfer[15] gehen demgegenüber von einer „Vermutung ... für die volle Geltung aller Grundrechte auch für den Beamten" aus und erklären „Einschränkungen" deshalb „nur insoweit (für) verfassungsmäßig, als die für die Erhaltung eines funktionsfähigen Berufsbeamtentums unerläßlich zu fordernden Pflichten des Beamten diese Einschränkungen" bedingen. Einer „Vermutung", wie sie hier (mit welcher präzisen rechtlichen Wirkkraft auch immer) favorisiert wird, widerstreitet aber das Prinzip der Einheit der Verfassung,[16] als dessen Konsequenz sich die Notwendigkeit praktischer Konkordanz darstellt. Die *Wesensgehaltsgarantie* des Art. 19 Abs. 2 GG muß

---

[8] So jedoch z.B. Dürig, AöR 81, 117 (152); Schäfer, DVBl 61, 776; BVerwGE 10, 213 (218).

[9] BVerfGE 33, 1.

[10] Vgl. Schick, ZBR 63, 67 (69).

[11] BVerwGE 14, 21.

[12] Plog/Wiedow/Beck/Lemhöfer, BBG, § 2, RdNr 12.

[13] S. dazu RdNr 212.

[14] Vgl. Hesse, Verfassungsrecht, RdNrn 72, 317ff. mit Hinweisen auf Scheuner, VVDStRL 20, 125 sowie VVDStRL 22, 53 und Lerche, Übermaß und Verfassungsrecht, 1961, bes. S. 125ff. Lerche (a.a.O.) spricht in diesem Zusammenhang von der Aufgabe, den „schonendsten Ausgleich" zu erzielen. S. auch Schnapp, ZBR 77, 208, Weiß, ZBR 88, 109 (111) und Summer, ZBR 93, 97 (109f.) sowie Battis in: Achterberg/Püttner, BesVR, 4/1 RdNrn 23ff.

[15] A.a.O. (Fußn 12), RdNr 13 mit Hinweisen auf BVerfGE 39, 334 und BVerfG, NJW 83, 2691.

[16] Hesse, a.a.O. (Fußn 14).

unabhängig davon, für welchen Weg man sich im übrigen entscheidet, *schlechthin* beachtet werden.[17]

II. Beschränkungen in der Ausübung einzelner Grundrechte

1. Freie Entfaltung der Persönlichkeit (Art. 2 Abs. 1 GG)

Das Recht auf freie Entfaltung der Persönlichkeit kann nur in Anspruch 212 nehmen, wer durch sein Verhalten nicht gegen die „verfassungsmäßige Ordnung" verstößt, zu der die Beamtengesetze und die hergebrachten Grundsätze des Berufsbeamtentums zu rechnen sind.[18] Daraus leiten sich unter anderem folgende Beschränkungen her:

Zur *Verfassungstreuepflicht* (§ 52 Abs. 2 BBG, § 35 Abs. 1 Satz 3 BRRG) 213 als eines hergebrachten Grundsatzes[19] gehört es, daß der Dienstherr von seinen Beamten die Angaben verlangen kann, „die zur Verwirklichung des legitimen und dringenden Zieles, die Sicherheit im Bereich des öffentlichen Dienstes zu gewährleisten, geeignet und erforderlich sind". Das Recht auf „informationelle Selbstbestimmung" – als Ausprägung namentlich des Grundrechts auf freie Entfaltung der Persönlichkeit – ist „nicht schrankenlos" im Sinne „einer absoluten ... Herrschaft" des Beamten über „seine" Daten und muß je nach Fallgestaltung zurücktreten.[20]

In die durch Art. 2 Abs. 1 GG garantierte *Intimsphäre* einer Beamtin 214 greift der Dienstherr aber ein, wenn er ihr eine Beihilfe zu den Kosten der Entbindung ihres nichtehelichen Kindes unter Hinweis auf den – unter Umständen klageweise geltend zu machenden – Kostenerstattungsanspruch gegen den Erzeuger versagt, weil er sie so (mittelbar) zwingt, den Namen des Erzeugers preiszugeben.[21] Einzelheiten über die *Art* einer Erkrankung braucht der Beamte der Dienstbehörde nur mitzuteilen, falls seine Befähigung, die Aufgaben seines Dienstpostens auszuführen, hierdurch berührt wird und daraus Risiken für die Allgemeinheit oder für andere Dienstnehmer entstehen können.[22]

Der Beamte hat sich unter Zurückstellung sonstiger Interessen im Rahmen 215 der Arbeitszeitvorschriften[23] mit „voller Hingabe" seinem Hauptamt zu

---

[17] Vgl. die Nachweise bei Schütz, RdNr 22 der Vorbem. z. §§ 55–84 NW LBG a. E.

[18] BVerwGE 29, 304; 31, 241; 35, 201; 60, 254; weiterhin RP OVG, DÖD 84, 149.

[19] Zum Verhältnis von Verfassungstreue- und Mäßigungspflicht s. Weiß, ZBR 88, 109 (110).

[20] BVerfG, NJW 88, 1119 mit weiteren Nachweisen; s. auch NW OVG, ZBR 87, 151.

[21] BVerwGE 36, 53.

[22] Vgl. Fink, DÖV 57, 447.

[23] Zur Anordnung gegenüber einem Justizvollzugsbeamten, für Notfälle seine private Telefonnummer bei der Dienststelle zu hinterlassen, s. VG Freiburg, VBlBW 90, 271.

widmen (vgl. § 54 Satz 1 BBG, § 36 Satz 1 BRRG). Entgeltliche *Nebentätigkeiten* darf er deshalb – abgesehen von „besonders begründeten (Ausnahme-)Fällen" – nur außerhalb der Arbeitszeit ausüben (vgl. § 65 Abs. 3 BBG, § 42 Abs. 3 BRRG). Öffentliche Interessen *mit dienstlichem Bezug* können zur Versagung einer Nebentätigkeitsgenehmigung oder zur Untersagung einer genehmigungsfreien Nebentätigkeit führen.[24] Der Beamte muß auf die Erhaltung und – soweit erforderlich – auf die Wiederherstellung seiner Gesundheit achten.[25] Die Pflicht, sich deshalb einer Heilbehandlung zu unterziehen,[26] wird weder durch eine gegenwärtig bestehende Dienstunfähigkeit noch durch eine Beurlaubung des Beamten aufgehoben oder aufgeschoben.[27] Ohne Not darf sich der Beamte auch im Interesse des Dienstes nicht besonderen Gefahren aussetzen; es wäre aber überzogen, wenn man etwa verlangen wollte, daß er sich üblicher, nicht risikoloser sportlicher Betätigung oder etwa des Rauchens enthielte.[28]

216 In der Pflicht des Beamten, eine *Dienstunfähigkeit* infolge Krankheit auf Verlangen des Dienstvorgesetzten *nachzuweisen* (§ 73 Abs. 1 Satz 2 BBG),[29] konkretisiert sich die beamtenrechtliche Grundpflicht zur „vollen Hingabe" an den Dienst.[30] Voraussetzung für das Verlangen sind (nicht aus der Luft gegriffene, auf faßbare Umstände gestützte) Zweifel des Dienstvorgesetzten daran, ob der Beamte tatsächlich dienstunfähig ist.[31] Sie können sich z. B. herleiten[32]

---

[24] S. dazu im einzelnen (auch zu der Frage, ob die Nebentätigkeitsgenehmigung aus arbeitsmarktpolitischen Gründen versagt werden darf) RdNr 252.

[25] BVerwGE 63, 322; 76, 128. Zur Frage, ob ein allgemeines und absolutes Alkoholverbot angeordnet werden darf, s. BVerwG, NVwZ 96, 1220 (1221).

[26] S. auch RdNr 222.

[27] BVerwG, NJW 84, 677.

[28] So mit Recht Schütz, BR, RdNr 3 zu § 57 NW LBG. Zur Frage eines Rauchverbotes am Arbeitsplatz s. RdNr 385. Vgl. auch BVerwGE 83, 82. Zum Leistungssport von Beamten Günther, DÖD 89, 7.

[29] Das Verlangen, ein amtsärztliches Attest beizubringen, ist Verwaltungsakt; BW VGH, ZBR 75, 322. Zur Zuständigkeit für die Anordnung einer amtsärztlichen Untersuchung s. BVerwG, NVwZ-RR 96, 216. Bei divergierenden privat- und amtsärztlichen Gutachten zur Frage der Dienstfähigkeit eines Beamten kommt der Diagnose eines Amtsarztes wegen seiner dienstrechtlichen Stellung und seiner besonderen Kenntnisse der Belange der öffentlichen Verwaltung gegenüber privatärztlichen Bescheinigungen der Vorrang zu (BVerwG, ZBR 94, 247 [248]). S. aber auch Summer, ZBR 93, 17 (21): Die Feststellung der Amtsanforderungen sei „Sache der Verwaltung und nicht des amtsärztlichen Gutachtens". Neuerdings zu diesem Problemfeld SH OVG, DÖV 97, 344.

[30] Vgl. BVerwGE 21, 15; weiterhin Köhler, DÖD 87, 145.

[31] NW OVG, DÖD 83, 91 und ZBR 86, 122; RP OVG, DÖD 90, 71 (betr. fachpsychologische Untersuchung zur Feststellung etwaigen Alkoholmißbrauchs).

[32] S. im einzelnen Köhler, DÖD 87, 145 (146), der seine Aufzählung von Gesichtspunkten mit der Bemerkung beschließt: „Kein tauglicher Aspekt ist es hingegen, daß ein vom Beamten vorgelegtes privatärztliches Attest keine Angaben über die Art der Erkrankung enthält. Diese aus der Sicht der Personalpraxis bedauerliche Rechtsentwicklung hat der einzelne Beamte nicht zu vertreten."

– aus der Dauer der bisherigen Fehlzeit,
– aus der Häufigkeit von Ausfällen und/oder
– der Lage von Fehltagen im Kalender,
    wobei im Einzelfall möglicherweise erst eine Summierung solcher Gesichtspunkte anlaßgebend sein kann.[33]
    Um eine Erkrankung außerhalb seines Dienst- oder Wohnortes *auszuheilen*, bedarf der Beamte keines Urlaubs und keiner Genehmigung. Eine Anordnung seines Dienstvorgesetzten, während des „Krankenstandes" seinen Wohnort nicht zu verlassen, ist rechtswidrig, weil sie den wegen der Krankheit nicht dienstpflichtigen Beamten unzulässig in seiner persönlichen Freiheit beschränkt.[34]
    Die Pflicht des Beamten zu uneigennütziger Dienstausübung (vgl. § 54 **218** Satz 2 BBG, § 36 Satz 2 BRRG) gebietet es, daß dieser die Wahrnehmung seiner privaten Belange und seine Dienstverrichtung streng voneinander trennt. Die Regelung der §§ 70, 71 BBG (§ 43 BRRG) ist in diesem Zusammenhang zu sehen.

    Auch die Pflicht des Beamten zu achtungs- und vertrauensgerechtem **219** Verhalten (vgl. § 54 Satz 3 BBG, § 36 Satz 3 BRRG) kann das Grundrecht auf freie Entfaltung der Persönlichkeit beschränken. Es ist – wie auch sonst – auf die Besonderheiten des Einzelfalles abzustellen. Das Tragen von Schmuckgegenständen zur Dienstkleidung (etwa eines männlichen[35] Polizeivollzugs- oder eines männlichen Zollbeamten) darf nur verboten werden, wenn es den Gesamteindruck der Dienstkleidung verändert oder geeignet ist, das Ansehen des Trägers und damit der staatlichen Einrichtung, der er dient, in der Öffentlichkeit zu mindern.[36] Ein seit längerer Zeit erkrankter

---

[33] BVerwG, Buchholz 237.5 § 51 LBG Hessen Nr. 1.
[34] VG Ansbach, BayVBl 91, 699. S. auch RdNr 238. Zum Ganzen Günther, ZBR 93, 225 (233 f.).
[35] Eine geschlechtbedingte Ungleichbehandlung der Beamtinnen, soweit ihnen das Tragen von Schmuck gestattet bleibt, ist hier „vergleichsweise unbeträchtlich" (BVerfGE 19, 177 [183]) und daher kein Verstoß gegen Art. 3 Abs. 2 GG; BVerfG, NJW 91, 1477 (1478). S. auch BVerwG, DÖD 94, 192.
[36] Vgl. einerseits VG Berlin, ZBR 84, 142 (unter Bezugnahme auf BVerwG 14. 4. 1983 – 2 W DB 1.83 –, Dok. Ber. B 83, 245): Das Tragen eines Halskettchens zur Uniform eines (männlichen) Polizeivollzugsbeamten dürfe nicht verwehrt werden. Weiterhin HVGH, RiA 91, 93: Die Weisung an einen Polizeivollzugsbeamten, während des uniformierten Dienstes keinen sog. Lagerfeld-Zopf zu tragen, sei ein unzulässiger Eingriff in das Grundrecht auf freie Entfaltung der Persönlichkeit (sehr zw.) . S. andererseits BW VGH, ZBR 86, 335 (unter Bezugnahme auf BVerwGE 46, 1) und VG Freiburg, ZBR 85, 340: Es sei nicht zu bemängeln, wenn allgemein angeordnet werde, daß männliche Dienstkleidungsträger des Zolldienstes zur Dienstkleidung keinen Ohrschmuck tragen dürfen. Die Revision des Beamten gegen das Urteil des BW VGH hat keinen Erfolg gehabt; s. BVerwGE 84, 287 unter Bezugnahme auf § 55 Satz 2 und § 76 BBG: „Die über die Dienstleistungspflicht hinausgehende geringfügige zusätzliche Einschränkung der allgemeinen Handlungsfreiheit ist .. ebenso wie die Pflicht, Dienstkleidung zu tragen, durch das gleichfalls Verfassungsrang beanspruchende Erfordernis einer sachgerechten Aufgabenerledigung

Polizeibeamter, der kostümiert am Faßnachtszug seiner Heimatgemeinde teilnimmt, verstößt damit gegen die ihm obliegende Dienstpflicht zu „achtungsgebietendem Verhalten".[37]

220   Der Gehorsamspflicht (vgl. § 55 Satz 2 BBG, § 37 Satz 2 BRRG)[38] entspricht es, daß der Beamte eine dienstliche Anordnung[39] befolgt, die ihm aufgibt, seine Dienstfähigkeit im allgemeinen oder seine Tauglichkeit für bestimmte Dienstaufgaben ärztlich klären zu lassen (s. auch § 42 Abs. 1 Satz 3 BBG).[40] Ein Bundesbahnbeamter muß, wenn seine Dienstaufgaben dies nahelegen, an einem Alkoholtest zur Überprüfung seiner Dienstfähigkeit mitwirken.[41] Gleiches gilt für einen Polizeivollzugsbeamten, wenn er eine sicherheitsrelevante Tätigkeit übernehmen oder fortsetzen soll, sofern Zweifel an seiner Dienstfähigkeit aufgetreten sind.[42] Einen unzulässigen – durch die Gehorsamspflicht nicht gedeckten – Eingriff in das Recht auf freie Entfaltung der Persönlichkeit stellt dagegen z. B. die Anordnung eines Vorgesetzten an einen Polizeivollzugsbeamten dar, in dienstfreier Zeit an einer nicht vom Dienstherrn veranstalteten staatspolitischen Gemeinschaftsfeier teilzunehmen.[43, 44]

---

gerechtfertigt...". Die Verfassungsbeschwerde ist durch BVerfG, NJW 91, 1477 nicht angenommen worden: Daß sich der Dienstherr „zu einer pauschalierenden Regelung in Form des generellen Verbots von Ohrschmuck für männliche Dienstkleidungsträger" veranlaßt gesehen habe, sei „im Hinblick auf die erkennbaren Differenzierungsschwierigkeiten bei den verschiedenen Erscheinungsformen des Ohrschmucks und wegen der geringfügigen Beeinträchtigung des Rechts der Beamten, ihr äußeres Erscheinungsbild nach Gutdünken zu gestalten, verfassungsrechtlich noch hinzunehmen". Weiterhin RP OVG, ZBR 86, 334: Ansehensverstoß eines männlichen Polizeivollzugsbeamten, der während des Dienstes zur Uniform Ohrschmuck trägt.

[37] RP OVG, ZBR 89, 383.

[38] Zur Qualifizierung der Gehorsamspflicht als hergebrachten Grundsatzes des Berufsbeamtentums vgl. BVerfGE 9, 286; BVerfG, NVwZ 95, 680; RP OVG, AS 1, 23; s. auch BayVerfGH, ZBR 60, 381 und BVerwGE 84, 287. Die Gehorsamspflicht besteht grundsätzlich auch bei *rechtswidrigen* Weisungen. Der Beamte kann remonstrieren, unter Umständen auch klagen, was ihn freilich nicht von der Pflicht zur sofortigen Ausführung der Weisung entbindet; BVerfG, NVwZ 95, 680. Dazu im einzelnen Felix, ZBR 94, 18 ff. und Weiß, ZBR 94, 325 ff. sowie ZBR 95, 195 f.; vgl. auch Verf., ZBR 92, 257 (261) unter Hinweis auf BrOVG, ZBR 89, 23.

[39] Dabei handelt es sich um einen Verwaltungsakt; OVG Lüneburg, NVwZ 90, 1194.

[40] Vgl. BVerwG, DVBl 81, 502. Zum Beweiswert amtsärztlicher Gutachten über die Dienstfähigkeit des Beamten bei Vorliegen gegenteiliger Privatgutachten s. BVerwG, ZBR 94, 247 (248); RP OVG, NJW 90, 788. Vgl. bereits Fußn 29.

[41] BVerwGE 43, 305.

[42] BayVGH, ZBR 85, 230.

[43] Vgl. NW OVG, DÖV 66, 101. S. weiterhin NW DiszS, ZBR 70, 367 (zur – gleichfalls unzulässigen – Anordnung, bei einer von einer Gemeinde veranstalteten Feier zum Volkstrauertag in Polizeiuniform zu erscheinen und den Kranz des Landrates zu tragen).

[44] S. in diesem Zusammenhang auch RdNr 217.

2. Recht auf Leben und körperliche Unversehrtheit (Art. 2 Abs. 2 Satz 1 GG)

Auf Grund seiner Pflicht zu „voller Hingabe" an den Beruf (vgl. § 54 **221** Satz 1 BBG, § 36 Satz 1 BRRG) ist der Beamte gehalten, wenn und soweit sich dies (z.B. im Gesundheitsdienst oder im Strafvollzug, bei Polizei oder Feuerwehr) im Einzelfall zur effektiven Wahrnehmung der Aufgaben seines übernommenen Pflichtenkreises als unerläßlich erweist,[45] auch seine Gesundheit und sein Leben einzusetzen.[46] Einen versorgungsrechtlichen Ausgleich[47] bei Dienstunfällen, die der Beamte unter solchen Umständen erleidet, bietet die Regelung der §§ 37, 39 Abs. 1 Satz 2 und 43 BeamtVG.

Der Beamte muß sich, soweit dies angezeigt erscheint, gegebenenfalls **222** auch auf Weisung seines Dienstvorgesetzten (vgl. § 55 Satz 2 BBG, § 37 Satz 2 BRRG), einer – erfolgversprechenden – Heilbehandlung unterziehen,[48] es sei denn, daß sie mit einer beträchtlichen Gefahr für sein Leben oder seine Gesundheit verbunden ist oder nicht zumutbare Schmerzen zur Folge hat.[49] Für eine Operation trifft Entsprechendes zu, wenn sie keinen erheblichen Eingriff in die körperliche Unversehrtheit bedeutet.[50] Ärztliche Anordnungen hat der Beamte zu beachten.[51]

3. Differenzierungsverbote des Art. 3 Abs. 3 Satz 1 GG

Art. 3 Abs. 3 Satz 1 GG[52] verbietet es unter anderem, jemanden wegen **223** seines Geschlechts oder seiner religiösen oder politischen Anschauungen wegen zu benachteiligen oder zu bevorzugen. Das BVerfG[53] hat dazu bemerkt, daß „jenes formalisierte Verbot ... nicht absolut" gelte, und hinzugefügt:

---

[45] S. dazu GKÖD I , RdNr 2 zu § 54 BBG.

[46] Vgl. Weimar, RiA 65, 131; Wilhelm, ZBR 66, 325; Fleig, RiA 96, 226 (229f.) mit weiteren Nachweisen. S. auch HVGH, ZBR 85, 248.

[47] Vgl. Brockhaus in: Schütz, BR, RdNr 5 zu § 30 BeamtVG.

[48] BVerwG, ZBR 90, 261. Zu einer etwaigen Impfpflicht s. BVerwGE 33, 339.

[49] Die Frage der Zumutbarkeit muß anhand der konkreten Umstände beantwortet werden; BVerwG, ZBR 90, 261.

[50] Vgl. dazu BVerwGE 63, 322; 76, 103; BVerwG, ZBR 81, 220 und NJW 91, 766; BDHE 5, 39; NW OVG, NJW 90, 2950. Weiterhin Döge, ZBR 61, 367 und Müller, ZBR 65, 65 (67). S. auch den Wortlaut des § 33 Abs. 3 BeamtVG. Trotz der Verwendung der Worte „ist verpflichtet" handelt es sich dort nicht um eine echte Rechtspflicht, sondern nur um eine Obliegenheit (Last) des dienstunfallverletzten Beamten (vgl. auch § 44 Abs. 2 BeamtVG). Zur Pflicht speziell des alkoholabhängigen Beamten, an der Wiederherstellung seiner Gesundheit in geeigneter Weise mitzuwirken, s. BVerwG, DÖD 80, 85.

[51] BVerwG, ZBR 81, 220; vgl. auch BDHE 5, 231.

[52] S. auch Art. 33 Abs. 3 GG.

[53] BVerfGE 39, 334 (368); s. auch BVerfGE 63, 266 (303); 65, 65 (67); 75, 40 (70).

„Es sollte auf der Hand liegen, daß es nicht unzulässig sein kann, bei der Verwendung eines Lehrers an einer konfessionellen Schule auf dessen Bekenntnis abzustellen oder bei der Berufung des Leiters einer Mädchenschule einer weiblichen Direktorin den Vortritt zu geben ...“

In beiden genannten Fällen könne man dies damit begründen, daß Art. 3 Abs. 3 Satz 1 GG nur die „bezweckte“ Benachteiligung oder Bevorzugung verbiete, „nicht aber einen Nachteil oder einen Vorteil, der die *Folge*[54] einer ganz anders intendierten Regelung ist“. Näher liegt es, auch hier den Gedanken der praktischen Konkordanz fruchtbar zu machen: Art. 33 Abs. 2 GG, der eine Auswahl nach Eignung, Befähigung und fachlicher Leistung gebietet, ist, soweit er sich als Ausdruck des „Leistungsgrundsatzes“ darstellt,[55] (zugleich) ein hergebrachter Grundsatz des Berufsbeamtentums,[56] so daß sich bei beiden im Zitat angesprochenen Fallgestaltungen die oben[57] näher umrissene Problematik des „schonendsten Ausgleichs“ stellt. Betrachtet man die Dinge so, dürfte es mindestens fraglich sein, ob der Bewerberin bei der Besetzung der Leiterstelle einer Mädchenschule wegen ihres Geschlechts auch dann einem männlichen Mitbewerber gegenüber die Präferenz einzuräumen ist, wenn dieser eine (deutlich) bessere Beurteilung seiner (bisher erbrachten) fachlichen Leistungen und seiner Führungsfähigkeiten vorweisen kann. Eindeutig im Sinne der Ansicht des BVerfG ist hingegen der an erster Stelle angeführte Fall zu lösen.[58] Eine Erwartungshaltung der Bürger hinsichtlich der Religionszugehörigkeit eines Beamten im ländlichen Raum rechtfertigt keine Auswahldifferenzierung nach dem Bekenntnis der Bewerber.[59] Niemand kann sich schließlich mit Erfolg auf Art. 3 Abs. 3 Satz 1 GG berufen, wenn er es unternimmt, die freiheitliche demokratische Grundordnung zu beseitigen oder zu beeinträchtigen.[60]

4. Glaubens-, Bekenntnis- und Gewissensfreiheit (Art. 4 Abs. 1 und 2 GG)

224   Dieses Grundrecht, das – auch wegen seiner engen Beziehung zur Menschenwürde (Art. 1 GG) – weder durch die allgemeine Rechtsordnung noch durch eine unbestimmte Güterabwägungsklausel relativiert wird,[61] steht der

---

[54] Hervorhebung durch Verf.

[55] S. dazu Verf., Dienstliche Beurteilung, RdNr 78, Anm. 3 mit weiteren Nachweisen.

[56] Vgl. insbesondere BVerfGE 11, 203 (215 f.); BVerwGE 24, 235 (239). Weitere Nachweise bei GKÖV I, RdNr 66 zu § 2 BBG.

[57] RdNr 211.

[58] Vgl. auch BVerfGE 6, 309 (339); 41, 29 (46 ff.) sowie BVerwGE 19, 252 (257 ff.).

[59] BVerwGE 81, 22 (24 ff.); s. außerdem BW VGH, DVBl 68, 255.

[60] BVerfGE 13, 46 (49). Das Parteiprivileg (Art. 21 Abs. 2 Satz 2 GG) gewährt dem Beamten keinen unmittelbaren Schutz; Weiß, ZBR 88, 109 (114).

[61] BVerfGE 33, 23 (29).

Eidespflicht des Beamten (§ 58 BBG, § 40 BRRG)[62] als hergebrachtem Grundsatz des Berufsbeamtentums[63] nicht entgegen.[64] Eine Kollision ist nicht vorhanden: Die Glaubens- und Bekenntnisfreiheit ist nicht berührt, weil der Eid ohne Anrufung Gottes und unter Verwendung einer anderen Beteuerungsformel als „Ich schwöre" geleistet werden kann (§ 58 Abs. 2 und 3 BBG).[65] Als – weltliches – Verfassungs- und Dienstgelöbnis soll der Eid allerdings zu einer Bindung des Gewissens beitragen.[66] Gleichwohl ist die Gewissensfreiheit *nicht beeinträchtigt,* da der Inhalt des Eides mit dem Grundgesetz vereinbar ist.[67] Der Beamte bekennt sich in ihm lediglich zu dem besonderen Dienst- und Treueverhältnis, in welches er durch seine Ernennung freiwillig eintritt, und zu der Verfassungs- und Rechtsordnung, die er bei der Erfüllung seiner Pflichten aus dem Dienst- und Treueverhältnis zu wahren hat.[68]

Mit Recht hat das BVerwG[69] entschieden, daß sich eine Kriminalbeamtin **225** unter Berufung auf ihr Gewissen weder der Ausrüstung mit einer Dienstwaffe noch der Teilnahme an Schießübungen entziehen könne; sie müsse die dahingehenden dienstlichen Weisungen vielmehr befolgen, weil ihr so nur etwas für ihre – aus freiem Willensentschluß gewählte – Laufbahn und das Berufsbild des Kriminalbeamten Charakteristisches aufgetragen werde.[70] Die Beamtin soll damit nicht auf das Grundrecht der Gewissensfreiheit „verzichten",[71] ihrer Dienst- und Treuepflicht entsprechend wird ihr nicht mehr zugemutet, als sich *nicht widersprüchlich* zu verhalten. Was die Werbung für eine Religionsgemeinschaft angeht, so ist – ohne daß die Besonderheiten des jeweiligen konkreten Falles vernachlässigt werden sollten – in erster Linie danach zu differenzieren, ob sie innerhalb oder außerhalb des Dienstes vonstatten geht und ob die Beamteneigenschaft des Werbenden hierbei als solche (etwa durch Dienstkleidung) deutlich wird:

---

[62] Zum Soldatengelöbnis BVerwGE 83, 285 (288).

[63] GKÖD I, RdNr 2 zu § 58 BBG; Schütz, BR, RdNr 3 zu § 61 NW LBG; Ule, Grundrechte IV 2, S. 573.

[64] Ebenso im Ergebnis BVerwG, ZBR 67, 53; BayVGH, DÖV 65, 134.

[65] Zur Durchbrechung des Grundsatzes in Fällen des § 7 Abs. 3 BBG (§ 4 Abs. 3 BRRG) s. § 58 Abs. 4 BBG (§ 40 Abs. 2 BRRG).

[66] S. auch BVerfGE 79, 69 (76f.).

[67] Zu dieser Einschränkung vgl. BDH 30. 9. 1955 – I D 93.54 –, zit. nach Mannheimer, JZ 56, 86 (87).

[68] Entgegen Engelmann, MDR 73, 365 geht es bei dieser Argumentation nicht darum, daß dem Beamten ein Verzicht auf ein Grundrecht angesonnen würde; so zutreffend GKÖD I, RdNr 2 zu § 58 BBG.

[69] BVerwGE 56, 227. S. auch VG Sigmaringen, NVwZ 91, 199 (zur Ermessensausübung bei der Entlassung eines Polizeibeamten auf Probe, der sich aus religiösen Gründen geweigert hatte, Schußwaffen gegen Menschen einzusetzen und an Samstagen sowie an Feiertagen Dienst zu tun [vgl. bereits 3. Teil, Fußn 47]).

[70] Zur Wechselwirkung zwischen Grundrechts*gebrauch* und -*verbrauch* (als Folge einer „Wahl") s. allgemein Wiese, BR, S. 24f.

[71] S. dazu schon Fußn 68.

– Das BVerwG[72] hat es als Verstoß gegen die (positive) Glaubens- und Bekenntnisfreiheit gewürdigt, daß einem Polizeivollzugsbeamten verboten worden war, sich außerhalb der Dienststunden in Zivil durch Hausbesuche in seinem Dienstbezirk für seine Glaubensgemeinschaft und deren „Wahrheiten" einzusetzen.

– Nach Ansicht des BayVGH[73] kann der Dienstherr einem beamteten Lehrer dagegen untersagen, während des Unterrichts Kleidung in bhagwantypischen Farben zu tragen; wo Spannungsverhältnisse zwischen negativer und positiver Bekenntnisfreiheit – wie besonders im Schulwesen – aufträten, müsse ein Ausgleich unter Berücksichtigung des Toleranzgebotes[74] gesucht werden, der sich bei einem Lehrer, was die obwaltenden Umstände angehe, nur so finden lasse, daß sich dieser in einer Weise kleide, die eine religiöse Beeinflussung der Schüler vermeide.

Beiden Entscheidungen ist beizupflichten. Zu ergänzen ist, daß auch die außerdienstliche Werbung untersagt werden kann, wenn – wofür jedoch zureichende Anhaltspunkte gegeben sein müssen – die Besorgnis der Parteilichkeit des Beamten gegenüber Andersdenkenden begründet ist.[75]

226   Dem Beamten steht kein Anspruch auf Erteilung von *Sonderurlaub* zur Teilnahme an einer Tagung einer privatrechtlichen Religionsgesellschaft zu; ein Eingriff in seine Glaubens- und Bekenntnisfreiheit ist in der Urlaubsverweigerung nicht zu erblicken.[76]

5. Meinungsäußerungsfreiheit (Art. 5 Abs. 1 Satz 1 GG)

227   Der Grundrechtsschutz des Art. 5 Abs. 1 Satz 1 GG kann von vornherein nur insoweit eingreifen, als der Beamte als *Staatsbürger* – und nicht als Organwalter – eine Meinung äußert.[77] Bei seinen dienstlichen (amtlichen)

---

[72] BVerwGE 30, 29; dazu Anm. Wilhelm, ZBR 68, 409.

[73] BayVBl 85, 721; vgl. aber auch HmbOVG, DVBl 85, 456 sowie Alberts, NVwZ 85, 92. S. weiterhin VG Augsburg, ZBR 86, 91.

[74] S. dazu BVerfGE 52, 223 (246 f.) mit weiteren Nachweisen.

[75] BVerwG, a. a. O. (Fußn 72).

[76] BVerwG, ZBR 85, 108. An der im Text vertretenen These würde sich nichts ändern, wenn man § 7 Satz 1 Nr 7 SUrlV, Renck, NVwZ 87, 669 (671) folgend, wegen Verfassungsverstoßes (Art. 3 Abs. 3 Satz 1 GG oder Art. 140 GG, Art. 137 ff. WRV) für nichtig hielte, weil er nicht für alle Bekenntnisgemeinschaften *ohne Rücksicht auf ihre Organisationsform* gilt. Renck sieht dies auch selbst, wie seine Schlußbemerkung zeigt: Es falle dem Staat „kein Stein aus der Krone, wenn er auch für Kirchentage der Johannischen Kirche Sonderurlaub gewährt – oder er streicht religiöse Veranstaltungen überhaupt aus seinem Sonderurlaubsangebot". S. auch Zängl, BayVBl 86, 198, der die Entscheidung BVerwG, ZBR 85, 108 verteidigt. Zum Verhältnis von Dienstleistungspflicht und Begehren auf Dienstbefreiung zur Ausübung von Grundrechten s. BVerwGE 42, 79 (83 f.).

[77] GKÖD I, RdNr 13 zu § 52 BBG mit weiteren Nachweisen. Zum Remonstrationsrecht s. § 56 Abs. 2 BBG (§ 38 Abs. 2 BRRG). Der Beamte braucht eine Weisung unter anderem dann nicht auszuführen, wenn das ihm aufgetragene Verhalten die Menschenwürde (Art. 1 GG) verletzt. Auch wenn nicht das eigene Arbeitsgebiet des

Äußerungen hat er grundsätzlich die Anordnungen seiner Vorgesetzten und ihre allgemeinen Richtlinien zu befolgen (vgl. § 55 Satz 2 BBG, § 37 Satz 2 BRRG), ohne daß Art. 5 Abs. 1 Satz 1 GG berührt wäre. Lehrer an öffentlichen Schulen äußern sich im Rahmen der Unterrichtserteilung dienstlich. Sie sind insoweit – unbeschadet eines auf Art. 7 Abs. 1 GG beruhenden pädagogischen Freiraumes[78] – weisungsgebunden und können Art. 5 Abs. 1 Satz 1 GG ebensowenig in Anspruch nehmen[79] wie Art. 5 Abs. 3 GG, der nur auf Hochschullehrer anwendbar ist.[80, 81]

Art. 5 Abs. 2 GG stellt das Recht der freien Meinungsäußerung unter den **228** Vorbehalt der „allgemeinen Gesetze", zu denen auch die §§ 52ff. BBG (§§ 35ff. BRRG) gehören.[82] Art. 33 Abs. 5 GG, der gleichfalls zur Rechtfertigung von Beschränkungen der privaten Meinungsäußerungsfreiheit des Beamten herangezogen wird,[83] sollte richtigerweise nur bei der *Auslegung* der einfach-rechtlichen Bestimmungen Berücksichtigung finden: Der vom BVerfG[84] entwickelten Auffassung zufolge setzen die „allgemeinen Gesetze" zwar dem Wortlaut nach dem Grundrecht Schranken; sie müssen aber ihrerseits in der Erkenntnis und in Würdigung des Wertgehaltes dieses Grundrechts interpretiert und so in ihrer das Grundrecht begrenzenden Wirkung selbst wieder eingeschränkt werden. Soweit die §§ 52ff. BBG (§§ 35ff. BRRG) Ausdruck hergebrachter Grundsätze des Berufsbeamtentums sind, fließt diese rechtliche Qualität in die Auslegung mit ein[85] und verstärkt das Eigengewicht der einfach-rechtlichen Vorschriften gegenüber der Bedeutung des Grundrechts.

Beamten berührt ist, darf diesem eine sachliche innerdienstliche Kritik an Maßnahmen vorgesetzter Stellen grundsätzlich nicht verwehrt sein; BVerwGE 81, 365 (370).

[78] Vgl. Kopp, DÖV 79, 890; weiterhin RP OVG, ZBR 63, 144.

[79] Frowein, Die politische Betätigung des Beamten, 1967, S. 17; Ule, Grundrechte IV 2, S. 634.

[80] BVerwG, NVwZ 94, 583. Zu Art. 5 Abs. 3 GG s. GKÖD I, RdNr 19 zu § 2 BBG mit weiteren Nachweisen; ferner BayVerfGH, ZBR 91, 113: Das Grundrecht der Freiheit der Wissenschaft und Lehre gewähre dort keinen Schutz mehr, „wo bestimmte Erkenntnisse oder theoretisch formulierte Zielsetzungen in politische Aktionen umgemünzt werden". Sehr bedenklich mit anderer Tendenz VG Bremen, NJW 89, 1688. Zur Rechtsposition des in „anwendungsbezogener Lehre und Forschung" eingesetzten Universitätsprofessors an einer (nordrhein-westfälischen) Gesamthochschule s. BVerfG, ZBR 95, 142.

[81] Zur Pflicht eines Lehrers, unbeschadet seiner pädagogischen Eigenverantwortung ein bestimmtes, auf Vorschlag der Fachkonferenz und auf Antrag der Gesamtkonferenz beschafftes Schulbuch in seinem Unterricht zu verwenden, s. BVerwG, NVwZ 94, 583. Zur pädagogischen Freiheit beim Einsatz schulfremder Personen im Unterricht vgl. HVGH, NVwZ-RR 93, 483.

[82] BVerfGE 39, 334; vgl. auch BVerfG, ZBR 93, 59; BVerwGE 1, 57; BVerwG, RiA 83, 58; BayVerfGH, ZBR 91, 113.

[83] Vgl. z. B. Ule, Grundrechte IV 2, S. 632.

[84] BVerfGE 7, 198 (208f.); 20, 162; 60; 234 (240); 61, 1 (10f.); s. auch BVerfG, NJW 89, 93.

[85] Vgl. Bank, ZBR 63, 227; GKÖD I, RdNr 13 zu § 52 BBG; v. Münch, ZBR 59, 305.

229   Private Meinungsäußerungen *innerhalb* des Dienstes (besser: gelegentlich der Dienstausübung), die sich auf ein nichtdienstliches Thema beziehen, können untersagt werden, soweit sie geeignet sind, den Dienstbetrieb und den Arbeitsfrieden in der Behörde zu stören (vgl. § 54 Satz 3 BBG, § 36 Satz 3 BRRG).[86] Wenn der Beamte sich innerhalb (gelegentlich) des Dienstes aus der Sicht des Staatsbürgers, nicht des Organwalters kritisch zu Fragen äußert, die seine Dienstaufgaben und/oder die Organisation seines Dienstbereiches betreffen, hat er sich unsachlicher, in der Ausdrucksweise unangemessener Kritik zu enthalten.[87] Der Lehrer, der politischen Unterricht erteilt, hat, auch soweit er als Staatsbürger Stellung bezieht, Neutralität und Zurückhaltung zu üben (vgl. § 53 BBG, § 35 Abs. 2 BRRG);[88] bei seinen Äußerungen hat er das durch Art. 6 Abs. 2 GG gewährleistete Erziehungsrecht der Eltern zu beachten.[89]

230   Äußert sich der Beamte *außerhalb* des Dienstes zu Angelegenheiten, die den dienstlichen Bereich betreffen, so hat er – auch bei der literarischen Verarbeitung dienstlichen Materials[90] – auf seine Verschwiegenheitspflicht (§ 61

---

[86] S. dazu Art. 2 Abs. 3 BayPOG: „Dienstkräfte der Polizei dürfen sich während des Dienstes, in Dienst- oder Unterkunftsräumen oder in Dienstkleidung parteipolitisch nicht betätigen. In Dienstkleidung dürfen die Dienstkräfte politische Versammlungen nur dienstlich besuchen. Politische Abzeichen dürfen während des Dienstes und an der Dienstkleidung nicht getragen werden." Zum übrigen Landesrecht s. Schütz, BR, RdNr 4 zu § 56 NW LBG. Zum Tragen politischer Abzeichen während des Dienstes vgl. VG Berlin, NJW 79, 2629; VG Hamburg, NJW 79, 2164; Behrend, ZBR 79, 198. Ein *Lehrer* darf – auch wegen des Zusammenhanges von Schulpflicht und grundrechtlich garantiertem elterlichem Erziehungsrecht (Art. 6 Abs. 2 GG) – im Unterricht keine Plakette tragen, mit der er *einseitig bekennerhaft* zu einer umstrittenen allgemein- oder schulpolitischen Frage Stellung bezieht, und zwar unabhängig davon, ob es zu der Frage eine (wie auch immer feststellbare) Mehrheitsmeinung in der Bevölkerung gibt und ob sich die Mehrheitsmeinung und seine eigene zur Schau getragene Ansicht decken. S. speziell hierzu BW DiszH, DVBl 84, 964; HmbOVG, DVBl 85, 456 sowie Ebel, DÖV 80, 437; weiterhin BVerwG, NJW 86, 949. Zum Tragen einer Anti-Atomkraft-Plakette durch einen Lehrer während des Schuldienstes s. BVerwGE 84, 292: Der Lehrer greife damit „in unzulässiger Weise in den Meinungsbildungsprozeß der Schüler" ein; indem er „Werbung für eine politische Auffassung" betreibe, setze er sich „auch in Widerspruch zum schulgesetzlich festgelegten Erziehungs- und Bildungsauftrag der Schule sowie dessen Verhältnis zum Elternrecht" (a. a. O., S. 296). Zum Verteilen von Flugblättern vor Schulbeginn oder nach Schulschluß durch Lehrer s. BW VGH, VBlBW 87, 33 und VBlBW 87, 314. Der Versuch, die divergierenden Ergebnisse beider Entscheidungen mit Unterschieden in den jeweiligen Sachverhalten plausibel zu machen (s. VBlBW 87, 316), überzeugt nicht, weil es in dem einen wie dem anderen Fall *im Kern* um das gleiche ging, nämlich um eine Einflußnahme eines Lehrers auf Schüler mit dem Ziel, diese – unter Inanspruchnahme des „Amtsbonus" – (mit welchen konkreten Folgen auch immer) für eine Identifikation mit seiner (des Lehrers) politischen Auffassung zu gewinnen.

[87] BW VGH, NJW 85, 1661.

[88] S. Fußn 87; vgl. auch BayVerfGH, ZBR 84, 374. Zur Verfassungstreuepflicht s. RdNrn 17 ff.

[89] Vgl. Maunz/Dürig/Herzog/Scholz, GG, Art. 6, RdNrn 27 ff.

[90] Vgl. BVerwGE 37, 265.

BBG, § 39 BRRG)[91] Bedacht zu nehmen, die über das Ende des Beamtenverhältnisses hinauswirkt.[92] Eine Flucht des Beamten in die Öffentlichkeit unter Preisgabe von Sachverhalten, die ihm bei seiner amtlichen Tätigkeit bekanntgeworden sind, ist regelmäßig als Verstoß gegen § 61 BBG (§ 39 BRRG) – und soweit Verschulden vorliegt – als Dienstvergehen zu betrachten.[93] Der Beamte hat den Dienstweg einzuhalten (vgl. § 171 Abs. 1 Hs. 2 BBG). Er kann Eingaben an den Bundespersonalausschuß richten (§ 171 Abs. 3 BBG) und die Gerichte anrufen;[94] eines Weges zur Presse als „letzter Möglichkeit"[95] bedarf er grundsätzlich zu seinem Schutz nicht. Nach Ansicht des BVerfG[96] kann das Recht der Meinungsäußerungsfreiheit eine Flucht in die Öffentlickeit – ausnahmsweise – unter der Voraussetzung rechtfertigen, daß der Vorgang (ohne Mitwirkung des Beamten) schon Gegenstand allgemeiner öffentlicher Erörterung geworden ist. Gleichzubewerten ist es, wenn der Beamte auf Presseberichte, die von seiner Dienstbehörde ausgehen und sich kritisch mit seinem dienstlichen Verhalten auseinandersetzen, durch eine in sachlicher Form gehaltene Erwiderung in der Presse reagiert.

Eine außerdienstliche Meinungsäußerung des Beamten zu allgemein- oder **231** berufspolitischen Fragen – etwa als Mitglied einer Partei oder einer Gewerkschaft – ist durch Art. 5 Abs. 1 Satz 1 GG geschützt; der Beamte darf Kritik an staatlichen Einrichtungen üben, solange er insbesondere nicht gegen seine Verfassungstreuepflicht (§ 52 Abs. 2 BBG, § 35 Abs. 1 Satz 3 BRRG),[97] das Mäßigungs- und Zurückhaltungsgebot (§ 53 BBG, § 35 Abs. 2 BRRG)[98]

---

[91] Zur Verschwiegenheitspflicht s. auch BVerwG, NJW 92, 1713: Aus § 22 Abs. 3 Satz 1 GeschOBReg iVm § 55 Satz 2 BBG folge ein *besonderes* Gebot zur Verschwiegenheit, dessen sachlicher Geltungsbereich über § 61 Abs. 1 BBG hinausgehe. Vgl. weiterhin BDiszG, NJW 92, 2107 zur Amtsverschwiegenheit in disziplinar- und beamtenrechtlichen Verfahren.
[92] Vgl. dazu BVerwG, DÖD 83, 162.
[93] Vgl. BVerwG, Buchholz 232 § 56 BBG Nr. 1; BDHE 1, 2; 1, 32; GKÖD I , RdNr 17 zu § 52 BBG; Weiß, ZBR 84, 129.
[94] Zum Verwaltungsrechtsweg bei dienstlichen Anordnungen sachlichen Gehalts s. Verf., ZBR 92, 257 (261).
[95] In diesem Sinne aber Löffler, NJW 64, 1100; dazu mit Recht abl. GKÖD I, a. a. O. (Fußn 93).
[96] BVerfGE 28, 55.
[97] S. dazu RdNrn 15 ff.
[98] Der Beamte darf nicht die Symbole des Staates beschimpfen (BDHE 1, 212), nicht die verfassungsmäßige Regierung herabwürdigen (RDiszH in Förster/Simons, Die Rechtsprechung des Reichsdisziplinarhofs 1925–1931: 32, 129 und 33, 55) und nicht die oberste Dienstbehörde politisch verunglimpfen (OVG Lüneburg, OVGE 23, 453). Vgl. auch BW VGH, NJW 83, 1215: Unterzeichnung eines in einer Zeitung veröffentlichten „Aufrufs" mit sachlich und rechtlich unrichtigem Inhalt, der sich gegen eine Maßnahme des Dienstvorgesetzten richtet, unter Angabe des Namens, der Dienststellung und des Dienstortes des Beamten als Verletzung des Mäßigungs- und Zurückhaltungsgebotes. GKÖD I, RdNr 3 zu § 53 BBG macht unter Bezugnahme auf Finger, ZBR 65, 225 und Schauer, ZBR 73, 8 zutreffend darauf aufmerk-

oder seine Verpflichtung zu achtungs- und vertrauensgerechtem Verhalten (§ 54 Satz 3 BBG, § 36 Satz 3 BRRG)[99] verstößt. Eine Verletzung speziell des Mäßigungs- und Zurückhaltungsgebotes kann beispielsweise darin liegen, daß der Beamte öffentliche Aufrufe nicht nur mit seinem Namen, sondern auch mit seiner Amtsbezeichnung unterschreibt[100] und so – je nach Lage der Dinge – Anlaß zu Zweifeln an seiner Bereitschaft zu neutraler und staatsloyaler Amtsführung gibt.[101] Uniformierten Beamten kann verboten werden, bei politischer Betätigung in der Öffentlichkeit die Dienstkleidung zu tragen.[102]

6. Versammlungsfreiheit (Art. 8 GG)

232   Durch Art. 8 GG, der für Versammlungen in geschlossenen Räumen keinen Gesetzesvorbehalt enthält,[103] werden die Organisation, die Vorbereitung und die Leitung einer Versammlung sowie die Teilnahme hieran geschützt. Die Gewährleistung des Grundrechts umfaßt keinen verfassungsrechtlichen Anspruch des Beamten auf *Sonderurlaub* zur Teilnahme an einer Demonstration während der Dienstzeit.[104] Die Versammlungsteilnahme eines Beamten außerhalb des Dienstes ist – auch soweit dabei für beamtenpolitische Ziele demonstriert wird – von Art. 8 GG gedeckt, es sei denn, die Versammlung richtet sich *allgemein* gegen den Dienstherrn[105] oder dient Bestrebungen, die mit der Verfassungstreuepflicht des Beamten nicht vereinbar sind. In diesen Fällen kann die notwendige Abwägung zwischen den kollidierenden Rechtsgütern des Art. 8 GG und des Art. 33 Abs. 5 GG nur

---

sam, daß die Mäßigungspflicht den Beamten umso stärker treffe, je höher seine Dienststellung sei. Zu politischen Aktivitäten eines Beamten im Ausland vgl. BVerwGE 21, 50.

[99] Der Beamte hat sich der Mitwirkung an Aktionen zu enthalten, bei denen unzutreffende Tatsachenbehauptungen oder grundlos negative Werturteile über seine vorgesetzte Dienstbehörde verbreitet werden (BDiszG, DÖD 79, 199). Auch hier ist darauf hinzuweisen, daß die Anforderungen mit der dienstlichen Stellung steigen (Schütz, BR, RdNr 11 zu § 57 NW LBG; Wilhelm, ZBR 64, 327). Die Bezeichnung einer dienstlichen Anordnung als „Unverschämtheit" liegt grundsätzlich außerhalb des Rahmens zulässiger sachlicher Kritik; VG Freiburg, VBlBW 91, 271.

[100] Zum illegitimen Einsatz des „Amtes" und des „mit diesem verbundenen Ansehens und Vertrauens", um „politische Auffassungen wirksamer als ‚Normalbürger' durchzusetzen", s. BVerwGE 78, 216; 84, 292 (298) und BVerwG, NJW 88, 1747. Vgl. auch BVerfG, NJW 89, 93: Beamte und Richter dürften sich in der Öffentlichkeit nur so zurückhaltend äußern, daß das öffentliche Vertrauen in ihre unparteiliche, gerechte und gemeinwohlorientierte Amtsführung keinen Schaden nehme.

[101] Vgl. zu diesem Problemkreis schon BVerfG, NJW 83, 2691; BW VGH, NJW 83, 1215; OVG Lüneburg, NJW 86, 1126; weiterhin Schmitt-Vockenhausen, JuS 85, 524.

[102] S. dazu Art. 2 Abs. 3 BayPOG (Text Fußn 86); vgl. auch BVerfG, DÖV 81, 671 (zu § 15 Abs. 3 SG) und BayVerfGH, DVBl 65, 876.

[103] S. dazu Weiß, ZBR 88, 109 (112).

[104] Vgl. BVerwGE 42, 79.

[105] Scheerbarth/Höffken/Bauschke/Schmidt, BR, § 5 II 3 e.

im Sinne eines Teilnahmeverbotes, unter Umständen auch einer disziplinarischen Ahndung ausfallen.

7. Koalitionsrecht (Art. 9 Abs. 3 GG)

Das Individualgrundrecht, Koalitionen zu bilden sowie schon bestehen- **233** den Koalitionen beizutreten und sich darin zu betätigen oder ihnen fernzubleiben, steht auch Beamten zu (vgl. § 91 BBG, § 57 BRRG); auch die Koalitionen als solche und ihre bestimmungsgemäße Betätigung sind verfassungsrechtlich geschützt.[106] Es handelt sich hier um einen hergebrachten Grundsatz des Berufsbeamtentums.[107] Der Grundrechtsschutz erstreckt sich nach Ansicht des BVerfG[108] „auf alle Verhaltensweisen, die koalitionsspezifisch sind": Das Interesse an der Mitgliederwerbung für eine Gewerkschaft während der Arbeitszeit und das Interesse, Störungen des Arbeitsablaufs und des Betriebsfriedens zu vermeiden, müßten gegeneinander abgewogen werden. Gewerkschaftliche Werbung vor den Wahlen zu den Personalvertretungen darf auch in der Dienststelle und während der Dienstzeit stattfinden, soweit nicht die Erfüllung der dienstlichen Aufgaben oder der Arbeitsfrieden beeinträchtigt werden.[109] Verfassungsrechtlich unbedenklich ist es, wenn der Gesetzgeber dem Dienststellenleiter und den Personalvertretungsmitgliedern insofern Beschränkungen auferlegt.[110]

Beamte sind aber im Hinblick auf ihre besonderen, verfassungsrechtlich **234** verankerten Rechte und Pflichten gegenüber der Allgemeinheit nicht befugt, zur Förderung gemeinsamer Berufsinteressen kollektive wirtschaftliche Kampfmaßnahmen zu ergreifen.[111] Auch dies ist ein hergebrachter Grundsatz des Berufsbeamtentums.[112] Die Verpflichtung zur Erfüllung öffentlicher Aufgaben im Dienst am ganzen Volk (vgl. § 52 Abs. 1 BBG, § 35 Abs. 1 Satz 1 BRRG) muß für den Beamten auch hier Vorrang haben vor der Ver-

---

[106] Vgl. BVerfGE 50, 290 (367). Kein „lösungsbedürftiges Spannungsverhältnis" zwischen Art. 9 Abs. 3 GG und der Mäßigungs- und Zurückhaltungspflicht des Beamten (§ 53 BBG, § 35 Abs. 2 BRRG) besteht, wo Gewerkschaften zu *allgemein*politischen Fragen Stellung beziehen, sich also außerhalb des „Koalitionsauftrags" bewegen; so mit Recht Weiß, ZBR 88, 109 (112 f.). S. auch BVerfGE 57, 220 (245).

[107] Vgl. v. Münch, ZBR 59, 305; GKÖD I, RdNr 22 zu § 2 BBG; Schütz, BR, RdNr 6 zu § 103 NW LBG; Ule, Grundrechte IV 2, S. 614.

[108] ZBR 96, 180; dazu Pfohl, ZBR 97, 78 ff.

[109] BVerfGE 19, 303; BVerwG, ZBR 66, 54; vgl. auch SOVG, ZBR 68, 86.

[110] BVerfGE 28, 295 (308).

[111] BVerfGE 8, 1 (17); 44, 249 (264); BVerwGE 73, 97 (102); BGHZ 70, 277 (279). Dies gilt auch für Beamte auf Widerruf im Vorbereitungsdienst; DiszS NW, ZBR 74, 200; a. A. Hönes, DÖD 73, 110. S. auch HmbOVG, NJW 89, 605 und HVGH, ZBR 90, 152: Die durch Streikmaßnahmen und durch eine vorbereitende Urabstimmung *beamteter* Lehrer bedingte Beeinträchtigung des Lehrbetriebs stelle eine erhebliche Störung der öffentlichen Sicherheit im Sinne des Ordnungsrechts dar.

[112] Vgl. dazu im einzelnen GKÖD I, RdNr 7 zu § 54 BBG sowie BVerwGE 69, 208 und die Nachweise in Fußn 111.

folgung sowohl eigener als fremder Gruppeninteressen. Deshalb und wegen der *gesetzlichen* Regelung seiner Rechte und Pflichten und seiner Bezüge steht er „von vornherein außerhalb des auf jeweils solidarische Vertretung von Gruppeninteressen von Arbeitnehmern einerseits und Arbeitgebern andererseits angelegten Systems von Tarifvertrag und Arbeitskampf".[113] Vom Streikverbot werden auch *Ersatzformen* eines verschleierten Streiks („Bummelstreik", „Dienst nach Vorschrift",[114] grundlose Krankmeldungen) erfaßt.[115]

235   Anders als die Fachgerichte[116] hat das BVerfG[117] entschieden, daß die frühere Deutsche Bundespost nicht den Einsatz von Beamten auf bestreikten *Arbeitnehmer*-Dienstposten hätte anordnen dürfen, da eine solches gestattende *gesetzliche Regelung* nicht vorhanden (gewesen) sei: Solle mit Hilfe des Beamtenrechts auch der Staat in seiner Eigenschaft als Arbeitgeber mit besonderen Kampfmitteln gegenüber den Gewerkschaften ausgestattet werden, so müsse dies in einem offenen, durch entsprechende Verfahrensgarantien flankierten Gesetzgebungsverfahren ausdrücklich normiert werden. Welche Regelungen Art. 9 Abs. 3 GG dabei im einzelnen zulassen könnte, ist ungeklärt.[118]

236   Die Beteiligung der *Spitzenorganisationen* der zuständigen *Gewerkschaften* (Deutscher Beamtenbund, Deutscher Gewerkschaftsbund, Deutscher Richterbund) bei der Vorbereitung allgemeiner Regelungen der beamtenrechtlichen Verhältnisse gemäß § 94 BBG (§ 56 BRRG) ist nicht auf Grund der verfassungsrechtlich garantierten Koalitionsfreiheit geboten. Dem Gesetzgeber stand es vielmehr frei, eine Beteiligungsvorschrift zu schaffen oder von einer solchen überhaupt abzusehen.[119]

8. Fernmeldegeheimnis (Art. 10 Abs. 1 GG)

237   Das Grundrecht des Beamten auf Wahrung des Fernmeldegeheimnisses ist nicht verletzt, wenn der Dienstherr, um die Verwendung der Haushalts-

---

[113] BVerwGE 69, 208 (213).

[114] Der „Dienst nach Vorschrift" ist auch kein rechtlich zulässiges Mittel, die *mangelnde Praktikabilität* von Rechts- oder Verwaltungsvorschriften deutlich werden zu lassen. Dem Beamten ist, wenn er ein solches Ziel verfolgt, durch § 55 Satz 1 BBG (§ 37 Satz 1 BRRG) der richtige Weg vorgezeichnet: Er hat von seiner Beratungs- und Unterrichtungspflicht Gebrauch zu machen. Vgl. dazu Isensee, Beamtenstreik, 1971, S. 148 ff., 154 f.

[115] BVerwGE 73, 97 (102); weiterhin BGHZ 70, 277. Zu streikähnlichem Verhalten s. BrOVG, ZBR 86, 368. S. auch VG Münster, NVwZ-RR 96, 264: „Ein von Lehrern (oder einem Lehrerverband) organisierter sog. ‚Verwaltungstag', an dem entgegen der ausdrücklichen Weisung des Dienstvorgesetzten kein Unterricht erteilt, sondern Verwaltungsarbeit erledigt wird, ist (als politisch motivierter Unterrichtsboykott) ein Dienstvergehen."

[116] S. BVerwGE 69, 208 (210 f.); BAG, NJW 86, 210; LArbG Köln, NJW 85, 399.

[117] DVBl 93, 545.

[118] Vgl. zum Ganzen Jachmann, ZBR 94, 1 ff.

[119] BVerwG ZBR 80, 184 (186); NW OVG, DÖD 95, 40 (42) mit Anm. Schnupp.

mittel zu überwachen und/oder bei Privatgesprächen die zu erstattenden Gebühren einziehen zu können, Vorkehrungen trifft, durch die er feststellt, welche Telefongespräche „über seine und von ihm zur Verfügung gestellte Telefonanlage" geführt worden sind.[120] Art. 10 Abs. 1 GG schützt nämlich nicht davor, „daß der Betreiber der Telefonanlage selbst von der Tatsache und den näheren Umständen der Benutzung der Telefonanlage Kenntnis erhält".[120] Anders könnte die Beurteilung – übrigens auch im Blick auf das Persönlichkeitsrechts des Beamten – ausfallen, sobald die Maßnahmen des Diensthherrn (auch) auf eine (verdeckte oder offene) *inhaltliche Kontrolle* der Telefonate angelegt wären.

9. Freizügigkeit (Art. 11 GG)

Die sog. Residenzpflicht des Beamten,[121] der seine Wohnung am Sitz der **238** Beschäftigungsbehörde zu nehmen hatte und diesen Ort nicht ohne Genehmigung seiner Vorgesetzten verlassen durfte,[122] ist weggefallen.[123] § 74 Abs. 1 BBG gibt dem Beamten aber auf, seine Wohnung so zu wählen, „daß er in der ordnungsgemäßen Wahrnehmung seiner Dienstgeschäfte nicht beeinträchtigt wird".[124] Entscheidend ist hier nicht eigentlich die Entfernung zwischen Wohnung und Dienststelle, sondern die Erreichbarkeit unter Berücksichtigung namentlich der Verkehrsverhältnisse.[125] Eine stärkere Einschränkung der Freizügigkeit (Art. 11 Abs. 1 GG) folgt aus § 74 Abs. 2 BBG: Der Dienstvorgesetzte kann[126] den Beamten, wenn die dienstlichen Verhältnisse es erfordern, (mit Zustimmung des Personalrates, § 76 Abs. 1 Nr. 6 BPersVG) anweisen, seine Wohnung innerhalb bestimmter Entfernung von seiner Dienststelle – nicht aber an einem bestimmten Ort – zu nehmen oder eine Dienstwohnung zu beziehen. § 75 BBG ergänzt dies dahin, daß sich der Beamte, „wenn besondere dienstliche Verhältnisse[127] es *dringend* erfordern", auf Weisung seines Dienstvorgesetzten „während der dienstfreien Zeit[128] in

---

[120] BVerwG, NVwZ 90, 71 im Anschluß an BAGE 52, 88. S. auch BW VGH, DÖD 93, 38 zur automatischen Registrierung dienstlicher Telefongespräche nach Nebenstellennummer, gewählter Rufnummer, Datum, Uhrzeit und Dauer des Gesprächs. Die Entscheidung erörtert auch die datenschutzrechtliche Seite des Sachverhalts.

[121] S. die Abhandlung Günthers, ZBR 93, 225 ff.; speziell zu verfahrens- und prozeßrechtlichen Fragen S. 236 ff.

[122] S. GKÖD I, RdNr 1 zu § 74 BBG.

[123] BVerwG, DÖD 70, 10; vgl. auch BW VGH, VBlBW 91, 224 (225 f.).

[124] Der zitierten Bestimmung unterfallen auch Professoren und Richter; Günther, ZBR 93, 225 (230 f.).

[125] Günther, ZBR 93, 225 (232).

[126] Es handelt sich also um eine Ermessensentscheidung. Zum Ermessensspielraum s. Günther, ZBR 93, 225 (233): Je „restriktiver" man den Normtatbestand fasse, umso weniger Spielraum bleibe.

[127] Z.B. Katastrophenfälle, die die Einsatzbereitschaft von Polizei, Feuerwehr usw. unabweisbar erscheinen lassen.

[128] Nicht während eines Urlaubs, GKÖD I, RdNr 3 zu § 75 BBG.

erreichbarer Nähe seines Dienstortes aufzuhalten" hat.[129] Schließlich ist auf die Sonderregelung des § 10 BPolBG (s. auch § 188 NW LBG) aufmerksam zu machen,[130] aus der nicht ohne weiteres geschlossen werden kann, daß sich die dort vorgesehenen Anordnungen des Wohnens in einer Gemeinschaftsunterkunft und der Teilnahme an einer Gemeinschaftsverpflegung *außerhalb* des *Polizeibereichs* verbieten würden.[131] Immerhin ist der Dienstherr aber nicht befugt, das Wohnen des Schulleiters am Schulort allgemein zum Eignungsmerkmal zu bestimmen und die nicht am Schulort wohnenden Bewerber im Stellenbesetzungsverfahren eine Erklärung ihrer Umzugsbereitschaft abgeben zu lassen.[132]

239   Der Gesetzesvorbehalt des Art. 11 Abs. 2 GG kommt hier nicht zum Tragen; da hinter den dargelegten einfach-rechtlichen Einengungen der Freizügigkeit[133] jedoch hergebrachte Grundsätze des Berufsbeamtentums stehen,[134] ist mithin zu entscheiden, ob der Gesetzgeber die Konkordanzaufgabe[135] beanstandungsfrei gelöst hat. Daran sind, soweit erkennbar, bisher in Rechtsprechung und Literatur Zweifel nicht geäußert worden.[136] Im *jeweiligen Einzelfall* ist bei der Auslegung der unbestimmten Rechtsbegriffe und der Ermessensausübung – neben der Ausstrahlungswirkung des Grundrechts auf Freizügigkeit – insbesonderheit die Fürsorge- und Schutzpflicht des Dienstherrn zu berücksichtigen.[137]

10. Berufsfreiheit (Art. 12 Abs. 1 GG)

240   Der Schutzbereich des Art. 12 Abs. 1 GG ist durch Art. 33 Abs. 2 GG, was die Berufswahl angeht, auf das Recht des gleichen Zugangs zu den öffentlichen Ämtern nach Eignung, Befähigung und fachlicher Leistung reduziert.[138] Hinsichtlich des Zugangs zu einem Vorbereitungsdienst, der (zugleich) Ausbildungsstätte im Sinne des Art. 12 Abs. 1 Satz 1 GG ist, kann auf den 1. Teil, Abschnitt III. 1[139] verwiesen werden.

---

[129] Zur Rufbereitschaft BVerwGE 59, 45, 176 sowie Plog/Wiedow/Beck/Lemhöfer, BBG, § 74 RdNr. 5. Allgemein Günther, ZBR 93, 225 (235 ff.).

[130] S. auch RdNr 387 sowie VG Köln, ZBR 90, 62 (zw.).

[131] A. A. Wilhelm, ZBR 66, 71.

[132] BW VGH, VBlBW 91, 224, bestätigt durch BVerwG, DVBl 91, 646; vgl. daneben Günther, ZBR 93, 225 (234). S. auch RdNrn 56 ff. BVerwGE 81, 149 (151) äußert – bezogen auf die Gewährung von Trennungsgeld – die „Erwartung..., daß der versetzte... Beamte, Richter oder Soldat von sich aus (alsbald) an den neuen Dienstort umzieht".

[133] Wiese, BR, S. 131 meint, es gehe hier um „berufsrechtliche Beschränkungen" der Freizügigkeit, die ihren Prüfungsmaßstab allein in Art. 12 GG hätten.

[134] GKÖD I, RdNr 1 zu § 74 BBG.

[135] S. RdNr 211.

[136] Vgl. auch RP OVG, DVBl 52, 596; BayVGH n. F. 10 I 105.

[137] S. RdNr 358.

[138] BVerfGE 7, 377 (397 f.); 16, 6 (21 f.); 39, 334 (369 ff.).

[139] RdNrn 5 ff.

Art. 12 Abs. 1 Satz 1 GG läßt öffentlich-rechtliche *Vereinbarungen* über 241 die *Rückzahlung* von *Studienförderungsmitteln* oder *Anwärtersonderzuschlägen* (s. § 63 BBesG)[140] zu, falls sie unter Berücksichtigung aller Umstände des Einzelfalles nach Treu und Glauben dem späteren Beamten zuzumuten sind und vom Standpunkt eines verständigen Betrachters aus einem begründeten und zu billigenden Interesse desjenigen entsprechen, der die Mittel gewährt; nur wenn die Höhe der zurückzuzahlenden Zuwendungen so groß ist, daß der Betroffene hierdurch von der Möglichkeit der Rückgewähr aus tatsächlichen Gründen auf die Alternative „Betriebstreue" abgedrängt wird *und* die vertraglich festgesetzte Dienstleistungspflicht unzumutbar lang angesetzt ist, kann eine Verletzung des Grundrechts in Betracht kommen.[141] Diese Grundsätze sind auf die Vereinbarung einer öffentlich-rechtlichen *Vertragsstrafe*[142] übertragbar: Entscheidend ist auch hier die Dauer der Dienstleistungspflicht, die dem künftigen Beamten angesonnen wird, und die Höhe der finanziellen Nachteile, die ihm bei einem Nichteintritt in den öffentlichen Dienst oder dem vorzeitigen Abbruch seiner Dienstleistung drohen.[143, 144]

---

[140] Anwärtergrundbeträge und Anwärterverheiratenzuschläge (§ 59 Abs. 2 Satz 1 BBesG) sowie die Ausbildungskosten, die normalerweise während eines Vorbereitungsdienstes entstehen, können bei einer Entlassung des Beamten auf eigenen Antrag dagegen nicht zurückverlangt werden; vgl. BVerwGE 52, 183; NW OVG, DÖD 74, 186. Auch die Kosten der laufbahnrechtlich vorgesehenen Aufstiegsausbildung kann der Dienstherr – in Ermangelung einer gesetzlichen Grundlage – durch Vereinbarung weder von vornherein noch bedingt für den Fall „vorzeitigen" Ausscheidens auf den Beamten abwälzen; BVerwG, DVBl 93, 558. Zur Rechtsnatur der „Auflagen" im Sinne des § 59 Abs. 5 BBesG s. BVerwG, DVBl 92, 914 (dazu 12. Teil, Fußn 87).

[141] BVerwGE 30, 65; 40, 237; BVerwG, ZBR 81, 126, DÖD 86, 249 und DVBl 86, 945; s. auch BAG, AP Nr. 6 zu § 611 BGB – Ausbildungsbeihilfe –. Zur Verzinsung s. BVerwG, DÖD 79, 190 und ZBR 81, 126.

[142] Vgl. dazu BW VGH, NVwZ 82, 252.

[143] RP OVG, ZBR 86, 369 (betr. die in einem Formularvertrag über die Ausbildung von Regierungsmedizinalratpraktikanten getroffene Vereinbarung, daß der Bewerber nicht nur die empfangene Ausbildungsbeihilfe zurückzuzahlen, sondern zusätzlich eine Vertragsstrafe von 80 v. H. dieses Betrages zu leisten habe, sofern er nach Erwerb der Approbation nicht in den öffentlichen Gesundheitsdienst eintritt). § 12 Abs. 2 Satz 2 BBesG ist analog anzuwenden; BVerwGE 40, 237 (243).

[144] Nimmt der Beamte an Fortbildungsveranstaltungen teil, die von einer Stelle *außerhalb* der öffentlichen Verwaltung ausgerichtet werden und durch die er eine – wirtschaftlich verwertbare – *Zusatzausbildung* (etwa in elektronischer Datenverarbeitung) erlangt, so begegnet eine Rückzahlungsvereinbarung, die sich auf die dem Dienstherrn erwachsenden *Ausbildungskosten* beschränkt, dann keinen prinzipiellen rechtlichen Bedenken, wenn die Teilnahme dem Beamten freigestellt war; vgl. dazu im einzelnen Baßlsperger, ZBR 86, 260. Handelt es sich hingegen bei der Schulungsteilnahme um eine vom Dienstherrn angeordnete *Dienstausübung*, so kann der Dienstherr die Kosten nach BVerwG, ZBR 93, 126 weder von vornherein noch bedingt für den Fall des „vorzeitigen" Ausscheidens durch Vereinbarung auf den Beamten abwälzen (s. auch BVerwG, DVBl 93, 558; vgl. schon Fußn 140).

5. Teil. Nebentätigkeit

Nebentätigkeit eines Beamten ist die Ausübung eines Nebenamtes oder **242** einer Nebenbeschäftigung (§ 1 Abs. 1 BNV).[1] Beide Formen der Nebentätigkeit haben gemeinsam, daß sie sich auf die Wahrnehmung von Aufgaben beziehen, die *nicht* zu einem Hauptamt gehören; sie unterscheiden sich darin (vgl. § 1 Abs. 2 und 3 BNV), daß sich

– die neben*amtliche* Verrichtung im Rahmen eines *öffentlich-rechtlichen* Dienst- oder Amtsverhältnisses (nicht notwendig eines Beamtenverhältnisses[2] und nicht notwendig zu demselben Dienstherrn),[3]

– die Neben*beschäftigung* dagegen (innerhalb oder außerhalb des öffentlichen Dienstes)[4] auf *privatrechtlicher* Grundlage[5] vollzieht.[6]

I. Vorbemerkungen zur Präzisierung des Begriffes „Hauptamt" und zur Abgrenzung zwischen Hauptamt und Nebentätigkeit

Der Verordnungsgeber knüpft in § 1 Abs. 2 und 3 BNV an den Aufga- **243** benkreis des (jeweiligen) Beamten, d.h. an dessen Amt im konkret-funktionellen Sinne[7] an.[8] Dieser (dieses) wird – abgesehen von normativen

---

[1] S. auch den Klammerzusatz in § 64 Satz 1 BBG. Der Anrechnung auf die Beamtenversorgung (Ruhensregelung) unterliegt eine Rente aus der gesetzlichen Rentenversicherung auch, soweit sie auf einer zulässigen Nebentätigkeit beruht; BVerwG, ZBR 93, 247.

[2] Die Auffassung des NW OVG, DÖD 65, 136, es sei ein Beamtenverhältnis erforderlich, ist durch Änderung des Nebentätigkeitsrechts überholt; vgl. Günther, ZBR 86, 97 (98 Anm. 26).

[3] Fremde Dienstherren können das Grund-Beamtenverhältnis zum rechtlichen Fundament eines Nebenamtes machen; Scheerbarth/Höffken/Bauschke/Schmidt, BR, § 16 I 2.

[4] S. dazu § 2 BNV; vgl. auch Lecheler, ZBR 85, 97 sowie Plog/Wiedow/Beck/Lemhöfer, BBG, § 64, RdNrn 2 ff. Zur Vergütung von Nebentätigkeiten im Bundesdienst und zur Ablieferungspflicht s. §§ 6, 7 BNV.

[5] Die privatrechtliche Tätigkeit kann freiberuflich oder auf der Basis eines besonderen Vertragsverhältnisses ausgeübt werden; Scheerbarth/Höffken/Bauschke/Schmidt, BR, a.a.O. (Fußn 3).

[6] Wegen der Konsequenzen, die sich aus dem im Text hervorgehobenen grundlegenden Unterschied zwischen Nebenamt und Nebenbeschäftigung im einzelnen herleiten, vgl. die Übersicht bei Scheerbarth/Höffken/Bauschke/Schmidt, BR, a.a.O. (Fußn 3).

[7] S. dazu RdNr 48.

[8] BVerwGE 72, 160; GKÖD I, RdNr 13 zu § 64 BBG unter Bezugnahme auf BVerwGE 40, 104 (107); Günther, ZBR 86, 97 (98).

Vorgaben – durch den Organisations- und Geschäftsverteilungsplan der Beschäftigungsbehörde abgesteckt.[9]

244 Als normative Vorgaben im vorbezeichneten Sinne sind anzusehen:

- *allgemeine* Regelungen des Beamtenrechts, wie z.b., daß der Beamte verpflichtet ist, ohne Vergütung über die regelmäßige wöchentliche Arbeitszeit hinaus Dienst zu tun, wenn zwingende dienstliche Verhältnisse dies erfordern und sich die Mehrarbeit auf Ausnahmefälle beschränkt (§ 72 Abs. 2 Satz 1 BBG; s. auch § 44 Satz 1 BRRG),[10]
- *besondere* gesetzliche Aufgabenzuweisungen, wie z.b., daß es (auch) zu den „hauptberuflichen[11] Aufgaben" der Professoren gehört, sich an der Studienreform und der Studienberatung zu beteiligen, an der Verwaltung der Hochschule mitzuwirken und Prüfungen abzunehmen (vgl. § 43 Abs. 1 Satz 2 HRG),[12]
- die in § 3 Satz 1 BNV enthaltene, die organisatorische Gestaltungsfreiheit des Dienstherrn mindestens tendenziell bindende *Richtlinie*, Aufgaben, die für den Bund oder bundesunmittelbare Körperschaften, Anstalten oder Stiftungen des öffentlichen Rechts wahrgenommen werden, grundsätzlich in ein Hauptamt einzuordnen.[13]

---

[9] S. auch insoweit RdNr 48. Des weiteren BVerwGE 89, 199; BVerwG, NVwZ 92, 573 und NVwZ-RR 96, 337; HVGH, NVwZ-RR 96, 338. Klarstellend ist darauf hinzuweisen, daß eine nebenamtliche Tätigkeit auch in Betracht kommen kann, wenn – wie bei Beamten auf Widerruf im Vorbereitungsdienst (s. dazu RdNr 49) – ein „Hauptamt" nicht vorhanden ist; vgl. BVerwGE 72, 160. Zur Nebentätigkeit von Rechtsreferendaren s. zwei Entscheidungen des VG Kassel v. 28. 3. 1983 (JuS 83, H. 12, XVI und HessVGRspr 83, 63): Die Nebentätigkeit eines Rechtsreferendars als Tutor oder als Korrekturassistent an einer Universität kann je nach Lage der Dinge mit dem *Ausbildungszweck* nicht vereinbar sein. Zur *gesetzlichen* Beendigung von Nebentätigkeiten mit dem Ende des Beamtenverhältnisses s. § 68 BBG, zum *Konkurrenzverbot* für Ruhestandsbeamte und frühere Beamte mit Versorgungsbezügen s. § 69a BBG (§ 42a BRRG) sowie BVerwGE 84, 194; BVerwG, NVwZ-RR 90, 430; RP OVG, NJW 91, 245 (zur steuerberatenden Tätigkeit eines Rechtsanwalts, der vor seiner Niederlassung stellvertretender Finanzamtsvorsteher war); außerdem Verf., NVwZ 85, 327 (329).

[10] Ist der Aufgabenkreis des Beamten so bemessen, daß er nicht nur ausnahmsweise Mehrarbeit leisten muß, so kann er beanspruchen, daß sein Arbeitspensum reduziert wird (BVerwG, ZBR 82, 274), nicht aber, daß der Dienstherr ihn so behandle, *als ob* er die längerfristige Mehrarbeit im Nebenamt verrichte; vgl. Günther, ZBR 86, 97 (100f.) mit krit. Stellungnahme zu BVerwGE 40, 104 (109f.). S. auch RdNr 382.

[11] Der Begriff „hauptberuflich" ist hier synonym mit „hauptamtlich".

[12] Günther, ZBR 86, 97 (99) zeigt mit Recht auf, daß das HRG, indem es in § 43 mehrfach auf die Besonderheiten des jeweiligen Dienstverhältnisses abhebe, die Notwendigkeit „weiterer administrativer Regelung" deutlich werden lasse.

[13] Da die Verwaltung des Berufsschulwesens Aufgabe der *Länder* ist, darf die Lehrtätigkeit eines *Bundes*beamten an einer Berufsschule nicht dessen Hauptamt eingegliedert werden; BVerwGE 49, 184. Zum Hauptamt eines *bayerischen* Landgerichtsarztes gehört es nicht, für *außerbayerische* Strafgerichte oder Staatsanwaltschaften Gutachten zu erstellen; BayVGH, ZBR 82, 119. S. aber auch § 4 Abs. 2 Satz 1 NW NtV: Aufgaben einer anderen Behörde oder Einrichtung dürfen dem Beamten als

Die (Schaffung und) Übertragung eines Nebenamtes zur Wahrnehmung einer Aufgabe, die mit dem Hauptamt „in Zusammenhang" steht, ist zwar in der Regel wegen Verstoßes gegen § 3 Satz 2 BNV rechtswidrig; da ein Nichtigkeitsgrund im Sinne des § 44 VwVfG aber so gut wie nie vorliegen wird, ist und bleibt sie wirksam, solange und soweit sie nicht aufgehoben wird oder sich erledigt (vgl. § 43 Abs. 2 VwVfG).[14]

In Rechtsprechung und Literatur sind zu den Dienstaufgaben des *Haupt-* **245** *amtes* gezählt worden:

- die Vertretung erkrankter Kollegen derselben Behörde,[15]
- die Mitwirkung bei der Ausbildung des Nachwuchses am Arbeitsplatz[16] und die Einweisung anderer Dienstkräfte (unter anderem in neue, von dem Beamten mitentwickelte Arbeitsmethoden),[17]
- die Sorge des Schulhausmeisters für die zu schuleigenen Zwecken genutzten Schulräume, nicht aber (in der Regel) dessen Aufsicht bei Veranstaltungen nichtschulischer Art,[18]
- die Beaufsichtigung und Betreuung von Freizeitarrestanten durch einen Justizwachmeister,[19]
- die Durchführung von Einstellungsuntersuchungen bei Beamtenbewerbern durch den Leiter des Gesundheitsamtes,[20]
- die Erstattung eines daktyloskopischen Gutachtens durch einen mit der Identifizierung von Fingerabdrücken beauftragen Kriminalbeamten und die gutachterliche Tätigkeit eines Amtsarztes für ein Gericht, sofern und soweit das Gesundheitsamt als seine Beschäftigungsbehörde eine derartige

---

Nebentätigkeit nur übertragen werden, wenn sie von eigenen Bediensteten der zuständigen Stelle allgemein oder im Einzelfall nicht wahrgenommen werden können.

[14] Vgl. dazu Günther, ZBR 86, 97 (100). S. aber ferner BW VGH, DÖV 95, 118 (119): Gesetzliche Bestimmungen oder allgemeine Rechtsgrundsätze forderten nicht, daß die Tätigkeit des Werkleiters eines Eigenbetriebs zum Hauptamt des Fachbeamten für das Finanzwesen gehöre. Aus § 3 Satz 2 BNV folge „gerade, daß keine *ausnahmslose* Verpflichtung besteht, Nebentätigkeiten, die mit dem Hauptamt im Zusammenhang stehen, diesem auch zuzuordnen". Im übrigen enthalte das baden-württembergische Landesrecht keine vergleichbare Regelung. Schließlich auch HVGH, NVwZ-RR 96, 338.

[15] OVG Lüneburg, ZBR 69, 87; zum Freizeitausgleich s. § 72 Abs. 2 Satz 2 BBG (§ 44 Satz 2 BRRG), zur Mehrarbeitsvergütung s. § 72 Abs. 2 Sätze 3 und 4 BBG (§ 44 Sätze 3 und 4 BRRG); s. außerdem schon Fußn 10.

[16] Günther, ZBR 86, 97 (102) mit weiteren Nachweisen in Anm. 93 (Musterbeispiel: Ausbildung von Stationsreferendaren durch Richter oder Verwaltungsbeamte).

[17] Vgl. BayVGH, DÖD 79, 255; Günther, a. a. O. (Fußn 16).

[18] Vgl. BVerwG, Buchholz 237.2 § 36 LBG Berlin Nr. 2.

[19] BVerwG, ZBR 82, 274: Die Zuordnung einer Aufgabe zu einem Hauptamt oder ihre (ausdrücklicher Festlegung bedürftige) Ausgestaltung als Nebentätigkeit (Nebenamt oder Nebenbeschäftigung) nehme der Dienstherr kraft seiner Organisationsgewalt vor (BVerwGE 49, 184; 59, 38). Bei „Gegenständen des Hauptamtes" sei es zumindest die Regel, daß die Aufgabe nicht nur innerhalb derselben Verwaltung, sondern auch bei der *eigenen Beschäftigungsbehörde* wahrzunehmen sei.

[20] Günther, ZBR 86, 97 (102) mit weiteren Nachweisen in Anm. 80.

Aufgabe (im Wege der Amtshilfe, Art. 35 GG) zu übernehmen hat und der jeweilige Amtsarzt hierfür behördenintern zuständig ist,[21] sowie
– die Erstellung von Gutachten in Berufungsverfahren (auch anderer Hochschulen) durch Hochschullehrer.[22]

246 Als *Nebentätigkeit* sind demgegenüber bewertet worden:
– die Erteilung von Berufsschulunterricht durch einen Bundesbeamten[23] oder die Lehrkraft einer allgemeinbildenden Schule,[24]
– die wirtschaftliche Leitung von Kindererholungsheimen durch den Behördenvorstand des Fürsorgeamtes eines Landkreises,[25]
– die kaufmännische Leitung eines kommunalen Eigenbetriebs durch einen Abteilungsleiter in der Gemeindeverwaltung,[26]
– die Bedienung einer Heizanlage durch den Hausmeister einer Schule auf Grund einer Dienstanweisung, die für diese Verrichtung eine besondere Entschädigung vorsieht,[27]
– der Bereitschaftsdienst eines Hochschullehrers als Oberarzt an einer Klinik,[28]
– die Wahrnehmung der ärztlichen Versorgung durch den Chefarzt eines städtischen Krankenhauses in Berlin im Bereich einer anderen Bezirksverwaltung,[29]
– die auf Grund des § 87 Abs. 1 StPO veranlaßten Obduktionen durch den Leiter eines öffentlichen gerichtsmedizinischen Instituts einer Universität[30] und
– (allgemein) die Behandlung von Privatpatienten durch Krankenhaus*chef*ärzte.[31, 32, 33]

---

[21] S. dazu BVerwG, ZBR 67, 332 sowie GKÖD I, RdNr 35 zu § 65 BBG (betr. die Erstattung von *Schlußberichten*, die die Versicherungsgesellschaft, auf deren Veranlassung ein Patient in die Klinik eingewiesen worden ist, von dem beamteten Chefarzt vereinbarungsgemäß anfordert). Vgl. weiterhin Fußn 33.

[22] Wahlers, ZBR 82, 296 (300); Günther. a.a.O. (Fußn 20).

[23] BVerwGE 49, 184; s. dazu schon Fußn 13.

[24] NW OVG, ZBR 72, 125; Günther, a.a.O. (Fußn 16).

[25] HVGH, ESVGH 11, 56; GKÖD I, RdNr 14 zu § 64 BBG.

[26] HVGH, NVwZ-RR 96, 338.

[27] BVerwG, DÖV 70, 493.

[28] OVG Berlin, BeOVGE 12, 167; dazu zust. GKÖD I, a.a.O. (Fußn 25), krit. Günther, ZBR 86, 97 (103 Anm. 111).

[29] BVerwGE 29, 191.

[30] BVerwG, ZBR 93, 245.

[31] BVerwGE 59, 38; BVerwG, NJW 70, 1248; weiterhin BVerfGE 52, 303 (330ff.). Vgl. dazu auch die fundierte, mit Nachweisen versehene krit. Stellungnahme bei Günther, ZBR 86, 97, der seine Auffassung dahin zusammenfaßt: Die Versorgung von Privatpatienten gehöre „materiell gesehen" zum Hauptamt und werde „nur wegen der Kommerzinteressen hochqualifizierter Mediziner formell ausgegliedert" (a.a.O., S. 111). Zum Einfluß des Nebentätigkeitsbegrenzungsgesetzes (s. RdNr 252) vgl. Lippert, NJW 86, 2876. Die Überzeugungskraft der Annahme des BVerwG (NJW 70, 1248), daß „die öffentlich-rechtlichen Körperschaften für ihre Krankenhäuser qualifizierte leitende Ärzte ... ohne Einräumung eines Eigenliquidationsrechts nicht ge-

Die Tätigkeit als Amtstierarzt kann je nach Lage der Dinge für einen städtischen Veterinärbeamten Nebenamt sein.[34]

Bei der Mitwirkung an *Prüfungen* kann es drei Fallgestaltungen geben: **247** Die Abnahme von Prüfungen kann zum einen den eigentlichen Inhalt des Hauptamtes darstellen. Sie kann zum anderen als, gemessen an den übrigen Dienstaufgaben, untergeordneter Bestandteil des Hauptamtes übertragen sein.[35] Schließlich kommt auch die Wahrnehmung von Prüfertätigkeit im Nebenamt in Betracht.

II. Pflicht des Beamten zur Übernahme einer Nebentätigkeit im öffentlichen Dienst

Der Beamte ist verpflichtet, auf Verlangen seiner obersten Dienstbehörde **248** – ohne Rücksicht auf die Art des Beschäftigungsverhältnisses[36] und unabhängig davon, ob er eine Vergütung erhält[37] – eine Nebentätigkeit im

---

winnen könnten", ist von der weiteren Entwicklung des – offenbar wachsenden – Angebots an Medizinern abhängig; diese Annahme bedarf – mit anderen Worten – jedenfalls gelegentlicher Überprüfung. Zur Frage des Rechts auf Eigenliquidation *nachgeordneter* beamteter Krankenhausärzte im Rahmen einer Nebentätigkeit s. BayVGH, ZBR 82, 380 (LS). Vgl. auch BVerwG, DVBl 84, 950: Die als Notfallbehandlung erfolgende hyperbare Sauerstoffversorgung von zivilen Kassenpatienten im Schiffahrtmedizinischen Institut der Marine gehört (auf Grund eines Ministerialerlasses) zu dessen Aufgaben und damit zum Hauptamt des Institutsleiters. Schließlich BVerwG, NVwZ-RR 96, 337: Die Krankenversorgung ist eine den Universitäten – und damit deren medizinischen Instituten und den als Leiter dieser Institute tätigen Professoren – nach § 3 Abs. 7 und 8 BadWürtt-UnivG zusätzlich übertragene Aufgabe (Hinweis auf BVerfGE 57, 70).

[32] Die Einschränkung des einem beamteten Chefarzt in der Nebentätigkeitsgenehmigung eingeräumten Liquidationsrechts zur Sicherung der angemessenen Beteiligung der ärztlichen Mitarbeiter an seinen Liquidationseinnahmen im stationären Bereich ist nach BVerwG, ZBR 82, 379 (LS) – in Hessen – rechtmäßig. Vgl. auch BVerfGE 52, 303 (329 ff.) sowie BayVGH, DVBl 86, 1159 (1161). Zur Rechtmäßigkeit der Erhebung einer Pool-Abgabe für die Inanspruchnahme von Leistungen anderer, nicht liquidationsberechtigter Ärzte bei Ausübung eines Nebenamtes durch einen leitenden Krankenhausarzt s. BVerwG, ZBR 97, 20.

[33] Zum Begriff der „ärztlichen Tätigkeit" im Hochschulnebentätigkeitsrecht s. BVerwGE 87, 1 (hier: Erstattung eines serologischen Blutgruppengutachtens zur Vaterschaftsfeststellung).

[34] BVerwGE 62, 129.

[35] S. z.B. § 43 Abs. 1 Satz 2 HRG; vgl. auch BVerwGE 69, 83 mit krit. Anm. Bornemann, DVBl 84, 1215 und DÖD 85, 15. Vgl. weiterhin RP OVG, DÖD 82, 163: Die Mitwirkung bei Prüfungen an der eigenen Schule gehört zu den Pflichten, die sich aus dem Hauptamt des Lehrers ergeben; sie kann daher nicht zusätzlich vergütet werden. Schließlich HmbOVG, HmbJVBl 85, 192: Die Mitwirkung an der Laufbahnprüfung fällt in den Kreis der hauptamtlichen Aufgaben der Professoren an der Fachhochschule für öffentliche Verwaltung.

[36] Schütz, BR, RdNr 7 zu § 67 NW LBG.

[37] BVerwGE 29, 191; s. auch BVerfGE 55, 207 (238 ff.). Zum Dienstunfallschutz s. RdNr 619. S. schon Fußn 4.

öffentlichen Dienst[38] zu übernehmen und fortzuführen, sofern diese Tätigkeit seiner Vorbildung oder Berufsausbildung entspricht[39] und ihn nicht
über Gebühr in Anspruch nimmt (§ 64 Satz 1 BBG).[40] Die oberste Dienstbehörde kann die Befugnis[41] auf nachgeordnete Behörden übertragen (§ 64
Satz 2 BBG).

1. Zum Begriff und zur Rechtsform des Verlangens

249   Anders als der „Vorschlag" oder die „Veranlassung" (s. § 67 Satz 1 BBG)
von seiten des Dienstherrn, die die Entschließungs- und Entscheidungsfreiheit des Beamten unberührt lassen,[42] hat das „Verlangen" *Verwaltungsaktscharakter.*[43] Es bedarf der Schriftform (§ 65 Abs. 6 Satz 1 BBG, § 42 Abs. 5
Satz 1 BRRG).[44] Die Übertragung der Nebentätigkeit als solche stellt hingegen – auch wenn sie nicht mit den „Verlangen" verbunden wird – keinen
weiteren Verwaltungsakt dar.[45]

---

[38] S. dazu § 2 BNV; vgl. auch Lecheler, ZBR 85, 97 sowie Plog/Wiedow/Beck/
Lemhöfer, BBG, § 64, RdNrn 2 ff. Eine Nebentätigkeit „für" den Bund, „für" eine
sonstige juristische Person des öffentlichen Rechts oder „für" Vereinigungen, Einrichtungen oder Unternehmen im Sinne des § 2 Abs. 2 BNV kann sowohl im Rahmen
eines abhängigen Dienstverhältnisses als auch z. b. im Rahmen eines Werk- oder Ge-
schäftsbesorgungsvertrages verrichtet werden; GKÖD I, RdNr 21 zu § 64 BBG. Der
Treuhänder nach dem Hypothekenbankgesetz übt keine Nebentätigkeit „für den
Bund" aus; BVerwG 81, 270. Vergütungen, die der Treuhänder erhält, unterliegen daher nicht der Abrechnungs- und Ablieferungspflicht. S. außerdem NW OVG, NW
VBl 97, 393 (Nebentätigkeit als „Projektleiter" für eine Unternehmensberatungsfirma
im Rahmen von Funktionsbewertungen und Organisations – und Strukturuntersu-
chungen im Bereich des öffentlichen Dienstes ist keine Nebentätigkeit „im öffentlichen Dienst" im Sinne des § 3 Abs. 1 NW NtV.).

[39] Rechtlich relevant ist hier nur eine „Vorbildung oder Berufsausbildung" mit Bezug zu den Laufbahnanforderungen des Statusamtes (vgl. Günther, ZBR 86, 97 [106]
mit Nachweisen in Anm. 166 sowie Plog/Wiedow/Beck/Lemhöfer, BBG, § 64,
RdNr 9). S. dazu das markante Beispiel bei Scheerbarth/Höffken/Bauschke/Schmidt,
BR, § 16 II 3 a: Der Polizeibeamte kann nicht zum Dolmetschen gezwungen werden,
weil er zufällig ein Dolmetscherexamen bestanden hat. Eine *unterwertige* Nebentätigkeit kann der Beamte ablehnen (vgl. NW OVG, DVBl 57, 429).

[40] Die Übernahme- oder Fortführungspflicht entfällt, wenn dem Beamten in seinem
Hauptamt Sonderurlaub von längerer Dauer bewilligt wird; Schütz, a. a. O. (Fußn 36);
ders., a. a. O., RdNr 9 zu Einschränkungen der Übernahme- und Fortführungspflicht
im *Hochschulbereich.*

[41] Durch Verwaltungsvorschrift; vgl. GKÖD I, RdNr 20 zu § 64 BBG.

[42] HVGH, ESVGH 29, 180.

[43] Eingehend dazu Günther, ZBR 86, 97 (106 f.) und Summer, ZBR 88, 1 (10), jeweils mit umfassenden Nachweisen. Zur Übertragung des Aufgabengebietes eines
kaufmännischen Betriebsleiters eines kommunalen Eigenbetriebs an einen Beamten als
Nebentätigkeit s. HVGH, NVwZ-RR 96, 338 (vgl. schon RdNr 246).

[44] Zur Frage der vorherigen Anhörung des Beamten vgl. ebenfalls Günther, a. a. O.,
S. 107.

[45] Günther, a. a. O., S. 107 f.

2. Übermäßige Beanspruchung

Läuft die Übernahme der dem Beamten durch seinen Dienstherrn ange- 250
sonnenen Nebentätigkeit auf eine Überbeanspruchung hinaus, so ist ein
solcher Sachverhalt dienstrechtlich in doppelter Hinsicht zu würdigen: Zum
einen bedeutet die Überbeanspruchung eine Verletzung der Fürsorge- und
Schutzpflicht des Dienstherrn (§ 79 BBG, § 48 BRRG), die der Beamte dem
„Verlangen" einredeweise entgegenhalten kann.[46] Zum anderen kann eine
Nebentätigkeit, die den Beamten über Gebühr in Anspruch nimmt, dienstliche Interessen beeinträchtigen. § 72 BBG und die dazu ergangene Arbeits-
zeitverordnung gelten zwar unmittelbar nur für das Hauptamt; sie begrenzen
aber zugleich ihrem Schutzzweck entsprechend die dienstpflichtgemäße
(Gesamt-)Beanspruchung des Beamten durch den Dienstherrn auch als
solche.[47]

III. Auswahlerwägungen bei der Übertragung einer Nebentätigkeit im öffentlichen Dienst

Entschließt sich der Dienstherr in den Grenzen seines organisatorischen 251
Gestaltungsspielraumes,[48] eine ihm obliegende Aufgabe nicht in ein Hauptamt einzuordnen, sondern sie im Wege der Nebentätigkeit wahrnehmen zu
lassen, so hat er bei der Auswahl zwischen mehreren Beamten, die sich an
einer Übertragung des Nebenamtes oder der Nebenbeschäftigung interessiert zeigen oder aus der Sicht des Dienstherrn dafür in Betracht kommen,
im wesentlichen, wie folgt, vorzugehen:
- Vorab sind die für die Aufgabe nicht geeigneten Beamten auszuscheiden.
- Hinsichtlich der danach für die Auswahl verbleibenden, grundsätzlich geeigneten Beamten ist festzustellen, ob *deutliche* Eignungsunterschiede
  vorhanden sind und welchen Folgeaufwand ein Einsatz des jeweiligen Beamten in Anbetracht seiner dienstlichen Inanspruchnahme durch das
  Hauptamt (und etwaige bereits ausgeübte Nebentätigkeiten) voraussichtlich auslösen würde. Anzustreben ist, das Nebenamt oder die Nebenbeschäftigung jemandem zu übertragen, dessen Eignung sich als überdurchschnittlich darstellt und der bei Übernahme der Nebentätigkeit in seinem
  Hauptamt nicht oder nur in geringem Maße entlastet werden muß. Es

---

[46] Vgl. BVerwGE 29, 191 (194); 69, 83; s. außerdem RdNr 382. Eine *Über*beanspruchung ist nicht vorhanden, sofern dem bislang in seinem Hauptamt voll ausge-
lasteten Beamten *zugleich* mit der Übertragung der Nebentätigkeit eine *Entlastung* in
seinem Hauptamt gewährt wird; vgl. auch BVerwG, DÖD 72, 233.
[47] Vgl. BVerwG, ZBR 82, 274; außerdem Plog/Wiedow/Beck/Lemhöfer, BBG,
§ 64, RdNr 10.
[48] S. dazu RdNrn 243 ff.

handelt sich um ein *Optimierungsproblem*: Anders als bei Ernennungen, die das *Hauptamt* betreffen,[49] ist der Dienstherr hier, auch wenn es um ein *Nebenamt* (und nicht um eine Nebenbeschäftigung) geht, rechtlich nicht gehalten, eine Auswahl *allein* nach Maßgabe von Eignung, Befähigung und fachlicher Leistung (Art. 33 Abs. 2 GG)[50] zu treffen; er muß diese Aspekte bei der Übertragung *jedweder* Nebentätigkeit unter Beachtung ihres *allgemeinen* verfassungsrechtlichen Ranges lediglich in seine Überlegungen einbeziehen.[51]

IV. Genehmigungsbedürftige Nebentätigkeiten

1. Allgemeines zur Beschränkung von Nebentätigkeiten

252   Dem nach der Rechtsprechung des BVerwG[52] durch Art. 2 Abs. 1 GG gesicherten Recht des Beamten, seine Arbeitskraft (entgeltlich) zu verwerten, werden durch die verfassungsmäßige Ordnung, zu der die hergebrachten Grundsätze des Berufsbeamtentums (Art. 33 Abs. 5 GG) und die einfach-gesetzlichen Vorschriften des Beamtenrechts gehören, Grenzen gesetzt.[53] Zu den hergebrachten Grundsätzen ist die Pflicht des Beamten zu rechnen, sich innerhalb der Arbeitszeit mit „voller Hingabe" dem Hauptamt zu widmen;[54] in seiner Freizeit kann er dagegen grundsätzlich eine (entgeltliche) Nebentätigkeit ausüben.[55] Nur *öffentliche* Interessen mit *dienstlichem* Bezug – im Sinne eines „unmittelbaren oder mittelbaren Bezuges auf die Amtsführung des Beamten"[56] – reichen nach der Rechtsprechung des BVerwG aus, eine Nebentätigkeit nicht zu genehmigen oder zu untersagen.[57] *Arbeitsmarktpolitische Belange* als solche rechtfertigen danach keine

---

[49] S. dazu RdNrn 4 ff.

[50] Der Amtsbegriff des Art. 33 Abs. 2 GG umfaßt das Ehrenbeamtenverhältnis; Stober, Der Ehrenbeamte in Verfassung und Verwaltung, 1981, S. 39 f., 129 ff.

[51] Zum Problem „Anspruch auf Nebenamt?" vgl. Günther, ZBR 86, 97 (104 f.).

[52] BVerwGE 29, 304; 31, 241; 35, 201; 60, 254; 67, 287; 84, 299; vgl. weiterhin RP OVG, DÖD 84, 149. Zu der bei praxisbezogener Betrachtung nicht belangvollen Frage, ob Art. 2 Abs. 1 GG im vorliegenden Rahmen hinter Art. 12 Abs. 1 GG zurücktreten müsse, vgl. GKÖD I, RdNr 4 zu § 65 BBG (S. 7 f.); Noftz, ZBR 74, 209; Papier, DÖV 84, 536 (538 ff.) sowie Summer, ZBR 88, 1 (4). Ergänzend ist mit GKÖD I, a.a.O., darauf aufmerksam zu machen, daß bei einer wissenschaftlichen oder künstlerischen Nebentätigkeit auch Art. 5 Abs. 3 GG zu beachten wäre; s. auch BrOVG, DÖV 80, 570.

[53] S. dazu die Rechtsprechungsnachweise in Fußn 52.

[54] S. § 54 Satz 1 BBG, § 36 Satz 1 BRRG.

[55] S. Fußn 53 sowie BVerwG, ZBR 74, 263.

[56] BVerwGE 84, 299.

[57] Vgl. dazu Battis, ZBR 82, 166 (169); Ehlers, DVBl 85, 879 (883); GKÖD I, RdNr 4 zu § 65 BBG; Papier, DÖV 84, 536; Schwandt, ZBR 85, 101 sowie ZBR 85, 141 (142); s. auch Maunz/Dürig/Herzog/Scholz, GG, Art. 12, RdNr 203.

Beschränkung der Nebentätigkeit.[58] In der Entscheidung BVerfGE 55, 207 (238) ist freilich dargelegt, daß es dem Gesetzgeber unbenommen sei, dem Anreiz zur Übernahme von Nebenbeschäftigungen durch Vorschriften – unter anderem über eine Ablieferungspflicht – entgegenzuwirken, die die Nebentätigkeiten eindämmen; die Entscheidung gibt aber nichts für die Schlußfolgerung her, daß die Versagung einer Nebentätigkeitsgenehmigung mit der (bloßen) Begründung, „erhebliche Belange des Arbeitsmarktes" seien „beeinträchtigt",[59] verfassungsrechtlicher Überprüfung standhielte.[60] Das Nebentätigkeitsbegrenzungsgesetz[61] hat deshalb einen derartigen Versagungsgrund nicht in § 65 BBG (§ 42 BRRG) aufgenommen. Allerdings hat der Deutsche Bundestag zusammen mit der Verabschiedung des genannten Gesetzes am 6. 12. 1984 folgende Entschließung gefaßt:[62]

> „Der Deutsche Bundestag sieht in dem heute verabschiedeten Gesetzentwurf unter anderem einen arbeitsmarktpolitischen Beitrag des öffentlichen Dienstes. Damit sollen angesichts hoher Arbeitslosenzahlen vor allem zusätzliche Erwerbstätigkeiten von Beamten, die dabei in einen Wettbewerb mit Angehörigen anderer Berufe treten, eingeschränkt werden. Der Deutsche Bundestag fordert alle Beteiligten auf, diesem wichtigen Ziel des Gesetzes durch eine restriktive Anwendung der gesetzlichen Vorschriften unter Berücksichtigung der Belange des Arbeitsmarktes Rechnung zu tragen."

Die Entschließung gibt zu Bedenken Anlaß:[63] Sieht man – wie die Bundestagsmehrheit – eine Versagung der Nebentätigkeitsgenehmigung aus arbeitsmarktpolitischen Gründen als verfassungswidrig an, so mag es noch diskutabel sein, die (realen oder vermeintlichen) positiven arbeitsmarktpolitischen Rückwirkungen einer *allein* auf den Schutz *dienstlicher* Interessen rekurrierenden Regelung als erwünschte *Nebenfolge* des Gesetzes herauszustellen;[64] die Aufforderung zu einer „restriktiven Anwendung der gesetzlichen Vorschriften unter Berücksichtigung der Belange des Arbeitsmarktes" geht dann jedoch ins Leere, soweit sie – in Ermangelung eines Ermes-

---

[58] A. A. Schwerdtner, RiA 83, 65.

[59] S. den Wortlaut des § 68 Abs. 3 NW LBG in der bis zum 31. 7. 1993 geltenden Fassung; vgl. hierzu Ehlers, DVBl 86, 879. Die erwähnte nordrhein-westfälische Regelung war schon mit Inkrafttreten des Nebentätigkeitsbegrenzungsgesetzes unwirksam geworden (Art. 31 GG); s. NW OVG, NVwZ-RR 93, 316.

[60] Ebenso insbesondere Papier, DÖV 84, 536 (537 f.). S. aber auch BT-Dr 10/1034, Begr. B (zu Art. 1 Nr. 1 b).

[61] Vom 21. 2. 1985, BGBl. I 371 (am 1. 3. 1985 in Kraft getreten). Vgl. dazu allgemein Knüppel, DÖD 85, 96; Lecheler, ZBR 85, 97; Scheuring, PersV 85, 89; Verf., NVwZ 85, 327; weiterhin Schwandt, ZBR 85, 101 und ZBR 85, 141.

[62] Plenarprot. 10/108, S. 8122.

[63] S. schon Verf., NVwZ 85, 327 (328); vgl. auch GKÖD I, RdNr 6 zu § 65 BBG. Weiterhin BVerwGE 84, 299: Der zitierten Entschließung könne „angesichts der vorausgegangenen ausdrücklichen Ablehnung der Aufnahme eines arbeitsmarktpolitischen Versagungsgrundes jedenfalls kein davon abweichender Wille des Bundestages und der Gesetzgebungsorgane insgesamt entnommen werden".

[64] S. dazu Summer, ZBR 88, 1 (4): Es sei „verfassungskonform, wenn beamtenpolitischen Zielen dienendes Nebentätigkeitsrecht auch arbeitsmarktpolitisch" wirke („mittelbare Arbeitsmarktpolitik").

sensspielraumes – auf eine *Gesetzesauslegung* zielt, die *verfassungswidrig* wäre.[65]

253 Das Zweite Nebentätigkeitsbegrenzungsgesetz vom 9. 9. 1997[66] hat – mit Rücksicht auf die Pflicht des Beamten, sich mit voller Hingabe seinem (Beamten-)Beruf zu widmen –[67] einen *neuen Grund* zur Versagung der Nebentätigkeitsgenehmigung geschaffen. § 65 Abs. 2 Satz 3 BBG bestimmt nunmehr:

> (Ein Grund, die Nebentätigkeitsgenehmigung zu versagen,) liegt in der Regel auch vor, wenn sich die Nebentätigkeit wegen gewerbsmäßiger Dienst- oder Arbeitsleistung oder sonst nach Art, Umfang, Dauer oder Häufigkeit als Ausübung eines Zweitberufs darstellt."

Die erwarteten arbeitsmarktentlastenden Wirkungen dieser Regelung werden nur als „Nebeneffekt" gekennzeichnet.[68]

2. Genehmigung und Genehmigungsversagung

254 Der Beamte bedarf zur Übernahme sämtlicher Nebentätigkeiten – mit Ausnahme der in § 66 Abs. 1 BBG (§ 42 Abs. 1 Satz 3 BRRG) abschließend aufgeführten – der vorherigen Genehmigung, falls er nicht nach § 64 BBG zur Wahrnehmung verpflichtet ist (§ 65 Abs. 1 Satz 1 BBG, § 42 Abs. 1 Satz 1 BRRG).[69] Er hat einen *Rechtsanspruch* auf Erteilung der Genehmigung, sofern nicht ein Versagungsgrund gegeben ist.[70]

---

[65] GKÖD I, a.a.O. (Fußn 63).

[66] BGBl. I 2294.

[67] S. Beschlußempfehlung und Bericht des Rechtsausschusses (6. Ausschuß) vom 26. 6. 1997, BT-Dr 13/8079, S. 18 (Zu Art. 2 Nr. 1 – § 65 BBG –).

[68] S. Fußn 67.

[69] Die Wahrnehmung öffentlicher Ehrenämter (s. dazu § 1 Abs. 4 BNV) „gilt" nicht als Nebentätigkeit (§ 65 Abs. 1 Satz 2 BBG, § 42 Abs. 1 Satz 2 BRRG), ist also genehmigungsfrei und kann durch den Dienstvorgesetzten nicht nach § 66 Abs. 2 Satz 3 BBG (§ 42 Abs. 1 Satz 6 BRRG) untersagt werden. Öffentliche Ehrenämter sind z.B. Mitgliedschaften in kommunalen Vertretungen, in Organen der Sozialversicherungsträger oder in Wahlvorständen und -ausschüssen sowie die Tätigkeit als ehrenamtlicher Richter. Wer einem Beamten ein öffentliches Ehrenamt übertragen will, hat vorab in eigener Verantwortung zu prüfen, ob dem dienstliche Interessen zuwiderlaufen, die aus dem Hauptamt resultieren. Hier ist insonderheit an zeitliche Kollisionen zu denken. Gegebenenfalls wird der Dienstvorgesetzte im Verwaltungswege insoweit auf eine *abgestimmte* Regelung (s. Summer, ZBR 88, 1 [5]), hilfsweise (und als ultima ratio) auf die Aufhebung der Übertragung hinwirken müssen. Unterscheide die Wahrnehmung eines öffentlichen Ehrenamtes vom Ehrenbeamtenverhältnis; GKÖD I, RdNr 19 zu § 64 BBG sowie RdNr 7 zu § 65 BBG. Vgl. auch BVerwG, NVwZ 86, 743 sowie RP OVG, NVwZ 86, 775. Seit dem 1. 1. 1992 „gilt" auch die *unentgeltliche* Vormundschaft (§§ 1773 ff. BGB), Betreuung (§§ 1896 ff. BGB) oder Pflegschaft (§§ 1909 ff. BGB) eines Angehörigen nicht mehr als Nebentätigkeit, ist aber vor Aufnahme schriftlich anzuzeigen; s. dazu Lemhöfer, ZBR 92, 97 f. Zur Vormundschaft vgl. BVerwG, NJW 96, 139.

[70] Battis, BBG, § 65, RdNr 2; Ehlers, DVBl 85, 879 (882); Günther, ZBR 86, 97 (105); GKÖD I, RdNr 10 zu § 65 BBG; Verf., NVwZ 85, 327 (328). Vgl. weiterhin

Die Genehmigung muß versagt werden, wenn zu besorgen ist, daß durch **255** die Nebentätigkeit dienstliche Interessen beeinträchtigt werden (§ 65 Abs. 2 Satz 1 BBG, § 42 Abs. 2 Satz 1 BRRG).[71] Hieraus wird deutlich, daß die Versagung – wie die Erteilung – der Nebentätigkeitsgenehmigung auf Grund einer *Prognose* der zuständigen Behörde (§ 65 Abs. 4 BBG) ergeht, während der Widerruf[72] einer erteilten Genehmigung voraussetzt, daß dienstliche Interessen *tatsächlich* beeinträchtigt worden sind (§ 65 Abs. 2 Satz 7 BBG, § 42 Abs. 2 Satz 4 BRRG).[73] Eine „Besorgnis", wie sie das Gesetz fordert, ist anzunehmen, wenn bei verständiger Würdigung der gegenwärtig erkennbaren besonderen Umstände des jeweiligen Einzelfalles (unter Zugrundelegung der erfahrungsgemäß zu erwartenden Entwicklung) eine Beeinträchtigung *wahrscheinlich* ist. Die bloße (nicht auszuschließende) Möglichkeit reicht einerseits nicht aus; eine in hohem Maße bestehende Wahrscheinlichkeit, daß es in absehbarer Zeit zu einer Beeinträchtigung kommt, ist andererseits nicht erforderlich.[74]

Zu der in § 65 Abs. 2 Sätze 2 bis 4 BBG (§ 42 Abs. 2 Sätze 2 und 3 BRRG) der Generalklausel hinzugefügten *Kasuistik* ist folgendes zu bemerken:

a) Übermäßige Inanspruchnahme der Arbeitskraft des Beamten

Maßgeblich ist die *individuelle* Belastbarkeit des einzelnen Beamten.[75] **256** Diese Einsicht schließt aber eine gesetzliche Regelvermutung nicht aus, die den durchschnittlichen tatsächlichen Gegebenheiten Rechnung trägt *und* den Dienstvorgesetzten nicht der Prüfung enthebt, ob im Einzelfall zu-

---

BVerwGE 60, 254; BVerwG, ZBR 77, 27. S. auch OVG Lüneburg, ZBR 85, 110 (Nebentätigkeitsgenehmigung als Voraussetzung für die Eintragung eines beamteten Fachhochschullehrers in eine Architektenliste). Zur Funktion einer *allgemeinen* Genehmigungserteilung s. § 5 Abs. 1 BNV.

[71] Falls die Nebentätigkeit beschränkbar ist und falls (nur) hinsichtlich eines Teilbereiches nicht mit einer Beeinträchtigung dienstlicher Interessen gerechnet werden muß, ist die Nebentätigkeitsgenehmigung *insoweit* zu erteilen (vgl. BayVGH, ZBR 62, 326), sofern der Beamte bei verständiger Auslegung seines Antrags an einer derart eingeschränkten Nebentätigkeit interessiert ist. S. auch Fußn 186 und 193. Versagung und Widerruf der Nebentätigkeitsgenehmigung sind mitbestimmungspflichtig; § 76 Abs. 1 Nr. 7 BPersVG.

[72] Unterscheide hiervon die Aufhebung einer von Anfang an rechtswidrigen Nebentätigkeitsgenehmigung, die sich nach der allgemeinen Rücknahmeregelung des § 48 VwVfG richtet; s. Plog/Wiedow/Beck/Lemhöfer, BBG, § 65, RdNr 22.

[73] RP OVG, DÖD 85, 205. Abweichendes dürfte freilich gelten, wenn eine *einmalige* Beeinträchtigung vorliegt und eine Wiederholung nach Lage der Dinge ausschließbar ist. Zur Abwicklung einer Nebentätigkeit nach Widerruf der Genehmigung s. § 5 Abs. 3 BNV.

[74] BVerwGE 31, 241; 40, 11; 60, 254; 67, 287; BVerwG, ZBR 77, 27.

[75] Vgl. dazu die zu § 65 Abs. 2 Satz 1 BBG a.F. ergangene Entscheidung BVerwG, ZBR 77, 27 mit weiteren Nachweisen. Neuerdings RP OVG, ZBR 90, 185 (zur Nebentätigkeit eines Oberstudienrates als Geschäftsführer einer Reisebüro-GmbH).

reichende Anhaltspunkte für ein Abweichen von der Norm nach oben oder nach unten vorhanden sind. Die sog. *Fünftelvermutung* des § 65 Abs. 2 Satz 4 BBG (§ 42 Abs. 2 Satz 3 BRRG)[76] läuft darauf hinaus, daß die Genehmigung in der Regel zu versagen ist, wenn die zeitliche Beanspruchung des Beamten durch die in Frage stehende Nebentätigkeit – und andere *bereits ausgeübte* Nebentätigkeiten – 32 Stunden im Monat übersteigt.[77] Der Dienstherr wird insoweit auch genehmigungsfreie Nebentätigkeiten, sofern sie ihm bekannt sind, in die Berechnung einbeziehen dürfen,[78] dies allerdings mit der Maßgabe, daß solchenfalls die Erfordernisse für ein Abweichen von der „Vermutung" in Richtung auf eine Überschreitung des üblichen zeitlichen Rahmens niedriger als beim Vorliegen ausschließlich genehmigungspflichtiger Nebentätigkeiten anzusetzen sind. Der hergebrachte Grundsatz des Berufsbeamtentums, daß sich der Beamte seinem Hauptamt nach Maßgabe der Vorschriften über die Arbeitszeit[79] mit „voller Hingabe" zu widmen hat (vgl. § 54 Satz 1 BBG, § 36 Satz 1 BRRG), rechtfertigt die ausgewogene Regelung des § 65 Abs. 3 BBG (§ 42 Abs. 3 BRRG), die sich (was dem Gesetzestext nur unvollkommen zu entnehmen ist) auch – und zuvörderst – als inhaltliche Ergänzung zu § 65 Abs. 2 Satz 2 Nr. 1 BBG (§ 42 Abs. 2 Satz 2 Nr. 1 BRRG) darstellt. Anhand der Nachweise des Beamten über Art und Umfang der beabsichtigten Nebentätigkeit (vgl. § 65 Abs. 6 Satz 2 BBG, § 42 Abs. 5 Satz 2 BRRG) hat der Dienstvorgesetzte sich Klarheit darüber zu verschaffen, ob die Nebentätigkeit außerhalb der Arbeitszeit ausgeübt *werden soll*. Ist dem nicht so, muß (bereits) die Genehmigung versagt werden, es sei denn, es besteht ein dienstliches Interesse an der Übernahme[80] oder es liegt ein (anderer) „besonders begründeter (Ausnahme-) Fall" im Sinne des § 65 Abs. 3 Satz 2 BBG (§ 42 Abs. 3 Satz 2 BRRG) vor. Der Innenausschuß des Deutschen Bundestages verweist inso-

---

[76] Beweislastbezogene Bedenken hiergegen bei Thieme, JZ 85, 1024 (1026).

[77] BT-Dr 10/2542, S. 15 (II. 2 – Art. 1, zu Nr 1). Zu anderen möglichen zeitlichen Bezugsgrößen bei der Ermittlung des „Fünftels" (etwa ein Vierteljahr oder gar ein Jahr) s. BayVGH, ZBR 82, 119; zur fehlenden „Griffigkeit" der Fünftelvermutung bei gewerblicher Nebentätigkeit s. BW VGH, DÖD 88, 239: Trotz zwischenzeitlicher Verringerung der regelmäßigen wöchentlichen Arbeitszeit auf 38½ Stunden kann die 32-Stunden-Marke als ohnedies grober Orientierungsmaßstab beibehalten werden; so auch im Ergebnis Plog/Wiedow/Beck/Lemhöfer, BBG, § 65, RdNr 14 a. Zu Nebenerwerbslandwirten Dirksmeyer, ZBR 86, 326; Summer, ZBR 88, 1 (8).

[78] So auch Keymer/Kolb/Braun, Nebentätigkeitsrecht, Teil 3, § 65, RdNr 4 und Günther, DÖD 88, 78 (84 f.); a.A. Summer, ZBR 88, 1 (6 f.); Fürst, ZBR 90, 305 (307 ff.), denen zuzugeben ist, daß die Fünftelvermutung durch die Einbeziehung genehmigungsfreier Nebentätigkeiten nicht dazu instrumentalisiert werden darf, die Auskunftspflicht des § 66 Abs. 2 Satz 2 BBG (§ 42 Abs. 1 Satz 5 BRRG) zu überdehnen. S. außerdem Battis, BBG, § 65, RdNr 8.

[79] BVerwG, ZBR 74, 263; vgl. auch BVerwGE 48, 99 (102).

[80] Wie z.B. bei der Wahrnehmung von Aufgaben der Aus- und Fortbildung während der Arbeitszeit.

fern beispielhaft auf Prüfungs- und Gutachtertätigkeiten, an denen ein öffentliches Interesse bestehen könne.[81]

b) Widerstreit mit dienstlichen Pflichten

Hier ist etwa zu denken an die Pflichten des Beamten,   **257**
– um die Erhaltung seiner Gesundheit bemüht zu sein,[82]
– Amtsverschwiegenheit zu bewahren (s. § 61 BBG, § 39 BRRG) und
– möglichst reibungslos und spannungsfrei mit seinen Kollegen zusammenzuarbeiten.[83]
Hinsichtlich seiner Pflicht zur „unparteilichen" („unparteiischen") und „uneigennützigen" Amtsführung (s. § 52 Abs. 1 Satz 2, § 54 Satz 2 BBG; § 35 Abs. 1 Satz 2, § 36 Satz 2 BRRG) liegt es näher, (zumindest zunächst) auf die *speziellen* Tatbestände der Nrn. 3 und 4 a. a. O.[84] abzustellen.

c) Kollisionen mit der Behördenzuständigkeit und dem Gebot unparteilicher und unbefangener Amtsführung

Die Genehmigung ist zu versagen, wenn die Nebentätigkeit in einer An- **258**
gelegenheit ausgeübt werden soll, in der die Behörde, der der Beamte angehört, tätig *wird* oder tätig *werden kann*, oder wenn sie die Unparteilichkeit oder Unbefangenheit des Beamten beeinflussen *kann*.[85] Die Behörde kann auch dann „tätig" werden, wenn die ernsthafte Möglichkeit vorhanden ist, daß sie (nur) *verwaltungsintern* mit der „Angelegenheit" befaßt wird,[86] wenn sie also in der „Angelegenheit" keine Außenzuständigkeit innehat, die zu unmittelbarem Kontakt mit Bürgern führen kann.[87] Wenn der Beamte Leistungen für Dritte erbringt, die zu erbringen seine Beschäftigungsbehörde gleichfalls bereit und in der Lage wäre, wenn er – anders ausgedrückt – in Konkurrenz zu seiner Beschäftigungsbehörde tritt, so bewegt er sich auch damit in deren Tätigkeitsbereich.[87a] Der an zweiter Stelle genannte Versagungsgrund der Nr. 4 a. a. O. unterscheidet sich von den prozessualen Be-

---

[81] BT-Dr 10/2542, S. 15 (II. 2 – Art. 1, zu Nr. 1).

[82] Insofern liegt eine Überschneidung mit Nr. 1 a. a. O. vor; GKÖD I, RdNr 23 zu § 65 BBG.

[83] BVerwG, ZBR 77, 27: Neid oder Mißgunst sowie andere (unsachlich motivierte) Unzufriedenheiten im Kollegenkreise als mögliche Spannungsursachen haben unberücksichtigt zu bleiben.

[84] S. dazu RdNr 258 f.; vgl. auch Battis, BBG, § 65, RdNr 9.

[85] Obwohl diese Regelung stark generalisierend und typisierend weit in das Vorfeld möglicher Interessenkonflikte oder auch nur ihres Anscheins hinausgreift, bleibt sie angesichts der besonderen Bedeutung einer ungeteilten und zweifelsfreien Loyalität des Beamten noch im Rahmen des verfassungsrechtlich Zulässigen; GKÖD I, RdNr 24 f. zu § 65 BBG; Plog/Wiedow/Beck/Lemhöfer, BBG, § 65, RdNr 18.

[86] GKÖD I, RdNr 24 zu § 65 BBG.

[87] Beispiel zu Nr. 3 a. a. O. nach NW OVG, RiA 93, 151: die beabsichtigte Nebentätigkeit einer beurlaubten Rechtspflegerin in einem Notariat am Dienstort.

[87a] BVerwG, ZBR 93, 149.

fangenheitsregelungen (§ 42 Abs. 2 ZPO, § 54 VwGO) darin, daß hier die (subjektive) Besorgnis der Parteilichkeit (Befangenheit) nicht genügt, sondern eine Beurteilung ausschließlich nach *objektiven* Gesichtspunkten vorzunehmen ist.[88] Auch insoweit hindert aber bereits eine sich *konkret* abzeichnende *Möglichkeit* (eine „Gefahr") künftiger Beeinflussung die Erteilung der Nebentätigkeitsgenehmigung.[89]

259 Folgende Beispiele aus der Rechtsprechung[90] mögen insbesondere den Tatbestand der Nr. 4 a. a. O. veranschaulichen:

– Das NW OVG[91] hat die Einrichtung einer *Privatpraxis* bei einem *Amtsarzt* für nicht genehmigungsfähig erachtet.

– Der BW VGH[92] hat die Ansicht vertreten, daß die Nebentätigkeit eines im Streifen- und Bezirksdienst eingesetzten *Polizeivollzugsbeamten* als *Fahrer* bei einem Omnibusunternehmen zur Beförderung behinderter Sonderschulkinder nicht die Besorgnis der Beeinträchtigung der Unparteilichkeit oder Unbefangenheit begründe, sofern sie im Umfang von bis zu zehn Tagen im Monat über je etwa eine Stunde gegen pauschalierte Aufwandsentschädigung ausgeübt werde.[93] Anders liegt es nach Auffassung des RP OVG, wenn ein *Polizeivollzugsbeamter* in der Freizeit gegen Vergütung in seinem Dienstbezirk eine Kontrolltätigkeit als Mitarbeiter im Rundfunkgebührenwesen wahrnehmen[94] oder wenn er dort gelegene private Objekte *bewachen* will.[95] Hier sind im ersten Fall unter anderem der Versagungsgrund der Nr. 3 a. a. O., im zweiten Fall derjenige der Nr. 4 a. a. O. gegeben.[96] Dem BayVGH[97] zufolge muß die Genehmigung zur Nebentätigkeit als *Taxifahrer* bei einem *Polizeibeamten* der Verkehrspolizei grundsätzlich versagt werden. Das OVG Berlin[98] hat hingegen gemeint, daß ein in Berlin im Tagesdienst eingesetzter *Polizeioberkommissar* Anspruch auf Genehmigung einer Nebentätigkeit als *Fahrlehrer* habe: Die Wahrscheinlichkeit, daß der Beamte einmal in Ausübung seines Dienstes als Ermittler in Verkehrsstrafsachen auf einen seiner ehemaligen Fahrschüler stoße, sei in einer Millionenstadt als „überaus gering" einzuschätzen.[99]

---

[88] GKÖD I, RdNr 25 zu § 65 BBG.

[89] Beispiele zu Nr. 4 a. a. O. s. RdNr 259.

[90] S. auch Günther, DÖD 88, 78 (88); ders., ZBR 89, 164.

[91] ZBR 59, 186.

[92] ZBR 84, 314 (LS).

[93] Zur zulässigen Beschäftigung eines Triebwagenführers als Busfahrer BW VGH, ZBR 92, 183.

[94] ZBR 93, 340.

[95] DÖD 83, 257.

[96] S. auch BVerwG, ZBR 92, 375 (zur Unzulässigkeit der Nebentätigkeit eines Polizeibeamten als *Warenhausdetektiv*). Vgl. außerdem SH OVG, ZBR 92, 95.

[97] 14. 6. 1989 – 3 B 89.00794 –, abgedr. bei Schütz, BR, ES/B I 2.6 Nr. 7.

[98] 14. 3. 1989 – 4 B 31.88 –, abgedr. bei Schütz, BR, ES/B I 2.6 Nr. 11.

[99] S. in diesem Zusammenhang Günther, DÖD 88, 78 (87) sowie BVerwGE 31, 241 und BVerwG, ZBR 77, 37.

- Der Gesichtspunkt der „Unparteilichkeit oder Unbefangenheit" rechtfertigt (neben anderem) nach einer Entscheidung des BW VGH[100] die Feststellung, daß eine im Stadtgebiet ausgeübte Nebentätigkeit als *Vermesser* bei einem im Stadtplanungsamt beschäftigten (beamteten) *Vermessungsingenieur* „dienstlichen Belangen zuwiderläuft".[101]

- In bezug auf die Nebentätigkeit des auch dienstlich mit Fragen des Kommunalabgabenrechts befaßten *geschäftsführenden Beamten* einer Verbandsgemeinde als *Rechtsberater* auf dem Gebiet des Erschließungs- und Ausbaubeitragsrechts hat das RP OVG[102] die Gefahr einer Beeinträchtigung der Unparteilichkeit und/oder Unbefangenheit angenommen.[103]

- Ein der Staatsanwaltschaft angehörender *Rechtspfleger* darf nach Dafürhalten des BW VGH[104] gewerblich auf Märkten und Messen, die „fast ausschließlich nicht in der näheren Umgebung" seines Dienstortes stattfänden, Liebhaberfahrzeugteile *an- und* (nach Bearbeitung) *verkaufen*, ohne daß seine Unparteilichkeit oder Unbefangenheit dadurch beeinflußt werden könnten. Freiwillige *Versteigerungen* außerhalb des Dienstes betrachtet das RP OVG[105] als mit dem Dienst eines *Amtsanwalts* vereinbar.

- Das BVerwG[106] hat entschieden, daß ein *Umsatzsteuerprüfer* bei einem Finanzamt keiner Beschäftigung als *Berater* in der *Lohnsteuerhilfe* nachgehen dürfe.[107]

- Zuletzt ist auf einen Beschluß des BayVGH[108] hinzuweisen: Ein (Berufsschul-)*Lehrer* darf danach Schüler von Klassen, in denen er selbst unterrichtet, sowie Schülern, an deren Prüfung er teilzunehmen hat, keinen *Privatunterricht* erteilen; soweit er aber Praktikanten und Beschäftigte, die (anders als Auszubildende und Umschüler) nicht berufsschul- und prüfungspflichtig sind, privat unterrichtet, ist eine solche Nebentätigkeit genehmigungsfähig.

---

[100] DÖD 85, 205.

[101] Gleich zu beurteilen ist die Fertigung von *Bauvorlagen* durch einen Beamten, dessen Beschäftigungsdienststelle für die bauaufsichtliche Bearbeitung der Angelegenheit zuständig ist. S. hierzu BW VGH, ZBR 79, 289.

[102] AS 18, 105.

[103] Nichts anderes gilt für einen Lehrer an einer Fachhochschule für Sozialwesen, der Sozialhilfeinteressenten beraten will; BW VGH, VBlBW 80, 116.

[104] DÖD 88, 239.

[105] DÖD 84, 149.

[106] BVerwGE 60, 254.

[107] Vgl. ferner BVerwGE 84, 299 (302) sowie – zu § 20 a SG – BVerwGE 84, 194 (201) und 91, 57 (69 f.): Der Beamte dürfe sich nicht wirtschaftlich von Einkünften abhängig machen, die ihm aus Tätigkeiten zuflössen, welche er auf Veranlassung von Betroffenen oder Interessenten ausübe. Fortentwicklung in BVerwG, DVBl 97, 1000.

[108] 12. 6. 1990 – 3 CE 90.00419 –, abgedr. bei Schütz, BR, ES/B I 2.6 Nr. 12.

d) Wesentliche Einschränkung der künftigen dienstlichen Verwendbarkeit

260 Eine beabsichtigte Nebentätigkeit darf nicht bewirken, daß die Verwendungsbreite des Beamten deutlich eingeschränkt wird.[109] Dies ist aber insbesondere dann der Fall, wenn die Nebentätigkeit eine Angelegenheit betrifft, mit der eine Behörde befaßt werden kann, die als *künftige* Beschäftigungsbehörde des Beamten in Betracht kommt, weil dieser – sei es im Interesse seiner Fortbildung, sei es aus sonstigen dienstlichen Gründen – in absehbarer Zeit mit einiger Wahrscheinlichkeit dorthin versetzt oder abgeordnet werden könnte. Insofern stellt sich Nr. 5 a. a. O. als Ergänzung zu Nr. 3 a. a. O. dar, durch die die Möglichkeit der behördeninternen Umsetzung abgedeckt ist.

e) Beeinträchtigung des Ansehens der öffentlichen Verwaltung

261 Dieser Versagungsgrund ist im Kontext zu § 54 Satz 3 BBG (§ 36 Satz 3 BRRG) zu betrachten.[110] Danach muß das Verhalten des Beamten auch außerhalb des Dienstes „der Achtung und dem Vertrauen gerecht werden, die sein Beruf erfordert". Mühl[111] führt als Beispiele für den Tatbestand der Nr. 6 a. a. O. die Tätigkeit eines Beamten als Inhaber eines Bordells,[112] als Portier eines schlecht beleumdeten Hotels oder als Hausierer an; unter Umständen könne auch „die Ausübung von Musik gegen Entgelt in der Öffentlichkeit" den Tatbestand der Nr. 6 a. a. O. erfüllen (sehr zw.).[113] Zum Vergleich ein Fall aus dem Richterrecht: Die Mitarbeit eines Verwaltungsrichters in einem privaten Repetitorium schadet nicht dem Ansehen der Verwaltungsgerichtsbarkeit.[114] Eine Beeinträchtigung des Ansehens der öffentlichen

---

[109] S. BVerwGE 60, 254 (261); 67, 287 (299 f.).

[110] GKÖD I, RdNr 27 zu § 65 BBG.

[111] GKÖD I, wie Fußn 110.

[112] S. auch VG Hannover, NJW 88, 1162: Betrieb einer Videothek mit vornehmlich gewaltverherrlichenden und pornographischen Filmen durch Strafvollzugsbeamten.

[113] S. Plog/Wiedow/Beck/Lemhöfer, BBG, § 65, RdNr 21: Die gewandelten gesellschaftlichen Anschauungen ließen grundsätzlich keine für einen Ansehensverlust relevanten Abstufungen zwischen „höheren" und „niederen" Arbeiten mehr zu.

[114] VG Koblenz, DÖD 86, 45. A. A. das dazu ergangene Berufungsurteil des RP OVG, NJW 86, 2723 mit der nicht überzeugenden Begründung, der Richter stelle „in den Augen eines unbefangenen Beobachters" durch seine Mitarbeit in dem Repetitorium den von seinem Dienstherrn erhobenen Anspruch, eine den Anforderungen des zweiten Staatsexamens gerecht werdende Referendarausbildung zu betreiben, in Frage. BVerwGE 78, 211 verneint in dem Revisionsurteil mit Recht den Versagungstatbestand des § 5 Abs. 1 RP LRiG iVm § 73 Abs. 2 Satz 2 Nr. 6 RP LBG (= § 42 Abs. 2 Satz 2 Nr. 6 BRRG): Die staatliche Referendarausbildung beanspruche nicht, ohne zusätzliche eigene Examensvorbereitung *bestmöglich* auf die zweite juristische Staatsprüfung vorzubereiten. Im Gegenteil sei eine eigene ergänzende Aus- und Fortbildung nicht nur zulässig, sondern geboten. Wenn Referendare sich hierbei durch private Lehr- und Übungsveranstaltungen unterstützen ließen, werde „dadurch eine dem eigenen Anspruch genügende Qualität der Ausbildung im staatlichen Vorbereitungsdienst nicht in Frage gestellt".

Verwaltung läßt sich auch nicht aus dem Hinweis entwickeln, es könne der Öffentlichkeit bekannt werden, daß der Beamte (Richter) durch seine Nebentätigkeit zusätzliche Einnahmen erziele. Auch die Öffentlichkeit hat zu respektieren, daß dem Beamten (Richter) entgeltliche Nebentätigkeiten, die die dienstliche Interessensphäre unberührt lassen, zu gestatten sind.[115]

f) Ausübung eines Zweitberufs (§ 65 Abs. 2 Satz 3 BBG)[116]

Dieser auf die Beschlußempfehlung des Rechtsausschusses des Deutschen **262** Bundestages zurückgehende,[117] durch das Zweite Nebentätigkeitsbegrenzungsgesetz eingefügte „weitere" Versagungsgrund soll der Begründung[118] gemäß „sicherstellen, daß der Beamte sich mit der beantragten Nebentätigkeit, auch ohne daß diese den Rahmen eines Fünftels der regelmäßigen wöchentlichen Arbeitszeit überschreitet, nicht allmählich einen Zweitberuf aufbaut". Zwischen Begründung und Gesetzestext besteht insofern eine Diskrepanz, als *erstere* auf den „allmählichen" Aufbau, *letzterer* aber auf die „Ausübung" eines Zweitberufs abhebt. Streitigkeiten darüber, wann ein „Zweitberuf" vorliegt, sind vorprogrammiert. Soweit § 65 Abs. 2 Satz 3 BBG dazu dienen soll, Beweisschwierigkeiten zu vermeiden, die sich im Zusammenhang mit einer Anwendung der sog. Fünftelvermutung[119] ergeben können, dürfte es sich alsbald zeigen, daß derartige Schwierigkeiten in Anbetracht der Notwendigkeit, jeweils die tatsächlichen Grundlagen für die Annahme eines „Zweitberufs" zu klären, in nur leicht verändertem Gewand erneut auftreten,[120] und zwar nunmehr dadurch akzentuiert, daß der Begriff „Zweitberuf" selbst schon wenig konturiert ist.

3. Inanspruchnahme von Einrichtungen, Personal oder Material des Dienstherrn

Bei der Ausübung von Nebentätigkeiten darf der Beamte Einrichtungen,[121] Personal oder Material[122] des Dienstherrn nur bei Vorliegen eines **263**

---

[115] BVerwG, ZBR 77, 27 (28 f.). Zur Schiedsrichtertätigkeit von Richtern Coeppicus, ZRP 95, 203 und Meyer ter Vehn, ZRP 96, 244.

[116] Das BRRG enthält keine entsprechende Bestimmung.

[117] S. oben RdNr 253.

[118] S. Fußn 67.

[119] S. oben RdNr 256.

[120] Vgl. auch Battis, BBG, § 65, RdNr 14. Kritik fordert auch die Wortfolge „in der Regel" heraus. Wenn man – wie in der Begründung geschehen – mit der Hauptberuflichkeit als „hergebrachtem Grundsatz" argumentiert, so ist es unerfindlich, wie ein *irregulärer Fall* beschaffen sein sollte. Es läßt sich mutmaßen, daß die zitierte Wortfolge schlicht aus der im Gesetzestext folgenden Fünftelvermutung übernommen worden ist (wo sie Sinn macht(!)).

[121] Unter diesen Begriff fallen in erster Linie die Diensträume und deren Ausstattung mit Ausnahme von Bibliotheken; s. § 9 Abs. 2 Satz 1 BNV.

[122] Hierunter sind alle verbrauchbaren Sachen und die Energie zu subsumieren; s. § 9 Abs. 2 Satz 2 BNV.

öffentlichen oder wissenschaftlichen Interesses mit dessen Genehmigung[123] und gegen angemessenes Entgelt in Anspruch nehmen (§ 65 Abs. 5 Satz 1 BBG, § 42 Abs. 4 Satz 1 BRRG). Das *Entgelt* hat sich nach den dem Dienstherrn erwachsenden Kosten zu richten und muß den besonderen Vorteil berücksichtigen, der dem Beamten durch die Inanspruchnahme entsteht (§ 65 Abs. 5 Satz 2 BBG, § 42 Abs. 4 Satz 2 BRRG).[124] Es kann pauschaliert in einem Vomhundertsatz des aus der Nebentätigkeit erzielten Bruttoeinkommens festgelegt werden[125] und bei unentgeltlich ausgeübter Nebentätigkeit entfallen (§ 69 Nr. 4 Satz 2 BBG). Im Nutzungsentgelt verbinden sich *Ausgleichs- und Aufwendungsersatzfunktion* miteinander;[126] da es nicht der Finanzierung allgemeiner oder besonderer Aufgaben des Dienstherrn dient, ist es keine „Abgabe" im Sinne des § 80 Abs. 2 Satz 1 Nr. 1 VwGO.[127]

4. Nebenbestimmungen zur Genehmigung

264 Die Genehmigung ist nach der Neuregelung des Zweiten Nebentätigkeitsbegrenzungsgesetzes[128] auf längstens fünf Jahre zu *befristen;* sie kann mit Auflagen und Bedingungen versehen werden (§ 65 Abs. 2 Satz 5 BBG). Eine nach früherem Recht erteilte Genehmigung erlischt mit Ablauf von

---

[123] Auf die Erteilung der (vorherigen schriftlichen, s. § 9 Abs. 1 BNV) Genehmigung besteht kein Rechtsanspruch; vgl. NW OVG, DÖV 61, 193 (a. A. Lecheler, NJW 83, 1361 Anm. 19).

[124] Mit dieser – auf das Nebentätigkeitsbegrenzungsgesetz (s. Fußn 61) zurückgehenden – Regelung ist auch für den Bund innerhalb des Nebentätigkeitsrechts eine Entschädigungspflicht geschaffen, die früher fehlte, so daß der Bundesbeamte – da § 52 BHO keine Außenwirkung entfaltet (GKÖD I, RdNr 45 zu § 65 BBG mit weiteren Nachweisen; a. A. Piduch, Bundeshaushaltsrecht II, 1979, RdNr 4 zu § 52 BHO) – nur auf Grund eines Vertrages zur Zahlung eines Nutzungsentgelts herangezogen werden konnte.

[125] Zur Zulässigkeit einer Pauschalierung (s. §§ 10 ff. BNV) vgl. BVerfGE 76, 256; BVerwG, ZBR 78, 201, ZBR 78, 397 und ZBR 87, 339; außerdem BVerwGE 87, 1 (auch zur Zulässigkeit der Einbeziehung von Sachkosten in die Vergütung). Schließlich NW OVG, NWVBl 93, 55: Wenn der Verordnungsgeber die Möglichkeit eines Abweichens von der pauschalen Berechnung im Bereich der Nebentätigkeit in der Krankenversorgung nicht vorsehe, habe die Rechtsprechung dies „angesichts der Komplexität der Grundlagen der Pauschalierung sowohl hinsichtlich der Kosten des Dienstherrn als auch des Nutzungsvorteils des Beamten hinzunehmen". Soweit die nähere Berechnung des Nutzungsentgelts durch Verwaltungsvorschriften geregelt ist, zählt die von ihrem Urheber gebilligte oder doch geduldete Umsetzung der Verwaltungsvorschriften in der tatsächlichen Verwaltungspraxis; BVerwG, NVwZ-RR 96, 47 (48) mit weiteren Nachweisen (zur Nachforderung von Nutzungsentgelt).

[126] Vgl. dazu BVerwG, Buchholz 237.7 § 75 LBG NW Nr. 1, NJW 74, 1440, ZBR 79, 21 und DVBl 91, 635 sowie die Nachweise in Fußn 125; weiterhin NW OVG, ZBR 86, 172. Zur Rechtsnatur des Nutzungsentgelts vgl. auch Lecheler, ZBR 84, 181 sowie Wahlers, ZBR 83, 354 und ZBR 84, 182. Nach BVerwGE 87, 1 darf die vom Beamten vereinnahmte Mehrwertsteuer in die Berechnung des Nutzungsentgelts nach der NW HNtV einbezogen werden; a. A noch VG Köln, WissR 86, 178.

[127] NW OVG, ZBR 86, 172; s. auch RdNr 286.

[128] Art. 2 Nr. 1 a a. a. O. (Fußn 66).

fünf Jahren nach ihrer Erteilung, frühestens aber mit Ablauf des 30. Juni 1999 (§ 65 Abs. 7 Satz 1 BBG). Da die Genehmigung einer Nebentätigkeit zur Mitwirkung an einem Verfahren der Streitschlichtung – namentlich bei schiedsgerichtlichen Verfahren – bereits zu einem Zeitpunkt erteilt wird, in dem die Wahrnehmung der Aufgabe selbst noch nicht erfolgt, vielleicht gar offen ist, ob sie überhaupt erfolgen wird, beginnt der Fristlauf erst mit der – vom Beamten anzuzeigenden – Aufnahme des Schlichtungsverfahrens (§ 65 Abs. 2 Satz 6 BBG); die Übergangsregelung für schon erteilte Nebentätigkeitsgenehmigungen gilt entsprechend (§ 65 Abs. 7 Satz 2 BBG).

Mit der *Befristung* soll erreicht werden, daß der Dienstvorgesetzte länger **265** andauernde Nebentätigkeiten regelmäßig auf ihre Vereinbarkeit mit den einschlägigen beamtenrechtlichen Vorschriften prüft.[129] Die Genehmigung unter eine – auflösende –*Bedingung* (s. § 36 Abs. 2 Nr. 2 VwVfG) zu stellen, kann sich z.B. anbieten, falls es sich bei Genehmigungserteilung schon absehen läßt, *daß* – aber nicht *wann* – sich der dienstliche Aufgabenkreis des Beamten in einer Weise ändert, die auf die Zulässigkeit der Nebentätigkeit zurückwirkt. Inhaltliche Beschränkungen, die sich bereits unmittelbar aus gesetzlichen Vorschriften ergeben und in der Genehmigung nur wiederholt werden, sind keine Bedingungen. An eine Auflage (s. § 36 Abs. 2 Nr. 4 VwVfG) ist etwa dann zu denken, wenn die Nebentätigkeit nur mit räumlichen und/oder zeitlichen Einschränkungen genehmigungsfähig erscheint,[130] ohne daß die rechtliche Möglichkeit einer *Teil*genehmigung gegeben wäre. Auch insofern ist zu beachten, daß Hinweise auf gesetzliche Verpflichtungen keine rechtlich beachtliche Nebenbestimmung sind. In keinem Fall kann sich der Dienstvorgesetzte mit Nebenbestimmungen zufrieden geben, solange zwingende Genehmigungsvoraussetzungen noch nicht erfüllt sind.

5. Nachweis- und Anzeigepflicht

§ 65 Abs. 6 Satz 2 BBG i.d.F. des Zweiten Nebentätigkeitsbegrenzungs- **266** gesetzes gebietet, daß der Beamte, der eine Genehmigung oder die Zulassung einer Ausnahme (§ 65 Abs. 3 Satz 2 BBG) – schriftlich – beantragt (§ 65 Abs. 6 Satz 1 BBG), dabei die für die Entscheidung seiner Dienstbehörde erforderlichen Nachweise, insbesondere über Art und Umfang der Nebentätigkeit sowie die Entgelte und geldwerten Vorteile hieraus, führt; er hat jede Änderung unverzüglich schriftlich anzuzeigen. § 42 Abs. 5 Satz 2 BRRG entspricht dem für den Länderbereich.

Die Ausweitung der Nachweis- und Anzeigepflicht auf Entgelte und **267** geldwerte Vorteile ist nicht von vornherein unbedenklich.[131] Da die Höhe des Entgelts oder das Maß der geldwerten Vorteile, die aus einer Neben-

---

[129] S. Fußn 67.
[130] Vgl. schon BVerwGE 31, 241 (247f.).
[131] S. dazu Battis, BBG, § 65, RdNr 15 mit weiteren Nachweisen.

tätigkeit erzielt werden (sollen), *als solche* kein Versagungsgrund sind, können sie im wesentlichen nur insoweit rechtliche Bedeutung haben, als sie Schlüsse auf Tatbestandsmerkmale zulassen, die im Versagungskatalog aufgeführt sind. Mittelbar kann der Beamte, der Entgelte oder geldwerte Vorteile offenzulegen hat, dadurch unter Umständen auch veranlaßt werden, wahre Angaben über Art und Umfang der Inanspruchnahme seiner Arbeitskraft zu machen. Nicht zu folgen ist Battis,[132] der gar meint, von der Mitwirkungspflicht nach § 65 Abs. 6 Satz 2 BBG würden „auch Auskünfte über den zeitlichen Umfang sonstiger nicht unter §§ 64, 65 (BBG) fallender Freizeitbeschäftigungen, z.b. sportliche, partei- oder gewerkschaftspolitische Betätigungen," erfaßt, „soweit andernfalls der Gesamtumfang der Belastung des Beamten nicht sachgerecht beurteilt werden kann". Ein solches Verlangen läuft zum einen darauf hinaus, daß der Beamte, nur weil er eine Nebentätigkeit ausüben will, Sachverhalte offenbaren müßte, die er gegenüber seinem Dienstherrn sonst nicht offenlegen muß; zum anderen entfällt die Möglichkeit einer soliden Grenzziehung, wenn die Orientierung an §§ 64, 65 BBG aufgegeben wird. Der Beamte, der sichergehen will, keine Pflicht zu verletzen, müßte vorsichtshalber seinen gesamten typischen Tagesablauf mit allen typischen Varianten darstellen. Daß Battis[133] hinzufügt, die Mitwirkungspflicht dürfe nicht zur unzulässigen Ausforschung der Privatsphäre des Beamten mißbraucht werden, hilft nicht weiter, da der Beamte zunächst einmal *von sich aus* die erforderlichen Nachweise zu führen hat und da angesichts der oben zitierten weitgefaßten Vorgabe nur dasjenige an „Privatsphäre" übrig bliebe, was in keiner Beziehung „belastend" ist (oder aus der Sicht des Dienstvorgesetzten: *sein kann*).

V. Genehmigungsfreie Nebentätigkeiten

268   Der Katalog der genehmigungsfreien Nebentätigkeiten (§ 66 Abs. 1 BBG, § 42 Abs. 1 Satz 3 BRRG) ist *abschließend;* dies stellt § 65 Abs. 1 Satz 1 BBG ausdrücklich klar.

1. Unentgeltliche Nebentätigkeit

269   Die unentgeltliche Nebentätigkeit ist grundsätzlich genehmigungsfrei (§ 66 Abs. 1 Nr. 1 BBG, § 42 Abs. 1 Satz 3 Nr. 1 BRRG). „Unentgeltlich" ist eine Nebentätigkeit, wenn der Beamte hierfür keine Gegenleistung in Geld oder geldwerten Vorteilen erhält (s. § 4 Abs. 1 BNV).[134] Ob ein Rechtsanspruch auf eine – tatsächlich gewährte – Gegenleistung besteht, ist unerheblich (s. gleichfalls § 4 Abs. 1 BNV).

---

[132] A. a. O. (Fußn 131).
[133] A. a. O. (Fußn 131).
[134] S. auch § 4 Abs. 2 und 3 BNV.

Die Ausnahmeregelung des § 66 Abs. 1 Nr. 1 a)–c) BBG (§ 42 Abs. 1 **270**
Satz 3 Nr. 1 a)–c) BRRG) erfaßt Nebentätigkeiten, bei denen, generalisierend betrachtet, die Möglichkeit einer Beeinträchtigung dienstlicher Interessen nicht von der Hand zu weisen ist.[135] Ein Nebenamt,[136] die Wahrnehmung einer Vormundschaft (§§ 1773 ff. BGB), Betreuung (§§ 1896 ff.
BGB) oder Pflegschaft (§§ 1909 ff. BGB) eines *Nicht*angehörigen[137] wie
auch eine Testamentsvollstreckung (§§ 2197 ff. BGB) können – unabhängig
davon, ob eine Vergütung geleistet wird – die Arbeitskraft des Beamten so
stark beanspruchen, daß die ordnungsgemäße Erfüllung seiner Dienstpflichten (aus dem Hauptamt) behindert werden kann.[138] Deshalb bedarf
der Beamte vor der Übernahme einer derartigen Nebentätigkeit der Genehmigung. Ebensolches gilt für die Übernahme einer gewerblichen Tätigkeit,[139] die Ausübung eines freien Berufes[140] oder die Mitarbeit bei einer
dieser Tätigkeiten. § 66 Abs. 1 Nr. 1 b BBG (§ 42 Abs. 1 Satz 3 Nr. 1 b
BRRG), dem dies zu entnehmen ist, stellt die wenigen Fälle *unentgeltlicher*
Wahrnehmung der vorerwähnten Nebentätigkeiten der durch § 65 Abs. 1
Satz 1 BBG (§ 42 Abs. 1 Satz 1 BRRG) erfaßten *entgeltlichen* Wahrnehmung
hinsichtlich der Genehmigungspflichtigkeit gleich. Die mit der Feststellung
der Entgeltlichkeit unter Umständen verbundenen Aufklärungsschwierigkeiten werden so eliminiert.[141] Schließlich unterliegen auch der Eintritt in
ein Organ eines – wirtschaftliche Zwecke verfolgenden[142] – Unternehmens[143] mit Ausnahme einer Genossenschaft[144] sowie die Übernahme einer
Treuhänderschaft[145] der Genehmigungspflicht.

---

[135] S. dazu RdNrn 242, 248 ff.

[136] Zur Wahrnehmung öffentlicher Ehrenämter s. Fußn 69.

[137] S. schon Fußn 69. Der Begriff des „wichtigen dienstlichen Grundes" im Sinne
des § 1784 Abs. 2 BGB wird durch das beamtenrechtliche Nebentätigkeitsrecht bestimmt; BVerwG, ZBR 95, 378 (379).

[138] S. dazu § 65 Abs. 2 Satz 2 Nr. 1 BBG (§ 42 Abs. 2 Satz 2 Nr. 1 BRRG).

[139] Krit. zur Ausklammerung der sog. Urproduktion aus dem Begriff „gewerblich"
Summer, ZBR 88, 1 (8 f.); dazu Wagner, NVwZ 89, 515 (517).

[140] Zum Begriff des freien Berufes s. BVerfGE 46, 224 (240).

[141] Vgl. GKÖD I, RdNr 6 zu § 66 BBG.

[142] Battis, BBG, § 66, RdNr 4 unter Hinweis auf § 68 Abs. 1 Nr. 4 NW LBG;
GKÖD I, RdNr 10 zu § 66 BBG; a. A. Altschuh, ZBR 62, 378 (Auch Unternehmen
mit gemeinnützigen oder idealen Zwecken seien unter die gesetzliche Regelung zu
subsumieren.).

[143] Die Mitgliedschaft in einer OHG, einer KG oder einer bürgerlich-rechtlichen
Gesellschaft stellt als solche gewerbliche Tätigkeit im Sinne des § 66 Abs. 1 Nr. 1 b
BBG (§ 42 Abs. 1 Satz 3 Nr. 1 b BRRG) dar.

[144] Die *entgeltliche* Tätigkeit in einem Genossenschaftsorgan ist gemäß § 65 Abs. 1
Satz 1 BBG (§ 42 Abs. 1 Satz 1 BRRG) genehmigungspflichtig. Vgl. auch BVerwGE
40, 11: Eine *unentgeltliche* Tätigkeit in einem Genossenschaftsorgan liegt auch vor,
wenn Sitzungstagegelder gewährt werden, es sei denn, diese sind – gemessen an den
Tagegeldern im öffentlichen Dienst – deutlich überhöht (verschleiertes Entgelt).

[145] Nur die *Wirtschafts*treuhänderschaft ist gemeint, nicht dagegen z. B. die Interessen der Allgemeinheit dienende Treuhänderschaft gemäß § 29 des Hypothekenbank-

2. Verwaltung eigenen Vermögens

271 Die Abgrenzung der genehmigungsfreien Verwaltung eines eigenen Vermögens, zu dem ein Gewerbebetrieb oder eine Beteiligung hieran gehören, gegenüber dem Ausnahmetatbestand der genehmigungspflichtigen Übernahme einer gewerblichen Tätigkeit (§ 66 Abs. 1b BBG, § 42 Abs. 1 Satz 3 Nr. 1b BRRG) ist im Einzelfall schwer zu vollziehen. Sofern die Tätigkeit über eine reine Aufsichtsführung in einem kleineren Gewerbebetrieb oder die Wahrnehmung von Gesellschafterrechten, z.B. in einer Hauptversammlung, hinausgeht, ist eine Genehmigungspflicht *im Zweifel* zu bejahen.[146] Wer eigene Grundstücke oder eigene Wohn- oder Geschäftsräume vermietet oder verpachtet, betreibt damit erst dann ein Gewerbe, wenn seine Tätigkeit nach Umfang und Organisation ein eigengewichtiges unternehmerisches Gepräge hat.[147]

272 Fälle der in § 66 Abs. 1 Nr. 1b BBG (§ 42 Abs. 1 Satz 3 Nr. 1b BRRG) überdies erwähnten Verwaltung eines der Nutznießung des Beamten unterliegenden Vermögens gab es nur im früheren Familienrecht;[148] die gesetzliche Regelung läuft insoweit praktisch leer.[149]

3. Schriftstellerische, wissenschaftliche, künstlerische oder Vortragstätigkeit des Beamten

273 Als „schriftstellerische Tätigkeit" ist nur eine auftrags- und weisungsungebundene Tätigkeit nicht lediglich berichterstattender Art anzusehen. „Wissenschaftliche Tätigkeit" umfaßt (weisungsfreie)[150] Forschung und Lehre im Sinne des Art. 5 Abs. 3 GG. Im Anschluß an Ule[151] sind Lehraufträge eines Beamten an einer wissenschaftlichen Hochschule[152] *immer* als

---

gesetzes (vgl. GKÖD I wie Fußn 142; weiterhin HmbOVG, ZBR 86, 331, das die Nebentätigkeit als Treuhänder nach der vorgenannten Bestimmung als Nebentätigkeit *außerhalb* des öffentlichen Dienstes qualifiziert); außerdem BVerwGE 81, 270 (s. schon Fußn 38).

[146] Vgl. auch GKÖD I, RdNr 11 zu § 66 BBG. Zur nebenberuflichen Landbewirtschaftung durch einen Beamten vgl. Dirksmeyer, ZBR 86, 326.

[147] Keymer/Kolbe/Braun, Nebentätigkeitsrecht, Teil 3, § 66, RdNr 8; Wagner, NVwZ 89, 515 (517).

[148] Ordentlicher Güterstand der Verwaltung und Nutznießung des Ehemannes am eingebrachten Gut der *Ehefrau* und Nutznießung am *Kindes*vermögen (§§ 1363 ff., 1649 ff. BGB a.F.).

[149] GKÖD I, RdNr 11 zu § 66 BBG; Plog/Wiedow/Beck/Lemhöfer, BBG, § 66, RdNr 13.

[150] Vgl. BVerfGE 35, 79 (112 f.).

[151] BR, RdNr 3 zu § 42 BRRG. Weitere Nachweise bei Battis, BBG, § 66, RdNr 9.

[152] Unterrichtserteilung an Fachhochschulen, an Verwaltungs- und Wirtschaftsakademien oder an Volkshochschulen ist keine „wissenschaftliche Tätigkeit"; s. auch GKÖD I, RdNr 19 zu § 66 BBG a. E., wo freilich statt von „Fachhochschulen" von „Fachschulen" die Rede ist, der letztgenannte Begriff aber offenbar als Oberbegriff

„wissenschaftliche Tätigkeit" zu betrachten. Der Versuch, zwischen (genehmigungspflichtiger) Vermittlung des examensrelevanten Wissensstoffes einerseits und (genehmigungsfreier) „wissenschaftlicher Vertiefung und Wiederholung" andererseits zu unterscheiden,[153] überzeugt bereits deshalb nicht, weil eine auch nur einigermaßen sichere und handhabbare Grenzziehung nicht möglich ist.[154] „Künstlerische Tätigkeit" ist freie schöpferische Gestaltung; kunst*gewerbliche* Betätigungen fallen ebensowenig darunter wie ein Auftreten als Schauspieler oder Musiker gegen Entgelt.[155] Nur wenn der Beamte *einzelne* (sei es auch thematisch miteinander verknüpfte) Vorträge hält, handelt es sich um „Vortragstätigkeit" in dem hier in Betracht kommenden Sinne;[156] (laufende) Lehr- und Unterrichtstätigkeit ist genehmigungspflichtig.[157]

4. Gutachtertätigkeit

Sie ist gemäß § 66 Abs. 1 Nr. 4 BBG (§ 42 Abs. 1 Satz 3 Nr. 4 BRRG) nur **274** genehmigungsfrei,
– wenn sie mit (dem Fachgebiet zuzurechnenden) Lehr- und Forschungsaufgaben des Hochschullehrers zusammenhängt,[158] diesem jedoch nicht innerhalb seines Hauptamtes obliegt[159] und
– wenn sie als selbständig in dem Sinne zu charakterisieren ist, daß sie eine (nicht nur der Feststellung von Sachverhalten dienende) in wesentlichen Teilen vom Hochschullehrer selbst (nicht von seinem Institut) erarbeitete und insgesamt unter volle eigene Verantwortung gestellte wissenschaftliche Leistung bedeutet.[160]

---

benutzt wird. Wie im Text (weiterhin) Keymer/Kolbe/Braun, Nebentätigkeitsrecht, Teil 3, § 66, RdNr 12. A. A. Wagner, NVwZ 89, 515 (518) speziell zur Fachhochschule für öffentliche Verwaltung des Bundes, dessen Ansicht aber im Gegensatz zu BVerfGE 61, 210 (244 ff.) steht.

[153] GKÖD I, RdNr 19 zu § 66 BBG.

[154] Vgl. aber auch Summer, ZBR 88, 1 (9), der die Genehmigungsfreiheit der wissenschaftlichen Tätigkeit dort enden lassen will, wo diese Tätigkeit in Form eines *Nebenamtes* oder einer *nebenamtsähnlichen* Nebenbeschäftigung ausgeübt wird.

[155] GKÖD I, RdNr 24 zu § 66 BBG; Schütz, BR, RdNr 2 zu § 69 NW LBG unter Hinweis auf Thiele, DÖD 57, 7. A. A. Plog/Wiedow/Beck/Lemhöfer, BBG, § 66, RdNr 17; Battis, BBG, § 66, RdNr 8 mit weiteren Nachweisen.

[156] S. aber RdNr 245 sowie Fußn 17.

[157] GKÖD I, RdNr 25 zu § 66 BBG; Plog/Wiedow/Beck/Lemhöfer, BBG, § 66, RdNr 18; Schütz, a. a. O. (Fußn 155).

[158] Vgl. dazu BVerwG, Buchholz 421.2 Hochschulrecht-Allgemeines Nr. 25. S. auch BVerwG, ZBR 93, 245 (Die Durchführung gerichtlicher Obduktionen stellt für den Leiter des Zentrums für Rechtsmedizin einer Universität eine nicht genehmigungspflichtige Nebentätigkeit dar.).

[159] S. dazu RdNr 245 f. Zur Abgrenzung von Dienstgutachten und persönlichen Gutachten s. auch Wahlers, ZBR 82, 296 (300).

[160] GKÖD I, RdNr 26 zu § 66 BBG; Schütz, a. a. O. (Fußn 155); Günther, ZBR 89, 164 (168). Vgl. auch BW VGH 11. 6. 1984 – 4 S 556/82 –: Bei der histologischen und

Stellt sich die Nebentätigkeit eines Hochschullehrers teils als (selbständige) Gutachtertätigkeit, teils als Mitarbeit in einem Gewerbebetrieb dar, so bedarf sie *insgesamt* der Genehmigung, falls sie auf Grund arbeitsteiliger Durchführung der Aufgaben als *Einheit* anzusehen ist.[161]

5. Gewerkschafts- und Berufsverbandstätigkeit zur Wahrung von Berufsinteressen sowie Tätigkeit in Selbsthilfeeinrichtungen der Beamten

275   § 66 Abs. 1 Nr. 5 BBG (§ 42 Abs. 1 Satz 3 Nr. 5 BRRG) ist, was die Gewerkschafts- und Berufsverbandstätigkeit „zur Wahrung von Berufsinteressen" angeht, vor dem Hintergrund des Art. 9 Abs. 3 GG und des § 91 BBG (§ 57 BRRG) zu sehen. Auch die Tätigkeit in Selbsthilfeeinrichtungen der Beamten muß – ungeachtet des unklaren Gesetzeswortlauts[162] – „zur Wahrung von Berufsinteressen" ausgeübt werden.[163] Zum Begriff der „Selbsthilfeeinrichtung" gehört das Merkmal der Selbstverwaltung (d.h. der Führung der Organisation durch Personen desselben Kreises); Ausschließlichkeit – im Sinne einer Betreuung nur von Angehörigen des öffentlichen Dienstes – ist dagegen nicht zu verlangen.[164] Die gesetzliche Bestimmung erfaßt daher auch *entgeltliche* Tätigkeiten der Vertrauensleute für das Beamtenheimstättenwerk oder die Deutsche Beamtenkrankenkasse.[165]

6. Anzeige- und Auskunftspflicht, Untersagung der Nebentätigkeit

276   Eine Tätigkeit nach § 66 Abs. 1 Nrn. 3 und 4 BBG sowie eine Tätigkeit in Selbsthilfeeinrichtungen der Beamten nach § 66 Abs. 1 Nr. 5 BBG hat der

---

zytologischen Untersuchung und Beurteilung von Einsendungen im Rahmen der kassenärztlichen Versorgung durch einen Universitätsprofessor handelt es sich nicht um eine genehmigungsfreie selbständige Gutachtertätigkeit.

[161] BVerwG, DVBl 93, 556. Die Genehmigung ist zu versagen, wenn der Hochschullehrer Aufträge ausführen will, die auch die Hochschuleinrichtung, der er angehört, erledigen kann und will (BVerwG, a. a. O.).

[162] S. aber § 69 Abs. 1 Nr. 4 NW LBG.

[163] Fürst, ZBR 88, 12 ff.; GKÖD I, RdNr 27 zu § 66 BBG unter Hinweis auf BAG 24. 7. 1974 – AZR 285/73 –.

[164] Der Charakter einer Selbsthilfeeinrichtung wird nach GKÖD I (wie Fußn 163) nicht in Frage gestellt, wenn dem Nichtmitgliedergeschäft nur ergänzende Bedeutung zukommt; durch die Öffnung auch für Personen außerhalb des öffentlichen Dienstes könne unter Umständen die Erreichung des Förderungszweckes erst ermöglicht oder verstärkt werden.

[165] Zur Nebentätigkeit für Selbsthilfeeinrichtungen der Beamten vgl. Fürst, ZBR 88, 12 (15 f.); Summer, ZBR 88, 1 (9 f.); Battis, BBG, § 66, RdNr 13; aber auch – mit gegenläufiger Tendenz – Plog/Wiedow/Beck/Lemhöfer, BBG, § 66, RdNr 23 und Wahlers, PersV 84, 198; s. ferner BVerwG, ZBR 84, 125.

Beamte, wenn hierfür ein Entgelt oder ein geldwerter Vorteil geleistet wird, in jedem Einzelfall vor ihrer Aufnahme seiner Dienstbehörde unter Angabe insbesondere von Art und Umfang der Nebentätigkeit sowie der voraussichtlichen Höhe der Entgelte und geldwerten Vorteile hieraus schriftlich *anzuzeigen;* er hat jede Änderung unverzüglich mitzuteilen (§ 66 Abs. 2 Satz 1 BBG i. d. F. des Art. 2 Nr. 2 a des Zweiten Nebentätigkeitsbegrenzungsgesetzes;[166] s. auch § 42 Abs. 1 Satz 4 BRRG i. d. F. des Art. 1 Nr. 1 desselben Gesetzes). Die Verpflichtung zur rechtzeitigen Angabe über die voraussichtliche Vergütungshöhe und zur schriftlichen Mitteilung einer einschlägigen Änderung soll dem Dienstvorgesetzten die Prüfung und Entscheidung darüber erleichtern, „ob dienstliche Pflichten verletzt werden". Insbesondere könne „die Vergütungshöhe ein Indiz für den Umfang der tatsächlichen Inanspruchnahme des Beamten durch die Nebentätigkeit sein". Sie könne aber auch für die Entscheidung von Bedeutung sein, „ob die Nebentätigkeit dem Ansehen der öffentlichen Verwaltung schadet".[167] Das Wort „voraussichtlich" soll der Tatsache Rechnung tragen, daß die Vergütungshöhe bei einzelnen Nebentätigkeiten (z. B. bei schriftstellerischen Tätigkeiten) erst nach deren Aufnahme endgültig feststeht. Ein angemessener Auslagen- und Aufwendungsersatz ist kein Entgelt.[168] Eine Nachweispflicht besteht nicht.[169]

Die Dienstbehörde kann im übrigen *aus begründetem Anlaß* verlangen, **277** daß der Beamte über eine von ihm ausgeübte Nebentätigkeit, insbesondere über deren Art und Umfang, schriftlich *Auskunft erteilt* (§ 66 Abs. 2 Satz 2 BBG n. F.; s. auch § 42 Abs. 1 Satz 5 BRRG n. F.). Ein „begründeter Anlaß" liegt nur (erst) vor, wenn sich der Verdacht einer Pflichtverletzung aufdrängt.[170] Eine Ausforschung darf nicht stattfinden.[171] Auch stichprobenartige Erhebungen verbieten sich.[172]

Eine nicht genehmigungspflichtige Nebentätigkeit ist ganz oder teilweise **278** *zu untersagen,* wenn der Beamte bei ihrer Ausübung (tatsächlich) – sei es auch schuldlos – dienstliche Pflichten verletzt (§ 66 Abs. 2 Satz 3 BBG n. F.;

---

[166] S. Fußn 66. S. auch die Übergangsregelung in § 66 Abs. 3 BBG n. F.

[167] S. Beschlußempfehlung und Bericht des Rechtsausschusses (6. Ausschuß) vom 26. 6. 1997, BT-Dr 13/8079, S. 19 (Zu Art. 2 Nr. 2 – § 66 BBG –). Vgl. auch schon RdNr 267. Unter den Begriff „schriftstellerische Tätigkeit" wird man – will man den Anwendungsbereich des § 66 Abs. 2 Satz 1 BBG n. F. nicht ins Absurde ausweiten – z. B. nicht die Anfertigung und Veröffentlichung eines *einzelnen* Zeitschriftenaufsatzes subsumieren dürfen. Überhaupt wird es Aufgabe der verwaltungsgerichtlichen Rechtsprechung sein, von Mißtrauen und Populismus geprägte Regelungen des Zweiten Nebentätigkeitsbegrenzungsgesetzes im Wege einschränkender Interpretation auf ein erträgliches, auch dem Persönlichkeitsrecht des Beamten Rechnung tragendes Maß zurückzuführen.

[168] Battis, BBG, § 66, RdNr 14.

[169] Battis, a. a. O. (Fußn 168); s. schon RdNr 269.

[170] Vgl. GKÖD I, RdNr 30 zu § 66 BBG.

[171] BT-Dr 10/2542, S. 15 (II.2 – Art. 1, zu Nr. 1).

[172] Battis, BBG, § 66, RdNr 16.

§ 42 Abs. 1 Satz 6 BRRG).[173] Daß eine Pflichtverletzung nur *wahrscheinlich* ist, reicht nicht aus.[174] Für die Beurteilung, ob eine Pflichtverletzung gegeben ist, kann der Katalog des § 65 Abs. 2 Satz 2 BBG (§ 42 Abs. 2 Satz 2 BRRG) hilfreich sein.[175] Die strikte Fassung der Untersagungsvorschrift hindert den Dienstherrn nicht, auf eine Pflichtverletzung zunächst mit einer *Abmahnung* zu reagieren. Fürsorgepflicht und Verhältnismäßigkeitsgrundsatz können dies gebieten.[176, 177]

VI. Zu den nebentätigkeitsrechtlichen Regelungen des § 72 a Abs. 2 und 6 sowie des § 72 e Abs. 2 BBG

1. Nebentätigkeiten bei voraussetzungsloser Antragsteilzeit

279   § 72 a Abs. 2 BBG läßt die voraussetzungslose Bewilligung von Antragsteilzeit (§ 72 a Abs. 1 BBG) nur zu, wenn der Beamte sich verpflichtet, während des Bewilligungszeitraumes außerhalb des Beamtenverhältnisses berufliche Verpflichtungen nur in dem Umfang einzugehen, in dem nach den §§ 64 bis 66 BBG den vollzeitbeschäftigten Beamten die Ausübung von Nebentätigkeiten gestattet ist (Satz 1). Ausnahmen hiervon sind nur zulässig, soweit dies mit dem Beamtenverhältnis vereinbar ist (Satz 2); der „hergebrachte Grundsatz" der Hauptberuflichkeit, der durch die Einführung der voraussetzungslosen Antragsteilzeit bereits nachhaltig berührt ist,[178] darf durch eine allzu weitgehende Ausnahmepraxis nicht im Ergebnis zur Disposition gestellt oder gänzlich aufgegeben werden. Die Fünftelvermutung[179] gilt ungeachtet der reduzierten Arbeitszeit des Beamten *ohne Modifikation* (Satz 3).

---

[173] Vgl. dazu RP OVG 24. 10. 1984 – 2 A 2/84 –, abgedr. bei Schütz, BR, ES/B I 2.6 Nr. 5; weiterhin GKÖD I, RdNr 29 zu § 66 BBG mit Hinweisen auf die Entstehungsgeschichte.

[174] Günther, DÖD 88, 78 (92).

[175] Battis, BBG, § 66, RdNr 15.

[176] Battis, a. a. O. (Fußn 175).

[177] Bei den Beratungen des Nebentätigkeitsbegrenzungsgesetzes (s. RdNr 252) waren sich alle Fraktionen „darin einig, daß durch die (damalige) Neuregelung die rechtlich geschützte Tätigkeit in Gewerkschaften und Berufsverbänden nicht behindert werden" sollte. Der Innenausschuß ist davon ausgegangen, daß § 65 Abs. 3 BBG (§ 42 Abs. 3 BRRG) nicht für die gewerkschaftliche Betätigung im Sinne des § 66 Abs. 1 Nr. 5 BBG (§ 42 Abs. 1 Satz 3 Nr. 5 BRRG) gelte. S. BT-Dr 10/2542, S. 15 (II. 2-Art. 1, zu Nr. 1). Dazu mit Recht krit. Plog/Wiedow/Beck/Lemhöfer, BBG, § 66, RdNr 21.

[178] S. Battis, BBG, § 72 a, RdNr 8 mit weiteren Nachweisen; Verf., NVwZ 97, 521 (524).

[179] S. RdNr 256.

2. Nebentätigkeiten bei familienbezogener Teilzeitbeschäftigung oder Beurlaubung

Während der Freistellung vom Dienst (Teilzeitbeschäftigung oder Ur- 280
laub ohne Dienstbezüge) aus familienpolitischen Gründen (§ 72a Abs. 4
BBG) dürfen nur solche Nebentätigkeiten genehmigt werden, die dem
Zweck der Freistellung nicht zuwiderlaufen (§ 72a Abs. 6 BBG). Vom Gesetzeswortlaut nicht erfaßt sind *nicht* genehmigungsbedürftige Nebentätigkeiten. Nehmen sie den Beamten indessen so stark in Anspruch, daß
er seine familienbezogenen Betreuungs- oder Pflegeaufgaben *offensichtlich*
nicht mehr ausfüllen kann, so wird – je nach Fallgestaltung – eine Rücknahme der Freistellung ex tunc oder ex nunc (§ 48 Abs. 1 VwVfG)[180]
oder auch ein Widerruf gemäß § 49 Abs. 2 Satz 1 Nr. 3 VwVfG[181] zu erwägen sein.

3. Nebentätigkeiten bei arbeitsmarktbezogener Beurlaubung

Dem Antrag auf Urlaubsgewährung bei Vorliegen arbeitsmarktpoliti- 281
scher Gründe im Sinne des § 72e Abs. 1 BBG darf nur entsprochen werden, wenn der Beamte erklärt, während der Dauer des Bewilligungszeitraumes auf die Ausübung entgeltlicher Nebentätigkeiten zu verzichten
und entgeltliche Tätigkeiten nach § 66 Abs. 1 BBG nur in dem Umfang
auszuüben, wie er sie bei Vollzeitbeschäftigung ohne Verletzung dienstlicher Pflichten ausüben könnte;[182] trotz der Erklärung des Beamten darf
die zuständige Dienstbehörde Nebentätigkeiten genehmigen, soweit sie dem
Zweck der Bewilligung des Urlaubs nicht zuwiderlaufen (§ 72e Abs. 2
Sätze 1 und 3 BBG). In der Kommentarliteratur zu § 72a Abs. 2 BBG
a. F.[183] sind als Beispiele hierfür Kantorentätigkeiten, Abendkurse an Volkshochschulen, aber auch „Härtefälle" erwähnt, in denen die finanzielle
Situation des Beamten und seiner Familie eine Ausnahmeerteilung gebietet.[184]

---

[180] Plog/Wiedow/Beck/Lemhöfer, BBG, § 79a, RdNr 23 mit weiteren Nachweisen.
[181] GKÖD I, RdNr 28 zu § 79a BBG.
[182] Zur Verfassungsmäßigkeit des Nebentätigkeitsverzichts s. BVerwG, DÖD 93,
316; s. außerdem Battis, BBG, § 72a, RdNr 14 mit weiteren Nachweisen.
[183] Z.B. GKÖD I, RdNr 11 zu § 72a BBG; Plog/Wiedow/Beck/Lemhöfer, BBG,
§ 72a, RdNr 11.
[184] Battis, BBG, § 72e, RdNr 5 nennt „soziale Aktivitäten für Vereine und karitative
Organisationen".

VII. Prozessuale Fragen

1. Verwaltungsrechtsweg, Klagearten und Klagebefugnis bei Klagen des Beamten

282 Streitigkeiten, die das Nebentätigkeitsrecht betreffen, sind vor den Verwaltungsgerichten auszutragen (§ 126 Abs. 1 BRRG). Da die Nebentätigkeitsgenehmigung eine sog. gebundene Erlaubnis ist,[185] bietet sich die *Verpflichtungsklage* (§ 42 Abs. 1 VwGO) an, wenn dem Beamten die erstrebte Genehmigung versagt worden ist.[186] Eine Verpflichtungsklage auf Übertragung einer Nebentätigkeit im öffentlichen Dienst[187] könnte nur erwogen werden, falls der Beamte meint, genügend Anhaltspunkte dafür zu sehen, daß das Gericht zur Annahme einer sog. Ermessensreduzierung auf Null[188] gelangen könnte; andernfalls kann – wenn überhaupt[189] – nur zur *Bescheidungsklage* (s. § 113 Abs. 5 Satz 2 VwGO) geraten werden. Die Bescheidungsklage ist auch die richtige Klageart, wenn dem Beamten die Genehmigung gemäß § 65 Abs. 5 Satz 1 BBG (§ 42 Abs. 4 Satz 1 BRRG) nicht erteilt worden ist.[190] Die *Anfechtungsklage* kommt dagegen in Betracht,[191] wenn sich der Beamte gegen

– ein „Verlangen" im Sinne des § 64 Satz 1 BBG,[192]
– einen Widerruf der Nebentätigkeitsgenehmigung (§ 65 Abs. 2 Satz 7 BBG, § 42 Abs. 2 Satz 4 BRRG),
– eine Untersagung einer nicht genehmigungspflichtigen Nebentätigkeit (§ 66 Abs. 2 Satz 3 BBG, § 42 Abs. 1 Satz 6 BRRG),
– ein Auskunftsverlangen im Sinne des § 66 Abs. 2 Satz 2 BBG (§ 42 Abs. 1 Satz 5 BRRG) oder
– eine Heranziehung zur Ablieferung einer Nebentätigkeitsvergütung

---

[185] S. dazu RdNr 254 sowie Verf., ZBR 92, 257 (265). Bei der Zulassung einer Ausnahme gemäß § 65 Abs. 3 Satz 2 BBG (§ 42 Abs. 3 Satz 2 BRRG) handelt es sich mindestens normalerweise nicht um eine eigenständige Regelung mit Verwaltungsaktscharakter, sondern um einen rechtlich nicht verselbständigten Teil der Nebentätigkeitsgenehmigung.

[186] Bei einer *inhaltlichen Einschränkung* der Nebentätigkeitsgenehmigung *kann* eine Verpflichtungsklage mit dem Ziel einer *uneingeschränkten* Genehmigung in Betracht kommen; vgl. BW VGH, VBlBW 85, 138. S. aber auch Fußn 193 sowie RdNr 264 f.

[187] S. dazu RdNr 251.

[188] S. dazu 1. Teil, Fußn 35.

[189] S. dazu RdNr 251.

[190] S. dazu RdNr 263.

[191] Zur sofortigen Vollziehung der Untersagung einer Nebentätigkeit vgl. BVerwG, Buchholz 310 § 80 Nr. 11.

[192] S. dazu RdNrn 248 ff.; weiterhin GKÖD I, RdNr 15 zu § 64 BBG sowie Verf., ZBR 92, 257 (265).

(§§ 6 ff. BNV) oder zur Entrichtung eines Nutzungsentgelts (§ 65 Abs. 5 BBG, § 42 Abs. 4 BRRG)[193] zur Wehr setzt.[194]

Herrscht zwischen dem Beamten und seinem Dienstvorgesetzten Streit **283** darüber, ob eine Tätigkeit genehmigungsfrei oder genehmigungspflichtig ist, so kann es auf folgende Weisen zu einer gerichtlichen Klärung kommen: Der Dienstvorgesetzte kann den Beamten auffordern, für seine Tätigkeit eine Nebentätigkeitsgenehmigung zu beantragen; folgt der Beamte dem nicht und setzt er die Tätigkeit ohne Genehmigung fort, so bleibt dem Dienstvorgesetzten nur die Möglichkeit eines disziplinarrechtlichen Vorgehens.[195] Die Frage der Genehmigungspflichtigkeit wird solchenfalls letztlich von den Disziplinargerichten entschieden. Will sich der Beamte einerseits nicht dem Verdacht (und der Verfolgung) eines Dienstvergehens aussetzen, andererseits aber auch keine Nebentätigkeitsgenehmigung beantragen, so kann er verwaltungsgerichtliche *Feststellungsklage* (§ 43 Abs. 1 VwGO) mit dem Ziel erheben, daß die Genehmigungsfreiheit der Tätigkeit konstatiert wird. Kontroversen über Grund und Ausmaß der Anzeigepflicht nach § 66 Abs. 2 Satz 1 Hs. 1 BBG (§ 42 Abs. 1 Satz 4 BRRG) können dem Beamten gleichfalls Anlaß zur Feststellungsklage geben.

Eine Feststellungsklage des Beamten scheidet mangels (analog § 42 Abs. 2 **284** VwGO) erforderlicher[196] Klagebefugnis aus, wenn es diesem um eine gerichtliche Entscheidung des Inhalts geht, daß eine Nebentätigkeitsgenehmigung – z.B. zur Übernahme einer ihm unerwünscht erscheinenden Vormundschaft (s. § 1784 BGB) – durch den Dienstherrn zu versagen sei. Der Beamte kann die Einhaltung der Vorschriften des Nebentätigkeitsrechts, soweit sie die *Versagung* einer Nebentätigkeit gebieten, *nicht* als *eigenes Recht* geltend machen.[197]

2. Zur Frage einer Klagebefugnis Dritter

Für die (Anfechtungs-)Klage eines Dritten, etwa eines Gewerbetreiben- **285** den, gegen die Erteilung einer Nebentätigkeitsgenehmigung fehlt die Klagebefugnis (§ 42 Abs. 2 VwGO), weil die Nebentätigkeitsgenehmigung allenfalls dessen wirtschaftliche, nicht aber seine rechtlich geschützten Interessen

---

[193] Zur Geltendmachung der „Zahlungslast" durch Verwaltungsakt s. Günther, DÖD 92, 159 (179).

[194] Eine *Auflage* zur Nebentätigkeitsgenehmigung (vgl. § 36 Abs. 2 Nr. 4 VwVfG) kann Gegenstand einer Anfechtungsklage sein; s. aber auch Fußn 186 sowie RdNr 264 f.

[195] Plog/Wiedow/Beck/Lemhöfer, BBG, § 65, RdNr 8 a wollen dem Dienstherrn in Anlehnung (u. a.) an BVerwG, DÖV 91, 647 auch die Befugnis zuerkennen, die strittige Frage der Genehmigungsbedürftigkeit durch *feststellenden* Verwaltungsakt zu klären (zw.).

[196] Vgl. BVerwGE 74, 1 (4); BVerwG, Buchholz 310 § 43 VwGO Nr. 109 m. w. N.

[197] BVerwG, ZBR 95, 378 (379).

berührt.[198] Wegen Fehlens der Klagebefugnis ist auch die Klage einer Bausparkasse auf Verpflichtung der Verwaltung, sie als Selbsthilfeeinrichtung der Beamten im Sinne des (beamtenrechtlichen) Nebentätigkeitsrechts anzuerkennen, als unzulässig zu betrachten.[199] Ein etwaiger Streit um die Genehmigungsfreiheit gemäß § 66 Abs. 1 Nr. 5 BBG (§ 42 Abs. 1 Satz 3 Nr. 5 BRRG) kann nur im Prozeß zwischen dem Beamten und seinem Dienstherrn ausgetragen werden; die Frage, ob die an der Nebentätigkeit interessierte Stelle eine Selbsthilfeeinrichtung ist, kann solchenfalls inzidenter geprüft werden.[200]

3. Aufschiebende Wirkung des Widerspruchs und der Anfechtungsklage des Beamten

296[200a]   Der durch § 80 Abs. 1 Satz 1 VwGO an die – vor der Klageerhebung stets gebotene (s. § 126 Abs. 3 BRRG, §§ 68 ff. VwGO) – Einlegung des Widerspruchs und die Anfechtungsklage geknüpfte Suspensiveffekt hat, solange er nicht – vorbehaltlich gerichtlicher Wiederherstellung der aufschiebenden Wirkung (§ 80 Abs. 5 Satz 1 VwGO) – durch Vollziehungsanordnung gemäß § 80 Abs. 2 Satz 1 Nr. 4 VwGO beseitigt ist, zur Folge, daß der Beamte die unter 1.[201] genannten *belastenden* Verwaltungsakte zunächst nicht zu beachten braucht: Er kann, soweit er von einem der genannten Rechtsbehelfe Gebrauch gemacht hat, mithin z.B. eine genehmigungsbedürftige Nebentätigkeit trotz Widerrufs der Nebentätigkeitsgenehmigung oder eine genehmigungsfreie Nebentätigkeit trotz Untersagung einstweilen fortsetzen. Ein Nutzungsentgelt braucht er zunächst nicht zu entrichten; § 80 Abs. 2 Satz 1 Nr. 1 VwGO ist insoweit nicht anwendbar.[202]

4. Kontrolldichte der verwaltungsgerichtlichen Prüfung

297   Die in den §§ 64 ff. BBG (§ 42 BRRG) verwendeten Begriffe sind ausnahmslos unbestimmte Rechtsbegriffe ohne Beurteilungsermächtigung der Verwaltung. Einige von ihnen – z.B. „über Gebühr in Anspruch nehmen" (§ 64 Satz 1 BBG) oder „dienstliche Interessen" (§ 65 Abs. 2 Satz 1 und Satz 7 BBG, § 42 Abs. 2 Satz 1 und Satz 4 BRRG) – sind allerdings in ihrer praktischen Handhabung durch das verwaltungsgerichtlich nur beschränkt überprüfbare organisations- und verwaltungspolitische Ermessen des Dienstherrn mitgeprägt.[203]

---

[198] BVerwG, ZBR 84, 125; vgl. auch HmbOVG, NJW 64, 834.
[199] S. Fußn 198.
[200] NW OVG 26. 8. 1980 – 1 A 2069/77 –, abgedr. bei Schütz, BR, ES/B I 2.6 Nr. 1.
[200a] RdNrn 286–295 sind nicht besetzt.
[201] RdNr 282.
[202] S. dazu RdNr 263.
[203] S. dazu RdNr 121.

6. Teil. Schadensersatzhaftung des Beamten

Verletzt ein Beamter vorsätzlich oder grob fahrlässig die ihm obliegenden **298** Pflichten, so hat er dem Dienstherrn, dessen Aufgaben er wahrgenommen hat, den daraus entstehenden Schaden zu ersetzen (§ 78 Abs. 1 Satz 1 BBG, § 46 Abs. 1 Satz 1 BRRG). Je nach Art des Schadens, für den der Beamte einzustehen hat, ist zu unterscheiden[1] zwischen
- der Haftung für Eigenschäden des Dienstherrn und
- der Rückgriffshaftung bei Fremdschäden.

In vier Konstellationen tritt der Dienstherr für Fremdschäden ein:
- Er kann einem anderen Beamten wegen des schadenstiftenden Ereignisses ersatz- oder in sonstiger Weise ausgleichspflichtig sein.
- Seine Ersatzpflicht kann daraus resultieren, daß der Beamte einen außenstehenden Dritten im nichthoheitlichen Bereich geschädigt hat.
- Er kann einem Amtshaftungsanspruch gemäß Art. 34 Satz 1 GG iVm § 839 BGB ausgesetzt sein.
- Schließlich besteht die Möglichkeit einer Inanspruchnahme des Dienstherrn nach §§ 7 ff. StVG.

I. Eigen- und Fremdschäden

1. Eigenschäden

Eigenschäden sind solche Schäden, die *unmittelbar* das Eigentum oder das **299** Vermögen des Dienstherrn treffen. Musterbeispiele sind der infolge unvorsichtiger Fahrweise des beamteten Fahrzeugführers eingetretene Schaden am Dienstkraftfahrzeug einerseits[2] und die Einbuße an Haushaltsmitteln bei pflichtwidriger Eingehung von Verbindlichkeiten zu Lasten des Dienstherrn andererseits.[3]

2. Fremdschäden

a) Unfallfürsorgeleistungen als mittelbarer Schaden des Dienstherrn

Fügt der Beamte bei einer Diensthandlung einem anderen Beamten eine **300** Verletzung zu, so hat dies für den Dienstherrn zur Folge, daß er dem Ge-

---

[1] Vgl. Simianer, ZBR 93, 33 (34 ff.).
[2] S. BVerwGE 87, 263.
[3] S. auch die weiteren Beispiele bei Simianer, a. a. O. (Fußn 1), S. 34 (unter 2.2).

schädigten Unfallfürsorgeleistungen (§§ 30 ff. BeamtVG) schuldet. Der verletzte Beamte und seine Hinterbliebenen haben aus Anlaß eines Dienstunfalles gegen den Dienstherrn keine weitergehenden Ansprüche (§ 46 Abs. 1 Satz 1 BeamtVG),[4] es sei denn, der Schädiger hat den Dienstunfall vorsätzlich oder bei der Teilnahme am allgemeinen Verkehr herbeigeführt (§ 46 Abs. 2 BeamtVG). In einem solchen Ausnahmefall kann auch ein Amtshaftungsanspruch (Art. 34 Satz 1 GG iVm § 839 BGB) gegeben sein, der einen Anspruch auf Schmerzensgeld gemäß § 847 BGB einschließt. Anspruchsgrundlage für den Rückgriff ist – im Normal- wie im Ausnahmefall – § 78 Abs. 1 Satz 1 BBG (§ 46 Abs. 1 Satz 1 BRRG).

301   Haben *mehrere* Beamte grob fahrlässig[5] einen Unfall verursacht, bei dem sie *alle* Körperschäden erlitten haben, so kann *keiner* von ihnen im Wege des Rückgriffs auf Ersatz der an einen der anderen Beteiligten erbrachten Unfallfürsorgeleistungen des Dienstherrn in Anspruch genommen werden. Wegen der gesamtschuldnerischen Haftung (§ 78 Abs. 1 Satz 2 BBG, § 46 Abs. 1 Satz 2 BRRG) hätten die Betroffenen nämlich auch gegenüber denjenigen einen Ausgleichsanspruch, denen die Unfallfürsorgeleistungen zugeflossen sind. Da die Regelung der §§ 30 bis 46 BeamtVG abschließend ist, wäre ein derartiges Ergebnis ebensowenig akzeptabel, wie wenn man einen (einzelnen) Beamten, der Unfallfürsorgeleistungen erhalten hat, zur Rückgewähr *eben dieser* Leistungen als Schadensersatz verpflichten wollte.[6]

b) *Schadensersatzpflicht des Dienstherrn gegenüber einem anderen Beamten*

302   Verstößt ein Beamter etwa im Zuge einer Auswahl zwischen mehreren Bewerbern um ein Beförderungsamt gegen das Bestenausleseprinzip (Art. 33 Abs. 2 GG)[7] oder trägt er in diesem oder einem anderen Zusammenhang z. B. den Anforderungen der Fürsorge- und Schutzpflicht nicht zulänglich Rechnung,[8] so kann dem Dienstherrn auch hieraus ein mittelbarer Schaden erwachsen: Im erstgenannten Fall muß er den infolge des Verstoßes zu Unrecht nicht beförderten Beamten unter Umständen dienst- und versorgungsrechtlich so stellen, wie er bei einer Beförderung gestanden hätte;[9] zeitigt die Pflichtverletzung im zweiten Fall einen Schaden im Vermögen eines anderen Beamten, so kann der Dienstherr auch zu dessen Ersatz verpflichtet sein. Rückgriffsnorm ist wiederum § 78 Abs. 1 Satz 1 BBG (§ 46 Abs. 1 Satz 1 BRRG).

---

[4] Vgl. dazu BVerfGE 85, 176.
[5] S. § 44 Abs. 1 BeamtVG.
[6] S. insoweit Plog/Wiedow/Beck/Lemhöfer, BBG, § 78, RdNr 47.
[7] S. RdNrn 53 ff.
[8] S. hierzu RdNrn 410 ff.
[9] S. RdNrn 69 ff.

c) Schadensersatzpflicht des Dienstherrn gegenüber einem außenstehenden Dritten im nichthoheitlichen Bereich

Soweit der Beamte nicht in Ausübung hoheitlicher Befugnisse tätig ge- **303** worden ist, haftet der Dienstherr außenstehenden Dritten gegenüber
– bei der Verletzung vertraglicher Pflichten: falls der Schädiger als satzungsmäßiger Vertreter anzusehen ist, nach §§ 89, 31 BGB, im übrigen nach § 278 BGB (ohne die Möglichkeit eines Entlastungsbeweises),
– bei unerlaubten Handlungen: falls der Schädiger die Stellung eines satzungsmäßigen Vertreters hat, nach §§ 89, 31 iVm §§ 823 ff. BGB, im übrigen nach § 831 BGB iVm §§ 823 ff. BGB (mit der Möglichkeit eines Entlastungsbeweises).[10]

Satzungsmäßige Vertreter sind nicht nur die Leiter oberster Dienstbehörden, sondern unter Umständen auch sonstige Behörden- und Dienststellenleiter, denen eine gewisse Selbständigkeit nach außen eingeräumt ist.[11] Auch auf diesen Feldern richtet sich der Rückgriff nach § 78 BBG (§ 46 BRRG).

d) Amtshaftung

Bei einer schuldhaften Amtspflichtverletzung des Beamten (§ 839 BGB) **304** in Ausübung eines öffentlichen Amtes trifft die Verantwortlichkeit gemäß Art. 34 Satz 1 GG allein den Dienstherrn, in dessen Diensten der Beamte steht, und zwar grundsätzlich unabhängig davon, ob die konkrete Aufgabe, bei deren Erfüllung die Amtspflichtverletzung begangen worden ist, in den Aufgabenkreis des Dienstherrn (der Anstellungskörperschaft) fällt.[12] Anders liegt es nur bei einer rechtlichen Doppelstellung des Beamten (Oberfinanzpräsident[13], Landrat[14]), bei seiner Abordnung zu einem anderen Dienstherrn[15] oder in Fällen der Ausübung eines Nebenamtes bei einem anderen Dienstherrn.[16] Dann kommt es jeweils darauf an, welcher Dienstherr dem Beamten die konkrete Aufgabe anvertraut hat, bei deren Wahrnehmung die den Schaden auslösende Handlung geschehen ist.[17]

Art. 34 Satz 1 GG bezieht sich zum einen auf alle Rechtshandlungen, die **305** in öffentlich-rechtlichen Formen vorgenommen werden, zum anderen auf alle Tathandlungen (Realakte), die der Zielsetzung des Amtswalters nach dem hoheitlichen (d. h. dem obrigkeitlichen oder dem schlicht-hoheitlichen) Aufgabenbereich zuzurechnen sind, sofern ein Funktionszusammenhang

---

[10] Vgl. Plog/Wiedow/Beck/Lemhöfer, BBG, § 78, RdNrn 12 ff.; Schütz, BR, RdNr 24 zu § 84 NW LBG.
[11] Schütz, a. a. O., mit weiteren Nachweisen.
[12] BGHZ 87, 202 (204); 99, 326 (330).
[13] S. § 9 Abs. 2 Satz 1 FinVerwG.
[14] S. z. B. § 44 Abs. 5, §§ 58 ff. NW KrO.
[15] S. RdNr 133.
[16] S. RdNr 242.
[17] S. BGH, a. a. O. (Fußn 12); außerdem Plog/Wiedow/Beck/Lemhöfer, BBG, § 78, RdNr 7, Anm. 1 und Ossenbühl, Staatshaftungsrecht, § 9 unter 3 a.

zwischen der Zielsetzung und dem Realakt als schädigender Handlung besteht.[18] Der Rückgriff bestimmt sich hier gleichfalls nach § 78 BBG (§ 46 BRRG), nicht etwa nach Art. 34 Satz 2 GG, der lediglich eine Haftungsbeschränkung auf Vorsatz und grobe Fahrlässigkeit vorschreibt. Für die Geltendmachung des Rückgriffsanspruchs gibt Art. 34 Satz 3 GG den ordentlichen Rechtsweg vor. Nur wegen dieser Sonderregelung, die dem Dienstherrn den – andernfalls möglichen – Erlaß eines Leistungsbescheides oder die Erhebung einer verwaltungsgerichtlichen Leistungsklage verwehrt,[19] spielt die Abgrenzung von hoheitlichem und nichthoheitlichem Handeln im Rahmen der Schadensersatzhaftung des Beamten heute noch eine Rolle.[20]

306   Steht der Dienstherr mit einem anderen Rechtsträger in einem *öffentlich-rechtlichen Aufgabenverbund* und trifft der von einem Beamten verursachte Schaden nicht seinen Dienstherrn, sondern den anderen Rechtsträger, so scheidet eine Amtshaftung des Dienstherrn aus. Dieser hat den Schaden des anderen Rechtsträgers vielmehr qua Drittschadensliquidation gegenüber seinem Beamten geltend zu machen.[21] Beispiele:

– Ein Gemeindebeamter verletzt bei Wahrnehmung einer Auftragsangelegenheit des Landes grob fahrlässig die ihm obliegenden Pflichten. Der Dienstherr, d.h. die Gemeinde, kann den Beamten für den Schaden, der dem Land entstanden ist, haftbar machen.[22]

– Ein Lehrer, also ein (unmittelbarer) Landesbeamter, beschädigt den Fußboden in dem der Gemeinde als Schulträgerin gehörenden Schulgebäude[23] mit der Folge, daß ihn das Land wegen des Schadens der Gemeinde in Anspruch nehmen kann.

e) Gefährdungshaftung des Dienstherrn nach §§ 7ff. StVG

307   Wenn der Dienstherr Halter eines Dienstkraftfahrzeugs ist, so sind die §§ 7ff. StVG auch auf ihn anwendbar, gleichgültig ob der schadenstiftende Einsatz des Fahrzeugs im Einzelfall dem Hoheits- oder dem Fiskalbereich zuzuordnen ist.[24]

308   Die Rückgriffshaftung des beamteten Kraftfahrers – nicht diejenige eines Vorgesetzten, der die Fahrt pflichtwidrig angeordnet hat –[25] ist gemäß § 2 Abs. 2 Satz 1 PflVG ausgeschlossen, soweit der Schaden nicht die Mindest-

---

[18] Vgl. Ossenbühl, a.a.O., § 6 unter 1 d.

[19] S. RdNrn 340ff.

[20] Vgl. Abschn. I des GemRdSchr. d. BMF und d. BMI v. 6. 11. 1995, GMBl S. 961, ber. 1996, 10.

[21] BVerwG, NJW 95, 978 mit Nachweisen. S. des weiteren BGHZ 87, 253 (255); 116, 312 (315f.). In Art. 104a Abs. 5 GG ist in bezug auf das Verhältnis zwischen dem Bund und den Ländern der Grundsatz gegenseitiger Haftung für eine ordnungsgemäße Verwaltung festgeschrieben. Vgl. dazu BVerwGE 96, 45 (56ff.); 100, 56 (60f.).

[22] BVerwG, NJW 95, 978.

[23] Simianer, ZBR 93, 33 (37) unter Hinweis auf BW VGH, ZBR 85, 115.

[24] Plog/Wiedow/Beck/Lemhöfer, BBG, § 78, RdNr 15.

[25] Vgl. HVGH, DVBl 94, 1084 (LS).

versicherungssummen überschreitet (§ 2 Abs. 2 Satz 2 PflVG)[26] und sofern ein Versicherer bei gleichem Tatbestand nicht berechtigt wäre, gegen den Versicherungsnehmer oder den mitversicherten Fahrer (§ 2 Abs. 2 Nr. 3 KftPflVV) Rückgriff zu nehmen (§ 2 Abs. 2 Satz 4 PflVG). Letzteres ist dann der Fall, wenn der Versicherer gemäß § 3 PflVG die Schadensersatzansprüche eines Dritten befriedigt hat, obwohl er an sich – wegen des Verhaltens des Versicherungsnehmers – vertragsgemäß von seinen Pflichten aus dem Versicherungsvertrag frei gewesen wäre.[27]

Dazu drei Ergänzungen: (1) Die Ausschlußregelung des PflVG hindert, so **309** weit sie reicht, auch dann eine nachträgliche Inanspruchnahme des beamteten Kraftfahrers, wenn der Dienstherr (die Anstellungskörperschaft) seine (ihre) Leistungen auf Grund der Unfallfürsorgevorschriften (§§ 30 ff. BeamtVG), des Art. 34 Satz 1 GG oder des § 831 BGB erbringt.[28] (2) Für Eigenschäden des Dienstherrn haftet der beamtete Kraftfahrer.[29] Dazu rechnen z.B auch Nutzungsausfall, Wertminderung und Abschleppkosten; eine abstrakt berechnete Nutzungsausfallentschädigung ist (im Bund) nicht geltend zu machen.[30] (3) Auf eine Schadenshaftung von Personen, die gemäß § 5 Abs. 1 der Richtlinien für die Nutzung von Dienstkraftfahrzeugen der Bundesverwaltung vom 29. 6. 1993[31] zur Erfüllung der Fachaufgaben berechtigt sind, ein Dienstkraftfahrzeug selbst zu führen, sind die für Berufskraftfahrer geltenden Grundsätze entsprechend anzuwenden.[32]

II. Voraussetzungen der Haftung nach § 78 Abs. 1 BBG (§ 46 Abs. 1 BRRG)

1. Persönlicher Geltungsbereich

Für § 78 Abs. 1 BBG (§ 46 Abs. 1 BRRG) ist die Art des Beamtenverhält- **310** nisses gleichgültig.[33] Auch Beamte anderer Dienstherren, die in den (unmittelbaren oder mittelbaren) Bundesdienst abgeordnet sind, können nach § 78

---

[26] S. dazu die Anlage zu § 4 Abs. 2 PflVG.

[27] S. im einzelnen Abschn. II. 4.1.2 des in Fußn 20 näher bezeichneten GemRdSchr.

[28] S. Abschn. II. 4.2 und 4.3 a.a.O. (Fußn 27).

[29] Vgl. Plog/Wiedow/Beck/Lemhöfer, BBG, § 76, RdNr 42; Simianer, ZBR 93, 33 (38).

[30] In diesem Sinne Abschn. II. 2.2 des in Fußn 20 näher bezeichneten GemRdSchr; vgl. auch BayVGH, DÖD 93, 41.

[31] GMBl S. 398.

[32] S. Abschn. II. 6 a.a.O. (Fußn 30). Dort ist klargestellt, daß die an Nichtberufskraftfahrer zu stellenden Anforderungen weniger hoch als bei Berufskraftfahrern anzusetzen seien; da der Nichtberufskraftfahrer das Lenken des Kraftfahrzeugs nur „nebenbei" übernehme, müsse bei ihm eher mit der Möglichkeit eines Versagens im Straßenverkehr gerechnet werden als bei einem Berufskraftfahrer, der sich lediglich um das Fahren zu kümmern habe. S. auch HVGH, ZBR 68, 219.

[33] S. HVGH, ESVGH 16, 156.

Abs. 1 BBG haften (s. § 27 Abs. 4 Hs. 1 BBG; § 17 Abs. 4 Satz 1 BRRG). Ist die Ernennung nichtig oder zurückgenommen worden (§§ 11, 12 BBG, §§ 8, 9 BRRG), so ist § 78 Abs. 1 BBG (§ 46 Abs. 1 BRRG) entsprechend anzuwenden (arg. § 14 Satz 1 BBG).[34] Eben solches gilt, wenn ein Mitarbeiter nicht wirksam in das Beamtenverhältnis berufen worden ist, der nach dem Willen beider Seiten in das Beamtenverhältnis berufen werden sollte und – im Rahmen des beiderseits für bestehend gehaltenen Beamtenverhältnisses – tatsächlich wie ein Beamter tätig geworden ist. Die Grundsätze des Vertrauensschutzes und der Billigkeit verlangen hier danach, dem nicht wirksam berufenen Mitarbeiter die beamtenrechtliche Haftungsbeschränkung wie einem Beamten zuzugestehen.[35] Auch Ruhestandsbeamte und frühere Beamte können nach der beamtenrechtlichen Haftungsnorm zum Schadensersatz herangezogen werden, wenn sie Pflichten aus dem Beamtenverhältnis, z. B. die Pflicht zur Amtsverschwiegenheit (§ 61 BBG, § 39 Abs. 1 und 2 BRRG), verletzen.[36] Eine Beendigung des (aktiven) Beamtenverhältnisses nach Begehung der Dienstpflichtverletzung ist bedeutungslos.[37] Die Ersatzpflicht geht beim Tode des Beamten analog §§ 1922, 1967 BGB auf dessen Erben über.[38]

2. Dienstpflichtverletzung

311 Bei Zugrundelegung des BBG (und der Landesbeamtengesetze) kann man zwischen allgemeinen und besonderen Beamtenpflichten differenzieren. Die allgemeinen Beamtenpflichten, die im Gesetzestext generalklauselartig weit gefaßt sind, kann man wiederum in eine – selbstverständlich nicht erschöpfende – Kasuistik konkreter Einzelpflichten auffächern. Für den Versuch der Erstellung eines Pflichtenkatalogs muß *hier* der Gedanke leitend sein, nur solche Gebote und Verbote zu erfassen, deren Verletzung typischerweise *schadensträchtig* ist.

a) Allgemeine Dienstpflichten:

312 *aa) Generalklausel:* Pflicht, das Amt uneigennützig nach bestem Gewissen zu verwalten (§ 54 Satz 2 BBG, § 36 Satz 2 BRRG)
Einzelpflichten:
(1) Pflicht, dienstliche Handlungen (Unterlassungen) nicht mit persönlichen (privaten) Interessen zu verquicken;[39]

---

[34] So auch Plog/Wiedow/Beck/Lemhöfer, BBG, § 78, RdNr 16.
[35] BVerwG, NJW 96, 2175 (2176). Offengelassen ist, ob anders zu entscheiden wäre, wenn der Mitarbeiter die Sachlage kennt oder gar vorsätzlich herbeigeführt hat.
[36] S. BVerwGE 17, 286 (291); BVerwG, RiA 71, 215.
[37] S. BVerwGE 27, 250 (252).
[38] BGH, NJW 94, 660; Plog/Wiedow/Beck/Lemhöfer, BBG, § 78, RdNr 16 b; Simianer, ZBR 93, 33 (38).
[39] Vgl. Schütz, BR, RdNr 4 zu § 57 NW LBG; s. auch § 59 BBG.

(2) Pflicht, sich bei der Verfolgung eigener Anliegen streng an die Wahrheit zu halten, d. h. unter anderem auch einen Vorgesetzten oder eine andere Stelle des Dienstherrn, die sich erkennbar im Irrtum befinden, aufzuklären;[40]

(3) Pflicht, die Dienstaufgaben nach innen und außen verantwortungsbewußt zu erfüllen, d. h. unter anderem auch

- als Vorgesetzter der Fürsorge- und Schutzpflicht des Dienstherrn Geltung zu verschaffen,
- die Grenzen der örtlichen, sachlichen und funktionellen Zuständigkeit nicht zu überschreiten,
- die für das Handeln der Verwaltung relevanten Sachverhalte aufzuklären und zeitgerecht eine Entscheidung zu treffen, die im Einklang mit dem geltenden Recht steht, sowie
- überhaupt Gesetz und Recht (z. B. die Verkehrsregeln[41] und das Haushaltsrecht) zu beachten (s. auch § 56 Abs. 1 BBG, § 38 Abs. 1 BRRG);

(4) Pflicht, Ansprüche des Dienstherrn rechtzeitig und in geeigneter Weise geltend zu machen;

(5) Pflicht, das Eigentum und das Vermögen des Dienstherrn (mindestens) nicht zu schädigen.

bb) Generalklausel: Pflicht, Vorgesetzte zu beraten und zu unterstützen (§ 55 Satz 1 BBG, § 37 Satz 1 BRRG)[42]

Einzelpflichten:

(1) Pflicht, dem Vorgesetzten darzulegen, ob und aus welchen Gründen eine bestimmte Maßnahme als rechtswidrig erscheint (s. auch § 56 Abs. 2 BBG, § 38 Abs. 2 BRRG) oder unzweckmäßig sein kann;

(2) Pflicht, den Vorgesetzten über Entwicklungen im Dienstbereich zu unterrichten, die zu Störungen bei der Aufgabenerledigung führen können.[43]

cc) Generalklausel: Pflicht, Einzelweisungen auszuführen und allgemeine Richtlinien zu befolgen (§ 55 Satz 2 BBG, § 37 Satz 2 BRRG)[44]

Einzelpflichten:

(1) Pflicht, auch solchen Weisungen zu gehorchen, die der Beamte selbst als unzweckmäßig erachtet;

---

[40] Plog/Wiedow/Beck/Lemhöfer, BBG, § 54, RdNr 6; zur Anzeigepflicht bei Veränderungen in den persönlichen Verhältnissen a. a. O., RdNr 20 a mit Rechtsprechungsnachweisen.

[41] Vgl. BVerwG, Buchholz 232 § 78 BBG Nr. 18.

[42] Battis, BBG, § 55 RdNr 2 weist unter Bezugnahme auf § 63 Sätze 1 und 2 NBG zu Recht darauf hin, daß die Beratungs- und Unterstützungspflicht – wie auch die Pflicht zu vertrauensvoller Zusammenarbeit insgesamt – auch gegenüber gleich- und nachgeordneten Mitarbeitern gelte.

[43] Zur Unterrichtungspflicht s. gleichfalls § 63 Satz 2 NBG. Vgl. auch BDisG, NJW 75, 1906.

[44] S. schon RdNr 220.

(2) Pflicht, sich Sicherheitsprüfungen zu unterziehen;[45]

(3) Pflicht, Umsetzungen Folge zu leisten und unter Umständen einen Ortswechsel bei der Verlegung des Behördensitzes vorzunehmen.[46]

dd) Generalklausel: Pflicht, dem ganzen Volk zu dienen und bei der Amtsführung auf das Wohl des Allgemeinheit Bedacht zu nehmen (§ 52 Abs. 1 BBG, § 35 Abs. 1 BRRG)

Diese Generalklausel hat Auffang- und Klammerfunktion.[47] Sie findet vornehmlich deshalb Erwähnung, um herauszustellen, daß der Beamte nicht nur *seinem* Dienstherrn, sondern dem Wohl des ganzen Volkes der Bundesrepublik und damit auch *anderen* öffentlich-rechtlichen Körperschaften verpflichtet sein kann, soweit er an der Wahrnehmung der von diesen zu vertretenden Teilaspekten des öffentlichen Wohls mitzuwirken hat.[48]

b) Besondere Dienstpflichten

313   *aa)* Pflicht zur Amtsverschwiegenheit (§ 61 BBG, § 39 Abs. 1 und 2 BRRG)

bb) Pflicht zur Einhaltung von Nebentätigkeitsbeschränkungen (§§ 65 ff. BBG, §§ 42, 42 a BRRG)

cc) Pflicht zur Arbeitsleistung (§§ 72 ff. BBG, §§ 44 ff. BRRG)

dd) Pflicht zur Wohnungnahme und zum Aufenthalt in erreichbarer Nähe des Dienstortes (§§ 74, 75 BBG).[49]

c) Zur Abgrenzung von Dienst- und drittgerichteten Amtspflichten

314   Jede Amtspflicht im Sinne des Art. 34 Satz 1 GG ist zugleich eine Dienstpflicht. Das Umgekehrte läßt sich nicht sagen: Dienstpflichten, die nur den nichthoheitlichen Bereich des Dienstherrn betreffen, fallen nicht unter Art. 34 Satz 1 GG.[50] Das Tatbestandsmerkmal „einem Dritten gegenüber" hat die Funktion, nicht jeden Schaden, der von einem Amtswalter durch Verletzung seiner Amtspflichten verursacht wird, dem Amtshaftungsanspruch zu unterstellen:[51] Nur wenn sich aus den die Amtspflicht begründenden und sie umreißenden Bestimmungen sowie aus der besonderen Natur des Amtsgeschäfts ergibt, daß der Geschädigte zu dem Personenkreis zählt, dessen Belange nach dem Zweck und der rechtlichen Einordnung des Amtsgeschäfts geschützt und gefördert werden sollten, besteht die Amtspflicht (auch) ihm gegenüber.[52]

---

[45] S. ebenso schon RdNr 220.

[46] S. dazu VG München, NVwZ 95, 683; auch Battis, NVwZ 96, 1090.

[47] Battis, BBG, § 52, RdNr 3.

[48] Plog/Wiedow/Beck/Lemhöfer, BBG, § 78, RdNr 46 a; zur Drittschadensliquidation vgl. schon RdNr 306.

[49] S. schon RdNr 238 f.

[50] Simianer, ZBR 93, 33 (39); s. schon RdNr 305.

[51] Ossenbühl, Staatshaftungsrecht, § 6 unter 3 a.

[52] BGHZ 63, 35 (38 f.); 106, 323 (331); 110, 1 (8 f.); stdRspr. S. zur Kasuistik Ossenbühl, a.a.O., § 6 unter 3 b sowie Palandt/Thomas, BGB, § 839, RdNrn 47 ff., 89 ff.

Auch innerhalb des öffentlichen Dienstes sind Amtspflichtverletzungen   315
möglich.[53] Verletzt ein Amtswalter z. B. die dem Dienstherrn obliegende Für-
sorge- und Schutzpflicht oder etwa das Bestenausleseprinzip, so stehen beamtenrechtlicher Schadensersatzanspruch[54] und Amtshaftungsanspruch[55] zueinander in Anspruchskonkurrenz.[56]

3. Verschulden

§ 78 Abs. 1 Satz 1 BBG (§ 46 Abs. 1 Satz 1 BRRG) macht die Schadens-   316
haftung des Beamten (für Eigen- wie für Fremdschäden) davon abhängig,
daß die Pflichtverletzung vorsätzlich oder grob fahrlässig geschehen ist. Das
Verschulden – in einer dieser beiden Schuldformen – muß sich nur auf die
Pflichtverletzung, nicht hingegen auf den Eintritt des Schadens beziehen.[57]
Die (generelle) Vorhersehbarkeit eines Schadenseintritts kann allenfalls für
den *Grad* der Fahrlässigkeit bedeutsam sein.[58]

a) Vorsatz

Vorsätzlich handelt der Beamte, der bewußt und gewollt den Tatbestand   317
verwirklicht, der seine Pflichtverletzung ausmacht, und der sich über die
Pflichtwidrigkeit seines Verhaltens im klaren ist.[59]

b) Grobe Fahrlässigkeit

Der Vorwurf einer groben Fahrlässigkeit des Beamten ist nur gerechtfer-   318
tigt, wenn dieser die im Verkehr erforderliche Sorgfalt in besonders schwe-
rem Maße verletzt, schon einfachste, ganz naheliegende Überlegungen nicht
angestellt und das nicht beachtet hat, was im gegebenen Fall jedem ein-
leuchten mußte.[60] Während der Maßstab der gewöhnlichen Fahrlässigkeit
ausschließlich objektiv ist (s. § 276 Abs. 1 Satz 2 BGB), müssen bei der groben Fahrlässigkeit auch subjektive, in der Individualität des Handelnden begründete Umstände berücksichtigt werden.[61] Den Beamten muß auch in

---

[53] S. schon RdNr 302. Rechtsprechungshinweise bei Palandt/Thomas, a.a.O.,
RdNr 48.
[54] S. RdNrn 69ff., 410ff.
[55] S. RdNr 302.
[56] Palandt/Thomas, BGB, § 839, RdNr 49.
[57] Vgl. BVerwGE 69, 334 (336).
[58] Vgl. Simianer, ZBR 93, 33 (40).
[59] BVerwGE 70, 296 (299). Der Haftpflichtversicherer des Beamten kann sich auf
den Haftungsausschluß nach § 152 VVG nur berufen, wenn sich Wissen und Wollen
des Beamten auch auf die Schadensverursachung erstreckt haben; vgl. Simianer,
ZBR 93, 33 (40).
[60] BGH, NJW 92, 3236 und NJW-RR 94, 1471; BVerwGE 19, 243 (248); BVerwG,
Buchholz 232 § 78 BBG Nrn 9 und 18.
[61] Palandt/Heinrichs, BGB, § 277, RdNr 2 mit weiteren Nachweisen.

subjektiver Hinsicht ein schweres Verschulden treffen.[62] Vom Umfang des Schadens darf nicht ohne weiteres auf den Grad der Fahrlässigkeit rückgeschlossen werden.[63]

319 Allgemein sind zur Abgrenzung zwischen gewöhnlicher und grober Fahrlässigkeit folgende Gesichtspunkte heranzuziehen:[64]

(1) *Contra* grobe Fahrlässigkeit:
– Arbeitsüberlastung und dienstliche Überforderung,
– erheblich geminderte Einsichtsfähigkeit des Handelnden,
– Eilbedürftigkeit des Handelns in einer Gefahrenlage,
– Erforderlichkeit einer Reaktion in Zeitnot sowie
– mitwirkende Organisationsmängel;

(2) *pro* grobe Fahrlässigkeit
– Bewußtsein der Gefährlichkeit des Tuns,
– Leichtfertigkeit beim Nichterkennen (des Grades) einer Gefahr sowie
– Versagen im Kernbereich der Pflichten des Beamten.

320 In der Rechtsprechung ist eine grobe Fahrlässigkeit z.B. bejaht worden
– beim Überschreiten der zulässigen Höchstgeschwindigkeit um mehr als 100%,[65]
– beim Fahren mit stark überhöhter Geschwindigkeit trotz schlechter Sichtverhältnisse,[66]
– beim Einfahren in eine Kreuzung trotz Rotlichts,[67]
– beim Nichtbeachten eines Stoppschildes,[68]
– beim Führen eines Kraftfahrzeugs im Zustand völliger Übermüdung[69] oder nach erheblichem Alkoholgenuß,[70]
– beim Liegenlassen einer Dienstpistole in einem zur Nachtzeit auf einem unbewachten Parkplatz abgestellten Pkw,[71]

---

[62] Vgl. BGH, NJW 88, 1265 und NJW-RR 89, 340.

[63] Vgl. auch Simianer, ZBR 93, 33 (42).

[64] Vgl. hierzu Palandt/Heinrichs, a.a.O. (Fußn 61); Plog/Wiedow/Beck/Lemhöfer, BBG, § 78, RdNr 25; Simianer, ZBR 93, 33 (41 ff.).

[65] OLG München, Deutsches Autorecht 83, 78.

[66] OLG Karlsruhe, VersR 66, 331 (zu § 61 VVG).

[67] BGH, NJW 92, 2418. S. außerdem RP OVG 2. 2. 1983 – 2. A 103/82 –, abgedr. bei Schütz, BR, ES/B II 2 Nr. 2: Ein Kraftfahrer, der bei Rotlicht in eine Kreuzung einfahre, handle in der Regel auch dann grob fahrlässig, wenn er die Ampelanlage völlig übersehen habe. Zur Haftung eines Streifenwagenführers wegen Einfahrens in eine durch Rotlicht gesperrte Kreuzung ohne rechtzeitige und ausreichende Sondersignale BayVGH, DÖD 97, 205.

[68] OLG Zweibrücken, VersR 93, 218; a. A. OLG Hamm, VersR 93, 826.

[69] OLG Köln, VersR 66, 530; OLG Celle, VersR 66, 946 (beide zu § 61 VVG); s. in diesem Zusammenhang aber auch RP OVG, RiA 92, 41.

[70] BGH, VersR 85, 441; OLG Köln, VersR 89, 139.

[71] BVerwG, Buchholz 232 § 78 BBG Nr. 9. Zur Haftung des Beamten für den Verlust einer Dienstpistole BayVBH 21. 4. 1989 – 3 B 88.02161 –, abgedr. bei Schütz, BR, ES/B II 2 Nr. 22; zur Haftung wegen des Verlustes von Schlüsseln zu öffentlichen Gebäuden Kaster, NWVBl 94, 121.

– beim Einsatz von Bediensteten zu privaten Zwecken,[72]
– beim Nichtbeachten wichtiger Sicherheitsregeln[73] und
– bei grundlosem Abweichen von einer klaren und eindeutigen Weisung.[74]

Beurteilt der Beamte die *Rechtslage* falsch, so kommt es auf die Umstände   321
des Einzelfalles an, und zwar vornehmlich darauf, ob der Rechtsanwen-
dungsfehler klare und unzweideutige Vorschriften und/oder eine gefestigte
höchstrichterliche Rechtsprechung betrifft und/oder ob er leicht vermeidbar gewesen wäre, wenn der Beamte eine ihm zugängliche Kommentierung
zu Rate gezogen oder die Auslegungshilfe sachkundiger Kollegen gesucht
hätte.[75]

4. Kausalität

Maßgebend ist, wie sich die Vermögenslage des Dienstherrn nach allge-   322
meiner Lebenserfahrung[76] bei pflichtgemäßem Verhalten des Beamten entwickelt hätte.[77] Wäre der (Eigen- oder Fremd-)Schaden der Dienstherrn *auch
dann* eingetreten, so ist die Dienstpflichtverletzung für den Schaden nicht
adäquat ursächlich.[78] Die *Adäquanz* ist in der Rechtsprechung etwa in folgenden Fällen verneint worden:[79]

– Die Fahrt mit einem Dienstkraftfahrzeug wird nicht von dem dazu bestimmten Beamten (A) ausgeführt. Eine anderer Beamter (B), der in bezug auf das Führen eines Kraftfahrzeugs gleich geeignet ist, verursacht
  bei der Fahrt schuldlos einen Unfall. Hier ist die Wahrscheinlichkeit eines
  Unfalles dadurch, daß B pflichtwidrig statt A gefahren ist, nicht erhöht
  worden.[80]
– Eine Dienstfahrt, bei der ein Unfall geschieht, ist pflichtwidrig zu früh
  (oder zu spät) ausgeführt worden, ohne daß die allgemeine Verkehrssitua-
  tion während der vom Beamten gewählten Zeit angespannter (gefährli-

---

[72] BVerwG, ZBR 87, 344.

[73] BW VGH, RiA 71, 235 und BW VGH 4. 2. 1986, abgedr. bei Schütz, BR,
ES/D IV 3 Nr. 5.

[74] HVGH, JZ 66, 576; zur Schadensersatzpflicht beim Nichtbeachten allgemeiner
Richtlinien s. NW OVG 6. 3. 1986 – 1 A 2441/84 –, abgedr. bei Schütz, BR, ES/B II 2
Nr. 14. Im Einzelfall ist sorgfältig zu prüfen, ob nicht *Vorsatz* gegeben ist.

[75] S. auch Simianer, ZBR 93, 33 (42).

[76] Zur Adäquanztheorie s. BVerwGE 69, 334 (336); 70, 296 (300).

[77] Vgl. BGH, NJW-RR 88, 1367. Bei einem pflichtwidrigen *Unterlassen* des Beamten muß feststehen, daß der Schaden bei pflichtgemäßem Verhalten (mit an Sicherheit
grenzender Wahrscheinlichkeit) nicht eingetreten wäre; eine schlichte Wahrscheinlichkeit des Nichteintritts reicht nicht aus; BVerwGE 100, 280 (286 f.).

[78] Vgl. auch Palandt/Heinrichs, BGB, RdNrn 58–61 vor § 249 mit weiteren Nachweisen.

[79] Die folgenden drei Beispiele sind aus Plog/Wiedow/Beck/Lemhöfer, BBG, § 78,
RdNr 44 entnommen.

[80] HVGH, JZ 66, 576 mit Anm. Deutsch; RP OVG, JZ 68, 429 mit Anm. Deutsch.

cher) gewesen wäre als während der Zeit, zu der die Fahrt pflichtgemäß hätte erfolgen sollen.[81]

– Fährt ein Fahrer zu schnell, so ist er nicht schon etwa deshalb für einen Unfallschaden verantwortlich, weil er bei beanstandungsfreier Geschwindigkeit noch nicht am Unfallort eingetroffen wäre.[82]

323 Wenn ein Schadensersatzanspruch davon abhängt, wie eine behördliche Entscheidung hypothetisch ausgefallen wäre, so ist grundsätzlich[83] darauf abzustellen, wie sie nach Auffassung des über den Ersatzanspruch urteilenden Gerichts *richtigerweise* hätte getroffen werden müssen.[84] Bei Ermessensentscheidungen oder in Fällen einer Beurteilungsermächtigung des Dienstherrn ist eine (rechtmäßige) Verwaltungspraxis, wie sie sich für vergleichbare Fälle gebildet hat, von ausschlaggebender Bedeutung.[85]

5. Schaden

324 Der Dienstherr ist – *in Geld* – so zu stellen, wie er stehen würde, wenn der Beamte seine Dienstpflichten nicht verletzt hätte (s. § 249 Satz 1 BGB). Bei *mittelbaren Schäden,* die dem Dienstherrn daraus erwachsen, daß er auf Grund seiner Einstandspflicht einem anderen Beamten oder einem Dritten gegenüber Schadensersatz geleistet hat, ist es für die Ersatzpflicht grundsätzlich gleichgültig, ob der Dienstherr freiwillig, auf außergerichtlichen oder gerichtlichen Vergleich hin oder mit Rücksicht auf ein Gerichtsurteil gezahlt hat.[86] Die Auffassung, daß es für einen Rückgriff genüge, wenn sich der Dienstherr von einer *vertretbaren Einschätzung der Rechtslage* habe leiten lassen,[87] erscheint problematisch; sie kann zu einer einseitigen Risikoverlagerung zu Lasten des Beamten führen. In einem Prozeß, der den Rückgriff zum Gegenstand hat, sollte dem Beamten die Möglichkeit bleiben, eine gerichtliche Prüfung der Frage zu erreichen, ob der Dienstherr *zu Recht oder zu Unrecht* geleistet hat. Dafür spricht auch die Regelung der §§ 68, 74 ZPO, die nur dem Nebenintervenienten und demjenigen, dem der Streit verkündet wird, für die Zukunft den Einwand abschneidet, daß der Rechtsstreit unrichtig entschieden sei.

325 Hat ein Vorgesetzter Personal des Dienstherrn für private Zwecke eingesetzt, so schuldet er dem Dienstherrn den Ersatz der auf die entsprechende Arbeitszeit entfallenden Bezüge dieser Beschäftigten.[88] Besteht für die er-

---

[81] Vgl. RGZ 81, 359 (363).

[82] BGH, NJW 88, 58.

[83] Für den Ausnahmefall, daß feststeht, die Behörde hätte bei Vermeidung der Pflichtverletzung *rechtsirrig* anders entschieden, s. BGHZ 79, 223 (226) und BGH, NJW 93, 2799 (2801 f.).

[84] BGH, NJW 88, 3013 (3015), NJW 94, 1211 und WM 96, 1830.

[85] BVerwGE 80, 123; vgl. auch BGH, NJW 59, 1125.

[86] S. dazu Plog/Wiedow/Beck/Lemhöfer, BBG, § 78, RdNrn 43, 44 b.

[87] Plog/Wiedow/Beck/Lemhöfer, a. a. O.

[88] Vgl. BVerwG, NVwZ 90, 1171; s. aber auch BVerwGE 56, 315.

laubte Inanspruchnahme eine Vergütungsregelung, so ist das entsprechende Entgelt auch bei einem pflichtwidrigen Einsatz für private Zwecke zu zahlen.[89]

Ein Ausfall der Nutzbarkeit von Sachmitteln – wie er insbesondere während der Reparatur eines unfallbeschädigten Kraftfahrzeugs eintritt –[90] ist zu ersetzen.[91] Auch ein verbleibender technischer oder merkantiler Minderwert gehört zum Schaden.[92]   **326**

Verzugszinsen, wie sie § 288 BGB vorsieht, kennt das Beamtenrecht **327** nicht; ebensowenig kann der Dienstherr Prozeßzinsen (§ 291 BGB) verlangen, wenn er nicht klageweise, sondern durch Leistungsbescheid gegen den Beamten vorgeht.[93]

Hat das pflichtwidrige Verhalten des Beamten neben Nachteilen auch **328** *Vorteile* gebracht, so sind diese auf den Schadensersatzanspruch anrechenbar, soweit zwischen den Nach- und den Vorteilen ein innerer Zusammenhang besteht, der so beschaffen ist, daß beide bei wertender Betrachtung gleichsam zu einer Rechnungseinheit verbunden sind.[94] Eine anrechenbarer Vorteil ist z.B. nicht vorhanden, wenn der Beamte pflichtwidrig Einrichtungsgegenstände für den Dienstherrn erwirbt, die dieser nicht benötigt und auch nicht anderweit hätte beschaffen lassen.[95]

Da die Schadensersatzhaftung des Beamten keine disziplinarische Sanktion **329** ist und auch nicht – hilfsweise – an die Stelle einer solchen Sanktion treten darf, sollte stets dafür Sorge getragen werden, daß ein Sanktionsbedürfnis nicht dazu verleitet, einen Schaden am Eigentum oder Vermögen des Dienstherrn zu konstruieren, wo er in Wahrheit nicht vorhanden ist.[96]

6. Gesamtschuldnerische Haftung

Haben mehrere Beamte gemeinsam den Schaden verursacht, so haften sie **330** als Gesamtschuldner (§ 78 Abs. 1 Satz 2 BBG, § 46 Abs. 1 Satz 2 BRRG).

---

[89] BVerwG, ZBR 87, 344.

[90] S. oben RdNr 309. Zur Übertragbarkeit zivilrechtlicher Grundsätze BayVGH, DÖD 93, 41.

[91] BVerwG, Buchholz 232 § 78 BBG Nr. 18; s. jedoch auch insoweit BVerwGE 56, 315 sowie BVerwGE 69, 331 und BVerwG, VersR 79, 658.

[92] S. hierzu im einzelnen Palandt/Heinrichs, BGB, § 251, RdNrn 19 ff. mit weiteren Nachweisen.

[93] Vgl. BVerwG, DVBl 88, 347, ZBR 89, 61 und NJW 89, 1232. Zum Ersatz von Kreditzinsen s. BVerwG, NJW 89, 1232; Simianer, ZBR 93, 33 (45) und Schön, NJW 93, 961.

[94] Vgl. BGHZ 77, 154; 91, 210; BGH, NJW 89, 2117 und NJW 90, 1360.

[95] S. Plog/Wiedow/Beck/Lemhöfer, BBG, § 78, RdNr 45 e.

[96] S. etwa NW OVG, NWVBl 97, 98 (Fall eines Staatsanwalts, der Gelder zweckentfremdet hatte, die an gemeinnützige Einrichtungen hätten weitergeleitet werden müssen). Bedenklich auch die Wendung des Revisionsurteils (BVerwG, NJW 97, 3455 [3456]), die Schadensersatznorm diene auch dem „Schutzzweck", den Beamten zu einer pflichtgemäßen Verwendung dienstlicher Gelder zu bestimmen.

Gemäß § 421 Abs. 1 Satz 1 BGB kann der Dienstherr den Ersatz des Schadens grundsätzlich von jedem der beteiligten Beamten ganz oder teilweise fordern. Einschränkungen dieses Grundsatzes können sich unter folgenden rechtlichen Gesichtspunkten ergeben:

a) Mitverschulden des Dienstherrn

331   Der auf Schadensersatz in Anspruch genommene Beamte kann dem Dienstherrn die Beteiligung eines anderen Beamten an der Schadensverursachung nur dann gemäß § 254 BGB entgegenhalten, wenn dieser andere Beamte eine Dienstpflicht verletzt hat, „zu deren Erfüllung namens des Dienstherrn – z.B. aufgrund der beamtenrechtlichen Fürsorgepflicht – er gerade gegenüber dem in erster Linie den Schaden verursachenden Beamten verpflichtet ist".[97] Unter solchen Gegebenheiten ist der Schaden zwischen beiden beteiligten Beamten nach dem *Verantwortungsanteil* zu splitten, unter Umständen auch dem quasi als Vertreter des Dienstherrn Handelnden *ganz* aufzubürden.[98] In dem bei Plog/Wiedow/Beck/Lemhöfer[99] erwähnten Fall der Überforderung eines Beamten durch den Vorgesetzten dürfte es schon an einer groben Fahrlässigkeit des Beamten selbst fehlen, falls dieser rechtzeitig Gegenvorstellungen erhoben hat.[100]

b) Fürsorgepflicht des Dienstherrn

332   Die besonderen Umstände des Einzelfalles können den Dienstherrn bei der Verwirklichung seines Schadensersatzanspruchs gegenüber den Gesamtschuldnern (ausnahmsweise) zu einer angemessenen Verteilung zwingen.[101] Die in der Rechtsprechung des NW OVG[102] vertretene Meinung, daß der Dienstherr *jeweils* prüfen müsse, welchen von mehreren an der Schadensverursachung Beteiligten er – nach Maßgabe seines *Verantwortungsanteils* – mit welchem Schadensanteil in Anspruch nehmen wolle (dürfe), hat sich indessen – wie Simianer[103] zutreffend konstatiert – nicht durchgesetzt. Immerhin dürfte es z.B. mindestens naheliegen, bei der Schadensverursachung durch einen vorsätzlich und einen grob fahrlässig handelnden Beamten jedenfalls überwiegend den *vorsätzlich* Handelnden heranzuziehen. Auf das Verhältnis Vorgesetzter/Untergebener läßt sich dieses Muster nicht ohne weiteres übertragen. Soweit die Mitverursachung des Schadens dem Dienstherrn zum Mitverschulden (§ 254 BGB) gereicht, ist auf a) hinzuweisen.

---

[97] BVerwGE 34, 123 (131 f.); 50, 102 (103); 56, 315 (322).

[98] Vgl. auch Simianer, ZBR 93, 33 (47). Die *Dienstaufsicht* wird nicht aus Fürsorgegründen, sondern allein im öffentlichen Interesse ausgeübt; BVerwGE 34, 123 (133); BVerwG, NZWehrR 91, 211.

[99] BBG, § 78, RdNr 49.

[100] S. oben RdNr 319.

[101] Vgl. Schütz, BR, RdNr 27 zu § 84 NW LBG mit weiteren Nachweisen.

[102] ZBR 91, 123 und NWVBl 92, 174.

[103] A.a.O. (Fußn 98).

III. Haftungsbegrenzungen

1. Haftung und Fürsorgepflicht

Auch mit Rücksicht auf das Gebot einer wirtschaftlichen und sparsamen 333
Haushaltsführung muß der Dienstherr darauf hinwirken, daß ein Schaden,
der dem Staat und der Allgemeinheit zugefügt worden ist, durch denjenigen
Amtsträger, der ihn vorsätzlich oder grob fahrlässig verursacht hat, auch
wiedergutgemacht wird.[104] Der Fürsorge- und Schutzpflicht läßt sich zwar
nicht entnehmen, daß der Dienstherr zugunsten seiner Beamten eine Regreßhaftpflichtversicherung abschließen müßte;[105] sie gelangt aber wie folgt
zur Geltung: Durch § 59 Abs. 1 Nrn. 1 und 3 BHO (und die gleichsinnigen
Vorschriften des Landeshaushaltsrechts) ist der zuständige Bundesminister
(Landesminister) ermächtigt, Ansprüche
- zu *stunden,* wenn die sofortige Einziehung mit erheblichen Härten für
  den Anspruchsgegner verbunden wäre und der Anspruch durch die Stundung nicht gefährdet wird, sowie
- (mit schuldbefreiender Wirkung) zu *erlassen,* wenn die Einziehung nach
  Lage des einzelnen Falles für den Anspruchsgegner eine *besondere Härte*
  bedeuten würde.[106]

Für die Würdigung der Stundungs- und Erlaßvoraussetzungen muß im
hier vorhandenen Rahmen der Fürsorge- und Schutzgedanke mitbestimmend sein.[107] In die Erwägungen dürfte insoweit auch einzubeziehen
sein, daß die arbeitsgerichtliche Rechtsprechung[108] Haftungserleichterun-
gen wegen *gefahrgeneigter Arbeit* auch bei grober Fahrlässigkeit nicht
gänzlich ausschließt und dabei Gewicht vor allem darauf legt, ob der
Verdienst des Arbeitnehmers in einem deutlichen Mißverhältnis zum Scha-
densrisiko der Tätigkeit steht. Die Fürsorge- und Schutzpflicht kann es
schließlich wegen der sozialen Verhältnisse des Beamten als untunlich erscheinen lassen, den Haftungsbetrag im Wege der Aufrechnung einzuzie-
hen.[109]

---

[104] BVerwGE 44, 27 (30 f.). S. dazu aber auch Meyer, RiA 91, 62. Bedenklich ist es,
daß die Rechtsprechung (BVerwG, a. a. O.; NW OVG, ZBR 77, 157) in diesem Zusammenhang auch die „Pflicht zur vorbeugenden und ggf. erzieherischen Einwirkung
auf die Beamtenschaft" bemüht. Vgl. insofern auch RdNr 329.

[105] BVerwG, ZBR 82, 179; s. indessen auch RdNr 308 f.

[106] S. auch BayVGH, ZBR 92, 189, wo ein „Härtefall" im Hinblick auf eine Regreß-
und Haftpflichtversicherung verneint ist, die der Beamte selbst – unter Einsatz eigener
Mittel – abgeschlossen hatte. S. auch Abschn. II. 5.4 Abs. 3 des in Fußn 20 zit.
GemRdSchr.

[107] Vgl. BGH, ZBR 94, 153. S. weiterhin RdNr 332.

[108] BAG, NJW 90, 468.

[109] S. VV Nr. 1.2 b zu § 84 NW LBG.

2. Verjährung

334   Ansprüche nach § 78 Abs. 1 BBG (§ 46 Abs. 1 BRRG) verjähren in drei Jahren von dem Zeitpunkt an, in dem der Dienstherr von dem Schaden und der Person des Ersatzpflichtigen Kenntnis erlangt hat, ohne Rücksicht auf diese Kenntnis in zehn Jahren von der Begehung der Handlung an (§ 78 Abs. 2 Satz 1 BBG, § 46 Abs. 2 Satz 1 BRRG). Der Dienstherr hat die (in beiderlei Hinsicht) erforderliche *Kenntnis*, wenn das Organ oder die Stelle, die nach der innerbehördlichen Geschäftsverteilung berufen ist, den Beamten zum Schadensersatz heranzuziehen oder sonst die Rechtmäßigkeit des Verwaltungshandelns der Beamten zu überprüfen, auf Grund der ihr bekannten Tatsachen gegen einen bestimmten Beamten eine Schadensersatzklage mit einigermaßen sicherer Aussicht auf Erfolg erheben kann.[110] Ein Kennenmüssen reicht nicht aus.[111] Wiederholt der Schädiger eine schädigende Handlung, so setzt jede Wiederholung eine neue Verjährung in Lauf.[112] Bei einem Unterlassen trotz bestehender Handlungspflicht gilt Entsprechendes. Beispiel: Ein Beamter unterläßt es pflichtwidrig, ein Beschäftigungsverhältnis seiner Ehefrau anzuzeigen; die Folge hiervon ist eine Überzahlung von Bezügen. Da der Beamte seine Bezüge nicht nur einmal, sondern jeden Monat erhält, ist er nicht nur einmal verpflichtet, die Berufstätigkeit seiner Ehefrau anzuzeigen, sondern schuldet dies immer wieder, weil das Unterlassen jeden Monat Auswirkungen auf die Höhe seiner Bezüge hat. Mit jedem erneuten Unterlassen der Anzeige beginnt der Lauf der Verjährungsfrist für den jeweiligen Schaden.[113]

335   Auf die Rechtsprechung zu § 852 Abs. 1 BGB, dem die beamtenrechtliche Verjährungsregelung nachgebildet ist,[114] kann zurückgegriffen werden.[115] Dieser Judikatur entspricht es, die *Zehnjahresfrist* nicht erst mit der Entstehung des Anspruchs (s. § 198 BGB), sondern mit dem Begehen der pflichtwidrigen Handlung – d.h. mit dem Setzen der Schadensursache – auch dann beginnen zu lassen, wenn der Schaden erst später, unter Umständen erst nach Ablauf von zehn Jahren, eingetreten oder erkennbar geworden ist.[116]

---

[110] BVerwGE 81, 301 (304 ff.); BVerwG, ZBR 96, 264 (265): Bei Kollegialorganen genüge die Kenntnis desjenigen einzelnen Amtsträgers, der zuständig und verantwortlich sei, durch Einberufung des Kollegialorgans und Herbeiführung seiner Beschlußfassung die Durchsetzung des Schadensersatzanspruchs vorzubereiten und einzuleiten. Ein Wechsel der für die Kenntniserlangung zuständigen Stelle berührt den Lauf der Verjährungsfrist nicht; RP OVG, DÖD 83, 63.

[111] Vgl. BGH, NJW 94, 3092; s. aber auch BGH, NJW 90, 2808 (für den Fall, daß der Verletzte sich der Kenntnis mißbräuchlich verschließt).

[112] Vgl. BGHZ 71, 86 (94).

[113] NW OVG, NVwZ-RR 94, 225.

[114] Plog/Wiedow/Beck/Lemhöfer, BBG, § 78, RdNr 53.

[115] S. Fußn 114.

[116] BGHZ 98, 77; 117, 287; BVerwG, ZBR 93, 335.

Für *mittelbare* Schäden trifft § 78 Abs. 2 Satz 2 BBG (§ 46 Abs. 2 Satz 2 **336** BRRG) eine Sonderregelung, deren Anwendbarkeit nicht davon abhängt, ob der Dienstherr wegen eines hoheitlichen oder wegen eines nichthoheitlichen Handelns schadensersatzpflichtig ist: Hat der Dienstherr einem Dritten Ersatz geleistet, so tritt an die Stelle des Zeitpunktes, in dem der Dienstherr von dem Schaden Kenntnis erlangt, der Zeitpunkt, in dem der Ersatzanspruch des Dritten diesem gegenüber vom Dienstherrn (gerichtlich oder außergerichtlich) anerkannt oder dem Dienstherrn gegenüber rechtskräftig festgestellt worden ist. In einer freiwilligen *Leistung* oder in einer *Leistung* auf Grund eines gerichtlichen oder außergerichtlichen Vergleichs ist ein „Anerkenntnis" im vorstehenden Sinne zu erblicken.[117] Die Zehnjahresfrist des Satzes 1 a. a. O. läuft auch hier.[118]

Im Einzelfall kann es gegen Treu und Glauben verstoßen, wenn der Be- **337** amte die Einrede der Verjährung erhebt.[119]

Die Verjährung ist *gehemmt*, solange die Leistung gestundet oder der Be- **338** amte aus einem anderen Grund zur Verweigerung der Leistung berechtigt ist (s. § 202 Abs. 1 BGB). § 852 Abs. 2 BGB ist kein Ausdruck eines allgemeinen Rechtsgedankens[120] und deshalb mangels entsprechender gesetzlicher Regelung nicht auf das Beamtenrecht übertragbar.[121]

Eine *Unterbrechung* der Verjährung tritt unter anderem dann ein, wenn **339** der Beamte den Anspruch durch Abschlagszahlung, Zinszahlung, Sicherheitsleistung oder in anderer Weise, z.B. durch Bitte um Stundung[122] oder Ratenzahlung,[123] anerkennt (s. § 208 BGB) oder wenn der Dienstherr den Beamten durch Klage,[124] Erstattungsbeschluß[125] oder Leistungsbescheid[126] auf Ersatz in Anspruch nimmt (s. § 209 Abs. 1, § 211 BGB, § 53 Abs. 1 VwVfG).[127] Ein rechtskräftig oder unanfechtbar festgestellter Schadensersatzanspruch verjährt in 30 Jahren (§ 218 Abs. 1 BGB, § 53 Abs. 2 VwVfG).

IV. Geltendmachung des Schadensersatzanspruchs

Das Schadensersatzverlangen kann, was den Rückgriff nach Art. 34 Satz 2 **340** GG angeht, *nur* durch *zivilgerichtliche* Leistungsklage (Art. 34 Satz 3 GG), wegen eines Fehlbestandes am öffentlichen Vermögen des Dienstherrn im –

---

[117] Plog/Wiedow/Beck/Lemhöfer, BBG, § 78, RdNr 53 c.
[118] Battis, BBG, § 78, RdNr 12.
[119] Vgl. BVerwG, ZBR 87, 47.
[120] BGHZ 123, 394.
[121] Plog/Wiedow/Beck/Lemhöfer, BBG, § 78, RdNr 54.
[122] Vgl. BGH, NJW 78, 1914.
[123] Plog/Wiedow/Beck/Lemhöfer, BBG, § 78, RdNr 55.
[124] S. RdNrn 343, 348 f.
[125] S. RdNr 344 f.
[126] S. RdNr 346.
[127] Zur Geltendmachung nur eines Teilbetrages s. BVerwGE 100, 280 (286).

nicht exklusiven – Erstattungsverfahren, im übrigen durch Leistungsbescheid oder durch *verwaltungsgerichtliche* Leistungsklage verfolgt werden; daneben ist, je nach Lage der Dinge, die Möglichkeit einer Aufrechnung als Erfüllungsersatz zu beachten.

341 Von der beabsichtigten Geltendmachung eines Ersatzanspruchs ist der Beamte rechtzeitig vorher in Kenntnis zu setzen, damit er die *Mitbestimmung* des Personalrates gemäß § 76 Abs. 2 Satz 1 Nr. 9 BPersVG beantragen kann (§ 76 Abs. 2 Satz 2 BPersVG). Das BVerwG[128] hält den Personalrat für befugt, die Versagung seiner Zustimmung darauf zu stützen, daß er den Schadensersatzanspruch materiell für nicht gegeben halte. Dem wird man folgen können, freilich nur mit der Einschränkung, daß der *Zweck* der Personalratsbeteiligung sicherlich nicht in einer – eigentlichen – Rechtskontrolle, sondern – zumindest tendenziell – darin liegt, darüber zu wachen,

– ob die Beschäftigten, auch was ihre Heranziehung zum Schadensersatz betrifft, nach Maßgabe der einschlägigen gesetzlichen und tariflichen Regelungen *gleichbehandelt* werden und

– ob der *sozialen Lage* des in Betracht kommenden Beschäftigten Rechnung getragen ist.[129]

342 Da das Mitbestimmungsverfahren die Verjährung weder hemmt noch unterbricht,[130] ist der Leiter der Dienststelle, falls der Ablauf der Verjährungsfrist droht, dazu befugt, als vorläufige Regelung gemäß § 69 Abs. 5 Satz 1 BPersVG einen Leistungsbescheid zu erlassen, dessen Vollstreckung bis zum Abschluß des Mitbestimmungsverfahrens ausgesetzt wird.[131]

1. Zivilgerichtliche Leistungsklage

343 Für den Rückgriff in den Fällen des Art. 34 Satz 1 GG[132] – einschließlich des Anspruchs auf Erstattung der Kosten, die der Anstellungskörperschaft durch einen Amtshaftungsprozeß entstanden sind –[133] ist (nur) der Zivilrechtsweg eröffnet (Art. 34 Satz 3 GG).[134] Sachlich zuständig sind die Landgerichte (§ 71 Abs. 2 Nr. 2 GVG). Erläßt der Dienstherr hier statt dessen rechtsirrig einen Leistungsbescheid, so ist dieser im Widerspruchsverfahren (§ 126 Abs. 3 BRRG, §§ 68 ff. VwGO) oder – spätestens – im verwaltungsgerichtlichen Klageverfahren *ohne inhaltliche Prüfung* schon deswegen aufzuheben, weil die Verwaltung bei der Art und Weise ihres Vorgehens einen rechtswidrigen Weg gewählt hat.

---

[128] BVerwGE 87, 263; s. aber auch BVerwG, ZBR 80, 161.
[129] S. im einzelnen Verf., PersV 91, 457 ff.
[130] BVerwGE 87, 263 (265).
[131] BVerwG, ZBR 80, 161.
[132] S. RdNrn 304 ff.
[133] Vgl. BayObLG, VersR 84, 990.
[134] S. schon RdNr 340.

2. Erstattungsverfahren

Nach dem Erstattungsgesetz[135], das im Bund in der Fassung der Bekannt- **344** machung vom 24. 1. 1951[136] weitergilt, ist unter anderem gegen einen Beamten, der infolge schuldhaften Verhaltens für einen *Fehlbestand am öffentlichen Vermögen* seiner Verwaltung haftet, ein Erstattungsverfahren durchzuführen (§ 1 Abs. 1 a. a. O.). Die Intention, in Gestalt des Erstattungsverfahrens ein einfaches, beschleunigtes Verwaltungsverfahren für leicht feststellbare Tatbestände zu schaffen, ist angesichts der inzwischen gesicherten Möglichkeit einer Inanspruchnahme des Beamten durch Leistungsbescheid praktisch überholt.[137] Nordrhein-Westfalen und Schleswig-Holstein haben das Erstattungsgesetz für ihre jeweiligen Gesetzgebungsbereiche aufgehoben. Zweierlei ist klarzustellen:[138] (1) Das Erstattungsverfahren hat nur verfahrensrechtliche Bedeutung; die Frage, ob der Beamte schadensersatzpflichtig ist, entscheidet sich nach materiellem Recht, d.h. ausschließlich nach § 78 BBG (§ 46 BRRG).[139] (2) Auch wenn ein Erstattungsverfahren an sich zulässig wäre, ist der Dienstherr nicht gehindert, verwaltungsgerichtliche Leistungsklage zu erheben oder einen Leistungsbescheid zu erlassen.[140]

Gegen den Erstattungsbeschluß (§ 5 ErstG), einen Verwaltungsakt, kann **345** der Beamte Widerspruch und verwaltungsgerichtliche Klage erheben (§ 126 Abs. 1 und 3 BRRG, §§ 68 ff. VwGO), die aufschiebende Wirkung haben (§ 80 Abs. 1 VwGO). §§ 8, 13 ErstG werden durch die in den vorstehenden Klammerzusätzen genannten Normen verdrängt.[141]

3. Leistungsbescheid[142]

Der Leistungsbescheid – ein belastender Verwaltungsakt, dessen Erlaß **346** grundsätzlich[143] erst nach vorheriger Anhörung des Beamten (s. § 28 Abs. 1 VwVfG) angängig ist – stellt die Ersatzpflicht verbindlich fest, solange und soweit er nicht zurückgenommen, widerrufen oder anderweitig aufgehoben ist (s. § 43 Abs. 2 VwVfG). Er bildet die Grundlage für eine Verwaltungs-

---

[135] Gesetz über das Verfahren für die Erstattung von Fehlbeträgen an öffentlichem Vermögen (ErstG) vom 18. 4. 1937, RGBl I 461.

[136] BGBl I 87, 109.

[137] Battis, BBG, § 78, RdNr 15 mit weiteren Nachweisen; Plog/Wiedow/Beck/Lemhöfer, BBG, § 78, RdNr 59.

[138] S. die eingehende Kommentierung bei Schütz, BR, RdNrn 34 ff. zu § 84 NW LBG.

[139] BVerwGE 37, 192; 52, 255.

[140] BVerwGE 25, 280; HVGH, ZTR 94, 354.

[141] Plog/Wiedow/Beck/Lemhöfer, BBG, § 78, RdNr 60.

[142] Zur Handlungsform des beamtenrechtlichen Leistungsbescheides s. allgemein Günther, DÖD 91, 159 ff.

[143] S. aber auch § 28 Abs. 2 sowie § 45 Abs. 1 Nr. 3 und Abs. 2 VwVfG.

vollstreckung (s. § 3 Abs. 2 VwVG). Ein Leistungsbescheid kann auch dann noch ergehen, wenn der nach § 78 Abs. 1 BBG (§ 46 Abs. 1 BRRG) Ersatzpflichtige inzwischen aus dem (aktiven) Beamtenverhältnis ausgeschieden ist.[144]

347 Nach erfolglosem Widerspruch (§ 126 Abs. 3 BRRG iVm §§ 68ff. VwGO) kann der Beamte Anfechtungsklage (§ 126 Abs. 1 BRRG, § 42 Abs. 1 VwGO) erheben. Beide Rechtsbehelfe haben aufschiebende Wirkung (§ 80 Abs. 1 VwGO).[145]

4. Verwaltungsgerichtliche Leistungsklage

348 Eine Geltendmachung des Schadensersatzanspruchs durch verwaltungsgerichtliche Leistungsklage (§ 126 Abs. 2 BRRG) kann für den Dienstherrn, verglichen mit einer Heranziehung des Beamten im Erstattungsverfahren oder durch Leistungsbescheid, durchaus vorteilhaft sein: Wenn sich – etwa aus der Reaktion des Beamten auf eine (formlose) Zahlungsaufforderung – die Prognose ableiten läßt, daß es in jedem Fall zu einer prozessualen Klärung kommen muß, drängt sich der Weg über die Leistungsklage auf, weil er häufig schneller und weniger aufwendig zum Ziel führt, abgesehen davon, daß nur bei der Leistungsklage ab Rechtshängigkeit Prozeßzinsen beansprucht werden können.[146]

349 Ist der Dienstherr wegen der schädigenden dienst- und amtspflichtwidrigen Handlung des Beamten dem Geschädigten gegenüber sowohl nach Art. 34 Satz 1 GG als auch aus anderen Rechtsgründen, etwa gemäß §§ 30ff. BeamtVG,[147] leistungspflichtig und entscheidet er sich für eine *zivilgerichtliche* Rückgriffsklage,[148] so hat das Landgericht – sofern es darauf ankommt – auch diesen anderen Rechtsgründen nachzugehen (§ 17 Abs. 2 Satz 1 GVG). Falls sich der Dienstherr im gleichen Fall zu einer *verwaltungsgerichtlichen* Leistungsklage entschließt, ist das Verwaltungsgericht hingegen nicht befugt, das Begehren auch unter dem rechtlichen Gesichtspunkt eines Rückgriffs aus Amtshaftung zu würdigen (§ 17 Abs. 2 Satz 2 GVG).[149]

5. Aufrechnung

350 Daß der Dienstherr gegenüber den Ansprüchen des Beamten und des Ruhestandsbeamten auf Bezüge aufrechnen kann, folgt mittelbar aus § 11 Abs. 2 Satz 1 BBesG und § 51 Abs. 2 Satz 1 BeamtVG.[150] Das dort im

---

[144] BVerwGE 27, 250 (252); vgl. auch BVerwGE 81, 301 (303).
[145] S. auch RdNr 746f.
[146] S. auch RdNr 749.
[147] S. dazu RdNr 302.
[148] S. oben RdNr 343.
[149] S. schon 1. Teil, Fußn 317.
[150] S. auch RdNr 750.

Grundsatz für den *unpfändbaren* Teil der Bezüge festgelegte Aufrechnungsverbot (s. auch § 394 Satz 1 BGB) tritt zurück, soweit gegen den Schädiger ein Anspruch auf Schadensersatz wegen *vorsätzlicher* unerlaubter Handlung besteht (§ 11 Abs. 2 Satz 2 BBesG, § 51 Abs. 2 Satz 2 BeamtVG).

Die *Aufrechnungserklärung* des Dienstherrn (§ 388 Satz 1 BGB), die weder selbst ein Verwaltungsakt ist noch einen solchen voraussetzt,[151] bewirkt, daß Forderung und Gegenforderung, soweit sie sich decken, mit Rückwirkung auf den Zeitpunkt als erloschen gelten, in dem sie sich erstmals aufrechenbar gegenüberstanden (§ 389 BGB). Erkennt der Beamte oder Ruhestandsbeamte den Schadensersatzanspruch nicht an, bleibt ihm nichts anderes übrig, als den aufrechnungshalber nicht gezahlten Teil der Bezüge – nach erfolglosem Widerspruch – bei dem Verwaltungsgericht einzuklagen.[152] **351**

V. Beweislast

Stehen die Subsumtionstatsachen für eine Dienstpflichtverletzung, ein Verschulden, einen Schaden oder die Kausalität nach Ausschöpfung aller Erkenntnismöglichkeiten nicht (kumulativ) zur Überzeugung des Gerichts fest, so trifft den *Dienstherrn* normalerweise jeweils das Risiko eines non liquet. Die verwaltungsgerichtliche Judikatur[153] wandelt diese Beweislastrichtschnur indessen ab, indem sie „den Rechtsgedanken des § 282 BGB ... auch bei Erstattungsfällen im Beamtenrecht (für) grundsätzlich anwendbar" erachtet. Nach der vorerwähnten Bestimmung trägt der Schuldner die Beweislast, wenn streitig ist, ob die Unmöglichkeit einer Leistung die Folge eines von ihm zu vertretenden Umstandes ist.[154] Der *Kassenbeamte* ist der Rechtsprechung zufolge beweisbelastet, wenn die Ursache für einen in seiner Kasse entstandenen *Fehlbestand* nicht aufklärbar ist, dies allerdings nur unter der weiteren Prämisse, daß er den mit der Kassenführung verbundenen Gefahrenbereich allein beherrscht und daß mithin bei Wahrung der gebotenen Sorgfalt ein Zugriff unberechtigter Dritter, auch von Kollegen, praktisch ausgeschlossen werden kann.[155] Um zu vermeiden, daß der Kassenbeamte wegen einer Heranziehung der Beweislastnorm des § 282 BGB faktisch schon bei *gewöhnlicher (leichter)* Fahrlässigkeit haftet, hat das BVerwG[156] unter Anlehnung an die zivilgerichtliche Rechtsprechung die **352**

---

[151] S. dazu RdNr 751.

[152] BVerwG, ZBR 72, 188; vgl. auch BVerwGE 18, 283. Zur einstweiligen Anordnung auf Fortzahlung der *vollen* Bezüge und Nachzahlung des bereits einbehaltenen Teiles s. Finkelnburg/Jank, Vorläufiger Rechtsschutz, RdNr 950.

[153] Vgl. BVerwGE 37, 192 (199); 52, 255 (259f.); BVerwG, ZBR 83, 274; Hmb-OVG, RiA 83, 115.

[154] S. hierzu auch Nierhaus, BayVBl 78, 745 (746).

[155] S. auch Plog/Wiedow/Beck/Lemhöfer, BBG, § 78, RdNr 22a.

[156] BVerwGE 52, 255 (262).

Anforderungen an die Beweisführung gemindert: Zwar dürfe nicht schon „die bloße Möglichkeit eines vom Schuldner nicht zu vertretenden Schadenseintritts für den Entlastungsbeweis" ausreichen;[157] der Beweis werde „aber oftmals schon als erbracht anzusehen sein, wenn hinreichend wahrscheinlich ist, daß der Schuldner die Unmöglichkeit der Leistung nicht zu vertreten hat, und er beweist, daß er alle ihm obliegende Sorgfalt beachtet hat".[158] Dieser Beweis könne „auch dadurch geführt werden, daß der Schuldner bei einer gleichen Tätigkeit bisher den eine Haftung ausschließenden Grad von Sorgfalt beachtet" habe.[159] Etwaigen Bestrebungen, die *Erstattungsfälle* betreffende Rechtsprechung dahin *zu verallgemeinern*, daß den Beamten, der objektiv eine Dienstpflicht verletzt hat, *immer* die materielle Beweislast für mangelndes Verschulden treffe, ist zu widersprechen, und zwar insonderheit insofern, als hierfür der Rechtsgedanke des § 282 BGB ins Feld geführt wird.[160] § 282 BGB wie auch der – umstrittene – Gesichtspunkt einer „Beweislastverteilung nach Gefahrenbereichen"[161] ließen sich von vornherein nur in solchen Fällen als Argumente für eine Beweislastumkehr zum Nachteil des Beamten verwenden, in denen die Schadensursache dem eindeutig abgegrenzten und – unter Ausschuß anderer – einschränkungslos beherrschten Verantwortungsbereich *gerade dieses* Beamten zuzurechnen ist.[162, 163]

VI. Anspruchsübergang nach § 78 Abs. 3 BBG (§ 46 Abs. 3 BRRG)

353   Leistet der Beamte dem Dienstherrn nach § 78 Abs. 1 BBG (§ 46 Abs. 1 BRRG) Ersatz und hat dieser einen Ersatzanspruch gegen einen Dritten, so geht der Ersatzanspruch kraft Gesetzes – also ohne daß es einer Abtretung bedürfte – auf den Beamten über, der ihn von da ab im eigenen Namen gegenüber dem Dritten geltend machen kann.

---

[157] BGH, NJW 53, 59; BAG, AP Nr. 20 zu § 611 BGB (Haftung des Arbeitnehmers).

[158] RGZ 74, 343 (344); 120, 67 (69); BGH, NJW 52, 1170.

[159] Rosenberg, Die Beweislast auf der Grundlage des Bürgerlichen Gesetzbuches und der Zivilprozeßordnung, 5. Aufl., 1965, S. 360 unter Hinweis auf RG, JW 1905, 392; vgl. auch BGH, NJW 65, 1583 (1585).

[160] Der einleitende Satz bei Plog/Wiedow/Beck/Lemhöfer, BBG, § 78, RdNr 22 a könnte so verstanden werden.

[161] Rosenberg/Schwab/Gottwald, Zivilprozeßrecht, 15. Aufl., § 117 II 5 a.

[162] Vgl. BVerwG, NJW 86, 2523 (zur Haftung des Soldaten bei Verlust von Ausrüstungsgegenständen).

[163] Zu weiteren Beweislastproblemen s. Verf., ZBR 95, 321 (331 f.).

7. Teil. Fürsorge- und Schutzpflicht des Dienstherrn

§ 79 BBG und § 48 BRRG lauten übereinstimmend: **354**

„Der Dienstherr hat im Rahmen des Dienst- und Treueverhältnisses für das Wohl des Beamten[1] und seiner Familie, auch für die Zeit nach Beendigung des Beamtenverhältnisses, zu sorgen. Er schützt ihn bei seiner amtlichen Tätigkeit und in seiner Stellung als Beamter."

I. Verfassungsrechtliche Vorbemerkungen

Die Fürsorge- und Schutzpflicht des Dienstherrn gehört zu den *herge-* **355** *brachten Grundsätzen des Berufsbeamtentums* (Art. 33 Abs. 5 GG), die vom Gesetz- und Verordnungsgeber zu beachten sind.[2] Dies bedeutet freilich nicht, daß jede auf dem allgemeinen Fürsorge- und Schutzgedanken beruhende besondere Regelung[3] verfassungskräftig abgesichert wäre. Da nur der tradierte Kernbestand an Fürsorge- und Schutzprinzipien auf die Verfassungsebene gehoben ist,[4] könnte beispielsweise das gegenwärtige – im wesentlichen erst in der Nachkriegszeit entwickelte – System der Beihilfengewährung geändert werden, ohne daß Art. 33 Abs. 5 GG berührt sein müßte.[5]

---

[1] Für einzelne Beamtengruppen sind Sonderregelungen vorhanden, die deren spezifischem Fürsorge- und Schutzbedürfnis Rechnung tragen; s. dazu §§ 80, 80a BBG (§ 55a BRRG) sowie das SchwbG. Zu Umfang und Grenzen der Fürsorge- und Schutzpflicht des Dienstherrn gegenüber seinen schwerbehinderten Beamten vgl. im einzelnen Walter Stein, ZBR 83, 296 sowie GKÖD I, RdNrn 35 ff. zu § 79 BBG und Plog/Wiedow/Beck/Lemhöfer, BBG, Anhang zu § 79.

[2] BVerfGE 8, 332 (356); 43, 154 (165); 58, 68.

[3] S. RdNr 360. Die in § 72a Abs. 4 und 6 BBG (früher: § 79a BBG a. F., § 48a BRRG a. F.) enthaltene sog. familienpolitische Regelung kann man – mit GKÖD I, RdNr 2 zu § 79a BBG a. F. – als „Weiterbildung und Ausgestaltung des Grundsatzes der Fürsorgepflicht des Dienstherrn" erachten, da „dem Beamten (der Beamtin) damit die Möglichkeit eingeräumt (werde), seine (ihre) berufliche Tätigkeit in späteren Lebensjahren (nach Beendigung der Betreuungsphase) wieder aufzunehmen".

[4] Vgl. BVerfGE 46, 97, aber auch Sondervotum der Bundesverfassungsrichter Niebler und Wand, BVerfGE 43, 177 zu BVerfGE 43, 154 sowie Battis, BBG, § 79, RdNr 3 mit weiteren Nachweisen.

[5] BVerfGE 44, 249 (263); 58, 68 (77); 79, 223 (235); 83, 89 (98); BVerwGE 60, 212; 64, 333; BVerwG, DVBl 84, 429. Die Kreation eines bundeseinheitlichen „Beihilfestandards" durch BVerwGE 77, 345 findet deshalb in Art. 33 Abs. 5 GG keine Stütze; krit. dazu Verf., NVwZ 88, 40 (41). S. auch BayVerfGH, ZBR 95, 196 (197): Art. 3 Abs. 1 GG sei „generell nicht geeignet, einen Normgeber zu verpflichten, seine Regelungen denen anderer Normgeber anzugleichen". Vgl. ferner Fußn 200.

356   Wenn und soweit für einen abgegrenzten Ausschnitt aus dem originären Anwendungsfeld der eingangs zitierten einfach-rechtlichen Fürsorge- und Schutzpflichtnorm eine abschließende, derogierende *lex specialis* vorhanden ist, muß diese, falls dazu Anlaß besteht, an Art. 33 Abs. 5 GG gemessen werden. Für die Behörden und – unbeschadet der Vorlagepflicht (Art. 100 GG) – für die Gerichte bleibt eine besondere gesetzliche Regelung allerdings auch hinsichtlich ihrer die Generalklausel[6] des § 79 BBG (§ 48 BRRG) verdrängenden Wirkung[7] solange maßgeblich, bis sie vom BVerfG für verfassungswidrig und nichtig erklärt worden ist.

357   Trifft der *Verordnungsgeber* eine abschließende Spezialregelung für einen Teilbereich der Fürsorge und des Schutzes, so bindet diese die Behörden, während die Gerichte sie schon dann verwerfen können, wenn sie der höherrangigen einfach-rechtlichen Fürsorge- und Schutzpflichtnorm widerspricht. Ein Rückgriff auf § 79 BBG (§ 48 BRRG) als Anspruchsgrundlage, um im Einzelfall Härten zu beseitigen, die sich aus dem (notwendig) pauschalierenden und typisierenden Charakter der in der Rechtsverordnung enthaltenen Regelung ergeben, ist den Gerichten dagegen grundsätzlich versagt.[8]

II. § 79 BBG (§ 48 BRRG) als Auffangnorm, Ausdruck eines Rechtsprinzips und lex generalis

358   § 79 BBG (§ 48 BRRG) soll als Auffangnorm[9] die formale und materiale *Lückenlosigkeit* des Systems der Rechte des Beamten gewährleisten. Die Fassung der Vorschrift, die die Fürsorge- und Schutzpflicht des Dienstherrn, nicht dagegen den Anspruch des Beamten auf Fürsorge und Schutz

---

[6] Plog/Wiedow/Beck/Lemhöfer, BBG, § 79, RdNr 1.

[7] RdNr 360 sowie Verf., ZBR 81, 301. Nicht zu folgen ist RP OVG, DÖD 86, 201: „In besonders gelagerten Härtefällen" müsse die derogierende Wirkung der lex specialis durchbrochen werden, nämlich: „wenn bei Versagung der begehrten Leistung unter Berufung auf die bestehende abschließende gesetzliche Regelung die beamtenrechtliche Fürsorgepflicht in ihrem Wesenskern verletzt würde". Demgegenüber ist zu bemerken: Die Rechtsprechung muß sich entscheiden, ob sie die in Frage stehende gesetzliche Sonderregelung als solche – etwa weil sie zu starr ist und daher zu wenig Einzelfallgerechtigkeit zuläßt – als gegen den „hergebrachten Grundsatz" der Fürsorge und des Schutzes verstoßend qualifizieren oder aber „Unbilligkeiten" im Einzelfall hinnehmen will. Ein „dritter Weg", der abschließende gesetzliche Sonderregelungen in letzter Konsequenz zur Disposition der Rechtsprechung stellt, sollte dieser (nicht nur aus rechtssystematischen Gründen) verschlossen bleiben. S. auch RP OVG 25. 3. 1987 – 2 A 80/86 –, abgedr. bei Schütz, BR, ES/B III 1 Nr. 14 (zum abschließenden Charakter der Sachschadenersatzregelung des § 99 RP LBG, der es nicht zulasse, auf die allgemeine Fürsorge- und Schutzpflicht zurückzugreifen).

[8] BVerwGE 60, 212. S. schon Fußn 7.

[9] Vgl. Wolff/Bachof/Stober, VwR II, § 116 II a; Scheerbarth/Höffken/Bauschke/Schmidt, BR, § 8 II 2; ferner Lecheler, ZBR 72, 129.

zum Ausdruck bringt, steht dieser Interpretation nicht entgegen, weil § 79 BBG (§ 48 BRRG) – als Eingangsbestimmung – dem Unterabschnitt (Titel) des Gesetzes zugeordnet ist, in dem – der Überschrift entsprechend – die *Rechte* des Beamten aufgeführt sind.[10]

Darüber hinaus stellt sich § 79 BBG (§ 48 BRRG) als Ausdruck eines **359** Rechtsprinzips dar: Der Fürsorge- und Schutzgedanke ist sowohl für die Auslegung und die Lückenausfüllung[11] als auch für die zureichende rechtliche Handhabung von Beurteilungsermächtigungen und die Ermessensausübung mitbestimmend.[12] Die Rechtsfindung erfordert jeweils eine auf das Ziel eines vernünftigen Ausgleichs gerichtete *Abwägung* zwischen

– der Fürsorge- und Schutzpflicht des Dienstherrn,
– der Dienst- und Treuepflicht des (aktiven) Beamten und
– den notwendigen Belangen der Aufgabenerfüllung des öffentlichen Dienstes, zu der Dienstherr und Beamter berufen sind.[13]

Auch sonstige gewichtige Interessen der Allgemeinheit sind durch das Fürsorge- und Schutzprinzip nicht schlechthin verdrängt. Dies gilt insbesondere für fiskalische Erwägungen des Dienstherrn.[14]

§ 79 BBG (§ 48 BRRG) kann als Anspruchsgrundlage nur zur Anwen- **360** dung gelangen, wenn und soweit für den in Betracht kommenden Teilbereich der Fürsorge und des Schutzes eine abschließende *Sonderregelung* nicht vorhanden ist.[15,16] Musterbeispiele abschließender Sonderregelungen sind das

---

[10] Vgl. dazu Lecheler, ZBR 72, 129 (134); Schütz, PersV 61, 196; Stich, ZBR 57, 187 (190).

[11] Vgl. Hassemer in: Kaufmann/Hassemer (Herausgeber), Einführung in Rechtsphilosophie und Rechtstheorie der Gegenwart, 5. Aufl., München 1989, C 4.2.2.3. S. dazu z.B. VG Münster, ZBR 85, 345 (einschränkende Interpretation einer beihilfenrechtlichen Ausschlußregelung vor dem Hintergrund der Fürsorge und des Schutzes des Dienstherrn für den Beamten und seine Familie). Vgl. weiterhin BVerwGE 66, 256: Der Einwand der unzulässigen Rechtsausübung gegenüber der auf § 197 BGB gestützten Verjährungseinrede des Dienstherrn werde durch die Fürsorgepflicht „mitgeprägt" (u. a. in Gestalt der Berücksichtigung der konkreten Umstände des jeweiligen Einzelfalles). Die Tatsache einer objektiv fürsorgepflichtwidrigen Falschberechnung der Dienst- und Versorgungsbezüge bedeute als solche noch nicht, daß die Erhebung der Verjährungseinrede eine unzulässige Rechtsausübung sei. S. außerdem GKÖD I, RdNr 13 zu § 79 BBG.

[12] Vgl. Schütz, BR, RdNr 3 zu § 85 NW LBG.

[13] Vgl. GKÖD I, RdNr 15 zu § 79 BBG (mit der These, den „öffentlichen Interessen" gebühre „grundsätzlich der Vorrang"); um Nuancen differenzierter Plog/Wiedow/Beck/Lemhöfer, BBG, § 79, RdNr 4 und Schütz, BR, RdNr 3 zu § 85 NW LBG. S. auch Fußn 57.

[14] BVerwGE 1, 45 (48); BVerwG, RiA 85, 42; BayVGH, BayVGH n.F. 8 I 80; HmbOVG, ZBR 55, 185; Battis, BBG, § 79, RdNr 5; Plog/Wiedow/Beck/Lemhöfer, BBG, § 79, RdNr 4; Ule, BR, RdNr 2 zu § 48 BRRG.

[15] Vgl. BVerwGE 24, 92; 38, 134; BVerwG, ZBR 77, 221, DÖV 81, 101 und BayVBl 84, 569; BayVGH, ZBR 85, 226 (kein Anspruch auf Entschädigung in Höhe des bereits bezahlten Honorars für einen infolge unvorhersehbarer dienstlicher Inanspruchnahme des Beamten nicht besuchten Tanzkurs); RP OVG, DVBl 83, 1117 und DÖD 86, 201. Vgl. auch BVerwG, RiA 84, 66 (keine Aufwandsentschädigung für Arbeits-

Recht der Unfallfürsorge (§§ 30 ff. BeamtVG) und das Reise- und Umzugs-kostenrecht[17] sowie das in Rechtsverordnungen enthaltene Beihilfenrecht einiger Bundesländer.[18] Während § 79 BBG (§ 48 BRRG) im ersten Fall durch einen Normenkomplex gleicher Rangstufe verdrängt wird, handelt es sich im zweiten Fall um eine Konkretisierung der Fürsorge- und Schutz-pflicht in zwei Stufen: Die landesgesetzlichen Ermächtigungen stecken den Rahmen ab, innerhalb dessen die Alimentation des Beamten durch Beihilfen ergänzt wird (erste Stufe);[19] dessen Ausfüllung nimmt der Verordnungsge-ber vor (zweite Stufe). Die Beihilfenregelung des Bundes ist – in Ermange-lung einer bundesgesetzlichen Ermächtigung zum Erlaß einer Rechtsverord-nung – durch Verwaltungsvorschriften[20] erfolgt. Sie basieren zum einen auf § 79 BBG, der dem Dienstherrn einen erheblichen Spielraum beläßt, Vor-aussetzungen, Umfang und Art und Weise der Beihilfengewährung zu be-stimmen;[21] zum anderen gründen sie sich auf die generelle Ermächtigung an den Bundesminister des Innern, zur Durchführung des BBG erforderliche allgemeine Verwaltungsvorschriften zu erlassen (§ 200 BBG),[22] die (sofern sie sich innerhalb der durch Gesetz vorgegebenen Konkretisierungsgrenzen halten) Selbstbindung erzeugen und über Art. 3 Abs. 1 GG als „Umschalt-

---

zimmer und Arbeitsmittel sowie übliche Fahrtkosten eines Gymnasiallehrers; s. dazu § 17 BBesG, § 23 Abs. 3 BRKG) sowie BrOVG, DÖD 82, 37 (39): Die spezielle ge-setzliche Regelung über die Gewährung von Anwärterbezügen an Beamte im Vorbe-reitungsdienst (§ 1 Abs. 3 Nr. 1, §§ 59–66 BBesG) dürfe nicht dadurch umgangen werden, daß der Dienstherr auf Grund der Fürsorge- und Schutzpflicht Zahlungen auch nach Beendigung des Beamtenverhältnisses leiste.

[16] Die derogierende Wirkung abschließender Spezialregelungen darf nicht dahin mißverstanden werden, daß der Fürsorge- und Schutzgedanke insoweit auch als *Rechtsprinzip* belanglos würde; s. dazu im einzelnen Verf., ZBR 81, 301 (302).

[17] S. RdNrn 363 f., 402, 603 ff. Ebenso abschließend sind die gesetzlichen Regelun-gen eines Freizeitausgleichs für Personalratsmitglieder (BVerwGE 19, 279 [283]) und die Kostenerstattungsregelungen der Disziplinargesetze (BVerwG, Buchholz 232 § 79 BBG Nr. 104; HVGH, ZBR 96, 223 [LS]).

[18] Vgl. die Übersicht bei Schütz, BR, RdNrn 5 ff. zu § 88 NW LBG; s. auch RdNr 405 f.

[19] BVerwGE 19, 10; 20, 44; 21, 258; 23, 288; 24, 235; 27, 49; 28, 174; 36, 53; 37, 57; 51, 193 (200).

[20] Allgemeine Verwaltungsvorschrift über die Gewährung von Beihilfen in Krank-heits-, Geburts- und Todesfällen (Beihilfevorschriften – BhV –) v. 10. 7. 1995, GMBl S. 470. Zu Änderungen im Beihilfenrecht im Zusammenhang mit dem Gesund-heits-Reformgesetz v. 20. 12. 1988, BGBl I 2477, s. Verf., NVwZ 90, 542; vgl. außer-dem Unverhau, ZBR 90, 33. Die in Art. 11 Abs. 1 BayBesG enthaltene Verwei-sung auf die Beihilfevorschriften des Bundes hat nicht zur Folge, daß die Beihilfe-vorschriften in diesem Rahmen den Rang eines Gesetzes erhielten; BayVerfGH, ZBR 96, 93.

[21] BVerwGE 51, 193; 60, 212.

[22] BVerfG (ZBR 78, 37) und BVerwG (BVerwGE 19, 48 sowie ZBR 66, 121) er-achten das Vorgehen des Bundes für zulässig; das BVerfG bemerkt freilich zutreffend, „rechtsstaatlicher" sei eine gesetzliche Ermächtigung und eine Regelung der Einzel-heiten durch Rechtsverordnung.

norm" mittelbare Außenwirkung zeitigen.[23] Im Unterschied zu einer Beihilfengewährung auf Grund einer Rechtsverordnung[24] kann § 79 BBG insoweit
als Anspruchsnorm – ergänzend – herangezogen werden, wenn andernfalls
die Fürsorge- und Schutzpflicht „in ihrem Wesenskern" verletzt würde.[25]

III. Fürsorge- und Schutzpflicht im Verhältnis zu anderen Rechtsprinzipien

1. Alimentationspflicht des Dienstherrn, Gesetzesbindung von Besoldung und Versorgung und Maßgeblichkeit des statusrechtlichen Amtes

Zu den hergebrachten Grundsätzen des Berufsbeamtentums (Art. 33 Abs. 5 **361**
GG) gehört die Pflicht des Dienstherrn zur amtsangemessenen Alimentierung
des Beamten und seiner Hinterbliebenen, auf der Besoldung und Versorgung
beruhen.[26] Die für Besoldung und Versorgung gleichfalls richtungweisenden
hergebrachten Grundsätze der Gesetzesbindung[27] und der Maßgeblichkeit
des statusrechtlichen Amtes[28] lassen der Fürsorge- und Schutzpflicht nur insofern Raum, als es darum geht, Gesetzeslücken richterlich auszufüllen.[29]
Hierbei ist der Fürsorge- und Schutzgedanke als mitbestimmendes Rechtsprinzip heranzuziehen.[30] Soweit es sich um Besoldung und Versorgung handelt, scheidet § 79 BBG (§ 48 BRRG) dagegen selbst dann als *Anspruchsgrundlage* aus, wenn die gesetzliche Besoldungs- oder Versorgungsregelung – etwa
wegen Verstoßes gegen den Alimentations- oder den Gleichbehandlungsgrundsatz[31] – nicht (mehr) verfassungsgemäß ist.[32] Da nur eine eigentliche

---

[23] Battis, BBG, § 200, RdNr 2 mit weiteren Nachweisen; vgl. auch BVerwGE 19,
48; 32, 352; 44, 72.

[24] S. dazu RdNr 357.

[25] S. dazu RdNr 405 f.

[26] BVerfGE 39, 196 (201); 44, 249 (263); 81, 363 (375); 83, 89 (98); BVerwGE 60,
212. S. ferner BVerwG, ZBR 93, 84 (85). Art. 33 Abs. 5 GG verdrängt als Sonderregelung für den öffentlichen Dienst die Eigentumsgarantie (Art. 14 Abs. 1 GG) als
Prüfungsmaßstab: BVerfGE 43, 242 (285); 52, 303 (344).

[27] BVerfGE 8, 1 (15); 44, 249; BVerfGE 18, 293; 19, 48; 68, 10; BVerwG, DÖD 69,
235; NW OVG, ZBR 65, 218. Bei Regelungen des Besoldungs- und Versorgungs-
rechts hat der Gesetzgeber weite Gestaltungsfreiheit (BVerfGE 71, 39 [52 f.]; 76, 256
[330]; BVerfG, NVwZ-RR 96, 674).

[28] BVerwGE 40, 229; BVerwG, ZBR 76, 148 und Buchholz 235 § 20 BBesG Nr. 3.

[29] BVerwGE 38; 221 (228).

[30] S. RdNr 359.

[31] Vgl. dazu BVerwG, Buchholz 235 § 20 BBesG Nr. 3: Der Gesetzgeber kann eine
verfassungswidrige Differenzierung grundsätzlich dadurch beheben, daß er die
sachwidrig übergangene Gruppe nachträglich in die begünstigende Regelung einbezieht, diese Regelung insgesamt rückgängig macht oder einen Mittelweg beschreitet. S.
auch BVerfGE 22, 349 (361 f.); BVerfG, NVwZ-RR 96, 674 (676).

[32] BVerwGE 24, 92; BVerwG, DÖV 72, 573 und ZBR 76, 148. Zusätzliche Besol-
dungsleistungen können ausschließlich auf der Grundlage ergänzender besoldungs-

Exekutivtätigkeit im Rahmen der Gesetze Gegenstand der Fürsorge- und Schutzpflicht sein kann,[33] gebietet diese auch nicht, daß die Verwaltung des Dienstherrn durch eine Gesetzesinitiative auf eine Änderung besoldungs- oder versorgungsrechtlicher Vorschriften hinwirkt.[34] Der Beamte kann aus der Fürsorge- und Schutzpflicht ferner weder einen (Erfüllungs-)Anspruch auf Beförderung noch (bei unterbliebener Beförderung) einen (Schadens- ersatz-)Anspruch auf Gewährung der Besoldungsdifferenz mit der Begrün- dung herleiten,

- seine Planstelle sei angehoben[35] oder
- sein Dienstposten höherbewertet worden[36] oder
- sein Dienstherr habe versäumt, die Planstelle des höherwertigen Amtes, dessen Obliegenheiten er wahrnehme, „besetzbar" zu machen.[37]

Die Ausbringung von Planstellen im Haushaltsplan und die Bewertung von Dienstposten erfolgen nicht in Wahrnehmung der Fürsorge- und Schutz- pflicht des Dienstherrn gegenüber seinen Beamten; sie sind allein öffentli- chen Interessen zu dienen bestimmt.[38]

---

rechtlicher Vorschriften gewährt werden. Vgl. weiterhin BVerwG, DVBl 86, 468 und Buchholz 240 § 62 BBesG Nr. 5 mit zahlreichen Nachweisen. Neuerdings BVerwG, ZBR 97, 16: Ein Beamter habe keinen Anspruch auf unmittelbare Auszahlung einer höheren als der gesetzlich festgelegten Besoldung, selbst wenn diese nicht mehr ver- fassungsgemäß sein sollte. Er kann jedoch einen Anspruch auf verfassungsgemäße (höhere) Besoldung verwaltungsgerichtlich mit der Folge geltend machen, daß das Verwaltungsgericht die Verfassungsmäßigkeit zu prüfen und, wenn es sie verneint, die Sache dem BVerfG vorzulegen hat. Dem Beamten wird zugemutet, die Entscheidung des BVerfG *und eine danach etwa gebotene Neuregelung durch den Gesetzgeber* ab- zuwarten. S. schließlich noch BVerfGE 81, 363.

[33] HVGH, ESVGH 15, 19.

[34] Vgl. BVerwG, ZBR 68, 225, Buchholz 232 § 79 BBG Nr. 51, ZBR 76, 148, Buch- holz 235 § 20 BBesG Nr. 3 und DÖV 85, 875; BW VGH, DÖD 80, 86; HVGH, ZBR 83, 60.

[35] BVerwG, DÖD 76, 157.

[36] BVerwGE 38, 269; 43, 261; BVerwG, DVBl 90, 1235 (für den Fall einer sog. ana- lytischen Dienstpostenbewertung). Aus der Wahrnehmung der Obliegenheiten eines höherwertigen Dienstpostens folgt in der Regel kein Anspruch des Beamten auf Ver- leihung eines entsprechenden Status (BVerwG, DÖV 85, 875 unter Hinweis auf § 19 Abs. 2 BBesG). Vielmehr kann der Dienstherr „einen Beamten für gewisse (auch längere) Zeit in einer höher bewerteten Funktion beschäftigen, ohne daß sich für ihn daraus ohne weiteres eine Verpflichtung zur Beförderung des Beamten ergäbe" (BVerwG, DÖD 76, 157 und Buchholz 232 § 79 BBG Nr. 66).

[37] BVerwG, ZBR 68, 189. Vgl. aber auch BVerwG, DÖV 85, 875; BW VGH, ZBR 64, 174 und 76, 155.

[38] BVerwG, DVBl 90, 1235 (vgl. aber auch den vom BVerwG [a.a.O. S. 1236 unter Hinweis auf BVerwGE 57, 98, 106 f.] in Betracht gezogenen Fall einer Manipulation des kommunalen Haushaltssatzungsgebers zum Nachteil eines *bestimmten* Beamten). Unterläßt es eine Behörde aus Sparsamkeitsgründen, haushaltsrechtlich mögliche Be- förderungen vorzunehmen, so kann der Personalrat in Wahrnehmung seines Initia- tivrechts darauf hinwirken, daß von den Beförderungsmöglichkeiten Gebrauch ge- macht wird; BVerwG, NVwZ 96, 474. Die Beförderung *bestimmter* Beamter kann er freilich nicht verlangen; BVerwG, a.a.O.

Daß die *Beihilfengewährung* die Alimentation ergänzt, ändert nichts an 362
ihrer – mindestens ausschlaggebenden – Zuordnung zum Fürsorge- und
Schutzbereich.[39] Freilich wäre das Alimentationsprizip verletzt, „wenn die
zur Abwendung von krankheitsbedingten Belastungen erforderlichen Kran-
kenversicherungsprämien einen solchen Umfang erreichten, daß der amtsangemessene Lebensunterhalt des Beamten oder Versorgungsempfängers
nicht mehr gewährleistet wäre".[40] Solchenfalls würde das Verfassungsrecht
aber keine Anhebung der – nicht verfassungsverbürgten – Beihilfensätze,
sondern eine dem Alimentationsgrundsatz genügende „Korrektur" der ihn
konkretisierenden Besoldungs- und Versorgungsgesetze verlangen.[40]

2. Schutz von Ehe und Familie[41]

Die Fürsorge- und Schutzpflicht wird unter anderem[42] durch die Be- 363
stimmungen des *Reise- und Umzugskostenrechts* konkretisiert.[43] Art. 6
Abs. 1 GG gerät hier insbesondere dann ins Blickfeld, wenn der Beamte
nach einer – mit der Gewährung eines (umzugskostenrechtlichen) Tren-
nungsgeldes verbundenen – Versetzung aus dienstlichen Gründen mit
Rücksicht auf familiäre Belange nicht an den neuen Dienstort umzieht. § 12
Abs. 3 BUKG führt *abschließend* die Gründe auf, die aus gesetzgeberischer
Sicht in dem Sinne *beachtlich* sind, daß sie eine Weitergewährung des Tren-
nungsgeldes nicht hindern. Daß die Ehefrau des Beamten am bisherigen
Dienstort oder in dessen Nähe berufstätig bleiben will, ist nicht in den Katalog beachtlicher Hinderungsgründe aufgenommen. Der Gesetzgeber, der
weitgehend der früheren höchstrichterlichen Rechtsprechung[44] gefolgt, zum

---

[39] Vgl. BVerfGE 44, 249 (263); 83, 89 (99 ff.); BVerwGE 51, 193; 60, 212; 64, 333;
BVerwG, DVBl 84, 429; vgl. ferner BVerfGE 58, 68, wo Fürsorge- und Alimentati-
onsprinzip im hier gegebenen Zusammenhang deutlich auseinandergehalten werden.
[40] BVerfGE 58, 68 (78). S. auch BVerfGE 83, 89 (98): Die amtsangemessene Alimentierung müsse „von Verfassungs wegen lediglich die Kosten einer Krankenversi-
cherung decken, die zur Abwendung krankheitsbedingter, durch Leistungen aufgrund
der Fürsorgepflicht nicht ausgeglichener Belastungen erforderlich ist". Die Einführung der 100%-Erstattungsgrenze im Beihilferecht mit der sich daraus ergebenden
Konsequenz des Ausschlusses von Übererstattungen bringe „das Subsidiaritätsprinzip
... folgerichtig zur Geltung". Zu BVerwG, NJW 87, 2387 s. Verf., NVwZ 88, 40 (41);
weiterhin GKÖD I, RdNr 42 zu § 79 BBG.
[41] Die Fürsorge- und Schutzpflicht des Dienstherrn beschränkt sich auf die sog.
Kleinfamilie (BVerwG, Buchholz 237.1 Art. 86 BayBG Nr. 5); sie erstreckt sich z.B.
nicht auf geschiedene Ehepartner (BVerwG, Buchholz 232 § 79 BBG Nr. 36).
[42] S. auch BW VGH, NVwZ-RR 92, 494: Es verstoße nicht gegen Art. 6 Abs. 4 GG,
wenn das Beförderungsdienstalter (s. 1. Teil, Fußn 231) um die Zeit einer Beurlaubung
aus familienpolitischen Gründen (s. nunmehr § 72 a Abs. 4 Satz 1 Nr. 2 BBG) hinausgeschoben werde.
[43] S. dazu RdNr 402.
[44] S. z. B. BVerwG, ZBR 68, 191, ZBR 74, 160 und ZBR 82, 281 sowie BVerwGE 66,
1 und 77, 199.

Teil auch darüber hinausgegangen ist,[45] hat sich *insofern* der Auffassung des BVerwG[46] angeschlossen, daß der Dienstherr auch im Lichte des Art. 6 Abs. 1 GG nicht verpflichtet sei, von der Familie jede sie treffende finanzielle Belastung abzuwenden, „zumal wenn diese ... vom Verhalten der Betroffenen selbst abhängt[47] oder die Folge ihres eigenen Verhaltens ist".[48]

364   Art. 6 Abs. 1 GG und § 79 BBG (§ 48 BRRG) weisen allerdings in dieselbe Richtung, indem sie übereinstimmend die Verpflichtung des Dienstherrn begründen, bei den Bemühungen des Beamten um die Beschaffung einer Familienwohnung am neuen Dienstort, soweit möglich, Hilfe zu leisten.[49, 50]

3. Bindung des Dienstherrn an das Gesetzmäßigkeits- und das Gleichbehandlungsgebot

365   Es ist üblich,[51] nach dem jeweils vorangestellten – zutreffenden – Bemerken, daß eine erschöpfende Aufzählung nicht möglich sei, dem Fürsorge- und Schutzbereich eine Reihe von Einzelpflichten des Dienstherrn zuzurechnen, die vornehmlich in der Rechtsprechung aus dem Fürsorge- und Schutzgedanken entwickelt oder mit ihm in Verbindung gebracht worden sind. Dieser wird hierbei vielfach in einer Weise in Anspruch genommen, die nicht nur rechtlich, sondern auch rechtspolitisch bedenklich erscheint, weil sie letztlich zu einer Sinnentleerung des Fürsorge- und Schutzprinzips beitragen kann. Aus der Fürsorge- und Schutzpflicht wird z.B. abgeleitet, daß der Dienstherr
– die gesetzlichen Bestimmungen einzuhalten und
– Ermessensentscheidungen unvoreingenommen, sachlich und unter gebührender Berücksichtigung der wohlverstandenen Interessen des Beamten zu treffen habe.[52]
Weshalb die Fürsorge- und Schutzpflicht, die freilich für die Auslegung und die Ermessensausübung mitbestimmend sein kann,[53] in diesen Zusam-

---

[45] S. dazu im einzelnen Plog/Wiedow/Beck/Lemhöfer, BBG, § 88, RdNr 15a.

[46] BVerwGE 44, 72; BVerwG, ZBR 76, 184 und ZBR 79, 309.

[47] Hinweis auf BVerfGE 23, 258 (264).

[48] BVerwGE 44, 72; s. auch RP OVG, DÖD 91, 264.

[49] BVerwGE 19, 308 (314).

[50] S. zur Wohnungsfürsorge (als Teilbereich der betrieblichen Sozialarbeit) GKÖD I, RdNr 24 zu § 79 BBG; Lingden, DÖD 90, 253; Steiner, ZBR 90, 390 (393). Des weiteren BVerwG, NVwZ-RR 90, 44 und DVBl 96, 1321, BVerfG, ZBR 96, 179 sowie Plog/Wiedow/Beck/Lemhöfer, BBG, § 79, RdNr 13.

[51] GKÖD I, RdNrn 15ff. zu § 79 BBG; Plog/Wiedow/Beck/Lemhöfer, BBG, § 79 RdNrn 6ff.; Scheerbarth/Höffken/Bauschke/Schmidt, BR, § 17 II 2; Schütz, BR, RdNrn 7ff. zu § 85 NW LBG.

[52] BVerfGE 43, 154; BGHZ 21, 256; HVGH, DVBl 60, 328; ferner BVerwGE 19, 252; BVerwG, Buchholz 232 § 23 BBG Nr. 16 sowie Buchholz 232 § 79 BBG Nr. 30; HmbOVG, RiA 63, 136; BrOVG, DÖD 77, 117. Neuerdings wieder SH OVG, RiA 97, 49.

[53] S. RdNr 359.

menhängen als Rechtsgrundlage für Verhaltensgebote bemüht wird, ist nicht einzusehen. Daß der Dienstherr gesetzliche Vorschriften beachten muß, die das Rechtsverhältnis zum Beamten betreffen, ergibt sich weder aus der einfach-rechtlichen Fürsorge- und Schutzpflicht noch aus dem hergebrachten Grundsatz der Fürsorge und des Schutzes, sondern aus Art. 20 Abs. 3 GG, wonach die Verwaltung grundsätzlich und gegenüber jedermann – also auch gegenüber ihren Dienstnehmern – nach Gesetz und Recht zu verfahren hat.[54] Entsprechendes gilt für die eben erwähnten Anforderungen an Ermessensentscheidungen mit Bezug auf das Beamtenverhältnis, die sich von den allgemeinen – in Art. 3 und Art. 20 Abs. 3 GG enthaltenen – Anforderungen nicht unterscheiden. Bei gebundenen und bei Ermessensentscheidungen, die die Personalauslese angehen, kann es veranlaßt sein, neben den – oder anstelle der – zuletzt angeführten Grundgesetznormen Abs. 2 und Abs. 3 des Art. 33 GG, nicht jedoch dessen Abs. 5 heranzuziehen. Insbesondere läßt sich eine auf dem Fürsorge- und Schutzgedanken aufbauende oder ihn ergänzend verwertende Argumentation nicht damit rechtfertigen, daß Art. 33 Abs. 5 GG aus Spezialitätserwägungen in Betracht komme. Die hergebrachten Grundsätze des Berufsbeamtentums beschränken sich nämlich auf den *Kernbestand* tradierter Strukturprinzipien, die *gerade* für das *Beamtenverhältnis* charakteristisch sind,[55] so daß Art. 33 Abs. 5 GG hinsichtlich der Pflicht der vollziehenden Gewalt in ihrer Funktion als Dienstherr, auch dem Beamten gegenüber nach Gesetz und Recht und unter Wahrung des Gleichbehandlungsgrundsatzes – gegebenenfalls in seiner Ausprägung durch Art. 33 Abs. 2 und 3 GG – zu verfahren, schon tatbestandlich nicht erfüllt ist.

IV. Einzelpflichtgruppen

Klammert man diejenigen Forderungen an den Dienstherrn aus, die ihren **366** eigentlichen Legitimationsgrund in anderen Rechtsprinzipien als dem Fürsorge- und Schutzgedanken finden, so verbleibt im wesentlichen[56] folgender Katalog von Einzelpflichtgruppen:[57]

---

[54] Wolff/Bachof/Stober, VwR II, § 116 II 2 a (RdNr 3) gehen fehl, wenn sie äußern, daß § 79 BBG Art. 20 Abs. 3 GG „in besonderem Maße für Beamte konkretisiert". Gesetzesbindung (als nicht konkretisierungsbedürftiger Ausfluß des Rechtsstaatsprinzips) und Fürsorge- und Schutzpflicht (als Ausfluß des Sonderrechtsverhältnisses zwischen dem Beamten und seinem Dienstherrn und als Korrelat zur Treuepflicht des Beamten) haben unterschiedliche Rechtsqualität und stehen namentlich nicht im Verhältnis vom „Allgemeinen" zum „Besonderen". Wie im Text Plog/Wiedow/Beck/Lemhöfer, BBG, § 79, RdNr 6. S. auch Günther, ZBR 94, 197 (204) im Zusammenhang mit §§ 33, 10 Abs. 1 BBG: Der Dienstherr habe das Gesetz „wegen des Befehls konkreter Norm anzuwenden, nicht erst infolge der Fürsorgepflicht".
[55] BVerfGE 8, 332; 15, 167; BVerwGE 25, 83; 60, 212; vgl. auch Sondervotum der Bundesverfassungsrichter Niebler und Wand, BVerfGE 43, 177 zu BVerfGE 43, 154.
[56] Die Auflistung der vier Einzelpflichtgruppen (s. dazu GKÖD I, RdNr 16 zu § 79 BBG a. E.) kann angesichts der Vielgestaltigkeit der Verhältnisse nicht abschließend

- die Anhörungs- und Beratungspflichten,
- die Förderungspflichten,
- die Schadensabwendungspflichten und
- die Beistandspflichten bei dienstlich bedingten und außerdienstlichen Sonderbelastungen.

367 Die am Gesetzestext orientierte Unterscheidung zwischen „Fürsorgepflicht" und „Schutzpflicht" führt dagegen nicht weiter. Namentlich trifft es nicht zu, daß sich die „Fürsorgepflicht" (in erster Linie) auf die Gestaltung des „Innenverhältnisses" und die „Schutzpflicht" auf das „Außenverhältnis" beziehe.[58] Ein Schutz des Beamten „bei seiner amtlichen Tätigkeit und in seiner Stellung" kann durchaus nicht nur gegenüber Angriffen von außen, sondern auch gegenüber solchen von innen geboten sein. Hierbei ist zu bedenken, daß sich die aus der Fürsorge- und Schutzpflicht abzuleitenden Verhaltensgebote nicht nur an die unmittelbaren, sondern auch an die höheren Vorgesetzten und Dienstvorgesetzten (s. § 3 Abs. 2 BBG) als personale Pflichtenträger richten. Die in dem Katalog aufgelisteten Einzelpflichtgruppen umfassen einander überlagernde Fürsorge- und Schutzverbindlichkeiten, ohne daß die Merkmale „Innen-" und „Außenverhältnis" eine auch nur einigermaßen scharfe Abgrenzung gestatten würden. Einer Kennzeichnung unter diesem Aspekt bedarf es im übrigen nicht, weil sie rechtlich irrelevant ist.

1. Anhörungs- und Beratungspflichten

368 Das BBG begründet im Zusammenhang mit bestimmten dienstlichen Anlässen *Anhörungspflichten*, so etwa
- bei einer Versetzung, die mit einem Wechsel der Verwaltung verbunden ist (§ 26 Abs. 1 Satz 3),[59]
- bei einem Verbot der Führung der Dienstgeschäfte (§ 60 Abs. 2)[60] und
- bei der Aufnahme eines für den Beamten ungünstigen oder potentiell nachteiligen Vorgangs in die Personalakte (§ 90 b Satz 1).[61]

---

sein. Auch wird es nicht selten *Überschneidungen* geben. Dies erweisen beispielhaft die Darlegungen von Alberts, Meyer und Rogosch zum Thema „Verdeckte Ermittlungen und beamtenrechtliche Fürsorge" in DÖD 97, 17 ff. (s. insbesondere S. 20 ff.).
[57] Ebenso RP OVG, NVwZ-RR 95, 456. Nicht in den Rahmen des beamtenrechtlichen Dienst- und Treueverhältnisses eingebunden ist die Untersuchung für ein Zeugnis nach § 47 Abs. 1 BSeuchenG, das ein Lehrer – auf Anordnung des Dienstherrn – beibringen muß, damit die Gesundheit der Schulkinder nicht gefährdet und eine mögliche Weiterverbreitung von Tuberkulose verhindert wird. Eine ärztliche Fehldiagnose seitens des Gesundheitsamtes führt angesichts dessen nicht zu einer Haftung des Dienstherrn des untersuchten Lehrers aus Verletzung der Fürsorge- und Schutzpflicht; BVerwG, ZBR 93, 335.
[58] In diesem Sinne aber Schütz, BR, RdNr 2 zu § 85 NW LBG; ähnlich Battis, BBG, § 79, RdNr 5.
[59] S. dazu RdNr 108.
[60] Hier handelt es sich allerdings nur um eine Sollvorschrift.
[61] S. auch § 56 b Satz 1 BRRG.

§ 28 Abs. 1 VwVfG, der die Behörden verpflichtet, dem Betroffenen vor Erlaß eines belastenden Verwaltungsakts[62] „Gelegenheit zu geben, sich zu den für die Entscheidung erheblichen Tatsachen zu äußern", kann daneben von vornherein nur anwendbar sein, wenn der Beamte seinem Dienstherrn als Träger eigener Rechte und Pflichten gegenübersteht.[63] Jedenfalls im übrigen – z.B. bei Umsetzungen[64] – greift die allgemeine Fürsorge- und Schutzpflichtnorm ein, die dem Dienstherrn generell gebietet, den Beamten anzuhören, bevor er aus einem Sachverhalt Folgerungen herleitet, die diesem abträglich sind.[65] Ob er einem mündlichen oder einem schriftlichen Verfahren dabei den Vorzug gibt, hat er grundsätzlich nach pflichtgemäßem Ermessen zu entscheiden.[66] Die *allgemeinen* (auf unterschiedlichen Sachgründen beruhenden[67]) *Restriktionsregeln* des § 28 Abs. 2 und 3 VwVfG sind auch bei beamtenrechtlichen Maßnahmen zu beachten.[68] Bei der Ermessensausübung („kann abgesehen werden") sowie bei der Ausfüllung der im Gesetzestext enthaltenen unbestimmten Rechtsbegriffe (z.B. Abs. 2 Nr. 1, Abs. 3 „öffentliches Interesse") ist der Fürsorge- und Schutzgedanke in die Würdigung einzubeziehen.[69] § 45 Abs. 1 Nr. 3 VwVfG, der es zuläßt, daß eine unterbliebene Anhörung innerhalb gewisser zeitlicher Grenzen (s. Abs. 2 a.a.O.) mit heilender Wirkung nachgeholt wird, fußt auf einer allgemeinen rechtspolitischen Tendenz,[70] die auch dienstliche Maßnahmen ohne Verwaltungsaktscharakter einschließt. Eine Nachholung der Anhörung beseitigt freilich nicht die nun einmal geschehene Fürsorgepflichtverletzung als solche, sondern verhindert nur deren Fortwirken in der Zukunft. Als „Nachholung" reicht es (noch) nicht aus, daß der Beamte gegen die belastende Amtshandlung Widerspruch einlegt oder Klage erhebt. Vielmehr ist es erforderlich, aber auch genügend, daß die Widerspruchsbehörde bzw. der Klagegegner den Tatsachenvortrag des Widerspruchsführers bzw. des Klägers – sofern er nicht überhaupt fehlt oder soweit er nicht wegen seiner Dürftigkeit oder Lückenhaftigkeit Anlaß zu eigener behördlicher Anhörungsinitiative gibt – selbständig prüft und dies im Widerspruchsbescheid bzw. in der Klageerwiderung auch nachvollziehbar zum Ausdruck bringt.[71]

---

[62] Vgl. dazu BVerwGE 66, 184; aber auch Kopp, VwVfG, § 28, RdNrn 9 ff. mit weiteren Nachweisen.

[63] Vgl. BVerwGE 14, 84; ferner BVerwGE 60, 144.

[64] S. RdNrn 141 ff.

[65] BVerfGE 8, 332; BGHZ 22, 258; BVerwG, DVBl 68, 430; vgl. weiterhin BW VGH, ZBR 83, 265; s. auch RdNr 374.

[66] Vgl. aber BVerfGE 43, 154.

[67] S. dazu Kopp, VwVfG, § 28, RdNr 30 mit weiteren Nachweisen.

[68] Vgl. auch Kunig, ZBR 86, 253 (257); Wagner, DÖV 88, 277 (278).

[69] S. RdNr 359.

[70] Vgl. Kopp, VwVfG, § 45, RdNr 1 mit weiteren Nachweisen.

[71] Vgl. BVerwGE 66, 111 (114); 66, 184; s. auch BVerwG, NVwZ 84, 578. Krit. zur Rechtsprechung des BVerwG Stelkens/Bonk/Sachs, VwVfG, § 45, RdNrn 41 ff. mit weiteren Nachweisen.

369 Keine Bedenken bestehen hinsichtlich einer Anwendung des § 46 VwVfG bei – nicht geheilten – Verstößen gegen eine Anhörungspflicht, und zwar unabhängig davon, ob diese jeweils in Verbindung mit § 28 Abs. 1 VwVfG, einer speziellen beamtenrechtlichen Bestimmung oder der Fürsorge- und Schutzpflichtnorm selbst gesehen wird.

370 Der Dienstherr hat den Beamten vollständig und zutreffend[72] zu *beraten,* wenn er um Beratung nachsucht[73] oder wenn eine solche deshalb veranlaßt erscheint, weil Gründe für die Annahme vorhanden sind, daß er Sach- oder Rechtslagen nicht oder nicht ihrer Tragweite entsprechend erfaßt.[74] Die Judikatur hat vom Dienstherrn beispielsweise verlangt, daß er
– den Beamten nach rechtserheblichen Tatsachen befrage,[75]
– irrige Vorstellungen des Beamten über seine Rechtsstellung korrigiere[76] und
– ihn über die konkreten Rechtsfolgen seiner Anträge belehre.[77]
Sie hat dem Dienstherrn einerseits aufgegeben, in den Grenzen des Zumutbaren dazu beizutragen, daß die Geltendmachung von Ansprüchen des Beamten nicht an Formalien scheitere,[78] andererseits klargestellt, daß er nicht auf Vorschriften hinzuweisen brauche, über die sich der Kreis der betroffenen oder begünstigten Beamten (etwa durch Lektüre von Gesetz-, Verordnungs- oder Verwaltungsblättern) unschwer informieren könne.[79] Die Beratungspflicht gehe ferner nicht so weit, daß es dem Dienstherrn ob-

---

[72] BGHZ 14, 122. Vgl. auch BW VGH, ZBR 86, 21.

[73] BGHZ 14, 122; BVerwG, ZBR 69, 215, ZBR 70, 364 und RiA 70, 194; NW OVG, DVBl 72, 49.

[74] BW VGH, ZBR 64, 83 und ZBR 86, 21; OVG Lüneburg, DÖD 64, 16. Ein Polizeibeamter braucht nicht vor kriminalpolizeilichen Ermittlungen der Sicherheitsbehörden eines anderen Bundeslandes gewarnt zu werden, um ihn von einem für ihn ohne weiteres als unrechtmäßig erkennbaren illegalen Waffenverkauf außerhalb des Dienstes abzuhalten; BVerwG, ZBR 90, 124. Dagegen muß der Dienstherr einen Beamten über die Bemessungsregeln für die Beurteilung der Angemessenheit einer Wohnung unterrichten, wenn ihm erkennbar ist, daß sich der Beamte hierüber im Unklaren befindet; BVerwG, ZBR 90, 127.

[75] BVerwG, Buchholz 232 § 78 BBG Nr. 23.

[76] BVerwG, RiA 77, 72; vgl. auch BVerwG, Buchholz 232 § 23 BBG Nr. 9 und Buchholz 238.4 § 31 SG Nr. 14 sowie NVwZ-RR 89, 487. Vgl. weiterhin BGH, NVwZ 85, 936 (zur Pflicht des Dienstherrn, einen Beamten auf Probe bei Entlassung über die Geltendmachung von Rentenansprüchen zu belehren, falls die Gewährung einer beamtenrechtlichen Versorgung noch unentschieden und ungewiß ist).

[77] BGH, DVBl 52, 602; NW OVG, NDBZ 60, 178.

[78] BVerwG, Buchholz 234 § 24c G 131 Nr. 2, Buchholz 234 § 81 G 131 Nr. 5 und Buchholz 232 § 181b BBG Nr. 2. S. aber auch RdNr 705.

[79] BVerwGE 44, 36 (44); 52, 70 (78); 69, 197 (203); BayVGH, BayVBl 62, 26; vgl. auch BVerfGE 46, 97 (115); HmbOVG, ZBR 81, 223, NW OVG, RiA 83, 36 sowie HVGH 25. 1. 1989 – 1 UE 1032/84 –, abgedr. bei Schütz, BR, ES/B III Nr. 17 und SOVG 11. 5. 1989 – 1 R 5/89 –, abgedr. bei Schütz, a. a. O., Nr. 18. Zu einem Sonderfall (Rechtsänderung während der Entsendung des Beamten zur Dienstleistung an eine NATO-Dienststelle in Frankreich) – die Informationspflicht verneinend – BVerwG, ZBR 93, 182 mit weiteren Nachweisen; *anders* noch RP OVG, DÖD 90, 69 (70).

läge, alle Ruhestandsbeamten oder ihre Hinterbliebenen – nach Durchsicht sämtlicher in Betracht kommenden Versorgungsakten – auf die Notwendigkeit einer fristgebundenen Antragstellung aufmerksam zu machen.[80] Bestehe jedoch eine allgemeine Verwaltungspraxis, Beamte über eine *bestimmte Antragsmöglichkeit* zu belehren, so dürfe davon nicht grundlos abgewichen werden.[81]

§ 25 VwVfG, der unter anderem die Beratungspflicht der Behörden ge-   371
genüber den Beteiligten im allgemeinen Verwaltungsverfahren regelt, ist eine Sollvorschrift, die zudem den Besonderheiten des beamtenrechtlichen Dienst- und Treueverhältnisses nicht Rechnung trägt und auch deshalb zurücktritt.[82]

Im inneren Zusammenhang mit seinen Beratungspflichten muß der Dienst-   372
herr
– dem Beamten eine angemessene Überlegungsfrist einräumen, bevor er ihm (nach Beratung) eine rechtserhebliche Erklärung abverlangt,[83]
– darauf achten, daß der Beamte eine derartige Erklärung nicht im Zustand (erkennbarer) seelischer Erregung abgibt,[84] und
– auf Klarstellung einer nicht hinreichend bestimmten Erklärung hinwirken.[85]

Wenn ein Beamter sein Verhalten erkennbar auf eine langjährige Verwaltungspraxis eingerichtet hat, so hat ihn der Dienstherr, sofern er für die Zukunft hiervon abgehen will, grundsätzlich *vorab* zu unterrichten, um ihm Gelegenheit zu geben, sich der Änderung anzupassen.[86]

2. Förderungspflichten

Die *Grundpflicht* des Dienstherrn, den Beamten entsprechend seiner Be-   373
fähigung, seinen Leistungen und seiner Eignung zu fördern,[87] verdient unter verschiedenen *Teilaspekten* besondere Beachtung (*konkrete* Förderungspflichten):

a) Dienstliche Beurteilung

Die dienstliche Beurteilung soll zum einen die den Umständen nach zweck-   374
mäßige Verwendung des Beamten sichern, zum anderen aber auch dessen schutzwürdigem Interesse dienen, im Rahmen der dienst- und haushalts-

---

[80] BVerwG, ZBR 81, 254 und ZBR 93, 182.
[81] BVerwG, DVBl 97, 1004.
[82] Vgl. Battis, BBG, § 79, RdNr 6 mit weiteren Nachweisen.
[83] RGZ 134, 162 (173); 145, 182 (186).
[84] HVGH, DVBl 51, 738.
[85] RGZ 141, 240; s. auch BVerwG, ZBR 71, 305.
[86] RP OVG, ZBR 79, 53.
[87] Vgl. dazu allgemein BGHZ 15, 185; 21, 256.

rechtlichen Möglichkeiten qualifikationsangemessen aufzusteigen.[88] Die Fürsorge- und Schutzpflicht verbietet, fachliche oder sonstige Mängel der Amtsführung, die dem Beamten nicht ohne weiteres als solche erkennbar sind und denen er möglicherweise abhelfen könnte, erstmalig in einer dienstlichen Beurteilung zu rügen.[89] Die Pflicht des Vorgesetzten, dem Beamten Gelegenheit zur Stellungnahme zu geben, bevor er aus einem Sachverhalt abträgliche Folgerungen für die dienstliche Beurteilung ableitet,[90] basiert gleichfalls auf der allgemeinen Fürsorge- und Schutzpflicht, die insoweit nicht durch ihre – partielle – spezialgesetzliche Konkretisierung in den Vorschriften über die Personalaktenführung verdrängt wird.[91] Zwar bestimmt § 90 b Satz 1 BBG (§ 56 b Satz 1 BRRG), daß der Beamte über Behauptungen tatsächlicher Art (und über Bewertungen), die für ihn ungünstig sind oder ihm nachteilig werden können, vor Aufnahme in die Personalakte gehört werden müsse; daraus folgt aber nur, daß eine dienstliche Beurteilung, die derartige Behauptungen aufweist, erst zur Personalakte genommen werden darf, nachdem sich der Beamte hatte äußern können, nicht jedoch, daß ungünstige oder unter Umständen nachteilige Behauptungen vor einer Anhörung des Beamten nicht in die dienstliche Beurteilung eingehen dürften. Dies verlangt indessen die – allgemeine – Fürsorge- und Schutzpflicht, die dem Dienstherrn ein vom Förderungswillen bestimmtes, offenes und vertrauensvolles Verhalten gegenüber dem Beamten aufgibt.

b) Dienstliche Verwendung

375   Im Lichte der Fürsorge- und Schutzpflicht in ihrer Ausprägung als (allgemeine) Förderungspflicht des Dienstherrn wäre es erwünscht, Berufsanfänger auf allen für ihren Dienstbereich und ihre Laufbahn typischen Arten von Dienstposten einzusetzen, nicht zuletzt, um auf diese Weise die besonderen Stärken und Schwächen des Beamten festzustellen.[92] Ein Personalsteuerungssystem, welches auf das Ziel einer Gewährleistung der bestmöglichen dauernden Übereinstimmung zwischen den Anforderungen der Dienstposten und den Befähigungen der Dienstposteninhaber ausgerichtet ist,[93] bietet sich nicht nur im Interesse einer Optimierung der Leistungen des öffentlichen Dienstes an; es entspricht daneben der (allgemeinen) Förderungspflicht des Dienstherrn, weil es den Beamten in den Stand setzt, sein spezifi-

---

[88] S. RdNr 424. Zur Bedeutung der dienstlichen Beurteilung für das leistungsabhängige Aufsteigen in den Grundgehaltsstufen und für die Gewährung von Leistungsprämien und -zulagen s. RdNrn 550 ff.

[89] OVG Lüneburg, OVGE 3, 138; s. auch Verf., Dienstliche Beurteilung, RdNrn 190 ff.

[90] S. dazu RdNr 441.

[91] S. dazu RdNr 368.

[92] Vgl. Geyer, DÖV 77, 151.

[93] Vgl. Scheuring, ZBR 77, 385; s. auch Verf., Dienstliche Beurteilung, RdNrn 180 ff.

sches Können, gegebenenfalls auch seine Beförderungseignung, am richtigen Arbeitsplatz zur Geltung zu bringen.[94] Dies bedeutet allerdings nicht, daß der Dienstherr gehindert wäre, dem Beamten aus sachlichen Gründen – insbesondere im Interesse einer an den Grundsätzen der Sparsamkeit und Wirtschaftlichkeit orientierten Verwaltung – dienstliche Aufgaben zu entziehen, mit deren Wahrnehmung eine, gemessen an anderen Dienstposten, größere Beförderungschance verbunden ist.[95] Das Ermessen, das dem Dienstherrn bei Zuweisung anderer Dienstaufgaben grundsätzlich zuzubilligen ist, kann freilich in besonders gelagerten Einzelfällen auch unter dem Gesichtspunkt der Fürsorge und des Schutzes begrenzt sein. So hat das BVerwG[96] entschieden, es widerstreite der Fürsorgepflicht, einen Beamten aus einer Laufbahn herauszunehmen, in die er auf Grund einer besonderen wissenschaftlichen Vorbildung und praktischen Ausbildung eingetreten sei, sofern er nur in ihr den von ihm gewählten Lebensberuf in praktischer und wissenschaftlicher Hinsicht ausüben könne.

c) Fortbildung

Die (allgemeine) Förderungspflicht des Dienstherrn verlangt von ihm, daß **376** er für die Fortbildung des Beamten sorgt.[97] Durch Fortbildung läßt sich einerseits die laufende Anpassung des Beamten an veränderliche oder steigende Anforderungen seines Amtes, andererseits der Erwerb der Befähigung für höherbewertete Tätigkeiten ermöglichen. Auch am Beispiel der Fortbildung zeigt sich, daß die Fürsorge- und Schutzpflicht nicht isoliert, sondern stets nur im Zusammenhang mit der Dienst- und Treuepflicht des Beamten und den notwendigen Belangen der Aufgabenerfüllung des öffentlichen Dienstes betrachtet werden darf.[98] Die Dienst- und Treuepflicht setzt der Fortbildungspflicht des Dienstherrn nämlich insofern eine Grenze, als der Beamte nur dann darauf rechnen kann, daß ihm die Fortbildungsanstrengungen seines Dienstherrn zugute kommen, wenn er selbst pflichtgemäß[99] um seine Fortbildung bemüht ist. Die Fortbildungspflicht des Dienstherrn erstreckt sich – nach Maßgabe der zur Verfügung stehenden Haushaltsmittel[100] – überdies nur auf Vorhaben, die geeignet sind, solche

---

[94] S. auch § 12 Abs. 2 Satz 1 Nr. 4 BRRG sowie § 11 Satz 1, § 12 Abs. 2 Satz 1 BLV.

[95] BVerwGE 60, 144 mit weiteren Nachweisen.

[96] Buchholz 237.3 § 27 BG Bremen Nr. 1. S. aber auch RdNrn 141 ff.

[97] S. auch § 42 Abs. 1 und 3 BLV; § 27 BeLfbG; § 45 Abs. 2 Satz 2 BbgLBG; § 87 Abs. 2 Satz 2 NBG; § 85 Satz 2 Hs. 2 NW LBG; § 87 Satz 3 RP LBG. Vgl. weiterhin Gerd B. Müller, RiA 82, 71 sowie Lecheler, ZBR 96, 1 (3). Als Mittel der Fortbildung ist unter anderem die Gewährung von Sonderurlaub für fachliche Zwecke ins Auge zu fassen (s. § 7 Satz 1 Nrn. 1 und 2 SUrlV).

[98] S. RdNr 359.

[99] S. § 42 Abs. 2 BLV. Eine Verpflichtung, zu einer Fortbildungsveranstaltung im Sammeltransport anzureisen, ergibt sich nicht aus der Gehorsamspflicht; NW OVG, NVwZ-RR 91, 372.

[100] Vgl. Scheerbarth/Höffken/Bauschke/Schmidt, BR, § 11 V 3 b.

Kenntnisse und Fähigkeiten des Beamten zu erhalten, zu erweitern und der Entwicklung anzupassen,[101] die für den Dienstbereich Bedeutung erlangen können.[102]

d) Bestenauslese

377　Umstritten ist, ob die Fürsorge- und Schutzpflicht die *Beförderung* des jeweils *bestgeeigneten* Bewerbers gebietet.[103, 104] Nach der im 1. Teil dieser Arbeit[105] im einzelnen dargelegten Auffassung, daß ein Beförderungsanspruch des Bestgeeigneten aus Art. 33 Abs. 2 GG (und den ihm korrespondierenden einfach-rechtlichen Normen, § 8 Abs. 1 Satz 2, § 23 BBG, § 7 BRRG) hergeleitet werden kann, bedarf es insofern weder einer Inanspruchnahme des durch Art. 33 Abs. 5 GG verfassungskräftig festgeschriebenen Leistungsgrundsatzes[106] noch eines Rückgriffs auf den hergebrachten Grundsatz der Fürsorge und des Schutzes oder gar die einfach-rechtliche Fürsorge- und Schutzpflicht. Diese gelangt – nachrangig – erst dann zur Geltung,

---

[101] S. § 1 Abs. 3 BBiG.

[102] RP OVG, ZBR 60, 195.

[103] Vgl. dazu GKÖD I, RdNrn 31 ff. zu § 79 BBG und Schütz, BR, RdNr 8 zu § 85 NW LBG, jeweils mit weiteren Nachweisen.

[104] Eine verzögerliche Abwicklung dees Beförderungsverfahrens, insbesondere im Stadium der Aushändigung der Ernennungsurkunde, kann eine Verletzung der Fürsorgepflicht bedeuten, die bei Verschulden eines Amtswalters unter Umständen zum Schadensersatz verpflichtet; BVerwG 22. 12. 1976 – 2 B 32.76 –, zit. nach Becker, RiA 78, 102 (105). Vgl. auch BGH, MDR 84, 205: Ist über die Beförderung eines Beamten sachlich entschieden, so gebietet es die Fürsorgepflicht des Dienstherrn, die erforderlichen Vorkehrungen dafür zu treffen, daß die Ernennungsurkunde unverzüglich ausgehändigt werden kann, es sei denn, zwischen der Entscheidung über die Beförderung und der Übergabe der Ernennungsurkunde entstehen Zweifel, ob der Beamte zur Wahrnehmung des Beförderungsamtes geeignet ist. Hingegen kann ein Beamter, dessen Beförderung wegen eines staatsanwaltschaftlichen Ermittlungsverfahrens zurückgestellt worden war, selbst dann aus der Fürsorgepflicht keinen Anspruch auf Ausgleich der damit verbundenen finanziellen Einbußen herleiten, wenn er nach seinem dienstlichen Aufgabenkreis mehr als andere der Gefahr unberechtigter Verdächtigungen ausgesetzt ist und solche Verdächtigungen zur Aufnahme der Ermittlungen gegen ihn geführt haben (HmbOVG, ZBR 85, 230: Solange die gegen den Beamten erhobenen Vorwürfe nicht ausgeräumt gewesen seien, hätten die Zweifel an seiner Beförderungseignung fortbestanden, so daß der Dienstherr mit der Zurückstellung der Beförderung pflichtgemäß [= nicht rechtswidrig] gehandelt habe. Unerheblich sei, ob die Staatsanwaltschaft die Ermittlungen mit der gebotenen Zügigkeit betrieben habe.). S. weiterhin BVerwG, Buchholz 236.1 § 31 SVG Nr. 21 und Buchholz 236.1 § 42 SVG Nr. 1: Der Dienstherr muß um eine beschleunigte Abwicklung eines Disziplinarverfahrens bemüht sein, kann die Beförderung eines Beamten (Soldaten) jedoch solange zurückstellen, wie das Verfahren gegen ihn noch schwebt. S. auch RdNr 63.

[105] S. RdNr 65 f.

[106] Vgl. Maunz/Dürig/Herzog/Scholz, GG, Art. 33, RdNr 18 mit weiteren Nachweisen; ferner von Mutius, VerwArch 69, 103 (104 Anm. 8) sowie Günther, ZBR 79, 93 (100). S. auch Verf., Dienstliche Beurteilung, RdNrn 78 ff. mit weiteren Nachweisen.

wenn eine Auswahl zwischen Bewerbern zu treffen ist, die gleich qualifiziert sind.[107]

Die *Ausschreibung* eines angehobenen Dienstpostens,[108] die der Besten- **378** auslese zu dienen bestimmt ist, stellt gegenüber dem (langjährigen) Dienstposteninhaber keine Verletzung der Fürsorge- und Schutzpflicht dar.[109]

e) Dienstpostenbewertung[110]

Der Beamte kann grundsätzlich weder eine bestimmte Bewertung seines **379** Dienstpostens[111] noch eine Beförderung verlangen, falls sein Diensposten höhergestuft worden ist.[112] Einen Anspruch auf richtliniengetreue Dienstpostenbewertung hat das BVerwG[113] nur ausnahmsweise für den „Sonderfall einer ungewöhnlichen Bewertungs-, Höherstufungs- und Beförderungsaktion" anerkannt.

3. Schadensabwendungspflichten

Der Dienstherr hat Schäden von den Rechtsgütern des Beamten, nament- **380** lich von seiner Gesundheit, seiner Ehre, seiner Willensfreiheit und seinem Eigentum, abzuwenden, soweit die in Betracht kommenden Risiken mit der pflichtgemäßen Aufgabenerfüllung – der „amtlichen Tätigkeit" oder der „Stellung als Beamter" (§ 79 Satz 2 BBG, § 48 Satz 2 BRRG) – zusammenhängen und ein Fürsorge- und Schutzbedürfnis besteht.[114] Die Fürsorge- und Schutz-

---

[107] S. dazu RdNr 66.

[108] S. RdNr 78.

[109] BW VGH, NJW 73, 75.

[110] Zur Dienstpostenbewertung vgl. im einzelnen Battis, BBG, § 15 a, RdNr 2; Plog/Wiedow/Beck/Lemhöfer, BBG, § 23, RdNrn 5 a, 5 b; Scheerbarth/Höffken/Bauschke/Schmidt, BR, § 11 VI 3 c, jeweils mit weiteren Nachweisen; zum Rechtsschutz bei fehlsamen Dienstpostenbewertungen vgl. Klinkhardt, Dienstliche Beurteilungen, Beförderungsentscheidungen, Dienstpostenbewertungen, S. 175 ff.

[111] BVerwGE 36, 192; BVerwG, ZBR 78, 199, Buchholz 237.4 § 82 HmbBG Nr. 2 und ZBR 80, 379. S. auch BVerwG, DVBl 90, 1235 und NVwZ 92, 573 mit dem Hinweis, daß eine andere rechtliche Beurteilung „allenfalls dann in Betracht (komme), wenn sich die Bewertung des vom Kläger bekleideten Dienstpostens als Mißbrauch der organisatorischen Gestaltungsfreiheit des Beklagten und damit als Manipulation zum Nachteil des Klägers darstellen würde".

[112] BVerwGE 36, 218; 38, 269; BVerwG, Buchholz 232 § 23 BBG Nr. 26 und DVBl 90, 1235.

[113] BVerwGE 36, 192; BVerwG, ZBR 80, 379.

[114] Der Fürsorge- und Schutzpflicht widerspricht es, wenn der Vorgesetzte ein strafrechtliches Ermittlungsverfahren gegen einen Beamten veranlaßt oder fördert, obgleich er auf Grund seiner eigenen Ermittlungen erhebliche – der Strafverfolgungsbehörde nicht offengelegte – Bedenken haben müßte, ob eine strafbare Handlung vorliegt; VG Koblenz, DÖD 83, 231 mit Anm. Lindgen. Zur Verletzung der Fürsorge- und Schutzpflicht, wenn der Dienstherr Schüleraussagen, die einen Lehrer schwer belasten, nicht zum Anlaß nimmt, den Sachverhalt alsbald unter Anhörung des Lehrers aufzuklären, BW VGH, ZBR 83, 265; s. insoweit auch schon RdNr 368.

pflicht gebietet freilich nicht, daß der (selbst nicht haftende) Dienstherr einen Beamten, der gegen seine Amtspflichten verstoßen haben könnte, nach außen hin decken müßte, indem er dem Geschädigten die Mitteilung des Namens – rechtswidrig – verweigert und damit dessen Rechtsverfolgung vereitelt.[115]

a) Gesundheit

381 Bereits das RG hatte verlangt, daß der Dienstherr den Beamten nicht in einer Weise belaste, die seine *Arbeitskraft* und *Leistungsfähigkeit* deutlich übersteige und ihn geistig oder körperlich hemme und lähme;[116] sei der Beamte durch Krankheit geschwächt, ohne dienstunfähig zu sein, müsse er den Einschränkungen seiner Dienstfähigkeit entsprechend geschont werden.[117] Das BVerwG hat ausgesprochen, daß der *Gesundheitszustand* des Beamten bei Versetzungen[118] und Umsetzungen[119] in die Ermessenserwägungen einzubeziehen sei. Dies bedeutet allerdings nicht, daß der Beamte gegenüber Maßnahmen solcher Art mit Erfolg geltend machen könnte, er werde sich damit (aus welchen Gründen auch immer) innerlich nicht abfinden und sei wegen dieser *psychischen* Belastung erkrankt oder befürchte, dieserhalb zu erkranken.

382 § 44 Satz 1 BRRG verpflichtet den Beamten, grundsätzlich ohne Entschädigung über die regelmäßige *Arbeitszeit*[120] hinaus Dienst zu tun,[121] „wenn zwingende dienstliche Verhältnisse es erfordern"; indem § 72 Abs. 2 Satz 1 BBG hinzufügt, daß sich Mehrarbeit auf „Ausnahmefälle" beschränken müsse, trägt er auch dem Fürsorge- und Schutzprinzip Rechnung, das eine Überbe-

---

[115] BVerwGE 10, 274; BVerwG, NJW 75, 1333; BayVGH, NJW 74, 379; OVG Lüneburg, DVBl 58, 323.

[116] RGZ 126, 362; 146, 369; vgl. auch BayVGH, ZBR 62, 326.

[117] RGZ 104, 23. S. aber auch BayVGH, BayVBl 93, 186: Aus der Fürsorgepflicht lasse sich ein Anspruch auf Teilzeitbeschäftigung aus gesundheitlichen Gründen nicht ableiten.

[118] ZBR 69, 47 und Buchholz 232 § 26 BBG Nr. 11; vgl. auch OVG Lüneburg, ZBR 59, 393.

[119] Buchholz 232 § 79 BBG Nr. 44; vgl. auch OLG Bremen, ZBR 70, 264.

[120] Keine grundsätzliche Pflicht des Dienstherrn, eine allgemeine Arbeitszeitverkürzung für Beamte bei Lehrern (gerade) durch entsprechende Verminderung der Pflichtstundenzahl zu berücksichtigen; BVerwG, RiA 93, 95. S. des weiteren BVerwG, ZBR 95, 146: Die Verlängerung der durchschnittlichen Arbeitszeit der Beamten auf 40 Wochenstunden (ohne Besoldungsausgleich) durch ein Bundesland sei mit höherrangigem Recht vereinbar (vgl. auch BayVerfGH, ZBR 95, 379 und RP VerfGH, DVBl 97, 997). Außerdem SH OVG, RiA 97, 48 (zur Aufhebung einer Pflichtstundenaltersermäßigung für Lehrer). Schließlich Battis, BBG, § 72, RdNr 2 mit weiteren Nachweisen.

[121] Zum Ausgleich für Bundesbeamte wegen der Inanspruchnahme durch Reisezeiten und Rufbereitschaft s. AllgVV d. BMI v. 8. 9. 1989, GMBl S. 530; geändert durch Bek. d. BMI v. 22. 1. 1993, GMBl S. 168; außerdem Weber, PersV 90, 12 und PersV 94, 117.

anspruchung des Beamten (mit etwaigen nachteiligen Auswirkungen auf seine Gesundheit) nicht zuläßt.[122]

Die Fürsorge- und Schutzpflicht in Gestalt einer Schadensabwendungs- **383** pflicht fordert vom Dienstherrn weiterhin, daß er Schutzmaßnahmen ergreift, um die Gesundheit des Beamten, soweit möglich und mit den dienstlichen Belangen vereinbar,[123] vor *Gefahren* zu bewahren, die mit der Dienstverrichtung verbunden sind.[124] Er hat sicherzustellen, daß Beamte, die im Hinblick auf ihr pflichtgemäßes dienstliches Verhalten oder wegen ihrer Beamteneigenschaft voraussehbaren rechtswidrigen Angriffen ausgesetzt sind, mit geeigneten Verteidigungsmitteln ausgestattet werden, deren Einsatz durch klare und unmißverständliche Weisung geregelt sein muß. Die Fürsorge- und Schutzpflicht läßt es nicht zu, daß vermeidbare Verletzungen pflichtgemäß handelnder Beamter durch Rechtsbrecher aus Opportunitätserwägungen in Kauf genommen werden.

Die *Diensträume* einschließlich ihrer Zugänge und Einrichtungen, die *Ar-* **384** *beitsplätze* und die *Dienstgeräte*[125] müssen ordnungsgemäß beschaffen sein.[126] Sobald der Beamte insoweit Mängel feststellt, hat er diese unverzüglich anzuzeigen. Es würde auf eine Überspannung der Anforderungen hinauslaufen, wollte man dem Dienstherrn etwa die Verpflichtung auferlegen, das Mobiliar des Dienstzimmers nicht nur bei der Anschaffung, sondern auch in der Folgezeit laufend zu kontrollieren.[127]

Soweit mehrere Dienstnehmer in einem Dienstraum untergebracht sind,[128] **385** muß der Dienstherr im Rahmen seiner (allgemeinen) Schadensabwendungspflicht unter Umständen auch Maßnahmen treffen, die dem Gebot zwischenmenschlicher Rücksichtnahme auf gesundheitliche Belange anderer

---

[122] BayVGH, ZBR 62, 326 und DVBl 89, 210 (auch zur Abgeltung „übermäßig abverlangter Mehrarbeit", die sich jedenfalls seit Einführung der gesetzlichen Mehrarbeitsvergütung für den Beamten als „materieller Schaden" darstelle; dazu aber BVerwGE 37, 21 [28]); s. ferner VG Sigmaringen, ZBR 76, 157. Es ist nicht Inhalt der Fürsorge- und Schutzpflicht, durch eine Verminderung des zeitlichen Umfangs der Dienstaufgaben des Beamten dessen zeitliche Inanspruchnahme durch eine Nebentätigkeit gewissermaßen aufzufangen, um ihm die neben seiner hauptamtlichen Tätigkeit sonst verbleibende Freizeit zu erhalten; SOVG, ZBR 87, 47.

[123] Vgl. v. d. Heide, ZBR 55, 364.

[124] S. auch §§ 37, 43 BeamtVG.

[125] Zu neuen technischen Entwicklungen, z. B. Bildschirmgeräten, s. GKÖD I, RdNr 23 zu § 79 BBG.

[126] S. § 618 BGB; vgl. auch Plog/Wiedow/Beck/Lemhöfer, BBG, § 79, RdNrn 16 ff. sowie HVGH, DVBl 64, 889 (LS) und ZBR 64, 184. Zum Anspruch des Beamten auf Schutz vor Gesundheitsgefahren auf Grund emittierender Arbeitsräume s. VG Oldenburg, NVwZ 93, 913: Das Unterlassen möglicher Vorsorgemaßnahmen im Sinne eines vorbeugenden Gefahrenschutzes (Risikovorsorge) auf seiten des Dienstherrn könne das Begehren, „mit sofortiger Wirkung von der Dienstleistung in den belasteten Räumlichkeiten befreit zu werden", nicht begründen.

[127] NW OVG, ZBR 77, 104.

[128] Zur personalvertretungsrechtlichen Mitbestimmung bei der Gestaltung von Arbeitsplätzen in einem Lehrerzimmer s. HVGH, ZBR 93, 216.

Geltung verschaffen. Da der Beamte Anspruch auf Schutz nicht nur vor sicheren, sondern auch schon vor nur *ernstlich möglichen* Beeinträchtigungen seiner Gesundheit am Arbeitsplatz hat,[129] kann er verlangen, daß das Rauchen in seinem Dienstzimmer unterbleibt.[130] In Kantinen, Aufenthalts- und Pausenräumen ist das Rauchen zu untersagen, es sei denn, daß die Möglichkeit besteht, getrennte Bereiche für Raucher und Nichtraucher einzurichten.[131] Einen Anspruch auf Erlaß eines *allgemeinen* Rauchverbotes in seiner Beschäftigungsbehörde hat der Beamte aber nicht.[132]

386   Bei *Dienstwohnungen* (s. § 74 Abs. 2 BBG),[133] die im Eigentum des Diensthern oder in seiner alleinigen Verfügungsgewalt stehen, erstreckt sich die Fürsorge- und Schutzpflicht auf den ordnungsgemäßen Zustand der Wohnung, der eine in gesundheitlicher Hinsicht gefahrlose Benutzung durch den Beamten und seine Familie gestatten muß.[134] Soweit ein Dritter die Wohnung stellt, obliegt es dem Diensthern in der Regel nur, sich Gewißheit darüber zu verschaffen, daß die zuständige Bauaufsichtsbehörde die Wohnung nach Bezugsfertigkeit in geeigneter Weise überprüft und keine Beanstandungen erhoben hat.[135]

387   Der Polizeivollzugsbeamte, der auf Anordnung des Dienstvorgesetzten an einer *Gemeinschaftsverpflegung* teilnehmen soll (s. § 10 BPolBG, § 188 NW LBG), kann diesem Verlangen gegebenenfalls einredeweise entgegenhalten, daß der Diensthern seiner Pflicht, die gesundheitlichen Belange des Beamten zu wahren, nicht genüge, weil der Kantinenbetrieb unsauber und das Essen durchgängig ungenießbar sei.[136]

b) Ehre[137]

388   Unberechtigten Angriffen auf die Ehre des Beamten im Zusammenhang mit seiner dienstlichen Tätigkeit hat der Diensthern zu begegnen.[138] Bei un-

---

[129] BVerwG, NJW 85, 876.

[130] BVerwG, NJW 85, 876, NJW 88, 783 und DVBl 93, 955; NW OVG, NJW 87, 2952 (in bezug auf das Lehrerzimmer einer Schule). Vgl. auch Plog/Wiedow/Beck/Lemhöfer, BBG, § 79, RdNr 16c.

[131] S. dazu den in der Entscheidung NW OVG, NJW 87, 2952 zitierten Ministerialerlaß, dessen Text als überzeugende Konkretisierung der Fürsorge- und Schutzpflicht anzusehen ist.

[132] S. dazu BVerwG, NVwZ 93, 692.

[133] Vgl. dazu GKÖD I, RdNrn 6 ff. zu § 74 BBG sowie Schütz, BR, RdNr 3 zu § 80 NW LBG mit weiteren Nachweisen.

[134] BVerwGE 25, 138; HVGH, DVBl 64, 889 (LS) und ZBR 64, 184. Vgl. auch Weimar, RiA 69, 266 sowie neuerdings Ritgen, ZBR 96, 386 ff. („Fürsorgepflicht und Dienstwohnung – zum Schutz der Angehörigen eines Beamten").

[135] BVerwGE 25, 138.

[136] BVerwG, ZBR 76, 321.

[137] Zum Schutz des allgemeinen Persönlichkeitsrechts der Beamten bei der Personalaktenführung s. nunmehr §§ 90 ff. BBG, §§ 56 ff. BRRG n. F. (dazu im einzelnen RdNrn 493 ff.); in bezug auf das frühere Recht BVerwGE 75, 17 und 75, 351. Zum Schutz vor *sexueller Belästigung am Arbeitsplatz* s. das Beschäftigtenschutzgesetz v.

wahren Berichten in den Medien muß er sich – durch die Geltendmachung von Gegendarstellungs- und Berichtigungsansprüchen – vor den Beamten stellen.[139] § 194 Abs. 3 StGB verleiht dem Dienstvorgesetzten bei Beleidigungen eines ihm unterstellten Beamten in Beziehung auf seinen Dienst ein eigenes *Strafantragsrecht,* von dem er in richtiger Würdigung seiner Fürsorge- und Schutzverpflichtung je nach Lage der Dinge Gebrauch machen muß.[140] Erhebt ein Vorgesetzter einen ehrenrührigen Vorwurf gegenüber einem Beamten, der dessen Beamtenverhältnis betrifft, so kann diesem ein Widerrufsanspruch auf Grund der beamtenrechtlichen Fürsorge- und Schutzpflicht (oder unter dem Gesichtspunkt der Folgenbeseitigung[141]) nur gegen den – zum Unterlassen ehrverletzender Angriffe verpflichteten[142] – Dienstherrn, nicht aber gegen den Vorgesetzten selbst zustehen.[143]

Die Fürsorge- und Schutzpflicht verbietet es dem Dienstherrn, den Beam- **389** ten durch Kritik an seiner Amtsführung – in Gestalt nachteiliger Tatsachenbehauptungen oder mißbilligender Werturteile – *gegenüber Dritten* ohne rechtfertigenden Grund bloßzustellen.[144] Eine hierdurch hervorgerufene Ansehensbeeinträchtigung muß er durch eine geeignete, nach Form und Adressatenkreis der kritischen Äußerung entsprechende Erklärung ausräumen.[145]

Auch kann es die Fürsorge- und Schutzpflicht gebieten, einem Beamten **390** die Kosten der notwendigen Rechtsverteidigung zum Schutz vor ehrverletzenden Äußerungen Dritter zu erstatten; dies freilich nur, wenn der Beamte den Rechtsschutz zur Abwehr von Angriffen auf die Integrität seines Amtes oder seiner Person als Amtsträger in Anspruch nimmt.[146]

Bei *innerdienstlichen Äußerungen,* die ehrenrührigen Inhalt haben, kann **391** der Beamte, falls der Vorwurf eines Dienstvergehens im Raume steht, ein

---

24. 6. 1994, BGBl. I 1406. Dazu Vahle, ZBR 94, 374 sowie BVerwG, NJW 97, 958 und LAG Hamm, BB 97, 99. Über der Pflicht, Betroffene vor sexuellen Belästigungen am Arbeitsplatz zu schützen, darf nicht vergessen werden, daß der Dienstherr gleichermaßen verpflichtet ist, einen Beamten, gegen den zu Unrecht der Vorwurf erhoben wird, daß er Bedienstete sexuell belästigt habe, in geeigneter Weise in Schutz zu nehmen.

[138] Vgl. dazu BW VGH, ZBR 83, 41 (LS).

[139] Scheerbarth/Höffken/Bauschke/Schmidt, BR, § 17 II 3 d; Schütz, BR, RdNr 18 zu § 85 NW LBG; Weimar, RiA 62, 84 und DÖD 64, 91.

[140] Weimar, RiA 62, 84 und DÖD 64, 91.

[141] S. BVerwGE 59, 319 (325 f.).

[142] Vgl. OVG Lüneburg, NJW 91, 445 unter Hinweis auf Weiß/Niedermaier/Summer/Zängl, BayBG, Art. 86, Anm. 29 a.

[143] BVerwGE 75, 354 unter Bezugnahme auf BGHZ 34, 99 (106 f.): Nur ausnahmsweise, nämlich dann, wenn der Vorgesetzte *gelegentlich* der Wahrnehmung hoheitlicher Pflichten eine nach Form und Inhalt über die Erfüllung seiner Aufgaben hinausgehende, „insoweit ihm persönlich zuzurechnende und ... die Ehre des Betroffenen beeinträchtigende Äußerung" getan habe, bestehe ein gegen ihn (den Vorgesetzten) gerichteter *privatrechtlicher* Widerrufsanspruch.

[144] BVerwG, NJW 96, 210 (Fürsorgepflichtverletzung durch Äußerung des vorgesetzten Ministers).

[145] BVerwG, a. a. O.

[146] HVGH, NVwZ-RR 94, 596; s. auch RdNr 403.

Selbstreinigungsverfahren in Gang setzen (s. § 34 BDO); falls sich der Vorwurf in einer schriftlichen Mißbilligung findet, kann er Beschwerde gemäß §§ 124, 31 BDO erheben. Der Beamte ist aber auf diese Möglichkeiten nicht beschränkt, soweit sie im Einzelfall überhaupt in Betracht kommen. Er kann vielmehr durchaus ein rechtsschutzwürdiges Interesse daran haben, den Dienstherrn – nach Ablehnung eines entsprechenden Antrags und erfolglosem Widerspruch – auch im Klagewege auf *Folgenbeseitigung* in Anspruch zu nehmen.[147] Ein solches Vorgehen hat nicht den Charakter einer verpönten „Flucht in die Öffentlichkeit".

c) Willensfreiheit

392 Die (allgemeine) Schadensabwendungspflicht umfaßt auch die Abwehr politischer Einflußnahmen und sonstiger unzulässiger Einwirkungen – nicht nur außenstehender Stellen – auf die Willensentschließungs- oder -betätigungsfreiheit des Beamten, die bestimmt und/oder geeignet sind, ihn in der pflichtgemäßen Verwaltung seines Amtes zu beeinträchtigen.[148] Unter Umständen ist eine Strafanzeige des Dienstvorgesetzten – etwa wegen Nötigung – geboten.[149,150]

d) Eigentum[151]

393 Soweit der Beamte Gegenstände, die ihm gehören, in den dienstlichen Bereich einbringt, sei es, daß er sie aus dienstlichen Gründen benötigt, sei es, daß er sie im Rahmen des Üblichen mit sich führt, trifft den Dienstherrn die Pflicht, die ordnungsgemäße Beschaffenheit der Diensträume, des Arbeitsplatzes und der Geräte zu gewährleisten,[152] auch in Richtung auf den Eigentumsschutz.[153] Steht der beschädigte, zerstörte oder abhanden gekommene Gegenstand im Eigentum einer anderen Person, so kann der Beamte,

---

[147] S. auch Plog/Wiedow/Beck/Lemhöfer, BBG, § 79, RdNr 19a.

[148] S. § 98 Satz 3 BW LBG; § 99 Satz 3 SächsBG; vgl. auch BGH, ZBR 55, 51.

[149] Vgl. Ule, BR, RdNr 6 zu § 48 BRRG.

[150] S. auch §§ 113 ff. StGB.

[151] Auch *Vermögensschutz* kann dem Dienstherrn obliegen. Vgl. BVerwGE 28, 68; BW VGH, ZBR 85, 250; NW OVG, ZBR 80, 93: Der Dienstherr ist im Verhältnis zum Beamten wegen seiner Fürsorgepflicht gehalten, dessen lohnsteuerrechtliche Interessen wahrzunehmen und sich im Rahmen des Üblichen und Zumutbaren um die sachgerechte Bearbeitung und Behandlung der Lohnsteuer zu bemühen. Er handelt dann nicht fürsorgepflichtwidrig, wenn er eine vertretbare steuerrechtliche Auffassung zugrunde legt und es dem Beamten als Steuerschuldner überläßt, seine etwa abweichende Ansicht selbst gegenüber der Finanzverwaltung innerhalb des Lohnsteuer-Jahresausgleichs oder einer Veranlagung zur Einkommensteuer oder im Wege der finanzgerichtlichen Klage geltend zu machen. S. weiterhin Schick, ZBR 80, 83.

[152] S. RdNr 384.

[153] Vgl. BVerwG, ZBR 94, 229 (kein Ersatz für Schäden, die einem Fachhochschullehrer im Fachbereich Kunst und Design dadurch entstanden waren, daß er in einem Vorraum vor dem Unterrichtsraum eigene Gemälde gelagert hatte, die bei einer Heizungsreparatur beschädigt wurden).

falls die Anspruchsvoraussetzungen im übrigen erfüllt sind, auch den sog. Drittschaden geltend machen.[154]

Für Dienstwohnungen gelten die gleichen Grundsätze.[155]   **394**

Der Dienstherr ist zwar grundsätzlich gehalten, ausreichende Möglich-   **395** keiten für die Unterbringung der von den Beamten benötigten oder üblicherweise mitgeführten Gegenstände zu schaffen;[156] er braucht jedoch in der Regel keinen kostenlosen Parkraum für die Kraftfahrzeuge der Beamten an der Dienststelle oder in deren Nähe bereitzustellen[157] oder für Schäden zu haften, die durch die Unachtsamkeit Dritter an dem auf einer gegen Entgelt reservierten Fläche geparkten Kraftfahrzeug eines Beamten entstehen.[158]

Verwahrt die Dienstbehörde Geld eines Beamten, so haftet der Dienstherr   **396** bei Unmöglichkeit der Rückgabe auf Schadensersatz wegen Verletzung der Fürsorge- und Schutzpflicht, falls das Geld nicht mit der Sorgfalt verwahrt worden ist, mit der eigenes Geld des Dienstherrn gewöhnlich verwahrt wird.[159]

Die Fürsorgepflicht umfaßt nicht den Schutz gegen das Abhandenkom-   **397** men des Mantels eines Beamten, den dieser in der unbewachten Garderobe der Behördenkantine aufgehängt hatte.[160]

Sachschäden,[161] die bei einem Dienstunfall (§ 31 BeamtVG) eintreten,[162]   **398** können nur auf Grund der Spezialvorschrift des § 32 Satz 1 BeamtVG ersetzt werden.[163] Entsprechend wird die Fürsorge- und Schutzpflichtnorm

---

[154] Ob auch der Eigentümer selbst einen Schadensersatzanspruch gegen den Dienstherrn haben kann, hängt davon ab, inwieweit die personale Schutzwirkung der Fürsorgepflicht über den Kreis der Beamten hinausreicht; vgl. dazu Weimar, RiA 69, 266 (267). Es dürfte stets auf die Umstände des Einzelfalles ankommen. S. außerdem Ritgen, ZBR 96, 386 ff.

[155] S auch RdNr 386.

[156] BVerwG, NJW 78, 717.

[157] Vgl. Ule, BR, RdNr 3 zu § 48 BRRG, der eine Ausnahme für die im dienstlichen Interesse benutzten Kraftfahrzeuge schwerbehinderter Beamter machen will; ferner Battis, BBG, § 79, RdNr 8 mit weiteren Nachweisen. Vgl. auch VG Karlsruhe, VBlBW 82, 272. Nach GKÖD I, RdNr 23 zu § 79 BBG muß der Dienstherr einen Parkplatz zur Verfügung stellen, wenn das Dienstgebäude mit öffentlichen Verkehrsmitteln nicht oder nur schwer für den Beamten erreichbar ist, der Beamte seine Dienststelle also nur „unter besonderen Erschwerungen" zu erreichen vermag, die nicht ihm anzurechnen sind, „wie es bei einem von ihm gewählten fernliegenden Wohnsitz der Fall sein kann". S. außerdem BVerwG, Buchholz 237.0 § 98 LBG Ba-Wü Nr. 1. Nach Ansicht des OVG Lüneburg, NJW 96, 2591 verstößt eine Behörde in der Landeshauptstadt dadurch, daß sie die Nutzung ihres Behördenparkplatzes durch ihre Bediensteten vom Besitz eine „Job-Tickets" für die öffentlichen Nahverkehrsmittel abhängig macht, nicht gegen höherrangiges Recht.

[158] BAG, JZ 75, 675.

[159] Vgl. BVerwG, NJW 78, 717; s. auch § 690 BGB.

[160] VG Düsseldorf, DÖD 80, 282.

[161] Zum Sachschadenersatz umfassend Günther, ZBR 90, 97 ff.

[162] Zur Ersatzleistung für Sachschäden, die Beamte oder ihre Familienangehörigen durch Gewaltaktionen erleiden, s. AllgVV des BMI v. 28. 11. 1986, GMBl. S. 632.

[163] S. dazu RdNr 360 sowie RdNrn 668 ff.

durch landesgesetzliche Regelungen verdrängt, nach denen bei dienstbedingten[164] Sachschäden auch dann Ersatz geleistet werden kann, wenn kein Körperschaden und damit kein Dienstunfall vorliegt.[165, 166] Der Richtlinien des Bundes für Billigkeitszuwendungen bei Sachschäden, die im Dienst entstanden sind,[167] konkretisieren, soweit sie reichen, die Fürsorge- und Schutzpflicht des Dienstherrn. Ihr Vorhandensein begründet die tatsächliche Vermutung einer entsprechenden Verwaltungspraxis,[168] von der ohne Billigung oder Duldung des Urhebers der Vorschriften[169] gemäß Art. 3 Abs. 1 GG grundsätzlich nicht abgewichen werden darf.[170] Im Streitfall ist zu prüfen,[171]

---

[164] Ein Beamter, der mit Billigung, aber nicht auf Veranlassung seiner Vorgesetzten eine wertvolle eigene Sache – etwa eine Fotoausrüstung – im Dienst verwendet, kann bei Zerstörung dieser Sache keinen Sachschadenersatz verlangen; NW OVG, DÖD 94, 168. Entsprechend HVGH, NVwZ-RR 97, 427 (für die Beschädigung eines auf dem Schulhof abgestellten Fahrrades, das der Lehrer für eine spätere Demonstration im Unterricht verwenden wollte). S. auch OLG Köln, NVwZ 94, 618 (Verlust von Videos eines Lehrers, die im Unterricht vorgeführt wurden) sowie NW OVG, RiA 94, 43.

[165] S. § 102 BW LBG; § 51 BeLBG; § 46 BbgLBG; § 94 HBG; § 92 Abs. 1 MVBG; § 96 Abs. 1 NBG; § 91 Abs. 1 NW LBG; § 99 RP LBG; § 96 Abs. 1 SBG; § 103 Abs. 1 SächsBG; § 96 b Abs. 1 SH LBG; § 88 ThürBG; s. auch Art. 97 BayBG; § 99 a RP LBG; § 97 SBG. RP OVG, DÖD 86, 201 zufolge soll der Dienstherr regelmäßig „unmittelbar aufgrund der beamtenrechtlichen Fürsorgepflicht" gehalten sein, sich am Ersatz des Schadens zu beteiligen, der an einem privateigenen Kraftfahrzeug entsteht, das der (am Schadenseintritt schuldlose) Beamte im Interesse und auf Veranlassung des Dienstherrn zur Erledigung seiner Dienstaufgaben benutzt. S. dazu krit. Fußn 6; weiterhin RdNr 670.

[166] Die in § 96 Abs. 4 c SGB getroffene Regelung, wonach ein Ersatzanspruch wegen Schäden am eigenen Kraftfahrzeug ausgeschlossen ist, wenn der Beamte bei einem Verkehrsunfall nicht unverzüglich eine polizeiliche Anzeige erstattet hat, verletzt nicht höherrangiges Recht; BVerwG, RiA 80, 237.

[167] RdSchr. d. BMF vom 10. 12. 1964 und v. 20. 9. 1965, GMBl. 65, 395, geänd. d. RdSchr. d. BMF v. 18. 1. 1967, MinBlFin S. 38.

[168] BVerwG, Buchholz 232 § 136 BBG Nr. 2 und ZBR 67, 220; SOVG, ZBR 72, 347. S. ferner BVerwG, ZBR 95, 238 und NVwZ-RR 96, 47 (48): Verwaltungsvorschriften seien „nicht wie Rechtsvorschriften aus sich heraus, sondern als Willenserklärung unter Berücksichtigung ihrer tatsächlichen Handhabung auszulegen". Hierzu ist anzumerken: Hat sich eine (feststellbare) Verwaltungspraxis gebildet, so taucht ein *Auslegungsproblem* nicht mehr auf. Vielmehr ist die Verwaltungspraxis maßgeblich. Soweit eine Verwaltungspraxis noch nicht vorhanden ist, sind Verwaltungsvorschriften als Weisungen des Dienstherrn *gegenüber seinen Dienstnehmern* nach den Grundsätzen „auszulegen", wie sie allgemein für Willenserklärungen gelten. Solange sich Verwaltungsvorschriften in der Praxis noch nicht durchgesetzt haben, kann eine *mittelbare* Außenwirkung allenfalls „antizipiert" werden, soweit es dessen im Einzelfall bedarf.

[169] BVerwG, DVBl 82, 195 und BVerwGE 79, 249.

[170] Battis, BBG, § 200, RdNr 2 mit weiteren Nachweisen; vgl. auch BVerwGE 19, 48; 32, 352; 44, 72 sowie BVerwG, NJW 86, 1122 und ZBR 86, 305. S. des weiteren BVerwG, NVwZ-RR 96, 47 (48) mit Nachweisen.

[171] BVerwG, ZBR 67, 220 und Buchholz 237.5 § 94 HessBG Nr. 2; SOVG, ZBR 72, 347.

– ob die Richtlinien sich selbst im Rahmen des Fürsorge- und Schutzgedankens halten und
– ob sie die von der Verwaltung getroffene Entscheidung zu tragen vermögen.

Ein Vergleich zwischen den Systemen des dienstunfallrechtlichen und des **399**
sonstigen Sachschadenersatzes zeigt, daß Gesetzgeber, Verwaltung und
Rechtsprechung im wesentlichen auf zwei Wegen bemüht sind, den Ersatz
von Sachschäden, die sich nicht als Begleitschäden eines dienstunfallbedingten Körperschadens darstellen, in Würdigung der fiskalischen Auswirkungen[172] *zu begrenzen:*

– Der Ersatz eines Sachschadens, der dem Beamten bei Zurücklegen des
Weges nach und von der Dienststelle zustößt, ist sowohl nach den Richtlinien des Bundes[173] als auch nach den meisten landesgesetzlichen Regelungen[174] ausgeschlossen. Das verfassungsrechtliche Fürsorge- und
Schutzprinzip und die einfach-rechtliche Fürsorge- und Schutzpflichtnorm sind dadurch nicht berührt, weil sie sich nur auf den Dienst als solchen erstrecken; der Weg nach und von der Dienststelle gehört aber nicht
zum Dienst im eigentlichen Sinne, sondern ist ihm lediglich kraft ausdrücklicher gesetzlicher Vorschrift für das Dienstunfallrecht (§ 31 Abs. 2
Satz 1 Nr. 1 BeamtVG) gleichgestellt.[175]

– Das BVerwG[176] verlangt, daß das schadenverursachende Ereignis den Beamten „unmittelbar körperlich gefährdet" haben müsse, läßt dabei freilich
offen, ob dies auch für eine Vorschrift des Landesrechts gilt, „die eine
einheitliche Regelung für Ansprüche des Beamten auf Sachschadenersatz
sowohl in Fällen enthält, in denen ein Dienstunfall vorlag, als auch in
Fällen, in denen der Beamte nicht körperlich verletzt wurde".[177] Günther[178] empfiehlt, hieran anknüpfend, eine „großzügigere Auslegung der
... Landesnormen, die das schadenstiftende Ereignis entweder gar nicht
oder nicht mit dem Zusatz ... ,ohne daß ein Körperschaden entstanden
ist' charakterisieren"; das entspreche „heutiger Sicht der Fürsorge wohl

---

[172] S. dazu BVerwG, DÖV 78, 101 (103), wo dieser Gesichtspunkt anklingt.
[173] Die Einschränkung in Nr. 1 Abs. 2 der Richtlinien für Billigkeitszuwendungen
(s. Fußn 167) ist für Schwerbehinderte aufgehoben, sofern diese „für den Weg zu und
von der Dienststelle auf die Benutzung eines privaten Kraftfahrzeugs angewiesen
sind" (RdSchr. d. BMF v. 27. 5. 1968, MinBlFin S. 358).
[174] Vgl. die Übersicht bei Günther, ZBR 90, 97 (104).
[175] BVerwGE 16, 103. Vgl. auch BVerwG, NVwZ-RR 97, 426: Rechtmäßig ist eine
in Konkretisierung der Fürsorgepflicht getroffene Ermessensregelung, derzufolge
Schäden an einem zur dienstlichen Verwendung anerkannten („anerkannt privateigenen") Kraftfahrzeug eines Beamten nur ersetzt werden, wenn sie *während* einer
Dienstreise oder eines Dienstganges, nicht aber während des *Bereithaltens hierfür* entstanden sind.
[176] DÖV 78, 101 (103); s. auch (dem BVerwG folgend) RP OVG, DÖD 86, 201.
[177] S. HVGH, ZBR 75, 293: § 94 HBG setze keine körperliche Gefährdung des Beamten voraus. Vgl. ferner HVGH, ESVGH 31, 218 (219).
[178] ZBR 90, 97 (104).

eher" und müsse „notfalls unter stärkerer Emanzipation von der Vor-
schriftgenese plausibel gemacht werden". Dem zweiten Halbsatz ist beizupflichten, wohingegen der vom BVerwG angesprochenen Möglichkeit
einer Differenzierung seit der bundeseinheitlichen Normierung des Dienst-
unfallrechts schon deshalb kein trägfähiger Ansatz (mehr) abzugewinnen
ist, weil die in Betracht kommenden landesgesetzlichen Bestimmungen insoweit überholt sind, als sie nach wie vor vom Wortlaut her den Regelungsbereich des § 32 Satz 1 BeamtVG mitumfassen. In Wahrheit fragt es
sich, ob nicht auf das angebliche Erfordernis einer „unmittelbaren körperlichen Gefährdung" des Beamten *überhaupt* verzichtet werden kann,
weil schon die sehr hohen Anforderungen an die *räumliche Beziehung*
zwischen der beschädigten oder abhanden gekommenen Sache und dem
Aufenthaltsort des Beamten[179] und das dem Dienstherrn eingeräumte Ermessen ein Ausufern der Sachschadenersatzleistungen verhindern.

400 Soweit durch ermessensbindende Verwaltungsvorschriften[180] *Höchstbe-
träge* für eine Ersatzleistung bei Sachschäden an einem privaten Kraftfahrzeug festgelegt sind, wird dies durch die tragende Erwägung gerechtfertigt,
daß dem Beamten der Abschluß einer Vollkaskoversicherung mit angemessener Selbstbeteiligung zuzumuten ist.[181] Wegen möglicher Gründe für eine
Überschreitung des Höchstbetrages kann auf RdNr 670 Bezug genommen
werden. Es gibt keinen Ersatz für ersparte Aufwendungen bei einer selbst
ausgeführten Reparatur.[182] Ein Rabattverlust in der Kraftfahrzeughaftpflicht-
versicherung zählt nicht zu dem vom Dienstherrn zu ersetzenden Sachschaden.[183]

4. Beistandspflichten bei dienstlich bedingten und außerdienstlichen Sonderbelastungen

401 Falls der Beamte einkommens- oder vermögensmindernden Aufwendungen ausgesetzt ist, die eine ins Gewicht fallende Sonderbelastung darstellen,
so kann dies Fürsorgemaßnahmen des Dienstherrn mit dem Ziel einer entla-
stenden Beistandsgewährung auslösen.

a) Reise- und Umzugskosten

402 Reise- und Umzugskostenvergütungen einschließlich umzugskostenrecht-
licher Trennungsgelder dienen dem Ausgleich dienstlich bedingter Sonder-

---

[179] S. dazu RdNr 668.
[180] VwVzBeamtVG 32.1.9 Satz 1 sowie Nr. 10 Abs. 1 Satz 2 der Richtlinien für Billigkeitszuwendungen (s. Fußn 167); s. aber auch RdSchr. d. BMI v. 5. 3. und 27. 8. 1990
– D III 4–223 211/2 –, abgedr. bei Plog/Wiedow/Beck/Lemhöfer, BBG, Anhang VI/12.
[181] BVerwG, ZBR 66, 117, ZBR 67, 220, RiA 67, 33 und RiA 67, 95; BayVGH,
BayVBl 61, 156; NW OVG, ZBR 62, 150.
[182] BVerwG, NVwZ 93, 1110.
[183] BVerwG, ZBR 94, 186; BayVGH, DVBl 93, 396.

belastungen. Sie werden auf Grund von Regelungen gewährt, die durch Gesetz oder Verordnung festgelegt sind[184] und einen Rückgriff auf § 79 BBG als Anspruchsgrundlage ausschließen.[185, 186]

b) Rechtsverteidigungskosten

Eine Beistandspflicht des Dienstherrn ist auch angesprochen, wenn eine **403** dienstliche Verrichtung oder ein Verhalten, das mit einer dienstlichen Tätigkeit im Zusammenhang[187] steht, zu einem *Strafverfahen* gegen den Beamten führt.[188] Der Bund hat hierzu Verwaltungsvorschriften[189] erlassen, nach denen dem Beamten auf seinen Antrag zur Bestreitung der notwendigen Kosten seiner Rechtsverteidigung ein zinsloses Darlehen zu gewähren ist.[190] Voraussetzungen sind unter anderem, daß ein dienstliches Interesse an einer zweckentsprechenden Rechtsverteidigung besteht[191] und daß die Verteidigungsmaßnahme[192] wegen der Eigenart der Sach- und Rechtslage geboten

---

[184] S. § 88 BBG sowie BRKG, BUKG und TGV. Das BRRG enthält keine § 88 BBG korrespondierende Bestimmung. Insoweit ist auf § 48 BRRG zurückzugreifen; GKÖD I, RdNr 50 zu § 88 BBG. S. auch RdNr 363.

[185] BVerwGE 24, 253 (256); 41, 84; 66, 1; 77, 145 (147); BVerwG, Buchholz 238.90 Reise- und Umzugskosten Nr. 51 und Nr. 75 sowie ZBR 83, 187 und 84, 211.

[186] Vgl. aber auch RP OVG, DVBl 83, 1117.

[187] S. dazu NW OVG, DVBl 88, 1074: Es müsse kein „unmittelbarer" Zusammenhang zwischen der von dem Beamten ausgeübten Tätigkeit und den ihm gemachten strafrechtlichen Vorwürfen bestehen. Bei dem Vorwurf eines Aussagedelikts komme es allein darauf an, ob der Beamte (ausschließlich) zu dienstlichen Wahrnehmungen vernommen und dadurch in Gefahr geraten sei, einer Falschaussage bezichtigt zu werden; gleichgültig sei, ob er mit der Aussage nur seiner strafprozessualen Zeugnispflicht oder daneben (wie häufig bei Polizeivollzugsbeamten) auch einer dienstlichen Verpflichtung (s. BVerwG, DVBl 87, 1160) genügt habe.

[188] RP OVG, NVwZ 95, 456. Dagegen verpflichtet § 79 BBG (§ 48 BRRG) den Dienstherrn nicht zum Abschluß einer Regreßhaftpflichtversicherung zugunsten des Beamten, die diesen letztlich von der in § 78 Abs. 1 BBG (§ 46 Abs. 1 BRRG) vorgesehenen Haftung freistellen würde; BVerwG, ZBR 82, 179. Allerdings kann es die Fürsorgepflicht im Einzelfall als angemessen erscheinen lassen, einen Ersatzanspruch gegenüber dem Beamten nach Maßgabe des Haushaltsrechts nur in begrenztem Umfang durchzusetzen; BVerwG, a.a.O., S. 180 unter Hinweis auf BVerwGE 19, 243 (252) sowie auf BVerwGE 29, 127 (129 f.), wo auch ausgeführt ist, daß eine Hilfeleistung des Dienstherrn bei besonders risikoreicher Diensttätigkeit durch die Bereitstellung oder Erstattung der Prämienbeträge für eine Versicherungsschutz des Beamten erfolgen kann. Vgl. dazu weiterhin RdNrn 308 f., 332 f.

[189] RdSchr. d. BMI v. 1. 7. 1985, GMBl S. 432 i.d. F. d. Bek. d. BMI v. 22. 5. 1991, GMBl S. 497.

[190] Nr. 1 Satz 1 a. a. O. Vgl. auch die Übersicht bei Schnupp, PersV 73, 13 (14 f.).

[191] Insoweit krit. Wilhelm, ZBR 66, 6 (8 f.). Vgl. aber auch RdSchr. d. BMI v. 30. 8. 1967, abgedr. in PersV 67, 281: Selbst wenn ein „dienstliches Interesse" im engeren Sinne fehle, könne es die Fürsorgepflicht gebieten, dem Beamten die Last der finanziellen Aufwendungen wenigstens erträglicher zu machen, vorausgesetzt, die Rechtsverteidigung erscheine weder mutwillig noch unbesonnen und diene dem Schutz verfassungsrechtlich verbürgter Rechtsgüter des Beamten (Hinweise auf Wilhelm, a. a. O.).

[192] Z. B. Bestellung eines Verteidigers oder Einholung eines Gutachtens.

erscheint.[193] Wird der Beamte in dem Strafverfahren freigesprochen, so wird auf seinen Antrag auf die Rückzahlung des Darlehens verzichtet, soweit er Kostenerstattung durch die Staatskasse oder einen Dritten nicht erlangen kann.[194] Das gleiche gilt, wenn das Verfahren nicht nur vorläufig eingestellt oder nicht eröffnet oder der Beamte außer Verfolgung gesetzt wird und jeweils die Annahme gerechtfertigt ist, daß kein oder nur ein geringes Verschulden vorliegt.[195]

Wird der Beamte verurteilt, hat er das Darlehen grundsätzlich in angemessenen Raten zurückzuzahlen.[196] In „besonders begründeten Fällen" können die notwendigen Rechtsverteidigungskosten auf Antrag auch dann auf den Bundeshaushalt übernommen werden, wenn bis zum Abschluß des Strafverfahrens ein Antrag auf Gewährung eines Darlehens nicht gestellt oder abgelehnt worden war.[197]

c) Kontoführungsgebühren

404   Die Fürsorge für den Beamten gebietet nicht, daß ihm der Dienstherr die Kontoführungsgebühren für sein Gehaltskonto erstattet.[198] Die Zahlung der Kontoführungsgebühren in der üblichen Höhe ist offenkundig keine außergewöhnliche wirtschaftliche Belastung, die durch den Dienstherrn ausgeglichen werden müßte.[199]

d) Aufwendungen in Krankheits-, Geburts- und Todesfällen

405   Außerdienstliche Sonderbelastungen können dem Beamten vornehmlich in Krankheits-, Geburts- und Todesfällen erwachsen. Die Regelungen des *Beihilfenrechts*,[200] die sich hierauf beziehen, sind – wie dargelegt[201] – teils in

---

[193] Nr. 1 Satz 2 b) a. a. O.

[194] Nr. 2 Satz 1 a. a. O. Es ist, gemessen an der Fürsorge- und Schutzpflicht, nicht geboten, daß der Dienstherr, wenn die Staatskasse die notwendigen Auslagen (§ 464 a Abs. 2 Nr. 2 StPO) des rechtskräftig freigesprochenen Beamten erstattet (§ 467 Abs. 1 StPO), weitergehende, aus einer *Honorarvereinbarung* des Beamten mit seinem Verteidiger herrührende Auslagen übernimmt; BVerwG, NJW 85, 1041; NW OVG, ZBR 85, 32. Nr. 1 Satz 4 a. a. O. läßt „eine Überschreitung der gesetzlichen Gebühr" bei der „Bemessung des Darlehens" desungeachtet zu, „wenn dies nach der Bedeutung der Angelegenheit sowie nach Umfang und Schwierigkeit der anwaltlichen Tätigkeit gerechtfertigt erscheint"; s. NW OVG, DVBl 88, 1074 (1075).

[195] Nr. 2 Satz 3 a. a. O.

[196] Nr. 3 Satz 1 a. a. O. Vgl. hierzu RP OVG, NVwZ-RR 95, 456: Bei geringem Verschulden kann die Rückzahlung zu einem angemessenen Teil erlassen werden.

[197] Nr. 4 a. a. O.

[198] BVerwG, ZBR 80, 249.

[199] Vgl. auch BVerwGE 28, 353.

[200] BVerwGE 77, 345 hält dafür, daß die Gestaltungsfreiheit der Länder bezüglich der Beihilfenregelung „begrenzt" sei, soweit sich im Bundesgebiet ein „Beihilfestandard" gebildet habe, den der Bundesgesetzgeber bei der Bestimmung der – den Anteil für eine angemessene Krankheitsvorsorge umfassenden – amtsangemessenen Besoldung vorausgesetzt habe; dazu krit. Verf., NVwZ 88, 40 (41), ferner Fußn 5. Zur Anpassung des Beihilfenrechts an die Entwicklungen der gesetzlichen Krankenversiche-

Rechtsverordnungen, teils in Verwaltungsvorschriften enthalten. Nur soweit die Fürsorge- und Schutzpflicht für diesen Teilbereich durch Verwaltungsvorschriften[202] konkretisiert ist, kommt ein Rückgriff auf § 79 BBG (§ 48 BRRG) als Anspruchsnorm unter der Voraussetzung in Betracht, daß die Besonderheiten des Einzelfalles ihn unabweisbar gebieten.[203] Das BVerwG[204] stellt in diesem Rahmen darauf ab, ob die Anwendung der generellen – in Gestalt der Verwaltungsvorschriften vorgeprägten – Regelung in concreto die Fürsorge- und Schutzpflicht in ihrem „Wesenskern" verletzen würde.[205]

Keinen Verstoß gegen die Fürsorge- und Schutzpflicht bedeutet es, daß **406** ein Beamter, dem der Dienstherr *Heilfürsorge* nur durch *Ärzte* gewährt (s. § 70 Abs. 2 BBesG für Polizeivollzugsbeamte im Bundesgrenzschutz), keinen Anspruch auf Beihilfe zu den Aufwendungen hat, die ihm durch die Inanspruchnahme eines *Heilpraktikers* und den Erwerb der von diesem verordneten Heilmittel entstanden sind (s. § 5 Abs. 1 Satz 3, § 6 Abs. 1 Nr. 2 BhV).[206]

---

rung einschließlich der Pflegeversicherung s. Battis, BBG, § 79, RdNr 11 mit weiteren Nachweisen.

[201] S. RdNr 360.

[202] Als allgemeine Verwaltungsvorschriften erlassene Beihilfevorschriften unterliegen nach der Rechtsprechung des BVerwG hinsichtlich ihrer Auslegung und Anwendung der revisionsrechtlichen Prüfung in gleichem Umfang wie revisible Rechtsnormen; BVerwGE 72, 119; 79, 249. S. außerdem RdNr 360.

[203] S. RdNr 360 a. E.

[204] BVerwGE 60, 212 (220); 64, 333 (343); 79, 249 (253); BVerwG, Buchholz 232 § 79 BBG Nr. 35 und DVBl 84, 429 (kein Anspruch auf Beihilfe für die Anschaffung eines Pkw durch einen schwerbehinderten Beamten im Wege des Rückgriffs auf die Fürsorgepflicht, „soweit die Aufwendungen dem Grunde nach nicht dem Regelungsbereich der Beihilfevorschriften unterfallen"). S. auch BVerwGE 45, 172; BVerwG, ZBR 77, 194, DÖD 78, 226 und DÖD 79, 91 sowie BVerwGE 79, 249 (Anspruch eines Bundesbahnbeamten auf Beihilfe zu den Kosten einer zwangsweise angeordneten Alkoholentwöhnungsbehandlung seiner Ehefrau unmittelbar auf Grund der Fürsorge- und Schutzpflicht). Nach BVerwG, NJW 89, 2962 gebietet es die Fürsorge- und Schutzpflicht nicht, die Aufwendungen für die psychotherapeutische Behandlung durch einen Diplom-Psychologen den Aufwendungen für eine solche Behandlung durch einen fachkundigen Arzt beihilfenrechtlich gleichzustellen; zur Heilpraktikerbehandlung BVerwG, Buchholz 270 § 5 BhV Nr. 3. Zum Begriff der wissenschaftlich nicht allgemein anerkannten Behandlungsmethode s. BVerwG, NJW 96, 801. Zu den Aufwendungen für eine Familien- und Haushaltshilfe BVerwG, ZBR 92, 158 (159). S. auch BayVerfGH, ZBR 95, 196 (198): Unter dem Blickwinkel der Fürsorgepflicht sei es nicht zu beanstanden, daß der Normgeber Aufwendungen für Schutzimpfungen aus Anlaß privater Auslandsreisen für nicht beihilfefähig erkläre.

[205] Der Dienstherr darf auch gegen die wegen ihrer höchstpersönlichen Natur unpfändbaren Beihilfeforderungen aufrechnen, wenn er seinerseits gegen den Beamten einen Schadensersatzanspruch wegen vorsätzlicher unerlaubter Handlung hat (s. § 84 Abs. 2 Satz 2 BBG, § 51 Abs. 2 Satz 2 BRRG, § 11 Abs. 2 Satz 2 BBesG, § 51 Abs. 2 Satz 2 BeamtVG, die einen allgemeinen Rechtsgedanken zum Ausdruck bringen); NW OVG, ZBR 95, 208. S. auch BVerwG, NJW 97, 3256.

[206] NW OVG, ZBR 95, 281.

e) Unterstützungen und Vorschüsse

407   Der Beamte, der unverschuldet in eine außerordentliche wirtschaftliche Notlage geraten ist, aus der er sich mit eigener Kraft nicht zu befreien vermag, kann im Rahmen der bereitgestellten Haushaltsmittel – einmalige oder laufende – Unterstützungen erhalten.[207]

408   Unverzinsliche Vorschüsse auf laufende Bezüge können einem Beamten gewährt werden, wenn er durch besondere Umstände zu unabwendbaren Ausgaben genötigt wird, die er aus eigenen Mitteln, aus Mitteln des mit ihm in häuslicher Gemeinschaft lebenden Ehegatten sowie aus Leistungen, Zuwendungen oder unverzinslichen Darlehen von dritter Seite nicht bestreiten kann.[208] „Besondere Umstände" in diesem Sinne sind z. B.
   – der Wohnungswechsel aus zwingendem persönlichen Anlaß und
   – die Hausratsbeschaffung aus Anlaß der Eheschließung, der erstmaligen Begründung eines eigenen Hausstandes oder der Ehescheidung.

V. Erfüllungs- und Schadensersatzanspruch

409   Der unmittelbar auf § 79 BBG (§ 48 BRRG) gestützte Erfüllungsanspruch[209] kann sich in der Regel lediglich auf eine pflichtgemäße Ermessensausübung richten. Allein wenn aus Rechtsgründen nur eine einzige Entscheidung in Betracht kommt, verdichtet er sich dahin.[210] Insbesondere der Gleichbehandlungsgrundsatz vermag zu bewirken, daß ein Ermessensspielraum im Ergebnis nicht (mehr) besteht.[211]

410   Erweist sich eine Erfüllung der Fürsorge- und Schutzpflicht als (nachträglich) unmöglich, so fragt es sich, ob ein Schadensersatzanspruch wegen einer etwaigen Verletzung dieser Pflicht an die Stelle des Erfüllungsanspruchs treten kann. Das BVerwG[212] hat hierzu überzeugend ausgeführt, es entspreche einem allgemeinen – aus den §§ 276, 278 und 618 Abs. 3 BGB zu erschließenden – Rechtsgrundsatz, daß ein klagbarer Erfüllungsanspruch, dem schuldhaft nicht genügt werde, der Umwandlung in einen Schadensersatzanspruch fähig sein müsse; für eine Einschränkung dahin, daß dies bei Ansprüchen aus dem Beamtenverhältnis nicht gelte, sei nichts ersichtlich.[213]

---

[207] S. dazu die Unterstützungsgrundsätze des Bundes v. 27. 2. 1943, RBB S. 46, mit späteren Änderungen.
[208] S. dazu die Vorschußrichtlinien des Bundes v. 28. 11. 1975, GMBl S. 829, mit späteren Änderungen.
[209] Beispiele bei Plog/Wiedow/Beck/Lemhöfer, BBG, § 79, RdNr 24.
[210] Zur sog. Ermessensreduzierung auf Null s. die Nachweise im 1. Teil, Fußn 35.
[211] S. dazu Fußn 170 f.
[212] Grundlegend BVerwGE 13, 17; vgl. weiterhin BVerwGE 14, 222 (228 f.); 15, 3; 25, 78; BVerwG, DVBl 63, 677; ebenso BGHZ 43, 178.
[213] Vgl. auch Weimar, RiA 60, 311.

Im einzelnen setzt der Schadensersatzanspruch voraus, **411**
– daß ein für den Dienstherrn handelnder Amtswalter oder eine andere Person, deren sich der Dienstherr bedient, um seiner Fürsorge- und Schutzpflicht zu genügen,[214] eben diese Pflicht verletzt hat,
– daß ihn hieran ein Verschulden trifft[215, 216] und
– daß der Fürsorge- und Schutzpflichtverstoß zu einem (konkreten[217]) Schaden geführt hat.[218]

Ein *Verschulden* des Amtswalters scheidet regelmäßig[219] aus, wenn ein mit **412** mehreren Rechtskundigen besetztes Kollegialgericht sein Verhalten nachträglich als rechtmäßig und (objektiv) pflichtgemäß beurteilt,[220, 221] es sei denn, diese Einschätzung bezieht sich auf die grundsätzliche Maßnahme einer zentralen Dienststelle[222] oder sie beruht auf der „handgreiflich falschen" Auslegung einer Rechtsvorschrift[223] oder einem „Ansatz", der „aus besonderen Gründen . . . fehl geht".[224] Von einem Amtswalter kann nämlich grundsätzlich keine bessere Rechtseinsicht erwartet werden, als sie ein Kollegialgericht nach sorgfältiger Prüfung gewonnen hat. Die Erfolgsaussichten der Berufung gegen ein erstinstanzliches verwaltungsgerichtliches Urteil, in dem schon eine Fürsorge- und Schutzpflichtverletzung selbst verneint ist, werden deshalb gewöhnlich nur gering sein. Die zwar objektiv unrichtige, aber nach sorgfältiger Prüfung vorgenommene Auslegung einer Vorschrift, deren Inhalt zweifelhaft sein kann und höchstrichterlich noch nicht geklärt ist, gereicht dem sachbearbeitenden Amtswalter nicht zum (Rechts-

---

[214] Ein Land kann sich als Dienstherr seiner Fürsorge- und Schutzpflicht gegenüber einem unmittelbaren Landesbeamten, etwa einem Lehrer, nicht dadurch entledigen, daß es sie auf einen Dritten, etwa den Schulträger, abwälzt (s. BVerwGE 25, 138; auch BVerwG, Buchholz 237.0 § 98 LBG Ba-Wü Nr. 1).

[215] BVerwGE 13, 17; BVerwG, ZBR 63, 50; BW VGH, DVBl 65, 333; vgl. auch OVG Lüneburg, ZBR 82, 91.

[216] Der nur auf Wiederherstellung des ursprünglichen, durch hoheitlichen Eingriff veränderten Zustandes, nicht dagegen auf Schadensausgleich gerichtete Folgenbeseitigungsanspruch (s. BVerwGE 69, 366; BVerwG, NJW 89, 118) setzt Verschulden nicht voraus; vgl. dazu BVerwGE 28, 155 (165); BVerwG, ZBR 60, 92 und ZBR 79, 335. S. auch BVerwG, BayVBl 85, 503.

[217] BVerwGE 24, 186.

[218] OVG Lüneburg, OVGE 29, 479. Zur Schutzzwecklehre s. BGHZ 96, 157 (172); BVerwGE 70, 296.

[219] Vgl. auch RP OVG, NJW 77, 72.

[220] BVerwG, Buchholz 310 § 113 VwGO Nr. 64, NJW 85, 876 und ZBR 86, 149; BGHZ 17, 153 (158); 27, 338 (343); BGH, NJW 82, 36 (37). S. aus neuerer Zeit auch BVerwG, ZBR 89, 280 (281), ZBR 89, 281 (282) und ZBR 96, 310 sowie DÖD 97, 249.

[221] Nach BGH, NJW 82, 36 soll dieser Grundsatz nicht gelten, wenn ein Kollegialgericht das Vorgehen des Amtswalters aus rechtlichen Erwägungen billigt, die er selbst nicht angestellt hat.

[222] BGH, DVBl 62, 222.

[223] BGH, NJW 71, 1699 (1701) und NJW 80, 1679.

[224] BVerwG, Buchholz 310 § 113 VwGO Nr. 64.

anwendungs-)Verschulden.[225] Der objektiven Zweifelhaftigkeit einer für die Entscheidung des Amtswalters erheblichen Rechtsfrage steht es gleich, daß diese von den Oberverwaltungsgerichten unterschiedlich beantwortet wird und eine höchstrichterliche Klärung noch nicht erfolgt ist.[226]

413 Zwischen dem Fürsorge- und Schutzpflichtverstoß und dem Schaden muß ein adäquater Kausalzusammenhang bestehen.[227] Liegt die Fürsorge- und Schutzpflichtverletzung in einem *Unterlassen*, so kann der adäquate Kausalzusammenhang nur angenommen werden, wenn das gebotene pflichtgemäße Verhalten nicht nur möglicherweise, sondern mit an Sicherheit grenzender Wahrscheinlichkeit den Eintritt des Schadens verhindert hätte.[228]

414 Ein *Mitverschulden* des Beamten kann entsprechend § 254 BGB berücksichtigt werden.[229] § 839 Abs. 3 BGB, der eine Ersatzpflicht überhaupt ausschließt, wenn der Verletzte vorsätzlich oder fahrlässig unterlassen hat, den Schaden durch Gebrauch eines Rechtsmittels abzuwenden, ist analog anwendbar.[230] Unter den Begriff des „Rechtsmittels" fallen alle (förmlichen und nichtförmlichen) Rechtsbehelfe, die sich unmittelbar gegen die schädigende Amtshandlung oder Unterlassung richten und nach der gesetzlichen Ordnung ihre Beseitigung oder Berichtigung bezwecken.[231]

415 Der Schadensersatzanspruch wegen Verletzung der Fürsorge- und Schutzpflicht richtet sich in der Regel auf *Ausgleich*, unter Umständen aber auch auf Naturalrestitution, etwa auf die Richtigstellung diskriminierender Tatsachenbehauptungen, die ein (Dienst-)Vorgesetzter einem Dritten gegenüber in bezug auf den Beamten aufgestellt hat.[232] Anders als der Amtshaftungsanspruch (Art. 34 GG, §§ 839, 847 BGB) umfaßt er nicht den immateriellen Schaden.[233] Er verjährt in dreißig Jahren,[234] kann aber vorher verwirkt werden,[235] während der Amtshaftungsanspruch grundsätzlich drei Jahre nach dem Zeitpunkt verjährt, in welchem der Geschädigte von dem Schaden und

---

[225] BVerwG, Buchholz 310 § 113 VwGO Nr. 84.

[226] BVerwG, RiA 79, 140 und RiA 82, 153; s. auch BVerwG, NVwZ 87, 229; weiterhin Verf., DVBl 90, 140 (144 Anm. 66) und ZBR 92, 257 (271). Vgl. ferner BGH, NJW 94, 3158.

[227] BVerwGE 15, 3; BW VGH, DVBl 65, 333; OVG Lüneburg, OVGE 29, 479; vgl. auch OVG Lüneburg, ZBR 74, 20.

[228] Vgl. BGH, ZBR 84, 143 mit weiteren Nachweisen; zum Beweis s. RdNrn 421 ff.

[229] Vgl. GKÖD I, RdNr. 59 zu § 79 BBG; Schütz, BR, RdNr 21 zu § 85 NW LBG.

[230] BVerwG, ZBR 68, 280, RiA 68, 236 und NVwZ 86, 481; HVGH, RiA 67, 36 und ZBR 68, 412; OVG Lüneburg, ZBR 72, 84.

[231] Vgl. BGHZ 28, 104; 30, 19; BGH, NJW 74, 639 und NJW 78, 1522; weitere Nachweise bei Staudinger/Schäfer, BGB, § 839, RdNrn 463 ff. Auch Gegenvorstellungen sind „Rechtsmittel"; BVerwG, NVwZ 86, 481. Zur unterlassenen Inanspruchnahme vorläufigen Rechtsschutzes s. NW OVG 4. 8. 1988 – 12 A 570/87 –.

[232] HVGH, ZBR 74, 261. S. schon RdNrn 388 ff.

[233] BVerwGE 20, 199 unter Hinweis auf § 618 Abs. 3 BGB, der einen Anspruch aus § 847 BGB ausschließt, sowie BVerwGE 37, 31 (33); 88, 60 (63).

[234] BGHZ 14, 122 (137).

[235] RGZ 158, 235; BVerwGE 6, 204.

der Person des Ersatzpflichtigen Kenntnis erlangt (§ 852 Abs. 1 BGB).[236]
Prozeßzinsen können ab Rechtshängigkeit verlangt werden.[237]

VI. Verfahrensrechtliche und prozessuale Fragen

1. Antragstellung

Der Beamte, der Schadensersatz wegen Verletzung der Fürsorge- und **416**
Schutzpflicht geltend machen will, muß zunächst einen eigens darauf gerichteten Antrag an die zuständige Behörde stellen. Es handelt sich hier –
anders als beim Vorverfahren (§ 126 Abs. 3 BRRG iVm §§ 68 ff. VwGO) –
um ein nicht im Prozeß nachholbares Sachurteilserfordernis. Der Antrag ist
– anders formuliert – eine *Klagevoraussetzung*, der vor Klageerhebung genügt sein muß; sonst ist die Klage unzulässig, ohne daß eine nachträgliche
Heilung des Mangels möglich wäre.[238]
Der Antrag muß in doppelter Hinsicht bestimmt sein:[239]   **417**
– Es darf aus der Empfängersicht nicht ernstlich zweifelhaft sein, daß es
  sich nicht nur um eine Gegenvorstellung oder eine Dienst- oder Fachauf-
  sichtsbeschwerde handelt.
– Der Beamte muß durch sein Antragsvorbringen verdeutlichen, daß und
  weshalb er meint, die für den Dienstherrn in seiner Sache tätig geworde-
  nen Amtswalter hätten sich objektiv fehlsam, rechtswidrig und schuldhaft
  verhalten; daß er früher einmal den korrespondierenden Erfüllungsanspruch an die Verwaltung herangetragen (oder gar schon eingeklagt) hatte, reicht nicht aus.

2. Verwaltungsrechtsweg

Gemäß § 126 Abs. 1 BRRG ist sowohl für den Erfüllungs- als auch für **418**
den Schadensersatzanspruch der Verwaltungsrechtsweg gegeben, wohingegen ein unter Umständen wegen desselben Sachverhalts geltend gemachter
Amtshaftungsanspruch im ordentlichen Rechtsweg verfolgt werden muß
(Art. 34 Satz 3 GG).[240]

---

[236] S. dazu schon RdNrn 334 ff.

[237] BVerwGE 25, 72 (82).

[238] BVerwG, DÖD 76, 157, DÖV 77, 139 und Buchholz 232 § 79 BBG Nrn 66, 110
sowie BayVBl 97, 696 (zur Schadensersatzklage eines Soldaten); BW VGH, ZBR 85,
206 (LS) und NVwZ-RR 91, 55 (56); NW OVG, RiA 77, 158. S. auch Verf., ZBR 92,
257 (266 ff.).

[239] S. auch Günther, ZBR 92, 66 (70) und Simianer, ZBR 92, 71 (78 – 5.2 –), jeweils
mit weiteren Nachweisen.

[240] Der Anspruch auf Fürsorge und Schutz ist Bestandteil des grundrechtsgleichen
Individualrechts aus Art. 33 Abs. 5 GG, so daß der Beamte bei Fürsorge- und Schutz-
pflichtverletzungen des Dienstherrn nach Erschöpfung des Rechtswegs Verfassungs-

3. Klageart

419   Es kommen in Frage
- die *Bescheidungsklage* (s. § 113 Abs. 5 Satz 2 VwGO), sofern der Erfüllungsanspruch auf eine Ermessensentscheidung abzielt,[241]
- die *Verpflichtungsklage* (§ 42 Abs. 1 VwGO), wenn die Erfüllung der Fürsorge- und Schutzpflicht oder die Schadensersatzgewährung durch den Erlaß eines begünstigenden Verwaltungsakts zu geschehen hat,[242, 243]
- die (allgemeine) *Leistungsklage,* falls im Ergebnis eine Amtshandlung ohne Verwaltungsaktscharakter erstrebt wird, und
- die *Fortsetzungsfeststellungsklage* analog § 113 Abs. 1 Satz 4 VwGO,[244] vorausgesetzt, das auf Erfüllung gerichtete Begehren erledigt sich (etwa durch Klaglosstellung des Beamten) nach Rechtshängigkeit[245] und der Beamte beabsichtigt, den Ersatz eines zwischenzeitlich entstandenen Schadens zu beanspruchen.

Das Feststellungsinteresse ist jedoch zu verneinen,[246]
- wenn der Beamte in mindestens gleichem Ausmaß verwaltungsgerichtlichen Rechtsschutz auch durch eine andere Klageart (mit Ausnahme der allgemeinen Feststellungsklage) erreichen kann,[247] insbesondere wenn ein

---

beschwerde (§ 90 BVerfGG) erheben kann; BVerfGE 8, 1 (17 f.); 15, 298 (302); 38, 1 (7); 43, 154. S. aber auch RdNr 355. Zur Anspruchskonkurrenz vgl. RdNr 349.

[241] Unrichtig NW OVG, DÖD 79, 284. Das Gericht hat hier auf die Schadensersatzklage eines Fachhochschullehrers, der bei einer beförderungsgleichen Maßnahme übergangen worden war, ein *Bescheidungsurteil* erlassen und dazu ausgeführt: Der Senat habe sich nicht in der Lage gesehen, den Ursachenzusammenhang zwischen Fürsorgepflichtverletzung und Schaden ohne erneute vergleichende Eignungsbeurteilung des Klägers und seiner erfolgreichen Mitbewerber durch den Dienstherrn festzustellen. Der Anwendungsbereich der Bescheidungsklage ist damit überdehnt. Die Entscheidung überzeugt auch deshalb nicht, weil der mit dem Kläger zu vergleichende Personenkreis auf diejenigen Fachhochschullehrer beschränkt bleiben sollte, denen die höherbewerteten Stellen übertragen worden waren, obwohl die Fürsorgepflichtverletzung zumindest auch in dem Unterbleiben einer Stellenausschreibung gesehen worden ist.

[242] Stützt der Beamte sein Verlangen nach einer geldwerten Leistung unmittelbar auf § 79 BBG (§ 48 BRRG), so begehrt er damit der Sache nach den Erlaß eines begünstigenden Verwaltungsakts; vgl. BVerwG, ZBR 80, 249 (251).

[243] Zur Möglichkeit einer *vorbeugenden Feststellungsklage* (§ 43 Abs. 1 VwGO), falls der Beamte geltend macht, daß er infolge einer Fürsorgepflichtverletzung verspätet zum Beamten auf Lebenszeit ernannt worden sei und deshalb – als Folgeschaden – Nachteile bei einer Beförderungsentscheidung zu befürchten habe, vgl. BW VGH, ZBR 83, 265.

[244] Zur analogen Anwendbarkeit des § 113 Abs. 1 Satz 4 VwGO auf Verpflichtungs- und Bescheidungsklagen s. 1. Teil, Fußn 173 f.

[245] Zur Erledigung *vor* Rechtshängigkeit s. BVerwGE 12, 87 (90); 26, 161; 56, 24 sowie BVerwG, NJW 89, 2486.

[246] S. im einzelnen Verf., DVBl 90, 140 und ZBR 92, 257 (270 f.).

[247] Arg. § 43 Abs. 2 VwGO; dazu BayVGH, BayVBl 84, 18 (19 f.). Beispiele bei Verf., DVBl 90, 140 (141).

Schadensersatzanspruch wegen Verletzung der Fürsorge- und Schutzpflicht bereits in einem Verwaltungsstreitverfahren anhängig ist,[248] oder
– wenn eine Verfolgung des Schadensersatzverlangens offensichtlich aussichtslos erscheint,[249] etwa weil es auf der Hand liegt, daß kein Schaden
oder kein Verschulden[250] gegeben ist.

4. Vorverfahren

Auch soweit das Erfüllungs- oder das Schadensersatzbegehren nicht auf **420**
den Erlaß eines begünstigenden Verwaltungsakts gerichtet sind, muß gemäß
§ 126 Abs. 3 BRRG ein Vorverfahren (§§ 68 ff. VwGO) durchgeführt werden.

5. Beweislast[251]

Die Beweislast für Tatsachen, auf die sich der *Erfüllungsanspruch* gründet, **421**
trägt der Beamte mit zwei Einschränkungen: Läßt sich nicht mit an Sicherheit grenzender Wahrscheinlichkeit ermitteln, ob die tatsächlichen Voraussetzungen für einen in Verwaltungsvorschriften enthaltenen Versagungsgrund
vorliegen, so ist der Dienstherr insoweit ebenso beweisbelastet, wie wenn
die Aufklärungslücke den Tatsachenstoff für die Durchbrechung einer durchgängig praktizierten, qua Verwaltungsvorschrift vorgeformten Fürsorgepra-
xis im Einzelfall zum Nachteil des Beamten zum Gegenstand hat.

Konkurrieren spezifische Fürsorge- und Schutzaspekte mit den notwen- **422**
digen Belangen der Aufgabenerfüllung des öffentlichen Dienstes sowie sonstigen gewichtigen Interessen der Allgemeinheit,[252] so ist die Feststellungslast für erstere bei dem Beamten, für letztere bei dem Dienstherrn anzusie-
deln.

Für die Sachverhalte, aus denen sich beim *Schadensersatzanspruch* die **423**
Pflichtverletzung, der (konkrete) Schaden und der (adäquate) Ursachenzusammenhang zwischen beiden[253] herleiten, trägt der Beamte die Beweislast,

---

[248] BVerwG, Buchholz 237.6 § 8 NBG Nr. 1.
[249] BVerwG, Buchholz 310 § 113 VwGO Nr. 84, NVwZ 85, 265 und NJW 86, 1826
(1827).
[250] S. RdNr 411.
[251] S. 1. Teil, Fußn 193.
[252] Vgl. hierzu RdNr 359.
[253] BVerwGE 14, 222. Zur Beweiserleichterung oder Beweislastumkehr vgl. BGH,
ZBR 84, 143 (145) für den Fall einer Amtspflichtverletzung durch unterbliebene Belehrung eines entlassenen Beamten auf Probe über die Geltendmachung von Rentenansprüchen: Wenn der Sachverhalt nach der Lebenserfahrung eine tatsächliche Wahrscheinlichkeit dafür begründe, daß das weitere Verfahren bei zutreffendem Hinweis
einen dem Geschädigten günstigen Verlauf genommen hätte, tritt eine Beweiserleichterung oder Beweislastumkehr ein. Zur Anwendbarkeit des § 287 ZPO bei der fikti-

während den Dienstherrn (entsprechend § 282 BGB) die Folgen eines non liquet treffen, falls sich die Verschuldensfrage in tatsächlicher Hinsicht nicht klären läßt.[254] Den Schwierigkeiten des sog. Negativbeweises ist bei der Beweiswürdigung Berücksichtigung zu schenken.[255]

---

ven Nachzeichnung von Geschehensabläufen s. BGH, NJW 91, 1412, NJW 94, 3295 (3297) und NJW 95, 2344 (2345 f.) sowie BVerwG, NJW 92, 927. Vgl. des weiteren Verf., ZBR 95, 321 (324 f.).

[254] BVerwGE 13, 17 (25); BVerwG, Buchholz 232 § 79 BBG Nr. 68; BGH, NJW 52, 1373 und ZBR 53, 92.

[255] BVerwG, DVBl 97, 1004.

8. Teil. Dienstliche Beurteilung

Die dienstliche Beurteilung[1] soll nicht nur die den Umständen nach opti- **424**
male *Verwendung* des Beamten sichern, sondern auch – dort, wo die personalentscheidende Stelle bei der Übertragung von Beförderungsdienstposten,
der Übertragung eines Amtes mit leitender Funktion im Beamtenverhältnis
auf Probe oder der Beförderung selbst zwischen mehreren Bewerbern zu
wählen hat – zu einer *Auslese* nach Eignung, Befähigung und fachlicher Leistung beitragen, wie sie Art. 33 Abs. 2 GG und im Anschluß hieran § 8
Abs. 1 Satz 2 BBG (§ 7 BRRG) und § 23 BBG verlangen.[2] Neben den „Ein-
satzzweck"[3] tritt mithin der Auslesezweck, der den „Förderungszweck"[3]
einschließt, dessen sachlogischen Hintergrund die Fürsorge- und Schutzpflicht des Dienstherrn (§ 79 BBG, § 48 BRRG) bildet:[4] Die – beanstandungs-
freie – dienstliche Beurteilung dient (auch) dem schutzwürdigen Interesse
des Beamten, seiner Qualifikation entsprechend beruflich aufzusteigen, soweit Dienst- und Haushaltsrecht dies zulassen.[5]

Hingegen hat die dienstliche Beurteilung keinen Motivationszweck: Ohne **425**
Zweifel kann sie Auswirkungen auf den Leistungswillen und die Selbsteinschätzung des Beamten haben.[6] Die Konsequenzen, die sich aus einer zutreffenden wie aus einer unzutreffenden Beurteilung für den Leistungswillen und die Selbsteinschätzung des Beamten ergeben können, sind jedoch
nicht mehr als eine – gewichtige, sorgfältig zu bedenkende – *Nebenfolge*.
Dies bedeutet, daß sich der Beurteiler bei der inhaltlichen und sprachlichen Ausgestaltung der Beurteilung durchaus um die motivatorischen
Auswirkungen kümmern muß; seine hierauf ausgerichteten Erwägungen

---

[1] Weder das BBG noch das BRRG erwähnen die dienstliche Beurteilung; § 92 BBG
behandelt lediglich das weniger bedeutsame Dienstzeugnis. Grundsätze für die Beurteilung der Bundesbeamten hat die Bundesregierung in den §§ 40, 41 BLV – inzwischen ergänzt durch § 41a BLV i.d.F. des Art. 9 Nr. 6 des Gesetzes zur Reform des
öffentlichen Dienstrechts v. 24. 2. 1997, BGBl. I 322 – aufgestellt (zur Verfassungsmäßigkeit dieser Regelung s. Verf., Dienstliche Beurteilung, RdNrn 101 ff. mit weiteren
Nachweisen); zum Landesrecht s. Verf., NWVBl 87, 7. Zu den *Beurteilungsrichtlinien*
als Regelungsmittel vgl. Verf., Dienstliche Beurteilung, RdNrn 129 ff. (*im besonderen*
zur Mitbestimmung beim Erlaß von Beurteilungsrichtlinien gemäß § 76 Abs. 2 Nr. 3
BPersVG a.a.O., RdNrn 134 ff.).
[2] Vgl. BVerwG, ZBR 81, 197. Zu den besonderen Zwecken der dienstlichen Beurteilung bei Beamten auf Probe s. Verf., Dienstliche Beurteilung, RdNr 186 f.
[3] Schütz, DÖD 71, 121 (122); ders., BR, RdNr 2 zu § 104 NW LBG.
[4] S. dazu Verf., ZBR 81, 301 (304 f.) sowie RdNr 374.
[5] Zur Frage, ob die Fürsorge- und Schutzpflicht die Beförderung des bestgeeigneten
Bewerbers gebietet, s. RdNrn 65 f., 377.
[6] Vgl. Riedmaier, RiA 77, 141; Schaefer, ZBR 83, 173 (174).

dürfen ihn aber nicht hindern, seine *wahre* Auffassung über Eignung, Befähigung und fachliche Leistung des Beamten in unparteiischer Gewissenhaftigkeit hinreichend differenziert niederzulegen.[7] Die dienstliche Beurteilung hat auch keinen Hinweiszweck[8] und ist kein Mittel der Dienstaufsicht.[9]

I. Begriff der dienstlichen Beurteilung

426   Unter den Begriff der dienstlichen Beurteilung fallen schriftliche dienstliche Äußerungen des Beurteilers[10] über die während eines Beurteilungszeitraumes – außerhalb des Vorbereitungsdienstes – erbrachten Leistungen eines Beamten, über seine Befähigung und/oder über seine Eignung für ein Amt im statusrechtlichen oder funktionellen Sinne.[11]

1. Vorbereitende Stellungnahmen und Beurteilungsentwürfe

427   Holt der Beurteiler zur Vorbereitung seiner Äußerung schriftliche Berichte über den Beamten von Vorgesetzten oder Mitarbeitern ein,[12] so bewirkt dies nicht, daß derartige – interne – Stellungnahmen nunmehr selbst dienstliche Beurteilungen oder Beurteilungsbestandteile wären, es sei denn, durch Beurteilungsrichtlinien ist Abweichendes bestimmt. Vielmehr handelt es sich dabei gewöhnlich nur um *Arbeitsunterlagen,* die nach Ziel und Zweck an die Stelle höchstpersönlicher Wahrnehmungen und Eindrücke des Beurteilers treten und mit Abfassung der – rechtlich allein relevanten – dienstlichen Beurteilung durch ihn grundsätzlich ihre Aufgabe erfüllt haben.[13]

428   Entsprechendes gilt für Beurteilungsentwürfe von Vorgesetzten und Mitarbeitern, und zwar auch dann, wenn die abschließende Äußerung des Beurteilers keine formalen und textlichen Abweichungen aufweist.

---

[7] Verf., Dienstliche Beurteilung, RdNr 188 f.

[8] Verf., Dienstliche Beurteilung, RdNrn 190 ff.

[9] S. dazu Verf., DVBl 80, 949; vgl. aber auch BVerwG, DVBl 86, 951 und ZBR 86, 330, wo der „sachliche Zusammenhang" der Beurteilungsaufgabe „mit der Wahrnehmung der Dienst- und Fachaufsicht" zur Argumentation herangezogen wird.

[10] S. dazu RdNrn 438, 445.

[11] S. dazu § 40 Abs. 1 Satz 1 BLV. Dort ist freilich nur auf „Eignung und Leistung" abgestellt; s. insoweit auch RdNr 170. S. fernerhin RdNr 436.

[12] Vgl. dazu BVerwGE 62, 135; s. auch RdNr 439 f. Der Beurteiler kann die Beurteilungsbeiträge der Fachvorgesetzten des Beamten frei gewichten; NW OVG 27. 7. 1992 – 6 A 2016/91 –.

[13] Zu den Fragen, die im Zusammenhang mit der Aufbewahrung vorbereitender Stellungnahmen auftreten, s. RdNrn 496, 499.

2. Besetzungsberichte und -statements

Vergleichende Stellungnahmen zur Eignung mehrerer Bewerber um ein **429** Amt im statusrechtlichen oder funktionellen Sinne, die gegenüber der personalentscheidenden Stelle abgegeben oder von dieser selbst erarbeitet werden, sind keine dienstlichen Beurteilungen, sondern wertende Betrachtungen eigener Art,[14] deren Bedeutung für die Auswahlentscheidung je nach Lage der Dinge freilich nicht hinter derjenigen der dienstlichen Beurteilungen der Bewerber zurücksteht.[15]

3. Einzelleistungsbewertungen

Die Äußerung des Beurteilers über die fachliche Leistung des Beamten **430** hat immer die Arbeitsergebnisse zum Gegenstand, die dieser während des *Beurteilungszeitraumes*[16] erbracht hat. Die bloße Bewertung von Einzelleistungen – z.B. in Hospitationsberichten über Unterrichtsstunden bei Lehrern – fällt schon deswegen nicht unter den Begriff der dienstlichen Beurteilung.[17]

4. Zwischen- und Abschlußzeugnisse der Beamten auf Widerruf im Vorbereitungsdienst

§ 48 Abs. 2 BayLbV stellt zutreffend klar, daß die Zwischen- und Ab- **431** schlußzeugnisse der Beamten auf Widerruf im Vorbereitungsdienst keine dienstlichen Beurteilungen sind.[18] Während des Vorbereitungsdienstes soll der Laufbahnbewerber (§ 7 Abs. 1 Nr. 3a BBG, § 4 Abs. 1 Nr. 3 BRRG) erst die Befähigung für die Laufbahn erlangen; ob das Ausbildungsziel erreicht ist, wird in den Laufbahnen des mittleren, des gehobenen und des höheren Dienstes durch die *Laufbahnprüfung* festgestellt (§ 17 Nr. 3, § 18 Abs. 1 Nr. 3 und § 19 Abs. 1 Satz 1 Nr. 2 BBG, § 14 Abs. 1 Satz 2 BRRG). Befähigungs- und Eignungsbewertungen, die sich auf das Persönlichkeits- und Leistungsbild des Widerrufsbeamten im Vorbereitungsdienst beziehen,

---

[14] RP OVG, DÖD 82, 92; vgl. auch BVerwG, DVBl 84, 55.

[15] Vgl. Günther, ZBR 84, 161 (162) sowie Verf., Dienstliche Beurteilung, RdNr 88 und NVwZ 89, 435 (zu BVerwG, NJW 89, 538). Des weiteren SH OVG, ZBR 96, 189 (LS). Zu den Fragen, ob den Bewerbern Einsicht in den Besetzungsbericht zu gewähren ist und ob der Besetzungsbericht (ganz oder auszugsweise) zu den Vorgängen gehört, die Inhalt der Personalakten der Bewerber sind, s. RdNrn 496, 499, 517.

[16] S. dazu RdNr 449.

[17] RP OVG, DÖD 82, 92; s. weiterhin Verf., Dienstliche Beurteilung, RdNr 170.

[18] Vgl. auch Braun, DÖD 74, 269 (271); Lässig, DÖV 83, 876; weiterhin Kraß, DRiZ 78, 147. S. ferner § 1 Abs. 3 der baden-württembergischen und § 2 Abs. 3 der sächsischen Beurteilungsverordnung: „Vorschriften über die Beurteilung in Ausbildungs- und Prüfungsordnungen bleiben unberührt."

sind deshalb von vornherein nur *vorläufiger* Natur; sie stehen unter dem inneren Vorbehalt einer sachlichen Korrektur durch das Ergebnis der maßgeblichen Laufbahnprüfung oder – wo eine solche in den Laufbahnen des einfachen Dienstes nicht abgelegt wird[19] – durch die rechtlich gleichwertige „Feststellung" darüber, „ob der Beamte das Ziel des Vorbereitungsdienstes erreicht hat" (§ 18 Abs. 3 Satz 1 BLV).

5. Auslegungszweifel

432 Im Einzelfall kann es durchaus fraglich sein, ob ein Schriftstück, welches eine dienstliche Äußerung über einen Beamten enthält, eine unvollständige oder in sonstiger Weise unzureichende, rechtswidrige dienstliche Beurteilung ist oder ob bereits begrifflich nicht einmal eine dienstliche Beurteilung vorliegt. Entscheidend ist der aus dem Erklärungsinhalt und den Umständen zu erschließende *Wille* der für den Diensherrn nach außen handelnden Person, so wie er sich aus verständiger Sicht des Beamten als des Erklärungsempfängers darstellt; der Bezeichnung des Schriftstückes kommt allenfalls indizielle Bedeutung zu.[20]

II. Beurteilungsarten

433 Je nachdem, ob auf Beurteilungszeitpunkt, -gegenstand oder -form abgestellt wird, ist zwischen
– Regel- und Bedarfsbeurteilung,
– Leistungs-, Befähigungs- und Eignungsbeurteilung oder
– strenggebundener, teilgebundener und freier Beurteilung
zu unterscheiden.

1. Regel- und Bedarfsbeurteilung

434 Regelbeurteilungen werden in regelmäßigen Zeitabständen, zweckmäßiger-, aber nicht notwendigerweise zu Stichtagen, erstellt.[21] Ihnen liegt die

---

[19] Für die Laufbahnen des einfachen Dienstes kann durch Verwaltungsvorschrift (Ausbildungs- und Prüfungsordnung) gleichfalls eine Laufbahnprüfung angeordnet werden; s. auch § 18 Abs. 3 Satz 2 BLV sowie Schröder/Lemhöfer/Krafft, Laufbahnrecht, RdNrn 8 ff. zu § 18 BLV.

[20] Zu den Rechtsfolgen von Auslegungszweifeln, die ihre Ursache im Verantwortungsbereich des Diensherrn haben, vgl. allgemein BVerwGE 41, 305 (306); BVerwG, RiA 86, 278 mit weiteren Nachweisen; s. auch NW OVG, DVBl 79, 732 (733).

[21] S. § 40 Abs. 1 Satz 1 BLV; s. dazu Verf., Dienstliche Beurteilung, RdNr 205 f. sowie NWVBl 87, 7 (8). Vgl. auch BrOVG, NVwZ-RR 89, 31: Der Diensherr sei gehalten, bei der Auswahl zwischen mehreren Bewerbern um ein Beförderungsamt das

Zwecksetzung zugrunde, die Leistungen und Fähigkeiten des Beamten *periodisch* – ohne Bezug auf eine unmittelbar bevorstehende Personalmaßnahme – im Vergleich mit einer größeren Zahl anderer Beamter derselben Laufbahn und Besoldungsgruppe zu bewerten.[22] Bedarfsbeurteilungen werden gefertigt, wenn es „die dienstlichen oder persönlichen Verhältnisse des Beamten erfordern" (§ 40 Abs. 1 Satz 1 BLV), etwa weil dieser

– seine (regelmäßige oder verlängerte) Probezeit beendet,[23]
– ein (weiteres) Beförderungsamt, ein Amt mit leitender Funktion im Beamtenverhältnis auf Probe oder einen höherwertigen Dienstposten erstrebt oder
– ein anderes Tätigkeitsfeld bei derselben Dienstbehörde übernimmt oder abgeordnet oder versetzt wird.[24]

Aus den jeweils einschlägigen Rechts- oder Verwaltungsvorschriften,[25] soweit sie als abschließende Regelungen zu interpretieren sind, lassen sich die zureichenden *Beurteilungsanlässe* im allgemeinen dergestalt entnehmen, daß der Beurteiler gehindert ist, den Beamten aus anderen *dienstlichen* Gründen zu beurteilen.[26] Desungeachtet gebietet die Fürsorge- und Schutzpflicht des Dienstherrn (§ 79 BBG, § 48 BRRG), daß der Beamte auch dann eine Beurteilung erhält, wenn er ein berechtigtes *persönliches* Interesse nachweist. Zu denken ist etwa daran, daß der Beamte zur Zeit der Regelbeurteilung gesundheitlichen Einschränkungen ausgesetzt war, die inzwischen – mit der Folge einer merklichen (nicht nur vorübergehenden) Leistungssteigerung – behoben sind. Ein berechtigtes persönliches Interesse des Beamten, vor Ablauf des Zeitraumes bis zur nächsten Regelbeurteilung ohne konkreten dienstlichen Anlaß erneut beurteilt zu werden, kann sich ferner daraus herleiten, daß er ein Leistungsdefizit, das sich (auch) wegen jahrelanger einseitiger dienstlicher Verwendung eingestellt hatte und das in seiner letzten Re-

435

Ergebnis einer „aktuell anstehenden und im Entwurf bereits vorliegenden" Regelbeurteilung zu berücksichtigen, wenn diese den betreffenden Beamten als besten Mitbewerber ausweise.

[22] Zur Problematik der Vergleichsgruppenbildung s. Fußn 124 und RdNr 462.
[23] S. dazu schon den Hinweis in Fußn 2.
[24] Zu den (möglichen) Vorteilen der Regel- gegenüber der Bedarfsbeurteilung s. Verf., Dienstliche Beurteilung, RdNr 203 f.
[25] Zu den Beurteilungsrichtlinien s. Fußn 1.
[26] S. dazu aber auch Verf., Dienstliche Beurteilung, RdNr 218. Ein unabweisbarer *dienstlicher* Beurteilungsanlaß kann sich auch daraus herleiten, daß die personalentscheidende Behörde bei der Besetzung einer Beförderungsstelle ohne *ad hoc* gefertigte Beurteilungen nicht imstande ist, einen Bewerber*vergleich* vorzunehmen, der dem *aktuellen* Leistungs- und Befähigungsstand sämtlicher Konkurrenten mindestens einigermaßen gerecht wird; s. in diesem Zusammenhang Verf., NWVBl 87, 7 (9). Eine derartige Situation kann namentlich dann vorhanden sein, wenn sich die Regelbeurteilungen nicht nach Stichtagen, sondern nach dem individuellen Werdegang der jeweiligen Beamten bestimmen und/oder wenn die Altersgrenzenausnahme (s. Verf., a. a. O.) von der Regelbeurteilung, gemessen am Erkenntnisbedarf, an ein zu niedrig angesetztes Lebensalter anknüpft.

gelbeurteilung festgehalten worden war, nach einem zwischenzeitlichen Wechsel des Aufgabenkreises hatte überwinden können.[27]

2. Leistungs-, Befähigungs- und Eignungsbeurteilung

436   Die Würdigung der fachlichen Leistung zielt auf die (qualitative und quantitative) Bewertung der dem Beamten zurechenbaren *Arbeitsergebnisse* anhand der Anforderungen des innegehaltenen Amtes.[28] Sie bedeutet mithin eine Meinungsbildung in Richtung auf Vergangenes, das in der Gegenwart weiterwirkt. Die Beurteilung der Befähigung erstreckt sich auf die *Eigenschaften* des Beamten, die für seine dienstliche Verwendung bedeutsam sind.[29] Die Einschätzung der Eignung ist eine im wesentlichen *prognostische Feststellung*. Eine Eignungsbewertung ist unerläßlich,
– wenn die laufbahnrechtliche Probezeit abläuft und
– wenn eine Beförderungsstelle oder ein Beförderungsdienstposten zu besetzen sind oder ein Amt mit leitender Funktion zunächst im Beamtenverhältnis auf Probe übertragen wird.
Im ersten Fall muß die Prognose *laufbahnbezogen* erfolgen: Der (Laufbahn-)Beamte auf Lebenszeit muß allseitig, d.h. auf sämtlichen Tätigkeitsfeldern seiner laufbahnmäßigen Fachrichtung verwendbar sein. In den an zweiter Stelle genannten Fällen hat sich die Prognose auf die Eignung des Beamten für das Beförderungsamt, das Amt mit leitender Funktion oder den Beförderungsdienstposten zu beziehen.[30]

---

[27] S. auch Verf., Dienstliche Beurteilung, RdNr 206.

[28] Grundsätzlich ist unter „Amt" in diesem Zusammenhang das statusrechtliche Amt zu verstehen; BVerwG, ZBR 81, 197, ZBR 81, 315 und DVBl 81, 1062 sowie BayVGH 8. 4. 1987 – 3 B 86.01404 –, abgedr. bei Schütz, BR, ES/D I 2 Nr. 33, und RP OVG, DÖV 97, 881 (882) mit weiteren Nachweisen. Vgl. auch Kübler, DÖV 84, 92 (94) sowie Verf., Dienstliche Beurteilung, RdNr 267. Zum Begriff des statusrechtlichen Amtes s. RdNr 48 f. dieser Arbeit. Vgl. weiterhin BayVGH 17. 10. 1984 – 3 B 83 A. 31 – (abgedr. bei Klinkhardt, Dienstliche Beurteilungen, Beförderungsentscheidungen, Dienstpostenbewertungen, S. 403) und BayVGH 8. 4. 1987 – 3 B 86.01404 –, a.a.O.: Sobald der Beamte befördert sei, falle er ohne Rücksicht darauf, wie kurz die danach bis zum Beurteilungsstichtag verbleibende Zeit ist, aus dem Kreis der vor der Beförderung mit ihm zu vergleichenden Beamten heraus und trete in den Kreis der nunmehr mit ihm zu vergleichenden Beamten des *Beförderungsamtes* ein. Das Anlegen eines höheren Maßstabes werde, wenn der beförderte Beamte seine Leistungen nicht mehr gesteigert habe, regelmäßig dazu führen, daß die Beurteilung im neuen Amt schlechter ausfalle als diejenige im vorangegangenen, niedriger eingestuften Amt. Zur Vergleichbarkeit der Beurteilung eines Beamten und derjenigen eines Angestellten, dessen Eingruppierung in eine Vergütungsgruppe der Besoldungsgruppe des Beamten entspricht (s. § 11 Abs. 2 BAT), vgl. OVG Lüneburg, NVwZ 96, 501.

[29] S. dazu Verf., Dienstliche Beurteilung, RdNr 228 f.

[30] Eine Eignungsbewertung mit dem Ziel, eine Rangfolge unter mehreren Bewerbern aufzustellen, muß nicht in Beurteilungsform abgegeben werden; s. dazu Verf., Dienstliche Beurteilung , RdNr 231. Die aus Anlaß einer Bewerbung von der Dienst-

3. Strenggebundene, teilgebundene und freie Beurteilung

Bei der strenggebundenen Beurteilung ist nicht nur vorgeschrieben, zu **437** welchen Einzelmerkmalen sich der Beurteiler zu äußern hat; ihm sind vielmehr auch nicht erweiterungsfähige oder modifizierbare Kataloge mit beschreibenden Bewertungsmöglichkeiten oder gar Punktsysteme vorgegeben. Ferner hat er das Gesamturteil einer Skala zu entnehmen, die ebenfalls eine abschließende Aufzählung enthält. Bei der freien Beurteilung bestimmt der Beurteiler innerhalb des durch Gesetz oder Verordnung abgesteckten Rahmens in jeder Beziehung selbstverantwortlich über die Beurteilungsmerkmale, zu denen er sich äußert, über die Fassung etwaiger Gesamturteile und über die Form der Darstellung. Die teilgebundene Beurteilung bewegt sich zwischen den vorerwähnten beiden Extremen: Bei diesem Beurteilungstyp sind gewöhnlich nur verbindliche Gesamturteilsstufen festgelegt und Einzelmerkmale zusammengestellt, über die sich der Beurteiler – mindestens – mit eigenen Worten aussprechen soll. Die Vorteile der teilgebundenen gegenüber der freien Beurteilung sind einerseits darin zu erblicken, daß (nur) jene eine hinreichende Aussagedichte sowie die Vergleichbarkeit von Gesamturteilen gewährleistet, die verschiedene Beurteiler eines Verwaltungsbereichs oder -bezirks ausbringen. Andererseits vermeidet sie die Gefahr schablonenhaft verkürzter Klassifizierung individueller menschlicher Eigenschaften, Fähigkeiten und Verhaltensweisen, die auch bei einer nicht-arithmetisierten strenggebundenen Beurteilung bestehen kann.[31, 32]

III. Beurteilungsverfahren

1. Zuständigkeit

Nach Ansicht des BVerwG[33] hat der Dienstherr im Rahmen seiner orga- **438** nisatorischen Gestaltungsfreiheit zu bestimmen, *durch wen* er die Aufgabe

---

stelle eines Beamten neben der dienstlichen (Leistungs-)Beurteilung vorgelegte Stellungnahme zu seiner Eignung für das erstrebte Amt (im statusrechtlichen oder funktionellen Sinne) verliert mit der Auswahlentscheidung ihre unmittelbare rechtliche Bedeutung, so daß ihre „Aufhebung" in der Regel nicht mehr verlangt werden kann; vgl. NW OVG, DÖD 91, 118.

[31] S. dazu Verf., Dienstliche Beurteilung, RdNrn 234 ff.

[32] Formblätter (Beurteilungsbögen) müssen sich stets daran messen lassen, ob sie bei Beachtung der Anleitung zu ihrer Handhabung in der Praxis einen Gebrauch dergestalt erlauben, daß Leistung, Befähigung und/oder Eignung eines jeden Beamten, dessen Beurteilung sie zugrunde gelegt werden sollen, individualisierend beschrieben und bewertet werden können. Vgl. dazu NW OVG, DÖD 77, 226, aber auch BVerwG, DVBl 86, 951; s. weiterhin Verf., Dienstliche Beurteilung, RdNr 239 f.

[33] DVBl 86, 951 und ZBR 86, 330.

der dienstlichen Beurteilung wahrnimmt:[34] Zwar sei die Beurteilung durch den Dienstvorgesetzten (§ 3 Abs. 2 Satz 1 BBG)[35] die Regel; rechtlich zwingend sei sie aber nicht. Dem dürfte zuzustimmen sein, soweit es sich um die (generelle)[36] Inanspruchnahme eines *Vorgesetzten* als Beurteiler handelt. Bedenklich ist dagegen die Auffassung des BVerwG, daß es auch zulässig sein könne, „einen anderen, der selbst nicht Vorgesetzter des zu Beurteilenden ist, mit der tatsächlichen Abgabe der Beurteilung" zu betrauen.[37] Sie wird der Bedeutung der dienstlichen Beurteilung nicht gerecht und ist rechtspolitisch nicht akzeptabel.[38] Außerdem besteht angesichts der Möglichkeit des Dienstvorgesetzten oder eines zur Beurteilung berufenen (Fach-)Vorgesetzten, sich vorbereitend der Hilfe anderer zu bedienen, keine Notwendigkeit, das Feld potentieller Beurteiler so weit zu fassen.[39]

2. Erkenntnisquellen

439 Als Erkenntnisquellen des Beurteilers kommen neben status- oder dienstpostenbezogenen Vorgaben[40] in Betracht:
- (unmittelbar) eigene Tatsachenfeststellungen,
- Tatsachenfeststellungen Dritter und
- Werturteile Dritter.[41]

---

[34] Einem Angestellten darf die Aufgabe, Beamte zu beurteilen, nicht übertragen werden, wenn er keine beamtenrechtliche Befähigung besitzt; BW VGH 21. 9. 1982 – 4 S 1807/80 –, abgedr. bei Schütz, BR, ES/A II 1.2 Nr. 1.

[35] Unmittelbarer Dienstvorgesetzter des Beamten ist gewöhnlich der Leiter seiner Beschäftigungsbehörde; GKÖD I, RdNr 7 zu § 3 BBG.

[36] Jedenfalls ist eine *allgemeine* Regelung unerläßlich. Sie kann durch Rechtsnorm oder durch Verwaltungsvorschrift der obersten Dienstbehörde erfolgen. Eine schlichte Beauftragung durch den Dienstvorgesetzten reicht nicht aus, die Beurteilungszuständigkeit des Fachvorgesetzten zu begründen; s. dazu Verf., Dienstliche Beurteilung, RdNr 241. Zur Bestimmung von Zuständigkeiten durch Verwaltungsvorschrift s. SH OVG, ZBR 95, 46.

[37] ZBR 86, 330. Dazu krit. Verf., NWVBl 87, 7 (12) sowie Schröder/Lemhöfer/Krafft, Laufbahnrecht, RdNr 7 zu § 41 BLV. Zur Beurteilung eines Beamten, der sich in mehreren Unterstellungsverhältnissen befindet, s. NW OVG, DÖD 91, 210.

[38] S. dazu Verf., Dienstliche Beurteilung, RdNrn 251 ff.

[39] "Jede Beurteilung legt ... zugleich Zeugnis ab von der Qualität und der Souveränität des Beurteilers. Eine sachgerechte Einführung und Schulung im Beurteilungswesen ist deshalb eine besonders bedeutsame Maßnahme der dienstlichen Fortbildung." (Schröder/Lemhöfer/Krafft, Laufbahnrecht, RdNr 7 zu § 41 BLV).

[40] S. dazu Verf., Dienstliche Beurteilung, RdNr 267 f.

[41] Vgl. BVerwG, ZBR 87, 15 (Hinzuziehung von Fachberatern durch den Beurteiler bei Unterrichtsbesichtigungen von Lehrern): Entscheidend sei, daß sich die Verantwortlichkeit für die Beurteilung durch die Beteiligung Dritter nicht verschiebe. Die Beurteilung müsse vom zuständigen Beurteiler ausgehen und ein ihm zurechenbares Urteil über den Beamten bleiben. S. auch BVerwG, Buchholz 232.1 § 40 BLV Nr. 12: Für die Erstellung einer dienstlichen Beurteilung gibt es kein Erfordernis einer „speziellen Sachkunde". Die Ergebnisse einer psychologischen Begutachtung darf sich der Dienstherr zu eigen machen und als „Beitrag zu seinem eigenen umfassenden Eig-

Die Reihenfolge der Aufzählung spiegelt eine *Rangfolge* wider.[42]

Verfügt der Beurteiler nicht über – zulängliche – eigene Wahrnehmungen **440** und Eindrücke aus einer Zusammenarbeit mit dem Beamten oder aus sonstigem Kontakt zu ihm,[43] so ist er – daneben – auf mündliche oder schriftliche Berichte (vorbereitende Stellungnahmen) Dritter[44] angewiesen. Soweit nicht durch Beurteilungsrichtlinien[45] eine schriftliche Berichterstattung vorgeschrieben ist, steht es im pflichtgemäßen Ermessen des Beurteilers, ob er mündlichen oder schriftlichen Äußerungen den Vorzug gibt oder sich teils auf schriftliche, teils auf mündliche Berichte Dritter stützt.[46]

3. Anhörung des Beamten

Auf Grund der Fürsorge- und Schutzpflicht des Dienstherrn[47] hat der **441** Beurteiler dem Beamten Gelegenheit zur Stellungnahme zu geben, bevor er in einer dienstlichen Beurteilung aus einem Sachverhalt ungünstige Schlüsse ableitet.[48] Der Beurteiler braucht die Anhörung nicht selbst vorzunehmen. Er darf jedoch solche Personen hiermit nicht betrauen, die an den Vorgängen, die dem Beamten zur Last gelegt werden, beteiligt waren oder bei denen ein vernünftiger, d.h. objektiv faßbarer Grund für die Annahme einer Voreingenommenheit vorhanden ist.[49] Zu ungünstigen Werturteilen muß

nungsurteil" im Zusammenhang mit der Auswahl von Beamten für den Laufbahnaufstieg verwerten. Die ihm insoweit zustehende Beurteilungsermächtigung selbst darf er aber nicht übertragen (BVerwGE 80, 224).

[42] S. dazu Verf., Dienstliche Beurteilung, RdNr 257.

[43] Der Beurteiler kann auch Akten (Vorgänge) einsehen, aus denen die Arbeitsweise des zu Beurteilenden und die Güte seiner Arbeit erkennbar wird; vgl. BVerwGE 62, 135; BVerwG, ZBR 80, 290 (r. Sp.); s. auch NW OVG, DÖD 80, 277. Weiterhin BVerwG, Buchholz 232.1 § 40 BLV Nr. 12: „Die Abfassung einer dienstlichen Beurteilung setzt nicht voraus, daß der Beurteiler die Eignung und Leistung des Beurteilten aus eigener Anschauung während des gesamten Beurteilungszeitraumes kennt." Diese Aussage ist freilich insofern mißverständlich, als sie den Eindruck erweckt, daß der Beurteiler in der Lage sein müsse, sich wenigstens in bezug *auf einen Teil* des Beurteilungszeitraumes „aus eigener Anschauung" ein Bild über den Beurteilten zu machen. In Wahrheit ist *auch das* nicht unerläßlich (wenn auch vorteilhaft).

[44] Vgl. dazu BVerwGE 62, 135; NW OVG, DÖD 80, 277; s. schon RdNr 427.

[45] S. auch Fußn 1.

[46] BayVGH, ZBR 82, 375.

[47] S. dazu RdNr 374.

[48] BVerwGE 38, 336; 43, 255; BGHZ 22, 258 (266 f.); BDH, RiA 62, 272; NW OVG, ZBR 72, 376; s. auch Verf., ZBR 81, 301 (305) sowie Günther, ZBR 84, 353 (358 ff.). Bei zwei- oder mehrstufig angelegten Beurteilungsverfahren (s. dazu RdNr 445) trifft die Anhörungspflicht auch den Beurteiler der höheren Stufe, der beabsichtigt, *erstmalig* eine ungünstige Behauptung tatsächlicher Art aufzunehmen oder zu verwerten; vgl. Pickuth, RiA 78, 21 (23).

[49] Vgl. BVerwG, Buchholz 421.0 Prüfungswesen Nr. 72. NW OVG, ZBR 72, 376 stellt für den Fall, daß keine Niederschrift über die Anhörung gefertigt wird, darauf ab, ob aus der Sicht des Beamten eine Besorgnis der Befangenheit besteht; vgl. aber auch NW OVG 3. 6. 1981 – 1 A 2698/79 –; s. ferner RdNr 478.

der Beamte auch im Zusammenhang mit der Erstellung einer dienstlichen Beurteilung nicht angehört werden.[50] Will der Beurteiler den Eindruck vermeiden, daß er sich berechtigten Einwänden entziehe, wird er allerdings nicht engherzig verfahren und den Beamten auch dann anhören, wenn es zweifelhaft ist, ob es im Einzelfall um Tatsachenstoff oder um ein Werturteil geht.[51]

4. Bekanntgabe (Eröffnung) der Beurteilung

442   Nach § 40 Abs. 1 Satz 2 BLV ist die Beurteilung dem Beamten „in ihrem vollen Wortlaut zu eröffnen". Dazu genügt es zumeist nicht, daß dem Beamten die dienstliche Beurteilung zum Lesen überlassen wird;[52] vielmehr ist die Aushändigung oder Zusendung einer Beurteilungsabschrift normalerweise unerläßlich.[53] Zwischen der Bekanntgabe (Eröffnung) und einer Besprechung der Beurteilung[54] sollte eine Frist von (mindestens) zwei Tagen liegen, während deren der Beamte sich eingehend mit der Beurteilung befassen kann.[55, 56]

5. Besprechung der Beurteilung

443   § 40 Abs. 1 Satz 2 BLV schreibt außerdem eine Beurteilungsbesprechung vor. Diese setzt voraus, daß die (fertige) Beurteilung dem Beamten zuvor bekanntgegeben worden ist und daß sie als solche den Gegenstand der Unterredung zwischen Beurteiler und Beurteiltem bildet.[57] Personalführungsgespräche (Förderungs- und Beratungsgespräche) während des Beurteilungs-

---

[50] Zu § 90 b BBG, § 56 b BRRG s. RdNrn 528 ff. Freilich können die Beurteilungsrichtlinien vorschreiben, daß der Beurteiler vor Erstellung der Beurteilung mit dem Beamten ein Gespräch *über den Inhalt* (also sowohl über etwaige tatsächliche Feststellungen als auch über Wertungen) zu führen hat. Ein Verfahrensverstoß, der solchenfalls darin liegt, daß das „Beurteilungsgespräch" nicht stattgefunden hat, soll nach RP OVG, ZBR 92, 210 durch die ordnungsgemäße Eröffnung analog § 45 Abs. 1 Nr. 3 VwVfG „geheilt" werden.

[51] Vgl. Verf., NWVBl 87, 7 (12).

[52] Vgl. aber BVerwGE 46, 337.

[53] S. auch Verf., Dienstliche Beurteilung, RdNr 292.

[54] S. dazu RdNr 443 f.

[55] Vgl. Schaefer, ZBR 83, 173 (177). S. auch BayVGH, ZBR 86, 121 (Fristbestimmung als Ordnungsvorschrift).

[56] Ist eine rechtlich verselbständigte Überbeurteilung abzugeben (s. dazu RdNr 445), muß dem Beamten die Erstbeurteilung zur Kenntnis gegeben werden, bevor sie dem Beurteiler der höheren Stufe – unter Umständen mit einer Gegenäußerung des Beamten – zugeleitet wird.

[57] Der Personalrat kann nach Bundesrecht auch dann nicht beanspruchen, daß eines seiner Mitglieder an der Beurteilungsbesprechung teilnimmt, wenn der Beamte dies beantragt; BVerwGE 67, 58; vgl. auch Ruppert, PersV 85, 409 (424).

zeitraumes fallen deshalb von vornherein nicht unter den Begriff der Beurteilungsbesprechung.[58,59]

Die Besprechung der Beurteilung „gibt dem Dienstherrn Gelegenheit, **444** dem Beamten die Ergebnisse der dienstlichen Beurteilung sowie einzelne Werturteile und ihre Grundlagen näher zu erläutern".[60] Ziel der „Erläuterung" eines Werturteils in der Beurteilungsbesprechung muß es sein, daß dieses „keine formelhafte Behauptung bleibt, sondern daß es für den Beamten einsichtig ... wird"; der Beamte soll „die Gründe und Argumente des Dienstherrn erfahren", „der Weg, der zu dem Urteil geführt hat", soll für ihn „sichtbar" werden.[61,62] Die „Erläuterung" eines „allgemein und pauschal formulierten Werturteils" kann „durch Anführen von tatsächlichen Vorgängen, aber auch von weiteren (Teil-)Werturteilen erfolgen".[63] Der Beurteiler sollte gegebenenfalls sowohl den Mut haben, dem Beamten zu erklären, daß er ein bestimmtes Werturteil nicht auf ein konkretes Vorkommnis, sondern auf einen *Gesamt*eindruck stütze, als auch je nach Lage der Dinge einräumen, daß er es nicht weiter durch *Teil*werturteile aufzufächern vermöge. Das Verlangen, daß der Beurteiler verpflichtet werde, seine Wertungen durch die Angabe von Tatsachen zu stützen, mißachtet, soweit es uneingeschränkt, d. h. im Blick auf jedwede Wertung, erhoben wird, grundlegende, nicht zur juristischen Disposition stehende erkenntnistheoretische Grenzen der Möglichkeit rationaler Begründung normativer Aussagen; soweit es auf die Fundierung lediglich tendenziell negativer Wertungen eingeschränkt wird, kollidiert es unvermeidlich mit dem von Verfassungs und Gesetzes wegen vorgegebenen Rahmen.[64]

6. Mehrstufiges Beurteilungsverfahren

Das Beurteilungsverfahren kann, sei es auch nur durch Verwaltungsvor- **445** schrift der obersten Dienstbehörde,[65] von vornherein und generell zwei- oder

---

[58] S. dazu Verf., Dienstliche Beurteilung, RdNr 297 mit weiteren Nachweisen; vgl. auch BayVGH, ZBR 82, 375. Ob Personalführungsgespräche notwendig sind, hat das BVerwG (ZBR 86, 330) offengelassen.

[59] Zum Besprechungsverzicht s. Verf., Dienstliche Beurteilung, RdNr 300.

[60] BVerwGE 60, 245 (251).

[61] BVerwGE 60, 245 (251 f.).

[62] Zur Rechtsprechung des BVerwG vgl. Becker, ZBR 82, 258 (265); Günther, ZBR 81, 77 (79 Anm. 24) und ZBR 84, 353 (364 ff.); Klinkhardt, a. a. O. (Fußn 28), S. 63 ff.; Suckro, DÖD 83, 54 sowie Verf., Dienstliche Beurteilung, RdNrn 301, 318 ff., 440 ff.

[63] BVerwGE 60, 245 (251).

[64] Dazu im einzelnen Verf., RiA 90, 120 (122 ff.) mit weiteren Nachweisen.

[65] Vgl. BVerwG, DVBl 86, 951; NW OVG, DÖD 80, 277. Da § 40 Abs. 1 BLV nichts darüber aussagt, *wer* zu beurteilen hat, steht er der Einführung *mehrstufiger* Beurteilungsverfahren nicht entgegen (a. A. Günther, ZBR 84, 353 [356]). Die Dienstaufsicht als solche beinhaltet keine Änderungsbefugnis (Krützmann, ZBR 82, 41; a. A. Zapf, PersV 80, 493; vgl. auch Schütz, PersV 60, 265); sie ermöglicht es aber, daß der höhere Dienstvorgesetzte durch Weisungen auf gleichmäßige Beurteilungskriterien

mehrstufig angelegt sein. Hat ein höherer Dienstvorgesetzter (oder Vorgesetzter[66]) eine rechtlich verselbständigte Überbeurteilung zu fertigen, so darf er – unbeschadet seiner Pflicht, Eignung, Befähigung und fachliche Leistung des Beamten eigenverantwortlich umfassend zu bewerten[67] – von der Erstbeurteilung nur abweichen, wenn er dies im Interesse der Durchsetzung einheitlicher Beurteilungsmaßstäbe für seinen gesamten Dienstbereich als geboten erachtet[68] oder wenn er auf Grund eigener Wahrnehmungen und Eindrücke oder indirekter Erkenntnisquellen[69] im Einzelfall selbst zu einer – anderen – Einschätzung des Beamten in der Lage ist.[70] Bloße – nicht ausgeräumte – Zweifel an der Richtigkeit der Erstbeurteilung rechtfertigen keine Abweichung.[71] Stellen sich Erst- und Überbeurteilung als zwei rechtlich selbstständige Beurteilungen dar,[72] so ist dem höheren Dienstvorgesetzten (Vorgesetzten) eine Rückgabe der Erstbeurteilung zum Zwecke der Überprüfung oder Änderung durch den Erstbeurteiler versagt;[73] er hat seine ab-

---

und deren einheitliche Handhabung durch die nachgeordneten Behördenleiter hinwirkt (NW OVG 13. 5. 1982 – 6 A 1591/80 –; bestätigt durch BVerwG, DVBl 86, 951). Vgl. weiterhin BayVGH, BayVBl 70, 220: Die vorgesetzte Dienstbehörde könne in Anbetracht ihres größeren Überblicks und zur Erzielung eines möglichst einheitlichen Beurteilungsmaßstabes den Beurteilern allgemeine Richtlinien für die Erstellung der Beurteilungen geben. So wenig der Dienstaufsichtsbehörde als solcher einerseits eine *Änderungs*befugnis zusteht, so wenig ist es andererseits rechtlich zu beanstanden, wenn Beurteilungen bei *Rechtsverstößen* im Wege der Dienstaufsicht *aufgehoben* werden (vgl. BVerwG, DVBl 86, 942: Es sei rechtlich unbedenklich, daß ein Beurteilungssystem neben der Korrektur einer Beurteilung durch eigenständige Beurteilungen höherer Vorgesetzter diesen und den personalführenden Stellen die Möglichkeit einräume, Beurteilungen bei Rechtsverstößen auch im Wege der Dienstaufsicht aufzuheben.). Zu diesem Problemkreis NW OVG, DÖD 93, 64 und OVG Lüneburg, ZBR 95, 383 (LS) sowie Allgaier, ZBR 92, 369.

[66] S. dazu RdNr 438.

[67] NW OVG, DÖD 80, 277.

[68] Vgl. BVerwG, NJW 85, 1095; BayVGH 15. 11. 1978 – 296 III 77 –, zit. nach Hacker, BayVBl 79, 449 (458); s. auch Schröder/Lemhöfer/Krafft, Laufbahnrecht, RdNr 8 zu § 41 BLV.

[69] S. dazu RdNr 439 f.

[70] NW OVG, DVBl 73, 581 und DÖD 80, 277; vgl. weiterhin BGH, DRiZ 76, 382: Der höhere Dienstvorgesetzte habe keine „Berichtigungskompetenz". Zu einer Fehlgewichtung von Beanstandungen, die bei der Durchsicht einiger vom Beamten bearbeiteter Akten durch den *höheren* Dienstvorgesetzten festgestellt worden sind und sich auf dessen *Über*beurteilung ausgewirkt haben, s. NW OVG, DÖD 93, 62. Zu den Anforderungen an die Begründung einer Änderung von Ausprägungsgraden in der freien Beschreibung einer Beurteilung durch den zur Beurteilung Stellung nehmenden nächsthöheren Vorgesetzten vgl. BVerwG, ZBR 91, 373.

[71] BayVGH, BayVBl 77, 465.

[72] S. hierzu Verf., RiA 90, 120 f.

[73] Anders BayVGH 3. 11. 1978 – 267 III 77 –, zit. nach Hacker, BayVBl 79, 449 (458) für das Überprüfungsverfahren nach § 53 Abs. 2 Satz 1 BayLbV; vgl. auch BVerwG, Buchholz 237.1 Art. 19 BayBG 60 Nr. 2. S. überdies BVerwG, NJW 85, 1095: Erstbeurteilung und Überprüfungsentscheidung (nach § 53 Abs. 2 Satz 1 BayLbV) ergäben „zusammen die dienstliche Beurteilung im Rechtssinne". S. schließlich

weichenden tatsächlichen Erkenntnisse und/oder seine abweichende Bewertung vielmehr (nur) in der Überbeurteilung darzulegen.[74]

7. Aufnahme der Beurteilung in die Personalakte

Die dienstliche Beurteilung muß unabhängig davon, ob dies eigens durch **446** Gesetz oder Verordnung[75] bestimmt ist,[76] in die Personalakte aufgenommen werden. Hat die Beurteilungsbesprechung eine Korrektur der Beurteilung zur Folge, so darf diese grundsätzlich nicht mehr in der ursprünglichen, sondern nur noch in der neuen Fassung zu der Personalakte gelangen.[77]

IV. Beurteilungsinhalt

Innerhalb der durch Gesetz, Verordnung oder selbstbindende Verwal- **447** tungsvorschrift gezogenen Grenzen kann der Beurteiler nach pflichtgemäßem *Ermessen* darüber befinden, ob er in der dienstlichen Beurteilung
– einzelne Sachverhalte aufgreift[78] und aus ihnen (in Richtung auf Einzelmerkmale oder das Gesamturteil) wertende Schlußfolgerungen zieht,
– nur Werturteile ausspricht, die nicht auf konkreten Vorkommnissen, sondern auf einer Vielzahl von Beobachtungen und Eindrücken beruhen, oder
– beide Möglichkeiten miteinander verbindet.[79]

Wozu sich der Beurteiler auch immer entschließt, stets muß er seine *wahre* **448** Auffassung über Eignung, Befähigung und fachliche Leistung des Beamten in unparteiischer Gewissenhaftigkeit hinreichend differenziert und deutlich[80] niederlegen, so daß die Beurteilung der Personalverwaltung als

---

BayVGH, ZBR 84, 374 (zur Überprüfung einer dienstlichen Beurteilung durch die vorgesetzte Dienstbehörde und zur Aufhebung oder Änderung einer überprüften dienstlichen Beurteilung) und RP OVG, DÖD 86, 252 sowie Verf., RiA 90, 120 f.

[74] Vgl. Klinkhardt, a. a. O. (Fußn 28), S. 20 ff.

[75] S. dazu Verf., Dienstliche Beurteilung, RdNrn 2 ff., 27 ff.

[76] S. RdNr 373 sowie BVerwG, DVBl 80, 457 und ZBR 81, 341.

[77] Vgl. Günther, ZBR 76, 144 (145); Riedmaier, RiA 77, 141 (144); s. aber auch Verf., Dienstliche Beurteilung, RdNr 307, insbesondere Anm. 212.

[78] Ein Ereignis („historischer Einzelvorgang") scheidet als Basis für einen Eignung, Befähigung oder fachliche Leistung betreffenden Wertungsakt aus, falls es (er) sich außerhalb des Dienstes zugetragen hat und nicht mit den dienstlichen Aufgaben des Beamten in Zusammenhang steht. Eine „situationsbedingte oder zufällige Verhaltensweise" (Pickuth, RiA 77, 221 [224]) hat gleichfalls außer Betracht zu bleiben; vgl. auch Schütz, DÖD 71, 121 (123).

[79] BVerwGE 60, 245.

[80] S. dazu BVerwG, ZBR 92, 374: Der Text einer Beurteilung müsse (ohne spätere Erläuterungen) geeignet sein, „Dritte in den Stand zu setzen, sich ein klares Bild von dem Leistungsvermögen und den charakterlichen Eigenarten des Beurteilten zu machen".

brauchbare Unterlage für sachgerechte Einsatz- und Ausleseentscheidungen dienen kann.[81]

1. Beurteilungszeitraum und Aufgabenbereiche

449　　Der Beurteilungszeitraum und die vom Beamten währenddessen wahrgenommenen Aufgaben[82] müssen aus der dienstlichen Beurteilung – notfalls im Zusammenhang mit dem übrigen Personalakteninhalt – eindeutig zu entnehmen sein.[83] Die Feststellungen zu den Einzelmerkmalen und die Gesamturteile haben die innerhalb des *ganzen* Beurteilungszeitraumes gezeigten Fähigkeiten und Leistungen des Beamten zu erfassen.[84, 85] Dies heißt al-

---

[81] Vgl. NW OVG, ZBR 72, 376. Als „Hilfsmittel" für eine sachgerechte Personalsteuerung und -auslese hat die Beurteilung neben den Leistungen des Beamten nur solche Eigenschaften (Befähigungsmerkmale) zu bewerten, die in Würdigung des Einsatz- und Auslesezweckes (s. dazu RdNr 424) mindestens Bedeutung erlangen *können*. S. auch Verf., Dienstliche Beurteilung, RdNrn 179 ff.

[82] In die Aufgabenbeschreibung sind grundsätzlich nur die Tätigkeiten aufzunehmen, die der Beamte während des Beurteilungszeitraumes im *Hauptamt* versehen hat. *Nebentätigkeiten* im öffentlichen Dienst, die er auf Verlangen seines Dienstherrn übernommen hat (vgl. § 64 BBG), *können* vermerkt werden; falls sie der Beurteiler in seine wertenden Erwägungen zu Einzelmerkmalen oder zum Gesamturteil einbezieht, *sind* sie aufzuführen. Zur Berücksichtigung einer nebenamtlichen Tätigkeit bei der Beurteilung RP OVG, ZBR 93, 90 mit abl. Anm. Zängl. Die auch nur vorübergehende Wahrnehmung eines *höherwertigen* Dienstpostens muß im Beurteilungstext erwähnt (und bei der Bewertung der Leistungen und der Befähigung berücksichtigt) werden, wenn sie sich auf einen nicht ganz unbedeutenden Zeitraum erstreckt hat; VG Frankfurt, DÖD 94, 69.

[83] Vgl. BVerwG, DÖD 83, 31 und NJW 85, 1095; NW OVG, DÖD 80, 277; s. auch § 4 Abs. 2 der baden-württembergischen und § 5 Abs. 1 der sächsischen Beurteilungsverordnung sowie § 51 Abs. 1 BayLbV. Zum Beurteilungszeitraum bei *Teilzeitbeschäftigung* BayVGH 30. 1. 1986 – 3 B 85 A.1620 –, abgedr. bei Schütz, BR, ES/D I 2 Nr. 22. Über einen Beamten, der als *Personalratsmitglied* von seiner dienstlichen Tätigkeit freigestellt worden ist, kann in bezug auf den Freistellungszeitraum keine dienstliche Beurteilung abgegeben werden; VG des Saarlandes, ZBR 88, 397. S. dazu des weiteren SOVG, ZBR 93, 130.

[84] NW OVG, DÖD 80, 277; vgl. auch BayVGH 30. 4. 1976 – 182 III 73 – und 7. 12. 1978 – 310 III 77 –, zit. nach Hacker, BayVBl 79, 449 (458) sowie BayVGH 10. 10. 1985 – 3 B 84 A.2140 – (abgedr. bei Klinkhardt, a. a. O. [Fußn 28], S. 412). S. weiterhin Verf., Dienstliche Beurteilung, RdNrn 321 ff. *Unwesentliche* zeitliche Lücken sind unschädlich; vgl. BayVGH, ZBR 82, 375, jedoch auch NW OVG, RiA 97, 45. Auch die vorbereitenden Stellungnahmen von Vorgesetzten müssen sich auf den Beurteilungszeitraum beziehen; BVerwG, DÖD 83, 31. Sehr bedenklich RP OVG, DÖV 83, 125 (LS): Es sei „sachlich geboten, grundsätzlich die am Ende des Beurteilungszeitraumes gezeigten Leistungen stärker zu gewichten als frühere Leistungen"; grundsätzlich reiche es aus, wenn der Beurteiler am Ende des Beurteilungszeitraumes ausreichend Gelegenheit gehabt habe, sich selbst „umfassende Kenntnis von der Arbeitsweise, den Fähigkeiten und der Persönlichkeit des Beamten" zu verschaffen. Krit. dazu Verf., Dienstliche Beurteilung, RdNrn 324 ff.

[85] Zur Einbeziehung einer Dienstzeit als Beamter (Richter) auf Probe in den Beur-

lerdings nicht, daß fachliche oder sonstige Mängel in der Dienstausübung, die der Beamte – unter Umständen nach Hinweis – während des Beurteilungszeitraumes abgestellt hat, aus Gründen falsch verstandener „Vollständigkeit" (als solche) in der dienstlichen Beurteilung noch erwähnt werden müßten.

Für die Regelbeurteilung kommt es auf die (normale) Beurteilungsperiode **450** an, es sei denn, der Beamte ist unterdessen befördert worden; da bei der Regelbeurteilung die Anforderungen des im Beurteilungszeitpunkt innegehaltenen statusrechtlichen Amtes maßgeblich sind,[86] *verkürzt* sich der Beurteilungszeitraum dann auf die Zeit seit der Beförderung.[87] Eine „Beurteilungslücke" entsteht nur, wenn der Beförderung keine Bedarfsbeurteilung vorausgegangen ist, in der die bis dahin erbrachten Leistungen und das daraus resultierende Befähigungsprofil (unter Zugrundelegung der Anforderungen des *früheren* Statusamtes) gewürdigt worden sind. Sofern man hierin einen Mangel erblicken will,[88] so ist dieser systemimmanent (und damit nur bei Änderung des Systems vermeidbar). Entgegen der Meinung des NW OVG[89] kann es keine Bewertung von Einzelleistungs- und -befähigungsmerkmalen geben, die „unabhängig von dem Anforderungsprofil eines bestimmten statusrechtlichen Amtes" wäre. Eine Bewertung ohne *konkreten* Bezugsrahmen ist phänomenologisch nicht möglich; dieser muß sowohl in Sicht auf die Einschätzung sämtlicher Einzelmerkmale als auch bezüglich des Gesamturteils während des *ganzen* Beurteilungszeitraumes identisch sein *und bleiben*. Andernfalls ist ein „Beurteilungssplitting" rechtlich unvermeidlich.[90]

2. Einzelmerkmale

Als Einzelmerkmale, auf die sich die dienstliche Beurteilung *allgemein* er- **451** strecken soll, sind in den Laufbahnverordnungen und in Beurteilungsrichtlinien im wesentlichen – sinngemäß – angesprochen:
– Charakter, geistige Veranlagung und Bildungsstand,[91]
– Fachkenntnisse,
– praktische Anwendung des fachlichen Wissens und Arbeitserfolg in qualitativer und quantitativer Hinsicht,

---

teilungszeitraum einer Regelbeurteilung als Beamter (Richter) auf Lebenszeit vgl. BVerwG, DVBl 84, 1221.
[86] S. dazu Fußn 28.
[87] Verf., Dienstliche Beurteilung, RdNr 322.
[88] In diesem Sinne RP OVG, RiA 97, 256.
[89] 21. 12. 1992 – 6 A 2337/91 –.
[90] A.A. anscheinend BVerwG, ZBR 94, 54; dazu Verf., Dienstliche Beurteilung, RdNr 322, insbes. Anm. 14.
[91] Zur Frage, inwieweit der Dienstherr bei der Regelbeurteilung eines Zolloberinspektors dessen „allgemeine Bildung" berücksichtigen muß, vgl. BrOVG, ZBR 85, 82.

– soziales Verhalten[92] sowie
– Gesundheitszustand und Belastbarkeit.

Je nach Laufbahngruppe und Verwaltungszweig können weitere *besondere* Bewertungsgesichtspunkte hinzukommen, etwa
– Vorgesetztenqualifikation,
– Zuverlässigkeit,
– Denk-, Urteils- und Ausdrucksfähigkeit,
– Planungs- und Organisationsvermögen sowie
– Verhandlungsgeschick.

452 Der Sache nach ist zwischen Leistungsmerkmalen bzw. -merkmalgruppen (Arbeitsmenge, Arbeitsweise, Arbeitsgüte und Führungserfolg)[93] und Befähigungsmerkmalen (z.B. Lernfähigkeit, Merkfähigkeit, Ausdrucksfähigkeit, Organisationsfähigkeit und Kontaktfähigkeit)[93] zu unterscheiden; letztere entziehen sich weitgehend einer Systematisierung.[94] Bei nicht wenigen (Leistungs- und Befähigungs-)Merkmalen gibt es inhaltliche Überschneidungen, auf die der Beurteiler nicht zuletzt deshalb achten muß, weil sie die Gefahr der *Doppel*bewertung von Leistungs- bzw. Befähigungsdimensionen in sich bergen, die eine fehlsame Merkmalgewichtung bei der Bildung des Gesamturteils auslösen kann.[95]

453 In der Beurteilung *Schwerbehinderter* sind beeinträchtigungsbedingte Minderungen der Belastbarkeit und Einschränkungen der Verwendungsbreite schon bei der Äußerung zu den Einzelmerkmalen zu berücksichtigen.[96] Der Auffassung des BVerwG,[97] daß sich § 13 Abs. 3 BLV *nur* auf *quantitative* Leistungsminderungen beziehe, ist nicht zu folgen. Abgesehen davon, daß der Wortlaut der Bestimmung für eine Differenzierung zwischen quantitativen und qualitativen Leistungsdefiziten nichts hergibt, läuft die höchstrichterliche Rechtsprechung darauf hinaus, diejenigen Schwerbehinderten grundlos zu benachteiligen, die gleichermaßen bestrebt sind, hinter den Nichtbehinderten *weder* qualitativ *noch* quantitativ mehr als unvermeidlich zurückzubleiben.[98]

---

[92] Insbesondere bei diesem Einzelmerkmal ist auf die Dienstbezogenheit der Erwägungen zu achten. Eine Tätigkeit im Personalrat oder in einer Gewerkschaft unterliegt nicht der dienstlichen Beurteilung, kann also auch nicht positiv unter dem Gesichtspunkt „sozialen Verhaltens" bewertet werden; vgl. VG Hannover, ZBR 76, 345.

[93] S. dazu Verf., Dienstliche Beurteilung, RdNrn 52, 60, 71.

[94] S. dazu Verf., Dienstliche Beurteilung, RdNr 337.

[95] S. dazu Verf., Dienstliche Beurteilung, RdNrn 336 ff. Bei Befähigungsmerkmalen besteht die im Text angesprochene Gefahr nur, wenn nicht (richtigerweise) auf ein Befähigungs*gesamturteil* verzichtet wird; s. dazu RdNr 455 dieser Arbeit.

[96] S. § 18 Abs. 3 BeLfbG; § 13 Abs. 3 BLV; § 14 Abs. 2 BayLbV; § 13 Abs. 3 HmbLVO; § 115 Abs. 3 RP LfbVO; § 41 Abs. 3 SLVO; § 39 Abs. 3 SH LVO. S. dazu Verf., Dienstliche Beurteilung, RdNrn 388 ff. Vgl. auch NW OVG, ZBR 86, 365.

[97] BVerwGE 79, 86; zust. Schröder/Lemhöfer/Krafft, Laufbahnrecht, RdNr 5 zu § 13 BLV.

[98] Die dienstliche Beurteilung ist keine Entscheidung im Sinne des § 25 Abs. 2 Satz 1 SchwbG (BVerwG, NJW 91, 2097; BayVGH, ZBR 91, 153; NW OVG, Behin-

Im Blick auf Beurteilungsrichtlinien, die bereits für die Bewertung von **454** Einzelmerkmalen *Punktsysteme* vorgeben, ist darauf hinzuweisen, daß es Eigenschaften gibt, die sich von vornherein jeder Schematisierung entziehen[99] und jedenfalls der Zuordnung einer – ausschließlich auf arithmetischer Konstruktion basierenden – Note (Zensur) rechtlich nicht zugänglich sind.[100] Dies gilt z.B. für „Charakter", „geistige Veranlagung" und „Bildungsstand".[100]

3. Gesamturteil

Die dienstlichen Beurteilungen sind mit einem Gesamturteil abzuschlie- **455** ßen (§ 41 Abs. 2 BLV). Die *Skala* der Leistungsgesamturteile[101] kann sich darstellen als

– ein an Zeugnis- und Prüfungsnoten orientiertes System („gut", „vollbefriedigend", „befriedigend", „ausreichend", „mangelhaft"),

– eine auf den „Durchschnitt" abstellende Stufung („erheblich über dem Durchschnitt", „überdurchschnittlich", „durchschnittlich", „unterdurchschnittlich") oder

– eine auch in der sprachlichen Fassung an die „Anforderungen des Amtes"[102] anknüpfende Ordnung („übertrifft erheblich die Anforderungen", „übertrifft die Anforderungen", „entspricht voll den Anforderungen", „entspricht noch den Anforderungen", „entspricht nicht den Anforderungen").[103]

Rechtlich sind alle drei Modelle dadurch miteinander verknüpft, daß der „durchschnittliche" Beamte den „Anforderungen des Amtes" – voll oder

---

dertenR 91, 70; a.A. (mit beachtlichen Gründen) VG Berlin, DÖD 92, 67. S. ferner NW OVG, ZBR 95, 81: Der Dienststellenleiter sei kraft Gesetzes nicht gehalten, der Schwerbehindertenvertretung Beurteilungsentwürfe zur Stellungnahme vorzulegen (und ihr die abschließend gefertigten Beurteilungen mitzuteilen). Den obersten Dienstbehörden als Richtliniengebern ist es aber nicht verwehrt, eine Beteiligung der Schwerbehindertenvertretung vor Abfassung der Beurteilung anzuordnen.

[99] BVerwG, ZBR 68, 42.

[100] Pickuth, RiA 79, 115 mit weiteren Nachweisen.

[101] Mit Geyer, ZBR 79, 7 (8) und im Anschluß an den Bericht der Studienkommission für die Reform des öffentlichen Dienstrechts (Textnrn 437 ff.) ist einer „Vermischung" der zusammenfassenden Aussagen zur Befähigung und zur Leistung in einem „pauschalen Gesamturteil" zu widersprechen. Richtig ist es, das Gesamturteil auf eine abschließende Äußerung zur *Leistung* zu beschränken, mit welcher der Arbeitserfolg – nicht das Können – des Beamten gewürdigt werden soll. Noch bedenklicher ist es, die Bewertung nach „Leistung und Eignung" des Beamten in einem einheitlichen Gesamturteil zum Ausdruck bringen zu wollen (so aber BVerwG, ZBR 95, 145; dazu krit. Verf., ZBR 95, 237).

[102] S. dazu § 4 Abs. 2 der baden-württembergischen Beurteilungsverordnung, wo in ähnlichem Sinne auf die „Leistungserwartungen" abgestellt wird.

[103] So § 52 BayLbV, wo allerdings als Spitzengesamturteile zusätzlich „sehr tüchtig" und „hervorragend" vorgesehen sind.

noch – genügt[104] und dies als „ausreichendes" oder „befriedigendes" Ergebnis zu betrachten ist.[105] Soweit der Sinn- und Wertgehalt der einzelnen Gesamturteile durch – letztlich auf die Anforderungen des Amtes zurückführbare – (ausdrückliche oder konkludente) definitorische Festlegungen eindeutig fixiert ist, reduziert sich die Frage, welchem Modell der Dienstherr nach seinem Ermessen[106] die Präferenz einräumen will, auf Erwägungen, die im Kern *psychologischer Natur* sind:[107] Aus der Sicht des beurteilten Beamten ist es fraglos erträglicher, wenn ihm bescheinigt wird, seine fachliche Leistung entspreche „voll den Anforderungen" (oder „den Leistungserwartungen"), als wenn sie etwa mit dem Prädikat „durchschnittlich" bedacht wird. Grundsätzlich unbedenklich ist die Kombination *verbaler* Beurteilungsgrade und *numerischer* Bewertungsstufen. Als Beispiel für ein solches Modell kann § 4 Abs. 2 der baden-württembergischen Beurteilungsverordnung angeführt werden:[108]

> „In der Leistungsbeurteilung ... werden die einzelnen Leistungsmerkmale sowie das zusammenfassende Gesamturteil nach folgendem Beurteilungsmaßstab bewertet:
> 1. Entspricht nicht den Leistungserwartungen   1 Punkt,
> 2. entspricht nur eingeschränkt den Leistungserwartungen   2 Punkte,
> 3. entspricht den Leistungserwartungen   3 bis 5 Punkte,
> 4. übertrifft die Leistungserwartungen   6 bis 8 Punkte."

Der verbalen Vierstufigkeit korrespondiert mithin eine – asymmetrische[109] – numerische Achtstufigkeit.

456 Wird ein Beamter zum Zwecke der *Erprobung* seiner Qualifikation für einen Aufstieg in die nächsthöhere Laufbahn oder für eine Beförderung vorübergehend auf einem höherbewerteten Dienstposten eingesetzt, ist es folgerichtig, in der die Erprobung abschließenden Bedarfsbeurteilung auch beim Gesamturteil auf die Anforderungen des Amtes abzuheben, dessen Funktionen der Beamte während der Erprobungsphase wahrgenommen hat.[110] In der Beurteilung ist dies deutlich zu machen.

457 Vom Spezialfall der Erprobung abgesehen, bewirkt die mehrjährige unbeanstandete Erfüllung der Aufgaben eines – verglichen mit dem Amt im statusrechtlichen Sinne – *höherbewerteten Dienstpostens* keine Änderung des Beurteilungsmaßstabes einer Leistungsbeurteilung. Die Bedeutung und die Schwierigkeit des Arbeitsgebietes, die in der Bewertung des Dienstpostens nach einer höheren Besoldungsgruppe markanten Ausdruck findet, ist je-

---

[104] Vgl. BVerwGE 21, 127; BVerwG, DVBl 81, 1062.

[105] „Gut" kann aber auch als „Mittelwert" verwendet werden; HVGH, ESVGH 29, 40; VG Hannover, ZBR 76, 345.

[106] BVerwG, ZBR 68, 42 und DVBl 81, 1062.

[107] A. A. anscheinend Schütz, BR, RdNr 2 b zu § 104 NW LBG: „Die Notenskala für Prüfungen paßt und gilt nicht für Beurteilungen."

[108] S. schon Fußn 102.

[109] Zur Asymmetrie der Beurteilungsmaßstäbe für die Einzelbewertungen einerseits und die Gesamturteile andererseits s. RP OVG, DÖD 92, 63.

[110] Vgl. dazu NW OVG, DÖD 80, 277.

doch sowohl bei den Einzelmerkmalen als auch beim Gesamturteil der dienstlichen Beurteilung zu berücksichtigen.[111]

Bei den *Eignungsgesamturteilen*[112] ist es üblich, dem Grundbegriff „geeignet" Attribute hinzuzufügen, die den jeweiligen Eignungsgrad näher bezeichnen (etwa „nicht geeignet", „geeignet", „besonders geeignet", „hervorragend geeignet"). Die Skalen der Leistungsgesamturteile einerseits und der Eignungsgesamturteile andererseits brauchen nicht dieselbe Stufenzahl aufzuweisen.[113] Immerhin sollten beide Skalen aber so viele Stufen enthalten, daß dem – je nach Art des Beamtenverhältnisses, nach Laufbahngruppe und nach Verwaltungszweig unterschiedlichen – tatsächlichen und rechtlichen Differenzierungsbedarf Rechnung getragen werden kann. Die Erfahrung zeigt, daß die Beurteilenden andernfalls durch Zusätze – wie „obere Grenze" oder „unterer Bereich" – Zwischenstufen einführen, die nach einiger Zeit wie die eigentlichen, vorgegebenen Stufen selbst gehandhabt werden.[114]

a) Zum Zusammenhang zwischen Einzelbewertungen und Gesamturteil

Das Gesamturteil muß zwar mit den Einzelbewertungen vereinbar sein; es wird jedoch überdies legitimerweise von Erwägungen beeinflußt, die in den Einzelbewertungen nicht zum Ausdruck gelangen (können), so insbesondere von den allgemeinen Laufbahnanforderungen und den konkreten (auch auf verwaltungspolitischen Überlegungen beruhenden) Beurteilungsmaßstäben der obersten Dienstbehörde und/oder der Beurteiler. Dies be-

458 (margin)

459 (margin)

---

[111] BVerwG, ZBR 81, 315 unter Hinweis auf BVerwG, Buchholz 232 § 23 BBG Nr. 15.

[112] S. auch Fußn 30.

[113] Das Eignungsgesamturteil darf dem Leistungsgesamturteil, einzelnen wesentlichen leistungsbezogenen Feststellungen und/oder dem Befähigungsprofil des Beamten nicht widersprechen. S. auch OLG Hamm, DRiZ 85, 138: Bestehe zwischen einem bestimmten Eignungsgesamturteil und einem bestimmten Leistungsgesamturteil ein „natürliches Nähe- und Entsprechungsverhältnis", so bedürfe ein hiervon abweichendes Eignungsgesamturteil einer „aus sich heraus verständlichen, plausiblen Begründung". Bei asymmetrischen Skalen der Leistungs- und Eignungsgesamturteile wird sich ein „natürliches Nähe- und Entsprechungsverhältnis" jedenfalls nicht ohne eine gesicherte Bezugnahme auf eine durchgängige Verwaltungspraxis fundieren lassen. Wird dem Beamten in einer dienstlichen Beurteilung lediglich die Eignung für sein derzeitiges Amt attestiert, so beinhaltet dies regelmäßig die (zulässigerweise *stillschweigend* getroffene) Feststellung seiner Nichteignung für ein Beförderungsamt; RP OVG, ZBR 84, 374.

[114] S. NW OVG 1. 2. 1992 – 6 B 972/92 –: „Stehen für die dienstliche Beurteilung ... insgesamt nur fünf Notenstufen zur Verfügung, von denen jeweils die beiden letzten (‚unter dem Durchschnitt' und ‚erheblich unter dem Durchschnitt') ... keine praktische Bedeutung haben, ... wird nach allgemeinem Sprachverständnis durch die Zusätze ‚oberer' und ‚mittlerer Bereich' innerhalb des Bewertungsfeldes ‚erheblich über dem Durchschnitt' ein deutlicher und damit beachtlicher Qualifikationsunterschied zum Ausdruck gebracht ..." (Hinweis auf Verf., NVwZ 89, 435 [436]). S. ferner Verf., ZBR 97, 169 (176f.).

deutet, daß im Streitfall[115] nicht etwa eine – positive – Schlüssigkeitsprüfung stattzufinden hat; die Frage kann vielmehr nur – negativ – dahin lauten, ob das Gesamturteil in unlösbarem Widerspruch zu den Einzelbewertungen steht.[116]

460   Die zu *verschiedenen Zeitpunkten* über einen Beamten abgegebenen Gesamturteile können auch bei (im wesentlichen) gleichgebliebenen Einzelbewertungen differieren,[117] ohne daß eine solche Abweichung – sofern nicht durch Verwaltungsvorschrift etwas anderes angeordnet ist – stets einer Begründung im Beurteilungstext bedürfte.[118] Die Erklärung hierfür ist gewöhnlich in einer – grundsätzlich im Ermessen des Dienstherrn liegenden[119] – Änderung oder Vereinheitlichung der Beurteilungsmaßstäbe des gesamten Verwaltungsbereichs,[120] einer Selbstkorrektur des/der Beurteiler oder einem Beurteilerwechsel zu finden.

b) Zur Festlegung von Richtwerten für das anteilige Verhältnis der Gesamturteilsstufen bei Regelbeurteilungen

461   Insbesondere in der Finanz- und der Zollverwaltung werden seit Jahrzehnten durch Ministerialerlasse Richtwerte für die Prozentsätze der möglichen (oder bestimmter) Leistungs- und Eignungsgesamturteile festgelegt. Die Rechtsprechung[121] hat derartige Richtwerte (für Regelbeurteilungen) als rechtlich unbedenklich betrachtet, sofern kumulativ folgende Voraussetzungen erfüllt sind:[122]
– Die Richtwerte müssen sich auf einen „hinreichend großen Verwaltungsbereich" beziehen.[123]

---

[115] S. RdNrn 464 ff.

[116] BVerwGE 21, 127; BVerwG, ZBR 68, 42; BayVGH, DÖD 76, 260. S. auch Verf., Dienstliche Beurteilung, RdNr 371, insbes. Anm. 130. Das Gesamturteil darf nicht aus dem arithmetischen Mittel von Einzelnoten gebildet werden; BVerwG, ZBR 95, 145 mit Anm. Verf., ZBR 95, 237 (238).

[117] BVerwG, ZBR 81, 197.

[118] Erklärt sich eine Verschlechterung des Gesamturteils ausschließlich aus einer – später nicht mehr ohne weiteres verifizierbaren – Änderung oder Vereinheitlichung der Beurteilungsmaßstäbe, so kann es die Fürsorge- und Schutzpflicht zumindest nahelegen, hierauf in der Beurteilung selbst hinzuweisen; Verf., NWVBl 87, 7 (9).

[119] BVerwG, ZBR 81, 197 und DVBl 81, 1062.

[120] Es ist grundsätzlich zulässig, zur Vorbereitung von Regelbeurteilungen „Gremiumsbesprechungen" *beratenden* Charakters abzuhalten oder „Beurteilungskommissionen" zu bilden, in denen die Befähigungen und Leistungen der zu beurteilenden Beamten vergleichend erörtert werden; BayVGH 14. 7. 1978 – 275 III 76 –, zit. nach Hacker, BayVBl 79, 449 (457). S. auch Verf., Dienstliche Beurteilung, RdNr 286 f. sowie BVerwG 16. 5. 1991 – 2 A 5/90 –: Eine vor Durchführung der „Beurteilungskonferenz" durch einen Erstbeurteiler gegebene „Zusage einer bestimmten Gesamtnote" sei „rechtlich unbeachtlich".

[121] BVerwG, ZBR 81, 197; BayVGH, DÖD 76, 260 und ZBR 84, 300; BW VGH, VBlBW 88, 480; NW OVG, RiA 75, 79 und ZBR 77, 33.

[122] Die Festsetzung von Richtwerten ist mitbestimmungspflichtig (§ 76 Abs. 2 Nr. 3 BPersVG); HVGH, ZBR 90, 193.

[123] BVerwG, ZBR 81, 197.

– Sie erfordern eine „im großen und ganzen vergleichbare Aufgaben- und Personalstruktur",[123] d.h. eine gewisse Mindestzahl gleichzeitig zu beurteilender Beamter derselben Laufbahn und Besoldungsgruppe.[124]
– „Geringfügige Über- und Unterschreitungen" der Prozentsätze müssen möglich sein.[125] Den Richtwerten darf – mit anderen Worten – nicht die Aufgabe zufallen, zwingend einzuhaltende untere und obere Grenzen zu bezeichnen, weil dies dem Gebot einer individuellen gerechten Beurteilung des jeweiligen Beamten zuwiderliefe.[126]

Zur inneren Rechtfertigung der Richtwerte wird teils angeführt, daß sie Ausdruck „allgemeiner Erfahrung" seien,[127] teils wird darauf abgestellt, daß der Dienstherr den Beurteilern (und den Beamten) erst durch die Richtwerte den Aussagegehalt der Gesamturteilsstufen und die „gewollten Maßstäbe ... verdeutlicht und konkretisiert".[128] Beide Gesichtspunkte schließen einander nicht aus; sie sind vielmehr insoweit aufeinander bezogen, als die Festlegung von Richtwerten willkürlich wäre, falls sie erfahrungsunabhängig oder erfahrungswidrig erfolgte.[129]

Durch Art. 9 Nr. 6 des Gesetzes zur Reform des öffentlichen Dienst- **462** rechts vom 24. 2. 1997[130] ist nach § 41 BLV folgender § 41 a BLV eingefügt worden:

„Der Anteil der Beamten einer Besoldungsgruppe oder einer Funktionsebene, die beurteilt werden, soll bei der höchsten Note 15 vom Hundert und bei der zweithöchsten Note 35 vom Hundert nicht überschreiten. Ist die Bildung von Richtwerten wegen zu geringer Fallzahlen nicht möglich, sind die Beurteilungen in geeigneter Weise entsprechend zu differenzieren."

Diese Neuregelung steht in innerem Zusammenhang mit der Einführung leistungsbezogener Elemente im Bezahlungssystem, die nach einer stärkeren Differenzierung in der Beurteilungspraxis verlangen,[131] wie sie sich ohne

---

[123] BVerwG, ZBR 81, 197.
[124] Die Zusammenfassung von Beamten „derselben Funktionsebene" zu einer Vergleichsgruppe ist problematisch (dazu sogleich RdNr 462).
[125] S. Fußn 121.
[126] BW VGH, VBlBW 88, 480; NW OVG, RiA 75, 79; vgl. auch Schütz, DÖD 71, 121 (124).
[127] NW OVG, RiA 75, 79 und ZBR 77, 33.
[128] BVerwG, ZBR 81, 197.
[129] Das Gaußsche Verteilungsprinzip eignet sich jedenfalls nicht in seiner mathematisch-exakten Form als Mittel für eine Richtwertbestimmung; vgl. dazu Feindt, ZBR 77, 37 (50). S. weiterhin Verf., Dienstliche Beurteilung, RdNrn 375 ff.; aber auch Allgaier, ArchPF 79, 25 (32) und DÖD 90, 27 (30 f.). Bedenklich ist eine Richtwertvorgabe von insgesamt 85 v. H. für „überdurchschnittliche" Bewertungen, die das RP OVG, RiA 93, 314 (316) mit der Begründung zu rechtfertigen sucht, in ihr spiegele sich „das hohe Maß an Anforderungen, das der Dienstherr unter Berücksichtigung der bestehenden ‚Beamtenpopulation' an die Laufbahnangehörigen in ihren konkreten Ämtern stellt".
[130] S. schon Fußn 1.
[131] Begründung zum Gesetzentwurf A I 5. Im Widerspruch hierzu heißt es in der Begründung zu Art. 3 Nr. 9 (S. 40): „Mit der Möglichkeit, auch unterhalb der

Richtwertvorgaben nicht gewährleisten läßt.[132] In Satz 2 wird das Dilemma von Richtwertvorgaben deutlich. Es liegt in der Bildung von *Vergleichsgruppen*, die eine gewisse Mindestzahl gleichzeitig zu beurteilender Beamter derselben Laufbahn- und Besoldungsgruppe umfassen müssen, so daß sich – jedenfalls bei strenger Sicht[133] – eine Zusammenfassung von Beamten mit verschiedenen Statusämtern zu *einer* Vergleichsgruppe verbietet.

4. Verwendungsvorschlag

463   Ein Verwendungsvorschlag (§ 41 Abs. 2 BLV) ist nur im Rahmen einer Regel- oder einer Erprobungsbeurteilung sinnvoll.[134] Bei einer Bedarfsbeurteilung[135] aus Anlaß der Anstellung auf Lebenszeit oder der Bewerbung um ein (weiteres) Beförderungsamt wird er durch das abschließende Eignungsurteil verdrängt. In einer Bedarfsbeurteilung, die im Zusammenhang mit einer Versetzung, einer Abordnung oder einer Umsetzung[136] erstellt wird, erübrigt sich ein Verwendungsvorschlag, weil der Dienstherr bereits eine Bestimmung über den künftigen Einsatz des Beamten getroffen hat. Der Verwendungsvorschlag kann dahin lauten, daß der Beamte auf seinem derzeitigen Aufgabenfeld bleiben oder – sei es im Interesse seiner Förderung,[137] sei es wegen unbefriedigender Arbeitsergebnisse in seinem bisherigen Funktionsbereich – anderweitig beschäftigt werden soll. Ob der Beurteiler den Verwendungsvorschlag eigens begründet, liegt in seinem Ermessen. Er sollte sorgfältig darauf bedacht sein, keine Erwartungen bei dem Beamten zu wecken, die sich später als nicht realisierbar erweisen könnten, und sich der Gefahr bewußt werden, daß der Verwendungsvorschlag künftige berufliche Entwicklungen des Beamten faktisch mehr als nötig einengen kann.

V. Rechtsschutz

1. Verwaltungsrechtsweg

464   Für die Klage des Beamten, mit der dieser das Ziel verfolgt, eine Beseitigung, Änderung oder fehlerfreie Neuerstellung einer dienstlichen Beurtei-

---

Schwelle der Beförderung und *der auf sie zugeschnittenen Regelbeurteilung* (Hervorhebung durch Verf.) Leistungen zeitnah zu honorieren, wird ein neues Personalführungsinstrument geschaffen." Im gleichen Sinne die Gegenäußerung der Bundesregierung zum Nr. 16 der Stellungnahme des Bundesrates.

[132] S. auch RdNrn 550 ff.
[133] S. oben RdNr 461.
[134] S. § 51 Abs. 4 Satz 1 BayLbV.
[135] S. RdNr 434 f.
[136] S. RdNrn 84 ff.
[137] S. dazu RdNr 375.

lung zu erreichen, ist der Verwaltungsrechtsweg eröffnet (§ 126 Abs. 1 BRRG). In BVerwGE 21, 127 ist die bis dahin verbreitete Ansicht, erst etwaige aus der Beurteilung gezogene dienstrechtliche Folgerungen könnten als – rechtsschutzwürdige – Rechtsverletzungen qualifiziert werden, überzeugend verworfen.[138]

Der Beamte kann den Dienstherrn auch auf Vornahme einer Beurteilung **465** verklagen, die dieser verweigert oder ohne sachlichen Grund unterlassen hat.[139] Dagegen ist es ihm versagt, durch eine Quasi-Konkurrentenklage die Änderung (Verböserung) der Beurteilung *anderer* zu erreichen;[140] auch wird er das Verwaltungsgericht nicht durch eine Berufung auf den Gleichbehandlungsgrundsatz[141] dazu bewegen können, die allgemeine Beurteilungstendenz eines Beurteilers – etwa durch Beweiserhebung – aufzuhellen, um gegebenenfalls zu einer relativen Verbesserung des ihn (den Beurteilten) betreffenden Gesamturteils zu gelangen.[142]

2. Vorverfahren[143]

Mit Rücksicht auf § 126 Abs. 3 BRRG ist eine Klage mit dem Ziel der Be- **466** seitigung, Änderung oder fehlerfreien Neuerstellung einer dienstlichen Beurteilung – unabhängig von der richtigen Klageart – nur zulässig, wenn der Beamte zuvor erfolglos Widerspruch (§§ 69, 70 Abs. 1 Satz 1 VwGO) erhoben hat. Fraglich ist,
– ob er ein Begehren des vorstehend bezeichneten Inhalts unmittelbar durch Widerspruch oder zuerst durch einen (förmlichen) Antrag im Verwaltungsverfahren verfolgen kann oder muß[144] und
– ob er hierbei gesetzliche Fristen einzuhalten hat.

---

[138] Ebenso BVerwG, ZBR 67, 146.

[139] Im Prozeß nicht nachholbare Sachurteilsvoraussetzung ist hier ein an den Dienstherrn gerichteter Antrag auf Beurteilung (vgl. BVerwG, DÖD 76, 157 und DÖD 77, 89). S. im übrigen Verf., ZBR 92, 257 (266 ff.) in krit. Auseinandersetzung mit Simianer, ZBR 92, 71 ff.

[140] Vgl. BayVGH, NVwZ 83, 755 (756 f.); außerdem BayVGH, ZBR 91, 275. S. aber auch Günther, DÖD 84, 161 (165).

[141] S. RdNr 480.

[142] Im einzelnen dazu Verf., RiA 90, 120 (124). S. aber auch NW OVG 30. 4. 1984 – 12 B 749/84 –: vorläufige Untersagung der Beförderung eines unter Verstoß gegen anerkannte Bewertungsmaßstäbe *zu gut* beurteilten *Mit*bewerbers. Nach OVG Lüneburg, NVwZ 96, 501 (502) kann „eine Begründung . . . jedenfalls dafür verlangt werden, daß eine nachvollziehbar auf tatsächliche Feststellungen und Einzelwertungen gestützte Endnote des erfolgreichen Bewerbers demselben Anspruchsniveau zuzuordnen ist wie diejenige der (rechtsuchenden) Konkurrenten".

[143] Die hier für die Erörterung der Sachurteilsvoraussetzungen gewählte Reihenfolge weicht von dem üblichen Aufbauschema deshalb ab, weil sich nur so eine zweckmäßige, gedrängte Darstellung der inneren Zusammenhänge ermöglichen läßt; s. auch Verf., ZBR 92, 257 (A III).

[144] Dazu schon Fußn 139.

Das BVerwG[145] bewertet die dienstliche Beurteilung *nicht* als *Verwaltungsakt*, weil sie keine auf Rechtsverbindlichkeit angelegte „Regelung"[146] enthalte. Es betrachtet diesen Ansatz als tragfähig für die These, die Fristvorschriften des § 70 Abs. 1 Satz 1 und des § 70 Abs. 2 iVm § 58 Abs. 2 VwGO seien nicht mit der Konsequenz anwendbar, daß der Beamte gegen eine Beurteilung innerhalb eines Monats bzw. innerhalb eines Jahres angehen müsse. Die Entscheidung der Dienstbehörde über einen (förmlichen) Antrag des Beamten auf Beseitigung, Änderung oder fehlerfreie Neuerstellung einer dienstlichen Beurteilung ist hingegen nach Auffassung des BVerwG eine „potentiell rechtsverbindliche" Festlegung und damit ein Verwaltungsakt, dessen Erlaß der Beamte, indem er einen Beseitigungs-, Änderungs- oder Neuerstellungsanspruch geltend mache, „in den meisten Fällen" gerade erstrebe.[147] Die Verwaltungs- und die Gerichtspraxis haben hieraus überwiegend abgeleitet, daß sich der Beamte, falls er eine dienstliche Beurteilung nicht hinnehmen will, zunächst mit einem Beseitigungs-, Änderungs- oder Neuerstellungsantrag an seinen Dienstvorgesetzten wenden müsse und erst gegen einen Bescheid, mit dem dieser Antrag zurückgewiesen wird, Widerspruch erheben könne.[148] In BVerwGE 60, 245 (251) findet sich allerdings folgender Satz:

> „Hält der Beamte die Beurteilung ... auch danach (sc. nach der Erläuterung durch den Dienstvorgesetzten) noch für sachlich nicht gerechtfertigt, so kann er (durch Einlegen des Widerspruchs) die Beseitigung oder Änderung der Beurteilung oder die Vornahme einer neuen Beurteilung beantragen."

Das BVerwG erkennt damit offenbar auch die Möglichkeit an, die dienstliche Beurteilung *unmittelbar* mit dem *Widerspruch* anzugreifen.[149] In diesem Zusammenhang drängt sich die Frage auf, wie ein nicht ausdrücklich als „Widerspruch" deklariertes (förmliches) Beseitigungs-, Änderungs- oder Neuerstellungspetitum in Anbetracht der vorstehend zitierten Entscheidung

---

[145] BVerwGE 28, 191; 49, 351; vgl. auch Oppenheimer, ZBR 71, 189 (193). Wegen weiterer Nachweise s. Verf., Dienstliche Beurteilung, B VIII, Anm. 24. Daß die dienstliche Beurteilung „nicht innerhalb bestimmter Fristen unabänderlich wird, sondern daß sie auch noch nach längerer Zeit überprüft und berichtigt werden kann", läßt nach BVerwG, NVwZ 87, 893 auch dann Zweifel an der Wirksamkeit einer durch die vorgesetzte Dienstbehörde im Überprüfungsverfahren (§ 53 Abs. 2 BayLbV) geänderten dienstlichen Beurteilung nicht aufkommen, wenn die geänderte Beurteilung dem Beamten erst nach Ablauf der in § 54 Abs. 1 Satz 4 BayLbV bestimmten Frist eröffnet worden ist.

[146] S. dazu § 35 Satz 1 VwVfG.

[147] BVerwGE 49, 351 (354 f.).

[148] Auf dieser Linie liegt z.B. RP OVG, NVwZ-RR 93, 313 – eine Entscheidung, aus der das umständliche (zudem rechtlich risikoreiche) Procedere deutlich wird, welches sich ergibt, wenn man von der Notwendigkeit eines dem Widerspruch vorgeschalteten Verwaltungsverfahrens über einen zunächst zu stellenden Änderungsantrag ausgeht.

[149] So auch Günther, ZBR 81, 77 (82); ders., ZBR 84, 353 (354); weiterhin Schenke, JuS 82, 906 (910).

auszulegen ist. Im Zweifel muß hierfür die Erwägung maßgeblich sein, daß der Beamte, wenn er sich zu einem förmlichen Vorgehen entschlossen hat,[150] normalerweise den Weg wählen will, der zu einer rascheren Klärung der Rechtslage – hier der Rechtmäßigkeit oder Rechtswidrigkeit der dienstlichen Beurteilung – führt.[151] Ein (förmliches) Beseitigungs-, Änderungs- oder Neuerstellungsbegehren sollte daher, soweit für eine abweichende Deutung durchgreifende Argumente nicht ersichtlich sind, als Widerspruch gegen die dienstliche Beurteilung und nicht als vorgeschalteter (förmlicher) Antrag im Verwaltungsverfahren (ohne Widerspruchscharakter) behandelt werden.

Darüber hinaus wäre es zu begrüßen, wenn das BVerwG bei geeigneter **467** Gelegenheit im Anschluß an den oben zitierten Satz einen weiteren Schritt tun und den „Umweg"[152] eines dem Widerspruch voraufgehenden Verwaltungsverfahrens über einen Beseitigungs-, Änderungs- oder Neuerstellungsantrag expressiv verbis aufgeben würde. Seine Auffassung, die Entscheidung der Dienstbehörde über einen solchen Antrag sei ein Verwaltungsakt,[153] könnte sich dadurch gleichsam nebenbei erledigen. Sie leuchtet nicht ein, weil der für den Beamten positiven „Entscheidung" gegenüber ihrer Umsetzung in Gestalt der Beseitigung, Änderung oder (fehlerfreien) Neuerstellung der dienstlichen Beurteilung – also einer Maßnahme, der das BVerwG den Regelungscharakter abspricht – keine rechtlich selbständige Bedeutung zukommen kann.[154] Überdies ist zu bedenken, daß es sich bei dem Beseitigungs-, Änderungs- oder Neuerstellungsanpruch um nichts anderes als einen Ausfluß des „Anspruchs" auf eine gerechte und nicht von Voreingenommenheit beeinflußte, möglichst objektive Beurteilung handelt.

---

[150] Zu den *formlosen*, nicht fristgebundenen Rechtsbehelfen s. Verf., Dienstliche Beurteilung, RdNrn 395 ff.; zur rechtlichen Einordnung und Behandlung der „Einwendungen" im Sinne des § 54 Abs. 1 Satz 3 BayLbV vgl. Köhler, BayVBl 86, 712.

[151] Vgl. Günther, ZBR 81, 77 (81 f.).

[152] Günther, ZBR 81, 77 (82). Riedmaier, RiA 77, 141 (147) kritisiert mit Recht eine Erlaßregelung des Inhalts, daß selbst die als „Widerspruch" bezeichnete Eingabe eines Beamten gegen seine Beurteilung grundsätzlich als (vorgeschalteter) Antrag auf Änderung der Beurteilung zu behandeln sei (ders., DÖD 77, 265 [273]). Bedenklich auch die These Köhlers, a.a.O. (Fußn 150), S. 713, ein vom Beurteilten nach Abschluß des Beurteilungsgesprächs (§ 54 Abs. 1 Satz 2 BayLbV) ausdrücklich als solcher erhobener „Widerspruch" sei in „Einwendungen" im Sinne des § 54 Abs. 1 Satz 3 BayLbV „umzudeuten". S. neuerdings ferner Simianer, ZBR 92, 71 (75 ff.), der trotz „Vorbefassung des Dienstherrn" auch bei Klagen auf dessen Verurteilung zur Beseitigung, Änderung oder fehlerfreien Neuerstellung einer dienstlichen Beurteilung für die Erforderlichkeit eines vorgeschalteten Antrags im Verwaltungsverfahren (als im Prozeß nicht nachholbarer Sachurteilsvoraussetzung) plädiert; dazu abl. Verf., ZBR 92, 257 (266 ff.).

[153] Abl. dazu Zimmermann, VerwArch 62, 48 (70 ff.); Schenke, JuS 79, 886 (891); weitere Nachweise zum Meinungsstand bei Günther, ZBR 81, 77 (82 Anm. 53), der sich gleichfalls gegen die Ansicht des BVerwG ausspricht (a.a.O., S. 81 f.); vgl. ferner HVGH, ESVGH 29, 40.

[154] Günther, ZBR 81, 77 (81).

468 Die im Hinblick auf § 126 Abs. 3 BRRG problematische Annahme[154a] des BVerwG,[155] die Fristbestimmungen des § 70 Abs. 1 Satz 1 und des § 70 Abs. 2 iVm § 58 Abs. 2 VwGO fänden auf Rechtsbehelfe des Beamten gegen eine dienstliche Beurteilung keine Anwendung, hat nicht zur Folge, daß der Beamte, der sich mit einer dienstlichen Beurteilung nicht abfinden will, verfahrensrechtlich relevante Reaktionen beliebig lange hinauszögern dürfte. Er kann – je nach dem Zeitablauf und den Umständen des Einzelfalles – sein Widerspruchs- und damit auch sein Klagerecht *verwirken,*[156] wenn er bei seinem Dienstherrn in zurechenbarer Weise den Anschein erweckt, daß er die Beurteilung als rechtmäßig anerkenne.[157] In die Erwägungen ist dabei vornehmlich einzubeziehen,
– welcher Laufbahngruppe der Beamte angehört,
– wie er sich bei der Bekanntgabe (Eröffnung)[158] und der (etwaigen) Besprechung der Beurteilung[159] verhalten hat,
– ob anerkennenswerte Gründe vorliegen, die ihn daran gehindert haben, sein Anliegen in angemessener Frist zu verfolgen,
– ob es sich um eine Regel- oder eine Bedarfsbeurteilung[160] handelt und
– inwieweit die Nachprüfbarkeit der Beurteilung in tatsächlicher Hinsicht durch den Zeitablauf erschwert worden ist.[161]

469 Die Rechtsprechung hat das Widerspruchs- und Klagerecht beispielsweise als verwirkt angesehen
– bei einem „erfahrenen Verwaltungsjuristen" in einem Beförderungsamt des höheren Dienstes mit besonderer, als Rechtsanwalt erworbener Praxis im Verfahrensrecht, der länger als etwa ein Jahr nach Eröffnung einer Beurteilung geschwiegen hatte,[162]
– bei einem Steuerrat, der es drei Jahre lang unterlassen hatte, gegen eine im Dreijahresrhythmus fällige Regelbeurteilung anzugehen,[163] sowie
– bei einem Technischen Fernmeldeinspektor, der eineinhalb Jahre lang nichts gegen mehrere Regel- und Bedarfsbeurteilungen unternommen hatte, nachdem ihm diese durch Einsichtnahme in seine Personalakte zur Kenntnis gelangt waren.[164,165]

[154a] Vgl. König, BayVBl 71, 44 (45 f.).
[155] Vgl. insbesondere BVerwGE 49, 351.
[156] BVerwGE 49, 351 unter Hinweis auf BVerfGE 32, 305; vgl. auch BVerwGE 13, 99; 23, 4 sowie BVerwG, Buchholz 234 § 6 G 131 Nr. 3 und Buchholz 234 § 35 G 131 Nr. 9.
[157] OVG Lüneburg, ZBR 74, 385 (386).
[158] S. dazu RdNr 442.
[159] S. dazu RdNr 443.
[160] S. dazu RdNr 434.
[161] Vgl. Günther, ZBR 81, 77 (78).
[162] OVG Lüneburg, ZBR 76, 385.
[163] SOVG, ZBR 76, 87.
[164] NW OVG 9. 10. 1974 – I A 2/73 –.

Den Widerspruchsbescheid erläßt die oberste Dienstbehörde (§ 126 **470**
Abs. 3 Nr. 2 Satz 1 BRRG). Sie kann die Entscheidung für die Fälle, in denen es sich um die Beurteilung einer nachgeordneten Behörde handelt,
durch allgemeine Anordnung auf eine andere Behörde übertragen (§ 126
Abs. 3 Nr. 2 Satz 2 Hs. 1 BRRG).

Nicht problemlos ist die Kontrolldichte der Überprüfung einer dienst- **471**
lichen Beurteilung im Widerspruchsverfahren. Das BVerwG[166] hat hierzu, ohne – soweit ersichtlich – auf Kritik gestoßen zu sein, die Meinung
geäußert, die Widerspruchsbehörde sei zu einer *uneingeschränkten* Recht-
und Zweckmäßigkeitskontrolle verpflichtet; die in der Rechtsprechung der
Verwaltungsgerichte zur Beurteilungsermächtigung entwickelten Grundsätze seien auf das Verhältnis zwischen der Erst- und der Widerspruchsbehörde nicht übertragbar. Vergegenwärtigt man sich demgegenüber die
Entscheidung BVerwGE 60, 245 ff., so drängen sich Bedenken hiergegen
auf. Das BVerwG weist a. a. O., S. 249 f. unter anderem überzeugend darauf
hin,

– daß das Verhalten und die Leistungen des Beurteilten nur „über Beobachtungen und Eindrücke ... (der) beurteilenden Beamten" in die dienstliche Beurteilung eingingen,
– daß „Eindrücke, die jemand über einen längeren Zeitraum hinweg vom
   Verhalten eines anderen gewinnt, stets und notwendigerweise persönlich-
   keitsbedingt" und daher „von außenstehenden Dritten so nicht nachvollziehbar" seien sowie
– daß „die einem Werturteil zugrunde liegenden einzelnen Vorgänge ... in
   der zusammenfassenden und wertenden persönlichen Beobachtung des
   Urteilenden verschmolzen und als solche nicht mehr feststellbar" seien.

Daran knüpfen sich doch zumindest Zweifel, ob die Beurteilungsermächtigung, was den vorstehend gekennzeichneten Zusammenhang angeht, nicht
in Wahrheit – statt des „Dienstherrn" – *dem Beurteiler selbst* zuzubilligen
ist. Wenn man dazu gelangen sollte, wäre die Konsequenz, die Kontrollbe-
fugnis der Widerspruchsbehörde *insoweit* als *begrenzt* zu betrachten. Nebenbei bemerkt hat die in Fußn 166 näher bezeichnete Entscheidung des
BVerwG die Widerspruchsbehörden durchweg nicht veranlaßt, über den
Rahmen dessen hinauszugehen, was in Beurteilungsprozessen von den Verwaltungsgerichten geprüft wird. Sie vermeiden seit Bekanntwerden der Entscheidung lediglich, dies in den Widerspruchsbescheiden expressiv verbis
zuzugeben.[167]

---

[165] Bedenklich BayVGH, ZBR 84, 45 (Verwirkung des Widerspruchs- und Klage-
rechts durch Nichteinlegung der Berufung in einem Vorprozeß); s. dazu Verf.,
Dienstliche Beurteilung, RdNr 406 sowie BVerwG, NVwZ 85, 266.
[166] ZBR 79, 304; krit. dazu schon Verf., RiA 90, 120 (121 f.).
[167] Wie niedrig die Anforderungen an die Kontroll- und die Darlegungspflicht der
Widerspruchsbehörde angesetzt werden, erweist z. B. BVerwG, NVwZ 87, 135 (136
unter 3.).

3. Klageart

472 Folgt man dem BVerwG darin, daß die dienstliche Beurteilung kein Verwaltungsakt sei, so scheidet eine hiergegen gerichtete Anfechtungsklage (§ 42 Abs. 1 VwGO) aus. Eine auf Aufhebung zielende allgemeine Gestaltungsklage kommt gleichfalls nicht in Betracht.[168]

473 Sowohl für die prozessuale Geltendmachung eines Beseitigungs-, Änderungs- oder Neustellungsverlangens als auch für ein Vornahmebegehren ist die (allgemeine) *Leistungsklage* die richtige Klageart.[169]

474 Ob es sachdienlich ist, mit der (allgemeinen) Leistungsklage die Verurteilung des Dienstherrn zu einer *bestimmten* Änderung der dienstlichen Beurteilung (etwa zur Anhebung des Gesamturteils) zu beantragen, hängt vom jeweiligen Einzelfall ab. Da die dienstliche Beurteilung einen dem Dienstherrn vorbehaltenen Akt wertender Erkenntnis darstellt,[170] wird es in der Regel empfehlenswert sein, den Klageantrag auf die Verurteilung des Beklagten zur Beseitigung der Beurteilung, einzelner darin enthaltener Feststellungen oder des Gesamturteils und zur Neuerstellung oder Korrektur unter Beachtung der Rechtsauffassung des Gerichts analog § 113 Abs. 5 Satz 2 VwGO zu beschränken.[171] Ob der Klageantrag auf Teile der Beurteilung eingegrenzt werden kann, bestimmt sich nach der inneren Verknüpfung des beanstandeten Beurteilungsausschnitts mit dem bei Erfolg der Klage verbleibenden Rest.[172]

475 Sofern mit Rücksicht auf die Rechtsprechung des BVerwG eine Entscheidung ergangen ist, durch die das Beseitigungs-, Änderungs- oder Neuerstellungsverlangen des Beamten im Verwaltungsverfahren abgelehnt worden ist,[173] so ist deren Aufhebung, falls die (allgemeine) Leistungsklage Erfolg hat, zwar nicht notwendig, aber aus Gründen der Klarstellung angezeigt. Ob der – für den Beamten negative – *Widerspruchsbescheid* alleiniger Gegenstand einer Anfechtungsklage sein kann, bestimmt sich nach § 79 Abs. 2 VwGO,[174] der gemäß § 126 Abs. 3 BRRG auch dann Anwendung findet, wenn die in Frage stehende Amtshandlung kein Verwaltungsakt ist. Eine „zusätzliche selbständige Beschwer" kann, falls man sich an BVerwG,

---

[168] S. hierzu im einzelnen Verf., ZBR 92, 257 (261 f.).

[169] Ebenso HVGH, ESVGH 29, 40 (42); Günther, ZBR 81, 77 (82); Schenke, JuS 79, 886 (891). S. auch BW VGH, VBlBW 88, 480.

[170] S. dazu RdNrn 477 ff.

[171] Zur Zulässigkeit der Bescheidungsklage auch bei der (allgemeinen) Leistungsklage vgl. Bettermann, DVBl 69, 703; Hoffmann Becking, VerwArch 62, 191 (197); Erichsen, DVBl 82, 95 (100). S. auch HVGH, ESVGH 29, 40 (42).

[172] Vgl. dazu BVerwG, RiA 83, 20 und ZBR 84, 193 (LS); BGH, DRiZ 79, 378; OLG Hamm, DRiZ 78, 24 (25); VG Koblenz, RiA 77, 80.

[173] S. RdNr 343.

[174] Zu weitgehend Günther, ZBR 81, 77 (82), der die Ansicht vertritt, für eine lediglich auf Kassation des Widerspruchsbescheides gerichtete Anfechtungsklage fehle *stets* das Rechtsschutzbedürfnis.

ZBR 79, 304[175] orientiert, insbesondere dann vorliegen, wenn sich die Widerspruchsbehörde auf die Prüfung beschränkt hat, ob die Grenzen der dem Dienstherrn eingeräumten Beurteilungsermächtigung vom Beurteiler eingehalten worden sind.[176]

4. Rechtsschutzinteresse[177]

Dienstliche Beurteilungen bleiben grundsätzlich für den gesamten Werdegang des Beamten von Bedeutung.[178] Das Rechtsschutzinteresse für eine Beseitigungs-, Änderungs-, Neuerstellungs- oder Vornahmeklage besteht deshalb grundsätzlich unabhängig davon fort, ob der Beamte inzwischen wegen Ablaufs eines neuen Beurteilungszeitraumes wieder beurteilt oder auf Grund der streitigen oder einer späteren Beurteilung befördert worden ist oder ob das Besetzungsverfahren durch Ernennung eines Mitbewerbers seinen Abschluß gefunden hat.[178] Mit bestandskräftiger Entlassung[179] oder Eintritt des Beamten in den Ruhestand erlischt es dagegen, weil die Zweckbestimmungen der dienstlichen Beurteilung, eine sinnvolle Verwendung des Beamten zu sichern und Auswahlgrundlage für künftige Personalentscheidungen zu sein, dann entfallen;[180] bei *vorzeitiger* Zurruhesetzung gilt dies jedenfalls, sobald keine Reaktivierung (§ 45 BBG, § 29 BRRG) mehr ernstlich in Betracht kommt.[181] Noch weiter geht das BVerwG[182] mit der Ansicht, daß das Rechtsschutzinteresse schon entfalle, wenn der Beamte mit Rücksicht auf § 12 Abs. 4 Nr. 3 BLV nicht mehr befördert werden dürfe. Dem ist ebenso beizupflichten wie der Auffassung des SOVG,[183] daß sich der Streit um die Änderung einer dienstlichen Beurteilung in der Hauptsache erledige, „wenn der Beamte nach dem Beurteilungsstichtag befördert wurde und nach der ständigen Übung des Dienstherrn das weitere berufliche Fortkommen dieses Beamten ausschließlich von seiner Bewährung in dem nunmehr übertragenen statusrechtlichen Amt abhängt".[184] Ein *Fortset-*

476

---

[175] S. dazu RdNr 471.

[176] Ebenso NW OVG 1. 4. 1982 – 6 A 2125/80 –; s. auch RdNr 470. Vgl. weiterhin BVerwG, Buchholz 310 § 79 VwGO Nr. 18. Beachte schließlich BayVGH 15. 2. 1982 – 3 B 81 A.1476 –, abgedr. bei Schütz, BR, ES/D I 2 Nr. 3: Ermittlungs- und Abwägungsdefizite auf seiten der Widerspruchsbehörde machten den Widerspruchsbescheid fehlerhaft.

[177] S. dazu Verf., ZBR 92, 257 (269 f.).

[178] BVerwGE 49, 351; HVGH, ESVGH 29, 40; Günther, ZBR 81, 77 (78); Langula, DÖD 71, 102 (105).

[179] BVerwG, DÖV 85, 929.

[180] BVerwG, RiA 82, 153; vgl. auch BVerwG, ZBR 82, 350 und ZBR 85, 347.

[181] BVerwG, ZBR 72, 160 (LS) und RiA 82, 153; vgl. auch BayVGH, ZBR 86, 122.

[182] ZBR 87, 44.

[183] NVwZ-RR 93, 45.

[184] S. auch VG Frankfurt, ZBR 92, 223 (LS): Das Rechtsschutzinteresse für die gerichtliche Überprüfung einer Beurteilung könne auch dann wegfallen, „wenn die Zweckbestimmung der Beurteilung durch mehrere nachfolgende Beurteilungen nicht

zungsfeststellungsbegehren entsprechend § 113 Abs. 1 Satz 4 VwGO[185] kann erwogen werden, wenn der Kläger

- einen Schadensersatzprozeß wegen pflichtwidriger, durch die Beurteilung bedingter Nichtbeförderung führt oder beabsichtigt[186] oder
- tatsächliche Feststellungen oder Werturteile in der Beurteilung beanstandet, die geeignet sind, ihn herabzusetzen.[187]

Ein Feststellungsinteresse in bezug auf die Nachprüfung einer erledigten Beurteilung läßt sich aber nicht damit rechtfertigen, daß der inzwischen in den Ruhestand versetzte Beamte ein Dienstzeugnis[188] beantragen will und deshalb eine Wiederholungsgefahr[189] bestehe.[190]

5. Kontrolldichte der verwaltungsgerichtlichen Überprüfung dienstlicher Beurteilungen

477 Nur die für den Dienstherrn handelnden Beurteiler sollen nach dem erkennbaren Sinn der rechtlichen Regelungen über die dienstliche Beurteilung persönlichkeitsbedingte Wertungen dazu abgeben, ob und inwieweit der Beamte den – vom Dienstherrn zu bestimmenden – zahlreichen persönlichen und fachlichen Anforderungen des Amtes genügt und ob und in welchem Maße er für ein erstrebtes Amt geeignet erscheint.[191] Dem Dienstherrn[192] steht daher insofern eine *Beurteilungsermächtigung* zu.[193] In Anbetracht

mehr erreicht wird". Ähnlich NW OVG 14. 12. 1993 – 1 A 760/91 –: Ein auf Änderung der Beurteilung gerichtetes Verwaltungsstreitverfahren erledigt sich durch eine der Beurteilung nachfolgende Beförderung, wenn es nach den einschlägigen Beurteilungsrichtlinien für eine *weitere* Beförderung auf die streitige Beurteilung nicht mehr ankommt.

[185] Zur analogen Anwendbarkeit des § 113 Abs. 1 Satz 4 VwGO auf (allgemeine) Leistungsklagen Redeker/von Oertzen, VwGO, § 113, RdNr 36; Kopp, VwGO, § 113, RdNr 48; Eyermann/Jörg Schmidt, VwGO, § 113, RdNr 106, jeweils mit weiteren Nachweisen.

[186] S. dazu RdNr 419 sowie BVerwG, RiA 82, 153 (154).

[187] Vgl. zum sog. Rehabilitationsinteresse gleichfalls BVerwG, RiA 82, 153 (154) mit weiteren Nachweisen. In der genannten Entscheidung ist mit Recht bemerkt, daß eine dienstliche Beurteilung, die dem Beamten durchschnittliche Leistungen bescheinige, kein Rehabilitationsinteresse auszulösen vermöge, wenn sie ihm „weder Pflichtverletzungen noch sonst die Achtung seiner Persönlichkeit Beeinträchtigendes zur Last legt und ihm beruflich die Erfüllung der an ihn zu stellenden Anforderungen bestätigt". S. auch HVGH, DÖV 88, 121 (kein Rehabilitationsinteresse im außerberuflichen, insbesondere familiären Bereich).

[188] S. dazu Verf., Dienstliche Beurteilung, RdNr 201.

[189] Vgl. Verf., DVBl 90, 140 (142 f.) und ZBR 92, 257 (270).

[190] BVerwG, ZBR 91, 149.

[191] BVerwGE 21, 127; 60, 245; BVerwG, DVBl 67, 661, ZBR 79, 304, ZBR 81, 197 und ZBR 81, 315.

[192] S. dazu aber auch RdNr 471.

[193] Vgl. zur Beurteilungsermächtigung allgemein Bachof, JZ 55, 97; ders., JZ 72, 641; Erichsen/Martens, AllgVR, § 10 III 3; Kellner, DÖV 62, 572 und DÖV 69, 309. Zur

dessen hat sich die verwaltungsgerichtliche Rechtmäßigkeitskontrolle darauf zu beschränken, ob die Verwaltung gegen Verfahrensvorschriften oder -regeln verstoßen, den gesetzlichen Rahmen oder anzuwendende Begriffe verkannt, einen unrichtigen Sachverhalt zugrunde gelegt, allgemeingültige Wertmaßstäbe nicht beachtet oder sachfremde Erwägungen angestellt hat.[194, 195]

a) Verstoß gegen Verfahrensvorschriften oder -regeln

Verfahrensfehler können sich vornehmlich daraus herleiten, daß **478**
- eine *Regel*beurteilung erstellt wird, obwohl der Beamte (etwa weil er ein bestimmtes Lebensalter oder ein bestimmtes herausgehobenes Amt seiner Laufbahn erreicht hat) nach Rechts- oder nach Verwaltungsvorschriften seiner obersten Dienstbehörde nicht mehr periodisch beurteilt werden darf,[196]
- ein Anlaß für eine *Bedarfs*beurteilung von vornherein nicht besteht oder während des Beurteilungsvorgangs (etwa wegen Rücknahme der Bewerbung oder wegen Entlassung eines Probebeamten auf zwischenzeitlich gestellten eigenen Antrag) entfällt,
- der Beurteiler (im Beurteilungszeitpunkt) nicht (mehr) zuständig ist,[197]
- ein (Beurteilungs- oder Bewerbungs-)Konkurrent selbst beurteilt oder „mit am Beurteilungstisch" sitzt,[198]
- ein (anderweit) voreingenommener Vorgesetzter beurteilt[199, 200] oder ein selbst nicht voreingenommener Vorgesetzter den Beurteilungsbeitrag eines voreingenommenen Vorgesetzten oder Mitarbeiters seiner Beurtei-

---

Frage, ob es die reduzierte Kontrolldichte zuläßt, auf *typische Beurteilungsfehler* im Wege verwaltungsgerichtlichen Rechtsschutzes angemessen zu reagieren, s. Verf., Dienstliche Beurteilung, RdNrn 420 ff.

[194] BVerwGE 21, 127; 60, 245; BVerwG, DVBl 67, 661, Buchholz 237.1 Art. 12 BayBG 60 Nr. 1, ZBR 79, 304, ZBR 81, 197 und ZBR 81, 315; weiterhin BVerwG, DVBl 86, 951 und ZBR 86, 330.

[195] Zu BVerfGE 84, 34 und 59 s. Verf., Dienstliche Beurteilung, RdNr 419.

[196] Vgl. auch RP OVG, DÖD 85, 138: Ein aus dem Dienst ausgeschiedener Beamter kann auch für einen Beurteilungszeitraum, während dessen sein Beamtenverhältnis noch bestanden hat, nicht (mehr) dienstlich beurteilt werden.

[197] Der Unzuständigkeit steht es gleich, wenn der Beurteiler im Beurteilungszeitpunkt nachweislich dienstunfähig war und wenn sich nicht ausschließen läßt, daß die Dienstunfähigkeit die Urteilsfähigkeit beeinträchtigt hat.

[198] BayVGH, ZBR 91, 275; NW OVG, RiA 97, 45 (46 f.).

[199] Ein Vorgesetzter ist nicht bereits deshalb wegen Voreingenommenheit an der Beurteilung gehindert, weil er den Beamten zuvor auf Mängel bei der Wahrnehmung seiner dienstlichen Aufgaben hingewiesen hat (vgl. dazu BVerwG, ZBR 80, 290) oder weil zwischen ihm und dem Beamten schon einmal Streitigkeiten bestanden haben (vgl. NW OVG 21. 8. 1973 – I A 1142/71 –). S. dazu weiterhin Verf., Dienstliche Beurteilung, RdNr 432.

[200] BVerwG, ZBR 94, 250: Die Entbindung von der Amtsausübung „wegen Befangenheit" ist für den betroffenen Beamten kein Verwaltungsakt.

lung ungeprüft zugrunde legt, statt sich mit der gebotenen Sorgfalt ein Bild davon zu machen, ob und inwieweit der Beurteilungsbeitrag zutrifft,[201]
- keine Anhörung des Beamten stattfindet,[202]
- die Beurteilung dem Beamten nicht bekanntgegeben (eröffnet) wird[203] oder
- eine Beurteilungsbesprechung unterbleibt.[204]

479 Die an erster und zweiter Stelle angeführten Verfahrensfehler müssen die Verurteilung des Dienstherrn zur *ersatzlosen* Beseitigung der Beurteilung nach sich ziehen. Die drei letztgenannten Verstöße bewirken hingegen als solche nicht die Rechtswidrigkeit der Beurteilung selbst.[205] Sie können jedoch andere Rechtsfolgen haben: Das Unterlassen einer nach Lage der Dinge gebotenen Anhörung ist eine Pflichtwidrigkeit des Beurteilers, die – unter weiteren Voraussetzungen[206] – einen Schadensersatzanspruch auslösen kann. Gleiches gilt, wenn eine dem Beamten nicht bekanntgegebene (eröffnete) dienstliche Beurteilung, die sich (aus anderen Gründen) als rechtswidrig erweist, ohne sein Wissen bei der Vorbereitung einer Personalentscheidung zu seinen Lasten berücksichtigt worden ist. Versäumt es der Beurteiler, die dienstliche Beurteilung mit dem Beamten hinlänglich zu besprechen und so „seine Werturteile plausibel und nachvollziehbar" zu machen,[207] und muß er die Erläuterung infolgedessen im Widerspruchs- oder im Klageverfahren nachholen,[208] so kann dies kostenrechtliche Auswirkungen haben (s. § 80 Abs. 1 Satz 2 iVm § 45 Abs. 1 Nr. 2 VwVfG sowie § 155 Abs. 5 VwGO).[209]

---

[201] Vgl. BVerwG, ZBR 80, 290 (r. Sp.). Dieser zum Soldatenrecht ergangenen Entscheidung gegenüber ist freilich anzumerken, daß im Zusammenhang mit der dienstlichen Beurteilung der Beamten nicht auf die *subjektive* Besorgnis des zu Beurteilenden, sondern auf die *objektive* Befangenheit – besser: Voreingenommenheit – des Vorgesetzten oder Mitarbeiters abgestellt werden muß (vgl. schon zum Prüfungsrecht BVerwGE 29, 70 und BVerwG, Buchholz 421.0 Nr. 94; ebenso zur dienstlichen Beurteilung NW OVG 14. 1. 1980 – 1 A 1918/77 – und 3. 6. 1981 – 1 A 2698/79 –). Wie im Text BVerwG, DVBl 87, 1159.

[202] S. dazu RdNr 441.

[203] S. dazu RdNr 442.

[204] S. dazu RdNr 443 f.

[205] Für den Fall, daß eine Beurteilungsbesprechung nicht stattfindet, a. A. VG Oldenburg, ZBR 75, 119; ähnlich VG Koblenz, RiA 77, 80. Vgl. aber auch BrOVG, ZBR 85, 82: Habe der Dienstherr die Beurteilung nicht so besprochen, wie es § 40 Abs. 1 Satz 2 BLV grundsätzlich vorschreibe, so ziehe das nicht ohne weiteres die Rechtswidrigkeit der Beurteilung nach sich und könne der Beamte *allein deshalb* keine neue Beurteilung verlangen. S. im gleichen Sinne BW VGH, ZBR 87, 44.

[206] S. RdNr 411 f.

[207] S. dazu RdNrn 443 ff.

[208] Vgl. BVerwGE 60, 245 (251 f.) unter Hinweis auf BVerwG, Buchholz 232 § 32 BBG Nr. 6 und BVerwG 11. 4. 1975 – 6 B 73.74 –.

[209] Vgl. BVerwGE 60, 245 (252). S. auch BayVGH 29. 6. 1988 – 3 B 87.02966 –, abgedr. bei Schütz, BR, ES/D I 2 Nr. 35: Eine nicht „ausführlich besprochene" Beurteilung ist nicht schon deshalb „materiell-rechtlich" zu beanstanden.

b) Verkennen des gesetzlichen Rahmens oder der anzuwendenden Begriffe

Der „gesetzliche Rahmen" wird zum einen durch die speziellen Rechtsvorschriften über die dienstliche Beurteilung,[210] zum anderen durch allgemeine Bestimmungen, insbesondere den *Gleichbehandlungsgrundsatz* (Art. 3 Abs. 1 GG) abgesteckt. Dieser gebietet, daß der Dienstherr, gerade weil ihm beim Erlaß von Beurteilungsrichtlinien weitgehende Gestaltungsfreiheit zuzugestehen ist, für eine gleichmäßige Anwendung[211] solcher Richtlinien auf alle in Betracht kommenden Beamten Sorge trägt.[212] Hat sich ein durch Richtlinien vorgeschriebenes Beurteilungssystem – mit Gesamturteilsskalen und dazugehörigen definitorischen Festlegungen – „im wesentlichen" faktisch nicht durchgesetzt und duldet der Richtliniengeber, sei es auch mißbilligend, diesen Zustand, so sind die Beurteilungsmaßstäbe den Standards zu entnehmen, die sich aus der geduldeten abweichenden Verwaltungspraxis der nachgeordneten Behörde ergeben.[213] Kein Verstoß gegen den Gleichbehandlungsgrundsatz liegt darin, daß ein Vorgesetzter trotz identischer Einzelbewertungen zu einem Gesamturteil gelangt, das von demjenigen eines anderen Beurteilers oder seinem eigenen, in einer früheren Beurteilung ausgeworfenen Gesamturteil abweicht.[214] Der Gleichbehandlungsgrundsatz in seiner Ausprägung als Willkürverbot ist dagegen im Kern berührt, wenn Beurteilungsvorschriften die rein arithmetische Ermittlung des Gesamturteils aus den Einzelbewertungen dekretieren.[215]

Mit dem verfassungsrechtlich geschützten *Persönlichkeitsrecht* (Art. 2 Abs. 1 iVm Art. 1 Abs. 1 GG) ist es nicht vereinbar, daß sich der (insoweit regelmäßig nicht wissenschaftlich vorgebildete) Beurteiler mit negativer Tendenz zum Charakter und zu einzelnen die Selbstachtung berührenden

480

481

---

[210] S. §§ 40, 41 BLV. S. weiterhin Verf., Dienstliche Beurteilung, RdNrn 1 ff. Als „Verkennen des gesetzlichen Rahmens" erachtet es NW OVG, ZBR 90, 327, daß der Beurteiler in einer Beurteilung die Zahl der Kalendertage erwähnt, an denen der Beamte dienstunfähig erkrankt war, ohne zugleich deutlich zu machen , inwiefern sich die Krankheiten auf die „dienstlichen Verhältnisse" (etwa die gesundheitliche Befähigung) des Beamten ausgewirkt haben könnten. Um ein „Verkennen des rechtlichen Rahmens" handelt es sich auch, wenn ein bedeutender Teil des Beurteilungszeitraumes bei der Beurteilung nicht berücksichtigt worden ist, dies zumal dann, wenn der (im Ergebnis als durchschnittlich beurteilte) Beamte während dieser Zeit überragende Leistungen erbracht haben will; s. NW OVG, RiA 97, 45, wo freilich zu Unrecht der topos „sachfremde Erwägungen" benutzt wird.

[211] Zur Problematik der „ersten Anwendung" von Beurteilungsrichtlinien (Ossenbühl in: Erichsen/Martens, AllgVR, § 6 V 4) und zur Konstruktion einer „antizipierten Verwaltungspraxis" s. Verf., Dienstliche Beurteilung, RdNr 143; weiterhin Günther, ZBR 84, 353 (362).

[212] BVerwG, ZBR 81, 315 und DVBl 81, 1062.

[213] BVerwG, DVBl 81, 1062 unter Bezugnahme auf BVerwGE 52, 193 (199).

[214] S. dazu RdNr 460.

[215] S. hierzu Verf., Dienstliche Beurteilung, RdNr 373 f.; vgl. auch BVerwG, ZBR 95, 145 mit Anm. Verf., ZBR 95, 237.

Eigenschaften des Beamten detaillierter und umfassender ausspricht, als dies angesichts des Beurteilungszweckes unumgänglich ist.[216]

482 „Anzuwendende Begriffe" sind neben „Eignung", „Befähigung" und „fachliche Leistung"[217] etwa „Durchschnitt"[218] oder „Anforderungen des Amtes",[219] außerdem termini der (gehobenen) Umgangssprache, die in Rechtsvorschriften oder in Beurteilungsrichtlinien zur Bezeichnung, zur Beschreibung oder zur Bewertung von Einzelmerkmalen verwendet oder empfohlen werden.

c) Falsche oder unvollständige tatsächliche Beurteilungsgrundlagen

483 Wie dargelegt,[220] kann der Beurteiler aus einzelnen Ereignissen, die sich während des Beurteilungszeitraumes zugetragen haben („historischen Einzelvorgängen"),[221] wertende Schlußfolgerungen ziehen. Er muß derartige tatsächliche Grundlagen zwar nur dann in die dienstliche Beurteilung selbst aufnehmen, wenn das hieraus abgeleitete Werturteil andernfalls als solches nicht begreiflich oder mißverständlich wäre;[222] es kann aber erwartet werden, daß er sie in der Beurteilungsbesprechung, im Widerspruchsverfahren oder im Verwaltungsprozeß im Wege der Darstellung unmittelbar eigener Wahrnehmungen oder des Zeugenberichts eines anderen Vorgesetzten oder eines Mitarbeiters offenzulegen und zu verifizieren vermag.[223] Der Dienstherr trägt das Risiko ihres Beweises.[224]

484 Eine scharfe Grenzziehung zwischen *Tatsachenbehauptung* und *Werturteil* ist nicht möglich. Auf die verwendeten Worte kommt es nicht entscheidend an; ausschlaggebend ist vielmehr, ob mit der fraglichen Aussage im Kern ein vergangenes Geschehen nur beschrieben oder ob ein Geschehen oder eine Vielzahl nicht reproduzierbarer Eindrücke unter Zugrundelegung gewisser Standards vorwiegend gewürdigt wird. Eine unvermeidliche und unlösbare Verknüpfung zwischen Werturteilen und ihnen „zugrunde liegenden Sachverhalten" ergibt sich dadurch, daß diese „Sachverhalte" notwendigerweise Ausschnitte aus der komplexen Wirklichkeit darstellen. „Sachverhalte" können deshalb nie in einem absoluten Sinne „vollständig" und „relevant" sein; sie sind es stets nur relativ zu Wertvorstellungen, die

---

[216] Vgl. hierzu VG Koblenz, ZBR 77, 77 sowie Konow, ZBR 71, 97 (98) und Riedmaier, RiA 77, 141 (142f.); ferner BAG, NVwZ 82, 527. S. weiterhin Verf., Dienstliche Beurteilung, RdNrn 331, 436.

[217] S. dazu RdNrn 170, 426, 430.

[218] S. dazu RdNr 455.

[219] S. dazu RdNrn 436, 455ff.

[220] S. dazu RdNr 447f.

[221] BVerwGE 60, 245 (248).

[222] BVerwG, ZBR 68, 42; BW VGH, NJW 73, 75.

[223] NW OVG, ZBR 77, 90. Welchen Stellenwert der Beurteiler seinen Informationsquellen beimißt, ist „in erster Linie seine Sache"; BVerwG, ZBR 93, 89 (90).

[224] BVerwGE 60, 245 (248).

der Auswahl Richtung und Prägung verleihen.[225] Der inneren Logik der Lehre von der Beurteilungsermächtigung entspricht es, den Beurteiler, der aus bestimmten Vorkommnissen wertende Schlußfolgerungen ableiten will, grundsätzlich auch einschätzen zu lassen,

– welche konkreten Vorgänge aufschlußreich sind und
– welche Tatsachen den relevanten „Sachverhalt" der jeweils aufgegriffenen Begebenheit darstellen.

Die *Vollständigkeitskontrolle* des Gerichts läuft deshalb im Ergebnis auf die Prüfung hinaus, ob der Beurteiler bei der Auswahl der Tatsachen, die aus seiner Sicht den Einzelvorgang in seinen wesentlichen Elementen ausmachen, den gesetzlichen Rahmen verkannt, allgemeingültige Wertmaßstäbe nicht beachtet oder sachfremde Erwägungen angestellt hat.

Soweit sich der Beurteiler bei einem Werturteil nicht erklärtermaßen oder **485** den Umständen nach erkennbar auf einzelne Ereignisse, sondern auf eine Vielzahl von Beobachtungen und Eindrücken stützt, ist er zwar verpflichtet, seine Wertung „plausibel und nachvollziehbar" zu machen; er braucht hierzu aber keine Tatsachen anzuführen.[226]

d) Nichtbeachtung allgemeingültiger Wertmaßstäbe

Unter der nicht ganz korrekten Bezeichnung „allgemeingültige Wertmaß- **486** stäbe"[227] werden *intersubjektiv* anerkannte (überindividuelle) Bewertungsstandards zusammengefaßt. Im Gegensatz hierzu stehen die *individuellen* Bewertungsstandards des Beurteilers, an denen er sich, (nur) soweit die Beurteilungsermächtigung reicht, ausrichten darf.[228]

In der Rechtsprechung[229] ist es als Außerachtlassen eines allgemeingül- **487** tigen Bewertungsmaßstabes (des Beurteilungswesens) angesehen worden, daß eine Beurteilung, für die besondere, in ihr selbst zum Ausdruck ge-

---

[225] S. dazu im einzelnen Verf., Dienstliche Beurteilung, RdNrn 258 ff., 439.

[226] S. dazu schon RdNr 444 dieser Arbeit. Zur Kritik an der Rechtsprechung des BVerwG, der der Text im wesentlichen folgt, s. Verf., Dienstliche Beurteilung, RdNrn 440 ff. und RiA 90, 120 (122 ff.). Sofern der Beurteiler im Rahmen der Plausibilisierung nicht (auch) auf Tatsachenstoff zurückgreift, ist der Dienstherr keinem Beweisrisiko ausgesetzt; so zutreffend Nierhaus, Beweismaß und Beweislast, 1989, S. 32 f. Daß die „prozessuale Kontrolle (damit) auf eine wenig effektive Untersuchung zusammengeschrumpft" sei (Nierhaus, a. a. O.), läßt sich indessen in dieser Allgemeinheit nicht ohne weiteres vertreten. Wie die Verifizierung einer Tatsachenbehauptung fehlgehen kann, so kann auch die Plausibilisierung eines Werturteils mißlingen. Die *Plausibilisierungslast* liegt beim Dienstherrn. S. auch Verf., ZBR 95, 321 (326). Soweit die Rechtsprechung *Gremiumsbesprechungen* als „vertraulich" ansieht (s. dazu Verf., Dienstliche Beurteilung, RdNr 286 f.), reduziert sich der Plausibilisierungszwang beträchtlich. *Hier* liegt ein ungelöstes Problem.

[227] Teils ist auch von (nicht beachteten) *Bewertungsgrundsätzen* die Rede. Zum Zusammenhang zwischen diesem topos und dem topos „sachfremde Erwägungen" vgl. Seebass, NVwZ 85, 521 (527).

[228] S. dazu Verf., Dienstliche Beurteilung, RdNr 446.

[229] BVerwG, ZBR 81, 107; krit. dazu Günther, ZBR 84, 353 (363 Anm. 146).

langte Umstände in negativer Hinsicht bedeutsam waren, durch die folgende Beurteilung „aufrechterhalten" wird, obgleich diese Umstände inzwischen nicht mehr vorliegen. Keine Verletzung eines intersubjektiv anerkannten Bewertungsstandards ist darin zu erblicken, daß durchschnittlichen Leistungen einer Verwaltungsvorschrift gemäß die Note „gut" zugeordnet wird. Maßgeblich ist nur, daß der Beurteiler die Stellung der einzelnen Noten im Gesamtgefüge sowie deren Relation zueinander erfaßt.[230]

488 Bei der Konkretisierung der „Anforderungen des Amtes"[231] kann ein *Vergleich* der Leistungen des jeweils zu beurteilenden Beamten mit denen anderer Beamter, die einen im wesentlichen identischen Aufgabenbereich versehen, durchaus hilfreich, wenn nicht gar unerläßlich sein.[232] Bei Überlegungen dieser Art ist jedoch stets mitzubedenken, ob die nebeneinander betrachteten Beamten derselben Laufbahn und Besoldungsgruppe angehören.[233] Quantitative oder qualitative Leistungsvergleiche etwa zwischen Mitgliedern einer Arbeitsgruppe, die teils Beamte des gehobenen, teils solche des mittleren Dienstes sind, können nur als aussagekräftig anerkannt werden, wenn der angesprochene Unterschied erkennbar in die Erwägungen einbezogen wird.

489 Zwei weitere Beispiele[234] für Bewertungsgrundsätze des Beurteilungswesens sollen angefügt werden:

(1) Eine dienstliche Beurteilung darf nicht nur auf Grund allgemeiner, für einen größeren Dienstbereich entwickelter Kriterien abgegeben werden, wenn die besondere Eigenart des vom Beurteilten innegehaltenen Amtes infolgedessen nicht erfaßt werden kann.[235]

(2) Das Allgemeine Dienstalter eines Beamten ist als solches für das Eignungs- und Leistungsgesamturteil ohne Belang. Es darf weder zur Begründung für eine Anhebung des Gesamturteils noch zur Rechtfertigung für die Versagung eines leistungs- und eignungsangemessenen Gesamturteils dienen.[236]

---

[230] Vgl. HVGH, ESVGH 29, 40; VG Hannover, ZBR 76, 345; s. schon Fußn 105.

[231] S. dazu RdNrn 436, 455 ff.

[232] S. dazu RdNr 434.

[233] S. schon Fußn 28.

[234] BVerwG, ZBR 92, 374 sieht es als Verstoß gegen „allgemeine Beurteilungsgrundsätze" an, wenn der Text einer dienstlichen Beurteilung Dritte nicht in den Stand setzt, „sich ein klares Bild von dem Beurteilten zu machen". Besser wäre es, bei einem solchen Mangel die Kategorie „Verkennen des gesetzlichen Rahmens" heranzuziehen. Zum „gesetzlichen Rahmen" gehört der *Funktionszusammenhang* zwischen dienstlicher Beurteilung und Personaleinsatz und -auslese, in dessen Umkreis das Klarheitspostulat einzuordnen ist.

[235] NW OVG, DÖD 72, 226 für die Beurteilung einer Sprachlehrerin an der Sprachenschule der Bundeswehr; ebenso HVGH, ESVGH 29, 40 (43).

[236] Vgl. OLG Nürnberg, DRiZ 82, 110 (112); VG Hannover, ZBR 76, 345 (347). S. jedoch auch Fußn 28.

Unter Anknüpfung an die Darlegungen in dem vorstehenden Unterab- **490** schnitt c) sei schließlich bemerkt, daß es zu den intersubjektiv anerkannten (methodischen) Bewertungsstandards gehört,

– Sachverhaltsschilderung und -bewertung, soweit möglich, nicht miteinander zu verquicken[237] sowie

– die Relevanzfrage bezüglich einzelner Tatsachen zur Vermeidung eines Sachverhaltsdefizits bei der Bewertung *im Zweifel* zu bejahen.

e) Sachfremde Erwägungen

„Sachfremd" ist eine Erwägung, wenn sie nicht in den durch Sinn und **491** Zweck der dienstlichen Beurteilung bestimmten Erkenntnis- und Bewertungsrahmen fällt[238] oder gar von Verfassungs oder Gesetzes wegen mißbilligt wird.

Bewertende Äußerungen zu Einzelmerkmalen oder zum Gesamturteil, **492** die sich auf die Zugehörigkeit oder Nichtzugehörigkeit des Beamten zu einem religiösen Bekenntnis oder einer Weltanschauung beziehen oder hierauf nachweislich beruhen, sind gemäß Art. 33 Abs. 3 GG „sachfremd" in der gesteigerten Form der Sachwidrigkeit. Gleiches gilt nach § 8 Abs. 1 Satz 2 BBG (§ 7 BRRG) für die bei der Auslese nicht berücksichtigungsfähigen sonstigen Gesichtspunkte.[239]

---

[237] Vgl. auch Höhne, RiA 54, 83.

[238] Beispiel (nach Pickuth, RiA 77, 221 [227]): Der Beamte wird aus „erzieherischen Gründen" – um seine „Arbeitsmoral" zu heben – zu streng beurteilt; s. schon RdNr 425.

[239] Zur Frage, ob rechts- und standespolitische Überlegungen eines Beurteilten Aufnahme in eine dienstliche Beurteilung finden dürfen, vgl. OLG Nürnberg, DRiZ 82, 110 (111).

9. Teil. Personalakten

Die den Beamten betreffenden Unterlagen (§ 90 Abs. 1 Satz 2 BBG, § 56 **493** Abs. 1 Satz 2 BRRG) werden im Interesse einer zuverlässigen Personalverwaltung gesammelt und aufbewahrt, um einen jederzeitigen – möglichst vollständigen – Überblick über die Entwicklung seines Dienstverhältnisses im einzelnen zu gewährleisten. Der Beamte hat ein Einsichtsrecht (§ 90c Abs. 1 BBG, § 56c Abs. 1 BRRG) und muß zu Beschwerden, Behauptungen und Bewertungen, die für ihn ungünstig sind oder ihm nachteilig werden können, vor deren Aufnahme in die Personalakte gehört werden (§ 90b Satz 1 BBG, § 56b Satz 1 BRRG); seine Äußerung ist zur Personalakte zu nehmen (§ 90b Satz 2 BBG, § 56b Satz 2 BRRG). Einsichts-, Anhörungs- und (Gegen-)Äußerungsrecht sind Konkretisierungen des beamtenrechtlichen *Fürsorge- und Schutzanspruchs* (§ 79 BBG, § 48 BRRG).[1]

Mit Art. 1 Nr. 3 und Art. 2 Nrn. 3 und 4 des Neunten Gesetzes zur Än- **494** derung dienstrechtlicher Vorschriften vom 11. 6. 1992[2] ist der Bund über den vorstehend skizzierten Gegenstandsbereich weit hinausgegangen, um erstmalig eine umfassende und detaillierte rechtliche Grundlage für die Erhebung, Verarbeitung und Nutzung von Personaldaten der Beamten aller Dienstherren zu schaffen. Dabei hat er sich unter anderem der früher umstrittenen Problematik eines Entfernungsanspruchs (s. § 90e BBG, § 56e BRRG)[3] und der Verarbeitung und Nutzung von Personalaktendaten in Dateien (s. § 90g BBG, § 56f BRRG) angenommen. Das Landesrecht ist der Neuregelung angepaßt worden.[3a]

I. Inhalt der Personalakte

Zu der über jeden Beamten zu führenden (§ 90 Abs. 1 Satz 1 Hs. 1 BBG, **495** § 56 Abs. 1 Satz 1 Hs. 1 BRRG) Personalakte gehören „alle Unterlagen einschließlich der in Dateien gespeicherten, die den Beamten betreffen, soweit sie mit seinem Dienstverhältnis in einem unmittelbaren inneren Zusammenhang stehen (Personalaktendaten)"; § 90 Abs. 1 Satz 2 Hs. 1 BBG, § 56 Abs. 1 Satz 2 Hs. 1 BRRG. Das BVerwG[4] hatte in bezug auf das alte Recht noch

---

[1] S. dazu RdNrn 358, 374.

[2] BGBl. I 1030. Zum Gesetzgebungsverfahren Kathke, Personalaktenrecht, RdNrn 7 ff.

[3] S. dazu die 2. Aufl., RdNrn 388 ff.

[3a] Zum Zusammenhang zwischen Dezentralisierung kommunaler Personalarbeit und Personalaktenrecht s. von Mutius/Behrndt, ZBR 97, 65 ff.

[4] BVerwGE 15, 3; 49, 89; 50, 301; 55, 186; 56, 102; 62, 135; 67, 300.

zwischen *obligatorischer* und *fakultativer* Zugehörigkeit von Vorgängen unterschieden; als fakultativen Personalakteninhalt hatte es Unterlagen betrachtet, die – wie z.B. private Dankschreiben[5] – den Beamten persönlich betreffen, aber bei seiner Dienststelle entstanden oder ihr zugegangen sind. § 90 Abs. 1 Satz 2 Hs. 2 BBG (§ 56 Abs. 1 Satz 2 Hs. 2 BRRG) läßt die Aufnahme der letztgenannten Vorgänge in die Personalakte nicht mehr zu.[6]

496   Vornehmlich folgende Unterlagen sind *Personalakteninhalt:*[7]
– Einstellungsvorgänge (Bewerbung, Lebenslauf, Führungszeugnis, Gesundheitszeugnis, Lichtbild,[8] Personenstandsurkunden, Staatsangehörigkeitsnachweis, Schul- und Prüfungszeugnisse sowie anderweitige Befähigungsnachweise), allerdings nur, wenn und sobald der Bewerber in das Beamtenverhältnis berufen worden ist,[9, 10, 11]
– Nachweise über zusätzlich erworbene dienstliche oder allgemein-berufliche Qualifikationen,
– Nachweise über Wehr- oder Zivildienst,
– Bewerbungen um höherwertige Ämter oder Dienstposten,
– Unterlagen über Ernennungen, Vereidigung, Entlassung oder Zurruhesetzung,
– Abschriften von Versetzungs-, Abordnungs- oder Umsetzungsverfügungen,[12]

---

[5] BVerwG, NJW 91, 1628.

[6] Ebenso Gola, DÖD 92, 221 (224 f.) und RiA 94, 1 (6); Eckl, BayVBl 93, 614; Kathke, Personalaktenrecht, RdNr 85; a. A. Plog/Wiedow/Beck/Lemhöfer, BBG, § 90, RdNr 13 f. (dazu überzeugend Kathke, a. a. O., Anm. 150).

[7] S. auch die Aufzählung in BT-Dr 12/544 (zu § 90 Abs. 1 BBG). Rechtswidrig vernichteter oder abhanden gekommener Personalakteninhalt ist im Rahmen des Möglichen wiederherzustellen; vgl. BVerwGE 33, 183 (189); weiterhin BVerwGE 62, 135 (136).

[8] OVG Lüneburg, DVBl 72, 47: Es besteht kein Anspruch auf Rückgabe oder Entfernung des Lichtbildes nach einem Ausscheiden aus dem Beamtenverhältnis.

[9] Will der *erfolglose* Bewerber Einsicht in die (Sach-)Akte des Bewerbungsverfahrens nehmen, so bleibt ihm nur der Weg über § 29 VwVfG.

[10] Auch die während des Vorbereitungsdienstes entstandenen Ausbildungsakten gehören zur Personalakte des späteren Beamten auf Probe/auf Lebenszeit, und zwar unabhängig davon, ob der Vorbereitungsdienst bei demselben Dienstherrn abgeleistet worden ist, zu dem nunmehr das Beamtenverhältnis auf Probe/auf Lebenszeit besteht; vgl. RP OVG, RiA 83, 38 mit abl. Anm. Stauf sowie VG Koblenz, DÖD 82, 211 mit abl. Anm. Stauf (jeweils für die Akten über den juristischen Vorbereitungsdienst); ferner Kathke, Personalaktenrecht, RdNr 89.

[11] Vor der Besetzung von Hochschullehrerstellen eingeholte Gutachten über die Eignung der Bewerber gehören nicht zu deren Personalakte; BVerwG, ZBR 84, 42 mit dem Hinweis, daß ein Akteneinsichtsrecht nach § 29 VwVfG nur während des laufenden Verfahrens bestehe; in diesem Sinne § 51 Abs. 5 NW WissHG. Vgl. aber auch BVerwG, ZBR 84, 43, wo ausgeführt ist, daß die Bejahung eines auch nach Abschluß des Stellenbesetzungsverfahrens *im Einzelfall* bestehenden Rechts auf Akteneinsicht als eines „Nebenanspruchs innerhalb einer durch die Bewerbung um ein öffentliches Amt entstandenen Rechtsbeziehung" nicht notwendig Bundesrecht verletze. S. nun auch § 90 c Abs. 4 BBG, § 56 c Abs. 4 BRRG.

[12] Zu den Umsetzungsverfügungen vgl. Scheerbarth/Höffken/Bauschke/Schmidt,

- Abschriften von Verfügungen (Bescheiden) betreffend Teilzeitermäßigung, Urlaub aus arbeitsmarktpolitischen oder familienbezogenen Gründen, Erziehungsurlaub, Erholungs- oder Sonderurlaub,
- Abschriften von Nebentätigkeitsgenehmigungen,
- dienstliche Beurteilungen und Abschriften von Dienstzeugnissen, nicht dagegen vorbereitende Stellungnahmen oder Beurteilungsentwürfe von Vorgesetzten oder Mitarbeitern,[13] es sei denn, die oberste Dienstbehörde hat ihre Aufbewahrung aus Gründen der Beweissicherung ausdrücklich festgelegt,[14]
- Besoldung und Versorgung, Beihilfen,[15] Unterstützungen und Zuschüsse betreffende Unterlagen sowie Abschriften der einschlägigen Bescheide und Mitteilungen, nicht aber verwaltungsinterne Kassenanweisungen oder Daten in Gehaltsabrechnungsprogrammen,
- ärztliche Äußerungen und Gutachten sowie Auszüge aus der (für den Dienst relevanten) Krankheitsgeschichte des Beamten, gleichgültig, ob dieser sie eingereicht hat oder ob sie vom Dienstvorgesetzten beigezogen worden sind,[16]
- Nachweise über eine Schwerbehinderung,
- Mitteilungen über strafrechtliche Ermittlungsverfahren oder gerichtliche Strafverfahren gegen den Beamten,[17] nicht aber solche über außerdienstlich begangene Ordnungswidrigkeiten, die keinen Bezug zu seiner Rechtsstellung und seinem Aufgabenfeld haben,[18]
- schriftliche mißbilligende Äußerungen (§ 6 Abs. 2 BDO) eines Dienstvorgesetzten gegenüber dem Beamten,[19]

BR, 14 II 2 c. Wird der Aufgabenbereich des Beamten durch Organisationsverfügung in Gestalt einer allgemeinen Anordnung geändert (s. dazu RdNr 142), so sind den Personalakten der betroffenen Beamten (auszugsweise) Abschriften beizufügen; vgl. auch insoweit Scheerbarth/Höffken/Bauschke/Schmidt, a.a.O. Unterlagen, die Aufschluß über Gesichtspunkte und Erwägungen geben, die für eine der im Text genannten Personalmaßnahmen maßgebend waren, sind auch zur Personalakte zu nehmen; s. Gola, NVwZ 93, 552 (553).

[13] BVerwGE 62, 135; s. auch RdNr 427f. Schriftliche vorbereitende Stellungnahmen und Beurteilungsentwürfe sind, falls sie nicht in die dienstliche Beurteilung selbst eingefügt werden, nach Verwertung durch den Beurteiler dem Verfasser zurückzugeben oder mit seinem Einverständnis zu vernichten. Ähnlich Gola, DÖD 92, 221 (225); ders., RiA 94, 1 (6).

[14] S. dazu Verf., Dienstliche Beurteilung, RdNr 309.

[15] S. dazu im einzelnen RdNr 504.

[16] BVerwG, ZBR 62, 186; vgl. ferner BVerwGE 33, 120.

[17] BVerwGE 46, 72. Zur Aufnahme von Hinweisen auf möglicherweise pflichtwidriges oder die Eignung minderndes dienstliches oder außerdienstliches Verhalten vgl. BVerwGE 59, 355; BVerwG, DÖD 81, 81. S. auch RdNr 502.

[18] Vgl. auch BAG, NJW 78, 124. Zur Mitteilung des Bundesbeauftragten für die Unterlagen des Staatssicherheitsdienstes der ehem. DDR an die Einstellungsbehörde s. Kathke, Personalaktenrecht, RdNrn 99ff.

[19] Vgl. dazu BVerwGE 43, 211. S. aber auch RP OVG, ZBR 95, 212: „Einfache, auf die Amtsführung bezogene mißbilligende Äußerungen" des Dienstvorgesetzten sind

– Vorermittlungs- und behördliche Disziplinarvorgänge einschließlich des
Berichts der Untersuchungsführers[20] sowie

– Disziplinarverfügungen, -urteile und -beschlüsse.

In die Personalakte sind auch (Gegen-)Äußerungen des Beamten aufzunehmen (§ 90b Satz 2 BBG, § 56b Satz 2 BRRG).[21]

1. Allgemeines zur Abgrenzung von Personal- und Sachakte

497   Sachakten sind alle Unterlagen der Verwaltung, die (ausschlaggebend) *nicht*
die persönlichen oder dienstlichen Verhältnisse der Dienstnehmer zum Gegenstand haben, sondern „besonderen, von der Person und dem Dienstverhältnis sachlich zu trennenden Zwecken dienen, insbesondere Prüfungs-, Si-
cherheits- und Kindergeldakten" (§ 90 Abs. 1 Satz 4 BBG, § 56 Abs. 1
Satz 4 BRRG).[22] Zu den Sachakten gehören auch

– Materialien, die aus Anlaß von Personalplanungen, Stellenausschreibungen,
Stellenbewertungen und Geschäftsverteilungen anfallen,[23] sowie

– Akten, welche bei Behörden entstehen, die für die Erteilung von Aus-
nahmegenehmigungen nach den Laufbahnvorschriften zuständig sind.[24]

498   Vorgänge zu *organisatorischen Fragen* sind auch in der Personalakte eines
Beamten – und nicht nur in der Sachakte über die Geschäftsordnung – abzulegen, vorausgesetzt, aus ihnen lassen sich ohne weiteres verwendungs-
oder förderungsrelevante Besonderheiten der Arbeits- und Führungsweise
des Beamten erkennen.[25] Unter Umständen sind Abschriften für die eine

---

„kein zulässiger Gegenstand der Personalakten", da sie weder die Rechtsstellung noch
die dienstliche Verwendung des Beamten berühren.

[20] Die im Text genannten Vorgänge gehören zur Personalakte im *materiellen* Sinne
(s. dazu RdNr 503); die Sonderregelungen in § 25 BDO iVm § 147 Abs. 2 StPO sowie
in § 40 Abs. 1 und § 70 BDO betreffen nur die Zuordnung der Vorgänge zur Personalakte im *formellen* Sinne während der Dauer des Disziplinarverfahrens. Vgl. dazu
BVerwGE 36, 134; 38, 94 sowie Wilhelm, ZBR 67, 97 (99) und Weiß, PersV 93, 7 (14f.).
Zum Einsichtsrecht s. Fußn 64; zur Tilgung s. RdNr 537. Zur Aufnahme sog. Ver-
waltungsermittlungsakten in die Personalakte vgl. Bartel, RiA 85, 254 mit weiteren
Nachweisen sowie Kathke, Personalaktenrecht, RdNr 104 (S. 39).

[21] S. dazu RdNr 532 f.

[22] „Sicherheitsakten" sind nur diejenigen Vorgänge, die einer Sicherheitsüberprü-
fung entstammen *und* von einem Sicherheitsbeauftragten geführt werden; vgl. dazu
auch BVerwGE 55, 186 sowie § 3 Abs. 1, § 17 Abs. 2 des Sicherheitsüberprüfungsge-
setzes v. 20. 4. 1994, BGBl. I 867 und § 90c Abs. 4 Satz 1 Hs. 2 BBG, § 56c Abs. 4
Satz 1 Hs. 2 BRRG. Der Dienstherr muß dem Beamten, sofern er auf Grund seiner
Erkenntnisse dienstlich nachteilige Folgerungen ziehen will, jedenfalls soviel offenbaren, daß dieser seine Rechte sachgemäß wahrnehmen kann (BVerwG, a.a.O. sowie
BVerwGE 49, 44). Zu den Kindergeldakten s. auch § 90 Abs. 1 Satz 5 BBG, § 56
Abs. 1 Satz 5 BRRG.

[23] S. BT-Dr 12/544, S. 11, 16. Zu den Besetzungsberichten s. RdNr 499.

[24] S. § 44 BLV. Zust. Kathke, Personalaktenrecht, RdNr 116.

[25] Vgl. BayVGH, ZBR 82, 33 (LS).

oder andere Akte herzustellen. Eine – streng logisch verstandene – Alternative Sachakte – Personalakte besteht insofern auch nach neuem Recht nicht.

2. Besetzungsberichte

Zusammenfassende Berichte zur Vorbereitung der Besetzung einer Beamtenstelle (Richterstelle) hält das BVerwG[26] unter Aufgabe früherer Rechtsprechung[27] für Sach-, nicht für Personalakteninhalt. Bei genauer Betrachtung gehören Besetzungsberichte indessen *sowohl* zur Sachakte des Besetzungsverfahrens *als auch* mindestens *auszugsweise* – nämlich soweit sie sich auf die Persönlichkeit oder die fachliche Leistung des einzelnen Beamten (Richters) beziehen – zur Personalakte des Bewerbers.[28] Ein Recht auf Einsicht in den Besetzungsbericht konnte nach der neueren Judikatur des BVerwG während des laufenden Besetzungsverfahrens nur aus § 29 VwVfG, nach dessen Abschluß allenfalls aus der Fürsorge- und Schutzpflicht des Dienstherrn hergeleitet werden.[29] § 90c Abs. 4 Satz 1 Hs. 1 BBG (§ 56c Abs. 4 Satz 1 Hs. 1 BRRG) löst die Problematik der Einsichtnahme jetzt durch folgende Regelung:

„Der Beamte hat ein Recht auf Einsicht auch in andere Akten, die personenbezogene Daten über ihn enthalten und für sein Dienstverhältnis verarbeitet oder genutzt werden, soweit gesetzlich nichts anderes bestimmt ist."

Die *Einsichtnahme* ist freilich „unzulässig", wenn die Daten des Betroffenen mit Daten „Dritter" – hier: der Mitbewerber[30] – (oder geheimhaltungsbedürftigen nicht-personenbezogenen Daten) derart verbunden sind, „daß ihre Trennung nicht oder nur mit unverhältnismäßig großem Aufwand möglich ist" (§ 90c Abs. 4 Satz 2 BBG, § 56c Abs. 4 Satz 2 BRRG). Dann tritt ein *Auskunftsanspruch* des Beamten an die Stelle des Rechts auf Einsichtnahme (§ 90c Abs. 4 Satz 3 BBG, § 56c Abs. 4 Satz 3 BRRG).[31]

3. Beschwerdevorgänge

Beschwerden, die sich ausschließlich gegen die *Entscheidung* eines Beamten richten, sind Sachaktenbestandteil. Ist Beschwerdegegenstand hingegen nur sein *persönliches Verhalten* im Dienst, so muß unter Berücksichtigung des Fürsorge- und Schutzgedankens[32] danach differenziert werden, ob sich

499

500

---

[26] BVerwGE 67, 300; dazu krit. Günther, ZBR 84, 161. S. außerdem BVerwGE 70, 270 (278).

[27] BVerwGE 49, 89; s. auch NW OVG, ZBR 81, 260 (LS) und RP OVG, DVBl 81, 504.

[28] S. dazu Verf., Dienstliche Beurteilung, RdNr 316 f.

[29] Vgl. auch BVerwG, DVBl 85, 452.

[30] Zum Umfang des Rechts auf Einsicht in die Personalakte eines Mitbewerbers im beamtenrechtlichen Konkurrentenrechtsstreit s. HVGH, DÖD 94, 234.

[31] S. dazu RdNr 517.

[32] S. dazu RdNrn 355, 359.

die Beschwerde als begründet erweist. Nur dann ist sie – zusammen mit einer Abschrift des Beschwerdebescheides – in der Personalakte abzuheften; andernfalls gehört sie zu der Sachakte über Dienstaufsichtsbeschwerden. Wendet sich der Beschwerdeführer sowohl gegen die Entscheidung als auch gegen das Verhalten des Beamten bei Bearbeitung der Angelegenheit, so ist der Vorgang in der Sachakte aufzubewahren; wenn die Beschwerde über das persönliche Verhalten des Beamten berechtigt erscheint, sind seiner Personalakte entweder eine Abschrift der Beschwerde und des Beschwerdebescheides oder ein Hinweis auf die Sachakte hinzuzufügen.

501 Beschwert sich ein Dienstnehmer (Beamter, Angestellter, Arbeiter) über einen (anderen) Beamten, so steht die aktenmäßige Behandlung des Vorgangs grundsätzlich im Ermessen des Dienstherrn,[33] der sich vornehmlich an dem Gebot der Fürsorge und des Schutzes auszurichten hat. Vorgänge, die aus der Remonstration eines Beamten (§ 56 Abs. 2 und 3 BBG, § 38 Abs. 2 und 3 BRRG) erwachsen, sind zu der Sachakte der Angelegenheit zu nehmen, in deren Rahmen die dienstliche Anordnung ergangen war, deren Rechtmäßigkeit der Beamte bezweifelt hatte.

4. Vorgänge, die grundsätzlich nicht aufnahmefähig sind

502 Angaben über die politische, weltanschauliche oder religiöse Überzeugung des Beamten dürfen jedenfalls ohne seine Zustimmung nur in die Personalakte aufgenommen werden, wenn ein anerkennenswertes rechtliches Interesse hieran vorhanden ist.[34] An das rechtliche Interesse sind hohe Anforderungen zu stellen. Es kann sich vor allem aus § 52 Abs. 2 BBG (§ 35 Abs. 1 Satz 3 BRRG) herleiten, wonach der Beamte verpflichtet ist, sich durch sein gesamtes Verhalten zu der freiheitlichen demokratischen Grundordnung zu bekennen und für deren Erhaltung einzutreten.[35] Eine Mitteilung der Verfassungsschutzbehörden über die Zugehörigkeit des Beamten zu einer verfassungsfeindlichen Partei oder Organisation gehört deshalb zu seiner Personalakte, selbst wenn sie – unter Umständen aus Opportunitätserwägungen – (noch) keine Ermittlungen oder sonstigen dienstlichen Maßnahmen ausgelöst hat.[36]

5. Materielles und formelles Prinzip

503 Ob ein Vorgang Personalakteninhalt ist, richtet sich allein nach seinem unmittelbaren inneren Zusammenhang zu dem konkreten Beamtenverhält-

---

[33] BVerwGE 15, 3; BVerwG, Buchholz 232 § 90 BBG Nr. 16.
[34] Vgl. dazu Wilhelm, ZBR 67, 97 (100); s. auch Sachs, ZBR 94, 133 (135 f.).
[35] S. dazu RdNrn 15 ff.
[36] BVerwGE 59, 355; vgl. auch NW OVG, RiA 77, 92, ferner Kathke, Personalaktenrecht, RdNr 97.

nis; der Art der Aufbewahrung kommt insoweit rechtliche Bedeutung nicht zu.[37] Maßgebend ist mithin das *materielle* Prinzip.

Ob und in welcher Weise die Personalakte im *formellen* Sinne nach sach- **504** lichen Gesichtspunkten in *Grund*akte und *Teil*akten gegliedert wird, steht grundsätzlich im Ermessen der Personalverwaltung (§ 90 Abs. 2 Satz 1 BBG, § 56 Abs. 2 Satz 1 BRRG).[38] Dieses Ermessen ist allerdings zum einen durch § 90a BBG (§ 56a BRRG) begrenzt: Danach sind Unterlagen über Beihilfen, Heilfürsorge und Heilverfahren (Satz 5) stets als Teilakte zu führen (Satz 1) und von der übrigen Personalakte getrennt aufzubewahren (Satz 2). Die entsprechenden Angelegenheiten sollen in einer von der übrigen Personalverwaltung getrennten Organisationseinheit bearbeitet werden, zu der nur Beschäftigte dieser Organisationseinheit Zugang haben sollen (Satz 3). Zum anderen darf das Ermessen *allgemein* nicht dahin ausgeübt werden, daß das öffentliche Interesse oder das Interesse des Beamten, soweit es schutzwürdig ist, durch die Art der Aktenführung beeinträchtigt werden können. Das ist etwa dann zu besorgen, wenn das als topos unverändert richtungweisende Vollständigkeitsprinzip[39] berührt oder nicht gewährleistet ist, daß nur ein exklusiver Kreis von Dienstnehmern Zugang zur Grundakte hat.[40] Die ersterwähnte Gefahr kann aus einer zu weitgehenden Aufteilung, die an zweiter Stelle genannte aus einer Aufteilung erwachsen, welche nicht differenziert genug ist. Werden die dienstlichen Beurteilungen eines Beamten in einem *Beurteilungsheft* gesammelt, so kann sich daraus das Risiko ergeben, daß die Erkenntnisse, die den Beurteilungen hinsichtlich der spezifischen Stärken und Schwächen des Beamten zu entnehmen sind, bei Entscheidungen über seine künftige dienstliche Verwendung nicht präsent sein und infolgedessen nicht in die Erwägungen einfließen könnten. Hieran zeigt sich, daß der Aspekt der Datensicherung, der die Führung einer Teilakte nahelegen kann, nicht schon ohne weiteres und immer gegenüber anderen Interessen – wie etwa dem an vollständigen Unterlagen für die Planung eines sinnvollen Einsatzes und/oder einer Förderung des Beamten – Präferenz verdient.

§ 90 Abs. 2 BBG (§ 56 Abs. 2 BRRG) bestimmt ergänzend, daß Teilakten **505** bei der für den betreffenden Aufgabenbereich zuständigen Behörde geführt werden können (Satz 2) und daß sie in der Grundakte vollständig zu verzeichnen sind (Satz 4).[41]

Von den *Teil*akten sind die *Neben*akten zu unterscheiden. Dieser Begriff **506** umfaßt „Unterlagen, die sich auch in der Grundakte oder in Teilakten befinden". Nebenakten dürfen nur geführt werden, wenn die personalverwaltende Behörde nicht zugleich Beschäftigungsbehörde ist oder wenn mehrere

---

[37] Zur Behandlung der in Dateien gespeicherten Personalaktendaten s. RdNrn 540 ff.
[38] Vgl. dazu Plog/Wiedow/Beck/Lemhöfer, BBG, vor § 90, RdNr 5.
[39] S. dazu RdNr 507.
[40] Die Fürsorge- und Schutzpflicht des Dienstherrn gebietet es, den Kreis der mit Personalakten befaßten Beschäftigten möglichst eng zu halten; BVerwG, DÖV 87, 75.
[41] Zur (unverzichtbaren) behördlichen Meldepflicht s. Gola, DÖD 92, 221 (227).

personalverwaltende Behörden für den Beamten zuständig sind; sie dürfen nur Unterlagen enthalten, deren Kenntnis zur rechtmäßigen Aufgabenerledigung der betreffenden Behörde erforderlich ist (§ 90 Abs. 2 Satz 3 BBG, § 56 Abs. 2 Satz 3 BRRG), so daß Beihilfe-, Heilfürsorge- oder Heilverfahrens*neben*akten angesichts des in § 90a BBG (§ 56a BRRG) enthaltenen „Abschottungsgebotes"[42] unstatthaft sind. Auch die Nebenakten sind in ein der Grundakte beizufügendes vollständiges Verzeichnis aufzunehmen (§ 90 Abs. 2 Satz 4 BBG, § 56 Abs. 2 Satz 4 BRRG).[43]

6. Vollständigkeits- und Richtigkeitsprinzip, Resozialisierungsgedanke

507   Das BVerwG[44] hatte in ständiger Rechtsprechung die Auffassung vertreten, das Prinzip der Vollständigkeit der Personalakte habe schlechthin *Vorrang* vor dem Prinzip der Richtigkeit des Personalakteninhalts. Für die Zugehörigkeit eines Vorgangs zur Personalakte sei es insbesondere gleichgültig,

– ob er unter Verstoß gegen Verfahrensvorschriften aufgenommen worden sei,[45]
– ob er unrichtige Tatsachenbehauptungen aufweise oder Wertungen enthalte, die etwa das allgemeine Persönlichkeitsrecht des Beamten (Art. 2 Abs. 1 iVm Art. 1 Abs. 1 GG) berühren könnten, oder
– ob der Vorgang inzwischen dem Vorhalte- und Verwertungsverbot des § 51 Abs. 1 BZRG unterliege.

Es sei allein darauf abzustellen, ob der Vorgang den Beamten in seinem Dienstverhältnis betreffe und deshalb zur Personalakte genommen werden *müsse* oder ob er wenigstens zur Personalakte genommen werden *könne*, weil er den Beamten zwar nur persönlich betreffe, aber bei seiner Dienststelle entstanden oder ihr zugegangen sei.[46] Einen *Entfernungsanspruch* hatte das BVerwG nur hinsichtlich solcher Vorgänge (Unterlagen) zugelassen, die in die Personalakte gelangt seien, „obwohl sie der Sache nach nicht dort hingehören und außerdem geeignet sind, dem Beamten Nachteile zuzufügen"; dem schutzwürdigen Interesse des Beamten werde im übrigen durch einen *Berichtigungsanspruch*[47] genügt.

508   Durch § 90e Abs. 1 Satz 1 Nr. 1 BBG, § 56e Abs. 1 Satz 1 Nr. 1 BRRG hat der Gesetzgeber dieser Judikatur weitgehend eine Absage erteilt: Unterlagen „über Beschwerden, Behauptungen und Bewertungen", auf die die Tilgungsvorschriften des Disziplinarrechts[48] keine Anwendung finden, sind, falls sie sich als *unbegründet* oder *falsch* erwiesen haben, mit Zustimmung des

---

[42] Gola, a. a. O. (Fußn 41). S. auch Kathke, Personalaktenrecht, RdNrn 171 ff.
[43] S. Fußn 41.
[44] BVerwGE 15, 3; 50, 301; 56, 102; 62, 135; 67, 300; BVerwG, NJW 89, 1942.
[45] Vgl. dazu BayVGH, ZBR 82, 33 (LS).
[46] S. dazu schon RdNr 495.
[47] S. dazu RdNrn 534 ff.
[48] S. § 119 BDO.

Beamten unverzüglich aus der Personalakte zu entfernen und zu vernichten. Die bloße Verletzung einer Verfahrensvorschrift – etwa des § 90b Satz 1 BBG (§ 56b Satz 1 BRRG) – rechtfertigt allein mithin auch jetzt kein Entfernungsverlangen.[49] § 90e Abs. 1 Satz 1 Nr. 2 BBG (§ 56e Abs. 1 Satz 1 Nr. 2 BRRG) geht noch einen Schritt weiter: Unterlagen über *begründete* Beschwerden und Bewertungen oder *richtige* Behauptungen, die für den Beamten ungünstig sind oder ihm nachteilig werden können, sind auf seinen Antrag nach drei Jahren[50] zu entfernen und zu vernichten; dies gilt freilich nicht für dienstliche Beurteilungen. Schließlich müssen Mitteilungen in Strafsachen, soweit sie nicht Bestandteil einer Disziplinarakte sind, sowie Auskünfte aus dem Bundeszentralregister mit Zustimmung des Beamten gleichfalls nach drei Jahren entfernt und vernichtet werden (§ 90e Abs. 2 Satz 1 BBG, § 56e Abs. 2 Satz 1 BRRG).[51]

II. Personelle und sachliche Folgerungen aus der Zweckbindung der Personalaktendaten

§ 90 Abs. 1 Satz 3 BBG (§ 56 Abs. 1 Satz 3 BRRG) postuliert: „Personal- **509** aktendaten dürfen nur für Zwecke der Personalverwaltung oder Personalwirtschaft verwendet werden, es sei denn, der Beamte willigt in die anderweitige Verwendung ein." Klarstellend („wiederholend")[52] heißt es in § 90g Abs. 1 Satz 1 BBG (§ 56f Abs. 1 Satz 1 BRRG), daß die „Verarbeitung und Nutzung" von Personalaktendaten *in Dateien*[53] ebenfalls an diese Zweckbestimmung gebunden sei.

Die damit vom Gesetz vorgegebene *Zweck-Mittel-Relation* hat zunächst **510** die *sachliche* Konsequenz (§ 90 Abs. 4 Satz 1 BBG, § 56 Abs. 4 Satz 1 BRRG), daß der Dienstherr „personenbezogene Daten über Bewerber, Beamte und ehemalige Beamte nur erheben (darf), soweit dies zur Begründung, Durchführung, Beendigung oder Abwicklung des Dienstverhältnisses oder zur Durchführung organisatorischer, personeller und sozialer Maßnahmen ... erforderlich ist" (oder eine Rechtsvorschrift dies eigens erlaubt).[54] Der Hinweis des Gesetzes auf die „Erforderlichkeit" läßt deutlich werden, daß in Grenzfällen Informationsinteresse und Persönlichkeitsrecht zu einem vernünftigen Ausgleich gebracht werden müssen. Einen weiteren *personen-* wie *sach*bezogenen Schluß aus § 90 Abs. 1 Satz 3 BBG (§ 56 Abs. 1 Satz 3

---

[49] S. dazu RdNr 507.
[50] Zur Unterbrechung dieser Frist s. § 90e Abs. 1 Sätze 2 und 3 BBG, § 56e Abs. 1 Sätze 2 und 3 BRRG.
[51] S. Fußn. 50.
[52] Gola, DÖD 92, 221 (229).
[53] S. dazu RdNrn 541 ff.
[54] Zur (mitbestimmungspflichtigen) Erhebung personenbezogener Daten durch Fragebogen s. § 90 Abs. 4 Satz 2 BBG, § 56 Abs. 4 Satz 2 BRRG.

BRRG) bringt das Gesetz in § 90 Abs. 3 BBG (§ 56 Abs. 3 BRRG) zum Ausdruck:

„Zugang zur Personalakte dürfen nur Beschäftigte haben, die im Rahmen der Personalverwaltung mit der Bearbeitung von Personalangelegenheiten beauftragt sind, und nur soweit dies zu Zwecken der Personalverwaltung oder der Personalwirtschaft erforderlich ist; dies gilt auch für den Zugang im automatisierten Abrufverfahren."

In die Zugangsregelung sind – allerdings jeweils von Fall zu Fall in den Grenzen ihrer *Teil*zuständigkeiten für die Bearbeitung von Personalangelegenheiten – auch solche Beschäftigte eingeschlossen, die nach gesetzlichen oder innerdienstlichen Vorschriften an bestimmten Aufgaben und Entscheidungen der Personalverwaltung zu beteiligen sind, wie z.B. Angehörige von Schwerbehindertenvertretungen, Sicherheitsbeauftragte und Frauenbeauftragte (Beauftragte für die Gleichstellung von Mann und Frau).[55]

III. Einsichtnahme in die Personalakte

511 § 90c Abs. 1 BBG (§ 56c Abs. 1 BRRG) räumt dem Beamten, auch nach Beendigung des Beamtenverhältnisses, ein Recht auf Einsicht in seine vollständige Personalakte ein. Daneben kommt unter bestimmten, noch darzustellenden Voraussetzungen eine Einsichtnahme durch Dritte in Betracht, nämlich
- durch die Personalvertretung,[56]
- durch Gerichte, durch Untersuchungsausschüsse des Bundestages oder eines Landtages oder durch den Bundespersonalausschuß,[57]
- durch Behörden eines anderen Verwaltungszweiges oder eines anderen Dienstherrn[58] und
- durch Privatpersonen.[59]

512 Die Einsichtnahme durch einen *Bevollmächtigten* des Beamten, durch einen *Hinterbliebenen* oder durch einen von diesem Bevollmächtigten (s. § 90c

---

[55] Amtl. Begr. zu § 90 Abs. 3 BBG, BT-Dr 12/544; weiterhin Battis, BBG, § 90, RdNr 6 a. E. Zum Zugangsrecht der Frauenbeauftragten s. nunmehr § 18 Abs. 1 Satz 3 FFG. Vgl. auch NW OVG, NVwZ-RR 95, 98. In dieser Entscheidung ist mit Recht ausgeführt, daß eine Einsichtnahme in Personalakten durch die Gleichstellungsbeauftragte nur „erforderlich" sei, soweit durch eine Personalentscheidung Belange *weiblicher* Beschäftigter betroffen seien. Sofern sich z. B. auf die Ausschreibung einer Beförderungsstelle keine Frau bewerbe, lasse sich ein Eingriff in das Persönlichkeitsrecht der männlichen Bewerber in Gestalt einer Einsichtnahme der Gleichstellungsbeauftragten in deren Personalakten nicht rechtfertigen. Die Gleichstellungsbeauftragte möge freilich in einem solchen Fall „Anlaß sehen, mit dem Behördenleiter die Ursachen des Desinteresses zu erörtern und auf eine erneute Ausschreibung zu drängen" (ein problematischer Rat (!)).
[56] S. dazu RdNr 524.
[57] S. dazu RdNr 525.
[58] S. dazu RdNr 526.
[59] S. dazu RdNr 527.

Abs. 2 BBG, § 56c Abs. 2 BRRG) ist keine Einsichtnahme durch „Dritte" in dem hier zugrunde gelegten Sinne des Wortes, weil sich das Einsichtsrecht solchenfalls aus dem (früheren) Einsichtsrecht des Beamten ableitet.[60] Nicht als „Einsichtnahme" ist es zu betrachten, wenn der Behördenleiter, sein ständiger Vertreter oder die im Rahmen der Personalverwaltung mit der Bearbeitung von Personalangelegenheiten beauftragten Beschäftigten Einblick in die Personalakte nehmen.

Von dem Recht auf Personalakteneinsicht auf Grund des § 90c Abs. 1 **513** und 2 BBG (§ 56c Abs. 1 und 2 BRRG) ist das jedem Bürger – also auch dem Beamten (und seinen Hinterbliebenen) – zustehende Recht auf Akteneinsicht innerhalb eines laufenden *Verwaltungsverfahrens* (§ 29 VwVfG) zu unterscheiden.[61] Soweit rechtserheblich, ist im Einzelfall zu ermitteln, worauf der Beamte (oder der Hinterbliebene) mit seinem Einsichtsbegehren abzielt.[62]

1. Einsichtsrecht des Beamten

Das Recht auf Einsicht steht allen Beamten zu, über die eine Personalakte **514** geführt wird, also auch dem Beamten, der
– vorläufig seines Dienstes enthoben (§ 91 BDO),
– zwangsbeurlaubt (§ 60 BBG, § 41 BRRG) oder
– in den einstweiligen Ruhestand versetzt ist (§§ 36ff. BBG, §§ 31, 32 BRRG),
nicht dagegen einer Person, deren Ernennung zum Beamten sich als nichtig erwiesen hat (§ 11 BBG, § 8 BRRG) oder bestandskräftig zurückgenommen ist (§ 12 BBG, § 9 BRRG). Durch die Wendung „auch nach Beendigung des Beamtenverhältnisses" ist klargestellt, daß der Ruhestandsbeamte und der frühere Beamte (unabhängig von der Art des Beamtenverhältnisses) zur Einsichtnahme in ihre Personalakte befugt sind.[63]

Gegenstand des Einsichtsrechts ist die *vollständige* Personalakte, gleich- **515** gültig, wo sie aufbewahrt wird, und unabhängig davon, ob sämtliche den Beamten betreffenden Unterlagen äußerlich als (Grund-, Teil- oder Neben-)Personalakte gekennzeichnet sind.[64,65] Die Verwaltungspraxis[66] schränkt diesen

---

[60] S. dazu RdNr 520.

[61] Vgl. dazu im einzelnem GKÖD I, RdNrn 38ff. zu §§ 90ff. BBG mit weiteren Nachweisen (insbesondere zur Wirkungsdauer des Akteneinsichtsrechts nach § 29 Abs. 1 Satz 1 VwVfG und zur Frage der selbständigen Erzwingbarkeit der Akteneinsicht).

[62] Vgl. NW OVG, DÖD 80, 144 und 1. 10. 1979 – VI A 2072/78 –.

[63] Zur Aufbewahrung abgeschlossener Personalakten s. § 90f BBG.

[64] Das Einsichts- und Anhörungsrecht des Beamten während des Disziplinarverfahrens ist durch die in Fußn 20 angeführten Spezialvorschriften der BDO geregelt; § 90c BBG wird hierdurch (nur) für die Dauer des Disziplinarverfahrens verdrängt. Vgl. dazu BVerwGE 38, 94; 36, 134.

[65] Zu den Mitteilungspflichten des Dienstherrn bei gespeicherten Personalaktendaten s. RdNr 545.

Grundsatz ein, soweit es sich um *ärztliche Äußerungen* (Gutachten u.a.) handelt: Sie sind, wenn es ihr Inhalt erfordert, in einem verschlossenen Umschlag aufzubewahren. Bestehen Bedenken, ob der Beamte an seiner Gesundheit Schaden nimmt, falls er von der Äußerung Kenntnis erlangt, so ist ein Arzt zu beteiligen, der sie ihm gegebenenfalls erläutern muß. Läßt sich nach (amts-)ärztlicher Einschätzung die Gefahr einer erheblichen gesundheitlichen Beeinträchtigung des Beamten durch eine (mündliche) ärztliche Erläuterung nicht beheben, so kann es die Fürsorge- und Schutzpflicht (§ 79 BBG, § 48 BRRG) im Einzelfall gebieten, ihm die Einsicht zu versagen.[67] Dogmatisch läßt sich dies damit rechtfertigen, daß die Abwehr erkennbarer Gesundheitsrisiken zu dem verfassungsrechtlich durch Art. 33 Abs. 5 GG abgesicherten Kernbestand an Fürsorge- und Schutzprinzipien und nicht nur (wie das Einsichtsrecht)[68] zum Wirkungsfeld der einfach-rechtlichen Fürsorge- und Schutzpflichtnorm gehört.[69] Dem Schutzzweck des Einsichtsrechts ist auf andere Weise Rechnung zu tragen, etwa dadurch, daß der Beamte einem Arzt seines Vertrauens Einsichtsvollmacht erteilt.

516   Das Einsichtsrecht des Beamten umfaßt auch
– schriftliche Äußerungen, die Dritte unter Zusicherung der Vertraulichkeit über ihn abgegeben haben,[70] und
– Erkenntnisse der Verfassungsschutz- und der Sicherheitsbehörden, die in den Bereich des Dienstherrn gelangt sind und sich auf ihn (den Beamten) beziehen, falls nicht ausnahmsweise überwiegende Interessen der Staatssicherheit oder schutzwürdige Belange anderer Personen entgegenstehen.[71]

517   Nach § 90 c Abs. 4 Satz 1 Hs. 1 BBG (§ 56 c Abs. 4 Satz 1 Hs. 1 BRRG)[72] hat der Beamte nunmehr auch ein Recht auf Einsicht in „andere Akten, die personenbezogene Daten über ihn enthalten und für sein Dienstverhältnis verarbeitet oder genutzt werden, soweit gesetzlich nichts anderes bestimmt

---

[66] S. z.B. Nrn 2.4 und 5.1 Satz 2 der VV zu § 102 NW LBG (abgedr. bei Schütz, BR, unter § 102 NW LBG). Art. 100 d Abs. 1 Satz 2 BayBG lautet: „Feststellungen über den Gesundheitszustand unterliegen dann nicht der Einsicht, wenn zu befürchten ist, daß der Beamte bei Kenntnis des Befundes weiteren Schaden an seiner Gesundheit nimmt."

[67] Vgl. Dürig, ZBR 56, 403; Nölle, RiA 56, 337; Brand, RiA 62, 17; a.A. Wilhelm, ZBR 67, 97; Wiese, ZBR 81, 55 (62).

[68] Ule, BR, RdNr 1 zu § 56 BRRG mit weiteren Nachweisen; Wiese, ZBR 81, 55 (57 f.); a.A. Battis, BBG, § 90, RdNr 2 mit weiteren Nachweisen; offengelassen in BVerwGE 7, 153.

[69] S. dazu RdNr 355.

[70] Schütz, BR, RdNr 9 zu § 102 NW LBG unter Hinweis auf NW OVG 10. 7. 1974 – I A 727/73 –. Aus der Fürsorge- und Schutzpflicht kann sich bei schwerwiegenden Verdächtigungen ein Anspruch auf Benennung des Gewährsmannes ergeben, wenn der Beamte sich anders nicht wirksam zu schützen vermag; vgl. dazu NW OVG 28. 2. 1964 – VI A 78/63 – und 14. 3. 1972 – VI A 248/69 –.

[71] Vgl. BVerwGE 36, 134; 38, 94; BW VGH, ZBR 73, 348; zur Behandlung der (eigentlichen) Sicherheitsakten s. RdNr 497.

[72] S. dazu schon RdNr 499.

ist". „Unzulässig" ist die Einsichtnahme nur dann, „wenn die Daten des Betroffenen mit Daten Dritter oder geheimhaltungsbedürftigen nicht-personenbezogenen Daten derart verbunden sind, daß ihre Trennung nicht oder
nur mit unverhältnismäßigem Aufwand möglich ist". In diesem Fall ist dem
Beamten Auskunft zu erteilen (§ 90 c Abs. 4 Sätze 2 und 3 BBG, § 56 c
Abs. 4 Sätze 2 und 3 BRRG). Der Umfang der Auskunftserteilung wird einerseits durch das Interesse des Beamten, seine Rechte sachgemäß wahrzunehmen, andererseits durch die Pflicht des Dienstherrn, die Interessensphäre
der anderen in Betracht kommenden Dienstnehmer nicht „schwerwiegend
und unvertretbar" zu verletzen, bestimmt *und* begrenzt.[73] Der Verfasser eines Berichts, der personenbezogene Daten mehrerer Dienstnehmer enthält
(und verarbeitet), sollte sich die damit auf der Hand liegenden Schwierigkeiten vor Augen halten und den Bericht von vornherein so anlegen, daß in
größtmöglichem Umfang *Teilbarkeit* gewährleistet ist. Jedenfalls wäre es
rechts- und dienstpflichtwidrig, wenn der Weg des völlig verzahnten, nicht
trennbaren Berichts[74] nur oder überwiegend deshalb gewählt würde, um das
Informationsrecht auf ein Auskunftsrecht einzuengen (oder gar zu verei-
teln).

Der Beamte kann das Einsichtsrecht *wiederholt* ausüben,[75] ohne hierfür **518**
Gründe angeben oder gar nachweisen zu müssen, solange er nicht die Grenze
des Rechtsmißbrauchs überschreitet.[76] Die näheren Modalitäten der Ein-
sichtsgewährung[77] werden gewöhnlich durch Verwaltungsvorschriften geregelt. Der Dienstherr hat dabei Ermessen, in das er verwaltungsorganisato-
rische und sonstige, den reibungslosen Dienstbetrieb berücksichtigende
Überlegungen einbeziehen darf, freilich nicht mit dem Ergebnis, daß die Bestimmungen über die Art und Weise der Einsichtnahme auf eine nachhaltige
Erschwerung des Einsichtsrechts selbst oder aber auf eine Gefährdung des
Vertraulichkeitsprinzips hinauslaufen.[78]

---

[73] Vgl. BVerwGE 49, 89 (93 f.); 50, 301 sowie BVerwG, ZBR 84, 42.

[74] BVerwG, ZBR 76, 57.

[75] BVerwGE 36, 134. Das Einsichtsverlangen kann mündlich oder schriftlich vorge-
tragen werden. Ein schriftlicher Antrag darf nicht zur Personalakte genommen werden.

[76] BVerwGE 36, 134; 38, 94; Battis, BBG, § 90c, RdNr 3; Kathke, Personalaktenrecht, RdNr 195; Wilhelm, ZBR 67, 97 (104 f.).

[77] S. jetzt auch § 90 c Abs. 3 Satz 1 BBG (§ 56 c Abs. 3 Satz 1 BRRG): „Die personalaktenführende Stelle bestimmt, wo die Einsicht gewährt wird." Die Einsichtnahme
hat grundsätzlich unter Aufsicht eines Mitarbeiters der Personalverwaltung zu erfolgen, der auch einer niedrigeren Laufbahn angehören kann; Plog/Wiedow/Beck/Lem-
höfer, BBG, § 90c, RdNr 16.

[78] NW OVG, OVGE 5, 113; 18, 81 (keine Herausgabe der Personalakte an den Beamten zur Mitnahme in seine Wohnung). Nach BayVGH, ZBR 90, 187 hat der Beamte grundsätzlich keinen Anspruch darauf, daß ihm sein Dienstherr die Einsicht in
seine Personalakte an seinem vom Ort der aktenführenden Behörde verschiedenen Be-
schäftigungsort gestattet. Golas These (RiA 94, 1 [8]): „Die Akte reist und nicht der
Beamte" ist überzogen; s. auch Kathke, Personalaktenrecht, RdNr 231. RP OVG,
DÖD 85, 204 stellt auf der anderen Seite klar, daß sich der Beamte nicht darauf ver-

519   Als *Annex* des Einsichtsrechts ist jetzt auch von Gesetzes wegen (§ 90 c Abs. 3 Satz 2 BBG, § 56 c Abs. 3 Satz 2 BRRG) das Recht des Beamten anerkannt, im Zusammenhang mit der Einsichtnahme – soweit dienstliche Gründe nicht entgegenstehen – Auszüge oder Abschriften einzelner Schriftstücke zu fertigen oder je nach Sachlage durch die aktenführende Stelle fertigen zu lassen; auf Verlangen ist dem Beamten ein (unverschlüsselter) Ausdruck der zu seiner Person automatisiert gespeicherten Personalaktendaten[79] (kostenlos) zu überlassen.

520   Einem *Bevollmächtigten* des Beamten ist Einsicht zu gewähren, soweit dienstliche Gründe nicht entgegenstehen (§ 90 c Abs. 2 Satz 1 BBG, § 56 c Abs. 2 Satz 1 BRRG). „Dienstliche Gründe" können einer Einsicht insbesondere dann „entgegenstehen", wenn

– Erwägungen der Amtsverschwiegenheit die Einsichtnahme durch eine Person, für die keine gesetzliche Schweigepflicht besteht, nicht angängig erscheinen lassen[80] oder

– das Vertrauensverhältnis zwischen dem Beamten und seinem Dienstherrn schwer gestört ist.[81]

In Fällen dieser Art kann aber unter Umständen eine – unbedenkliche – Auskunftserteilung in Betracht kommen (s. § 90 c Abs. 2 Satz 3 BBG, § 56 c Abs. 2 Satz 3 BRRG).

521   Speziell geregelt ist das Recht

– des schwerbehinderten Beamten, die Schwerbehindertenvertretung bei der Einsichtnahme in seine Personalakte hinzuzuziehen (§ 25 Abs. 3 SchwbG), und

– des Verteidigers im Disziplinarverfahren (§ 40 Abs. 1 Satz 5 BDO) und im Strafverfahren (§ 147 StPO) sowie des Prozeßbevollmächtigten im Verwaltungsstreitverfahren (§ 100 VwGO),[82] die (komplette dem Gericht vorgelegte) Personalakte einzusehen.

522   Wo und in welcher Weise die zuständige Behörde einem Bevollmächtigten Einsicht in die Personalakte gewährt, ist ihrem pflichtgemäßen *Ermessen* überlassen (s. auch insoweit § 90 c Abs. 3 Satz 1 BBG, § 56 c Abs. 3 Satz 1

---

weisen zu lassen brauche, in seine Personalakte bei einem Gericht oder bei einer Behörde eines anderen Geschäftsbereichs Einsicht zu nehmen: Befinde sich die Personalakte bei einer solchen Stelle, so sei sie zur Gewährung der Einsicht *unverzüglich* von dort zurückzufordern; dadurch entstehende Kosten habe der Dienstherr zu tragen. Dem dürfte im Grundsatz beizupflichten sein. Es wird aber Ausnahmefälle geben, in denen es dem Beamten zumutbar ist, die Personalakte *anderweit* einzusehen (z. B., wenn die vollständige Personalakte dem am Wohnsitz des Beamten befindlichen Verwaltungsgericht übersandt ist, bei dem dieser Klage erhoben hat und bei dem der Termin zur mündlichen Verhandlung ansteht).

[79] S. dazu auch RdNrn 540 ff.
[80] Wilhelm, DÖD 66, 41; Kathke, Personalaktenrecht, RdNr 18 mit weiteren Nachweisen.
[81] OVG Lüneburg, OVGE 3, 161; a. A. Kathke, a. a. O.
[82] Vgl. NW OVG, DVBl 57, 324.

BRRG). Dies gilt – unbeschadet einer gesetzlichen Sonderregelung (vgl. § 147 Abs. 4 StPO, § 100 Abs. 2 Satz 3 VwGO) – auch für die Entscheidung, ob die Personalakte einem bevollmächtigten Rechtsanwalt zur Einsichtnahme in seine Kanzlei mitgegeben wird. Daß ein Rechtsanspruch des Rechtsanwalts auf Überlassung der Personalakte zur Mitnahme in seine Kanzlei nicht besteht, läßt sich aus § 29 Abs. 3 VwVfG entnehmen, der zwar nicht unmittelbar, wohl aber seinem Rechtsgedanken nach anwendbar ist.[83] Die gesetzgeberischen Überlegungen bei Erlaß dieser Vorschrift zeigen, daß ein Rechtsanspruch des Rechtsanwalts auf Mitnahme von Akten in seine Kanzlei bewußt nicht geschaffen worden ist.[84] Bei der Ausübung ihres Ermessens darf die Behörde auch administrativ-verfahrenstechnische Gesichtspunkte grundsätzlicher Art beachten.[85]

Über das früher im Bund nicht geregelte Einsichtsrecht der *Hinterbliebenen* des Beamten[86] sprechen sich nunmehr § 90c Abs. 2 Satz 2 BBG und § 56c Abs. 2 Satz 2 BRRG aus: Hinterbliebene (und deren Bevollmächtigte) haben ein Einsichtsrecht, *hilfsweise* ein Recht auf *Auskunftserteilung* aus der Personalakte (§ 90c Abs. 2 Satz 3 BBG, § 56c Abs. 2 Satz 3 BRRG), **523**
– soweit dienstliche Gründe nicht entgegenstehen und
– ein berechtigtes Interesse (gerade) an der Einsichtnahme (soweit ausreichend: an der Auskunftserteilung) dargelegt und glaubhaft gemacht wird.

2. Einsichtnahme durch Dritte

Vom Beamten zu bestimmenden Mitgliedern der *Personalvertretung* darf **524** im Zusammenhang mit ihrer Beteiligung bei Einstellungen, Anstellungen und Beförderungen sowie bei Versetzungen, Abordnungen und Umsetzungen[87] Einsicht in die Personalakte nur gewährt werden, wenn der Beamte zustimmt (§ 68 Abs. 2 Satz 3 BPersVG). Ohne eine solche Zustimmung ist der Personalvertretung Auskunft aus der Personalakte nur in dem Umfang zu erteilen, wie sie ihrer bedarf, um ihre gesetzlichen Aufgaben pflichtgemäß zu erfüllen.[88] Das Interesse des Beamten an der vertraulichen Behandlung des Personalakteninhalts muß insoweit gegenüber dem Informationsanspruch der Personalvertretung zurückstehen.[89, 90]

---

[83] NW OVG, DÖD 80, 144 und 1. 10. 1979 – VI A 2072/78 –. S. auch Kathke, Personalaktenrecht, RdNr 244 mit weiteren Nachweisen.
[84] NW OVG, DÖD 80, 144 mit weiteren Nachweisen.
[85] NW OVG 1. 10. 1979 – VI A 2072/78 –.
[86] Vgl. dazu Dürig, ZBR 56, 403 (406); Wilhelm, ZBR 67, 102 (104).
[87] S. dazu RdNrn 1 ff., 84 ff.
[88] Vgl. BVerwGE 5, 344; 6, 302; 8, 219; ferner BVerwGE 61, 325 sowie RdNr 29.
[89] Vgl. dazu Hendrix, ZBR 64, 271; Wilhelm, ZBR 67, 97 (102); weiterhin Kathke, Personalaktenrecht, RdNr 159.
[90] Zur Personaldatensammlung und -verarbeitung durch die Personalvertretung s. Gola, DÖD 92, 221 (230) mit weiteren Nachweisen.

525 Auch gegen den Willen des Beamten ist die Personalakte den *Disziplinargerichten* und den *Strafgerichten* vorzulegen, letzteren jedoch nur, wenn der Strafvorwurf die Amtstätigkeit des Beamten betrifft und/oder wenn dessen beruflicher Werdegang für die strafgerichtliche Würdigung mindestens bedeutsam sein *kann*.[91] Entsprechendes gilt im Blick auf Verfahren vor dem *Bundesverfassungsgericht* (§ 26 Abs. 2, § 27 BVerfGG) und für *Verwaltungsstreitverfahren*[92, 93] Art. 44 Abs. 3 GG führt bei Verfahren vor einem parlamentarischen *Untersuchungsausschuß* unter Beachtung des Verhältnismäßigkeitsprinzips nur dann zu einer Vorlagepflicht, wenn eine Auskunft über den Personalakteninhalt oder eine Vorlage einzelner Personalaktenteile nicht ausreicht;[94] § 102 Abs. 2 BBG begründet hingegen für Verfahren vor dem *Bundespersonalausschuß* eine grundsätzlich uneingeschränkte Vorlagepflicht.[95]

526 Gemäß § 90d Abs. 1 Sätze 1 und 2 BBG (§ 56d Abs. 1 Sätze 1 und 2 BRRG) ist es ohne Einwilligung des Beamten zulässig,

(a) der obersten Dienstbehörde oder einer anderen im Rahmen der Dienstaufsicht weisungsbefugten Behörde für Zwecke der Personalverwaltung oder -wirtschaft,

(b) einer anderen Behörde desselben Geschäftsbereichs zur Vorbereitung oder Durchführung einer Personalentscheidung und

(c) einer zur Mitwirkung an einer Personalentscheidung berufenen Behörde eines anderen Geschäftsbereichs desselben Dienstherrn

---

[91] S. aber auch § 96 StPO; vgl. außerdem BVerwGE 3, 324; Dürig, ZBR 56, 403 und Kathke, Personalaktenrecht, RdNr 273 mit weiteren Nachweisen. Je nach Lage der Dinge kann (oder muß) sich der Dienstherr auf eine Auskunft aus der Personalakte beschränken.

[92] S. aber § 99 VwGO. Vgl. dazu BVerwGE 19, 179; 35, 227; 49, 93 (Personalakten seien grundsätzlich zu den Vorgängen zu zählen, die ihrem Wesen nach geheimgehalten werden müßten, s. § 99 Abs. 1 Satz 2 VwGO).

[93] Das Verwaltungsgericht kann in *Konkurrentenstreitigkeiten* Personalakten und/oder Besetzungsvorgänge anfordern, soweit es ihrer bei Anlegung eines strengen Maßstabes zur Wahrheits- und Rechtsfindung bedarf. Mindestens in der Regel wird das Verwaltungsgericht (zunächst) nur den Besetzungsbericht und bestimmte Personalaktenteile (etwa dienstliche Beurteilungen) oder Auskünfte aus den entsprechenden Vorgängen verlangen können. Durch eine Beiladung des ausgewählten Beamten (s. § 63 Nr. 3, § 65 VwGO) entschärft sich die Problematik einer Abwägung zwischen den verschiedenen Interessen (s. dazu Redeker/von Oertzen, VwGO, § 99, RdNr 7), ohne daß sie entfiele. Wenn und soweit Personalakten und/oder Besetzungsberichte vorgelegt sind, kann den Beteiligten die Akteneinsicht gemäß § 100 Abs. 1 VwGO nicht verweigert werden. Versuche, die aus § 100 Abs. 2 VwGO zu entnehmenden Rechte im Lichte eines Rechts auf informationelle Selbstbestimmung einzuschränken (s. in diesem Sinne Wittkowski, NVwZ 95, 345 [346] mit weiteren Nachweisen), können nicht überzeugen; s. dazu Verf., ZBR 97, 169 [179]; auch HVGH, DÖD 94, 234.

[94] Vgl. dazu BVerfG, NJW 84, 2281 und NJW 88, 890. S. auch NW OVG, NJW 88, 2496 (Unzulässigkeit einer Anforderung der vollständigen Personal- und Disziplinarakte eines Beamten durch einen parlamentarischen Untersuchungsausschuß zur Überprüfung einer gegen den Beamten gerichteten Beschwerde).

[95] Vgl. Plog/Wiedow/Beck/Lemhöfer, BBG, § 102, RdNr 5.

die Personalakte vorzulegen, wobei die Vorlage – entgegen dem unklaren Gesetzeswortlaut – nicht nur im Falle (b), sondern auch im Falle (a) und erst recht im Falle (c) nach Inhalt und Umfang (s. § 90 d Abs. 3 BBG, § 56 d Abs. 3 BRRG) „notwendig" sein muß, d. h. insbesondere nicht durch eine Auskunft aus der Personalakte ersetzbar sein darf (s. § 90 d Abs. 1 Sätze 4 und 5 BBG, § 56 d Abs. 1 Sätze 4 und 5 BRRG).[96] Die Übermittlung der Personalakte an eine hiernach nicht privilegierte Behörde desselben oder eines anderen Dienstherrn hat auch nach neuem Recht[97] zu erfolgen, wenn

– der Beamte ihr zustimmt oder, etwa aus Anlaß einer Bewerbung, selbst darum bittet und
– dienstliche Gründe dem nicht zuwiderlaufen.

Für ein Ermessen[98] ist dann kein Spielraum mehr vorhanden. Ist der Beamte mit der Übersendung an eine nicht privilegierte Behörde nicht einverstanden, so darf sich die aktenführende Stelle über seinen entgegenstehenden Willen jetzt nicht mehr[99] hinwegsetzen. § 90 d Abs. 2 Satz 1 BBG (§ 56 d Abs. 2 Satz 1 BRRG) gestattet ihr dann nur eine Auskunftserteilung, falls „die Abwehr einer erheblichen Beeinträchtigung des Gemeinwohls oder der Schutz berechtigter, höherrangiger (von der Behörde wahrzunehmender) Interessen" eine solche „zwingend erfordert".

Der Schweigepflicht unterliegenden *Ärzten,* die im Auftrag der personal- **527** verwaltenden Behörde ein medizinisches Gutachten erstellen, darf die Personalakte im erforderlichen Umfang zugänglich gemacht werden, selbst wenn der Beamte dem widerspricht (§ 90 d Abs. 1 Satz 3 BBG, § 56 d Abs. 1 Satz 3 BRRG). *Anderen Privatpersonen* – sofern es sich nicht um Bevollmächtigte oder Hinterbliebene handelt[100] – darf die aktenführende Stelle keine Einsicht in die Personalakte gewähren; eine Auskunft aus der Personalakte darf ihnen nur mit Einwilligung des Beamten erteilt werden, es sei denn, daß die Abwehr einer erheblichen Beeinträchtigung des Gemeinwohls oder der Schutz berechtigter höherrangiger Interessen des Dritten die Auskunftserteilung „zwingend erfordert". Inhalt und Empfänger der Auskunft sind dem Beamten schriftlich mitzuteilen (§ 90 d Abs. 2 BBG, § 56 d Abs. 2 BRRG).

IV. Anhörung des Beamten

Der Beamte muß über Beschwerden,[101] Behauptungen (tatsächlicher Art) **528** und Bewertungen, die für ihn ungünstig sind oder ihm nachteilig werden können, vor deren Aufnahme in die Personalakte gehört werden (§ 90 b

---

[96] Hinsichtlich der Verantwortlichkeit s. § 15 Abs. 2 BDSG.
[97] So zutreffend Gola, DÖD 92, 221 (226).
[98] Vgl. BVerwGE 3, 324; Plog/Wiedow/Beck/Lemhöfer, BBG, § 90 d, RdNr 5.
[99] Zum früheren Recht s. 2. Aufl., RdNr 377 mit weiteren Nachweisen.
[100] S. dazu RdNrn 512, 520, 523.
[101] S. dazu RdNr 500 f.

Satz 1 BBG, § 56 b Satz 1 BRRG). Mit der Einbeziehung der Bewertungen ist die Abgrenzung zwischen Äußerungen berichtenden Charakters und Werturteilen[102] über den Beamten im vorliegenden Kontext belanglos geworden. Rechtliche Schlußfolgerungen aus Vorgängen, die schon in der Personalakte enthalten sind, fallen nicht unter den Begriff der „Bewertungen".[103] Auch zu Beurteilungsbeiträgen und vorbereitenden Stellungnahmen[104] ist der Beamte grundsätzlich nicht nach § 90 b Satz 1 BBG (§ 56 b Satz 1 BRRG) zu hören;[105] eine Anhörungspflicht auf Grund anderer Rechtsvorschriften bleibt allerdings unberührt.[106] Die rechtzeitige Anhörung des Beamten ist vom Dienstvorgesetzten als Mittel zu sehen und zu würdigen, Vollständigkeits- und Richtigkeitsinteresse (von vornherein und nicht erst nachträglich) zur Deckung zu bringen.[107]

529   *Von wem* die Beschwerden, Behauptungen oder Bewertungen ausgehen, ist grundsätzlich gleichgültig. Auch Äußerungen der Personalvertretung werden erfaßt.[108] Ohne Bedeutung ist es ferner, in welchen konkreten Zusammenhang ungünstige oder unter Umständen nachteilige Behauptungen tatsächlicher Art oder Bewertungen eingebunden sind. § 90 b Satz 1 BBG (§ 56 b Satz 1 BRRG) ist z. B. auch auf dienstliche Beurteilungen (als solche) und auf mißbilligende Äußerungen (§ 6 Abs. 2 BDO) anwendbar. Mindestens zu Tatsachenbehauptungen in dienstlichen Beurteilungen wird der Beamte freilich in der Regel schon nach anderen – *vorrangigen* – Rechtsvorschriften[109] zu hören sein. Unberührt bleibt ferner das unmittelbar aus der Fürsorge- und Schutzpflicht (§ 79 BBG, § 48 BRRG) abzuleitende Gebot, dem Beamten Gelegenheit zur Stellungnahme zu geben, bevor in einer dienstlichen Beurteilung aus einem Sachverhalt ungünstige Schlüsse abgeleitet werden.[110]

530   Die Erteilung einer Auskunft aus der Personalakte an Dritte ist rechtswidrig, wenn der Beamte keine Gelegenheit hatte, sich zuvor zu den aufgenommenen Tatsachenbehauptungen (oder Bewertungen) zu äußern.[111]

531   Ein *Verstoß* gegen die Anhörungspflicht kann zu einem Amtshaftungsanspruch oder zu einem beamtenrechtlichen Schadensersatzanspruch führen, sofern zwischen der Rechtsverletzung und einem Schaden des Beamten

---

[102] S. dazu 2. Aufl., RdNr 379.

[103] Plog/Wiedow/Beck/Lemhöfer, BBG, § 90 b, RdNr 5.

[104] S. dazu RdNr 427 f.

[105] BT-Dr 12/544 (zu § 90 b BBG), wo es *ergänzend* heißt: „Werden Bewertungen, die der Vorbereitung einer dienstlichen Beurteilung dienen, zur Personalakte genommen, kann die Anhörung des Beamten bis zur Eröffnung der Beurteilung zurückgestellt werden. Solche Unterlagen dürfen nur mit Zustimmung des Beamten weitergegeben werden." S. auch Kathke, Personalaktenrecht, RdNr 136.

[106] S. namentlich RdNr 529.

[107] S. dazu RdNr 507. Ebenso Battis, BBG, § 90 b, RdNr 2.

[108] BVerwG, Buchholz 232 § 90 BBG Nr. 16.

[109] S. RdNr 441.

[110] S. dazu RdNr 374 sowie Verf., Dienstliche Beurteilung, RdNrn 288 ff.

[111] BVerwG, RiA 72, 155.

Kausalität besteht.[112] Die Nichtbeachtung des Anhörungsrechts gereicht jedem Dienstvorgesetzten regelmäßig zum Verschulden, weil die auf Anhörung zielende Rechtspflicht ohne weiteres „einleuchtend und selbstverständlich" ist.[113]

V. (Gegen-)Äußerung des Beamten

Der Dienstvorgesetzte muß sich von dem Bestreben leiten lassen, unter **532** anderen durch Anhörung des Beamten die überhaupt erreichbare *Richtigkeitsgewähr* zu erlangen. Bleiben nach der Anhörung nicht behebbare Zweifel an der Richtigkeit einer den Beamten beschwerenden Behauptung oder der Begründetheit eines ihn betreffenden abträglichen Werturteils, so ist von der Aufnahme des entsprechenden Vorgangs in die Personalakte abzusehen[114] (und der Vorgang dem Urheber zurückzugeben oder mit seinem Einverständnis zu vernichten). Daß eine (Gegen-)Äußerung des Beamten zu seiner Personalakte zu nehmen ist (§ 90b Satz 2 BBG, § 56b Satz 2 BRRG), darf nicht dazu verleiten, die Anhörung zu vernachlässigen.

Inhaltliche Grenzen des (Gegen-)Äußerungsrechts ergeben sich aus dem **533** Gegenstand, auf den sich die Behauptung oder die Bewertung bezieht. Eine kleinliche Betrachtung ist insoweit jedoch unangebracht: Solange nicht jeglicher innere Zusammenhang zwischen der (Gegen-)Äußerung des Beamten und der in Bezug genommenen Behauptung oder Bewertung ersichtlich fehlt, ist die (Gegen-)Äußerung zu der Personalakte zu nehmen. Freilich darf der Beamte mit der (Gegen-)Äußerung nicht seiner Pflicht zu achtungs- und vertrauenswürdigem Verhalten innerhalb des Dienstes (§ 54 Satz 3 BBG, § 36 Satz 3 BRRG) zuwiderhandeln. Dies betrifft vornehmlich die *Form* seiner Darlegungen, die nicht in Beschimpfungen von Vorgesetzten oder Mitarbeitern ausarten dürfen. Vergreift sich der Beamte insoweit, kann es die Fürsorge- und Schutzpflicht (§ 79 BBG, § 48 BRRG) gebieten, ihn darauf hinzuweisen, um ihm eine Korrektur zu ermöglichen, statt die (Gegen-) Äußerung in der vorliegenden Fassung zur Personalakte zu nehmen.[115]

VI. Berichtigungsanspruch des Beamten

Sind unrichtige Tatsachenbehauptungen in die Personalakte gelangt, so fragt **534** es sich, ob der Beamte von seinem Dienstherrn eine Richtigstellung beanspru-

---

[112] S. dazu RdNrn 411 ff. Ferner Plog/Wiedow/Beck/Lemhöfer, BBG, § 90b, RdNr 13 und Battis, BBG, § 90b, RdNr 4.
[113] BGHZ 22, 258 (267).
[114] BT-Dr 12/544 (zu § 90b BBG).
[115] Zustimmend Kathke, Personalaktenrecht, RdNr 143.

chen kann. §§ 90ff. BBG (§§ 56ff. BRRG) ist hierüber nichts zu entnehmen. § 90e BBG (§ 56e BRRG) betrifft nur die Entfernung (und Vernichtung) von Vorgängen (Unterlagen) aus der Personalakte mit Zustimmung oder auf Antrag des Beamten, der jedoch „schwerwiegende Gründe"[116] haben kann, Vorgänge mit *unrichtigen,* vom Dienstherrn aber *anschließend berichtigten* Tatsachenbehauptungen in der Personalakte zu belassen. Auch insofern muß auf die *Fürsorge- und Schutzpflicht* (§ 79 BBG, § 48 BRRG) zurückgegriffen werden.[117] Die Pflicht des Dienstherrn, den Beamten seiner Befähigung, seinen Leistungen und seiner Eignung entsprechend zu fördern,[118] und seine Verpflichtung, Schäden von den Rechtsgütern des Beamten, namentlich von seiner Ehre, abzuwenden,[119] verdichten sich in dem Gebot, unzutreffende Tatsachenbehauptungen, die in der Personalakte enthalten sind, dortselbst auch zu berichtigen, wenn sie dem Beamten zum Nachteil gereichen können[120] und dieser der Entfernung (und Vernichtung) des einschlägigen Vorgangs nicht zustimmt (s. § 90e Abs. 1 Satz 1 Nr. 1 BBG, § 56e Abs. 1 Satz 1 Nr. 1 BRRG).

535   Der Berichtigungsvermerk[121] ist an der Stelle in die Personalakte einzufügen, wo sich die zu berichtigende Tatsachenbehauptung findet. Entsprechendes gilt für Gerichtsurteile, aus denen sich ergibt, daß eine in der Personalakte vorhandene Tatsachenbehauptung falsch ist. Unter Umständen genügt insoweit die Aufnahme eines Hinweises oder eines Auszuges.

536   Meinungsäußerungen oder (sonstige) Werturteile ohne Tatsachenkern[122] sind einer Berichtigung nicht zugänglich.[123] Haben sie ehrverletzenden Charakter, so kann allerdings ein Unterlassungsanspruch gegeben sein. Dieser ist gegen den Dienstherrn zu richten, falls es sich nicht um eine Meinungsäußerung oder ein (sonstiges) Werturteil höchstpersönlicher Prägung handelt;[124] auch der Unterlassungsanspruch[125] wird durch § 90e Abs. 1 Satz 1 Nr. 1 BBG (§ 56e Abs. 1 Satz 1 Nr. 1 BRRG) nicht verdrängt. Gerichtliche Entscheidungen, in denen die Unterlassungspflicht festgestellt ist, gehören (auszugsweise) zur Personalakte.

---

[116] BT-Dr 12/544 (zu § 90e Abs. 1 BBG). Der Beamte ist nicht gehalten, die Gründe darzulegen, die ihn veranlassen, seine Zustimmung zur Entfernung zu versagen. Er kann die Zustimmung auch willkürlich verweigern. Insoweit mißverständlich Battis, BBG, § 90e, RdNr 6: „Grundsätzlich gehen die Ansprüche aus § 90e (dem Berichtigungsanspruch, Zusatz des Verf.) vor."

[117] S. dazu RdNrn 354ff.; vgl. auch Hanusch, NVwZ 82, 11 (12).

[118] S. dazu RdNrn 373ff.

[119] S. dazu RdNrn 380, 388.

[120] BVerwGE 50, 301. Bei ehrverletzenden falschen Tatsachenbehauptungen kann daneben ein öffentlich-rechtlicher Widerrufsanspruch gegeben sein; vgl. BayVGH, ZBR 82, 33 (LS) sowie Berg, JuS 84, 521.

[121] Vgl. auch BGH, ZBR 61, 317.

[122] Vgl. dazu BVerwGE 60, 245 (248). Zur Abgrenzung s. auch BGH, NJW 97, 2513.

[123] Vgl. BGHZ 37, 187; OLG Zweibrücken, NVwZ 82, 332 mit weiteren Nachweisen.

[124] Vgl. BGHZ 34, 99.

[125] S. schon RdNr 534.

VII. Entfernungsanspruch des Beamten

1. Spezialgesetzliche Regelungen

Nach § 119 Abs. 1 Satz 1 BDO sind Eintragungen in der Personalakte **537** über Verweis und Geldbuße (vgl. § 5 Abs. 1, §§ 6, 7 BDO) nach drei, über Gehaltskürzung (vgl. § 5 Abs. 1, § 9 BDO) nach fünf Jahren zu tilgen; sämtliche über diese Disziplinarmaßnahmen entstandenen Vorgänge sind aus der Personalakte zu entfernen und zu vernichten. Für mißbilligende Äußerungen (§ 6 Abs. 2 BDO)[126] – und für einige andere abschließend aufgezählte Fälle – gilt Entsprechendes (§ 119 Abs. 5 BDO).[127]

Das *Vorhalte- und Verwertungsverbot* des § 51 Abs. 1 BZRG begründet **538** (als solches) nach Ansicht des BVerwG[128] keine Pflicht des Dienstherrn, Hinweise auf die strafgerichtliche Verurteilung eines Beamten aus dessen Personalakte zu entfernen, sobald die Eintragung im Zentralregister getilgt ist: Der Dienstherr habe die Tilgung lediglich in der Personalakte zweckentsprechend zu vermerken.

2. Entfernung von Vorgängen nach § 90 e BBG (§ 56 e BRRG)

Soweit eine spezialgesetzliche Regelung fehlte, hatte das BVerwG[129] eine **539** Entfernung nur in bezug auf solche Vorgänge (Unterlagen) für angängig gehalten, die in die Personalakte gelangt seien, „obwohl sie der Sache nach nicht dort hingehören". Von dieser Rechtsprechung ist der Gesetzgeber – wie oben[130] schon dargelegt – teils unter Hinweis auf den mit dem Vollständigkeitsprinzip konkurrierenden „Grundsatz der Personalaktenwahrheit" (als Ausfluß der Fürsorgepflicht), teils im Blick auf den (gleichfalls aus der Fürsorgepflicht abgeleiteten) „Resozialisierungsgedanken" deutlich abgerückt. Außerhalb des § 90 e BBG (§ 56 e BRRG) läßt sich ein Entfernungsanspruch des Beamten nicht begründen. Die Neuregelung, die nur *potentiell nachteilige* Unterlagen zum Gegenstand hat, ist abschließend.[131] Fraglos ist ein Vorgang, der seinem Inhalt nach nicht zur Personalakte gehört, daraus ohne weiteres wieder zu entfernen (und unter Umständen in eine Sachakte ein-

---

[126] S. dazu BW VGH, VBlBW 94, 283; RP OVG, NVwZ-RR 95, 342; auch Haller/Steffens, DÖD 94, 224; Lopacki, PersV 95, 49 (58).

[127] Da die Tilgung für den Beamten im Einzelfall schädlich sein kann, muß dieser auf den Vollzug der Tilgungsregelung *verzichten* können; BVerwGE 38, 94.

[128] BVerwGE 56, 102; vgl. auch die krit. Anm. Wiese, DVBl 78, 1003; ders., ZBR 81, 55 (61); ferner krit. Sellmann, VerwArch 73, 122 (134 f.).

[129] S. die Nachweise in Fußn 44 sowie 2. Aufl., RdNrn 391 ff.

[130] RdNr 507 f.

[131] S. dazu RdNr 356.

zufügen). Dem Beamten ist aber stets nur bei *eigenem Betroffensein* ein Entfernungs*anspruch* zuzubilligen.[132]

VIII. Automatisierte Personalverwaltungssysteme

540   Ausgehend von dem Grundsatz der Konzentration datenschutzrechtlicher Bestimmungen im BDSG – sowie in den entsprechenden Regelungen auf Landesebene – hat sich der Gesetzgeber bei der Ausgestaltung des Personalaktenrechts durch das Neunte Gesetz zu Änderung dienstrechtlicher Vorschriften vom 11. 6. 1992 „auf wenige bereichsspezifische Normen" beschränkt.[133] Nur so weit deren Anwendungsfeld reicht, wird das allgemeine Datenschutzrecht verdrängt.[134]

1. Verarbeitung und Nutzung von Personalaktendaten in Dateien

541   Speicherung, Veränderung, Übermittlung, Sperrung und Löschung sowie jede andere Form der Verarbeitung und Nutzung von Personalaktendaten (s. § 90 Abs. 1 Satz 2 Hs. 1 BBG, § 56 Abs. 1 Satz 2 Hs. 1 BRRG) in Dateien sind nur für Zwecke der Personalverwaltung oder der Personalwirtschaft zulässig (s. schon den Grundsatz des § 90 Abs. 1 Satz 3 BBG, § 56 Abs. 1 Satz 3 BRRG). Eine Übermittlung von Personalaktendaten mit Mitteln der Informationstechnik darf nur erfolgen, sofern und soweit die Voraussetzungen für eine Vorlage oder Auskunft nach § 90d BBG (§ 56d BRRG) erfüllt sind. Ein automatisierter Datenabruf ist nur auf Grund besonderer Rechtsvorschrift statthaft. Rahmenbildend und lückenfüllend gilt – wie schon bemerkt[135] – das BDSG.

542   Hinsichtlich der „abgeschotteten" Personalaktendaten ergänzt § 90g Abs. 2 BBG (§ 56f Abs. 2 BRRG) die Grundregelung des § 90a BBG (§ 56a BRRG)[136] dahin, daß diese Daten automatisiert
– nur im Rahmen ihrer *engeren* Zweckbestimmung und
– nur von den übrigen Personaldateien technisch und organisatorisch getrennt
verarbeitet und genutzt werden dürfen. Aus der Zweckbindung der Datenverarbeitung durch § 90a Satz 4 BBG (§ 56a Satz 4 BRRG) folgt, daß die gespeicherten Daten mindestens in der Regel[137] unverzüglich zu löschen sind, soweit sie wegen Beendigung des Beamtenverhältnisses für Beihilfe-, Heilfürsorge- oder Heilverfahrenszwecke nicht mehr benötigt werden.

---

[132] Krit. dazu Sellmann, VerwArch 73, 122 (132).
[133] BT-Dr 12/544, A Nr. 3 h; vgl. auch Battis, BBG, § 90g, RdNr 2.
[134] S. im einzelnen Gola, NVwZ 93, 552 (553 f.).
[135] S. RdNr 540; weiterhin BT-Dr 12/544 (zu § 90g Abs. 1 BBG).
[136] S. RdNrn 504 ff.
[137] S. aber die Einschränkungen in § 90a Satz 4 BBG (§ 56a Satz 4 BRRG).

Eine automatische Verarbeitung *ärztlicher Unterlagen* ist im Rahmen der 543
Personalverwaltung grundsätzlich ausgeschlossen (§ 90g Abs. 3 BBG, § 56f
Abs. 3 BRRG). Lediglich die Ergebnisse medizinischer oder psychologischer Untersuchungen oder Tests dürfen von der personalverwaltenden Stelle
automatisiert verarbeitet oder genutzt werden, und das auch nur, soweit sie
die Eignung betreffen und dies dem Schutz des Beamten dient. Die Amtliche Begründung[138] nennt „Angaben über Tropentauglichkeit" und „Schwerbehinderteneigenschaft" als Beispiele. Nicht untersagt ist es hingegen, daß
ärztliche Unterlagen in *selbständigen* und *abgeschotteten* Systemen des ärztlichen Dienstes automatisiert und genutzt werden.[139]

2. Hilfs- und Unterstützungsfunktion der automatisierten Personalda-
tenverarbeitung

Beamtenrechtliche Entscheidungen dürfen nicht ausschließlich auf Infor- 544
mationen und Erkenntnisse gestützt werden, die *unmittelbar* durch auto-
matisierte Verarbeitung personenbezogener Daten gewonnen werden (§ 90g
Abs. 4 BBG, § 56f Abs. 4 BRRG). Der Einsatz von Informationstechnolo-
gie darf mithin auch hier nur eine *Hilfsfunktion* haben. Dies gebieten zum
einen das Interesse, den Gefahren des Kontextverlustes zu begegnen, zum
anderen das Anliegen, „Sensibilität und Individualität dienstrechtlicher Entscheidungen" möglichst nicht in Frage zu stellen.[140]

3. Mitteilungspflichten des Dienstherrn

Um die notwendige Transparenz von Personalverwaltungssystemen für 545
den Beamten zu schaffen und ihm eine (gewisse) Kontrolle hierüber zu ermöglichen, gebietet § 90g Abs. 5 BBG (§ 56f Abs. 5 BRRG), daß ihm der
Dienstherr im Falle automatisierter Verarbeitung und Nutzung von Personalaktendaten die Art der gespeicherten Daten und diesbezügliche Änderungen mitteilt. Außerdem sind die Verarbeitungs- und Nutzungsformen
automatisierter Personalverwaltungssysteme zu dokumentieren und einschließlich des jeweiligen Verwendungszweckes sowie des regelmäßigen
Empfängerkreises und des Inhalts automatisierter Datenübermittlung – z.B.
durch Hausmitteilung oder Einsichtsmöglichkeit in der Dienststelle[141] – *allgemein* bekanntzugeben.

---

[138] BT-Dr 12/544 (zu § 90g Abs. 3 BBG).
[139] S. Fußn 137. Vgl. auch Zilkens, NWVBl 95, 7 (zur Übermittlung von Gesund-
heitsdaten im Zurruhesetzungsverfahren).
[140] Kathke, Personalaktenrecht, RdNr 381; s. ferner Battis, BBG, § 90g, RdNr 7 mit
Hinweis auf BT-Dr 12/544 (wie Fußn 141).
[141] BT-Dr 12/544 (zu § 90g Abs. 5 BBG).

IX. Prozessuale Fragen

1. Verwaltungsrechtsweg und Klageart

546   Wenn der Beamte auf Personalakteneinsicht, Aufnahme einer (Gegen-)Äußerung, Berichtigung oder Entfernung[142] klagt, handelt es sich um Klagen „aus dem Beamtenverhältnis" im Sinne des § 126 Abs. 1 BRRG, für die der Verwaltungsrechtsweg eröffnet ist.[143] Auch die prozessuale Geltendmachung des Einsichtsrechts durch Hinterbliebene des Beamten (s. jetzt § 90 c Abs. 2 Satz 2 BBG, § 56 c Abs. 2 Satz 2 BRRG) hat bei den Vewaltungsgerichten zu erfolgen. Soweit auf § 29 Abs. 1 VwVfG abgehoben und innerhalb eines Verwaltungsverfahrens Akteneinsicht begehrt wird,[144] ist § 40 Abs. 1 Satz 1 VwGO einschlägig. Freilich ist dann § 44 a Satz 1 VwGO zu beachten, demzufolge Rechtsbehelfe gegen behördliche Verfahrenshandlungen nur gleichzeitig mit den gegen die Sachentscheidung zulässigen Rechtsbehelfen geltend gemacht werden können. Die Weigerung einer Behörde, die Verwaltungsvorgänge, zu denen eine Personalakte gehören kann, dem bevollmächtigten Rechtsanwalt in die Kanzlei zu übersenden oder mitzugeben, ist eine nach § 44 a Satz 1 VwGO nicht selbständig anfechtbare Verfahrenshandlung, falls ein Beteiligter die Einsicht – gestützt auf § 29 Abs. 1 VwVfG – innerhalb eines laufenden Widerspruchsverfahrens und für dieses begehrt.[145]

547   Die Ansprüche auf Personalakteneinsicht, Aufnahme einer (Gegen-)Äußerung oder Berichtigung sind auf Vornahme einer Amtshandlung ohne Verwaltungsaktscharakter gerichtet und deshalb – nach Vorverfahren (§ 126 Abs. 3 BRRG iVm §§ 68 ff. VwGO) – mit der (allgemeinen) *Leistungsklage* zu verfolgen.[146] Gleiches dürfte für die Klage auf Entfernung eines inhaltlich unrichtigen Vorgangs gemäß § 90 e Abs. 1 Satz 1 Nr. 1 BBG (§ 56 e Abs. 1

---

[142] Zur Klage eines früheren Beamten, der einen Vorgang aus seiner Personalakte entfernt haben wollte, welcher einen Zeitraum betraf, in dem er schon nicht mehr Beamter war, s. BVerwGE 50, 301.

[143] Vgl. auch BVerwGE 76, 226: Die Entscheidung der Frage, ob und ggf. welche Vorgänge zur Personalakte des Beamten genommen werden dürfen (hier: Mißbilligung, die vom BDisG aufgehoben worden war), fällt auch dann nicht in die Zuständigkeit der Disziplinargerichte, wenn die Vorgänge Reaktionen des Dienstherrn auf wirkliche oder vermeintliche Dienstvergehen des Beamten zum Gegenstand haben; es handelt sich hierbei um eine Streitigkeit aus dem Beamtenverhältnis. Weiterhin BVerwGE 75, 351 (Streit über die Verpflichtung, die Referendar-Personalakte von der Rechtsanwalts-Personalakte getrennt aufzubewahren, als Streitigkeit aus einem [früheren] Beamtenverhältnis). Allgemein Verf., ZBR 92, 257 ff.

[144] S. dazu RdNr 513.

[145] BVerwG, NJW 79, 177.

[146] Zur Klage wegen eines Einsichtsverlangens s. BW VGH, ZBR 73, 348 (a. A. Battis, BBG, § 90 e, RdNr 3); zur Berichtigungsklage vgl. BVerwGE 36, 134; 38, 94; BW VGH, ZBR 73, 348.

Satz 1 Nr. 1 BRRG) gelten, während die Entfernung eines inhaltlich richtigen Vorgangs gemäß § 90e Abs. 1 Satz 1 Nr. 2 BBG (§ 56e Abs. 1 Satz 1 Nr. 2 BRRG) ein Verwaltungsakt ist, so daß insoweit *Verpflichtungsklage* erhoben werden muß.[147] Daneben ist, soweit nicht § 43 Abs. 2 VwGO entgegensteht,[148] eine Klage mit dem Ziel der *Feststellung* zulässig, daß ein durch Vermerk in der Personalakte beanstandetes Verhalten pflichtgemäß gewesen sei.[149]

2. Vorläufiger Rechtsschutz

Die Gewährung vorläufigen Rechtsschutzes richtet sich im vorliegenden Zusammenhang nach § 123 VwGO, wobei besonders zu bemerken ist, daß eine einstweilige Anordnung nicht einer Verurteilung in der Hauptsache gleichkommen darf, es sei denn, das Gebot effektiven Rechtsschutzes erfordert eine derartige Vorwegnahme.[150]   **548**

Der Erlaß einer einstweiligen Anordnung wird insbesondere dann in Betracht zu ziehen sein, wenn zu besorgen ist, daß die personalaktenführende Stelle   **549**
- gegen den Willen des Beamten Auskünfte aus der Personalakte erteilt, vielleicht gar rechtswidrig Dritte Einsicht nehmen läßt[151] oder
- Vorgänge in die Personalakte „integriert", die nicht hineingehören[152] oder deren inhaltliche Richtigkeit zweifelhaft und zunächst klärungsbedürftig ist.[153]

---

[147] Teilw. abw. Battis, BBG, § 90e, RdNrn 3, 5, der in allen Fällen des § 90e BBG (§ 56e BRRG) eine (allgemeine) Leistungsklage annimmt, falls nicht der Dienstherr den Entfernungsanspruch „durch Verwaltungsakt verneint". Die im Text vorgenommene Differenzierung findet ihren Grund darin, daß in den Fällen des § 90e Abs. 1 Satz 1 Nr. 2 BBG (§ 56e Abs. 1 Satz 1 Nr. 2 BRRG) ein *Antragsverfahren* stattfindet, wohingegen in den übrigen Fällen jeweils nur eine *Zustimmung* zu einem Realakt nötig ist, den der Dienstherr *von Amts wegen* schuldet.

[148] Vgl. Lindgen, RiA 67, 23 (27).

[149] BW VGH, VRspr 15, 31; NW OVG, DÖV 61, 270; SOVG, ZBR 66, 276.

[150] Vgl. BayVGH, ZBR 73, 27; HVGH, ESVGH 10, 154; 20, 30; OVG Lüneburg, DÖV 62, 910; NW OVG, OVGE 10, 305, OVGE 13, 119 sowie JZ 62, 322.

[151] S. dazu RdNrn 524ff. OVG Lüneburg, DÖD 72, 38 stellt allerdings zu Recht klar, der Beamte könne nicht beanspruchen, daß dem Dienstherrn im Wege der einstweiligen Anordnung schlechthin untersagt werde, einer anderen Behörde aus der Personalakte *irgendwelche* Auskünfte zu erteilen.

[152] Vgl. dazu RP OVG, DÖD 85, 138 (dienstliche Beurteilung für einen schon aus dem Dienst ausgeschiedenen Beamten).

[153] S. dazu Sellmann, VerwArch 73, 122 (132).

10. Teil. Leistungsstufen, -prämien und -zulagen

Besoldungsrechtliches Grundanliegen des Gesetzes zur Reform des öffentlichen Dienstrechts (Reformgesetz) vom 24. 2. 1997[1] war es, *leistungsbezogene Instrumente* zu schaffen, um „unterhalb der Schwelle der (planstellenabhängigen)[2] Beförderung ... zeitnah auf fachliche Leistungen der Mitarbeiter eingehen zu können":[3] Steigerungen im Grundgehalt sollen „leistungsabhängig und nicht durch reinen Zeitablauf" erfolgen. Bundesregierung und Landesregierungen sind jeweils ermächtigt, Leistungsprämien und -zulagen als „ergänzende Bezahlungsbestandteile" – auch befristet – einzuführen. Auf Grund des § 27 Abs. 3 und des § 42 a BBesG[4] hat die Bundesregierung die Verordnungen über das leistungsabhängige Aufsteigen in den Grundgehaltsstufen (Leistungsstufenverordnung – LStuV) und über die Gewährung von Prämien und Zulagen für besondere Leistungen (Leistungsprämien- und -zulagenverordnung – LPZV) vom 1. 7. 1997 erlassen.[5] **550**

I. Leistungsabhängiges Aufsteigen in den Grundgehaltsstufen

1. Die gesetzliche Regelung

Das Grundgehalt wird, soweit die Besoldungsordnungen nicht feste Gehälter vorsehen, nach Stufen bemessen (§ 27 Abs. 1 Satz 1 BBesG). Erfolgt keine gesonderte positive oder negative Leistungsfeststellung nach § 27 Abs. 3 BBesG, so steigt das Grundgehalt nunmehr, ausgehend vom Besoldungsdienstalter (§ 28 BBesG), bis zum Erreichen der fünften Stufe im Abstand von zwei Jahren, bis zum Erreichen der neunten Stufe im Abstand von drei Jahren und darüber hinaus im Abstand von vier Jahren. Die Steigerungsstufen sind verringert, die Steigerungsbeträge in den frühen Stufen maßvoll angehoben; das Endgrundgehalt wird später als nach dem früheren Recht erreicht. Das Bezahlungssystem berücksichtigt so „insbesondere die lebensbedingt erhöhten Aufwendungen in früheren Berufsjahren (Familiengründungszeit) und sichert gleichzeitig einen raschen Besoldungszuwachs, hauptsächlich für Beamte des einfachen und mittleren Dienstes".[6] **551**

---

[1] BGBl. I 322.
[2] Zusatz des Verf.
[3] Begründung des Regierungsentwurfs A. II letzter Abs., BT-Dr 13/3994 S. 30.
[4] S. Art. 3 Nrn 9 und 14 des Reformgesetzes.
[5] BGBl. I 1598 und 1600.
[6] Begründung des Regierungsentwurfs zu Art. 3 Nr. 9 unter 2 (§ 27 Abs. 2).

a) Leistungsstufe

552 Bei dauerhaft herausragenden Leistungen kann die nächsthöhere Steigerungsstufe frühestens nach Ablauf der Hälfte des Zeitraumes bis zu ihrem Erreichen als Grundgehalt vorweg festgesetzt werden (Leistungsstufe); § 27 Abs. 3 Satz 1 BBesG. Der Beamte erhält damit die Bezahlung aus der nächsthöheren Stufe *früher und länger.* Die vorzeitige Erhöhung des Grundgehaltes ist nicht widerruflich. Gleichwohl wirkt sie als Bezahlungsverbesserung nur befristet, da für den Beamten nach Ablauf der Zeit, um die die Erhöhung seines Grundgehaltes vorgezogen worden ist, wieder der Rhythmus des § 27 Abs. 2 BBesG gilt. Dem Regierungsentwurf[7] zufolge soll diese *temporäre Beschränkung* der Bezahlungsverbesserung im Grundgehalt – im Rahmen der 2-Jahresintervalle auf höchstens ein Jahr, innerhalb der 3-Jahresintervalle auf höchstens 18 Monate und im Bereich der 4-Jahresintervalle auf höchstens zwei Jahre – bewirken, daß „ein Gewöhnungseffekt" vermieden wird.[8] Durch die Möglichkeit, die Bezahlungsverbesserung zu wiederholen, soll ein weiterer Leistungsanreiz geboten werden. Erläuternd heißt es in der Begründung des Regierungsentwurfs[9] überdies:

> „(Die Leistungsstufen) haben keinen alimentativen Charakter.[10] Die für eine unabhängige Amtsführung notwendige Alimentationssicherheit ist bereits durch das Grundgehalt selbst gewahrt. Die befristete Vorweggewährung der nächsthöheren Stufe ist rein leistungsbezogen. ... Eine Vergabe von Leistungsstufen kommt von vornherein nur an konstante Leistungsträger in Betracht. ... Ein Kriterium für die Einschätzung des Dienstherrn hierüber kann beispielsweise auch eine relativ zeitnahe dienstliche Beurteilung sein. Ist diese nicht vorhanden, genügt auch ein aktuelles Votum, aus dem sich ergibt, daß der Beamte in der Vergangenheit, wie auch derzeit, dauerhaft erheblich über dem Durchschnitt liegende Leistungen[11] erbringt. Zusätzlich muß in jedem Falle eine Prognose abgegeben werden, daß die überdurchschnittlichen Leistungen auch künftig zu erwarten sind und damit eine befristete Vorweggewährung höheren Grundgehaltes gerechtfertigt ist."

553 Der Dienstherr darf Leistungsstufen in einem Kalenderjahr (nur) an *bis zu 10 vom Hundert* seiner noch nicht im Endgrundgehalt befindlichen Beamten in den Besoldungsgruppen der Besoldungsordnung A vergeben (§ 27 Abs. 3 Satz 2 BBesG); von der Begünstigung sind Beamte im Beamtenverhältnis auf Probe nach § 12a BRRG ausgenommen (§ 27 Abs. 4 Satz 1 BBesG).

---

[7] Begründung zu Art. 3 Nr. 9 unter 3 (§ 27 Abs. 3).
[8] Vgl. dazu auch Verf., DVBl 95, 1153 (1155 ff.).
[9] A. a. O. (Fußn 7).
[10] S. Fußn 8.
[11] Im Gesetzestext ist auf „dauerhaft *herausragende* Leistungen" abgestellt. Die Änderung beruht auf der Beschlußempfehlung des Innenausschusses (4. Ausschuß) des Deutschen Bundestages, der so den „neuen Leistungsbegriff" „verdeutlichen" will; für die Vergabe einer Leistungsstufe komme es auf die „fachliche Gesamtleistung" des Bediensteten an; s. BT-Dr 13/5057 S. 65. Kommt es nicht auch für den „alten" Leistungsbegriff stets auf die (fachliche) „Gesamtleistung" an?

b) Hemmung des Aufstiegs in den Steigerungsstufen

Wird festgestellt, daß die Leistung des Beamten *nicht* den mit dem Amt 554 verbundenen *durchschnittlichen Anforderungen* entspricht, verbleibt er in seiner bisherigen Stufe, bis seine Leistung ein Aufsteigen in die nächsthöhere Stufe rechtfertigt; § 27 Abs. 3 Satz 3 BBesG. Der Beamte muß auf *Leistungsmängel* rechtzeitig vor dem nach § 27 Abs. 2 BBesG für ein „normales" Aufsteigen in die nächste Stufe maßgebenden Zeitpunkt hingewiesen werden; so muß ihm Gelegenheit gegeben werden, die Mängel noch zu beheben.[12] Dies verlangt die Fürsorge- und Schutzpflicht des Dienstherrn.[13]

Nach § 27 Abs. 3 Satz 4 BBesG darf die Stufe, in der sich der Beamte oh- 555 ne die Hemmung des Aufstiegs inzwischen befinden würde, frühestens nach Ablauf eines Jahres als Grundgehalt festgesetzt werden, wenn in diesem Zeitraum anforderungsgerechte Leistungen erbracht worden sind. Der Dienstherr ist – ebenfalls auf Grund seiner Fürsorge- und Schutzpflicht – gehalten, spätestens vor Ablauf eines Jahres nach der Feststellung unterdurchschnittlicher Leistungen *von Amts wegen* zu prüfen, ob der Beamte nunmehr (mindestens) durchschnittliche Leistungen aufzuweisen hat; dem Beamten ist es unbenommen, die Prüfung anzuregen. Fällt sie für ihn negativ aus, so verbleibt er auch weiterhin in seiner bisherigen Stufe.

Der Beamte verbleibt ferner in seiner bisherigen Stufe, solange er *vorläu-* 556 *fig des Dienstes enthoben* ist (§ 27 Abs. 5 Satz 1 BBesG). Führt ein Disziplinarverfahren nicht zur Entfernung aus dem Dienst oder endet das Dienstverhältnis nicht durch Entlassung auf Antrag des Beamten oder infolge strafgerichtlicher Verurteilung, so regelt sich das Aufsteigen im Zeitraum der vorläufigen Dienstenthebung nach § 27 Abs. 2 BBesG.

c) Zuständigkeit und Verfahren

Die Entscheidung über die Gewährung einer Leistungsstufe oder über die 557 Hemmung des Aufstiegs trifft die zuständige *oberste Dienstbehörde* oder die von ihr bestimmte Stelle (§ 27 Abs. 4 Satz 2 BBesG). Sie ist in dem einen wie dem anderen Fall ein Verwaltungsakt. Dieser ist dem Beamten schriftlich mitzuteilen (§ 27 Abs. 4 Satz 3 BBesG). Die Subdelegationsbefugnis „ermöglicht es Personalführungskräften, im Rahmen der ihnen gestellten Führungsaufgaben vor Ort flexibel und zeitnah auf fachliche Leistungen ihrer Mitarbeiter eingehen zu können".[14]

Der *Personalvertretung* steht bei den vorerwähnten Entscheidungen und 558 bei einer Ausübung der Subdelegationsbefugnis durch die oberste Dienstbehörde kein Mitbestimmungs- oder Mitwirkungsrecht zu. Sie hat aber einen

---

[12] Begründung zu Art. 3 Nr. 9 unter 3 (§ 27 Abs. 3).
[13] S. hierzu RdNrn 354 ff. [373 ff.].
[14] S. schon RdNr 550; vgl. außerdem Begründung des Regierungsentwurfs zu Art. 3 Nr. 9 unter 4 (§ 27 Abs. 4).

Informationsanspruch:[15] Die Dienststelle (nicht der Entscheidungsberechtigte selbst)[16] hat ihr die Namen der begünstigten und der belasteten Beamten mitzuteilen. Die Personalvertretung darf entsprechende Unterlagen oder Listen innerhalb der Dienststelle einsehen. Bei der Aufstellung von *Kriterienkatalogen* zur Festsetzung von Leistungsstufen durch den Dienststellenleiter oder den anderweit Entscheidungsberechtigten hat der Personalrat mitzubestimmen (§ 75 Abs. 3 Nr. 4 BPersVG).[17]

559 Durch § 27 Abs. 4 Satz 4 BBesG („Widerspruch und Anfechtungsklage haben keine aufschiebende Wirkung") hat der Gesetzgeber von der Möglichkeit des § 80 Abs. 2 Satz 1 Nr. 3 VwGO Gebrauch gemacht, den Suspensiveffekt (§ 126 Abs. 3 BRRG iVm § 80 Abs. 1 VwGO) auszuschließen. Der Anwendungsbereich des § 27 Abs. 4 Satz 4 BBesG beschränkt sich auf Entscheidungen, die die Hemmung des Aufstiegs zum Gegenstand haben. *Nur hierbei* handelt es sich um *belastende* Verwaltungsakte, wohingegen die Versagung einer Leistungsstufe – also eines *begünstigenden* Verwaltungsakts – von vornherein keinen Suspensiveffekt auslösen kann.[18] Das ist in der Begründung des Regierungsentwurfs[19] allem Anschein nach verkannt.

560 Will der von einer Entscheidung über die Hemmung des Aufstiegs betroffene Beamte erreichen, daß er *vorläufig* vom *Vollzug* dieser Entscheidung verschont bleibt, so muß er gemäß § 80 Abs. 5 Satz 1 VwGO die gerichtliche Anordnung der aufschiebenden Wirkung seines Widerspruchs beantragen. Dringt er hiermit durch, so steigt er *einstweilen* unter Zugrundelegung der Regeln des § 27 Abs. 1 BBesG in die nächsthöhere Stufe auf. Bleibt er im Widerspruchs- und/oder im Klageverfahren mit der Anfechtung des belastenden Verwaltungsakts jedoch erfolglos, ist er zur Rückzahlung der Differenzbeträge verpflichtet, die ihm bei rückschauender Betrachtung nicht (endgültig) zugestanden haben, ohne daß er sich auf den Wegfall der Bereicherung berufen könnte.[20] In der Begründung des Regierungsentwurfs[21] „wird davon ausgegangen, daß die gerichtliche Anordnung der aufschiebenden Wirkung nicht der Regelfall sein wird, sondern nur bei evidenten Zweifeln an der Rechtmäßigkeit der Maßnahme in Betracht kommt". Bisher haben im Zusammenhang mit der gerichtlichen Ermessensentscheidung nach § 80 Abs. 5 Satz 1 VwGO zum einen die „offensichtliche" (evidente) Recht-

---

[15] Vgl. (die zur Postzulagenverordnung ergangene Entscheidung) BVerwG, NVwZ 95, 89 sowie Nr. 5 der Durchführungshinweise des BMI zur Leistungsstufenverordnung – RdSchr. v. 26. 9. 1997 –, GMBl S. 457. Die Frauenbeauftragte und die Schwerbehindertenvertretung sind in gleicher Weise über die Entscheidungen zu unterrichten; an der Erstellung von Kriterienkatalogen sind sie zu beteiligen (Nrn. 6 und 7 des RdSchr.).

[16] Nr. 5 a. a. O. (Fußn 15).

[17] Vgl. BVerwG, PersV 94, 231; NW OVG, PR 97, 253.

[18] Schoch/Schmidt-Aßmann/Pietzner, VwGO, § 80, RdNr 45.

[19] S. den Nachweis in Fußn 14.

[20] S. RdNr 731.

[21] S. auch insoweit den Nachweis in Fußn 14.

mäßigkeit oder Rechtswidrigkeit und zum anderen – in Fällen des § 80 Abs. 2 Satz 1 Nr. 1 VwGO – „ernstliche Zweifel" an der Rechtmäßigkeit (s. § 80 Abs. 4 Satz 3 VwGO) als topoi gedient. Ob mit dem topos „evidente Zweifel" eine weitere – dritte – Kategorie eingeführt werden soll, steht dahin. Die Erfolgsquote wird im übrigen davon abhängen, wie häufig eine Feststellung nach § 27 Abs. 3 Satz 3 BBesG *tatsächlich* getroffen wird. Die *rechtliche Solidität der Leistungsbewertung* im allgemeinen und im besonderen wird von ausschlaggebender Bedeutung sein.[22]

2. Die (ergänzenden) Regelungen der Leistungsstufenverordnung

a) Geltungsbereich

Die auf der Ermächtigung in § 27 Abs. 3 Sätze 5 bis 7 BBesG beruhende **561** Leistungsstufenverordnung,[23] die die näheren Regelungen zur Gewährung von Leistungsstufen und zur Hemmung des Aufstiegs in den Stufen enthält, ist nicht anzuwenden
– auf Beamte, die sich in der laufbahnrechtlichen Probezeit befinden (§ 1 Satz 2 LStuV), weil die laufbahnrechtlichen Entscheidungen nicht durch besoldungsrechtliche Entscheidungen präjudiziert werden sollen,[24] sowie
– auf Beamte anderer Dienstherren, die zum Bund abgeordnet sind.[25]

b) Leistungsstufe

Nach § 2 Abs. 1 Satz 2 LStuV erfolgt die Festsetzung einer Leistungsstufe **562** „auf der Grundlage einer aktuellen Leistungseinschätzung, die die dauerhaft herausragenden Gesamtleistungen dokumentiert". In Nr. 2 der Durchführungshinweise[26] ist die fehlende Vergleichbarkeit einer Beförderung einerseits und der Festsetzung einer Leistungsstufe andererseits hervorgehoben. Die Verordnung sehe deshalb „und zur Stärkung des Grundgedankens der dezentralen Vergabe (der Leistungsstufen) keine Bindung an die (letzte) dienstliche Beurteilung vor". Der Entscheidungsberechtigte solle die Leistungsstufe überdies „ohne Unterstützung durch die Personalverwaltung" gewähren. Er kenne „am besten die aktuelle Leistung und den Beitrag zu der Gesamtleistung seines Verantwortungsbereichs".
Diese Darlegungen stehen zunächst im Gegensatz zu Abschnitt A I 5 der **563** Begründung des Regierungsentwurfs zum Reformgesetz.[27] Danach verlangt

---

[22] S. dazu RdNr 568.
[23] S. schon RdNr 550.
[24] Nr. 1 der Durchführungshinweise (s. Fußn 15).
[25] S. Fußn 24; s. auch Nr. 8 der Durchführungshinweise.
[26] S. Nr. 15.
[27] S. Fußn 3. Vgl. auch Oechsler, ZBR 96, 202 (204 f.), der die „Koppelung der Leistungsstufen, -prämien und -zulagen an die Ergebnisse der periodischen Beurteilung

„insbesondere die Einführung neuer, leistungsbezogener Elemente im Bezahlungssystem … eine stärkere Differenzierung in der Beurteilungspraxis";
„Ansatzpunkt hierfür" sei „das Beurteilungssystem, in dem der Konzentration auf Spitzennoten durch eine Vorgabe von allgemeinen Richtwerten
(Quoten)[28] entgegengewirkt wird".[29] Wird die (aktuelle) „Leistungseinschätzung" im Sinne des § 2 Abs. 1 Satz 2 LStuV von der dienstlichen Beurteilung abgekoppelt, so kann dies zwei äußerst unerfreuliche Konsequenzen zeitigen:[30]

– Entfällt die Rückbindung an dienstliche Beurteilungen oder wird sie nachhaltig gelockert, so ist ein *durchgängiges anderweitiges Leistungsbewer-
  tungsverfahren* erforderlich, das in übergroßem Maße Arbeitskraft von
  Führungskräften und sonstigen Vorgesetzten bindet und den Arbeitsfrieden stört.[31] Daß die für die Gewährung oder Versagung einer Leistungsstufe maßgebliche Leistungsbewertung einen zulänglichen Grad rechtlicher
  Solidität erreichen muß, folgt aus dem Grundsatz der Gesetzesbindung
  der Besoldung[32] und dem Leistungsprinzip,[33] dessen Effektuierung unter
  anderem die Leistungsstufen zu dienen bestimmt sind.

– Die im Kern ganzheitlich zu sehende *Leistungsbewertungsaufgabe* einerseits auf Beurteiler im Rechtssinne und andererseits auf Entscheidungsberechtigte im Sinne des § 4 LStuV zu verteilen, muß zu Friktionen führen,
  weil der Beamte *unvermeidlich* Vergleiche zwischen seinen (richtwert-
  orientieren) dienstlichen Beurteilungen und den (quotenorientierten) Bewertungen seiner Leistungen aus Anlaß einer Vergabe von Leistungsstufen anstellen wird. Den Leistungsbegriff jeweils unterschiedlich zu
  definieren oder ihn zu verwässern, ist sicherlich kein überzeugender
  Ausweg.

---

bzw. an ein ‚aktuelles Votum' des Dienstherrn … äußerst kritisch" einschätzt. Er
meint, „daß mit Blick auf die Leistungsbeurteilung keine hinreichende methodische
Basis besteht, Leistungszulagen mit dem Anspruch auf Objektivität zu vergeben".
Freilich räumt Oechsler auch ein, daß es in einer „Leistungsgesellschaft … keine Alternative zur Leistungsbeurteilung gibt". Dies sei „dasselbe Problem wie in der Rechtsprechung, bei der wir auch keine objektive Gerechtigkeit erreichen …, aber im
Rechtsstaat nicht darauf verzichten können". Die Leistungsbeurteilung sei „allein kein
Allheilmittel für den öffentlichen Dienst" (Zusatz des Verf.: Wer hätte dies auch be-
hauptet?) und müsse „immer in ein System eines leistungsorientierten Managements
eingebettet sein".
[28] Der Klammerzusatz ist verfehlt. Richtwerte unterscheiden sich von Quoten dadurch, daß sie keine zwingend einzuhaltenden Grenzen bezeichnen; „geringfügige
Über- und Unterschreitungen" der Prozentsätze müssen möglich sein (BVerwG, ZBR
81, 197). S. hierzu auch RdNr 461 f.
[29] S. allerdings auch die Begründung zu Art. 3 Nr. 9 (S. 40) und die Gegenäußerung
der Bundesregierung zu Nr. 16.
[30] Vgl. schon Verf., DVBl 95, 1153 (1157 f.).
[31] S. schon Verf., a. a. O. (Fußn 30), S. 1157.
[32] Verf., a. a. O., S. 1155 f.
[33] Verf., a. a. O., S. 1156 f.

Zu Leistungsprämien und zu Leistungszulagen bestehen keine Konkur- **564**
renzregelungen. Nach Nr. 2 der Durchführungshinweise[34] ist es „eine Frage
der Personalführung, ob die Kumulation einzelner Leistungselemente in einer Person vertretbar ist, weil sich bei den übrigen Beamten in besonderer
Weise die Frage der Akzeptanz stellen kann".[35]

Die Quote (s. § 2 Abs. 2 LStuV) wird einmalig am 1. Januar für das lau- **565**
fende Kalenderjahr ermittelt. Teilzeitbeschäftigte Empfänger von Dienstbezügen werden bei der Berechnung der „vorhandenen Beamten" ebenso berücksichtigt wie die von anderen Bundesbehörden abgeordneten Beamten;
nicht in die Berechnung einbezogen werden hingegen Beamte, die zu anderen Bundesbehörden oder zu anderen Dienstherren abgeordnet sind.[36] Bei
Anstalten, Stiftungen und Körperschaften des Bundes mit weniger als zehn
Beamten in den Besoldungsgruppen der Besoldungsordnung A, die das Endgrundgehalt noch nicht erreicht haben, kann in jedem Kalenderjahr einem
Beamten eine Leistungsstufe gewährt werden (§ 2 Abs. 2 Satz 2 LStuV).

Die Sollbestimmung des § 2 Abs. 3 Satz 3 LStuV beschränkt die Festset- **566**
zung einer Leistungsstufe innerhalb eines Jahres nach einer Beförderung auf
den *Ausnahmefall.* Beispielhaft nennen die Durchführungshinweise hierzu
die Besonderheit, daß „laufbahnrechtliche Vorschriften Beförderungen auch
in kürzerer Zeit als Jahresfrist zulassen".

§ 2 Abs. 3 Satz 4 LStuV stellt klar, daß durch dauerhaft herausragende Ge- **567**
samtleistungen *kein Anspruch* auf die Gewährung der Leistungsstufe entsteht.
Soweit in den Durchführungshinweisen in diesem Rahmen hervorgehoben
ist, daß es sich bei der Leistungsstufe „um ein Personalführungsinstrument
handelt", kann dies nicht darüber hinwegtäuschen, daß die Leistungsstufe
als Zusatzzahlung zur Grundalimentation *auch* Besoldungscharakter hat
und daß daher der Grundsatz der Gesetzesbindung auch hier zu beachten
ist.[37] Die Zubilligung von Ermessen paßt schlecht zu diesem Grundsatz. Jedenfalls verbietet das Leistungsprinzip jegliche Ermessenserwägung, die ihm
zuwiderläuft.[38]

c) Hemmung des Aufstiegs in den Steigerungsstufen

Die Feststellung, daß die Leistungen eines Beamten nicht durchschnittli- **568**
chen Anforderungen genügen, erfolgt auf der Grundlage der letzten dienstlichen Beurteilung (§ 3 Abs. 1 Satz 2 LStuV). Ist diese älter als zwölf Monate, müssen die Minderungen der Leistungen in einer aktuellen Ergänzung
dargestellt werden (§ 3 Abs. 1 Satz 3 LStuV). Bei Schwerbehinderten ist eine
etwaige Minderung der Arbeits- und Verwendungsfähigkeit durch die Be-

---

[34] A.a.O. (Fußn 15).
[35] Zur Postleistungszulagenverordnung s. Verf., a.a.O. (Fußn 30), S. 1154.
[36] S. im einzelnen die Durchführungshinweise zu § 2 Abs. 2 LStuV.
[37] Vgl. Lucas in: Clemens/Millack, BBesG, § 2, Anm. 2.3.
[38] S. bereits Verf., DVBl 95, 1153 (1155 f.).

hinderung entsprechend § 13 Abs. 3 BLV zu berücksichtigen. Daraus, daß
die Hinweispflicht[39] im Verordnungstext (s. § 3 Abs. 1 Satz 4 LStuV) eigens
angesprochen ist, darf nicht gefolgert werden, die Fürsorge- und Schutzpflicht des Dienstherrn gegenüber einem Beamten mit unterdurchschnittli-
chen Leistungen erschöpfe sich hierin: Unter Umständen kann auch ein
(möglicher) Dienstpostenwechsel angezeigt sein, der dem Beamten Gelegenheit gibt, Leistungsdefizite zu beseitigen und sein spezifisches, am bisherigen Arbeitsplatz nicht oder nur unzureichend verwertbares Können zur
Geltung zu bringen.[40]

d) Entscheidungsberechtigte und Verfahren

569   In den *obersten* Bundesbehörden entscheidet der Leiter einer Abteilung
über die Gewährung von Leistungsstufen und das Verbleiben in den Stufen
(§ 4 Abs. 1 Satz 1 LStuV); fehlt ein solcher, so legt der Leiter der obersten
Bundesbehörde die zur Entscheidung Berechtigten fest (§ 4 Abs. 1 Satz 2
LStuV). In den *übrigen* Bundesbehörden bestimmt deren Leiter „unter Berücksichtigung des Grundsatzes der dezentralen Vergabe" die zur Entscheidung Berechtigten (§ 4 Abs. 1 Satz 3 LStuV). § 4 Abs. 1 Satz 4 LStuV ermächtigt den Leiter der obersten Bundesbehörde (die hier zugleich oberste
Dienstbehörde ist), Abweichendes zu regeln; (auch) dabei ist der „Grundsatz der dezentralen Vergabe" zu berücksichtigen. Dieser „Grundsatz" ist
freilich nicht dahin zu deuten, daß generell der Leiter der kleinsten Organisationseinheit entscheiden müßte.[41] Stets sind die *weiteren* – das in Betracht
kommende Verwaltungssystem als Ganzes stabilisierenden oder destabilisie-
renden – Auswirkungen einer Bestimmung des jeweiligen Entscheidungsberechtigten mit zu bedenken.

570   Der Entscheidungsberechtigte soll *alle Laufbahngruppen* berücksichtigen
(§ 4 Abs. 2 Satz 2 LStuV). Mittelfristig sollte eine Verteilung erreicht werden, in die alle Laufbahngruppen gleichgewichtig einbezogen sind.[42] Vor der
Entscheidung sollen die übrigen Vorgesetzten des Beamten gehört werden
(§ 4 Abs. 2 Satz 3 LStuV).

571   § 4 Abs. 3 LStuV ermächtigt die Leiter der obersten und der übrigen
Bundesbehörden, bis zu einem Fünftel der Vergabemöglichkeiten von einem
Entscheidungsberechtigten auf andere zu übertragen. Damit kann die Quote
in Bereichen, in denen durchgängig eine höhere Leistung gefordert wird,
dementsprechend aufgebessert werden.[43]

572   Leistungsstufen dürfen vom Entscheidungsberechtigten nur festgesetzt
werden, wenn und soweit *Haushaltsmittel* zur Verfügung stehen (§ 4 Abs. 5
LStuV).

---

[39] S. oben RdNr 554.
[40] S. RdNrn 91, 375.
[41] S. die Durchführungshinweise zu § 4 Abs. 2 LStuV.
[42] S. auch insoweit die Durchführungshinweise zu § 4 Abs. 2 LStuV.
[43] S. die Durchführungshinweise zu § 4 Abs. 3 LStuV.

II. Leistungsprämien und -zulagen

1. Die gesetzliche Ermächtigung

§ 42a Abs. 1 Satz 1 BBesG ermächtigt die Bundesregierung und die Lan- **573** desregierungen, jeweils für ihren Bereich „zur Abgeltung von herausragenden besonderen Leistungen" *durch Rechtsverordnung* die Gewährung von Leistungsprämien (Einmalzahlungen) und Leistungszulagen an Beamte in Besoldungsgruppen der Besoldungsordnung A zu regeln. Im Rahmen der gesetzlichen Vorgaben „bleibt es … den Verordnungsgebern überlassen, wie und mit welcher Regelungsdichte die Einzelheiten in den Verordnungen festgelegt werden bzw. welche Verfahrens- und Entscheidungsspielräume den anwendenden Behörden eröffnet werden. Es entspricht durchaus dem vom Gesetz verfolgten Zweck, bei diesen neuartigen Besoldungsinstrumenten aus – in den Einzelheiten – unterschiedlichen Verfahren und Inhalten auf breiter Grundlage Erfahrungen zu gewinnen und auszuwerten."[44]

„Um zu verhindern, daß Leistungsprämie und Leistungszulage zu festen **574** Besoldungsbestandteilen werden und um einem Gewöhnungseffekt entgegenzuwirken,"[45] enthält § 42a Abs. 2 BBesG *Begrenzungen* hinsichtlich des Personenkreises, der Zahlungshöhe und der Zahlungsmodalitäten:

– Die Zahl der Empfänger ist pro Kalenderjahr grundsätzlich[46] auf höchstens 10 vom Hundert der Beamten eines Dienstherrn in Besoldungsgruppen der Besoldungsordnung A festgelegt (Satz 1 Hs. 1). Dadurch soll (auch) verdeutlicht werden, „daß nicht allgemein gute, sondern nur besonders hervorragende Leistungen berücksichtigt werden".[47]

– Leistungsprämien dürfen das Anfangsgrundgehalt der Besoldungsgruppe des Beamten, Leistungszulagen dürfen monatlich 7 vom Hundert des Anfangsgrundgehalts nicht übersteigen (Satz 4). Die Obergrenzenregelung „gibt einen hinreichenden Spielraum für die Stufung der Zahlungshöhe. Die Dienstherren können – ggf. nach näherer Maßgabe der Verordnungen – unterschiedliche Bedarfslagen und im kommunalen Bereich z.T. schon vorhandene Praxis berücksichtigen."[47]

– Die Leistungsprämie, die „für eine bereits erbrachte (herausragende[48]) besondere Leistung gewährt wird", und die Leistungszulage, die „begrifflich mit einer positiven Leistungsprognose verbunden" ist,[49] sind nicht ruhegehaltfähig; erneute Bewilligungen sind möglich (Satz 2). Die Zahlung

---

[44] Begründung des Regierungsentwurfs zu Art. 3 Nr. 15 unter 1 (§ 42a Abs. 1).
[45] Begründung des Regierungsentwurfs zu Art. 3 Nr. 15 unter 2 (§ 42a Abs. 2).
[46] S. aber auch § 42a Abs. 2 Satz 1 Hs. 2 BBesG.
[47] S. Fußn 45.
[48] Zusatz des Verf.
[49] S. Fußn 45.

von Leistungszulagen ist zu befristen; bei Leistungsabfall sind sie zu widerrufen (Satz 3).

575   Die Entscheidung über die Bewilligung von Leistungsprämien und -zulagen, die jeweils „nur im Rahmen besonderer haushaltsrechtlicher Regelungen" zuerkannt werden können, trifft die oberste Dienstbehörde oder die von ihr bestimmte Stelle (§ 42 a Abs. 2 Satz 5 und Abs. 3 Satz 1 BBesG). Die Personalvertretung hat einen Informationsanspruch; sie hat bei einer Aufstellung von Kriterienkatalogen mitzubestimmen. Insofern kann auf RdNr 558 Bezug genommen werden.

2. Die Regelungen der Leistungsprämien- und -zulagenverordnung

a) Geltungsbereich

576   Die Verordnung gilt nur für (unmittelbare und mittelbare) Bundesbeamte in Besoldungsgruppen der Besoldungsordnung A, nicht aber für Beamte anderer Dienstherren, die zum Bund abgeordnet sind (§ 1 LPZV).[50]

b) Allgemeines

577   § 2 Abs. 1 Satz 1 LPZV modifiziert den Gesetzeswortlaut (§ 42 a Abs. 1 Satz 1 BBesG) dergestalt, daß „Leistungen" durch „Einzelleistungen" ersetzt ist. Nr. 2 der Durchführungshinweise zur LPZV[51] gemäß kann „Einzelleistung … eine über einen Zeitraum erbrachte Leistung, aber auch ein Einzelarbeitsergebnis sein"; anders als bei der Leistungsstufe komme es nicht darauf an, ob der Beamte „dauerhaft herausragende Gesamtleistungen" erbringe. Soll dies etwa bedeuten, daß auch der Beamte eine Leistungszulage erhalten kann, der nur hinsichtlich *einzelner Leistungsdimensionen* – etwa in bezug auf eine besondere Arbeitsmenge – herausragt, im übrigen aber lediglich durchschnittliche Leistungen erbringt?[52] Liegt es nicht nahe, *Einzel*arbeitsergebnisse *ausschließlich* mit Leistungsprämien (*Einmal*zahlungen) abzugelten? Was die Konturierung der neuen Besoldungsinstrumente betrifft, so zeigt sich auch hier beträchtliche Unklarheit.

578   Wegen der Ermittlung der Quote, der Berechnung der „vorhandenen Beamten" und der Sonderregelung für Anstalten, Stiftungen und Körperschaften des Bundes mit weniger als zehn Beamten (§ 2 Abs. 1 Sätze 1 und 3 LPZV) kann auf RdNr 565 verwiesen werden.

579   Bei Beamten, die in „Projektgruppen/Arbeitsgruppen/Teams oder sonstigen *abgrenzbaren Einheiten*"[53] zusammenwirken, läßt es § 2 Abs. 2 LPZV

---

[50] S. Nr. 1 der Durchführungshinweise des BMI zur Leistungsprämien- und -zulagenverordnung – RdSchr. v. 26. 9. 1997 –, GMBl S. 455.
[51] S. Fußn 50.
[52] S. schon Verf., DVBl 95, 1153 (1154, 1157 f.).
[53] S. die Durchführungshinweise zu § 2 Abs. 2 LPZV.

zu, daß *jedem* von ihnen, soweit er an einer „herausragenden besonderen Einzelleistung" einer solchen „Einheit" *wesentlich beteiligt* ist, ohne weitere Ermittlung seiner „individuellen Leistung"[54] eine Leistungsprämie oder -zulage gewährt wird. Diese prima vista einleuchtende Regelung birgt zum einen das Problem in sich, daß eine großzügige Handhabung des Begriffs der „abgrenzbaren Einheit"[55] Leistungsprämie und -zulage zu *Gruppenprivilegien* entarten lassen kann, obwohl sich diese Besoldungsinstrumente vom Leistungsprinzip her nur dann rechtfertigen lassen, wenn sie für Individualleistungen vergeben werden.[56] § 2 Abs. 2 LPZV kann den Entscheidungsberechtigten dazu veranlassen, mehr oder weniger leichten Herzens (und mehr oder weniger „freiwillig") die Flucht in die Gruppenorientierung einer stets aufwendigeren und unter Umständen schmerzlicheren Differenzierung vorzuziehen.[57] Zum anderen besteht zwischen einer Ermittlung der innerhalb einer abgrenzbaren Einheit – in Gestalt eines Beitrags zu einem herausragenden besonderen Gruppenerfolg – erbrachten „individuellen Leistung" einerseits und der Klärung der Frage nach einer „wesentlichen Beteiligung" des einzelnen an einem derartigen Gruppenerfolg andererseits je nach Fallgestaltung nur ein geringer Unterschied; die Grenzziehung wird nicht immer plausibilisierbar sein.

In die Quotenberechnung nach § 5 Abs. 1 Satz 3 LPZV ist jeder Beamte **580** einzubeziehen, der auf Grund des § 2 Abs. 2 LPZV eine Leistungsprämie oder -zulage erhält.[58]

Der Sachverhalt, auf Grund dessen eine Mehrarbeitsvergütung oder eine **581** Zulage nach § 46 BBesG gewährt wird, darf nicht dazu veranlassen, *daneben* eine Leistungsprämie oder -zulage zu gewähren (§ 2 Abs. 3 Satz 1 LPZV). Danach ist es ausgeschlossen, daß der Beamte mit Rücksicht auf einen starken Arbeitsanfall neben Freizeitausgleich oder bezahlter Mehrarbeit etwa eine Leistungsprämie wegen der Erledigung einer besonderen Arbeitsmenge erhält. Eine Kumulation ist hingegen rechtlich bedenkenfrei, falls die Gegebenheiten, die als „herausragende besondere Einzelleistung" des Beamten gewürdigt werden, in keinem inneren Zusammenhang mit den tatsächlichen Umständen stehen, die für die Gewährung einer Mehrarbeitsvergütung oder einer Zulage nach § 46 BBesG tatbestandsbildend sind.[59] Eine Ausschlußregelung in bezug auf die Festsetzung einer Leistungsstufe oder auf eine Beförderung sieht die LPZV nicht vor.[60]

---

[54] S. Fußn 53.
[55] Es ist einzuräumen, daß der Begriff der „abgrenzbaren Einheit" immerhin zu einer gewissen Präzisierung des Verordnungstextes („Wird die ... Einzelleistung von mehreren Beamten ... erbracht") hinführen kann.
[56] Vgl. Achterberg, DVBl 77, 541 (547); außerdem Verf., DVBl 95, 1153 (1156).
[57] Verf., a. a. O (Fußn 56).
[58] S. die Durchführungshinweise zu § 2 Abs. 2 LPZV.
[59] S. die Durchführungshinweise zu § 2 Abs. 3 LPZV.
[60] S. Schon RdNr 564.

582   Leistungsprämien und -zulagen dürfen nicht vergeben werden
- *an Beamte,* denen eine Zulage für die Tätigkeit bei obersten Behörden sowie bei obersten Gerichtshöfen des Bundes gezahlt wird (§ 2 Abs. 3 Satz 1 LPZV), und
- *in Bereichen,* in denen Zuwendungen für besondere Leistungen nach § 31 Abs. 4 BBankG, Zulagen nach der Postleistungszulagenverordnung[61] oder Zulagen der Deutschen Bahn AG oder der nach § 2 Abs. 1 oder § 3 Abs. 3 des Deutsche Bahn Gründungsgesetzes ausgegliederten Gesellschaften gewährt werden (§ 2 Abs. 3 Satz 2 LPZV).

c) Leistungsprämie

583   Die Leistungsprämie soll „in engem zeitlichen Zusammenhang mit der Leistung" stehen (§ 3 Abs. 1 Hs. 2 LPZV).[62] Ihre Höhe soll „entsprechend der erbrachten Leistung" bemessen werden (§ 3 Abs. 2 Satz 2 Hs. 1 LPZV). Höchstgrenzen[63] sind
- bei *vollzeitbeschäftigten* Empfängern: das Anfangsgrundgehalt der Besoldungsgruppe, der der Beamte im Zeitpunkt der Entscheidung angehört (§ 3 Abs. 2 Satz 2 Hs. 2 LPZV),
- bei *teilzeitbeschäftigten* Beamten: das nach § 6 BBesG geminderte Anfangsgrundgehalt (§ 3 Abs. 2 Satz 3 LPZV).

d) Leistungszulage

584   § 4 Abs. 1 Satz 1 LPZV beschreibt Sinn und Zweck der Leistungszulage:

> „Die Leistungszulage dient der Anerkennung einer bereits über einen Zeitraum von mindestens drei Monaten erbrachten, auch für die Zukunft erwarteten herausragenden besonderen Einzelleistung und dem Anreiz, diese Leistung auch künftig zu erbringen."

Die Leistungszulage kann für höchstens drei Monate rückwirkend gewährt werden (§ 4 Abs. 1 Satz 2 LPZV).

585   Die Durchführungshinweise zu § 4 Abs. 1 LPZV kommentieren dies unter anderem wie folgt:

> „Ob eine herausragende besondere Leistung vorliegt, kann vielfach noch nicht unmittelbar nach Aufnahme der Tätigkeit festgestellt werden. Der Entscheidungsberechtigte kann daher die tatsächlich erbrachten Leistungen abwarten, dann aber eine Leistungszulage bis zu 3 Monaten rückwirkend gewähren …"

Satz 1 des vorstehenden Zitats ist (nur) zuzustimmen, wenn man „vielfach noch nicht" durch „in der Regel noch nicht" oder durch „so gut wie nie" ersetzt. Satz 2 („kann") scheint es dem Ermessen des Entscheidungsberech-

---

[61] Vgl. dazu Verf., DVBl 95, 1153 (1154).
[62] Es ist „nicht zwingend, z.B. monatlich über Vergabemöglichkeiten zu entscheiden" (Durchführungshinweise zu § 3 LPZV).
[63] „Der Höchstbetrag soll nicht als Regelbetrag gezahlt werden." (Nachweis wie Fußn 62).

tigten anheimstellen zu wollen, „die tatsächlich erbrachten Leistungen" abzuwarten oder sich (nur?) auf ein Prognose zu stützen. § 4 Abs. 1 Satz 1 LPZV, der zum einen von der Anerkennung einer „bereits über einen Zeitraum von mindestens drei Monaten erbrachten" (Einzel-)Leistung spricht und zum anderen – und *zusätzlich* – eine Prognose im Sinne einer positiven Erwartung verlangt, läßt eine Zulagengewährung aber *frühestens nach Ablauf* von drei Monaten zu. Dabei verdient „frühestens" einen Akzent insofern, als sich häufig nach drei Monaten jedenfalls die erforderliche Prognose noch nicht stellen läßt. Freilich kann die Leistungszulage bei „Leistungsabfall" für die Zukunft widerrufen werden (§ 4 Abs. 1 Satz 3 LPZV); es läßt sich indessen nicht verantworten, die Ansprüche an die Prognosedichte allein deshalb zu minimieren. Die in den Durchführungshinweisen zu § 4 Abs. 1 LPZV genannten Beispiele für eine „sich besonders anbietende" Leistungszulagengewährung – nämlich: Bearbeitung eines zeitgebundenen Projekts oder Wahrnehmung eines Dienstpostens mit höheren Anforderungen – könnten immerhin die Besorgnis erwecken, daß die (bindenden) Vorgaben des § 4 Abs. 1 Satz 1 LPZV in der Praxis alsbald über einer Fallgruppenbildung in Vergessenheit geraten, die

– teils (unter Vernachlässigung des Belohnungsaspekts) allein an den Motivationsaspekt anknüpft,

– teils Muster des Tarifrechts aufnimmt, die mit der Statusorientierung des Beamtenrechts kollidieren.

Für die Annahme eines *Leistungsabfalls,* der einen *Widerruf* der Zulage **586** *für die Zukunft* gebietet (§ 4 Abs. 1 Satz 3 LPZV), reichen normale Leistungsschwankungen nicht aus. Ändert sich die Verwendung des Beamten während des Bewilligungszeitraumes, so ist die Zulage desungeachtet weiterzugewähren, sofern nicht auf dem neuen Dienstposten ein (nicht nur vorübergehender) Leistungsabfall eintritt.[64]

Die Höhe und die Dauer einer Gewährung der – unter Befristung in Mo- **587** natsbeträgen festzusetzenden – Leistungszulage sind „entsprechend der erbrachten Leistung" zu bemessen (§ 4 Abs. 2 Satz 1 LPZV).[65] Jeweils monatsbezogene Höchstgrenzen[66] sind

– bei *vollzeitbeschäftigten* Empfängern: 7 vom Hundert des Anfangsgrundgehaltes der Besoldungsgruppe, der der Beamte bei der Festsetzung der Leistungszulage angehört (§ 4 Abs. 2 Satz 2 LPZV),

– bei *teilzeitbeschäftigten* Beamten: 7 vom Hundert des nach § 6 BBesG geminderten Anfangsgrundgehaltes (§ 4 Abs. 2 Satz 5 LPZV).

Längstens darf die Leistungszulage für einen zusammenhängenden Zeitraum von einem Jahr gewährt werden; innerhalb dieses Zeitraumes ist die Verlän-

---

[64] S. die Durchführungshinweise zu § 4 Abs. 1 LPZV.

[65] S. Fußn 63.

[66] S. schon § 3 Abs. 2 Satz 2 Hs. 1 LPZV. Dort handelt es sich allerdings um eine Sollbestimmung.

gerung der Zahlung zulässig (§ 4 Abs. 2 Satz 3 LPZV). Die erneute Gewährung einer Leistungszulage ist frühestens ein Jahr nach Ablauf dieses Zeitraumes zulässig (§ 4 Abs. 2 Satz 4 LPZV). Unterbrechungen der Zahlung
setzen jeweils die Jahresfrist in Lauf.[67]

588   Die Leistungszulage wird abweichend von § 3 Abs. 5 BBesG *nachträglich*
gezahlt (§ 4 Abs. 2 Satz 6 LPZV).

e) Entscheidungsberechtigte und Verfahren

589   In den Bundesbehörden bestimmt deren Leiter „unter Berücksichtigung
des Grundsatzes der dezentralen Vergabe" die zur Entscheidung Berechtigten; der Leiter der obersten Bundesbehörde kann diese Entscheidung an sich
ziehen (§ 5 Abs. 1 Satz 1 LPZV).[68] Auch hier verlangt der „Grundsatz der
dezentralen Vergabe" nicht, daß prinzipiell der Leiter der kleinsten Organisationseinheit entscheidet.[69]

590   Der Entscheidungsberechtigte hat in der Entscheidung (einem begünstigenden Verwaltungsakt) darzutun, „was er (jeweils[70]) als herausragende besondere Einzelleistung ansieht" (§ 5 Abs. 1 Satz 2 LPZV). Die
(Grund-)Probleme, die sich aus einer solchen (Einzel-)Leistungseinschät-
zung vornehmlich (aber nicht nur) dann ergeben können, wenn der Entscheidungsberechtigte nicht zugleich die Beurteilerzuständigkeit besitzt, sind
schon unter RdNr 563 angesprochen.

591   Der Entscheidungsberechtigte kennt zum Jahresbeginn die am 1. Januar
eines jeden Kalenderjahres ermittelte und für das gesamte Kalenderjahr
maßgebliche Anzahl seiner Vergabemöglichkeiten. Er ist frei, zu welchen
Zeitpunkten er Leistungsprämien oder -zulagen vergeben und ob er die
Quote ausschöpfen will. Nicht genutzte Möglichkeiten werden in das folgende Kalenderjahr übertragen. Entscheidend für die Anrechnung auf die
Quote ist der Zeitpunkt der Festsetzung, nicht der Zeitpunkt der Auszahlung.[71]

592   Der Entscheidungsberechtigte soll *alle Laufbahngruppen* berücksichtigen
(§ 5 Abs. 1 Satz 4 LPZV). Mittelfristig sollte eine Verteilung erreicht werden, in die alle Laufbahngruppen gleichgewichtig einbezogen sind.[72] Vor der
Entscheidung sollen die übrigen Vorgesetzten des Beamten gehört werden
(§ 5 Abs. 1 Satz 5 LPZV). „Diese Beteiligung der unterschiedlichen Füh-
rungsebenen dient auch der Intensivierung der Personalführung."[73]

---

[67] S. die Durchführungshinweise zu § 4 Abs. 2 LPZV.
[68] Vgl. bereits RdNr 569.
[69] S. zum einen RdNr 569, zum anderen die Durchführungshinweise zu § 5 Abs. 1
LPZV.
[70] Zusatz des Verf.
[71] S. die Durchführungshinweise zu § 5 Abs. 1 LPZV, wo zudem darauf aufmerksam
gemacht ist, daß die Finanzierung in jedem Haushaltsjahr sichergestellt sein müsse.
[72] S. bereits RdNr 570 sowie Fußn 71.
[73] S. Fußn 71.

§ 5 Abs. 2 LPZV räumt die Möglichkeit ein, ein Fünftel der für einen Ent- 593
scheidungsberechtigten ermittelten Vergabequote auf einen oder mehrere
andere Bereiche zu übertragen. Damit kann in Bereichen, in denen durchgängig eine höhere Leistung gefordert wird, auch die Quote angemessen erhöht werden.[74]

III. Prozessuale Fragen

1. Verwaltungsrechtsweg und Klageart

Bei sämtlichen Klagen des Beamten, die ein leistungsabhängiges Aufstei- 594
gen in den Grundgehaltsstufen oder Leistungsprämien und -zulagen zum
Gegenstand haben, folgt die Zulässigkeit des Verwaltungsrechtsweges aus
§ 126 Abs. 1 BRRG.[75] Einem Klageverfahren muß jeweils ein Vorverfahren
(§ 126 Abs. 3 BRRG, §§ 68 ff. VwGO) vorausgegangen sein.[76]

a) Klage auf Festsetzung einer Leistungsstufe

Der Beamte, der die Festsetzung einer – ihm verweigerten – Leistungs- 595
stufe erreichen möchte, kann dieserhalb – nach erfolglosem Widerspruch –
Bescheidungsklage (s. § 113 Abs. 5 Satz 2 VwGO) erheben; einer Verpflichtungsklage (§ 42 Abs. 1, § 113 Abs. 5 Satz 1 VwGO) wird das Gericht in der
Regel nicht (bzw. nur teilweise, nämlich im Umfang des ihr als „Minus" in-
newohnenden Bescheidungsverlangens) stattgeben können, und zwar zum
einen wegen der Einschätzungsprärogative auf der Tatbestandsseite,[77] zum
anderen wegen des Ermessens auf der Rechtsfolgenseite.[78]

Die „aktuelle Leistungseinschätzung" (s. § 2 Abs. 1 Satz 2 LStuV), auf 596
Grund deren die Leistungsstufe versagt worden ist,[79] wird *nur innerhalb des
Bescheidungsprozesses*[80] („inzidenter") überprüfbar sein; anders als eine
dienstliche Beurteilung, die grundsätzlich für den gesamten Werdegang des
Beamten von Bedeutung bleibt,[81] ist sie kein möglicher Gegenstand einer
selbständigen („isolierten") allgemeinen Leistungsklage auf Verurteilung des
Dienstherrn zur Aufhebung oder Änderung.

Auch eine auf Aufhebung der einen *anderen* Beamten begünstigenden 597
Leistungsstufenfestsetzung abzielende Anfechtungsklage ist nicht in Erwä-

---

[74] S. schon RdNr 571 und die Durchführungshinweise zu § 5 Abs. 2 LPZV.
[75] S. hierzu allg. Verf., ZBR 92, 257 ff.
[76] Zum vorgeschalteten Antrag an den Dienstherrn s. RdNr 416 f.
[77] S. oben RdNrn 552, 562 f.
[78] S. oben RdNrn 552 f., 557, 567.
[79] S. dazu RdNr 562 f.
[80] S. RdNr 595.
[81] S. RdNrn 464, 476.

gung zu ziehen, weil der Festsetzung keine drittbelastende Doppelwirkung im Sinne des § 80 a Abs. 1 VwGO zuerkannt werden kann.[82]

598   Das Bescheidungsbegehren[83] *erledigt sich* – solange dem für den Beamten zuständigen Vergabeberechtigten (überhaupt) noch Haushaltsmittel für die Festsetzung von Leistungsstufen zufließen – nicht schon mit Ablauf des in Betracht kommenden Haushaltsjahres, wohl aber, wenn der Beamte – auf „normalem" Wege – die nächste Steigerungsstufe erreicht hat. Die Erfolgsaussichten eines an die Stelle des erledigten Erfüllungsbegehrens tretenden Schadensersatzverlangens – dahin: so gestellt zu werden, *als ob* die Leistungsstufe festgesetzt worden *wäre* – dürften gewöhnlich nicht allzu groß sein.

b) Klage gegen eine Entscheidung, die die Hemmung des Aufstiegs in den Steigerungsstufen anordnet

599   Richtige Klageart ist die Anfechtungsklage (§ 42 Abs. 1 VwGO).[84] Im Rahmen der gerichtlichen Prüfung wird es je nach Lage der Dinge hauptsächlich auf die rechtliche Tragfähigkeit der – auch isoliert (mit der Leistungsklage) angreifbaren –[85] dienstlichen Beurteilung (s. § 3 Abs. 1 Satz 2 LStuV) und/oder ihrer – nur der Inzidentkontrolle unterliegenden –[86] „aktuellen Ergänzung" (s. § 3 Abs. 1 Satz 3 LStuV) ankommen.[87] Erledigung tritt ein, sobald festgestellt wird, daß die Leistungen des Beamten wieder den mit dem Amt oder Dienstposten verbundenen durchschnittlichen Anforderungen genügen (s. § 3 Abs. 2 LStuV); es verbleibt dann nur noch die – auch hier[88] – regelmäßig wenig erfolgversprechende Möglichkeit eines Schadensersatzpetitums.

c) Klage auf Festsetzung einer Leistungsprämie oder -zulage

600   Die Dinge liegen ähnlich wie bei der unter a) behandelten Klage auf Festsetzung einer Leistungsstufe,[89] so daß ein Bezugnahme auf die entsprechenden Darlegungen – um Wiederholungen zu vermeiden – sinnvoll erscheint. Das Bescheidungsbegehren[90] erledigt sich nicht dadurch, daß dem Beamten aus anderem Anlaß oder wegen einer zwischenzeitlichen Leistungssteigerung eine Leistungsprämie oder -zulage zugebilligt wird, *hier*[91] aber wohl, wenn das fragliche Haushaltsjahr beendet und die Quote ausgeschöpft ist.[92]

---

[82] S. auch RdNr 41.
[83] S. oben RdNr 595.
[84] S. bereits RdNr 559.
[85] S. Fußn 81.
[86] S. oben RdNr 596.
[87] S. schon RdNr 560.
[88] S. schon RdNr 598.
[89] RdNrn 595 ff.
[90] S. oben RdNr 595; weiterhin RdNrn 574 f., 583 ff., 591.
[91] S. hingegen RdNr 598.
[92] Vgl. dazu RdNr 591.

2. Vorläufiger Rechtsschutz

Über den Antrag auf Anordnung der aufschiebenden Wirkung des Wi- **601** derspruchs (bzw. der Anfechtungsklage) gegen eine Entscheidung, die die Hemmung des Aufstiegs in den Steigerungsstufen anordnet, verhält sich bereits der Text unter RdNr 560.

Eine *Regelungsanordnung* (§ 123 Abs. 1 Satz 2 VwGO), durch die der **602** Dienstherr zur Festsetzung einer Leistungsstufe oder einer Leistungsprämie oder -zulage verpflichtet würde, liefe auf eine – auch im Lichte des Art. 19 Abs. 4 GG in den hier gegebenen Zusammenhängen kaum jemals vertretbare – Vorwegnahme der Entscheidung in der Hauptsache und überdies so gut wie immer auf eine rechtlich inakzeptable Überschreitung des Entscheidungsrahmens der Hauptsache hinaus.[93] Auch für eine *Sicherungsanordnung* (§ 123 Abs. 1 Satz 1 VwGO) wird allenfalls ausnahmsweise Raum sein, etwa dann, wenn der antragstellende Beamte glaubhaft machen kann,

– daß die Jahresquote für Leistungsprämien und -zulagen im Bereich des für ihn zuständigen Entscheidungsberechtigten bis auf einen geringen Rest ausgeschöpft ist,

– daß die bisherige Vergabepraxis des Entscheidungsberechtigten rechtswidrig war und

– daß sich zumindest die Möglichkeit einer Kausalität der Fehler für seine Benachteiligung nicht ausschließen läßt.

Welchen konkreten Inhalt eine Sicherungsanordnung in einem solchen (oder einem ähnlichen) Fall hätte, läge im Ermessen des Gerichts, das auch die Interessen der schon für eine Prämie oder Zulage ausgewählten Beamten in die Überlegungen einzubeziehen hätte.

---

[93] S. allgemein Finkelnburg/Jank, Vorläufiger Rechtsschutz, RdNrn 231 ff.

11. Teil. Dienstunfall

Die in den §§ 30–46 a BeamtVG bundeseinheitlich geregelte *Unfallfürsor-* **603** *ge*[1] ist Ausfluß der Fürsorge- und Schutzpflicht des Dienstherrn (§ 79 BBG, § 48 BRRG).[2]

Die Gewährung der Unfallfürsorge hängt davon ab, daß der Beamte[3] durch **604** einen Dienstunfall verletzt worden ist (§ 30 Abs. 1 BeamtVG). § 31 Beamt-VG[4] erfaßt unter der Überschrift „Dienstunfall" eine Reihe von Tatbeständen, denen die Strukturelemente äußere Einwirkung, Körperschaden und Dienstbezogenheit gemeinsam sind.

I. Dienstunfall im engeren Sinne

Abs. 1 Satz 1 definiert den Dienstunfall – im engeren Sinne – als „ein auf **605** äußerer Einwirkung beruhendes, plötzliches, örtlich und zeitlich bestimmbares, einen Körperschaden verursachendes Ereignis, das in Ausübung oder infolge des Dienstes eingetreten ist". „Ereignis" ist jedes objektiv wahrnehmbare Geschehen, das eine Veränderung des bisherigen Zustandes bewirkt.

---

[1] Zum personalvertretungsrechtlichen Unfallschutz s. §§ 11, 109 BPersVG; zum Unfallschutz für die Vertrauensleute der Schwerbehinderten s. § 26 Abs. 3 SchwbG. Vgl. auch HVGH, DÖD 97, 208 (betr. Sachschadenersatz).

[2] BVerwG, ZBR 63, 245; BGHZ 43, 178; NW OVG, DVBl 58, 64 und DÖD 62, 96; s. auch RdNr 360; weiterhin RdNr 644. Zum Begriff des Arbeitsunfalles s. nunmehr § 8 Abs. 1 SGB VII (Unfälle von Versicherten *infolge* einer versicherten Tätigkeit). Die Begriffsbestimmung des § 548 Abs. 1 RVO war weiter (Unfälle *bei* einer versicherten Tätigkeit); sie erfaßte auch Handlungen außerhalb des Betriebes, die aus der Sicht des Verletzten geeignet waren, den Interessen des Unternehmens zu dienen, und ging damit über § 31 BeamtVG hinaus (BVerwGE 17, 59; 21, 307; 35, 234; 40, 220; BayVGH, ZBR 96, 343 [344]).

[3] Das Beamtenverhältnis muß bei Eintritt des Dienstunfalles bestanden haben (BVerwGE 9, 153); es reicht nicht, daß sich der Unfall während einer Vordienstzeit ereignet hat, auch wenn diese gemäß den §§ 8 ff. BeamtVG als ruhegehaltfähige Dienstzeit Berücksichtigung findet; vgl. Plog/Wiedow/Beck/Lemhöfer, BBG, RdNr 4 zu § 30 BeamtVG. Ist die Beamtenernennung nichtig oder – mit rückwirkender Kraft – zurückgenommen oder ereignet sich der Unfall, während ein entlassener Beamter allein mit Rücksicht auf die (später ex tunc entfallende) aufschiebende Wirkung seines Widerspruchs oder seiner Klage (§ 80 Abs. 1 VwGO) weiterbeschäftigt wird, so ist allenfalls die Bewilligung eines Unterhaltsbeitrages analog § 38 BeamtVG zu erwägen; vgl. dazu Brockhaus in: Schütz, BR, RdNr 51 zu § 31 BeamtVG und RdNr 2 a zu § 38 BeamtVG. Eine Sonderregelung für Ehrenbeamte enthält § 68 BeamtVG.

[4] Soweit im 11. Teil ohne Paragraphenangabe auf Gesetzestext Bezug genommen wird, ist jeweils § 31 BeamtVG gemeint.

1. Äußere Einwirkung

606 Das Begriffsmerkmal „äußere Einwirkung" dient dazu, Vorgänge der Außenwelt von krankhaften Abläufen im Innern des menschlichen Körpers abzugrenzen.[5] Die Annahme einer äußeren Einwirkung scheidet nur dann aus, wenn der Körperschaden durch Umstände hervorgerufen wird, für die (allein) eine besondere physische oder psychische *Veranlagung* oder das willentliche (vorsätzliche) *Verhalten* des Betroffenen erhebliche Ursache ist.[6] Selbst ein willentliches (vorsätzliches) Verhalten des Betroffenen steht der Anerkennung eines Ereignisses als Dienstunfall jedoch nicht entgegen, sofern es als angemessene Wahrnehmung dienstlicher oder auch schutzwürdiger persönlicher Belange gerechtfertigt erscheint.[7] Anschauliche Beispiele hierfür sind der Sprung eines Feuerwehrbeamten aus einem brennenden Hause und das absichtliche Rammen eines Fluchtautos durch einen Streifenwagen der Polizei.[8] Ein Vorgang der Außenwelt – etwa eine Beleidigung – verliert den Rechtscharakter einer äußeren Einwirkung nicht dadurch, daß er zunächst eine psychische Reaktion bewirkt, die dann erst ihrerseits krankhafte körperliche Folgen zeitigt.[9]

607 Eine vorsätzliche *Selbsttötung* beruht – auch wenn sie mit dienstlicher Überforderung innerlich zusammenhängt[10] – im allgemeinen nicht auf äußerer Einwirkung, es sei denn, ein „unfalltypischer Geschehensablauf", an dessen Ende ohnehin das Ableben steht, erfährt hierdurch eine „nur unwesentliche Änderung" im Sinne einer „Vorverlegung".[11] Stellt sich die Selbsttötung als dienstbezogene Aufopferung des Beamten im Interesse der Rettung anderer

---

[5] Grundlegend BVerwGE 10, 258; 17, 59.

[6] BVerwGE 10, 258; 17, 59; 23, 201; 35, 133. Vgl. ferner NW OVG, RiA 77, 113 sowie BayVGH, BayVBl 80, 534: Auch ungeschickte eigene Bewegungen des Verletzten können zu einem auf „äußerer Einwirkung" beruhenden Unfallereignis führen. In der Entscheidung BayVGH, DÖD 91, 90 ist gegenüber der nicht ganz unmißverständlichen Rechtsprechung des BVerwG präzisiert, daß „innere Vorgänge", wie sie der Text anspricht, nur dann die Annahme eines Dienstunfalles ausschließen, „wenn sonst keine – objektiv manifestierte – Ursache im Zusammenhang mit der Dienstausübung in Betracht kommt". In diesem Sinne auch BVerwG, DVBl 88, 1066: Ein Verkehrsunfall auf dem Weg zum Dienst sei auch dann ein Dienstunfall, wenn er durch eine Bewußtseinsstörung oder Ohnmacht des Beamten herbeigeführt worden sei. Zur Abgrenzung schließlich BayVGH 14. 12. 1988 – 3 B 87.01859 –, abgedr. bei Schütz, BR, ES/C II 3.1 Nr. 28.

[7] Vgl. GKÖD I, RdNr 8 zu § 31 BeamtVG. § 44 Abs. 1 BeamtVG ist der Gewährung von Unfallfürsorge unter den im Text angegebenen Voraussetzungen nicht hinderlich; vgl. dazu Brockhaus in: Schütz, BR, RdNr 6 zu § 44 BeamtVG, außerdem VG Stuttgart, VBlBW 94, 210.

[8] Vgl. Summer/Baumgartner, Dienstunfall, RdNr 10; Stegmüller/Schmalhofer/Bauer, BeamtVG, § 31, RdNr 2 (3.1).

[9] BVerwGE 35, 133; 80, 4; vgl. auch BVerwG, Buchholz 232 § 181 a BBG Nr. 8.

[10] Vgl. auch insofern BVerwGE 10, 258.

[11] BVerwGE 10, 258 (261); vgl. zu diesem Ausnahmetatbestand das Beispiel 1 bei Summer/Baumgartner, Dienstunfall, RdNr 10.

Personen dar, so kommt – abweichend von dem vorstehenden Grundsatz – Unfallschutz in Betracht. Gleiches dürfte bei einer Selbsttötung im Zustande dienstunfallbedingter Zurechnungsunfähigkeit gelten.[12]

2. Merkmale der Abgrenzung des Unfalles von schädlichen Dauereinwirkungen

Zum Begriff des Unfalles gehört ein „plötzliches, örtlich und zeitlich be- **608** stimmbares" Ereignis. Der Unfall unterscheidet sich durch diese Charakteristika von schädlichen Dauereinwirkungen (Dienstbeschädigungen [§ 46 Abs. 1 BBG, § 27 Abs. 1 BRRG] im weiteren Sinne),[13] die, falls sie nicht unter Abs. 3 zu subsumieren sind, selbst dann nicht zur Gewährung von Unfallfürsorge führen, wenn sie der dienstlichen Sphäre entstammen.[14]

„Plötzlich" ist nicht gleichbedeutend mit „unvorhersehbar". Es kommt **609** vielmehr ausschließlich darauf an, daß der schädigende Vorgang unvermittelt eintritt und auf einen „verhältnismäßig kurzen Zeitraum" beschränkt bleibt.[15] Für die Unfallversicherung ist anerkannt, daß das fragliche Geschehen während einer Arbeitsschicht abgeschlossen sein muß.[16] Dementsprechend muß sich die Einwirkung, um dem Unfallbegriff des Abs. 1 Satz 1 zu genügen, innerhalb der zeitlichen Grenzen eines zusammenhängenden Tagesdienstes halten.[17] Mit der Wendung „örtlich und zeitlich bestimmbar" wird das Merkmal „plötzlich" näher umschrieben: Das Ereignis muß *konkret* – nicht nur abstrakt[18] – nach Ort und Zeitpunkt[19] feststehen.

Als *Beispiele* für „plötzliche, örtlich und zeitlich bestimmbare" Ereignisse **610** sind zu nennen:
- die Operation eines Beamten,[20]
- der Sprung eines Polizeibeamten in eiskaltes Wasser bei der Verfolgung eines Verbrechers,[21]

---

[12] BSGE 1, 150; 18, 163; s. auch BW VGH, ZBR 82, 35 (LS). Noch weitergehend BSGE 61, 113 (115): Ausreichend sei es, wenn die freie Willensbestimmung durch Unfallfolgen *wesentlich beeinträchtigt* sei. Schließlich BSGE 54, 184; 66, 156.

[13] BVerwGE 11, 229; 23, 201 (209); vgl. auch BVerwG, Buchholz 232 § 181 a BBG Nr. 8 sowie BayVGH, ZBR 96, 343.

[14] Vgl. dazu SOVG, ZBR 90, 60.

[15] Gewitter, Regen oder Schneestürme können, auch wenn sie mehrere Stunden andauern, „plötzliche, örtlich und zeitlich bestimmbare" Ereignisse sein, vgl. BAG, RiA 66, 172 sowie HVGH, NDBZ 62, 21, aber auch NW OVG 21. 12. 1994 – 6 A 1079/94 –, abgedr. bei Schütz, BR, ES/C II 3.1 Nr. 60 (kein plötzliches Ereignis bei jeweils etwa zwei Stunden dauernder Dioxineinwirkung an drei von insgesamt fünf Tagen). S. außerdem BVerwGE 35, 133.

[16] Vgl. BSGE 15, 112; 24, 216; BSG, NJW 58, 1206.

[17] GKÖD I, RdNr 12 zu § 31 BeamtVG und HVGH, NDBZ 62, 21.

[18] BVerwGE 11, 229; BVerwG, ZBR 63, 49.

[19] BVerwG, ZBR 65, 244.

[20] Vgl. BVerwGE 23, 201.

[21] Brockhaus in: Schütz, BR, RdNr 28 zu § 31 BeamtVG.

– ein 3000-Meter-Lauf,[22]
– das unvermittelte Auftreten eines Schneesturmes[23] und
– der Biß eines tollwuterkrankten Hundes.[24]

Bei *Infektionskrankheiten* fehlt es gewöhnlich an dem Erfordernis örtlicher und zeitlicher Bestimmtheit.[25] Daß die auf Grund ärztlicher Erfahrung zu vermutende Inkubationszeit und die Orte bekannt sind, an denen der Beamte sich während dieser Zeit aufgehalten hat, reicht nicht aus.[26] Die Ansteckung eines Beamten, der einen Kranken an einem datumsmäßig feststehenden Tage in dienstlicher Eigenschaft aufgesucht hat, kann dagegen ein Dienstunfall im Sinne des Abs. 1 Satz 1 sein.[27]

611   Ein plötzliches, örtlich und zeitlich bestimmbares Ereignis scheidet auch bei Erkrankungen aus, die auf dienstlich bedingtem Ärger, auf Überarbeitung, auf häufigen Dienstleistungen bei schlechtem Wetter, in nasser Umgebung oder in einem unzureichend geheizten Arbeitsraum, auf falscher Lebensweise oder auf natürlicher Abnutzung beruhen.[28]

3. Körperschaden

612   Das Ereignis muß einen Körperschaden verursachen.[29] Als Körperschäden sind anzusehen:
– äußere und innere Verletzungen (z.B. Knochenbruch, Muskel- oder Sehnenriß, Wunde, Verlust eines Gliedes oder eines sonstigen Körperbestandteiles),
– organische Beeinträchtigungen mit Krankheitswert (z.B. Herzinfarkt, Gehirnerschütterung, Schlaganfall),
– psychische Störungen (z.B. seelischer Schock[30]), nicht aber eine bloße vorübergehende negative Beeinflussung des seelischen Wohlbefindens,[31]
– nicht unerhebliche Entstellungen (z.B. Verlust eines Teiles der Haare).
Der Extremfall eines Körperschadens ist der Tod.

---

[22] NW OVG 31. 1. 1990 – 1 A 129/88 –, abgedr. bei Schütz, BR, ES/C II 3.1 Nr. 38.
[23] HVGH, NDBZ 62, 21.
[24] Summer/Baumgartner, Dienstunfall, RdNr 11 Beispiel 5.
[25] BVerwGE 11, 229; BVerwG, ZBR 62, 189 und Buchholz 237.7 § 142 LBG NW Nr. 3; BW VGH, ESVGH 10, 33 und 6. 3. 1990 – 4 S 1743/88 –, abgedr. bei Schütz, BR, ES/C II 3.1 Nr. 39; OVG Lüneburg, ZBR 62, 55; RP OVG, ZBR 59, 57.
[26] BVerwG, ZBR 63, 49, ZBR 65, 181 und ZBR 65, 244 sowie Buchholz 232 § 135 BBG Nr. 50 und 28. 1. 1993 – 2 C 22/90 –, abgedr. bei Schütz, BR, ES/C II 3.1 Nr. 49; s. aber auch Fußn 144.
[27] Vgl. Lewer, DÖD 67, 129 (131 f.) sowie BW VGH, ZBR 88, 96.
[28] Vgl. dazu SOVG, ZBR 66, 382; BayVGH, BayVBl 81, 304 sowie BayVGH 12. 10. 1983 – 3 B 83 A. 474 –, abgedr. bei Schütz, BR, ES/C II 3.1 Nr. 7. S. auch BW VGH, ESVGH 10, 33 und SH OVG, IÖD 94, 69.
[29] Die Anerkennung eines Körperschadens als Dienstunfall kann nicht deshalb versagt werden, weil dieserhalb *derzeit* keine therapeutischen Maßnahmen geboten sind, BayVGH 18. 3. 1987 – 3 B 85 A.2120 –, abgedr. bei Schütz, BR, ES/C II 3.1 Nr. 19.
[30] BVerwGE 35, 133.
[31] Vgl. OLG Hamm, MDR 58, 939.

Die Beschädigung oder Zerstörung eines *Körperersatzstückes* ist ein Sach-, **613** kein Körperschaden; nach VwVzBeamtVG 31.1.4 soll sie jedoch einem Körperschaden „gleichstehen".[32]

4. Zusammentreffen einer äußeren Einwirkung mit einer Anlage

Geht der Körperschaden sowohl auf eine äußere Einwirkung als auch auf **614** eine besondere Veranlagung des Beamten zurück, so muß im Einzelfall abgewogen werden, welche der beiden Ursachen die *wesentliche* ist.[33] Die Rechtsprechung der Verwaltungsgerichte folgt im Ergebnis der vom BSG[34] für das Sozialversicherungs- und das Kriegsopferrecht entwickelten Zurechnungslehre.[35] Hiernach ist nur diejenige Bedingung im erkenntnistheoretischen (logischen) Sinne auch rechtlich beachtlich, die wegen ihrer besonderen Beziehung zum Erfolg bei natürlicher Betrachtung zu dessen Eintritt wesentlich beigetragen hat. Ist der Erfolg durch mehrere Bedingungen in annähernd gleichem Maße herbeigeführt worden, so ist jede von ihnen rechtlich relevant.[36] Hat dagegen einer der als Bedingungen in Betracht zu ziehenden Umstände überragend auf den Erfolg hingewirkt, so ist er allein rechtlich bedeutsam. Während die zivilrechtliche Adäquanztheorie[37] darauf abstellt, ob ein Ereignis der jeweiligen Art in abstracto geeignet ist, einen gleichartigen Erfolg zu zeitigen, bestimmt sich die Entscheidung darüber, ob eine Bedingung „wesentlich" ist, nach den spezifischen Gegebenheiten des Einzelfalles und der individuellen Einzelpersönlichkeit des Betroffenen.[38]

Wesentliche Ursache kann auch eine äußere Einwirkung sein, die ein *an-* **615** *lagebedingtes Leiden* auslöst, beschleunigt oder verschlimmert, wenn sie nicht im Verhältnis zu anderen (nicht dem Dienst zuzurechnenden) Bedingungen, zu denen auch die vorhandene Anlage gehört, derart zurücktritt, daß diese anderen Bedingungen allein als maßgebend und richtungweisend

---

[32] Richtig ist eine analoge Anwendung des § 32 Satz 1 BeamtVG.
[33] BVerwGE 23, 201; BVerwG, ZBR 70, 157 und ZBR 80, 180.
[34] BSGE 1, 150; 1, 254; 3, 240; 11, 50; 12, 242; 18, 173.
[35] Vgl. BVerwGE 14, 181; 26,332; 35, 133; 80, 4; BVerwG, ZBR 70, 157, ZBR 80, 180, NJW 82, 1893, ZBR 89, 57 und NVwZ 96, 183 (184).
[36] Stegmüller/Schmalhofer/Bauer, BeamtVG, § 31, RdNr 1 a machen darauf aufmerksam, daß es bei drei oder mehr in Frage kommenden Ursachen (im erkenntnistheoretischen Sinne) im Interesse eines „vernünftigen und vertretbaren Ergebnisses" unerläßlich sei, die dienstbedingten und die *nicht*dienstbedingten Ursachen zu je einer Ursachen*gruppe* zusammenzufassen und im Anschluß daran die Wertigkeit dieser beiden Ursachen*gruppen* zu prüfen: „Würde man anders verfahren und alle gleichwertigen Ursachen einzeln gegenüberstellen, ergäbe sich, daß z.B. bei Vorliegen von drei annähernd gleichwertigen Ursachen, von denen nur eine dienstbedingt ist, diese eine entscheidend wäre und als alleinige Ursache gelten würde."
[37] RGZ 115, 155; 133, 127; BGHZ 3, 261; 7, 204; 57, 141.
[38] BSGE 11, 50; BVerwGE 14, 181; 26, 332; BVerwG, ZBR 70, 157 und ZBR 80, 180; s. außerdem Fußn 35.

anzusehen sind.³⁹ Nur „untergeordnete Bedeutung" kommt der äußeren Einwirkung als sog. Gelegenheitsursache zu, wenn auch ein anderes, bei den Verrichtungen des täglichen Lebens vorfallendes Ereignis denselben Erfolg herbeigeführt hätte, insbesondere wenn die äußere Einwirkung lediglich der „letzte Tropfen" gewesen ist, „der das Maß zum Überlaufen brachte bei einer Krankheit, die ohnehin ausgebrochen wäre, wenn ihre Zeit gekommen war".⁴⁰

616   Die Rechtsprechung hat einen Dienstunfall z. B. verneint:
– bei Auslösung eines Bandscheibenschadens durch Dienstsport,⁴¹
– bei Eintritt eines Herzinfarktes, auch wenn dieser durch körperliche oder seelische Belastungen dienstlicher Art hervorgerufen worden ist,⁴²
– beim Einsetzen einer anlagebedingten Gehirnblutung während einer Streifenfahrt mit einem Dienstkraftrad⁴³ und bei einem (auf erblicher Fettstoffwechselstörung beruhenden) Schlaganfall während eines Klassenausfluges,⁴⁴
– bei Grund- und Deckplatteneinbrüchen in einer durch Morbus Scheuermann vorgeschädigten Wirbelsäule nach dem Sprung eines 23jährigen Beamten von einem Lkw aus einer Höhe von 1,60 m,⁴⁵
– beim Abriß einer degenerativ veränderten Achillessehne während eines dienstlichen Volleyballspiels von Polizeibeamten,⁴⁶

---

³⁹ BVerwGE 80, 4; BVerwG, DÖD 64, 111, ZBR 67, 219, ZBR 89, 57 und NVwZ 96, 183 (184).
⁴⁰ BVerwGE 26, 332; s. weiterhin Fußn 39.
⁴¹ OVG Lüneburg, ZBR 57, 137; vgl. auch NW OVG, ZBR 58, 10.
⁴² HVGH, ESVGH 22, 66; SOVG, ZBR 66, 382; vgl. jedoch auch BW VGH, ZBR 65, 22. Zu Einzelfällen eines Herzinfarktes bei zuvor bestehender koronarer Zweigefäßschädigung s. NW OVG 13. 12. 1989 – 6 A 744/87 –, abgedr. bei Schütz, BR, ES/C II 3.1 Nr. 33 und NW OVG 31. 1. 1990 – 1 A 129/88 –, abgedr. bei Schütz, BR, ES/C II 3.1 Nr. 38 (jeweils Dienstunfall bejaht).
⁴³ BW VGH, ZBR 60, 354.
⁴⁴ NW OVG, ZBR 76, 59.
⁴⁵ HVGH, ZBR 85, 251.
⁴⁶ BayVGH 12. 10. 1983 (s. Fußn 28); vgl. auch BrOVG, ZBR 85, 207 (LS). Zur Rechtsprechung des BW VGH, der sich wiederholt – zuletzt DÖD 92, 94 mit weiteren Nachweisen – dahin geäußert hat, daß die degenerative Vorschädigung einer Achillessehne der Anerkennung einer bei der Dienstausübung erlittenen Sehnenruptur als Dienstunfall „nicht ohne weiteres" entgegenstehe, ist folgendes zu sagen: In den entschiedenen Fällen waren jeweils nur (im wesentlichen) *altersgemäße* Degenerationen festgestellt worden; die Rupturen waren im übrigen durch starke äußere Gewalteinwirkungen oder mit besonderen Belastungen gerade der Achillessehne verbundene Bewegungsvorgänge (z. B. einen Laufvorgang beim Fußballspielen) ausgelöst worden. Unter *derartigen* Voraussetzungen wird man dem BW VGH beipflichten können. Anders – nämlich im Sinne der Annahme einer Gelegenheitsursache – muß das Ergebnis aber ausfallen, wenn der histologische Befund *vorzeitige (krankhafte) Verschleißerscheinungen* erkennen läßt. Zur Abgrenzung auch BayVGH, DÖD 91, 90 (91) sowie NW OVG 17. 1. 1990 – 6 A 2506/87 –, abgedr. bei Schütz, BR, ES/C II 3.1 Nr. 36 und NW OVG 6. 4. 1995 – 6 A 1203/94 –, abgedr. bei Schütz, BR, ES/C II 3.1 Nr. 56; beachte außerdem Fleig, ZBR 93, 142 (145 f.).

– bei der Ruptur einer Degenerationserscheinungen aufweisenden proxi-
malen Bicepssehne am Schultergelenk eines Justizbeamten, der einen Kar-
ton geschoben hatte,[47] und

– *allgemein* bei psychischen Reaktionen auf ein dienstliches Ereignis, falls
diese entscheidend durch eine „willensmäßige Einstellung neurotischer Natur" geprägt sind.[48]

Eine äußere Einwirkung, die mit einer Anlage zusammentrifft, ist als we-   **617**
sentliche Ursache zu betrachten, wenn sie einen weit größeren Körperschaden hervorruft, als er sich im täglichen Leben voraussichtlich aus der Anlage
entwickelt hätte.[49] Die äußere Einwirkung als mitwirkende Ursache wird in
einem solchen Fall durch die Anlage nicht verdrängt.[50] Die Maßgeblichkeit
einer äußeren Einwirkung dürfte in der Regel auch zu bejahen sein, wenn
diese den Tod des Beamten, der ohnehin an einem unfallunabhängigen Leiden verstorben wäre, um mindestens ein Jahr beschleunigt hat.[51]

5. Dienstbezogenheit des Unfalles

Abs. 1 Satz 1 verlangt, daß das Unfallereignis „in Ausübung oder infolge   **618**
des Dienstes" eingetreten ist. Ebenso wie zwischen dem Körperschaden und
der äußeren Einwirkung[52] muß zwischen dieser und dem Dienst ein Zurechnungszusammenhang bestehen.

Der Begriff des „Dienstes" umfaßt zum einen alle Tätigkeiten, die der Be-   **619**
amte[53] innerhalb des individuellen Aufgabenkreises verrichtet, der ihm durch
Gesetz, Verordnung oder dienstliche Weisung – bei seinem eigenen oder einem fremden Dienstherrn – übertragen ist;[54] zum anderen erstreckt er sich

---

[47] BayVGH, ZBR 91, 90.
[48] BVerwG, DÖD 64, 111; zum Problem der sog. Rentenneurose vgl. u. a. BGHZ
20, 137; 39, 313; BSGE 8, 209; 11, 50; 18, 173; 19, 275; 21, 189.
[49] BVerwGE 80, 4; Summer/Baumgartner, Dienstunfall, RdNr 13; Bulla, Dienst-
und Arbeitsunfall, S. 220.
[50] Vgl. dazu die Beispiele 7–9 bei Summer/Baumgartner (Fußn 49).
[51] BSGE 12, 247; 13, 175; 40, 273; BSG, NJW 64, 2222. HVGH, ZBR 92, 215 verneint mit Recht die Übertragbarkeit dieser Judikatur auf Fälle, in denen eine vorhandene krankhafte Veranlagung oder ein anlagebedingtes Leiden *nicht schicksalsmäßig*
zu einem Körperschaden führt (Zusammentreffen einer geringgradigen Minderent-
wicklung des Schultergelenks mit dem Bewegungsablauf bei einer dienstlich veranlaßten Tauchübung als annähernd gleichwertige Ursachen für eine Schulterluxation).
Insoweit sind Feststellungen in bezug auf den im Text angesprochenen (prognostisch
zu beurteilenden) Jahreszeitraum ohne (begrenzende) rechtliche Relevanz (s. außerdem BVerwG, ZBR 89, 57 a. E.).
[52] S. dazu RdNr 614.
[53] S. dazu Fußn 3.
[54] BVerwGE 10, 128; 37, 203; 89, 117. Betreut ein Hochschullehrer einen ausländischen Wissenschaftler, der an seinem Institut arbeitet, in seiner Freizeit über das eigentliche Fach hinaus in allgemein-kultureller Hinsicht, so handelt es sich dabei nicht
um „Dienst"; vgl. NW OVG, MittHV 82, 319. Dagegen kann ein Hochschullehrer

auf die Teilnahme des Beamten an „kollektiven" dienstlichen Veranstaltungen (Abs. 1 Satz 2 Nr. 2).[55] Zum Dienst gehören auch An- und Rückreise zu und von dem Ort außerhalb der Dienststelle, an dem der Beamte Dienstgeschäfte zu erledigen hat (Abs. 1 Satz 2 Nr. 1). Als Dienst sind weiterhin *Nebentätigkeiten* anzusehen, die der Beamte im öffentlichen Dienst oder in einem dem öffentlichen Dienst gleichstehenden Dienst auf Verlangen, Vorschlag oder Veranlassung seines Dienstherrn ausübt (s. §§ 64, 67 BBG).[56] *Nicht* im Dienst befindet sich der Beamte, der in Wahrnehmung seiner *Rechte* aus dem Beamtenverhältnis freie Heilfürsorge in Anspruch nimmt[57] oder während seiner Freizeit Bezüge bei einer räumlich nicht mit seiner Dienststelle verbundenen Kasse abhebt, ohne daß er – auf Grund dienstlicher Weisung oder Anordnung – zur persönlichen Empfangnahme verpflichtet wäre.[58] Abs. 2 Satz 2 und Abs. 2 Satz 1 Nr. 2 treffen insoweit jedoch inzwischen – an das Arbeitsunfallrecht angelehnte – Spezialregelungen.[59]

620 Die innere Abgrenzung der Merkmale „in Ausübung" und „infolge"[60] hat für die praktische Rechtsanwendung keine Bedeutung.[61] Es ist lediglich von Belang, wie der *Gesamtbereich* zu umschreiben ist, dessen Kennzeichnung die Wendung „in Ausübung oder infolge des Dienstes" bezweckt. In BVerwGE 35, 234 ist sie als inhaltsgleich mit der Wortfolge „im ursächlichen Zusammenhang mit dem Dienst"[62] gedeutet. In BVerwGE 37, 203 führt das Gericht aus, es werde „ein bestimmter Zusammenhang zwischen dem Ereignis und der Ausübung des Dienstes verlangt", und zwar müsse „der Zusammenhang des Unfalles mit dem Beamtendienst das ,entscheidende Kriterium' sein". Um die Teilklasse der „in Ausübung oder infolge des Dienstes"

---

auch bei der Wahrnehmung von Forschungsaufgaben während eines Freisemesters unter Dienstunfallschutz stehen; BayVGH, BayVBl 80, 534; GKÖD I, RdNr 40 zu § 31 BeamtVG. Einem emeritierten Hochschullehrer ist für die Zeit der (freigestellten) Wahrnehmung von Hochschulaufgaben Dienstunfallschutz nicht zu versagen; Stegmüller/Schmalhofer/Bauer, BeamtVG, § 31, RdNr 6 (1.5.3).

[55] Vgl. BVerwG, DVBl 68, 78.

[56] Summer/Baumgartner, Dienstunfall, RdNr 20 a. E.; vgl. auch BW VGH, ZBR 64, 83 sowie VwVzBeamtVG 31.1.9.

[57] BVerwGE 89, 117.

[58] BVerwGE 40, 220; a. A NW OVG, ZBR 70, 159. S. ferner NW OVG 5. 8. 1992 – 1 A 1798/89 –, abgedr. bei Schütz, BR, ES/C I 3.1 Nr. 41 (Ein Verkehrsunfall, der sich auf dem Weg des Beamten von seiner Dienststelle zum Besuch seines in einem Krankenhaus liegenden Kindes ereigne, sei auch dann kein Dienstunfall, wenn der Besuch nach der Vorstellung des Beamten auch dazu dienen solle, abzuklären, ob er trotz der Erkrankung seines Kindes eine angeordnete Dienstreise antreten könne) und NW OVG 26. 10. 1993 – 6 A 2124/91 –, abgedr. bei Schütz, BR, ES/C II 3.1 Nr. 53 (Ein Dienstunfall sei nicht gegeben, wenn ein dienstunfähiger Beamter bei Abholung eines „Erfrischungszuschusses" auf der Dienststelle einen Autounfall erleide).

[59] S. dazu RdNrn 662 ff.

[60] Vgl. BVerwGE 17, 59; 21, 307; 37, 139.

[61] Vgl. auch Brockhaus in: Schütz, BR, RdNr 5 zu § 37 BeamtVG.

[62] Vgl. Art. 148 Abs. 1 BayBG in der mit Ablauf des 31. 12. 1996 außer Kraft getretenen Fassung v. 30. 10. 1962, GVBl S. 291.

eingetretenen Unfälle zu erfassen, verwendet das BVerwG außerdem die Formel vom „natürlichen Zusammenhang (des Ereignisses) mit den eigentlichen Dienstaufgaben oder sonstigen dienstlich notwendigen Verrichtungen oder mit dem dienstlichen Über- und Unterordnungsverhältnis".[63]

Der erforderliche Zurechnungszusammenhang ist wie folgt zu präzisieren: **621** Der Dienst muß zunächst – nicht hinwegzudenkende – Bedingung der äußeren Einwirkung sein. Diese muß sich zudem als *unmittelbare* Folge des Dienstes darstellen, weil die Sonderregelung des Abs. 4 sonst überflüssig wäre und weil es andernfalls nahegelegen hätte, die (den Oberbegriff „Dienstbeschädigung" kennzeichnende) Wortfolge „bei Ausübung oder aus Veranlassung des Dienstes"[64] zu wählen.[65] Haben mehrere Bedingungen die äußere Einwirkung unmittelbar herbeigeführt, so liegt ein Dienstunfall nur vor, wenn sich die Dienstausübung als *wesentlich* mitwirkende Ursache darstellt.[66]

a) Unfälle im Dienstgebäude während der Dienststunden

Der Beamte befindet sich regelmäßig „in Ausübung" des Dienstes, wenn **622** er sich während der Dienststunden im Dienstgebäude aufhält.[67] Unfälle, die sich innerhalb dieses räumlichen und zeitlichen Rahmens ereignen, sind Dienstunfälle, es sei denn, sie beruhen auf einem Verhalten des geschädigten Beamten, das mit seinen dienstlichen Obliegenheiten schlechthin nicht in Zusammenhang gebracht werden kann.[68] Dieser Ausnahmetatbestand ist erfüllt, wenn sich der Beamte in nennenswertem Umfang mit privaten Angelegenheiten befaßt,[69] wenn er seinen dienstlichen Aufgabenkreis überschreitet und dabei den wohlverstandenen Interessen des Dienstherrn erkennbar zuwiderhandelt oder wenn er gar bewußt gegen ein ausdrückliches Verbot des Dienstherrn verstößt,[70] das die Tätigkeit selbst, nicht nur die Art und Weise ihrer Ausführung betrifft.[71]

---

[63] BVerwGE 40, 220; 44, 36.

[64] Vgl. § 46 Abs. 1 BBG, § 27 Abs. 1 BRRG; dazu BVerwGE 10, 258; 17, 59.

[65] Vgl. BVerwG, DÖD 76, 208 und RiA 82, 119; HVGH, ZBR 55, 338.

[66] S. VwVzBeamtVG 31.1.5 Satz 3; zum Begriff der wesentlichen Ursache s. auch RdNr 614.

[67] BVerwGE 17, 59; 20, 347; 37, 139; 37, 203; 40, 220. Nach BW VGH, ZBR 87, 13 gehören bei einem Lehrer „jedenfalls die im inneren Zusammenhang mit dem Beginn der nachfolgenden oder der Abwicklung der vorausgehenden Unterrichtsstunde stehenden Tätigkeiten zur Dienstzeit, ... unabhängig davon, ob sie in der stundenplanmäßigen Unterrichtszeit liegen".

[68] BVerwGE 17, 59. Wird der Beamte von seinem Dienstvorgesetzten mit einer Aufgabe betraut, die nur dessen *privates* Interesse betrifft, so ist darauf abzustellen, ob der beauftragte Beamte erkennen konnte, daß es sich um eine Privatangelegenheit handelte; Summer/Baumgartner, Dienstunfall, RdNr 22. S. auch GKÖD I, RdNr 27 zu § 31 BeamtVG.

[69] BSGE 14, 295.

[70] BVerwG, Buchholz 232 § 135 BBG Nr. 53.

[71] GKÖD I, RdNr 64 zu § 31 BeamtVG. Vgl. auch BayVGH 12. 10. 1983 (s. Fußn 28): Wenn die höchstrichterliche Rechtsprechung (Hinweis auf BVerwGE

623   Eine rechtlich beachtliche Dienstbezogenheit ist *beispielsweise* auch gegeben,

– wenn der Beamte sich während der Einnahme einer Mahlzeit in der Kantine des Dienstgebäudes verletzt[72] oder erkrankt, weil das Kantinenessen
  verdorben war,[73]
– wenn er beim Aufsuchen der Toilette,[74] eines Waschraumes[75] oder der
  Garderobe oder im Treppenhaus (etwa beim Hin- oder Rückweg zu oder
  von einer dienstlich erlaubten Erfrischung in der Kantine[76]) einen Unfall
  erleidet oder
– wenn die dienstliche Verrichtung, bei der sich der Beamte einen Körperschaden zuzieht, lediglich fehlerhaft vorgenommen worden ist (etwa wenn
  ein Polizeibeamter beim Waffenreinigen fahrlässig die Sicherheitsbestim-
  mungen nicht beachtet[77]).

b) Unfälle außerhalb des Dienstgebäudes während der Dienststunden

624   Der dem Beamten übertragene individuelle Aufgabenkreis kann eine
Dienstverrichtung außerhalb des Dienstgebäudes notwendig machen. *Au-
ßendienst* leisten z.B. Polizeivollzugsbeamte, die den Straßenverkehr überwachen, Beamte der Bauaufsichtsbehörden, die die Ausführung genehmigungspflichtiger Bauvorhaben an Ort und Stelle kontrollieren, sowie Beamte
der Finanzverwaltung und der Gewerbeaufsichtsämter (Arbeits- und Um-
weltschutzämter), die Betriebe inspizieren.[78] Befindet sich der Beamte, während der Unfall geschieht, am „Bestimmungsort" (Abs. 1 Satz 2 Nr. 1), d.h.
innerhalb des Bereichs, in dem er seine konkrete dienstliche Aufgabe wahrzunehmen hat, so genießt er Unfallschutz, falls nicht eine der in Teilab-

---

40, 220 [225]; 44, 36 [38]) darauf abstelle, ob sich der Unfall während der „pflichtgemäßen Erledigung" der einem Beamten obliegenden dienstlichen Aufgaben ereignet habe, so beziehe sich das „zumindest in erster Linie auf die Erfüllung
der Dienstpflicht als Ziel des Handelns, nicht jedoch auf das ‚Wie' dieser Erfüllung".

[72] Vgl. BVerwG, ZBR 72, 118.
[73] A. A. Summer/Baumgartner, Dienstunfall, RdNr 22 für den Fall, daß die Kantine
an einen Unternehmer verpachtet ist. Vgl. dazu Brockhaus in: Schütz, BR, RdNr 62
zu § 31 BeamtVG (Durch sorgfältige Auswahl des Pächters und geeignete Ausgestaltung des Pachtvertrages habe es der Dienstherr in der Hand, sein Gefahrenrisiko in
vertretbaren Grenzen zu halten).
[74] BSG, Betr. 64, 1744.
[75] Vgl. dazu auch BayVGH, ZBR 85, 111.
[76] Vgl. dazu RP OVG, ZBR 70, 21.
[77] Hildebrandt/Demmler/Bachmann, NW LBG, Erl 2.6 zu § 31 BeamtVG.
[78] Zu Unfällen, die Beamte während ihres Dienstes in einem Bundesbahnzug oder
auf einem Schiff erleiden, vgl. Brockhaus in: Schütz, BR, RdNr 66 zu § 31 BeamtVG.
Vgl. weiterhin BayVGH, RiA 83, 114: Ein Beamter, der in Expreßgutwagen der Bahn
Dienst tut, bleibe „im Banne des Dienstes", solange er nicht den Bahnbereich aus frei-
en Stücken verlasse. Ein Unfall bei dem Pausenspaziergang eines solchen Beamten außerhalb des Bahnbereichs sei kein Dienstunfall.

schnitt a) dargestellten Ausnahmesituationen vorliegt.[79] Etwaige Unklarheiten hinsichtlich der Zuweisung des *räumlichen* Betätigungsfeldes dürfen sich nicht zu seinem Nachteil auswirken, vorausgesetzt, er hat sich um eine pflichtgemäße, nicht durch Eigeninteressen bestimmte Auslegung bemüht.

c) Unfälle im Dienstgebäude außerhalb der Dienststunden

Leistet der Beamte über die regelmäßige Dienstzeit hinaus im Dienstge- **625** bäude *Mehrarbeit,* so steht er auch insoweit unter Unfallschutz, sofern er damit nicht dem erklärten oder zumindest erkennbaren Willen seines Dienstvorgesetzten zuwiderhandelt.[80] Ist dem Beamten *Erholungs- oder Sonderurlaub* erteilt, so kann – mangels abweichender Anhaltspunkte – davon ausgegangen werden, daß der Dienstvorgesetzte eine Dienstleistung während dieser Zeit nicht billigt.[81] Dienstbezogen sind dagegen auch solche Handlungen, mit denen sich der Beamte im Dienstgebäude vor Beginn der Dienstzeit auf den Dienst vorbereitet oder sich nach dem Dienst für den Heimweg herrichtet.[82]

d) Unfälle bei Dienstreisen und Dienstgängen

Abs. 1 Satz 2 Nr. 1 stellt klar,[83] daß der Dienstbegriff auch Dienstreisen, **626** Dienstgänge und die dienstliche Tätigkeit am Bestimmungsort[84] umfaßt. Dienstreisen sind – von der zuständigen Behörde schriftlich angeordnete oder genehmigte[85] – Reisen zur Erledigung von Dienstgeschäften außerhalb des Dienstortes und Reisen von einem nur vorübergehendem Aufenthalt

---

[79] Der Zusammenhang mit dem Dienst kann bei „tätlichen Neckereien" („Albereien") von Polizeibeamten auf Streife aufgehoben sein; OVG Lüneburg, ZBR 92, 121.

[80] Stegmüller/Schmalhofer/Bauer, BeamtVG, § 31, RdNr 6 (2.1) unter Hinweis auf BVerwG, RiA 88, 101: Die Wahrnehmung eines Gerichtstermins aus dienstlichem Anlaß außerhalb der regelmäßigen Arbeitszeit sei für einen Polizeibeamten eine dienstliche Tätigkeit und Mehrarbeit, auch wenn er weder Vergütung noch Freizeitausgleich erhalte.

[81] Entsprechendes gilt bei Beamten, denen die Führung der Dienstgeschäfte verboten ist (s. § 60 BBG, § 41 BRRG) oder die vorläufig des Dienstes enthoben sind (s. § 91 BDO).

[82] Plog/Wiedow/Beck/Lemhöfer, BBG, RdNr 12 zu § 31 BeamtVG; vgl. auch Summer/Baumgartner, Dienstunfall, RdNr 17. Weiterhin BayVGH, DVBl 85, 454 für den Unfall eines Rangierlokführers, der sich beim Duschen in den Sozialräumen der Bahn im unmittelbaren Anschluß an den Dienst ereignet hatte. Hier ist ein Dienstunfall überzeugend bejaht worden. Die Reinigungsmaßnahmen dürfen freilich nicht außer Verhältnis zu der dienstbedingten Verschmutzung stehen. BW VGH, VBlBW 92, 387 verneint Dienstunfall, wenn der Beamte im Dienstgebäude getötet, aber weder der Täter noch das Tatmotiv ermittelt wird.

[83] Vgl. BVerwGE 39, 83; BVerwG, ZBR 72, 118.

[84] S. insoweit RdNr 624.

[85] Auch eine nachträgliche Erteilung der Dienstreisegenehmigung ist möglich. Unerheblich ist es, ob der Beamte auf die Geltendmachung einer Reisekostenvergütung vorab verzichtet hat; Stegmüller/Schmalhofer/Bauer, BeamtVG, § 31, RdNr 8 (2.1.3).

dienenden Ort zum Dienstort; bei Dienstgängen handelt es sich um – (nicht notwendig schriftlich) angeordnete oder genehmigte – Gänge oder Fahrten am Dienst- oder Wohnort zur Erledigung von Dienstgeschäften außerhalb der Dienststätte.[86] Dienstreise und -gang beginnen, falls sie von der Wohnung aus angetreten werden, mit dem Verlassen des häuslichen Bereichs.[87] Handlungen zur Vorbereitung der Reise oder des Ganges, die sich innerhalb der häuslichen Sphäre abspielen, werden vom Unfallschutz nicht erfaßt.[88] Bei Antritt der Dienstreise oder des Dienstganges von der Dienststelle aus richtet sich der Beginn danach, wann und wo der Beamte aus dem Bereich der Dienststelle aufbricht. Mit Erreichen der Stelle, an der die dienstliche Tätigkeit abgewickelt werden soll, ist der erste Teil der Dienstreise oder des Dienstganges im dienstunfallrechtlichen Sinne[89] beendet. Der Rückweg – und damit der zweite Teil der Dienstreise oder des Dienstganges – beginnt mit dem Verlassen des Ortes der dienstlichen Verrichtung und endet mit der Rückkunft an der Wohnung oder der Dienststelle des Beamten.

627 *Übernachtet* der Beamte am Bestimmungsort im *Hotel*, so sind auch die notwendigen Wege zwischen Bahnhof und Hotel und zwischen Hotel und Ort der dienstlichen Tätigkeit unfallrechtlich geschützt. Unfälle, die sich im Hotel selbst zutragen, sind Dienstunfälle, sofern sie wesentlich darauf beruhen, daß der Beamte sich dort aus dienstlichen Gründen in einem für ihn nicht voll beherrschbaren spezifischen Risikobereich aufhalten muß.[90] Dieser Voraussetzung ist z.B. nicht genügt, wenn der Beamte sich während des Hotelaufenthaltes bei einem (wegen einer Nierenerkrankung auch sonst regelmäßig durchgeführten) Saunabesuch[91] oder bei einem Sprung vom Dreimeterbrett in das Hotelschwimmbecken verletzt.[92]

628 Soweit der Beamte einen *Umweg* macht, d.h. vom unmittelbaren Weg zwischen Dienststelle oder Wohnung einerseits und Bestimmungsort andererseits abweicht, sind die für den Wegeunfall (Abs. 2 Satz 1 Nr. 1) maßgeblichen Grundsätze[93] entsprechend heranzuziehen.[94] Umwege stehen für den

---

[86] Vgl. § 2 Abs. 2 und 3 BRKG. Zum reisekostenrechtlichen Begriff des Dienstortes s. NW OVG, ZBR 86, 141.

[87] S. dazu RdNr 646.

[88] Summer/Baumgartner, Dienstunfall, RdNr 26 a, Fußn 139; a. A. BayVGH, BayVBl 65, 279.

[89] Zum Unterschied zwischen reisekosten- und unfallrechtlicher Betrachtung vgl. Plog/Wiedow/Beck/Lemhöfer, BBG, RdNr 19 zu § 31 BeamtVG; Hildebrandt/Demmler/Bachmann, NW LBG, Erl 3.1.1 zu § 31 BeamtVG.

[90] Vgl. dazu VwVzBeamtVG 31.1.6 Satz 3; weiterhin BSG, NJW 58, 1558 (Unfall im Fahrstuhl des Hotels als Arbeitsunfall) und Plog/Wiedow/Beck/Lemhöfer, BBG, RdNr 20 zu § 31 BeamtVG.

[91] BSG, NJW 90, 70.

[92] Vgl. BSGE 39, 180. S. auch BayVGH 16. 4. 1987 – 3 B 86.00212 –, abgedr. bei Schütz, BR, ES/C II 3.1 Nr. 20 (zum Unfall eines Beamten auf dem Rückweg vom Abendessen in einem Restaurant in die Unterkunft während einer mehrtägigen Dienstreise). Vgl. schließlich BSG, NJW 92, 3190.

[93] S. dazu RdNrn 650 ff.

Fall unter Unfallschutz, daß sie ausschlaggebend durch dienstliche Belange, nicht dagegen durch eigenwirtschaftliche oder sonstige persönliche Beweggründe bestimmt werden.[94]

Als dienstlich bedingt sind in der Rechtsprechung betrachtet worden: **629**

– ein Umweg, der darauf beruht, daß ein auf Grund dienstlicher Weisung mitfahrender Beamter ein Dienstgeschäft an einem Ort abseits des unmittelbaren Weges zwischen Wohnung (Dienststelle) und Bestimmungsort wahrzunehmen hat,[96]

– ein (nicht unverhältnismäßig großer) Umweg, den der Beamte nach Antritt einer längeren Dienstreise macht, um sein Kraftfahrzeug aufzutanken, und zwar selbst dann, wenn er ihn nur in Kauf nimmt, weil er bei seiner nicht am unmittelbaren Reiseweg gelegenen Stammtankstelle verbilligtes Benzin beziehen und mit einer besseren Wartung seines Kraftfahrzeugs rechnen kann,[97] sowie

– ein Umweg zwecks Einkaufs von Nahrungsmitteln zum sofortigen Verzehr während einer Fahrtpause.[98]

Eine *Unterbrechung* des notwendigen Zusammenhanges zwischen Weg **630** und Dienst kann – wie beim Wegeunfall – auch daraus resultieren, daß der Beamte während der Dienstreise oder des Dienstganges zwar Umwege vermeidet, aber zwischendurch *anhält*, um ein Anliegen wahrzunehmen, das nicht zu seinen Dienstgeschäften gehört.[99] *Keine* Unterbrechung bedeutet es

---

[94] BVerwGE 28, 105; 39, 83; NW OVG, ZBR 73, 376; s. auch VwVzBeamtVG 31.1.6 Satz 1. Keinen „Umweg" (und keine dienstunfallrechtlich relevante Unterbrechung der Dienstreise) stellt es dar, wenn der Beamte zur Einnahme einer Mahlzeit die Gaststätte eines Umsteigebahnhofs aufsucht (vgl. Plog/Wiedow/Beck/Lemhöfer, wie Fußn 89). Streitig, wie es zu beurteilen ist, wenn der Beamte trotz Anordnung einer *mehrtägigen* Dienstreise täglich in seine Wohnung zurückkehrt und dort übernachtet; vgl. dazu einerseits Hentschel, ZBR 82, 209 (Dienstunfallschutz!), andererseits Steiner/Schäuble, ZBR 84, 140 (kein Dienstunfallschutz!), die u. a. auf BVerwG, DÖV 78, 101 hinweisen. Für Dienstunfallschutz Stegmüller/Schmalhofer/Bauer, BeamtVG, § 31, RdNr 8 (2.2.2): Wer an einem auswärtigen Geschäftsort Dienst im Rahmen einer *Dienstreise* zu leisten habe, dürfe hinsichtlich des Unfallschutzes nicht schlechter gestellt sein als ein Beamter, der an einem auswärtigen Geschäftsort Dienst im Rahmen einer *Abordnung* leiste.

[95] BVerwGE 24, 246; BVerwG, NJW 83, 642. S. auch BSG, NJW 96, 77 (zur Bedeutung subjektiver Vorstellungen des Beamten).

[96] NW OVG, ZBR 57, 410.

[97] BW VGH, ZBR 75, 25; vgl. aber auch BSGE 16, 77; s. ferner BSG, NJW 68, 1253.

[98] BVerwGE 39, 83.

[99] S. dazu HVGH, ZBR 92, 217. Der dieser Entscheidung zugrunde liegende Fall betraf allerdings einen bloßen Sachschaden am Kraftfahrzeug eines Lehrers, der seinen Heimweg für eine Besprechung im Rahmen einer (von einem privaten Verein organisierten) Hausaufgabenhilfe für ausländische Schulkinder unterbrochen hatte. Des weiteren ist anzumerken, daß es sich hier um eine Unterbrechung des „Weges … von der Dienststelle" im Sinne des Abs. 2 Satz 1 Nr. 1 Hs. 1, nicht dagegen um die Unterbrechung einer Dienstreise oder eines Dienstganges gehandelt hat. Für das zutreffende Ergebnis (Verneinung eines Ersatzanspruchs) ist das freilich gleichgültig.

dagegen in der Regel, wenn der Beamte sein während einer längeren Dienstreise betriebsunfähig gewordenes Kraftfahrzeug im notwendigen Umfang
reparieren läßt, um die Reise fortsetzen zu können.[100]

631   Bedient der Beamte sich eines *Verkehrsmittels,* dessen Benutzung der
Dienstvorgesetzte nicht lediglich aus reisekostenrechtlichen Erwägungen
untersagt hat, so ist er unfallrechtlich nicht abgesichert.[101] Das BVerwG[102]
verneint einen Dienstunfallschutz – noch darüber hinausgehend – schon
dann, wenn der Beamte sein privates Kraftfahrzeug verwendet, obwohl der
Dienstvorgesetzte – aus welchen sachlichen Gründen auch immer – die Benutzung eines anderen Verkehrsmittels dienstlich angeordnet hatte, es sei
denn, die Umstände verändern sich seit der dienstlichen Anordnung so, daß
sich der Einsatz des privaten Kraftfahrzeugs nunmehr als im dienstlichen
Interesse liegend darstellt.

e) Unfälle bei Teilnahme an dienstlichen Veranstaltungen

632   Auch durch Abs. 1 Satz 2 Nr. 2 wird kein von Abs. 1 Satz 1 abweichender
Dienstbegriff eingeführt:[103] Dienstliche Veranstaltungen sind „kollektive ...
Maßnahmen oder Einrichtungen",[104] die in sachlichem Zusammenhang mit
den eigentlichen Dienstaufgaben stehen, ausschlaggebend dienstlichen Interessen dienen und in Organisation und Ablauf (unmittelbar oder mittelbar)
von der Autorität des für den jeweiligen Beamten zuständigen Dienstvorgesetzten getragen werden.[105] Ob eine Veranstaltung in diesem Sinne in
den weisungsgebundenen Dienstbereich einbezogen ist, beurteilt sich nach
dem Willen des Dienstvorgesetzten, wie er aus seinem Verhalten unter Be-

---

[100] BVerwG, DVBl 82, 1191. Ausnahmen von dem im Text aufgestellten Grundsatz
wird man für die Fälle machen müssen, daß dem Beamten (regelwidrig) die Fortsetzung der Dienstreise mit einem öffentlichen Verkehrsmittel zuzumuten ist oder daß
die Wiederherstellung der Betriebsfähigkeit des Kraftfahrzeugs nach Art und Zeit-
aufwand in einem Mißverhältnis zur Dauer der Dienstreise im ganzen steht; so auch
BVerwG, a. a. O.

[101] Vgl. dazu BayVGH, DVBl 58, 662 (LS); Plog/Wiedow/Beck/Lemhöfer, BBG,
RdNr 15 zu § 31 BeamtVG. Weitere Nachweise zum kontroversen Meinungsstand
bei Brockhaus in: Schütz, BR, RdNr 89 zu § 31 BeamtVG.

[102] BVerwG, DÖV 78, 101. Wie das BverwG (a. a. O.) klarstellt, begibt sich der Beamte nicht schon dadurch des Dienstunfallschutzes, „daß er es versäumt, für die sich
im Rahmen des allgemein Üblichen haltende Verwendung des privaten Kfz im Zusammenhang mit dem Dienst eine ausdrückliche Erlaubnis seines Dienstherrn einzuholen".

[103] BVerwG, DVBl 68, 78.

[104] BVerwGE 37, 139. Der Dienstherr kann sich auch fremde, insbesondere von Privatpersonen getragene Veranstaltungen „zu eigen machen"; BVerwG, ZBR 74, 23. S.
dazu auch die bedenklich weitgehende Entscheidung BW VGH 24. 1. 1989 – 4 S
349/86 –, abgedr. bei Schütz, BR, ES/C II 3.1 Nr. 31.

[105] BVerwG, DVBl 68, 78, DVBl 74, 162 und ZBR 74, 236; BayVGH, BayVBl 80,
500 (Übernahme einer sog. Schirmherrschaft reicht nicht aus); HVGH, DÖD 85, 201
und DÖD 89, 219; OVG Lüneburg, DÖD 95, 211; RP OVG, DÖD 89, 47.

rücksichtigung aller erkennbaren Umstände zu erschließen ist.[106] Dies gilt auch in Sicht auf die Festlegung des Beginns und des Endes der Veranstaltung: Ist ein zeitliches Ende nicht im vorhinein festgesetzt, so behält die Veranstaltung ihren dienstlichen Charakter so lange, bis ihre Beendigung durch den Dienstvorgesetzten oder eine von ihm beauftragte Person ausdrücklich erklärt wird oder sich nach Lage der Dinge anderweit eindeutig ergibt.[107]

Musterbeispiele dienstlicher Veranstaltungen sind

— Ausbildungs- und Fortbildungstagungen sowie Studienfahrten, sofern die eingangs genannten allgemeinen Voraussetzungen erfüllt sind,[108]

— Personalausflüge[109]und -feiern,[110] gleichgültig, ob für den einzelnen Beamten eine Teilnahmepflicht besteht,[111] und zwar auch dann, wenn dabei Familienmitglieder der Beamten zugegen sind,[112] sowie

— sportliche Wettkämpfe oder Lauftrainings, die der Körperschulung, etwa der Polizeivollzugsbeamten, nützen sollen, wenn und soweit[113] die Teilnahme für den in Betracht kommenden Beamten „auch formell in die dienstliche Sphäre einbezogen" ist.[114]

633

---

[106] BVerwG, DVBl 74, 162; HVGH, DÖD 85, 201 und DÖD 89, 219; NW OVG, DÖD 86, 273.

[107] BVerwGE 81, 265: Es genügt nicht, daß der Dienststellenleiter eine Betriebsfeier verläßt.

[108] Vgl. Summer/Baumgartner, Dienstunfall, RdNr 27 a. S. auch BVerwG, ZBR 76, 259: Der Unfall beim Duschen in einer Gemeinschaftsunterkunft während eines Lehrgangs ist kein Dienstunfall, wenn der Beamte dort nur aus fürsorgerischen Gründen untergebracht ist.

[109] BSGE 1, 179; 7, 249; BayVGH, ZBR 60, 328; OVG Lüneburg, ZBR 57, 200; vgl. aber auch BSGE 17, 280.

[110] BVerwGE 81, 265 für eine vom Dienststellenleiter als „offizielle Gemeinschaftsveranstaltung" genehmigte und von einem durch ihn eingesetzten „Festausschuß" organisierte Weihnachtsfeier in den Kantinenräumen; s. weiterhin HVGH, ZBR 59, 121.

[111] BSGE 7, 249; HVGH, ZBR 59, 121.

[112] BSGE 1, 179; 7, 249; NW OVG, NJW 84, 2239.

[113] S. dazu NW OVG, ZBR 88, 353: Für das Waldlauftraining eines Polizeivollzugsbeamten im Bundesgrenzschutz bestehe kein Dienstunfallschutz, falls die Sportausübung nicht der Erlaßlage gemäß von einer sachkundigen Person beaufsichtigt werde.

[114] BVerwG, ZBR 74, 236; vgl. auch HVGH, DÖD 85, 201. BayVGH, DVBl 86, 154 weist zutreffend darauf hin, daß „im Bereich des Lehrersports" (hier: wöchentlich stattfindende Arbeitsgemeinschaft für *Volksschullehrer* „Volleyball und Hallenfußball") „die Grenze zwischen dienstlicher Fortbildung und privater sportlicher Betätigung nicht eindeutig, sondern eher fließend" verlaufe. Dadurch wachse dem Dienstherrn ein „Gestaltungsspielraum" zu, der es unter den jeweiligen konkreten Umständen beanstandungsfrei erscheinen lassen könne, wenn einer Lehrer-Sportarbeitsgemeinschaft durch „dienstunfallrechtliche Genehmigung" der Charakter der „materiellen Dienstbezogenheit" verliehen werde. Da sich der Unfall in dem entschiedenen Fall während eines von der „Genehmigung" nicht gedeckten Hallenhandballspieles ereignet hatte, hat der BayVGH den Dienstunfallschutz versagt. S. außerdem NW OVG 26. 9. 1995

634 *Betriebssport* hat hingegen nicht den Charakter einer dienstlichen Veranstaltung, falls er lediglich vom „autonomen Willen" der daran Beteiligten und nicht von der Autorität des Dienstvorgesetzten getragen ist[115] oder im Blick auf den in Frage stehenden Beamten nur im Interesse der allgemeinen Gesunderhaltung stattfindet,[116] sei es auch, daß andere Teilnehmer nach der Eigenart *ihrer* Dienstaufgaben hierbei dienstunfallgeschützt sind.[117] Die Anwesenheit eines Beamten bei der Versammlung eines Berufsverbandes ohne dienstliche Weisung fällt nicht unter Abs. 1 Satz 2 Nr. 2, selbst wenn ihm dafür Dienstbefreiung erteilt worden ist.[118] Entsprechend ist der Fall zu würdigen, daß sich ein Beamter während einer Kurbehandlung – etwa in einer Fürsorgeeinrichtung seines Dienstherrn – verletzt.[119] Je nach Lage der Dinge unterschiedlich zu bewerten ist ein Unfall, den ein Lehrer bei einem von Schülern organisierten – außerhalb des schulischen Einwirkungsbereichs abgehaltenen – Klassentreffen erleidet.[120]

635 Für den *Weg* von und zu einer dienstlichen Veranstaltung gelten Abs. 1 Satz 2 Nr. 1 und Abs. 2 Satz 1 Nr. 1 entsprechend.[121]

– 6 A 189/95 –, abgedr. bei Schütz, BR, ES/C II 3.1 Nr. 61. Zu den Voraussetzungen, unter denen eine Sportverletzung als Dienstunfall anzuerkennen ist, die sich ein Polizeivollzugsbeamter bei der Teilnahme an einem Fußballfreundschaftsspiel zwischen Angehörigen seiner Dienststelle und Beamten einer anderen Polizeidienststelle zugezogen hat, s. HVGH, DÖD 89, 219. Zum Tennistraining eines Polizeivollzugsbeamten bei einem privaten Sportverein s. OVG Lüneburg, DÖD 95, 211. Allgemein zu Unfällen bei der sportlichen Betätigung von Beamten Fleig, ZBR 93, 142 und Dikow, ZBR 94, 49.
[115] RP OVG, DÖD 89, 47.
[116] BVerwG, DVBl 68, 78; NW OVG, ZBR 63, 356.
[117] BVerwG, DVBl 74, 162.
[118] OVG Lüneburg, DÖD 61, 13; vgl. auch GKÖD I, RdNr 83 zu § 31 BeamtVG.
[119] BVerwGE 37, 139; NW OVG, ZBR 67, 218; vgl. auch BSGE 9, 222 sowie NW OVG, DÖD 86, 273 (Die „formelle Dienstbezogenheit" einer Sonderkur für Polizeivollzugsbeamte zur Erhaltung der körperlichen Leistungsfähigkeit und der in diesem Rahmen abgehaltenen Sportübungen folge weder aus der Tatsache eines gezielten Therapie- und Lernprogramms noch aus der gruppenbezogenen Begrenzung des teilnehmenden Personenkreises.). S. daneben BVerwG, Buchholz 239.1 § 31 BeamtVG Nr. 5.
[120] Vgl. dazu BVerwGE 51, 220; BW VGH, ZBR 74, 26.
[121] Vgl. VwVzBeamtVG 31.1.8 sowie HVGH, ZBR 59, 121. NW OVG, NJW 84, 2239 verneint unter Anknüpfung an BVerwG, DÖV 78, 101 (s. dazu RdNr 631) den Dienstunfallschutz für den Fall, daß für den Heimweg von einer dienstlichen Veranstaltung ein Verkehrsmittel gewählt wird, dessen Benutzung durch den Dienstherrn zuvor ausgeschlossen worden war. S. weiterhin BVerwGE 81, 265: Eine alkoholbedingte Verkehrsuntüchtigkeit auf dem Heimweg von einer Betriebsfeier, bei der Alkohol ausgeschenkt worden war, gehöre nicht zu den Gefahren, für die der Dienstherr im Rahmen des Dienstunfallschutzes aufkommen müsse (a. A., aber wohl zu weitgehend HmbOVG, ZBR 87, 14, das in dem Berufungsurteil unter anderem darauf abgestellt hatte, daß der Dienstvorgesetzte trotz der Zulassung erheblichen Alkoholgenusses keine Vorkehrungen getroffen habe, um einen ungefährdeten Heimweg der Teilnehmer zu ermöglichen).

f) Unfälle von Beamten, die sich selbst „in den Dienst versetzen"

Beamte in leitenden Stellungen dürfen dienstliche Handlungen – etwa sol- **636** che repräsentativer oder aufsichtlicher Art – auf Grund eigenen Entschlusses auch außerhalb der regelmäßigen Dienststunden und außerhalb des Dienstgebäudes vornehmen. Auch Polizeivollzugsbeamte sind hierzu berechtigt, wenn sie Zwecke der Verbrechensbekämpfung oder Gefahrenabwehr verfolgen.[122] Unverzichtbar ist, daß sich ein solcher Vorgang „im Rahmen des Amtes oder des dienstlichen Auftrages des Beamten" hält.[123] Kein Sachverhalt dieser Prägung ist gegeben,

– wenn sich ein Beamter am letzten Urlaubstag bei seiner Dienststelle nach einer etwaigen Änderung des Dienstplanes erkundigt[124] oder
– wenn sich ein Lehrer aus Anlaß des Besuches von Schülern und Lehrern einer ausländischen Partnerschule (sei es auch nach Absprache mit seiner Schulleitung) zu einem gemeinsamen Abendessen bei den Eltern eines seiner Schüler begibt.[125]

Entschließt sich ein Polizeivollzugsbeamter, seinen angetrunkenen Vater zu dessen Wohnung zu begleiten, so erfüllt auch dies – von Ausnahmefällen (wie etwa der Bedrohung des Vaters durch einen Verbrecher) abgesehen – nicht die Kategorie des „In-den-Dienst-Versetzens".[126]

g) Unfälle in der Privatwohnung des Beamten bei Verrichtung von Dienstgeschäften

Derartige Unfälle können als Dienstunfall nur anerkannt werden,[127] sofern **637** die häusliche Dienstverrichtung – wie etwa bei Lehrern,[128] bei Hochschullehrern oder bei Richtern – üblich oder im Einzelfall vom Dienstvorgesetzten mindestens angeregt worden ist[129] *und* sofern die wesentliche Ursache des Unfalles ausnahmsweise nicht in den besonderen Verhältnissen des häuslichen Wirkungskreises liegt, die dem Einfluß des Dienstherrn entzogen sind.[130] Eine Dienst- oder Rufbereitschaft zu Hause gehört nicht zum Dienst.[131]

---

[122] OVG Lüneburg, ZBR 72, 120. Auf das Tragen einer Uniform kommt es nicht an; Summer/Baumgartner, Dienstunfall, RdNr 18c.
[123] BVerwGE 37, 203.
[124] Vgl. BVerwG, RiA 69, 214.
[125] NW OVG, DÖD 83, 227; s. aber auch RP OVG, IÖD 95, 9 sowie Fußn 54.
[126] S. NW OVG 31. 7. 1990 – 6 A 1586/88 –, abgedr. bei Schütz, BR, ES/C II 3.1 Nr. 41.
[127] Vgl. HVGH, ZBR 64, 286; Weimar, RiA 65, 8.
[128] RP OVG, IÖD 95, 9.
[129] Eine tatsächliche Vermutung hierfür besteht bei Beamten, die ihren Dienst in einem auf Kosten des Dienstherrn eingerichteten oder unterhaltenen häuslichen Arbeitszimmer versehen, ferner z.B. bei Gerichtsvollziehern, deren in der Privatwohnung gelegenes Dienstzimmer durch dienstliches Gebührenaufkommen finanziert wird; vgl. dazu Brockhaus in: Schütz, BR, RdNr 57 zu § 31 BeamtVG.
[130] Ähnlich Plog/Wiedow/Beck/Lemhöfer, BBG, RdNr 13 zu § 31 BeamtVG.
[131] Stegmüller/Schmalhofer/Bauer, BeamtVG, § 31, RdNr 6 (2.2.2).

II. Berufskrankheit

638 Abs. 3 Satz 1 und Satz 3 iVm § 1 der dazu ergangenen Durchführungs-verordnung vom 20. 6. 1977 (BGBl. I 1004) stellt dem „plötzlichen, örtlich und zeitlich bestimmbaren" Ereignis[132] solche spezifisch dienstbezogenen[133] Erkrankungen gleich, die in der Anlage 1 zur Berufskrankheiten-Verordnung vom 8. 12. 1976 (BGBl. I 3329) in der jeweils geltenden Fassung, zuletzt geändert durch die Zweite Verordnung zur Änderung der Berufskrankheiten-Verordnung vom 18. 12. 1992 (BGBl. I 2343), im einzelnen genannt sind. Die dortige Aufzählung ist – anders als im Rahmen der Unfallversicherung (§ 9 Abs. 2 SGB VII) – für den Bereich der beamtenrechtlichen Unfallfürsorge *abschließend*.[134] Eine nicht in Anlage 1 a. a. O. aufgeführte Krankheit, die durch dienstlich bedingte Dauereinwirkungen hervorgerufen ist, verpflichtet den Dienstherrn mithin nicht zu Unfallfürsorgeleistungen.[135]

639 Die *spezifische Dienstbezogenheit* besteht darin, daß der Beamte nicht nur „in Ausübung oder infolge" des Dienstes (Abs. 1 Satz 1) erkrankt, sondern daß er darüber hinaus „nach der Art seiner dienstlichen Verrichtung der Gefahr der Erkrankung ... besonders ausgesetzt" gewesen sein muß. Diese – zweite – Voraussetzung ist nur erfüllt, wenn die konkrete dienstliche Tätigkeit – im ganzen gesehen „ihrer Art nach" – erfahrungsgemäß (generell) eine hohe Wahrscheinlichkeit „gerade dieser Erkrankung" in sich birgt.[136] Die besondere Gefährdung muß – unabhängig von der individuellen Veranlagung des jeweiligen Beamten[137] – für die konkret auszuführende[138] dienstliche Verrichtung unter den gegebenen tatsächlichen Verhältnissen[139] „ty-

---

[132] S. dazu RdNrn 608 ff.

[133] S. dazu RdNrn 618 ff.

[134] Vgl. Plog/Wiedow/Beck/Lemhöfer, BBG, RdNr 33 zu § 31 BeamtVG; s. auch BVerwG, Buchholz 232 § 135 BBG Nr. 57 und ZBR 78, 202. BVerfG, NJW 82, 694 läßt die Frage unentschieden, ob eine gesetzliche Regelung, die im Interesse der Rechtsklarheit allein auf das „Listensystem" des § 9 Abs. 1 SGB VII (= § 551 Abs. 1 RVO a. F.) abstellt, den Anforderungen des Gleichheitssatzes (Art. 3 Abs. 1 GG) genügt. S. auch BVerwG, Buchholz 239.1 § 31 BeamtVG Nr. 10.

[135] Vgl. BVerwGE 10, 258.

[136] BVerwGE 11, 229; 34, 4; BVerwG, ZBR 65, 181.

[137] BVerwGE 11, 229; BVerwG, ZBR 62, 189; NW OVG, ZBR 74, 300; SOVG, ZBR 90, 60. Unerheblich ist es, ob sich der Beamte fahrlässig oder gar grob fahrlässig verhalten hat (arg. § 44 Abs. 1 BeamtVG); so mit Recht BW VGH 6. 3. 1990 – 4 S 1743/88 –, abgedr. bei Schütz, BR, ES/C II 3.1 Nr. 39.

[138] BW VGH, ZBR 86, 277.

[139] S. dazu BayVGH, ZBR 96, 343: Das gesetzliche Tatbestandsmerkmal „Art der dienstlichen Verrichtung" könne nicht „aufgehoben" und „ersetzt" werden etwa durch „dienstliche Verrichtung unter den besonderen räumlichen Bedingungen". Gesundheitliche Beschwerden, die (nur) auf die „besondere Beschaffenheit des Dienstzimmers" (hier: quecksilberverseuchter Raum) zurückzuführen seien, fielen nicht unter den Begriff der Berufskrankheit (ebenso RP OVG, NVwZ-RR 97, 45 und Plog/Wiedow/Beck/Lemhöfer, BBG, RdNr 34 zu § 31 BeamtVG).

pisch" und in erheblich höherem Maße als bei der übrigen Bevölkerung vorhanden sein.[140] Dies ist der Fall

– bei einem Polizeibeamten, der bei der Isolierung seuchenerkrankter Personen eingesetzt wird,[141] nicht dagegen bei einem solchen, welcher eine Person, die an offener Lungentuberkulose leidet, festnimmt[142] oder der bei einem Lehrgang oder einer Sittenkontrolle mit an Tuberkulose Erkrankten in Berührung kommt,[143]

– bei einem beamteten Arzt, der in einem Krankenhaus Patienten mit ansteckenden Krankheiten zu betreuen hat,[144] nicht aber bei einem solchen, der bei Einstellungsuntersuchungen oder im (vor-)militärischen Bereich mit Trägern ansteckender Krankheiten Kontakt erhält,[145]

– bei einem Postbeamten, der den Schalter in der Nähe einer Tbc-Heilstätte bedient.[146]

Eine spezifische Dienstbezogenheit im Sinne des Abs. 3 Satz 1 ist demgegenüber in der Rechtsprechung[147] für die Nickelallergie einer an einem Fahrkartenschalter tätigen Beamtin richtigerweise nicht anerkannt worden: Diese Krankheit, die namentlich bei Frauen außerordentlich häufig auftrete und regelmäßig auf eine angeborene Anfälligkeit zurückgehe, habe ihre Ursache „durchweg im Alltagsleben". Nur wo *berufsbezogen* – wie z.B. bei Beschäftigten der Schmuckindustrie oder in Galvanisierwerken – „ein äußerst intensiver und andauernder Kontakt" mit Nickel stattfinde, sei das anders zu sehen. *Kein* derartiger Sonderbereich sei die Tätigkeit an einem Fahrkartenschalter, bei der sich der Kontakt mit Nickel auf das Berühren nickelhaltiger Münzen beschränke. **640**

Bei Lehrern, die sich in der Schule infizieren, sind die Verhältnisse des Einzelfalles maßgeblich.[148] **641**

---

[140] BVerwGE 34, 4 (6 f.); BVerwG, ZBR 62, 189, ZBR 63, 49, VRspr 16, 47, ZBR 65, 181 und ZBR 65, 244; HVGH, DÖV 74, 31; NW OVG, ZBR 74, 300; RP OVG, ZBR 59, 57; SOVG, ZBR 90, 60.

[141] BVerwGE 11, 229; vgl. auch Summer/Baumgartner, Dienstunfall, RdNr 28 a Beispiele 28 und 29 sowie VwVzBeamtVG 31.3.1 Satz 3. S. außerdem BW VGH 6. 3. 1990 (Fußn 137).

[142] OVG Lüneburg, ZBR 62, 55; vgl. auch Lewer, DÖD 67, 129 (131 f.).

[143] BVerwG, ZBR 63, 49 (r. Sp.) und ZBR 65, 181. S. auch NW OVG, RiA 93, 102 (Hier wird die Anerkennung einer Tuberkulose bei einem im Justizvollzug tätigen Beamten verneint.).

[144] S. Fußn 141.

[145] Vgl. BVerwG, ZBR 65, 20; vgl. auch Summer/Baumgartner, Dienstunfall, RdNr 28 a Beispiel 27.

[146] Vgl. Brockhaus in: Schütz, BR, RdNr 174 zu § 31 BeamtVG.

[147] SOVG, ZBR 90, 60.

[148] OVG Lüneburg, ZBR 69, 152 erkennt die Ansteckung eines Lehrers an Ziegenpeter (Mumps) nicht als Erkrankung im Sinne des Abs. 3 an (s. auch NW OVG, ZBR 69, 152); anders (nämlich eine Berufskrankheit bejahend) NW OVG, ZBR 74, 300 für die Infektion einer Lehrerin mit Röteln und BW VGH, ZBR 86, 277 für die Infektion eines Lehrers mit Lungentuberkulose. Vgl. schließlich BVerwG 28. 1. 1993 – 2 C 22.90 –, abgedr. bei Schütz, BR, ES/C II 3.1 Nr. 49.

642 Nach Absatz 3 Satz 2 „gilt"[149] die Erkrankung im Sinne des Abs. 3 Satz 1 *stets* als Dienstunfall, wenn sie durch gesundheitsschädliche Verhältnisse verursacht worden ist, denen der Beamte am Ort seines dienstlich angeordneten – unter Umständen nur vorübergehenden[150] – Aufenthaltes im Ausland besonders ausgesetzt war.[151] Die Art der dienstlichen Verrichtung und der Zusammenhang mit dem Dienst sind hier ohne Bedeutung.[152]

643 Die Spannungs- und Krisengebiete, in denen *besondere Verwendungen* nach § 58 Abs. 1 und 2 BBesG in Betracht kommen, liegen vielfach in gesundheitsgefährdenden Zonen (z. B. Kambodscha, Somalia). Eine Gleichstellung von Erkrankungen und deren Folgen, die auf gesundheitsschädigende oder sonst vom Inland wesentlich abweichende Verhältnisse zurückzuführen sind, mit einem Dienstunfall und seinen Folgen, wie sie inzwischen durch § 31 a Satz 1 und – für eigentliche Unfälle – Satz 2 BeamtVG erfolgt ist,[153] ermöglicht eine angemessene, verbesserte Versorgung bei Erkrankungen und Unfällen wie bei deren Folgen auf Grund der besonderen Verhältnisse im Verwendungsgebiet. Die Unfallfürsorge ist allerdings ausgeschlossen, wenn sich der Beamte grob fahrlässig der Gefährdung ausgesetzt hat, es sei denn, daß der Ausschluß für ihn eine unbillige Härte wäre (§ 31 a Satz 3 BeamtVG).

644 Herrscht noch *Ungewißheit* darüber, ob sich der Beamte mit einer Berufskrankheit infiziert hat, besteht insoweit indessen ein ernstzunehmender („konkreter") *Verdacht,* so kann es – streng genommen: *außerhalb* der gesetzlichen Spezialregelung der §§ 30 ff. BeamtVG auf Grund der Fürsorge- und Schutzpflicht – veranlaßt sein, nicht bis zum Auftreten von Krankheitserscheinungen zuzuwarten, sondern *vorab* rechtzeitig bestimmte, dem Heilverfahren im Sinne des § 33 BeamtVG nahestehende notwendige Maßnahmen auf Kosten des Dienstherrn[154] zu initiieren, wie etwa
– eine Schutzimpfung bei Tollwutverdacht[155] oder
– eine Untersuchung auf einen Infektionsbefund.[156]

---

[149] Es handelt sich um eine *unwiderlegliche* Vermutung; vgl. Brockhaus in: Schütz, BR, RdNr 178 zu § 31 BeamtVG.
[150] S. VwVzBeamtVG 31.3.2 Satz 2.
[151] S. auch die Sonderregelung in § 16 Abs. 2 des Gesetzes über den Auswärtigen Dienst v. 30. 8. 1990, BGBl. I 1842.
[152] S. VwVzBeamtVG 31.3.2 Satz 1.
[153] Die Bestimmung ist durch Art. 3 Nr. 2 des Auslandsverwendungsgesetzes vom 28. 7. 1993 (BGBl. I 1394) in das BeamtVG eingefügt worden.
[154] S. § 3 Abs. 3 HeilvfV.
[155] BSG, NZA 86, 343.
[156] BW VGH, ZBR 88, 96. Die Begründung dieser Entscheidung überzeugt allerdings nicht recht (ebenso Brockhaus in: Schütz, BR, RdNr 30 zu § 31 BeamtVG).

III. Wegeunfall

Das Zurücklegen des Weges „nach und von der Dienststelle" ist selbst dann **645** tatsächlich und rechtlich kein Dienst im eigentlichen Sinne, wenn es mit dem Dienst „zusammenhängt".[157] Abs. 2 Satz 1 Nr. 1 Hs. 1 bezieht den Wegeunfall jedoch unter Verwendung des gesetzestechnischen Mittels der Fiktion[158] in den Dienstunfallschutz ein.

1. Beginn und Ende des Weges

Der Weg zur Dienststelle beginnt grundsätzlich an der *Außentür*[159] des **646** Wohngebäudes,[160] in dem der Beamte seine regelmäßige Unterkunft hat,[161] auch wenn dieses nicht am Dienstort steht.[162] Vorgarten und Hof eines Wohngebäudes werden demgemäß von der Rechtsprechung[163] bereits in den unfallgeschützten Bereich einbezogen, während Unfälle im Treppenhaus der nicht geschützten häuslichen Sphäre des Beamten zugerechnet werden.[164] Diese generalisierende Abgrenzung vermag nicht in allen Fällen zu überzeugen. So dürfte es beispielsweise sachangemessener sein, dem Beamten Dienstunfallschutz zu versagen, falls er sich im Vorgarten oder Hof seines eigenen Hauses verletzt, da er dort vorhandene Gefahrenquellen erkennen und kraft eigenen Rechts beseitigen kann.[165] Hingegen sollte Dienstunfallschutz etwa dann gewährt werden, wenn der in einem Hochhaus wohnende Beamte zu Schaden kommt, während er sich – mit dem Ziel, zur Außentür zu gelangen – in einem Bereich des Gebäudes bewegt, in dem Behörden oder Privatunternehmen mit erheblichem Publikumsverkehr untergebracht sind.[166]

Hat der Beamte in dem Hause, das er bewohnt, eine (von dort aus un- **647** mittelbar zugängliche[167]) *Garage,* so beginnt und endet der Weg „nach und

---

[157] BVerwGE 16, 103; s. auch RdNrn 618 ff.

[158] Vgl. BVerwGE 17, 59.

[159] BVerwGE 28, 105 unter Bezugnahme auf DV Nr. 1 Satz 1 zu § 107 DBG (F. 1941).

[160] Vgl. dazu Plog/Wiedow/Beck/Lemhöfer, BBG, RdNr 24 zu § 31 BeamtVG.

[161] BVerwGE 35, 234; NW OVG, DÖD 58, 55.

[162] HVGH, ZBR 57, 172; vgl. aber auch OVG Lüneburg, ZBR 60, 227.

[163] BVerwGE 28, 105.

[164] Vgl. BSGE 2, 239; 11, 156; s. weiterhin BSGE 42, 293; 63, 212; zur Verwertbarkeit der Rechtsprechung des BSG zu § 550 Satz 1 RVO a. F. (heute: § 8 Abs. 2 Nr. 1 SGB VII) bei der Auslegung des im wesentlichen inhaltsgleichen Abs. 2 Satz 1 Nr. 1 Hs. 1 vgl. BVerwGE 16, 103; 35, 234; 40, 220.

[165] Vgl. dazu Summer/Baumgartner, Dienstunfall, RdNr 25 a.

[166] Vgl. BSGE 2, 239; s. außerdem BSGE 37, 36, aber auch BSGE 45, 254 (257).

[167] BSGE 37, 36; s. auch BSGE 63, 212.

von der Dienststelle" der Rechtsprechung[168] zufolge grundsätzlich mit dem Durchfahren des Garageneingangs. Liegt die – mit dem Wohnhaus nicht verbunden – Garage im Hofraum, so wird der Weg zwischen Haustür und Garage als unfallgeschützt angesehen,[169] eine Auffassung, die, soweit der Beamte Grundstückseigentümer ist, den soeben angesprochenen Bedenken begegnet.[170] Nach Ansicht des NW OVG[171] ist ein Wegeunfall auch dann zu bejahen, wenn der Beamte, der seine Garage schließen will, auf der im Vorgarten gelegenen Garagenzufahrt durch seinen von der Straße zurückrollenden Kraftwagen verletzt wird.

648 „Dienststelle" im Sinne des Abs. 2 Satz 1 Nr. 1 Hs. 1 ist der Ort, an dem der Beamte bestimmungsgemäß zu Beginn bzw. zu Ende der Arbeitszeit seinen Dienst zu versehen hat.[172]

2. Innerer Zusammenhang zwischen Weg und Dienst

649 Der vom Beamten zurückgelegte Weg muß seine wesentliche innere Ursache im Dienst haben.[173] Welche Art der Fortbewegung der Beamte wählt und für welches – öffentliche oder private – Verkehrsmittel er sich entscheidet, ist grundsätzlich[174] gleichgültig.[175] Auch die Entfernung zwischen Wohnung und Dienststelle spielt keine Rolle. Der *abgeordnete* Beamte genießt bei täglichen Hin- und Rückfahrten zwischen seiner auswärtigen Dienststelle und seiner Wohnung auch dann Wegeunfallschutz, wenn ihm die tägliche Rückkehr an den Wohnort wegen der Dauer der Abwesenheit von zu Hause (mehr als 12 Stunden) *reisekostenrechtlich* nicht mehr zumutbar ist.[176]

a) *Funktioneller Aspekt*

650 Solange sich der Beamte auf dem *unmittelbaren* Weg zwischen seiner Dienststelle und seiner regelmäßigen Unterkunft befindet, um sich in den Dienst zu begeben oder aus dem Dienst in seinen privaten Lebensbereich

---

[168] BSGE 22, 240; 24, 243.

[169] BSG, NJW 68, 957 und Betr. 74, 248; vgl. ferner BSG, Betr. 64, 1668. Der Aufenthalt in der Garage selbst gehört nicht zum dienstunfallrechtlich geschützten Bereich, gleichgültig, ob die Garage eine bauliche und räumliche Einheit mit dem Wohngebäude bildet oder hiervon getrennt auf einem anderen Grundstück gelegen ist (HVGH, DÖD 97, 208).

[170] Vgl. aber auch insoweit BSGE 42, 293 (s. schon Fußn 164).

[171] ZBR 67, 217.

[172] Vgl. Summer/Baumgartner, Dienstunfall, RdNr 25 f.

[173] BVerwGE 16, 103; 19, 44; 21, 307; 24, 246; 34, 20; 35, 234; 37, 203; BVerwG, NJW 83, 642; NW OVG, NVwZ 90, 891 und NWVBl 93, 93; RP OVG, DÖD 89, 47.

[174] S. aber RdNr 631.

[175] BVerwGE 35, 234.

[176] Stegmüller/Schmalhofer/Bauer, BeamtVG, § 31, RdNr 11 (1.1).

zurückzukehren, ist der erforderliche wesentliche innere Zusammenhang zwischen der Wahl des Weges und dem Dienst in funktioneller Hinsicht grundsätzlich[177] gegeben. Verunglückt der Beamte außerhalb des unmittelbaren Weges, so ist er dagegen nur dienstunfallgeschützt, wenn die besonderen Umstände des Sachverhaltes ausnahmsweise den Schluß rechtfertigen, daß die Wahl des Weges ausschlaggebend nicht von eigenwirtschaftlichen oder sonstigen persönlichen Beweggründen, sondern von dienstlichen Belangen bestimmt war.[178]

Der Wegeunfallschutz beschränkt sich nicht auf jeweils *einen* Hin- und **651** *einen* Rückweg zwischen Wohnung und Dienststelle pro Arbeitstag. Er greift vielmehr auch ein, wenn

– der Beamte zu seiner Wohnung zurückkehrt, um ein versehentlich nicht mitgenommenes, für die Erfüllung der Dienstaufgaben aber unerläßliches Arbeitsmittel zu holen,[179] oder

– während der Mittagspause seine Wohnung[180] aufsucht, um dort (auch im Interesse der Erhaltung seiner Arbeitsfähigkeit für die im Dienst zu verbringenden Nachmittagsstunden[181]) zu essen,[182] bei durchgehender Arbeitszeit aber nur, sofern der Hin- und Rückweg und die Einnahme der Mahlzeit innerhalb der zulässigen Mittagspause überhaupt durchgeführt werden können.[183]

---

[177] S. aber BSG, ZBR 95, 313: Die rechtskräftige strafgerichtliche Verurteilung wegen rücksichtslosen Verhaltens im Straßenverkehr schließt den Versicherungsschutz wegen eines deshalb erlittenen Unfalles aus: „Ermittlungen darüber, ob und welche privaten Zwecke für das rücksichtslose Fahren maßgebend waren, sind ... entbehrlich, denn selbst wenn der Kläger im Rahmen einer solchen Motivforschung glaubhaft machen könnte, daß er sich von dem Wunsch hat leiten lassen, rechtzeitig zum Dienst zu kommen, liegt kein dienstliches Interesse vor, das höher zu bewerten wäre als das Interesse an der Sicherheit des Straßenverkehrs ...“

[178] BVerwGE 19, 44; BVerwG, RiA 70, 113; RP OVG, DÖD 86, 141.

[179] VwVzBeamtVG 31.2.1 Sätze 2 und 3.

[180] Nach BVerwGE 34, 20 ist auch der Hin- und Rückweg zwischen der Dienststelle und einer *Gaststätte* in der Mittagspause dienstunfallgeschützt. Vgl. dazu Brockhaus in: Schütz, BR, RdNr 125 zu § 31 BeamtVG, der mit Recht Bedenken äußert, ob diese Ausweitung des Wegeunfallschutzes vom Willen des Gesetzes noch gedeckt sei, und bemerkt, daß folgerichtig etwa auch ein Spaziergang während der Arbeitspause mit in den Wegeunfallschutz einbezogen werden müßte, wenn und soweit er im Interesse der Erhaltung der Arbeitsfähigkeit des Beamten für die Nachmittagsstunden angeraten oder gar ärztlich verordnet sei. S. in diesem Kontext BSG, NJW 97, 2261: Essen und Trinken *während* der Arbeitszeit seien „im Gegensatz zu bloßen Vorbereitungshandlungen *vor* der Arbeit dadurch gekennzeichnet, daß sie regelmäßig unaufschiebbare, notwendige Handlungen sind, um die Arbeitskraft des Versicherten zu erhalten und es ihm dazu mittelbar zu ermöglichen, die jeweils aktuelle betriebliche Tätigkeit fortzusetzen“. Der Versicherungsschutz auf dem Weg zur Nahrungsaufnahme während der Mittagspause ende aber auch bei einem Einkaufszentrum „mit dem Durchschreiten der Außentür“ (s. auch RdNr 646).

[181] BVerwG, ZBR 72, 118.

[182] BVerwGE 34, 20.

[183] Vgl. auch Summer/Baumgartner, Dienstunfall, RdNr 25 a, Fußn 125.

b) Zeitlicher Aspekt

652 Der Weg von der regelmäßigen Unterkunft zur Dienststelle darf grundsätzlich nicht früher angetreten werden, als der Dienstbeginn dies verlangt. Ebenso muß sich der Beamte in der Regel im unmittelbaren zeitlichen Anschluß an den Dienst von seiner Dienststelle in Richtung seiner Wohnung bewegen.[184] Ein längeres Zuwarten nach Dienstende schadet allerdings nicht, wenn es darauf beruht, daß ein von dem Beamten (mit-)benutztes Beförderungsmittel vorübergehend nicht betriebsbereit ist, es sei denn, dieser hat eine andere zumutbare Möglichkeit, nach Hause zu gelangen.[185]

c) Unterbrechungen des funktionellen oder zeitlichen Zusammenhanges

653 *Umwege* unterbrechen den inneren Zusammenhang zwischen Weg und Dienst, wenn der Beamte – wie im Regelfall – mit ihnen eigenwirtschaftliche oder sonstige persönliche Interessen verfolgt.[186] Ein Umweg im Sinne dieses Grundsatzes liegt *nicht* vor, falls der Beamte

– nicht den kürzesten, sondern den vorteilhaftesten Weg zwischen Wohnung und Dienststelle wählt[187] oder

– die Straßenseite wechselt, um (gleichsam nebenher) eine private Besorgung zu erledigen, solange er die Zielrichtung beibehält und den Straßenraum nicht verläßt.[188]

654 Ein dienstunfallrechtlich nicht geschützter Umweg ist gegeben, wenn der Beamte von dem unmittelbaren Weg zwischen Dienststelle und regelmäßiger Unterkunft abweicht, weil er

– in der Wohnung eines Angehörigen eine Mahlzeit einnehmen will,[189]

– in einer Apotheke, zu welcher er sich in der seinem Heimweg entgegengesetzten Richtung bewegen muß, Medikamente einkaufen möchte,[190] oder

– seiner ärztlich empfohlenen Erholung wegen beabsichtigt, gelegentlich seiner Rückkehr vom Dienst einen Park aufzusuchen.[191]

---

[184] BVerwG, ZBR 65, 246.

[185] BSGE 10, 226; 16, 245.

[186] BVerwGE 21, 307; 24, 246; 35, 234; BVerwG, RiA 70, 113 und NJW 83, 642; BSGE 27, 114; OVG Lüneburg, ZBR 68, 348; NW OVG, NWVBl 93, 93.

[187] BSG, Betr. 66, 1776; Plog/Wiedow/Beck/Lemhöfer, BBG, RdNr 24 zu § 31 BeamtVG.

[188] BVerwGE 35, 234; vgl. auch BSGE 20, 219. Ferner BSG, NJW 97, 2260 (zur Frage einer Unterbrechung des Versicherungsschutzes auf dem Weg zur Arbeitsstätte, wenn der Versicherte seinen Pkw verläßt, auf der anderen Straßenseite einen Verkaufskiosk kurz aufsucht und auf dem Rückweg zum Wagen beim Überqueren der Straße verunglückt): Der Versicherte habe „ein bestimmtes Maß an räumlicher Bewegungsfreiheit, ohne daß er negative versicherungsrechtliche Auswirkungen befürchten muß". Die gesetzliche Unfallversicherung „überläßt es ihm, in welchem Bereich des öffentlichen Verkehrsraumes ... er sich bewegen will, ob er also von einem Bürgersteig zum anderen ein- oder mehrmals hinüberwechselt".

[189] BVerwG, RiA 70, 113; NW OVG, ZBR 73, 88.

[190] BVerwGE 21, 307.

[191] Vgl. Plog/Wiedow/Beck/Lemhöfer, BBG, RdNr 25 zu § 31 BeamtVG.

In all diesen Fällen handelt es sich um Verrichtungen, die der Beamte vornimmt, um sich gesund und leistungsfähig zu erhalten. Sie betreffen in erster Linie seinen *privaten Lebensbereich,* mögen sie auch zugleich dienstlichen Belangen förderlich sein. In nur scheinbarem Widerspruch hierzu hat das BVerwG[192] einen Unfall, den ein alleinstehender Beamter nach Dienstschluß auf dem Weg von der Dienststelle zu der vom Dienstherrn zur Verfügung gestellten Kantine erlitten hatte, mit dem Bemerken als Dienstunfall anerkannt, daß der Beamte auf diesem Weg gerade deshalb am Verkehr teilgenommen habe, weil er mit der Einnahme des warmen Mittagessens „einen nicht unwesentlichen Teil seines in der Regel an die häusliche Unterkunft gebundenen Lebens mit Einverständnis des Dienstherrn in die Kantine verlegt" habe.[193]

Eine *sonstige,* nicht auf einem Umweg beruhende *Unterbrechung* des Zusammenhanges zwischen Weg und Dienst ist anzunehmen **655**
– bei tätlichen Auseinandersetzungen zwischen Beamten, die einen gemeinsamen Heimweg haben, und zwar selbst dann, wenn dienstliche Vorgänge Anlaß des Streites sind,[194] oder
– bei der Verfolgung eines Verbrechers, der dem Beamten zuvor einen körperlichen oder materiellen Schaden zugefügt hatte.[195]

Dagegen ist der hier in Betracht kommende Zusammenhang *nicht* in einer rechtlich beachtlichen Weise unterbrochen,
– wenn der Beamte auf dem Weg anhält, um die Auslage eines Schaufensters zu betrachten oder bei einem Bekannten zu verweilen, den er soeben getroffen hatte,[196]
– wenn das Beförderungsmittel des Beamten während der Fahrt unvorhergesehen betriebsunfähig wird, sofern dem Beamten die Fortsetzung des Weges ohne das Beförderungsmittel nicht zumutbar ist,[197] sowie
– wenn der Beamte seinen Weg vorübergehend nicht fortsetzt, um einer mit Sanktionen verknüpften öffentlich-rechtlichen Verpflichtung zu genügen oder im Hinblick auf § 54 Satz 3 BBG (§ 36 Satz 3 BRRG) Hilfe zu leisten.[198]

---

[192] BVerwG, ZBR 72, 117.
[193] S. dazu Brockhaus in: Schütz, BR, RdNr 120 zu § 31 BeamtVG; s. aber auch RdNr 651 sowie Fußn 180.
[194] Teilw. abw. BSGE 18, 106.
[195] OVG Lüneburg, ZBR 68, 348.
[196] BVerwGE 35, 234.
[197] BSGE 16, 245 mit dem Bemerken, daß es keine Unterbrechung des Zusammenhanges zwischen Weg und Dienst bedeute, wenn die auf die Reparatur folgende Probefahrt im Interesse der Verkehrssicherheit in einer verkehrsarmen Nebenstraße ausgeführt werde. Vgl. aber auch BVerwG, NJW 83, 642: Maßnahmen zur Wiederherstellung der Betriebsfähigkeit des von dem Beamten für den Weg nach und von der Dienststelle benutzten Beförderungsmittels unterbrächen „regelmäßig" den wesentlichen Zusammenhang des Weges mit dem Dienst.
[198] BVerwGE 50, 99. Dazu krit. Stegmüller/Schmalhofer/Bauer, BeamtVG, § 31, RdNr 12 (6.4): Die Praxis folge der Entscheidung nicht; ein Grund für einen *besonderen Beamten*unfallschutz sei nicht erkennbar, da die Verpflichtung zur Hilfeleistung

656   Ob der Zusammenhang zwischen Weg und Dienst infolge des Umweges
oder der sonstigen Unterbrechung *endgültig* gelöst ist oder für die restliche
Wegstrecke wiederhergestellt werden kann, hängt von den Besonderheiten
des jeweiligen Einzelfalles, vornehmlich von Art und Dauer der Unterbrechung sowie davon ab, ob sich der Beamte durch den Umweg oder den Zwi-
schenaufenthalt (zusätzlichen) *Gefahren* ausgesetzt hat, die sonst nicht vorhanden gewesen wären.[199]

d) Kraft Gesetzes unfallgeschützte Umwege

657   Nach Abs. 2 Satz 1 Nr. 1 Hs. 3 „gilt" der Zusammenhang mit dem Dienst
als nicht unterbrochen, wenn der Beamte von dem unmittelbaren Weg zwischen der Wohnung und der Dienststelle *in vertretbarem Umfang*[200] abweicht,

– weil sein *Kind* (§§ 1 und 2 BKGG), das mit ihm in einem Haushalt lebt,
  wegen seiner oder seines Ehegatten beruflichen Tätigkeit fremder Obhut
  anvertraut wird oder

– weil er mit anderen berufstätigen oder in der gesetzlichen Unfallversicherung versicherten Personen *gemeinsam* ein Fahrzeug für den Weg nach
  und von der Dienststelle benutzt.

658   Die erste Alternative der eingangs genannten Bestimmung ist auch anzuwenden, wenn der berufstätige oder nichtberufstätige Ehegatte infolge Krankheit zur Versorgung des Kindes nicht in der Lage ist oder das Kind z. B. wegen
einer Behinderung nicht unbeaufsichtigt bleiben kann.[201] „Fremder" Obhut

für jeden Staatsbürger bestehe. Nach BSG, ZBR 81, 290 ist der versorgungsrechtlich
geschützte Weg (Dienstweg) nicht schon deshalb unterbrochen, weil eine gemäß § 2
Abs. 1 Nr. 13 a SGB VII (früher: § 539 Abs. 1 Nr. 9a RVO a. F.) versicherungsrecht-
lich geschützte Hilfeleistung erbracht wird; enger BayVGH, BayBZ 60, 159, der darauf abstellt, ob die Hilfeleistung „nur untergeordneter Natur" ist und die Gefahren
des Weges zum Dienst nur unbedeutend erhöht.

[199] BSGE 10, 226; BSGE 62, 100; vgl. weiterhin BVerwG, NJW 83, 642 sowie NW
OVG, NVwZ 90, 891 (betr. mehrstündige Unterbrechung der Rückfahrt eines Refe-
rendars von einer Pflichtarbeitsgemeinschaft zu seiner Wohnung aus Gründen privater Examensvorbereitung). RP OVG, DÖD 89, 47 verneint für den Fall einer Unterbrechung der Heimfahrt zum Zwecke der Teilnahme an einer Kegelveranstaltung im
Kollegenkreise die Möglichkeit einer anschließenden Wiederherstellung des Zusammenhanges mit dem Dienst. *Richtsätze* für eine „unschädliche" *Höchstdauer* der Unterbrechung lassen sich wohl nicht aufstellen; so RP OVG, a. a. O. BSGE 62, 100 orientiert sich hier an einer *Zweistundengrenze.*

[200] Zu § 8 Abs. 2 Nr. 2 SGB VII (früher: § 550 Abs. 2 Nrn. 1 und 2 RVO a. F.), die
die einschränkende Wortfolge „in vertretbarem Umfang" nicht enthalten, s. insbesondere Brackmann, Sozialversicherung, Bd. II, S. 486 u und x I. Die einschlägige Rechtsprechung des BSG (z. B. NJW 83, 2959) ist (auch) von daher nicht ohne weiteres auf
das Dienstunfallrecht übertragbar; vgl. Stegmüller/Schmalhofer/Bauer, BeamtVG, § 31,
RdNrn 12 (3.1) und 13 (3).

[201] VwVzBeamtVG 31.2.6. Es ist also nicht vorausgesetzt, daß dem Kind in der el-
terlichen Wohnung deshalb nicht die erforderliche Betreuung gewährt werden kann,

wird das Kind „anvertraut",[202] wenn es während der Arbeits- oder Dienst-zeit der Eltern oder eines Elternteiles regelmäßig oder im Einzelfall von dritten Personen betreut wird. Stets muß ein innerer Zusammenhang zwischen dem Umweg, der Berufstätigkeit und der Notwendigkeit einer Betreuung des Kindes durch dritte Personen bestehen.[203] In die Prüfung, ob die konkrete Art der Betreuung notwendig ist, wird die Frage einzubeziehen sein, ob andere – mit wesentlich geringeren Umwegen verbundene – zumutbare Betreuungsmöglichkeiten vorhanden sind.[204] Betrachtet man den nicht unfallgeschützten häuslichen Bereich des Beamten (ausnahmslos) als durch die *Außentür* des in Betracht kommenden Wohngebäudes begrenzt,[205] so kann man es *prima vista* als konsequent ansehen, den Unfall eines Beamten innerhalb des Gebäudes, in dem er sein Kind fremder Obhut anvertraut hat, ebenfalls nicht als Dienstunfall zu qualifizieren.[206] Zweifelsfrei ist das aber nicht. Die in der sozialgerichtlichen Rechtsprechung deutlich werdende Tendenz scheint letztlich darauf hinauszulaufen, daß Unfälle *welcher Art auch immer* grundsätzlich schon deshalb aus dem Unfallschutz ausgenommen werden, weil sie sich *irgendwo* im *Innern* eines *anderen Hauses* als des Dienstgebäudes oder eines sonst in dienstlicher Funktion aufgesuchten Gebäudes zugetragen haben.[207]

Zu den in der gesetzlichen Unfallversicherung versicherten Personen im Sinne der zweiten Alternative gehören[208] **659**

– die kraft Gesetzes Versicherten (z.B. Schulkinder, Studenten, ehrenamtlich tätige Personen, vgl. § 2 SGB VII, früher: § 539 RVO a.F.),

– die kraft Satzung Versicherten (vgl. § 3 SGB VII, früher: § 543 RVO a.F.) und

– die freiwillig Versicherten (vgl. § 6 SGB VII, früher: § 545 RVO a.F.).

Der Unfallschutz für die – als regelmäßige Einrichtung oder ad hoc gebildete – Fahrgemeinschaft erstreckt sich nur auf den notwendigen Gesamt-

---

weil *beide* Elternteile aus beruflichen Gründen *gleichzeitig* von der Wohnung abwesend sind; BSG, NJW 87, 518.

[202] S. dazu Brackmann, Sozialversicherung, Bd. II, S. 486x: Es bleibe der Entscheidungsfreiheit der Eltern überlassen, ob sie z.B. ein zwölfjähriges Kind allein in der Wohnung ließen oder fremder Obhut anvertrauten. Bei wesentlich älteren Kindern sei jedoch zu prüfen, ob sie nicht nur zu einer *anderen Aufenthaltsmöglichkeit* gebracht würden.

[203] Vgl. Brackmann, Sozialversicherung, Bd. II, S. 486xf. Ein Umweg, der darauf beruht, daß der Beamte sein bereits in fremder Obhut befindliches Kind besuchen will, ist nicht unfallgeschützt (BSGE 43, 72). So auch NW OVG, NWVBl 93, 93 für den Unfall, den der Beamte auf dem Weg von seiner Dienststelle zum Besuch seines im Krankenhaus liegenden Kindes erleidet.

[204] Stegmüller/Schmalhofer/Bauer, BeamtVG, § 31, RdNr 12.

[205] S. dazu RdNr 646.

[206] In diesem Sinne BSGE 45, 254; a.A. mit beachtlichen Gründen Brockhaus in: Schütz, BR, RdNr 149 zu § 31 BeamtVG.

[207] S. auch BSG, NJW 97, 2261 (Fußn 180 a.E.).

[208] VwVzBeamtVG 31.2.7.

umweg, nicht dagegen auf Umwege und sonstige Unterbrechungen aus eigenwirtschaftlichen oder anderen persönlichen Gründen,[209] und zwar unabhängig davon, welches Mitglied der Fahrgemeinschaft den Umweg oder die sonstige Unterbrechung veranlaßt hat, und unabhängig von den Möglichkeiten der Mitfahrer, auf den Fahrer einzuwirken.[210] Die Risikosphäre des Dienstherrn würde überdehnt, wenn er dienstunfallrechtlich für die Gefahren eines Umweges oder einer sonstigen Unterbrechung aus eigenwirtschaftlichen oder anderen persönlichen Gründen einstehen müßte, nur weil sie ohne oder gegen den Willen des jeweils Unfallfürsorge begehrenden Mitfahrers einer Fahrgemeinschaft zustande gekommen sind. Dieser muß sich vielmehr im Verhältnis zu seinem Dienstherrn das objektivierte Gruppenverhalten insoweit grundsätzlich wie sein eigenes zurechnen lassen.

IV. Weitere, dem Dienstunfall im engeren Sinne gleichgestellte Tatbestände

660 Außer der Berufskrankheit und dem Wegeunfall stellt § 31 BeamtVG eine Reihe weiterer Tatbestände dem Dienstunfall im engeren Sinne gleich. Teils ist die Ausdehnung des beamtenrechtlichen Unfallschutzes aus Gründen der Angleichung an das Recht der gesetzlichen Unfallversicherung erfolgt; Abs. 2 Satz 1 Nr. 1 Hs. 2 entspricht § 8 Abs. 2 Nr. 4 SGB VII (früher: § 550 Abs. 3 RVO a.F.); Abs. 2 Satz 1 Nr. 2 übernimmt die Regelung des § 548 Abs. 1 Satz 2 RVO a.F.,[211] dessen analoge Anwendbarkeit das BVerwG zuvor abgelehnt hatte;[212] Abs. 2 Satz 2 hat sein Vorbild in § 11 SGB VII (früher: § 555 RVO a.F.). Teils – nämlich bei den Angriffstatbeständen des Abs. 4 und beim Beurlaubtenunfall (Abs. 5) sowie bei der Regelung des Abs. 6 (Gesundheitsschädigung bei Verschleppung oder Gefangenschaft im Ausland) – waren dagegen rechtspolitische Überlegungen eigener Art maßgeblich.

1. Unfall bei der Familienheimfahrt

661 Hat der Beamte wegen der Entfernung seiner ständigen Familienwohnung vom Dienstort an diesem oder in dessen Nähe eine Unterkunft, so ist

---

[209] Vgl. Brackmann, Sozialversicherung, Bd. II, S. 486 s ff. mit weiteren Nachweisen.
[210] A. A. Brockhaus in: Schütz, BR, RdNr 151 zu § 31 BeamtVG; s. auch Stegmüller/Schmalhofer/Bauer, BeamtVG, § 31, RdNr 13 (4.2) sowie BSG, NJW 88, 2759.
[211] In das SGB VII ist eine entsprechende Vorschrift nicht mehr aufgenommen worden. Vgl. dazu BT-Dr 13/2204, S. 77: Moderne Zahlungsformen, z.B. die Möglichkeit, den Lohn auch beim Bankautomaten eines fremden Geldinstituts abzuheben, oder Btx oder auch Homebanking, führten zu Differenzierungen im Versicherungsschutz, die nicht mehr einsichtig seien; nach geltendem Recht hänge es von Zufälligkeiten ab, ob Versicherungsschutz bestehe, Mißbrauch sei die Folge.
[212] BVerwGE 40, 220; s. auch RdNr 619.

auch der Weg von und zu der Familienwohnung unfallgeschützt (Abs. 2 Satz 1 Nr. 1 Hs. 2). Aus welchen Gründen die ständige Familienwohnung nicht am Dienstort oder in dessen Nähe liegt und dorthin nicht verlegt wird, ist rechtlich unerheblich.[213] Für den Begriff der „ständigen Familienwohnung" ist bestimmend, ob sich die in Frage stehende Wohnung – bei einer vornehmlich an den soziologischen und psychologischen Gegebenheiten ausgerichteten Betrachtung – nicht nur vorübergehend als der räumliche *Mittelpunkt* der Lebensverhältnisse des Beamten und die Wohngelegenheit am Dienstort oder in dessen Nähe deshalb nur als seine „Unterkunft" darstellt.[214] Das Ferien- oder Wochenendhaus, in dem sich die Familie des Beamten zeitweise aufhält, ist keine „ständige Familienwohnung".[215] Hat der Beamte zwei Familienwohnungen, so ist diejenige als „ständige Familienwohnung" im Sinne der gesetzlichen Regelung anzusehen, die dem Dienstort näher liegt.[216] Wie häufig der Beamte zu seiner Familie fährt, ist grundsätzlich gleichgültig; allerdings kann die Häufigkeit der Fahrten in Zweifelsfällen von indizieller Bedeutung dafür sein, ob die Wohnung außerhalb des Dienstortes wirklich der Mittelpunkt der Lebensverhältnisse des Beamten ist.[217] Bei Familienheimfahrten ist – anders als im Rahmen des Wegeunfallrechts[218] – ein unmittelbarer zeitlicher Zusammenhang mit dem Dienstende oder dem Dienstbeginn nicht erforderlich.[219]

2. Unfall beim Abheben eines Geldbetrages

Sucht der Beamte erstmalig nach Überweisung der Dienstbezüge persön- 662 lich das *Geldinstitut* auf, bei dem er sein Gehaltskonto unterhält, um einen Geldbetrag abzuheben, so steht er auf dem Weg dorthin und von dort zurück sowie während seines Aufenthaltes in den Räumen des Geldinstituts

---

[213] Hauptanwendungsfälle werden Abordnung oder Versetzung des Beamten sein; nicht von Belang ist, ob der Beamte Trennungsgeld oder Reisebeihilfen erhält (GKÖD I, RdNr 101 zu § 31 BeamtVG).

[214] BSGE 17, 270; 20, 110; 25, 93; 44, 100. Die Sätze 1 und 2 der VwVzBeamtVG 31.2.4 enthalten lediglich – widerlegbare – tatsächliche Vermutungen. Der Begriff „Familienwohnung" setzt eine familienhaften Bindungen des Beamten zu einer anderen Person voraus, so daß auch der alleinstehende Beamte eine „Familienwohnung" haben kann. Nach BSG, ZBR 87, 112 hat ein lediger Soldat seine ständige Familienwohnung freilich nicht allein deshalb bei einem Freund, weil er diesen häufig in der Freizeit besucht.

[215] BayVGH, ZBR 95, 280; OVG Lüneburg, ZBR 60, 227; s. dazu Stegmüller/Schmalhofer/Bauer, BeamtVG, § 31, RdNr 11 (2.3.1).

[216] BayVGH, ZBR 74, 58.

[217] S. auch insoweit BayVGH, ZBR 95, 280: Der „zeitliche Aspekt, also die Dauer der Nutzung der fraglichen Wohnung" sei nicht „uneingeschränkt in den Vordergrund zu stellen, sondern das Schwergewicht darauf zu legen, wo sich der räumliche Schwerpunkt des persönlichen Lebensbereichs tatsächlich befindet".

[218] S. dazu RdNr 652.

[219] BSGE 28, 190; BSG, BVBl 71, 66; vgl. auch VwVzBeamtVG 31.2.5.

unter Unfallschutz (Abs. 2 Satz 1 Nr. 2). „Dienstbezüge" sind alle Bezüge, die dem Beamten in dieser Eigenschaft gewährt werden,[220] auch Vorschüsse und Abschlagszahlungen sowie Kredite, die ihm das Geldinstitut einräumt, solange seine Bezüge noch nicht überwiesen sind. Das Geldinstitut muß sich am Dienst- oder Wohnort oder in dessen unmittelbarer Nähe befinden.[221] Für ein „persönliches Aufsuchen" genügt es schon, daß sich der Beamte *in* oder *an* das Gebäude seines Geldinstituts begibt, „um einen dem ‚Geldabheben' entsprechenden banktechnischen Vorgang einzuleiten oder zu bewerkstelligen"; ein Betreten der Schalterhalle und/oder die Aufnahme persönlichen Kontakts zu einem Bediensteten des Geldinstituts ist nicht nötig.[222] Es reicht vielmehr aus, daß der Beamte sein kontoführendes Geldinstitut persönlich aufsucht, um einen schriftlichen Überweisungsauftrag in den dafür vorgesehenen Hausbriefkasten einzuwerfen.[222] Als „Abheben" sind – wie vorstehend bereits vorausgesetzt – auch die Vornahme bargeldloser Überweisungen vom Gehaltskonto[223] oder sonstige Verfügungen über die Dienstbezüge[224] anzusehen.

3. Heilverfahrensunfall

663   Die Unfallfürsorge umfaßt unter anderem das Heilverfahren (§ 30 Abs. 2 Nr. 2 iVm §§ 33, 34 BeamtVG). Erleidet der Verletzte bei der Durchführung des Heilverfahrens oder auf einem hierzu notwendigen Weg – während oder nach Beendigung des aktiven Beamtenverhältnisses[225] – *erneut* einen Unfall, so „gilt" dieser als Folge des Dienstunfalles, der das Heilverfahren bedingt hat (Abs. 2 Satz 2). Der gesetzlichen Regelung hätte es nicht bedurft, um den Fällen gerecht zu werden, in denen die durch einen früheren Dienstunfall bewirkte Beeinträchtigung des Gesundheitszustandes – etwa eine Gehbehinderung – als solche bei der Entstehung eines späteren Unfalles oder dem Ausmaß seiner Folgen wesentlich mitursächlich ist. Schon vor Inkrafttreten des BeamtVG war nämlich anerkannt, daß der – weitere – Schaden bei einer derartigen Sachlage als – mittelbare – Dienstunfallfolge zu bewerten sei.[226] Abs. 2 Satz 2 erfaßt nunmehr darüber hinaus auch Unfälle von

---

[220] VwVzBeamtVG 31.2.9 Satz 2.

[221] VwVzBeamtVG 31.2.9 Satz 1 Hs. 1.

[222] So BSG, NJW 91, 590 (unter Teilaufgabe von BSGE 26, 234). Zust. Brockhaus in: Schütz, BR, RdNr 155 zu § 31 BeamtVG.

[223] BSGE 26, 234.

[224] VwVzBeamtVG 31.2.9 Satz 1 Hs. 2. Die Einrichtung eines Girokontos bei einem Geldinstitut fällt hingegen nicht unter den Begriff des „Abhebens", auch wenn sie auf Verlangen der zuständigen Behörde geschieht.

[225] Stegmüller/Schmalhofer/Bauer, BeamtVG, § 31, RdNr 15 (1).

[226] BSGE 1, 254; 17, 60; Plog/Wiedow/Beck/Lemhöfer, BBG, § 135, RdNr 11; Summer/Baumgartner, Dienstunfall, RdNr 14. S. aber auch BayVGH 14. 12. 1988 – 3 B 87.01859 –, abgedr. bei Schütz, BR, ES/C II 3.1 Nr. 28: Ein Folgeunfall bei der Bergung oder Rettung eines in Not geratenen Beamten kann *für diesen* nur dann ein

aktiven Beamten, Ruhestandsbeamten oder entlassenen Beamten, die ihre wesentliche Ursache in der – konkreten – Durchführung des Heilverfahrens finden, ohne zugleich auf der eigentlichen dienstunfallbedingten Beeinträchtigung des Gesundheitszustandes selbst ausschlaggebend zu beruhen. Die Durchführung der Heilbehandlung ist *nicht* wesentliche Ursache des – weiteren – Schadens,

– wenn sich der behandelnde Arzt unsachgemäß und wider alle ärztliche Erfahrung verhält,[227]
– wenn der Beamte sich im Krankenhaus zwar infiziert, der Gefahr einer Infektion dieser Art aber auch außerhalb des Krankenhauses in gleichem Maße ausgesetzt gewesen wäre[228] oder
– wenn der verletzte Beamte während seiner stationären Behandlung infolge von Unachtsamkeit vom Balkon des Krankenhauses stürzt.[229]

Abs. 2 Satz 2 ist *analog* anzuwenden, wenn sich der Unfall auf dem Weg zu oder von oder während einer *amtsärztlichen Untersuchung* zuträgt, die der Dienstvorgesetzte im Zusammenhang mit der Anerkennung des Dienstunfalles (§ 45 BeamtVG), zur Feststellung der Dienstunfähigkeit (§ 36 BeamtVG) oder gemäß § 35 Abs. 3 Satz 2 oder § 38 Abs. 6 Satz 2 BeamtVG angeordnet hat.[230] Ein privater Arztbesuch während der Dienstzeit ist demgegenüber nicht dienstunfallgeschützt.

4. Angriffstatbestände

Abs. 4 knüpft den Unfallschutz[231] daran, daß der (aktive, frühere oder im **664** Ruhestand befindliche)[232] Beamte

– im Hinblick auf sein pflichtgemäßes dienstliches Verhalten oder wegen seiner Eigenschaft als Beamter (Satz 1) oder
– im Ausland bei Kriegshandlungen, Aufruhr oder Unruhen, denen er am Orte seines dienstlich angeordneten Aufenthaltes besonders ausgesetzt ist, (Satz 2)

angegriffen und verletzt wird. Die Bestimmung bezieht sich nur auf Angriffe in der Freizeit oder bei einer Unterbrechung der Dienstausübung oder

---

Dienstunfall sein, wenn der vorangegangene Unfall oder Notfall seinerseits als Dienstunfall zu betrachten ist. Auch ein Ruhestands- oder früherer Beamter kann einen Folgeunfall erleiden; Stegmüller/Schmalhofer/Bauer, BeamtVG, § 31, RdNr 5 (5).

[227] Vgl. BSGE 17, 60.
[228] Vgl. Summer/Baumgartner, Dienstunfall, RdNr 14 unter 2.
[229] BSGE 41, 137.
[230] Ebenso im Ergebnis Stegmüller/Schmalhofer/Bauer, BeamtVG, § 31, RdNr 15 (2).
[231] Ein *erhöhtes Unfallruhegehalt* wird gewährt, wenn der Beamte außerhalb seines Dienstes durch einen Angriff im Sinne des § 31 Abs. 4 BeamtVG einen Dienstunfall erleidet, der die in § 37 Abs. 1 BeamtVG genannten Folgen hat (§ 37 Abs. 2 Nr. 2 BeamtVG).
[232] In bezug auf frühere Beamte und Ruhestandsbeamte a. A. Stegmüller/Schmalhofer/Bauer, BeamtVG, § 31, RdNr 18 (5).

einer der ihr durch Abs. 2 gleichgestellten Verrichtungen.[233] Unter einem „Angriff" ist jedes von einem – mit natürlichem Vorsatz handelnden – Menschen ausgehende zielgerichtete (finale) Tun zu verstehen, das sich gegen die körperliche Unversehrtheit des Beamten richtet.[234] Ein error in persona auf seiten des Täters steht dem Dienstunfallschutz nicht entgegen.[235] Abs. 4 Satz 1 erstreckt sich nicht nur auf Vergeltungsangriffe, sondern auch auf Angriffe zur Verhinderung eines zukünftigen pflichtgemäßen dienstlichen Verhaltens.[236] Abs. 4 Satz 2 greift nicht ein, wenn der Beamte sich dem Angriff durch eine selbstgeschaffene Gefährdung ausgesetzt hat.[237]

5. Beurlaubtenunfall

665   Unfallfürsorge kann[238] schließlich – nach dem pflichtgemäßen *Ermessen* (§ 40 VwVfG) des Dienstherrn – auch einem Beamten gewährt werden, der zur Wahrnehmung einer Tätigkeit, die öffentlichen Belangen oder dienstlichen Interessen dient, beurlaubt worden ist und der in Ausübung oder infolge dieser Tätigkeit einen Körperschaden erleidet (Abs. 5). Die „Tätigkeit" tritt mithin an die Stelle des „Dienstes";[239] im übrigen müssen die Voraussetzungen des Abs. 1 oder eines der folgenden Absätze sinngemäß erfüllt sein.[240] Die Wortfolge „die öffentlichen Belangen oder dienstlichen Interessen dient" lehnt sich an § 6 Abs. 1 Satz 2 Nr. 5 Hs. 2 BeamtVG[241] an. VwVzBeamtVG 31.5.1.1 verweist deshalb zutreffend durch Klammerzusatz auf VwVzBeamtVG 6.1.8. Nach Satz 1 a.a.O. soll gegebenenfalls gleichzeitig mit der Entscheidung über die Beurlaubung *schriftlich zugestanden* werden, daß ein Urlaub öffentlichen Belangen oder dienstlichen Interessen dient. Die Sätze 2 und 3 a.a.O. führen Beurlaubungstatbestände an, bei denen das Vorliegen öffentlicher Belange[242] generell anerkannt wird und das schriftliche Zugeständnis mit der Urlaubsgewährung als erteilt *gilt*.

---

[233] Vgl. Summer/Baumgartner, Dienstunfall, RdNr 29.

[234] NW OVG, DVBl 85, 458.

[235] Stegmüller/Schmalhofer/Bauer, BeamtVG, § 31, RdNr 17 (4.1).

[236] Vgl. Summer/Baumgartner, Dienstunfall, RdNr 29a.

[237] VwVzBeamtVG 31.4.1.

[238] Dem Beurlaubten ist im allgemeinen eine andere Absicherung für Unfälle (private Versicherung) anzuraten; Abschn. III Nr. 2 des RdSchr. d. BMI v. 23. 6. 1983, GMBl S. 295.

[239] Eine Dienstleistung im Sinne des Abs. 1 kann bei einem beurlaubten Beamten nur ausnahmsweise in Betracht kommen, nämlich dann, wenn er hinsichtlich der Übernahme und der inhaltlichen Gestaltung der Tätigkeit den Weisungen des Dienstherrn unterliegt; vgl. BVerwG, DVBl 66, 697.

[240] VwVzBeamtVG 31.5.1.3.

[241] Vgl. dazu Schachel in: Schütz, BR, RdNrn 29ff. zu § 6 BeamtVG.

[242] Die „dienstlichen Interessen" sind nur ein Unterfall der „öffentlichen Belange"; BVerwGE 39, 291; vgl. auch Schachel in: Schütz, BR, RdNr 29 zu § 6 BeamtVG.

Wenn und soweit dem Beamten von anderer Seite Unfallfürsorge[243] oder **666** sonstige – realisierbare – Leistungen wegen des Unfalles zukommen, ist das Ermessen gemäß VwVzBeamtVG 31.5.2 in der Regel in negativem Sinne auszuüben.

6. Gesundheitsschädigung bei Verschleppung oder Gefangenschaft im Ausland

Abs. 6 ist durch Art. 5 des Gesetzes zur Änderung wehrpflichtrechtlicher, **667** soldatenrechtlicher, beamtenrechtlicher und anderer Vorschriften vom 24. 7. 1995[244] in das BeamtVG eingefügt worden. Die Vorschrift hatte sich als notwendig erwiesen, weil sich nicht ausschließen läßt, daß im Ausland verwendete Beamte verschleppt werden, in Gefangenschaft geraten oder sonst dem Einflußbereich des Dienstherrn entzogen werden. Sie sollen in einem solchen Fall versorgungsrechtlich so abgesichert sein wie Beamte, die einen Unfall oder eine Erkrankung im Zusammenhang mit ihrer Tätigkeit im Ausland erleiden.[245] Die im Gesetzestext gebrauchten Begriffe „dienstliche Verwendung" und „Dienstgeschäft" erfassen jede Tätigkeit eines Beamten im Ausland, und zwar auch eine solche im Sinne des § 58 a BBesG. An die Stelle des in Abs. 1 verlangten Kausal- und Zurechnungszusammenhanges mit dem Dienst tritt der Zusammenhang mit der Verschleppung, der Gefangenschaft usw. Eine Beschränkung der Erkrankungen etwa im Sinne des Abs. 3 sieht Abs. 6 nicht vor. Der Beamte muß auch gesundheitsschädigenden Verhältnissen nicht „besonders ausgesetzt" gewesen sein (s. Abs. 3 Satz 2). Unter den Auffangtatbestand („aus sonstigen … Gründen … dem Einflußbereich des Dienstherrn entzogen ist") können Fälle subsumiert werden, in denen der Beamte sich zwar körperlich nicht im Einflußbereich einer fremden Macht befindet, sich aber z.B. verborgen halten muß und deshalb dem Einflußbereich seines Dienstherrn entzogen ist. Anerkannt werden insoweit – anders als bei Verschleppung und Gefangenschaft[246] – nur Gründe, die der Beamte nicht (als Vorsatz oder grobe Fahrlässigkeit) zu vertreten hat.[247]

---

[243] Übt der Beamte während seiner Beurlaubung eine versicherungspflichtige Tätigkeit aus (s. § 2 SGB VII) und erleidet er dabei einen Arbeitsunfall, so erhält er von der zuständigen Berufsgenossenschaft Leistungen aus der gesetzlichen Unfallversicherung. Bleiben diese Leistungen hinter den Leistungen aus der Unfallfürsorge zurück, sind ergänzende Unfallfürsorgeleistungen im Rahmen des Abs. 5 möglich. Im Einzelfall können die Leistungen der Unfallversicherung auch höher ausfallen (s. insbesondere §§ 56 ff. SGB VII). BSG 27. 3. 1990 – 2 RU 43/89 – zufolge ist eine Beschränkung der Verletztenrente auf den Betrag des Unfallausgleichs nach § 35 BeamtVG in *analoger* Anwendung des § 576 Abs. 1 Satz 2 RVO a. F. = § 61 Abs. 1 SGB VII *nicht* zulässig.

[244] BGBl. I 962.

[245] S. auch § 133 f Abs. 4 BRRG.

[246] S. aber § 44 Abs. 1 BeamtVG.

[247] § 37 Abs. 3 und § 46 a BeamtVG sind auf Unfälle nach Abs. 6 nicht anwendbar.

V. Erstattung von Sachschäden als Unfallfürsorgeleistung[248]

668   Sind bei einem Dienstunfall Kleidungsstücke oder sonstige Gegenstände, die der Beamte mit sich geführt hat,[249] beschädigt oder zerstört worden oder abhanden gekommen, so kann dafür Ersatz geleistet werden (§ 32 Satz 1 BeamtVG). Sachschadenersatz als Unfallfürsorgeleistung kommt mithin nur in Frage, sofern ein – wenn auch bloß vorübergehender – Körperschaden eingetreten ist.[250] Bei reinen Sachschäden bestimmt sich der Ersatz im Bund nach Verwaltungsvorschriften,[251] in den meisten Ländern nach gesetzlichen Spezialregelungen außerhalb des Unfallfürsorgerechts.[252]

668   Zu den Gegenständen, die der Beamte „mit sich geführt hat", gehört auch das *Kraftfahrzeug*, dessen er sich bedient, um den Weg nach und von der Dienststelle zurückzulegen.[253] Die Eigentumsverhältnisse an dem mitgeführten Kraftfahrzeug sind nicht von rechtlicher Bedeutung.[254] Grundsätzlich gleichgültig ist es auch, ob der unfallverletzte Beamte oder jemand anderes das Kraftfahrzeug gelenkt hat, sofern der Beamte (mindestens) als Mitinhaber der tatsächlichen Sachherrschaft angesehen werden kann.[255]

669   Ob und in welchem Umfang – stets auf den *unmittelbaren* Schaden beschränkter[256] – Sachschadenersatz[257] nach § 32 Satz 1 BeamtVG geleistet

---

[248] Die übrigen Unfallfürsorgeleistungen (s. § 30 Abs. 2 Nrn 2ff. iVm §§ 33–43 a, § 46 a BeamtVG) können hier nicht erörtert werden, weil dies den Rahmen der vorliegenden Arbeit sprengen würde.

[249] Die Wortfolge „die der Beamte mit sich geführt hat" ist im Sinne von VwVzBeamtVG 32.1.4 Satz 1 Hs. 1 einschränkend auszulegen; vgl. auch Brockhaus in: Schütz, BR, RdNr 6 zu § 32 BeamtVG. Soweit der Beamte den Gegenstand nicht im Dienst benötigt, ist es maßgeblich, ob ein derartiger Gegenstand von Beamten mit gleicher Rechtsstellung und gleichem oder ähnlichem Aufgabenkreis *typischerweise* im Dienst mitgeführt wird. Unerläßlich ist es, daß im Unfallzeitpunkt eine enge räumliche Beziehung zwischen dem Beamten und dem Gegenstand bestanden und der Beamte eine „unmittelbare und tatsächliche Sachherrschaft" über den Gegenstand ausgeübt hat; NW OVG, DÖD 77, 229.

[250] VwVzBeamtVG 32.1.1.

[251] Richtlinien für Billigkeitszuwendungen bei Sachschäden, die im Dienst entstanden sind, RdSchr. d. BMF v. 10. 12. 1964 und v. 20. 9. 1965, GMBl 65, 395, geänd. durch RdSchr. d. BMF v. 18. 1. 1967, MinBlFin S. 38, und durch weitere unveröffentl. RdSchr.

[252] S. dazu RdNrn 398 ff.

[253] BVerwG, ZBR 66, 117, DÖD 66, 237 und RiA 73, 19; BayVGH, BayVBl 61, 156, BayVBl 77, 700 und DÖD 79, 131; NW OVG, DÖD 77, 229; SOVG, ZBR 72, 347 und RiA 73, 191; s. außerdem VwVzBeamtVG 32.1.4 Satz 1 Hs. 2 und Günther, ZBR 90, 97 (100 f.).

[254] VwVzBeamtVG 32.1.4 Satz 2; vgl. auch GKÖD I, RdNr 13 zu § 32 BeamtVG mit Nachweisen zur „Schadensliquidation im Drittinteresse".

[255] Vgl. dazu NW OVG, DÖD 77, 229.

[256] NW OVG 22. 7. 1982 – 6 A 305/81 –, bestätigt durch BVerwG 16. 2. 1984 – 2 B 179.82 –: Beim Verlust eines Schlüsselbundes können nur die Kosten für den Erwerb von Ersatzschlüsseln, nicht aber die Aufwendungen für die Erneuerung der entspre-

wird, ist in das *Ermessen* (§ 40 VwVfG) der zuständigen Behörden gestellt, die sich freilich an den einschlägigen Verwaltungsrichtlinien – insbesondere an VwVzBeamtVG 32.1 ff.[258] – zu orientieren haben.[259]

Nicht zu beanstanden ist VwVzBeamtVG 32.1.5 Satz 1, wonach Ersatz **670** nur geleistet werden darf, falls der Beamte den Schaden nicht auf andere Weise (z.B. Versicherung, Schadensersatzanspruch gegen Dritte) ersetzt erhalten kann. Daß der Beamte bei Inanspruchnahme seines Versicherers unter Umständen prämienmäßige Nachteile in Gestalt von Rabattverlusten hat, ist unbeachtlich.[260] Hat der Beamte den Dienstunfall fahrlässig herbeigeführt, so ist zu prüfen, ob es ihm zumutbar ist, den Schaden ganz oder teilweise selbst zu tragen.[261] Die Begrenzung der Ersatzleistung bei Sachschäden an einem Kraftfahrzeug auf einen *Höchstbetrag* durch VwVzBeamtVG 32.1.9 Satz 1[262] unterliegt *im Grundsatz* keinen rechtlichen Zweifeln. Sie wird durch die tragende Erwägung gerechtfertigt, daß dem Beamten der Abschluß einer Vollkaskoversicherung mit angemessener Selbstbeteiligung zuzumuten ist.[263] Der Fürsorge- und Schutzgedanke als übergreifende Maxime für die Ermessensausübung[264] kann jedoch eine Begrenzung des

---

chenden Schlösser ersetzt werden; s. auch OVG Lüneburg, NJW 91, 3050 (kein Ersatz entgangenen Gewinns oder immateriellen Schadens oder auch von „Folgeschäden"). Nach RP OVG, RiA 93, 48 (50) sollen aber die zur Schadensermittlung notwendigen (Gutachter-)Kosten erstattungsfähig sein (Hinweis auf Palandt/Heinrichs, BGB, § 249, Anm. 4 c) cc)). Vgl. schließlich BVerwG, RiA 94, 34: Repariert der Beamte das Fahrzeug selbst, so werden ihm nur die Kosten der Ersatzteilbeschaffung ersetzt.

[257] Wertminderungen durch Verwendung oder Abnutzung sind – außer bei orthopädischen und anderen Hilfsmitteln und bei Sehhilfen – in angemessenem Umfang zu berücksichtigen; VwVzBeamtVG 32.1.4 Sätze 3 und 4. S. auch § 33 Abs. 1 Nr. 2 BeamtVG.

[258] Klarstellend ist darauf hinzuweisen, daß nicht der gesamte Inhalt der im Text angesprochenen Verwaltungsvorschrift ermessensbindenden Charakter hat. Zum Teil (z.B. bei 32.1.1 und 32.1.4 Satz 1 a.a.O.) handelt es sich um Interpretationshilfen. Zu diesem Unterschied vgl. Ossenbühl in: Erichsen/Martens, AllgVR, § 6 V 2. Speziell zu 32.1.7 a.a.O. s. BayVGH, ZBR 92, 384 sowie Plog/Wiedow/Beck/Lemhöfer, BBG, RdNr 8 zu § 32 BeamtVG und BVerwG, NJW 86, 1122.

[259] Vgl. dazu BVerwGE 19, 87; BVerwG, RiA 66, 178 und ZBR 67, 220. § 43 a BeamtVG räumt einen *Rechtsanspruch* auf Schadensausgleich ein.

[260] BVerwG, ZBR 94, 186 und NJW 94, 411; BayVGH, ZBR 93, 93; BW VGH, ZBR 86, 88; vgl. auch HVGH 24. 9. 1982 – I OE 13/81 –, abgedr. bei Schütz, BR, ES/C II 3.2 Nr. 1.

[261] VwVzBeamtVG 32.1.2.

[262] VwVzBeamtVG 32.1.9 ist nicht mehr anzuwenden bei der Erstattung von Sachschäden an anerkannt privateigenen Kraftfahrzeugen und an privaten Kraftfahrzeugen, deren Benutzung vom Dienstherrn (durch ausdrückliches Verlangen oder durch anderweitige Einflußnahme) veranlaßt worden ist; RdSchr. d. BMI v. 6. 3. 1987, zit. nach Brockhaus in: Schütz, BR, RdNr 14 zu § 32 BeamtVG. S. auch Fußn 265.

[263] BVerwG, ZBR 66, 117, ZBR 67, 220 und RiA 67, 33; BayVGH, BayVBl 61, 156; NW OVG, ZBR 62, 150. Der Dienstherr darf seine Ersatzleistung wegen Mitverschuldens des Beamten dann nicht mindern, wenn der darauf entfallende Schadensanteil durch Versicherungsleistungen gedeckt ist; HVGH, NJW 91, 584.

[264] S. RdNr 359; vgl. aber auch BVerwG, RiA 80, 237.

Sachschadenersatzes auf 650,– DM vornehmlich dann als rechtsfehlerhaft erscheinen lassen,

- wenn der Beamte dienstlich angewiesen oder durch sonstige Einwirkung von seiten des Dienstherrn veranlaßt worden war, statt eines nicht vorhandenen oder nicht verfügbaren Dienstkraftwagens sein eigenes Kraftfahrzeug zur Erledigung von Dienstgeschäften zu benutzen,[265]
- wenn die Benutzung des privaten Kraftfahrzeugs zur Beseitigung einer bereits eingetretenen Störung der öffentlichen Sicherheit oder Ordnung oder zur Abwehr einer der Allgemeinheit oder einem einzelnen unmittelbar drohenden Gefahr notwendig war[266] und/oder
- wenn der eingetretene Schaden entscheidend darauf beruht, daß der Beamte beim Führen seines privaten Kraftfahrzeugs auf dienstliche Anordnung oder Veranlassung ein besonderes Risiko übernehmen mußte.[267]

VI. Verfahrensrechtliche und prozessuale Fragen

1. Meldung und Untersuchungsverfahren

671   Unfälle, aus denen Unfallfürsorgeansprüche nach den §§ 30ff. BeamtVG entstehen können, sind von dem verletzten Beamten oder – im Todesfalle – von seinen anspruchsberechtigten Hinterbliebenen[268] grundsätzlich[269] innerhalb einer (auch für Berufskrankheiten im Sinne des Abs. 3 geltenden)[270] Ausschlußfrist[271] von zwei Jahren nach Eintritt des Unfalles bei dem Dienst-

---

[265] Vgl. dazu GKÖD I, RdNr 10 zu § 32 BeamtVG; Brockhaus in: Schütz, BR, RdNr 14 zu § 32 BeamtVG (s. auch den dort zitierten RdErl. d. FinM NW v. 6. 2. 1981, MBl NW S. 226, zuletzt geänd. durch RdErl. v. 21. 6. 1990, MBl NW S. 933). Vgl. weiterhin BVerwG, NJW 86, 1122, ZBR 86, 305 und DÖD 89, 240: Der Dienstherr habe das Risiko eines (vom Beamten nicht zu vertretenden) Verlustes oder einer Beschädigung eines „anerkannt privateigenen" Kraftfahrzeuges zu tragen, wenn der Beamte es auf Veranlassung seiner Dienststelle zur Erledigung von Dienstgeschäften einsetze. Der Sachschadenersatz sei daher in einem solchen Fall nicht auf die Selbstbeteiligung einer tatsächlich nicht abgeschlossenen Vollkaskoversicherung begrenzt. Die Wegstreckenentschädigung (§ 6 BRKG) habe außer Betracht zu bleiben. Vgl. aber auch BVerwG, DDB 83, 9.
[266] S. Fußn 265.
[267] Vgl. BGH, DRiZ 72, 359. S. auch VwVzBeamtVG 32.1.10.
[268] Vgl. Brockhaus in: Schütz, BR, RdNr 5 zu § 45 BeamtVG.
[269] Beachte aber auch die Ausnahmeregelung in § 45 Abs. 2 BeamtVG. Dazu NW OVG, RiA 93, 102.
[270] BVerwG, Buchholz 232.5 § 45 BeamtVG Nr. 1; RP OVG, ZBR 90, 362 (LS); NW OVG, RiA 93, 102.
[271] Die Versäumung der Meldefrist führt zum Erlöschen der Unfallfürsorgeansprüche; VG Frankfurt, ZBR 61, 29 (LS). Ob der verspätet geltend gemachte Anspruch im Einzelfall als „offensichtlich begründet" – „zweifelsfrei gegeben" – erscheint, ist daher gleichgültig; BVerwG, ZBR 63, 182. S. weiterhin BVerwG, Buchholz 232 § 150 BBG Nr. 8.

vorgesetzten zu melden (§ 45 Abs. 1 Satz 1 BeamtVG).[272] Die Meldung muß so beschaffen sein, daß die in ihr enthaltenen Angaben – zumindest sinngemäß – den Schluß auf den Willen des Beamten nahelegen, einen Dienstunfall anzuzeigen, aus dem Unfallfürsorgeansprüche erwachsen könnten. Nur so kann vermieden werden, daß sich infolge zu spät einsetzender Ermittlungen Aufklärungsschwierigkeiten ergeben. Die Art der Verletzung und das Verlangen nach konkreten Unfallfürsorgeleistungen müssen dagegen aus der Meldung (noch) nicht hervorgehen.[273] Aus Beweisgründen sollte die Meldung stets *schriftlich* erstattet werden.[274]

Der Dienstvorgesetzte hat jeden Unfall, der ihm von Amts wegen oder **672** durch Meldung der Beteiligten bekannt wird, sofort zu untersuchen (§ 45 Abs. 3 Satz 1 BeamtVG) und alsbald nach Abschluß der Untersuchung hierüber zu berichten.[275] Die oberste Dienstbehörde oder die von ihr bestimmte Stelle entscheidet, ob ein Dienstunfall vorliegt (§ 45 Abs. 3 Satz 2 BeamtVG).[276] Die Entscheidung ist dem Verletzten oder seinen Hinterbliebenen bekanntzugeben (§ 45 Abs. 3 Satz 3 BeamtVG). Sie bindet auch die Gerichte, die über Schadensersatzansprüche aus Anlaß des Unfalles zu entscheiden haben.[277]

Gutachten medizinischer Sachverständiger, welche die oberste Dienstbe- **673** hörde, die von ihr bestimmte Stelle oder die Widerspruchsbehörde einholt, dürfen auch zur (alleinigen) Entscheidungsgrundlage in einem (späteren) Verwaltungsstreitverfahren gemacht werden.[278]

2. Verwaltungsrechtsschutz

a) Klageart

Da die Anerkennung eines Dienstunfalles einen begünstigenden *Verwal-* **674** *tungsakt* darstellt, können der Verletzte oder seine Hinterbliebenen bei ab-

---

[272] VwVzBeamtVG 45.1.1 schreibt sogar die „umgehende" Meldung vor. Auch der Verletzte selbst hat diese „allgemeine Richtlinie" (§ 55 Satz 2 BBG, § 37 Satz 2 BRRG) zu beachten. Verstößt er hiergegen, so hat das freilich keinen Ausschluß der Unfallfürsorge zur Folge.

[273] Vgl. dazu BVerwG, NJW 86, 2588 mit weiteren Nachweisen.

[274] Hildebrandt/Demmler/Bachmann, NW LBG, Erl 2.1 zu § 45 BeamtVG. Durch die Vorlage einer ärztlichen Bescheinigung beim *Polizeiarzt* wird die Meldung gegenüber dem Dienstvorgesetzten nicht ersetzt, selbst wenn die Bescheinigung den Hinweis darauf enthält, daß ein Unfall beim Dienstsport eingetreten ist; NW OVG 17. 1. 1990 – 6 A 1028/88 –, abgedr. bei Schütz, BR, ES/C II 3.1 Nr. 37.

[275] Vgl. dazu im einzelnen VwVzBeamtVG 45.3.

[276] Durch feststellenden Verwaltungsakt kann *gesondert* darüber entschieden werden, ob ein bestimmtes einzelnes Leiden Folge eines als Dienstunfall anerkannten Ereignisses ist; RP OVG, ZBR 87, 15.

[277] BGH, NJW 93, 1790.

[278] BVerwGE 18, 216; BVerwG, DÖD 65, 58; zur Erforderlichkeit der Einholung eines Obergutachtens BVerwG, ZBR 80, 180.

lehnender Entscheidung – nach erfolglosem Widerspruch (§ 126 Abs. 3 BRRG iVm §§ 68 ff. VwGO) – in den Fällen der Absätze 1–4 und 6 sowie in den Fällen des § 31 a BeamtVG Verpflichtungsklage (§ 42 Abs. 1 VwGO), in den Fällen des Abs. 5 (Beurlaubtenunfall), da dem Dienstherrn hier Ermessen eingeräumt ist, dagegen regelmäßig nur Bescheidungsklage (§ 113 Abs. 5 Satz 2 VwGO) erheben. Soweit der Beamte – grundsätzlich in das Ermessen des Dienstherrn gestellten – Sachschadenersatz (§ 32 Satz 1 BeamtVG) erstrebt, ist eine Verpflichtungsklage nur in Erwägung zu ziehen, wenn zureichende Anhaltspunkte für eine sog. Ermessensreduzierung auf Null[279] gegeben sind; andernfalls ist nur zur Bescheidungsklage zu raten.

b) Kontrolldichte der gerichtlichen Prüfung beim Beurlaubtenunfall

675   Die Merkmale „öffentliche Belange" und „dienstliche Interessen" (Abs. 5) sind unbestimmte Rechtsbegriffe ohne Beurteilungsermächtigung.[280] Allerdings unterliegen – über den Einzelfall hinausgehende – verwaltungspolitische Vorentscheidungen in diesem Rahmen nur eingeschränkter gerichtlicher Kontrolle.[281]

676   Die Ermessensausübung ist lediglich dahin gerichtlich überprüfbar, ob die gesetzlichen Grenzen des Ermessens überschritten sind oder ob von dem Ermessen in einer dem Zweck der Ermächtigung nicht entsprechenden Weise Gebrauch gemacht ist (§ 114 Satz 1 VwGO).

c) Beweislast[282]

677   Soweit die Verwaltung auf Gewährung einer Leistung in Anspruch genommen wird, trägt – unbeschadet einer abweichenden gesetzlichen Regelung – der Bürger den prozessualen Nachteil, wenn eine rechtsbegründende Tatsache unerwiesen bleibt, während die Folgen der Beweislosigkeit bei rechtsverneinenden oder rechtshemmenden Tatsachen die Verwaltung treffen. Das BVerwG hat diesen Grundsatz einschränkungslos für das Dienstunfallrecht übernommen.[283] Der *Beamte* trägt hiernach die Beweislast (Feststellungslast) für
- das Vorliegen eines Unfallereignisses[284] und eines Körperschadens,
- die Tatsachen, aus denen zu schließen ist, daß sich der Unfall „in Ausübung oder infolge des Dienstes" zugetragen hat,[285]

---

[279] Zur sog. Ermessensreduzierung auf Null s. die Nachweise im 1. Teil, Fußn. 35.

[280] A. A. Summer/Baumgartner, Dienstunfall, RdNr 30.

[281] Vgl. BVerwGE 39, 291.

[282] S. 1. Teil, Fußn 193. Vgl. im einzelnen Verf., ZBR 95, 321 (333 f.).

[283] BVerwGE 14, 181; BVerwG, Buchholz 237.7 § 142 LBG NW Nr. 3 und ZBR 82, 307.

[284] BVerwG, ZBR 65, 244 und ZBR 82, 307.

[285] Dafür, daß sich der Beamte „in den Dienst versetzt" hat, obliegt ihm die Beweislast; NW OVG, NWVBl 93, 93. Beim Beurlaubtenunfall (Abs. 5) tritt die „Tätigkeit" an die Stelle des „Dienstes".

– die Umstände, aus denen sich die für Abs. 1 und 2 bedeutsamen Kausal-
und Zurechnungszusammenhänge herleiten lassen,[286]
– die Sachverhalte, die die Folgerung rechtfertigen, daß er (im Fall des
Abs. 3)[287] der Erkrankungsgefahr besonders ausgesetzt war[288] oder (im
Fall des Abs. 4)[289] im Hinblick auf sein pflichtgemäßes dienstliches Verhalten oder wegen seiner Eigenschaft als Beamter angegriffen worden ist.
Bleibt dagegen offen, ob sich der Beamte eine Krankheit im Sinne des
Abs. 3 „in Ausübung oder infolge" oder aber außerhalb des Dienstes zugezogen hat, so trägt der *Dienstherr* die Beweislast; das Gesetz macht dies
durch die Wortfolge „es sei denn, daß" deutlich.[290]

Ungewißheiten, die ihren Grund darin finden, daß sich das (nicht von **678**
vornherein festgelegte) Ende einer dienstlichen Veranstaltung nicht mehr
feststellen läßt, weil das insofern bedeutsame Handeln des Dienstvorgesetzten und/oder der von ihm beauftragten Personen nicht aufklärbar ist, gehen
zu Lasten des *Dienstherrn.*[291]

Nicht zur Umkehr der Beweislast führt der sog. Beweis des ersten An- **679**
scheins, der auch im Dienstunfallrecht – insbesondere bei medizinischen
Zusammenhängen[292] – in Betracht kommt.[293] Gleiches gilt für – nach allgemeinen prozessualen Grundsätzen zu beurteilende[294] – Beweisvereitelungen
durch den Beamten, der sich seiner Mitwirkung an der Aufklärung[295] entzieht, oder den Dienstvorgesetzten, der seiner Untersuchungspflicht[296] nicht
oder nicht in der gebotenen Weise nachkommt.[297]

---

[286] S. dazu RdNrn 614 ff., 618 ff., 649 ff., 660 ff. Auch für den Nachweis des von § 36
Abs. 1 BeamtVG geforderten Kausal- und Zurechnungszusammenhanges zwischen
Dienstunfall und Zurruhesetzung trägt der Beamte die materielle Beweislast; BVerwG,
NVwZ 96, 183 (184).
[287] S. dazu RdNrn 638 ff.
[288] BVerwGE 19, 213.
[289] S. dazu RdNr 664.
[290] BVerwG, Buchholz 237.7 § 142 LBG NW Nr. 3.
[291] BVerwGE 81, 265 (268).
[292] BW VGH, ESVGH 20, 95; VG Kassel, DÖD 81, 236.
[293] Vgl. RGZ 150, 210; BVerwGE 14, 181; BVerwG, DVBl 63, 896, ZBR 65, 20 und
ZBR 82, 307; BGH, DVBl 66, 685; s. auch BVerwG, ZBR 80, 180 (181). Ist auf Grund
von Erfahrungssätzen anzunehmen, daß ein bestimmtes Ereignis typischerweise eine
bestimmte Folge zeitigt *und* sind Ereignis und Folge jeweils nachgewiesen (BayVGH
12. 10. 1983 – 3 B 83 A. 474 –, abgedr. bei Schütz, BR, ES/C II 3.1 Nr. 7), so erübrigt
sich im Einzelfall die Feststellung des konkreten Geschehensablaufs, sofern nicht die
Möglichkeit einer atypischen kausalen Verknüpfung dargetan und bewiesen ist
(BVerwG, RiA 67, 179 und ZBR 68, 128; BGHZ 18, 311). Ist ein Beamter bei einer
dem Dienstunfallschutz unterliegenden Fahrt wegen Alkoholgenusses absolut fahrun-
tüchtig, so ist darin *prima facie* die rechtlich allein wesentliche Ursache für einen in
diesem Zustand erlittenen Verkehrsunfall zu erblicken; HVGH, ZBR 90, 24.
[294] Vgl. BVerwGE 10, 270; 38, 310 sowie Baumbach/Lauterbach/Albers/Hartmann,
ZPO, § 444, RdNrn 2 ff.
[295] S. VwVzBeamtVG 45.3.1 Satz 2. S. auch BVerwG, BayVBl 84, 87.
[296] S. dazu RdNr 672.
[297] Vgl. RP OVG, DVBl 60, 175.

680 Bezüglich der im Rahmen des § 31 a BeamtVG[298] auftretenden Fragen,

– ob der Beamte während einer besonderen Verwendung (§ 58 a Abs. 1 und 2 BBesG) „gesundheitsschädigenden oder sonst vom Inland abweichenden Verhältnissen … besonders ausgesetzt war" und

– ob ein Unfall, eine Erkrankung oder beider Folgen hierauf zurückzuführen sind,

ist der *Beamte* beweisbelastet. Den *Dienstherrn* trifft der Nachteil eines non liquet wegen solcher Tatumstände, deren Vorliegen bedeuten würde, daß sich der Beamte grob fahrlässig der Gefährdung ausgesetzt hätte (§ 31 a Satz 3 BeamtVG). Durch die Textfassung „es sei denn, daß der Ausschluß (der Unfallfürsorge) für ihn eine unbillige Härte wäre" weist der Gesetzgeber insofern dem *Beamten* die Feststellungslast zu.

681 Was die Erstattung von Sachschäden (§ 32 Satz 1 BeamtVG) angeht,[299] kann eine Beweislastentscheidung notwendig werden, weil es im Einzelfall ungeklärt geblieben ist,

– ob im Unfallzeitpunkt die notwendige enge räumliche Beziehung zwischen dem Beamten und dem (beschädigten, zerstörten oder abhanden gekommenen) Gegenstand vorhanden war und der Beamte eine „unmittelbare und tatsächliche Sachherrschaft" über den Gegenstand ausgeübt hat (a),[300] sowie

– ob der Unfall auf (grober) Fahrlässigkeit des Beamten beruht (b).[301]

Zu (a) ist der *Beamte,* zu (b) der *Dienstherr* Träger des Beweisrisikos. Soweit Rechtsprechung und Verwaltungspraxis Ausnahmen von der Ermessensrichtlinie der VwVzBeamtVG 32.1.9 Satz 1 (Begrenzung der Ersatzleistung an einem Kraftfahrzeug auf einen Höchstbetrag von 650 DM) gebieten,[302] hat der Beamte hiervon nur dann einen Vorteil, wenn der entsprechende Ausnahmetatbestand in tatsächlicher Hinsicht Zweifeln entrückt ist, namentlich wenn feststeht, daß der Beamte dienstlich angewiesen oder durch sonstige Einwirkung von seiten des Dienstherrn veranlaßt worden war, statt eines nicht vorhandenen oder nicht verfügbaren Dienstkraftwagens sein eigenes Kraftfahrzeug zur Erledigung von Dienstgeschäften zu benutzen.[303]

---

[298] S. RdNr 643.

[299] S. RdNrn 668 ff.

[300] S. Fußn 249.

[301] S. RdNr 670.

[302] S. auch hierzu RdNr 670.

[303] Unklarheiten im Bereich des Dienstherrn können Anlaß für Beweiserleichterungen (nicht für eine Umkehr der Beweislast) sein, vorausgesetzt, der Beamte hat sich um eine pflichtgemäße, nicht durch Eigeninteressen bestimmte Auslegung bemüht.

12. Teil. Rückforderung von Besoldungs- und Versorgungsbezügen sowie sonstigen amtsbezogenen Leistungen

Der als eigenständiges Rechtsinstitut des allgemeinen Verwaltungsrechts **682** anerkannte öffentlich-rechtliche *Erstattungsanspruch*[1] ist, was die Rückforderung rechtsgrundlos gewährter Besoldung, Versorgung oder sonstiger amtsbezogener Geld- oder geldwerter Sachleistungen des Dienstherrn betrifft, durch gesetzliche (Rechtsfolgen-)Verweisungen auf die Vorschriften des BGB über die Herausgabe einer ungerechtfertigten Bereicherung (§§ 812 ff.) modifiziert. Die Verweisungen sind

– hinsichtlich der Besoldung (§ 1 Abs. 2 und 3 BBesG) in § 12 Abs. 2 Satz 1 BBesG,[2]

– hinsichtlich der Versorgung (§ 2 BeamtVG) in § 52 Abs. 2 Satz 1 BeamtVG[3] und

– hinsichtlich der amtsbezogenen Geld- und geldwerten Sachleistungen des Dienstherrn, die weder Besoldungs- noch Versorgungscharakter haben, in § 87 Abs. 2 Satz 1 BBG[4] (§ 53 Abs. 2 Satz 1 BRRG)

enthalten. Die Rechtsfolge des § 819 Abs. 1 BGB wird im vorliegenden Rahmen auch dadurch ausgelöst, daß der Empfänger den Mangel des rechtlichen Grundes der Leistung seiner Offensichtlichkeit wegen hätte erkennen müssen (§ 12 Abs. 2 Satz 2 BBesG, § 52 Abs. 2 Satz 2 BeamtVG, § 87 Abs. 2 Satz 2 BBG, § 53 Abs. 2 Satz 2 BRRG). Von der Rückforderung kann aus Billigkeitsgründen ganz oder teilweise abgesehen werden (§ 12 Abs. 2 Satz 3 BBesG, § 52 Abs. 2 Satz 3 BeamtVG, § 87 Abs. 2 Satz 3 BBG, § 53 Abs. 2 Satz 3 BRRG). Die Rückforderung von Versorgungsbezügen unterbleibt, wenn der (Gesamt-)Rückforderungsbetrag weniger als fünf Deutsche Mark ausmacht (§ 52 Abs. 3 BeamtVG).

---

[1] Vgl. BVerwG, NVwZ 84, 36 und DVBl 85, 850 sowie Erichsen/Martens, AllgVR, § 17 II 3, § 29 III mit weiteren Nachweisen.

[2] S. auch BBesGVwV 12.0 Satz 1; vgl. weiterhin BW VGH, ZBR 80, 287 (dazu krit. Schwegmann/Summer, BBesG, § 12, RdNr 2b).

[3] § 52 Abs. 2 BeamtVG ist auch auf Unterhaltsbeiträge anwendbar, die im Gnadenwege (§ 50 BBG) bewilligt werden (§ 63 Nr. 8 BeamtVG). Die Verwaltungspraxis legt § 52 Abs. 2 BeamtVG – darüber hinausgehend – auch bei der Rückforderung von Unterhaltsbeiträgen nach dem Disziplinarrecht zugrunde; vgl. dazu Stegmüller/Schmalhofer/Bauer, BeamtVG, § 52 RdNr 5 (4).

[4] § 87 Abs. 2 BBG (§ 53 Abs. 2 BRRG) ist aus heutiger Sicht zu weit gefaßt. Sein Wortlaut läßt nicht erkennen, daß er sich nurmehr auf Leistungen ohne Besoldungs- oder Versorgungscharakter bezieht. Vgl. GKÖD I, RdNr 5 zu § 87 BBG; Schütz, BR, RdNr 1 zu § 98 NW LBG a. E.

683 Die genannten gesetzlichen Bestimmungen verdrängen § 49 a VwVfG (§ 1 Abs. 1 VwVfG).[5] Eine Pflicht, die zu erstattende Leistung durch Verwaltungsakt festzusetzen (s. § 49 a Abs. 1 Satz 2 VwVfG) besteht nicht;[6] der Dienstherr kann die Rückforderung auch durch Leistungsklage oder durch Aufrechnung geltend machen.[7]

684 Zu den rückforderungsfähigen Leistungen ohne Besoldungs- oder Versorgungsqualität[8] zählen

– Reise- und Umzugskostenvergütungen,[9]
– Trennungsgelder[10]
– Beihilfen[11] und Unterstützungen,
– Nutzungen und Sachbezüge im Sinne des § 52 BHO[12] sowie
– Aufwandsentschädigungen (s. § 17 BBesG).[13]

685 Ist die rechtsgrundlose Leistungsgewährung (auch) Folge einer grob fahrlässigen oder vorsätzlichen Dienstpflichtverletzung des Beamten, so konkurriert die in Betracht kommende Rückforderungsnorm mit § 78 Abs. 1 BBG (§ 46 Abs. 1 BRRG).[14] Gegenüber dieser Anspruchsgrundlage für *Schadensersatzverlangen* des Dienstherrn kann sich der Beamte nicht mit Erfolg auf einen Bereicherungswegfall (§ 818 Abs. 3 BGB) berufen.[15] Die Verwaltung muß sich freilich – anders als grundsätzlich bei einer Rückforderung[16] – auch ein mitwirkendes Verschulden (s. § 254 BGB) anrechnen lassen.[17] Eine zur Schadensersatzhaftung führende Dienstpflichtverletzung liegt nicht schon darin, daß der Beamte die Höhe der ihm zufließenden Leistungen nicht überprüft. Er verstößt damit – falls nicht besondere Umstände

---

[5] Vgl. BBesGVwV 12.2.0.1, wo noch auf § 48 Abs. 2 Sätze 5–7 VwVfG a. F. abgestellt ist; s. auch BVerwG, ZBR 83, 206.

[6] S. schon BVerwG, ZBR 92, 311 (312).

[7] S. dazu RdNrn 749 ff.

[8] Zu Abschlagszahlungen vgl. BVerwGE 11, 283; 13, 248; 18, 72; BVerwG, RiA 65, 156.

[9] NW OVG, DÖD 59, 237.

[10] BVerwGE 13, 107.

[11] BVerwG, RiA 71, 215.

[12] Plog/Wiedow/Beck/Lemhöfer, BBG, § 87, RdNr 5; Schütz, BR, RdNr 2 e zu § 98 NW LBG.

[13] Vgl. dazu Brockhaus in: Schütz, BR, RdNrn 230 ff. zu § 94 NW LBG.

[14] Bei der Heranziehung zum *Schadensersatz* ist die Beteiligung der Personalvertretung nach § 76 Abs. 2 Nr. 9 BPersVG zu beachten. Eine Billigkeitsentscheidung ist nicht zu treffen; Stundung und Erlaß richten sich nach Haushaltsrecht (und nach der Fürsorge- und Schutzpflicht des Dienstherrn). Es ist nicht möglich, Zinsverluste als Schadensersatz geltend zu machen, weil es an der Kausalität zwischen der Überzahlung und einer (unterstellten) Kreditaufnahme des Dienstherrn fehlt; BVerwG, NJW 89, 1232 und DÖD 92, 175. Wegen der unterschiedlichen Verjährungsfristen s. BBesGVwV 12.2.24.

[15] BVerwGE 17, 286; 29, 114; 39, 307; BVerwG, RiA 71, 215 und DÖD 92, 175 (176 f.).

[16] BVerwGE 24, 148; 32, 228; 40, 212; BVerwG, ZBR 61, 121.

[17] Vgl. dazu RdNrn 331 ff.

hinzutreten – nicht gegen seine Treuepflicht gegenüber dem Dienstherrn,[18] sondern handelt lediglich einer in seinem wohlverstandenen eigenen Interesse wurzelnden *Obliegenheit* (Last) zuwider.[19]

Bundesrechtliche *Sonderregelungen* sind enthalten **686**
– in § 14 Satz 2 BBG,
– in § 12 Abs. 1 BBesG, § 52 Abs. 1 BeamtVG und § 87 Abs. 1 BBG (§ 53 Abs. 1 BRRG),
– in § 4 AnwSZV,
– in § 75 Abs. 2 Satz 4 BBesG sowie
– in § 3 Abs. 6 und § 4 Abs. 3 SZG.

§ 75 Abs. 2 Satz 4 BBesG derogiert die allgemeine Rückforderungsregelung.[20] Gleiches gilt für § 4 AnwSZV[21] sowie für § 3 Abs. 6 und § 4 Abs. 3 SZG.[22] Auch diese Sonderregelungen sind eigenständig und abschließend, so daß die Rückforderung der jährlichen *Sonderzuwendung* bei vorzeitigem Ausscheiden eines Beamten (s. § 3 Abs. 1 Nr. 3 SZG) oder vorzeitigem Wegfall des Anspruchs eines Versorgungsempfängers auf Versorgungsbezüge (s. § 4 Abs. 1 Satz 1 Nr. 2 SZG) nicht durch § 12 Abs. 2 BBesG eingeschränkt wird.[23]

Die Rückforderung eines bis zum 31. 12. 1995 überzahlten *Kindergeldes* **687** richtete sich ausschließlich nach §§ 45, 48 und 50 SGB X sowie nach § 13 Nrn. 3 und 4 BKGG a. F.; ein als Steuervergütung nach Abschnitt X EStG gezahltes Kindergeld kann (nur) gemäß § 37 Abs. 2 AO zurückgefordert werden.[24]

Auf Vereinbarungen, die für den Fall vorzeitigen Ausscheidens die Rück- **688** zahlung eines Teiles der im Ermessenswege bewilligten Dienstbezüge vorsehen, ist § 12 Abs. 2 BBesG nicht anwendbar.[25]

---

[18] Vgl. aber BVerwGE 32, 228; 40, 212; BVerwG, ZBR 70, 323, ZBR 85, 196 und NJW 91, 2718.

[19] NW OVG, DÖD 64, 69; ebenso Plog/Wiedow/Beck/Lemhöfer, BBG, § 78, RdNr 20 a. E. S. auch RdNrn 715 ff.

[20] HmbOVG, ZBR 81, 223.

[21] BVerwG, DVBl 87, 1156 und DVBl 92, 908. Zur Rückforderung bei Nichterfüllung einer Auflage im Sinne des § 59 Abs. 5 BBesG s. Fußn 87.

[22] BVerwG, DVBl 86, 944 mit Hinweisen insbesondere auf die obergerichtliche Rechtsprechung; anders noch BVerwG, Buchholz 238.95 SZG Nr. 3 a. E. Vgl. auch BayVGH, ZBR 82, 181: Eine *Billigkeitsentscheidung* ist bei der Rückforderung der jährlichen Sonderzuwendung nicht erforderlich. Hierin liegt der eigentliche praktische Unterschied zu der Auffassung, daß § 3 Abs. 6 und § 4 Abs. 3 SZG zwar die allgemeine Rückforderungsregelung nicht verdrängten, als gesetzliche Vorbehaltsbestimmungen aber zur (entsprechenden) Anwendbarkeit der §§ 820 Abs. 1 Satz 2 und 818 Abs. 4 BGB führten, so daß eine Berufung auf einen etwaigen Bereicherungswegfall (§ 818 Abs. 3 BGB) nicht in Betracht komme; s. dazu Fußn 23.

[23] So nunmehr auch Schwegmann/Summer, BBesG, RdNr 18 zu § 3 SZG; vgl. auch BVerwG, RiA 83, 118 sowie NW OVG, RiA 82, 60.

[24] Vgl. Stegmüller/Schmalhofer/Bauer, BeamtVG, § 52, RdNr 2 (1.3).

[25] S. dazu GKÖD III, RdNr 26 zu § 12 BBesG; vgl. auch RdNr 241.

I. Rechtsgrundlose Leistungsgewährung

689   Im Anschluß an BBesGVwV 12.2.3 sind folgende Fallgestaltungen zu unterscheiden:

1. Der Leistung,[26] die über das nach geltendem Recht Zustehende hinausgeht, liegt kein – konstitutiver oder deklaratorischer – begünstigender Verwaltungsakt (§ 35 Satz 1 VwVfG) zugrunde.

2. Die Leistung[26] erfolgt auf Grund eines Verwaltungsakts.

   a) Sie geht über das nach dem Inhalt des Verwaltungsakts Zustehende hinaus.[27]

   b) Sie entspricht dem Verwaltungsakt; dieser ist aber
      - zu Lasten des Leistungsempfängers berichtigt (§ 42 VwVfG),
      - nichtig (§ 44 VwVfG) und damit unwirksam (§ 43 Abs. 3 VwVfG),
      - nachträglich, jedoch mit Rückwirkung (ganz oder teilweise) zurückgenommen (§ 48 Abs. 1 VwVfG),[28, 29]

---

[26] Bei der Überweisung einer Geldleistung auf ein von dem Beamten bezeichnetes Konto bewirkt die Gutschrift, daß dieser eine selbständige Forderung gegen das Geldinstitut erwirbt und ihm damit die Verfügungsgewalt über das Geld verschafft wird (BVerwG, Buchholz 235 § 3 BBesG Nr. 2; BAG, DÖD 77, 130). Auch bei (tatsächlicher) *Mit*benutzung eines Kontos des *Ehegatten* werden die darauf überwiesenen Leistungen des Dienstherrn ebenso „erlangt" (§ 812 Abs. 1 Satz 1 BGB), als ob sie auf einem Konto eingegangen wären, das auf den Namen des Beamten/der Beamtin gelautet hätte (BVerwG, ZBR 90, 80).

[27] Eine Überzahlung im Sinne des § 12 Abs. 2 Satz 1 BBesG liegt auch dann vor, wenn Dienstbezüge entgegen einer Einbehaltungsanordnung (§ 92 BDO) an den Beamten überwiesen worden sind; NW OVG, ZBR 84, 185.

[28] § 49 Abs. 3 VwVfG läßt unter bestimmten Voraussetzungen auch den *Widerruf* eines begünstigenden Verwaltungsakts mit Wirkung für die *Vergangenheit* zu. Der Amtlichen Begründung zufolge ist die Regelung jedoch nicht für Bezüge aus einem öffentlich-rechtlichen Dienstverhältnis geschaffen (s. BT-Dr 13/1534 S. 5).

[29] Soweit BBesGVwV 12.2.3.4 – offenbar in Anlehnung an § 43 Abs. 2 VwVfG – auch den Fall des „anderweitig aufgehobenen" Bescheides erwähnt, leuchtet dies nicht ohne weiteres ein. Es ist nicht ersichtlich, nach welchen Vorschriften außerhalb der §§ 48, 49 VwVfG ein begünstigender Verwaltungsakt, sofern ihm nicht Drittwirkung zukommt (s. § 50 VwVfG), durch eine Verwaltungsbehörde oder gar im Verwaltungsgericht aufgehoben werden sollte. Da Verwaltungsakte mit Drittwirkung im hier zu erörternden Bereich der Gewährung von Bezügen und sonstigen Leistungen des Dienstherrn nicht in Betracht zu ziehen sind, könnte allenfalls an eine reformatio in peius der Widerspruchsbehörde (vgl. dazu BVerwGE 51, 310; 65, 313; weitere Nachweise bei Redeker/von Oertzen, VwGO, § 73, RdNr 20) zum Nachteil eines Beamten oder Versorgungsberechtigten zu denken sein, der den belastenden Teil eines ihn sowohl begünstigenden als auch beschwerenden Verwaltungsakts angreift; während des Verwaltungsstreitverfahrens, das in BBesGVwV 12.2.3.4 eigens erwähnt ist, scheidet eine derartige Verböserung aber von vornherein aus (s. § 88 VwGO; dazu Redeker/von Oertzen, VwGO, § 88 RdNr 4f.; Kopp, VwGO, § 88, RdNr 6f.; vgl. aber auch BVerwG, DVBl 57, 730).

– bei Leistungsgewährung, etwa durch Zeitablauf oder Beendigung
  des Beamtenverhältnisses, bereits erledigt[30] oder
– infolge einer späteren Feststellung des Verlustes der Bezüge nach § 9
  BBesG als Rechtsgrund nicht mehr tragfähig.

1. Verwaltungsakt als Rechtsgrund

Solange und soweit ein – ursprünglich wirksamer – Verwaltungsakt **690**
rechtsbegründenden oder rechtsbestätigenden (feststellenden) Charakters,
der die Leistungsgewährung nach Art und Umfang deckt, seine Wirksamkeit nicht *ex tunc* verliert, bleibt für eine Rückforderung selbst dann kein
Raum, wenn der Verwaltungsakt rechtswidrig ist, weil er dem Gesetz widerspricht.[31] Als begünstigende Verwaltungsakte kommen in diesem Zusammenhang sowohl – dem Beamten gegenüber verlautbarte – Festsetzungen
der Bezüge oder der sonstigen amtsbezogenen Leistungen des Dienstherrn
als auch Regelungen in Betracht, deren Gegenstand einzelne, den Leistungsgrund betreffende rechtliche Voraussetzungen bilden.[32] Zur erstgenannten
Kategorie gehören Bescheide, mit denen Besoldungsbezüge (§ 1 Abs. 2 und 3
BBesG),[33] Versorgungsbezüge (§ 2 BeamtVG)[34] oder sonstige Leistungen
als solche bewilligt oder verbindlich bestimmt werden. Beispiele für die
zweite Gruppe sind Bescheide über das Besoldungsdienstalter (§§ 28 ff.
BBesG),[35] die ruhegehaltfähigen Dienstbezüge (§ 4 Abs. 3 iVm § 5 BeamtVG)[36] und die ruhegehaltfähige Dienstzeit (§ 4 Abs. 3 iVm §§ 6 ff. BeamtVG).[37] Ohne Bedeutung ist es, ob sich der Bescheid in der bloßen
Konkretisierung gesetzlicher oder verordnungsrechtlicher Vorschriften erschöpft oder ob die zuständige Behörde Ermessen auszuüben hat.[38]
Regelmäßig nicht auf unmittelbare Rechtswirkung nach außen gerichtet **691**
(§ 35 Satz 1 VwVfG) sind Besoldungs- oder Versorgungsmitteilungen,[39] Be-

---

[30] Zum sog. vorläufigen Verwaltungsakt s. BVerwGE 62, 1; 67, 99.
[31] BVerwGE 8, 261; 9, 251; 11, 136; 14, 222; 19, 188; 25, 97; vgl. im übrigen – auch
zu der abw. Auffassung, die bei (bloß) feststellenden Verwaltungsakten ausschließlich
auf die materielle Rechtslage abhebt – die Nachweise bei Battis, BBG, § 87, RdNr 6.
Eine Rückforderung überzahlter Versorgungsbezüge kann gegenüber einem Miterben
bei ungeteilter Erbengemeinschaft erst geltend gemacht werden, wenn der rechtswidrige Versorgungsfestsetzungsbescheid zuvor *allen* Miterben gegenüber wirksam zurückgenommen ist; BVerwG, ZBR 88, 221 unter Hinweis auf BayVGH, NJW 85,
2439.
[32] S. BBesGVwV 12.2.4 Satz 1.
[33] Vgl. BVerwGE 19, 188 (betr. Stellenzulage).
[34] Vgl. BVerwGE 8, 261; 9, 251.
[35] Vgl. BW VGH, ZBR 62, 151; NW OVG, ZBR 59, 293.
[36] Vgl. NW OVG, DVBl 53, 219.
[37] Vgl. RP OVG, AS 4, 92.
[38] S. Fußn 31.
[39] BVerwGE 13, 248.

zügeblätter im automatisierten Zahlungsverfahren[40] oder Abdrucke von verwaltungsinternen Kassenanordnungen[41] sowie Überweisungsträger, selbst wenn darin einzelne Bestandteile der Bezüge aufgeschlüsselt sind.[42] Nicht ausgeschlossen ist es allerdings, daß die Behörde ausnahmsweise eines der vorstehend aufgeführten Mittel untypisch einsetzt, um nicht nur zu informieren, sondern eine verbindliche, auf Rechtsbeständigkeit abzielende Regelung mit Außenwirkung zu treffen.[43] Ein dahingehender – vom Regelfall abweichender – Wille der Behörde muß für den Beamten oder Versorgungsberechtigten eindeutig erkennbar sein.[44]

2. Nichtigkeit des Verwaltungsakts

692   Ein nichtiger Verwaltungsakt ist, wie § 43 Abs. 3 VwVfG klarstellt, eo ipso unwirksam und kann mithin nicht Rechtsgrund für eine Leistungsgewährung sein. Die Behörde kann die Nichtigkeit jederzeit von Amts wegen feststellen (§ 44 Abs. 5 Hs. 1 VwVfG). Die Nichtigkeitsgründe sind aus § 44 Abs. 1 und 2 VwVfG zu ersehen.[45]

3. Rücknahme eines rechtswidrigen begünstigenden Verwaltungsakts

693   Ein Verwaltungsakt, der das im Zeitpunkt seines Erlasses[46] geltende Recht verletzt, ist rechtswidrig; seine Wirksamkeit wird dadurch aber – für sich genommen – grundsätzlich (s. jedoch § 43 Abs. 3 VwVfG) nicht berührt. Gleiches trifft hinsichtlich eines Verwaltungsakts zu, der infolge einer rückwirkend in Kraft gesetzten Rechtsänderung nachträglich seine materielle Rechtsgrundlage verliert.[47] Nicht zur Rechtswidrigkeit führen bloße Schreib- oder Rechenfehler sowie sonstige offenbare Unrichtigkeiten, die jederzeit berichtigt werden können (§ 42 Satz 1 VwVfG).

694   Ein rechtswidriger Verwaltungsakt kann, auch nachdem er unanfechtbar geworden ist,[48] grundsätzlich ganz oder teilweise mit Wirkung für die *Zu-*

---

[40] NW OVG, DÖV 74, 599.

[41] BVerwGE 11, 283; 16, 2; 19, 188; BW VGH, ZBR 69, 52.

[42] BBesGVwV 12.2.4 Satz 2. S. ferner Schwegmann/Summer, BBesG, § 12, RdNr 5 a.E.

[43] Vgl. NW OVG, DÖV 74, 599; vgl. auch BBesGVwV 12.2.4 Satz 4 sowie BayVGH, BayVBl 81, 239.

[44] Vgl. BVerwGE 29, 310; 41, 305; BVerwG, DVBl 76, 220 (221).

[45] Beachte auch den sog. Negativkatalog des § 44 Abs. 3 VwVfG.

[46] S. dazu eingehend Stelkens/Bonk/Sachs, VwVfG, § 44, RdNrn 7 ff. (zum Verwaltungsakt mit Dauerwirkung RdNr 11). Für die Anwendbarkeit des § 48 VwVfG auch bei Änderung der Sach- und Rechtslage Schenke, DVBl 89, 433 (434 ff.).

[47] BVerwGE 29, 291; 40, 336 (339).

[48] § 48 VwVfG gilt also auch für die Rücknahme noch nicht bestandskräftiger Verwaltungsakte, sofern der Begünstigte den Eintritt der Bestandskraft nicht durch die

kunft oder für die *Vergangenheit* zurückgenommen werden (§ 48 Abs. 1 Satz 1 VwVfG). Gewährt er eine einmalige oder laufende Geld- oder teilbare Sachleistung oder ist er hierfür Voraussetzung, entfällt die Rücknehmbarkeit freilich, soweit der Begünstigte auf den Bestand des Verwaltungsakts vertraut hat und sein Vertrauen unter Abwägung mit dem öffentlichen Interesse an der Rücknahme schutzwürdig ist (§ 48 Abs. 2 Satz 1 VwVfG).[49] Die Sätze 2 bis 4 des § 48 Abs. 2 VwVfG bestimmen im Anschluß daran:

„Das Vertrauen ist in der Regel schutzwürdig, wenn der Begünstigte gewährte Leistungen verbraucht oder eine Vermögensdisposition getroffen hat, die er nicht mehr oder nur unter unzumutbaren Nachteilen rückgängig machen kann. Auf Vertrauen kann sich der Begünstige nicht berufen, wenn er
1. den Verwaltungsakt durch arglistige Täuschung, Drohung oder Bestechung erwirkt hat;
2. den Verwaltungsakt durch Angaben erwirkt hat, die in wesentlicher Beziehung unrichtig oder unvollständig waren;[50]
3. die Rechtswidrigkeit des Verwaltungsakts kannte oder infolge grober Fahrlässigkeit nicht kannte.[51]
In den Fällen des Satzes 3 wird der Verwaltungsakt in der Regel mit Wirkung für die Vergangenheit zurückgenommen."

Eine zu Unrecht gewährte Geldleistung ist nicht „verbraucht" (§ 48 Abs. 2 **695** Satz 2 VwVfG), wenn sie zur Schuldentilgung oder für Anschaffungen verwendet wird, die wertmäßig im Vermögen des Begünstigten noch vorhanden sind.[52] Zum Begriff der „Vermögensdisposition" ist erläuternd zu bemerken, daß er nicht nur (konkrete) Einzelverfügungen, sondern auch die allgemeine Ausrichtung der Lebensführung des Begünstigten auf wiederkehrende Leistungen umfaßt.[53] Eine Vermögensdisposition wird sich gewöhnlich nur für die Zukunft – und unter Umständen nur im Zuge der Ein-

---

Einlegung eines Rechtsbehelfs (Widerspruch, Klage) selbst verursacht hat. S. dazu BVerwGE 14, 175 (179); 21, 142 (145).

[49] Ist ein Beihilfebescheid durch *rückwirkende* Bewilligung einer Rente teilweise unrichtig geworden und kannte der Beamte die Möglichkeit des *rückwirkenden* Wegfalls der Voraussetzungen für die ihm gewährte Beihilfe, so kann der Bescheid insoweit als rechtswidrig aufgehoben und die zuviel gezahlte Beihilfe zurückgefordert werden; BVerwG, DVBl 90, 304, wo die Frage der Anwendbarkeit des § 48 Abs. 2 Satz 3 Nr. 3 VwVfG offengelassen worden ist.

[50] Das Unterlassen der unverzüglichen Anzeige einer (rechtlich relevanten) nachträglichen Veränderung durch den Begünstigten steht in ähnlicher Weise wie der gesetzlich vorgesehene Fall unrichtiger oder unvollständiger Angaben der Schutzwürdigkeit des Vertrauens entgegen; BVerwG, Buchholz 261 § 15 BUKG Nr. 4.

[51] Der Ausschluß des Vertrauensschutzes gemäß § 48 Abs. 2 Satz 3 Nr. 3 VwVfG setzt voraus, daß der Begünstigte die *Rechtswidrigkeit* der Verwaltungsakts kannte oder infolge grober Fahrlässigkeit nicht kannte. Die Kenntnis oder grob fahrlässige Unkenntnis der *Umstände*, die zur Rechtswidrigkeit des Verwaltungsakts geführt haben, genügt ebensowenig wie die Verletzung einer Anzeigepflicht; BVerwG, ZBR 94, 59. S. aber auch Fußn 50.

[52] BVerwG, NVwZ-RR 94, 32.

[53] BVerwGE 8, 261 (269); BVerwG, DVBl 61, 380 und MDR 62, 926.

räumung einer Anpassungsfrist[54] – rückgängig machen lassen;[55] selbst eine Rücknahme ex nunc kann ausscheiden, falls dem Begünstigten – z. B. wegen seines hohen Alters[56] – ausnahmsweise[57] eine Umstellung nicht mehr möglich oder zumutbar ist.

696   Da eine Rück*forderung* nur an eine Rück*nahme* des rechtsgrundbildenden Verwaltungsakts (auch) für die *Vergangenheit* anknüpfen kann, geht es im vorliegenden Zusammenhang allein darum, die Fälle einer möglichen *Rückwirkung* zu erfassen. Eine solche kommt regelmäßig nur in Betracht, wenn der Begünstigte

– die gewährten Leistungen noch nicht verbraucht und nicht darüber disponiert hat,[58]

– seine Vermögensdisposition über die (nicht verbrauchten) Leistungen ohne unzumutbare Nachteile wieder aufheben kann,

– anstelle der auf Grund des fehlerhaften Verwaltungsakts gewährten Zuwendungen neue gleich- oder höherwertige Leistungen erhält, die aufrechnungsfähig sind,[59]

– durch Verrechnung mit einem Nachzahlungsanspruch aus anderem Rechtsgrund einen Zahlungsausgleich erlangt[60] oder

– Vertrauensschutz nicht in Anspruch zu nehmen vermag (s. § 48 Abs. 2 Sätze 3 und 4 VwVfG).[61]

Die Prüfung, welche die Behörde zum Ausschlußtatbestand des § 48 Abs. 2 Satz 3 Nr. 3 VwVfG anzustellen hat, unterscheidet sich substantiell nicht von der – in einen späteren systematischen Zusammenhang gehörenden[62] – Fragestellung, ob der Beamte oder Versorgungsberechtigte den Mangel des rechtlichen Grundes gekannt hat (§ 819 Abs. 1 BGB) oder seiner Offensichtlichkeit wegen hätte erkennen müssen (§ 12 Abs. 2 Satz 2 BBesG, § 52 Abs. 2 Satz 2 BeamtVG, § 87 Abs. 2 Satz 2 BBG, § 53 Abs. 2 Satz 2 BRRG).[63]

---

[54] Vgl. dazu BVerwG, DÖD 70, 113.

[55] Vgl. dazu BVerwG, DVBl 61, 380.

[56] BVerwGE 29, 291.

[57] Vgl. dazu BVerwGE 9, 251; BVerwG, Buchholz 232 § 87 BBG Nr. 52.

[58] Vgl. BVerwGE 17, 335; 19, 188. S. auch HmbOVG, NVwZ 88, 73: Ergehe ein zunächst nur mündlich angekündigter begünstigender Verwaltungsakt (hier: ein Beihilfebescheid) alsbald in der angekündigten Form, so könne ein „Verbrauch der zugewendeten Mittel im Vertrauen auf den Bestand des Verwaltungsakts" auch dann vorliegen, „wenn der Begünstigte den erwarteten Betrag schon auf Grund der mündlichen Erklärung und im Vorgriff auf den Verwaltungsakt zum Kauf von Gegenständen einsetzt, die er ohne die erwartete Zuwendung nicht erworben hätte".

[59] Vgl. BVerwGE 24, 264 (270); 30, 180; 40, 147; 40, 336.

[60] S. BVerwG, DÖD 65, 155 (Besoldungsnachzahlung in Höhe eines ohne Rechtsgrund gewährten Kinderzuschlages). Weiterhin BVerwGE 21, 119 (123); BVerwG, Buchholz 237.1 Art. 94 BayBG 60 Nr. 7.

[61] S. dazu RdNr 694.

[62] S. dazu RdNrn 715 ff.

[63] Vgl. dazu GKÖD III, RdNr 20 zu § 12 BBesG: Die Rechtsentwicklung tendiere zu der Lösung, „daß der Verwaltungsakt nur insoweit zurückgenommen wird, als auch eine Rückforderung vertretbar ist".

Die Rücknahmebefugnis ist *zeitlich begrenzt:* Sobald die Behörde von **697**
Tatsachen Kenntnis[64] erhält, welche die Rücknahme eines rechtswidrigen
begünstigenden Verwaltungsakts rechtfertigen, beginnt der Lauf einer Ausschlußfrist von einem Jahr, innerhalb dessen die Rücknahme allein zulässig
ist (§ 48 Abs. 4 Satz 1 VwVfG).[65] Dies gilt nicht, wenn der Begünstigte den
Verwaltungsakt durch arglistige Täuschung, Drohung oder Bestechung erwirkt hat (§ 48 Abs. 2 Satz 3 Nr. 1, Abs. 4 Satz 2 VwVfG).

Die rückwirkende Rücknahme[66] des rechtsbegründenden oder rechtsbe- **698**
stätigenden (feststellenden) begünstigenden Verwaltungsakts kann sinngemäß in dem Bescheid über eine rückwirkende Neufestsetzung der Bezüge
oder über die auf einen früheren Zeitpunkt bezogene Einstellung der Leistungen liegen.[67] Der *Rückforderungsbescheid*[68] umfaßt die stillschweigende
(konkludente) *Rücknahme* eines rechtsgrundbildenden Verwaltungsakts nur
unter zwei Voraussetzungen:[69] Aus dem Bescheid muß für den Beamten
oder den Versorgungsberechtigten zum einen ersichtlich sein, daß die Behörde die innere rechtliche Verknüpfung zwischen der Leistungsgewährung
und einem rechtswidrigen begünstigenden Verwaltungsakt überhaupt erkannt hat; zum anderen darf kein Zweifel darüber bestehen, daß sie sich der
tatbestandlichen Erfordernisse für eine rückwirkende Beseitigung dieses
Verwaltungsakts *und* ihres Ermessensspielraumes bewußt gewesen ist. Ergeht – wie jedenfalls stets zweckmäßig – ein ausdrücklicher Rücknahmebe-

---

[64] Ein „Kennenmüssen" reicht nicht aus; BVerwGE 70, 356.

[65] Der Große Senat des BVerwG (BVerwGE 70, 356) hat hierzu – anders als
BVerwGE 66, 61 und BVerwG, Buchholz 316 § 48 VwVfG Nr. 27 – die Auffassung vertreten, daß die Jahresfrist erst zu laufen beginne, wenn die Behörde die
Rechtswidrigkeit des Verwaltungsakts (als solche) erkannt habe und wenn ihr die
für die Rücknahmeentscheidung außerdem erheblichen Tatsachen vollständig bekannt seien, wenn es – mit anderen Worten – keiner weiteren Sachaufklärung bedürfe (krit. hierzu u. a. Kopp, DVBl 85, 525 und Schoch, NVwZ 85, 880 [882 ff.],
jeweils mit weiteren Nachweisen). In BVerwG, NVwZ 86, 119 ist ergänzend ausgeführt, daß „die Behörde" die für den Beginn des Fristlaufs notwendige Kenntnis
erst in dem Zeitpunkt erlange, „in dem der nach der innerbehördlichen Geschäftsverteilung zur Rücknahme des Verwaltungsakts berufene oder ein sonst innerbe-
hördlich zur rechtlichen Überprüfung des Verwaltungsakts berufener Amtswalter
die die Rücknahme des Verwaltungsakts rechtfertigenden Tatsachen feststellt". Die
Rechtsprechung des BVerwG hat damit § 48 Abs. 4 Satz 1 VwVfG im Ergebnis seiner Schutzfunktion zugunsten des jeweils Betroffenen weitgehend entkleidet. Beachte aber auch BVerwG, NVwZ 88, 349: Eine „Kenntnis" der „Tatsachen" im
Sinne des § 48 Abs. 4 Satz 1 VwVfG liege auch dann vor, wenn sich die Behörde
in Kenntnis aller entscheidungserheblichen Tatsachen und in der Erkenntnis, daß
diese Tatsachen die Aufhebung des Verwaltungsakts rechtfertigten, in einem *Rechts-
irrtum* über den Umfang der auf Grund dieser Tatsachen zulässigen Aufhebung befinde.

[66] Zur Anhörung vor Erlaß eines Rücknahmebescheides BayVGH, ZBR 92, 23.

[67] BVerwGE 11, 136; BVerwG, ZBR 66, 181; vgl. auch BVerwG, Buchholz 232 § 87
BBG Nr. 39.

[68] S. dazu RdNrn 744 ff.

[69] Vgl. auch BVerwGE 67, 305.

scheid, so empfiehlt es sich in der Regel, *zugleich* (bei auch insoweit bestehender Entscheidungsreife) den zurückzufordernden Betrag festzusetzen.[70] Die Rückforderung setzt keine Bestandskraft des Rücknahmebescheides voraus.

4. Erledigter Verwaltungsakt

699   Außer durch Zeitablauf oder durch Beendigung des Beamtenverhältnisses[71] kann sich ein rechtsgrundbildender begünstigender Verwaltungsakt auch durch den *Tod* des Beamten erledigen. Bei vermögensrechtlichen Leistungen, um die es hier allein gehen kann, wird ein Bewilligungsbescheid durch den Tod des Beamten jedoch nur dann gegenstandslos, wenn er sich auf eine höchstpersönliche Begünstigung bezieht. Andernfalls – z. B. beim Sachschadenersatz nach § 32 Satz 1 BeamtVG[72] – wirkt er entsprechend § 1922 BGB auch zugunsten der Erben und kann seine Rechtsgrundqualität allein unter den Voraussetzungen des § 48 VwVfG durch Rücknahme gegenüber diesen einbüßen.[73]

5. Feststellung des Verlustes der Bezüge

700   Gemäß § 9 BBesG verliert der Beamte für die Zeit eines schuldhaften ungenehmigten Fernbleibens vom Dienst seine Bezüge (Satz 1); der Verlust ist – durch deklaratorischen Verwaltungsakt[74] – festzustellen (Satz 3). Einer (Teil-)Rücknahme solcher Verwaltungsakte, die Leistungen gewähren, welche von der Dienstverrichtung des Beamten abhängen, bedarf es nicht.

6. Aufschiebende Wirkung des Widerspruchs und der Klage bei Entlassung

701   Widerspruch und Anfechtungsklage gegen einen belastenden Verwaltungsakt haben grundsätzlich aufschiebende Wirkung (§ 80 Abs. 1 VwGO), führen mithin (mindestens) zu einem *Vollziehungsverbot.*[75] Dies bedeutet, daß entlassene Beamte auf Probe[76] oder auf Widerruf[77] ihre Besoldung (§ 1

---

[70] S. dazu aber auch RdNr 683.
[71] S. BBesGVwV 12.2.3.4 und 12.2.7.
[72] BVerwG, ZBR 63, 245 und RiA 73, 19.
[73] Vgl. dazu BVerwGE 21, 302; ferner BVerwGE 16, 214; 18, 164.
[74] BDH, ZBR 60, 55; a. A. OVG Lüneburg, OVGE 14, 417; vgl. auch NW DiszS, DÖD 68, 19. S. weiterhin Schwegmann/Summer, BBesG, § 9, RdNr 15.
[75] BVerwGE 13, 1; 18, 75; 24, 98; 66, 218; s. ferner Finkelnburg/Jank, Vorläufiger Rechtsschutz, RdNrn 486 ff.
[76] S. dazu RdNrn 157 ff.
[77] S. dazu RdNrn 192 ff.

Abs. 2 und Abs. 3 Nr. 1 BBesG) – vorbehaltlich einer Vollziehungsanordnung (§ 80 Abs. 2 Satz 1 Nr. 4 VwGO) – solange erhalten, bis
– die Entlassungsverfügung unanfechtbar geworden ist oder
– (falls Anfechtungsklage gegen die Entlassungsverfügung erhoben ist) drei
   Monate nach Ablauf der gesetzlichen Begründungsfrist des gegen das kla-
   geabweisende Urteil erster Instanz gegebenen Rechtsmittels vergangen
   sind (§ 80b Abs. 1 Satz 1 VwGO), es sei denn, das Oberverwaltungsgericht ordnet auf Antrag an, daß die aufschiebende Wirkung andauert
   (§ 80b Abs. 2 VwGO).

Ordnet die Behörde die sofortige Vollziehung der Entlassungsverfügung
an, so kann das Verwaltungsgericht auf Antrag des Beamten die aufschiebende Wirkung seines Widerspruchs oder seiner Klage wiederherstellen
(§ 80 Abs. 5 Satz 1 VwGO; s. auch § 80b Abs. 1 Satz 2 VwGO). Da weder
der kraft Gesetzes eintretende Suspensiveffekt noch der ihn wiederherstel-
lende oder anordnende Gerichtsbeschluß einen die Entscheidung in der
Hauptsache überdauernden Leistungsgrund darstellen,[78] sind die Bezüge
des entlassenen Beamten mit Rückwirkung auf den Zeitpunkt der Entlassung „zuviel gezahlt" (§ 12 Abs. 2 Satz 1 BBesG), sobald die Anfechtungsklage rechtskräftig abgewiesen ist.[79] Ein Ersatz-Rechtsgrund läßt sich auch
nicht daraus herleiten, daß der Beamte während der Dauer des Suspensivef-
fekts – und allein mit Rücksicht auf diesen – *faktisch* Dienstpflichten erfüllt
habe.[80] Der Rechtsfigur des „faktischen Beamtenverhältnisses" bedarf es bei
der Rückforderung schon deshalb nicht, weil der Tatsache einer Dienstleistung (und dem daraus resultierenden Bedürfnis nach einer „Gegenleistung") im Wege der Billigkeitsentscheidung Rechnung getragen werden
kann.[81]

§ 945 ZPO gilt – anders als bei § 123 VwGO (s. Abs. 3 a. a. O.) – im Rah- 702
men des § 80 Abs. 5 Satz 1 VwGO nicht entsprechend.[82] Die (nur) mit
Rücksicht auf einen die aufschiebende Wirkung wiederherstellenden Gerichtsbeschluß weitererbrachten Leistungen des Dienstherrn können deshalb allein unter dem rechtlichen Aspekt der Erstattung in seiner hier in Be-

---

[78] BVerwGE 18, 72; 24, 92; 30, 296; BVerwG, ZBR 66, 181 und ZBR 72, 188.
[79] S. weiterhin RdNr 731.
[80] In BVerwG, Buchholz 232 § 87 BBG Nr. 48, NJW 83, 2042, BayVBl 86, 28 und
ZBR 86, 87 ist die Frage, ob und inwieweit ein „faktisches Beamtenverhältnis" als
Rechtsgrundlage für die Zahlung von Bezügen im Recht des öffentlichen Dienstes anzuerkennen sei, jeweils unentschieden geblieben. Bei der Rückforderung von Anwärterbezügen, die einem aus dem Vorbereitungsdienst entlassenen Widerrufsbeamten
nur auf Grund der aufschiebenden Wirkung seines Widerspruchs oder seiner Klage
gegen die Entlassungsverfügung gewährt worden sind, scheidet die Annahme eines
„faktischen Beamtenverhältnisses" als Ersatz-Rechtsgrund bereits deshalb aus, weil
die Anwärterbezüge keinen Gegenleistungscharakter haben.
[81] Vgl. dazu BVerwG, RiA 83, 118.
[82] BVerwGE 18, 72; 24, 92; Bettermann, JZ 60, 545 (abl. Anm. zu NW OVG,
DÖV 60, 841).

tracht kommenden Ausprägung, nicht dagegen in analoger Anwendung der genannten zivilprozessualen Anspruchsgrundlage zurückverlangt werden.

7. Auf Grund einstweiliger Anordnung gewährte Geldleistungen

703   Werden einem Bewerber für den Vorbereitungsdienst durch einstweilige Anordnung nach § 123 Abs. 1 Satz 2 VwGO – neben der tatsächlichen Teilnahme an der Ausbildung – auch laufende Geldleistungen vorläufig zugebilligt, so entfällt der Rechtsgrund der Zahlung, wenn und soweit die einstweilige Anordnung später aufgehoben wird.[83] Der hier gemäß § 123 Abs. 3 VwGO iVm § 945 ZPO zu bejahende Schadensersatzanspruch[84] steht zu dem Rückforderungsanspruch als modifiziertem öffentlich-rechtlichen Erstattungsanspruch in Anspruchskonkurrenz.[85] Eine entsprechende Rechtslage besteht, wenn das Gericht dem Dienstherrn durch später aufgehobene einstweilige Anordnung aufgegeben hatte, einem Beamten, dem die Entscheidung über die Fortführung des Zurruhesetzungsverfahrens gemäß § 44 Abs. 3 BBG mitgeteilt worden war, auch über das Ende des auf die Mitteilung folgenden dritten Monats hinaus vorläufig den nach § 44 Abs. 4 Satz 1 BBG einbehaltenen Teil seiner Dienstbezüge weiterzugewähren.[86]

II. Wegfall der Bereicherung

704   Rechtsgrundlos gewährte Besoldung, Versorgung oder sonstige amtsbezogene Leistungen des Dienstherrn sind zurückzufordern. Die Verweisungen auf die Vorschriften des BGB über die ungerechtfertigte Bereicherung beziehen sich unstreitig auf die Bestimmungen über den Umfang des Bereicherungsanspruchs (§§ 818 bis 820 BGB), nicht dagegen auf die §§ 812, 813, 815 bis 817 und 821 BGB.[87] Streitig ist, ob § 814 BGB entsprechende

---

[83] BVerwGE 71, 354 und BVerwG, ZBR 86, 87 (unter Ablehnung eines „faktischen Beamtenverhältnisses"); s. insoweit auch Fußn 80.

[84] Insoweit zutreffend BW VGH, ESVGH 32, 288.

[85] BVerwGE 71, 354 und BVerwG, ZBR 86, 87; anders noch BW VGH, ESVGH 32, 288 (die Rückforderung richte sich *ausschließlich* nach § 123 Abs. 3 VwGO iVm § 945 ZPO).

[86] S. Fußn 183.

[87] HVGH, ZBR 68, 410; GKÖD I, RdNr 6 zu § 87 BBG; Battis, BBG, § 87, RdNr 4; Schütz, BR, RdNr 2 d zu § 98 NW LBG; Ule, BR, RdNr 8 zu § 53 BRRG. Zu § 813 BGB vgl. NW OVG, ZBR 84, 185. Allerdings bemüht BVerwG, DVBl 92, 914 § 812 Abs. 1 Satz 2, 2. Alt. BGB bei der Rückforderung von Anwärterbezügen nach der Nichterfüllung einer Auflage im Sinne des § 59 Abs. 5 BBesG: Die Bezüge seien „insoweit ... zuviel gezahlt, als der nach § 59 Abs. 5 BBesG zulässigerweise mit ihrer Zahlung bezweckte (dem Bewerber vor der Ernennung bekanntgegebene) Erfolg einer Mindestdienstzeit bei der Beklagten teilweise nicht eingetreten" sei. S. auch RP OVG, ZBR 93, 213 und HVGH, ZBR 96, 122.

Anwendung findet.[88] Da sich der öffentlich-rechtliche Erstattungsanspruch – und damit die Rückforderung rechtsgrundloser Leistungen von Beamten und Versorgungsberechtigten – (auch) aus dem verfassungsrechtlichen Gebot der Gesetzmäßigkeit der Verwaltung (Art. 20 Abs. 3 GG) ableitet,[89] ist die Frage zu verneinen. Soweit sich die rückfordernde Behörde durch ihr Erstattungsverlangen in Widerspruch zu früherem Verhalten setzt, kann dies unter dem rechtlichen Gesichtspunkt von Treu und Glauben (§ 242 BGB) stärker einzelfallbezogen und hinsichtlich der Folgerungen flexibler gewürdigt werden.[90] § 822 BGB hat gleichfalls außer Betracht zu bleiben,[91] weil das Erfordernis der Einheitlichkeit des Bereicherungsvorgangs, welches diese Vorschrift – ebenso wie § 816 Abs. 1 Satz 2 BGB – durchbricht,[92] für den öffentlich-rechtlichen Erstattungsanspruch unverzichtbar ist.[93]

1. Verfahrensrechtliche Fragen

Nach der Rechtsprechung des BVerwG[94] ist ein Bereicherungswegfall **705** grundsätzlich nicht von Amts wegen, sondern nur auf *Einrede* des Beamten oder Versorgungsberechtigten zu berücksichtigen. BBesGVwV 12.2.11 Satz 2 gemäß ist der Beamte (oder Versorgungsberechtigte), sofern nicht wegen der Geringfügigkeit der rechtsgrundlosen Leistung ein Bereicherungswegfall unterstellt wird (a.a.O. 12.2.12),[95] darauf hinzuweisen, daß er sich auf den Wegfall der Bereicherung berufen könne. Mache er den Bereicherungswegfall geltend, so sei er aufzufordern, sich innerhalb einer angemessenen Frist über die Höhe seiner Einkünfte während des Überzahlungszeitraumes und über deren Verwendung zu äußern (a.a.O. 12.2.11 Satz 3, 12.2.16).[96] Äußert er sich nicht oder nicht fristgerecht, so bedeutet dies freilich nicht, daß er dadurch seine Treuepflicht gegenüber dem Dienstherrn verletzte[97] und etwa deshalb künftig mit seiner Einrede ausgeschlossen wäre. Da er im Verwaltungsstreitverfahren die Nachteile einer Beweislosigkeit trägt, falls sich ein Bereicherungswegfall wegen der inzwischen verstrichenen Zeit nicht mehr

---

[88] Bejahend BW VGH, ESVGH 18, 170; verneinend GKÖD I, RdNr 6 zu § 87; GKÖD III, RdNr 10 zu § 12 BBesG mit weiteren Nachweisen; offengelassen in BVerwGE 18, 72; BVerwG, ZBR 81, 125. S. ferner BGH, NJW 79, 763 und BayVGH, DÖD 97, 200 (201).

[89] BVerwGE 48, 279 (286); BVerwG, DÖV 71, 348; BW VGH, NJW 78, 2050; NW OVG, DÖV 71, 350.

[90] Vgl. BVerwGE 18, 72 (76); 24, 92 (102); 25, 291 (298); 28, 68; s. auch RdNr 734.

[91] A.A. Schütz, BR, RdNr 2 d zu § 98 NW LBG; vgl. auch BVerwGE 13, 107.

[92] Vgl. Palandt/Thomas, BGB, § 822, RdNr 1.

[93] So auch im Ergebnis Schwegmann/Summer, BBesG, § 12, RdNr 8.

[94] BVerwGE 8, 261 (270); 16, 218; a. A. Schütz, DÖD 59, 81 (84 f.).

[95] S. dazu RdNr 706 f.

[96] S. auch Fußn 120.

[97] Vgl. auch OVG Lüneburg, ZBR 59, 88; s. ferner RdNr 685.

feststellen läßt,[98] liegt eine fristgerechte Äußerung indessen in seinem eigenen Interesse.

2. Unterstellter Bereicherungswegfall

706   Der Wegfall der Bereicherung (§ 818 Abs. 3 BGB) ist grundsätzlich anzunehmen, wenn glaubhaft gemacht ist oder anderweit zureichende Anhaltspunkte dafür vorhanden sind, daß der Beamte oder Versorgungsberechtigte die rechtsgrundlos empfangenen Leistungen im Rahmen seiner *allgemeinen Lebensführung* verbraucht hat.[99] Erfahrungsgemäß richtet sich diese – von Ausnahmefällen abgesehen – nach den Bezügen und den sonstigen Leistungen aus dem Dienst- oder Versorgungsverhältnis dergestalt, daß die Ausgaben nach Art und Umfang von den zufließenden Leistungen und deren (Gesamt-)Höhe abhängen.[100]

707   In Anbetracht dessen enthält BBesGVwV 12.2.12 *eine tatsächliche Vermutung* für einen Bereicherungswegfall bei – vergleichsweise – geringfügigen Überzahlungen von Bezügen, die für sonstige amtsbezogene Leistungen entsprechend gelten muß:[101] „Ohne nähere Prüfung[102] kann . . . der Wegfall der Bereicherung unterstellt werden", wenn die im jeweiligen Monat zuviel gezahlten Bezüge 10 v. H. des insgesamt zustehenden Betrages, höchstens 300 DM, nicht übersteigen; dies gilt auch dann, wenn in einem Monat Nachzahlungen erfolgen.[103]

3. Im Einzelfall festgestellter Bereicherungswegfall

708   Soweit die im vorstehenden Abschnitt dargestellte tatsächliche Vermutung nicht eingreift, muß im Einzelfall geklärt werden, ob der Beamte oder Versorgungsberechtigte bei wirtschaftlicher Betrachtung[104] entreichert ist.[105] Diese Frage läßt sich nur anhand eines (konkreten) Vergleichs des Vermögensstandes beim Empfang der Leistungen und im Zeitpunkt der Rückforderung oder des Eintritts der – noch zu erörternden[106] – verschärften Haftung entscheiden; außer Ansatz bleiben hierbei solche Vermö-

---

[98] S. dazu RdNr 754 f.

[99] BVerwGE 8, 261; 13, 107; BGH, ZBR 59, 18; s. auch BBesGVwV 12.2.11 Satz 5.

[100] S. Fußn 99.

[101] Vgl. dazu BVerwGE 13, 107; BVerwG, ZBR 86, 136; GKÖD I, RdNr 17 zu § 87 BBG.

[102] Die einredeweise Geltendmachung der Entreicherung (s. RdNr 705) ist hier entbehrlich.

[103] Nachzahlungen sind also nicht auf die Zeiträume zu verteilen, für die sie gewährt werden.

[104] BVerwGE 13, 107; NW OVG, ZBR 69, 326.

[105] BVerwGE 19, 188.

[106] S. dazu RdNrn 713 ff.

gensänderungen, die in keinem – sei es auch nur mittelbaren[107] – Zusammenhang mit dem Sachverhalt stehen, der die tatsächliche Grundlage der Rückforderung bildet.[108]

Ein Bereicherungswegfall ist zu bejahen, soweit der Beamte oder Versorgungsberechtigte die rechtsgrundlos gewährten Leistungen zur bestimmungsgemäßen Bestreitung des angemessenen *Lebensunterhalts* verbraucht hat;[109] eine Entreicherung ist aber auch eingetreten, wenn er die fraglichen Leistungen für Aufwendungen eingesetzt hat, die außerhalb des Rahmens seiner sonstigen Lebensgewohnheiten liegen (sog. Luxusausgaben) und aus denen kein verwertbarer Vermögensbestandteil hervorgegangen oder verblieben ist.[110] **709**

Dagegen besteht eine Verpflichtung zum Wertersatz (§ 818 Abs. 2 BGB), falls der überzahlte Betrag noch nicht vom Gehaltskonto abgebucht oder noch nicht ausgegeben ist oder falls der Beamte oder Versorgungsberechtigte mit ihm[111] Gegenstände (bewegliche Sachen, Grundstücke oder Rechte) erworben hat, die einen sinnvoll realisierbaren,[112] *gegenwärtigen Vermögensvorteil* darstellen.[113] Eine im Vorgriff auf erwartete Bezüge eingegangene Verbindlichkeit bedeutet keine Entreicherung.[114] **710**

BBesGVwV 12.2.11 Satz 7 stellt eine *Verminderung von Schulden* einem Vermögenszuwachs gleich und liegt damit auf der Linie der neueren höchstrichterlichen Rechtsprechung.[115] Früher hatte sich das BVerwG[116] von der „Erfahrungstatsache" leiten lassen, daß ein Beamter, der seine Schulden mittels des überzahlten Betrages tilge, nichts einspare, weil die Überzahlung lediglich bewirke, daß er seine Lebenshaltung in Anpassung an den ihm infolge der Überzahlung nach Schuldentilgung verbleibenden höheren Restbetrag weniger einschränke, als er es bei Schuldentilgung aus dem ihm zustehenden geringeren Gehalt getan hätte, so daß die Bereicherung als weggefallen anzusehen sei. Dies sollte freilich nur dann gelten, wenn der Beamte **711**

---

[107] NW OVG, ZBR 60, 326 und ZBR 63, 124.

[108] BVerwGE 13, 107.

[109] BVerwGE 8, 261; 13, 107.

[110] BVerwGE 13, 107; vgl. auch Schick, ZBR 69, 65 (67).

[111] Diese Voraussetzung ist nicht erfüllt, wenn der Beamte oder Versorgungsberechtigte während der Dauer der rechtsgrundlosen Leistungsgewährung monatlich denselben Betrag wie zuvor auf ein Sparkonto eingezahlt hat; OVG Lüneburg, ZBR 58, 173. S. aber auch *allgemein* zur *Ansammlung von Sparkapital* HVGH, ZBR 59, 116 mit weiteren Nachweisen: Es sei davon auszugehen, daß der Beamte oder Versorgungsberechtigte mit Rücksicht auf die Überzahlungen seine Lebenshaltung weniger eingeschränkt habe.

[112] Vgl. dazu NW OVG, ZBR 60, 326.

[113] HVGH, ESVGH 9, 24.

[114] BW VGH, DÖD 79, 85; Battis, BBG, § 87, RdNr 13; a. A. Schütz, BR, RdNr 2 n zu § 98 NW LBG unter Hinweis auf NW OVG 5. 3. 1962 – VI A 90/61 –. S. aber auch HmbOVG, NVwZ 88, 73 und dazu Fußn 58.

[115] BVerwG, ZBR 93, 248 (249).

[116] BVerwGE 15, 15 (17f.).

kein eigenes Vermögen und außer seinen Dienstbezügen keine weiteren Einkünfte hat. Die Fortentwicklung der verwaltungsgerichtlichen Judikatur führt wieder zurück zur privatrechtlichen Betrachtungsweise, die einen Bereicherungswegfall bei Schuldentilgung grundsätzlich verneint, weil die Befreiung von einer Verbindlichkeit eine *fortbestehende Bereicherung* darstelle.[117] Allerdings muß die rechtsgrundlose Leistung (auch) nach Ansicht des BGH[118] für die Schuldentilgung *ursächlich* sein; dies sei nicht der Fall, wenn der Empfänger seine Schuld unter Einschränkung seines Lebensstandards in gleicher Weise auch ohne die rechtsgrundlose Leistung zurückbezahlt hätte. Die eingangs zitierte Verwaltungsvorschrift simplifiziert die rechtlichen Zusammenhänge damit zu stark.

712   Hat der Beamte oder Versorgungsberechtigte für eben denselben Zeitraum, in dem eine Überzahlung eingetreten ist, aus anderem Rechtsgrund einen *Nachzahlungsanspruch*, so kann dieser mit der Erstattungsforderung verrechnet werden, gleichgültig, ob ein Bereicherungswegfall vorliegt oder nicht.[119]

III. Verschärfte Haftung

713   Der Beamte oder Versorgungsberechtigte hat die rechtsgrundlose Leistung ungeachtet eines Bereicherungswegfalls grundsätzlich zurückzugewähren, sofern und sobald er gemäß § 818 Abs. 4, § 819 Abs. 1 oder § 820 BGB verschärft haftet. Der (anfänglichen oder nachträglichen) Kenntnis des Rechtsgrundmangels, auf die § 819 Abs. 1 BGB abhebt, steht es gleich, „wenn der Mangel so offensichtlich war, daß der Empfänger ihn hätte erkennen müssen" (§ 12 Abs. 2 Satz 2 BBesG, § 52 Abs. 2 Satz 2 BeamtVG, § 87 Abs. 2 Satz 2 BBG, § 53 Abs. 2 Satz 2 BRRG).[120] Treu und Glauben (§ 242 BGB) können allerdings unter besonderen Umständen ausnahmsweise die Berufung auf einen Bereicherungswegfall zulassen, obgleich die Voraussetzungen für eine verschärfte Haftung erfüllt sind.

1. Rechtshängigkeitshaftung

714   Ab Rechtshängigkeit haftet der Empfänger „nach den allgemeinen Vorschriften" (§ 818 Abs. 4 iVm §§ 291, 292 BGB), weil er sich nunmehr auf ein

---

[117] BGH, NJW 85, 2700.
[118] BGHZ 118, 383.
[119] BBesGVwV 12.2.13; vgl. auch GKÖD III, RdNr 11 zu § 12 BBesG. Anlaß für die Verrechnung (Saldierung) kann auch eine *rückwirkende* Gesetzesänderung sein; BVerwG, Buchholz 237.1 Art. 94 BayBG 60 Nr. 7. S. außerdem RdNr 696.
[120] Steht von vornherein fest, daß sich der Empfänger wegen verschärfter Haftung nicht auf einen Bereicherungswegfall berufen kann (s. BBesGVwV 12.2.14), so ist auch das Verfahren nach BBesGVwV 12.2.16 nicht durchzuführen; RdSchr. d. BMI v. 5. 12. 1980, GMBl. 81, 82.

mögliches Fehlen des Rechtsgrundes einrichten muß. Dies bedeutet insbesondere, daß der Beamte oder Versorgungsberechtigte

– einen nach Rechtshängigkeit eingetretenen Bereicherungswegfall regelmäßig[121] nicht mehr mit Erfolg geltend machen kann und

– eine Erstattungsschuld seit Rechtshängigkeit zu verzinsen hat (§§ 291, 288 Abs. 1 BGB).

Rechtshängigkeit des Erstattungsanspruchs tritt nur ein, wenn der Dienstherr *dieserhalb* Leistungsklage[122] erhebt (s. § 90 Abs. 1 VwGO), nicht aber, wenn er durch Leistungsbescheid vorgeht,[123] und gleichfalls nicht, wenn der Beamte oder Versorgungsberechtigte die Rücknahme eines rechtsgrundbildenden Bescheides oder einen sonstigen belastenden Verwaltungsakt – etwa eine Entlassungsverfügung – anficht.[124]

2. Haftung bei Kenntnis oder Offensichtlichkeit des Mangels

Die entsprechende Anwendung des § 819 Abs. 1 BGB im Rahmen der **715** Rückforderung von Bezügen oder sonstigen amtsbezogenen Leistungen des Dienstherrn führt dazu, daß der Empfänger den Wert des zu Unrecht Geleisteten trotz Entreicherung grundsätzlich[125] zu ersetzen hat, wenn und soweit er die Rechtswidrigkeit eines rechtsgrundbildenden Verwaltungsakts oder – falls ein solcher nicht vorliegt – der Leistung selbst beim Empfang kannte oder nachträglich hiervon erfuhr.[126] Tritt die Bösgläubigkeit erst später ein, so ist bei dem erforderlichen Vergleich der Vermögensverhältnisse anstelle des Zeitpunkts der Rückforderung der Zeitpunkt zugrunde zu legen, in dem der Empfänger von dem Mangel Kenntnis erlangt hat.[127]

Nach § 12 Abs. 2 Satz 2 BBesG, § 52 Abs. 2 Satz 2 BeamtVG und § 87 **716** Abs. 2 Satz 2 BBG (§ 53 Abs. 1 Satz 2 BRRG) steht es der Kenntnis gleich, wenn der Empfänger den Mangel seiner Offensichtlichkeit wegen – bei Leistungsempfang oder in der Folgezeit – hätte erkennen müssen. Das Merkmal der „Offensichtlichkeit" wird von der Rechtsprechung[128] dahin bestimmt, daß der Mangel klar zutage getreten sein müsse und dem Empfänger nach seinen individuellen Kenntnissen[129] und Fähigkeiten[130] bei gehöriger Auf-

---

[121] S. aber RdNr 734.

[122] S. dazu RdNr 749.

[123] Battis, BBG, § 87, RdNr 15; vgl. auch BVerwG, ZBR 88, 107 (108).

[124] A. A. RP OVG, ZBR 59, 191.

[125] S. aber RdNr 734.

[126] S. BBesGVwV 12.2.14.4.

[127] S. RdNrn 693 ff. sowie BBesGVwV 12.2.15.

[128] BVerwGE 24, 148; 32, 228; 40, 212; 71, 77; BVerwG, ZBR 82, 306, ZBR 85, 196 und ZBR 90, 80.

[129] Vgl. BVerwG, Buchholz 240 § 12 BBesG Nr. 17; NW OVG, DÖD 64, 69. Soweit es ihm *möglich* und *zumutbar* ist, muß sich der geschiedene Beamte oder Versorgungsberechtigte bei seiner früheren Ehefrau nach deren leistungsrelevanten Verhält-

merksamkeit nicht hätte entgehen dürfen.[131] Der Empfänger darf den Mangel – anders ausgedrückt – nur deshalb nicht erkannt haben, „weil er die im Verkehr erforderliche Sorgfalt in ungewöhnlich hohem Maße außer acht gelassen hat".[132] Bei dieser Wendung wird als Vorbild die im Zivilrecht entwickelte Begriffsbestimmung der *groben Fahrlässigkeit* deutlich.[133]

Im einzelnen ist hierzu erläuternd folgendes anzumerken:

717   Wenn es in der Rechtsprechung heißt, der Mangel müsse „klar zutage getreten" sein, so bedeutet dies nicht, daß sich der Empfänger einer Leistung mit der optischen Aufnahme etwa des Inhalts von Besoldungs- oder Versorgungsmitteilungen, Überweisungen oder sonstigen Informationsmitteln begnügen dürfte. Er muß vielmehr seine Einzelwahrnehmungen untereinander und mit seinen Kenntnissen im übrigen logisch schlußfolgernd verknüpfen.[134] Gelangt er hierbei nicht zu einem eindeutigen Ergebnis, sondern bleiben ernstzunehmende Zweifel, so obliegt es ihm, sich bei der Behörde zu erkundigen, von der die Gewährung der konkreten Leistung ausgeht.[135] Dies gilt insbesondere dann, wenn er ohne ersichtlichen Grund höhere Leistungen erhält, als er sie nach Lage der Dinge erwarten konnte.[136] Auf die Auskunft, die ihm auf seine Anfrage erteilt wird, darf er sich ohne Rechtsnachteil verlassen, es sei denn, ihre Unrichtigkeit drängt sich ihm – etwa weil die Behörde für ihn erkennbar irrtümlich von unzutreffenden Voraussetzungen ausgeht – geradezu auf.[137] Steht unter den Umständen des Einzelfalles fest, daß eine rechtsgrundlose Leistung auch dann erfolgt wäre,

---

nissen erkundigen. Vgl. aber auch BVerwG, ZBR 85, 198: Es könne dem Beamten nicht zugemutet werden, ungeachtet der mit der Scheidung regelmäßig verbundenen Trennung von seiner früheren Ehefrau im privaten Lebensbereich mit dieser gleichwohl in ständigem Kontakt zu bleiben, um der Gefahr vorzubeugen, von deren etwaigem Eintritt in den öffentlichen Dienst keine Kenntnis zu erlangen (sehr zw.). S. weiterhin §§ 1580, 1605 BGB sowie BGH, NJW 86, 1751 (1753f.), der in besonderen Fällen eine Verpflichtung des geschiedenen Ehegatten zur *unaufgeforderten* Information bejaht.

[130] BVerwG, ZBR 70, 323 und NVwZ-RR 90, 622; s. auch die Nachweise in Fußn 129.

[131] Die *Laufbahngruppenzugehörigkeit* des Empfängers ist ein (nicht schematisch zu handhabender) Anhaltspunkt; s. auch BW VGH, ESVGH 18, 170 (173) sowie Bekker, RiA 75, 200.

[132] BVerwG, ZBR 82, 306, ZBR 85, 196 und DÖD 87, 133; s. außerdem BVerwG, ZBR 90, 80 und NVwZ-RR 90, 622.

[133] Vgl. BGHZ 10, 14; 10, 69; 17, 191; NW OVG, ZBR 61, 29.

[134] BVerwG, ZBR 68, 183; vgl. ferner BayVGH, ZBR 97, 290. Eine eigene Berechnung unter Zuhilfenahme des BBesG und der dazu ergangenen Besoldungstabellen braucht der Beamte nicht vorzunehmen; BVerwG, ZBR 85, 196 (197).

[135] BVerwG, ZBR 68, 183, RiA 70, 74 und ZBR 85, 196; NW OVG, DÖD 64, 70.

[136] BVerwG, Buchholz 235 § 12 BBesG Nr. 3 und ZBR 85, 196.

[137] BVerwG, ZBR 82, 306. Vgl. auch BVerwG, NVwZ 85, 907 (keine Offensichtlichkeit des Mangels des rechtlichen Grundes, wenn einem Beamten nach Wiederantritt des Dienstes der Ortszuschlag [*heute:* Familienzuschlag] trotz Ankündigung der Kürzung voll ausgezahlt wird).

wenn der Leistungsempfänger den Dienstherrn auf seine Zweifel hingewiesen hätte, so bleibt die Berufung auf den Bereicherungswegfall möglich.[138]

Die These von der Maßgeblichkeit der individuellen Kenntnisse und Fähigkeiten des Empfängers darf nicht dahin mißverstanden werden, daß es in das Belieben des Beamten oder Versorgungsberechtigten gestellt wäre, ob und inwieweit er sich mit den für ihn bedeutsamen rechtlichen Zusammenhängen vertraut macht. Jedenfalls vom aktiven Beamten kann erwartet werden, daß ihm sein Status als Inhaber eines Amtes und seine Zugehörigkeit zu einer bestimmten Laufbahn bekannt sind und daß er sich im Grundsätzlichen darüber unterrichtet, in welcher Weise Bezüge und sonstige amtsbezogene Leistungen hiervon abhängen. Namentlich im Anschluß an Änderungen, die den Status oder die – besoldungsrechtlich relevante – Funktion betreffen, besteht für den Beamten Anlaß, die ihm in der Folgezeit zufließenden Leistungen auf ihre Berechtigung zu überprüfen.[139] Zum besoldungsrechtlichen Grundwissen, welches bei einem Beamten gewöhnlich vorausgesetzt werden kann, gehört es, 718

- daß Dienstbezüge aus den Besoldungsgruppen der Besoldungsordnung A Grundgehälter enthalten, die in der Regel nach Dienstaltersstufen in einem bestimmten Rhythmus aufsteigen,[140]
- daß das für die Dienstaltersstufe maßgebliche Besoldungsdienstalter in dem für den Beamten günstigsten Fall am Ersten des Monats beginnt, in welchem er das 21. Lebensjahr vollendet hat,[141] und
- daß der Familienzuschlag (früher: Ortszuschlag) ausschlaggebend durch den Familienstand bestimmt wird.

Auch der Grundgedanke der Kindergeldregelung,[142] einen Ausgleich für den durch die Kinder bedingten höheren Aufwand einer Familie zu schaffen,[143] darf einem Beamten „nicht fremd" sein.[144]

---

[138] BW VGH, DÖD 79, 89.

[139] Vgl. BVerwGE 66, 251; NW OVG 27. 1. 1981 – 6 A 2909/79 –. BVerwG, NVwZ 87, 1082 verneint eine „Sorgfaltspflichtverletzung", obwohl ein Beamter den Wechsel seiner Ehefrau in den öffentlichen Dienst nicht angezeigt hatte, so daß eine Kürzung des Ortszuschlages (heute: des Familienzuschlages, §§ 39ff. BBesG) nicht erfolgt war: Die entsprechende Kürzungsvorschrift (heute: § 40 Abs. 4 BBesG) gehöre nicht zu den Grundprinzipien des Beamtenbesoldungsrechts, deren Kenntnis bei allen Beamten vorausgesetzt werden könne (zw.). S. auch BW VGH, ZBR 91, 253. Außerdem HVGH, ZBR 94, 62: Sofern der Beamte die Relevanz einer Tätigkeit seiner Ehefrau im öffentlichen Dienst für die Höhe des Ortszuschlages (heute: Familienzuschlages) kenne, könne er sich nicht auf einen Wegfall der Bereicherung berufen, „wenn er es unterlassen hat, seinem Dienstherrn den neuen Arbeitgeber seines Ehegatten mitzuteilen, obwohl für ihn Anhaltspunkte vorhanden waren, daß es sich bei der ... Tätigkeit des Ehegatten um eine Beschäftigung im öffentlichen Dienst handeln könnte ...".

[140] S. RdNr 551.

[141] Vgl. NW OVG 24. 6. 1980 – 6 A 1999/79 –.

[142] S. aber auch RdNr 687.

[143] BVerfGE 11, 105 (115 f.); 22, 163 (168); 23, 258 (263).

[144] BVerwG, NVwZ-RR 90, 622 (623) für einen Oberfeldwebel.

Freilich sind dem Beamten oder Versorgungsberechtigten keine status-, besoldungs- oder versorgungsrechtlichen Spezialkenntnisse[145] abzuverlangen, namentlich nicht solche, die weiter reichen als die Kenntnisse, die bei der zuständigen Behörde vorhanden sind.[146, 147] Auf eine Überspannung der Anforderungen an die Gewissenhaftigkeit würde es hinauslaufen, wenn man von einem rechtsunerfahrenen Beamten oder Versorgungsberechtigten erwarten wollte, daß er bei seinen Überlegungen zu einer im Zeitpunkt (Zeitraum) der Leistung noch nicht durch die höchstrichterliche Rechtsprechung geklärten zweifelhaften Rechtsfrage den Standpunkt einnimmt, der einer späteren rechtlichen Prüfung standhält.[148]

719   Zu der „im Verkehr erforderlichen Sorgfalt" gehört es nicht, daß der Beamte oder Versorgungsberechtigte das – oftmals komplexe – Rechenwerk eines Bescheides oder einer Mitteilung über Bezüge bis ins letzte Detail nachvollzieht;[149] lediglich augenfällige arithmetische Fehler oder Widersprüche dürfen ihm nicht entgehen.[150] Der Beamte oder Versorgungsberechtigte verhält sich aber in gesteigerter Weise unsorgfältig, falls er bei verschlüsselten Berechnungen von vornherein von dem Bemühen Abstand nimmt, das Gefüge anhand der beigegebenen Schlüsselkennzahlen zu begreifen.[151] Fachwissen im Bereich der elektronischen Datenverarbeitung kann nicht erwartet werden.[152]

720   Hat der Beamte oder Versorgungsberechtigte durch die unrichtige oder unvollständige Beantwortung von Fragen zur rechtsgrundlosen Leistungsgewährung beigetragen, so verstößt er „in außergewöhnlichem Maße" gegen seine Sorgfaltsobliegenheit, wenn er sich auf die rechtliche Absicherung der Leistung verläßt, obgleich ihm bewußt oder nur infolge grober Fahrlässigkeit nicht bewußt ist, daß er die Bedeutung der Fragen nicht erfaßt hatte.[153]

---

[145] S. NW OVG, ZBR 82, 245 betr. Kürzung des Ortszuschlages durch das HStruktG; s. weiterhin Fußn 139.

[146] HVGH, ZBR 59, 116; OVG Lüneburg, ZBR 59, 88. Vgl. aber auch BayVGH, ZBR 97, 290.

[147] Die Frage, ob Besprechungen und Erläuterungen eines Besoldungsgesetzes in Presse, Hörfunk und Fernsehen sowie in einschlägigen Beamtenzeitschriften für das Merkmal der Offensichtlichkeit etwas hergeben, läßt sich – entgegen NW OVG, ZBR 82, 245 (zustimmend: Schwegmann/Summer, BBesG, § 12, RdNr 9) – nicht generell verneinen. Es kommt vielmehr auf die Umstände des Einzelfalles an.

[148] BVerwG, NVwZ 84, 311.

[149] NW OVG, DÖD 64, 69 und ZBR 66, 282 m. Anm. Hueber, ZBR 67, 16.

[150] NW OVG, DÖD 64, 70.

[151] BVerwGE 40, 212 (218); s. auch BBesGVwV 12.2.14.4 letzter Satz.

[152] Battis, BBG, § 87, RdNr 10.

[153] BVerwG, RiA 70, 74. Nach BVerwG, NVwZ-RR 90, 622 ist die Kenntnis von der Anzeigepflicht (hier: bezüglich des Wechsels der Tochter eines Beamten von der Schul- zur Berufsausbildung) und von deren Verletzung „nicht gleichbedeutend mit der Kenntnis oder dem Kennenmüssen eines Mangels des rechtlichen Grundes für Zahlungen, die nach bzw. infolge unterlassener Anzeige weiter entgegengenommen werden". S. auch BVerwG, ZBR 94, 59 (unterlassene Anzeige einer Besserung des Ge-

Allein in Fällen dieser Art deckt sich der Ausschluß des Vertrauensschutzes gegenüber der rückwirkenden Rücknahme eines rechtsgrundbildenden begünstigenden Verwaltungsakts gemäß § 48 Abs. 2 Satz 3 Nr. 2 VwVfG im Ergebnis mit dem Ausschluß der Entreicherungseinrede gegenüber der Rückforderung. Da § 48 Abs. 2 Satz 3 Nr. 2 VwVfG nur voraussetzt, daß die Angaben des Begünstigten *objektiv* unrichtig oder unvollständig waren,[154] scheidet die Berufung auf einen Wegfall der Bereicherung im übrigen nicht schon ohne weiteres aus, sobald und soweit die Rücknahme eines der Leistung zugrunde liegenden Verwaltungsakts mit Wirkung ex tunc Rechtens ist.[155]

Werden die Bezüge einer *Beamtin* auf ein von ihr *mit*benutztes Konto ihres *Ehemannes* überwiesen, so verletzt diese ihre Sorgfaltsobliegenheit „in ungewöhnlich hohem Maße", wenn ihr Überzahlungen nur deshalb unbekannt bleiben, weil sie die Kontobewegungen nicht beobachtet.[156] **721**

Bei *Hinterbliebenen* können keine allzu hohen Anforderungen an Inhalt **722** und Umfang der Überprüfung ihrer Versorgungsbezüge gestellt werden.[157] Der Rahmen wird insoweit durch die Versorgungsmerkmale bestimmt und begrenzt, die dem Hinterbliebenen eröffnet worden sind.[158]

Das Verschulden eines *Vertreters* muß sich der Beamte oder Versor- **723** gungsberechtigte grundsätzlich zurechnen lassen.[159]

3. Haftung bei ungewissem Erfolgseintritt oder möglichem Rechtsgrundwegfall

Wird der mit der Leistung bezweckte Erfolg als ungewiß oder der Weg- **724** fall des Rechtsgrundes als möglich angesehen, so muß der Empfänger von vornherein mit seiner Rückgabepflicht rechnen.[160] Deshalb haftet er gemäß § 820 Abs. 1 BGB verschärft, falls der Erfolg nicht eintritt (Satz 1) oder – in der anderen Variante – der Rechtsgrund wirklich entfällt (Satz 2). Die Verzinsungspflicht (§ 818 Abs. 4 iVm §§ 291, 288 Abs. 1 BGB) setzt erst mit dem Zeitpunkt ein, in dem der Empfänger erfährt, daß der Erfolg nicht eingetreten oder der Rechtsgrund entfallen ist (§ 820 Abs. 2 Hs. 1 BGB).

Die entsprechende Anwendung dieser zivilrechtlichen Regelung im Rah- **725** men der Rückforderung von Bezügen und sonstigen amtsbezogenen Lei-

---

sundheitszustandes bei Gewährung eines Zuschlages zum Unfallruhegehalt gemäß § 34 Abs. 2 Hs. 1 BeamtVG).

[154] Knack, VwVfG, § 48, RdNr 8.4.2; Kopp, VwVfG, § 48, RdNr 69; Stelkens/Bonk/Sachs, VwVfG, § 48, RdNr 110 f.

[155] Vgl. dazu von Mutius, VerwArch 71, 413 (422 f.).

[156] BVerwG, ZBR 90, 80.

[157] Vgl. BVerwGE 8, 261 (269).

[158] BVerwGE 40, 212.

[159] BVerwGE 32, 228.

[160] Die Beteiligten müssen sich die Ungewißheit der künftigen Entwicklung konkret vergegenwärtigt haben (BVerwGE 40, 237).

stungen gewinnt vornehmlich, jedoch nicht ausschließlich bei Abschlags-
oder Vorbehaltszahlungen Bedeutung.

a) Abschlagszahlungen

726   Dabei handelt es sich um Zahlungen, bei denen die geschuldeten Beträge
auch für die zurückliegende Zeit erst im nachhinein endgültig festgesetzt
werden.[161] § 820 Abs. 1 Satz 1 BGB schließt hier – ohne daß es eines Rück-
forderungsvorbehalts bedürfte[162] – grundsätzlich[163] eine Berufung auf einen
Bereicherungswegfall aus.

b) Vorbehaltszahlungen

727   Gewährt die Behörde Leistungen unter ausdrücklichem Vorbehalt, so
macht sie dem Empfänger damit regelmäßig deutlich, daß ein die Leistung
legitimierender Rechtsgrund unter Umständen fehlt. Soweit der Vorbehalt
nach Inhalt und Umfang reicht, ist dem Empfänger die Entreicherungseinrede nach dem Rechtsgedanken des § 820 Abs. 1 BGB[164] grundsätzlich
abgeschnitten,[165] vorausgesetzt, der konkrete Vorbehalt genügt den Anforderungen, welche die Rechtsprechung – nicht zuletzt in Würdigung der Für-
sorge- und Schutzpflicht (§ 79 BBG, § 48 BRRG) – an die Zulässigkeit und
Wirksamkeit von Vorbehalten stellt:

– Der Vorbehalt darf sich nur auf den Teil der Gesamtleistung beziehen, bei
dem ungewiß ist, ob er dem Empfänger tatsächlich zusteht. Dies gilt insbesondere für Vorbehalte hinsichtlich solcher Leistungen, die im Vorgriff
auf eine gesetzliche Regelung erbracht werden.[166]

– Der Vorbehalt muß bestimmt sein, so daß es für den Empfänger nicht
zweifelhaft bleibt, hinsichtlich welchen (Teil-)Betrages er sich auf eine
etwaige Rückforderung einzurichten hat. Die Bedeutung des Vorbehalts
ist nach den Grundsätzen über die Auslegung von Willenserklärungen zu
ermitteln.[167]

– Schließlich darf der Vorbehalt nicht länger als unbedingt nötig beibehalten werden;[168] feste zeitliche Grenzen lassen sich freilich nicht aufstellen.[169]

---

[161] BVerwGE 21, 119.
[162] BVerwGE 11, 283; 13, 248; 16, 2; 18, 72; BVerwG, Buchholz 232 § 87 BBG Nr. 17.
[163] BVerwGE 11, 283 (287 f.); BVerwG, ZBR 90, 265. S. aber auch RdNr 734.
[164] Ob Satz 1 oder Satz 2 a. a. O. heranzuziehen ist, hängt von Art und Funktion des jeweiligen Vorbehalts ab.
[165] Vgl. dazu BVerwG, ZBR 77, 230; NW OVG, DÖD 77, 231 mit weiteren Nach-weisen.
[166] BVerwG, RiA 77, 200.
[167] NW OVG, ZBR 82, 245.
[168] BVerwGE 11, 283; 18, 72; 19, 188; 21, 119.
[169] BVerwGE 13, 248; 19, 188; BVerwG, ZBR 66, 285.

Nach dem Wegfall eines Vorbehaltsvermerks ist der Empfänger im allge- 728
meinen zu der Annahme berechtigt, daß er nicht nur über die nunmehr vor-
behaltlos erbrachte Leistung frei verfügen könne, sondern auch hinsichtlich
der in der Vergangenheit gewährten Leistungen nicht mehr mit einer Rückforderung zu rechnen brauche.[170]

Die *Dienstbezüge* werden unter dem gesetzlichen Vorbehalt gezahlt, daß 729
der Beamte sie nicht (mehr) beanspruchen kann, wenn er schuldhaft unge-
nehmigt dem Dienst fernbleibt (s. § 9 BBesG).[171] Die bestandskräftige Feststellung des Verlustes der Dienstbezüge zeitigt in einem Verwaltungs- und
einem Verwaltungsstreitverfahren wegen der Rückforderung Tatbestands-
wirkung.[172] Die Zahlung der *Anwärterbezüge* ist gemäß § 66 BBesG mit
dem gesetzlichen Vorbehalt verknüpft, daß sich die Ausbildung des Anwärters nicht aus einem von ihm zu vertretenden Grund verzögert und der
Anwärtergrundbetrag deshalb zu kürzen ist.[173]

Festsetzung[174] und Zahlung der *Versorgungsbezüge* stehen unter einem – 730
ohne Hinweis oder Belehrung des Dienstherrn wirksamen[175] – gesetzesimmanenten Vorbehalt derart, daß auch der insoweit entreicherte Versorgungsberechtigte zur Rückgewähr der Beträge gehalten ist, die sich bei einer nachträglichen Ruhensberechnung (§§ 53 ff. BeamtVG) oder bei rückwirkenden
Änderungen in der Höhe des anzurechnenden anderweitigen Verwen-
dungs-, Versorgungs- oder Renteneinkommens als „zuviel gezahlt" erweisen.[176] Entsprechendes gilt für den Anspruch der Witwe auf einen *Unterhaltsbeitrag* gemäß § 22 Abs. 1 BeamtVG, was die nachträgliche Anrechnung ihrer Einkünfte betrifft.[177] Hingegen unterliegt das Ruhegehalt eines

---

[170] NW OVG, ZBR 82, 245.

[171] BVerwG, NVwZ 95, 389. Zum ungenehmigten schuldhaften Fernbleiben vom
Dienst bei Widerruf eines bereits bewilligten Urlaubs s. BVerwG, NVwZ-RR 96, 585.
Vom Beamten gegen den Widerruf erhobene Einwände können im Verfahren nach § 9
BBesG, § 121 BDO nicht berücksichtigt werden; BVerwG, a.a.O. Ungenehmigtes
Fernbleiben vom Dienst, wenn der Beamte zumindest bedingt vorsätzlich handelnd
den Widerruf einer Strafaussetzung zur Bewährung herbeiführt; BVerwG, NVwZ-
RR 95, 96.

[172] BayVGH, BayVBl 73, 75.

[173] NW OVG, RiA 93, 100.

[174] Vgl. BVerwGE 16, 2.

[175] BVerfGE 46, 97.

[176] BVerfGE 46, 97 (114); BVerwGE 25, 291; 71, 77 (81 f.); BVerwG, ZBR 66,
285 und RiA 77, 72; NW OVG, DÖD 64, 72 und ZBR 69, 243; RP OVG, ZBR 68,
257. Der gesetzliche Vorbehalt erstreckt sich hingegen nicht darauf, daß die Behörde eine für die Ruhensberechnung maßgebende Vorschrift übersehen oder nicht
richtig angewendet hat; BVerwG, ZBR 86, 136 mit der Einschränkung, daß das
„jedenfalls dann" gelte, „wenn es der Behörde nicht aus zeitlichen Gründen unmöglich war, diese Vorschrift bereits bei der (ersten) Ruhensberechnung zu berücksichtigen".

[177] BVerwGE 66, 360. Der gesetzliche Vorbehalt unterliegt grundsätzlich keiner
zeitlichen Beschränkung. Mit Treu und Glauben ist es aber nicht vereinbar, wenn die
Behörde einen solchen Vorbehalt noch geltend macht, obwohl sie den Versorgungsbe-

geschiedenen Beamten nach Durchführung des Versorgungsausgleichs nicht mehr einem gesetzesimmanenten Vorbehalt der Rückforderung für Fälle rückwirkender oder erst nachträglich bekannt werdender Rentengewährung an den geschiedenen Ehegatten (s. § 57 Abs. 1 Satz 2 BeamtVG).[178] Der Ruhestandsbeamte kann sich daher für die zurückliegende Zeit insofern auf den Wegfall der Bereicherung berufen, auch wenn ihn die Versorgungsbehörde ausdrücklich darauf hingewiesen hatte, daß die Versorgungsbezüge im Fall einer rückwirkenden Rentengewährung an seinen geschiedenen Ehegatten zu kürzen seien.[179]

c) Weitere Fälle

731   § 820 Abs. 1 Satz 2 BGB gelangt darüber hinaus zu entsprechender Anwendung, wenn einem entlassenen Beamten mit Rücksicht auf die aufschiebende Wirkung seines Widerspruchs oder seiner Klage gegen die Entlassungsverfügung (§ 80 Abs. 1, Abs. 5 VwGO) bis zur Anordnung der sofortigen Vollziehung (§ 80 Abs. 2 Satz 1 Nr. 4 VwGO),[180] bis zur Bestandskraft des Widerspruchsbescheides, bis zu dem in § 80b Abs. 1 Satz 1 VwGO genannten Zeitpunkt[181] oder bis zur Rechtskraft des klageabweisenden Urteils (s. § 80b Abs. 2 VwGO) die Dienstbezüge weitergewährt werden.[182, 183] Auf den Wegfall der Bereicherung kann sich ferner – erst recht – nicht mit Erfolg berufen, wem die Leistungen seines Dienstherrn nur wegen der aufschiebenden Wirkung von Widerspruch oder Klage gegen einen Verwaltungsakt weiter zufließen, durch den diese Leistungen selbst herabgesetzt oder entzogen werden.[184]

732   Bei der Rückforderung laufender Geldleistungen, die einem Beamtenbewerber allein wegen einer später aufgehobenen einstweiligen Anordnung auf vorläufige Aufnahme in den Vorbereitungsdienst (§ 123 Abs. 1 Satz 2 VwGO) gewährt worden sind, kann ein Bereicherungswegfall entsprechend § 820 Abs. 1 Satz 2 BGB im Hinblick auf die „rechtlich vorgegebene Vor-

---

rechtigten durch ihr eigenes Verhalten in den Glauben versetzt hatte, daß er damit nicht mehr zu rechnen brauche; NW OVG, DÖD 82, 114.

[178] BVerwG, ZBR 93, 87.

[179] BVerwG, a. a. O. (Fußn 178).

[180] BW VGH, DÖD 79, 83.

[181] S. RdNr 701.

[182] BVerwGE 18, 72; 24, 92; 30, 296; BVerwG, DÖV 72, 573; vgl. auch BVerwG, Buchholz 240 § 12 BBesG Nr. 19; NW OVG, DÖD 76, 184. Der entlassene Beamte kann nicht damit gehört werden, er sei gar nicht bereichert, weil er ohne die Weitergewährung der Dienstbezüge Arbeitslosen- oder Sozialhilfe erhalten hätte. Vgl. auch Schwegmann/Summer, BBesG, § 12, RdNr 9 (unter d) ee)).

[183] Nachdem das BVerwG (ZBR 92, 62) klargestellt hat, daß die Einbehaltung der das Ruhegehalt übersteigenden Dienstbezüge gemäß § 44 Abs. 4 Satz 1 BBG kein Verwaltungsakt ist, kann der Beamte das Ziel einer vorläufigen Weitergewährung seiner *vollen* Dienstbezüge nurmehr durch Stellung eines Antrags auf Erlaß einer einstweiligen Anordnung verfolgen (s. auch NW OVG, NVwZ-RR 93, 315).

[184] S. BBesGVwV 12.2.14.2.

läufigkeit der einstweiligen Anordnung" ebenfalls nicht erfolgreich geltend gemacht werden.[185]

Außerdem kann mit der Entreicherungseinrede nicht durchdringen, wer **733** über den Teil monatlich im voraus gezahlter Bezüge verfügt, der auf den Zeitraum nach seiner im Laufe des Monats wirksam werdenden Entlassung entfällt und damit eines Rechtsgrundes entbehrt.[186]

4. Verstoß der Rückforderung gegen Treu und Glauben

Da die §§ 818 ff. BGB Ausfluß des in § 242 BGB – als allgemeiner Vor- **734** schrift – niedergelegten Grundsatzes sind,[187] ist die Bereicherungseinrede in den Fällen verschärfter Haftung nach Treu und Glauben – ausnahmsweise – dann beachtlich, wenn
– die zurückgeforderten Beträge von entscheidender Bedeutung für die Sicherung des Lebensunterhalts der Familie gewesen sind,[188]
– das Empfangene zufällig untergegangen ist[189] oder
– „besondere Umstände" eine Rückforderung als „treuwidriges Verhalten" erscheinen lassen.[190]
Der bloße Zeitablauf ist kein „besonderer Umstand" in diesem Sinne.[191]

IV. Rückforderung des Bruttobetrages

„Zuviel gezahlte" Dienst- oder Versorgungsbezüge können, obwohl der **735** Beamte nur den um die Steuer verminderten Nettobetrag erhalten hat, grundsätzlich in Höhe des Bruttobetrages zurückgefordert werden.[192] Soweit es sich um die Differenz zwischen Brutto- und Nettobetrag handelt, geht das BVerwG[193] von einer „mittelbaren Zuwendung" an den Beamten oder Versorgungsberechtigten aus, für dessen „Rechnung" die Steuern an

---

[185] BVerwGE 71, 354; BVerwG, ZBR 86, 87; s. schon RdNr 703.

[186] BW VGH, VRspr 25, 418.

[187] BVerwGE 25, 291; Palandt/Thomas, BGB, RdNr 2 vor § 812, unter Hinweis auf BGHZ 36, 235; 55, 128.

[188] BVerwGE 11, 283; 18, 72; 24, 92; 30, 296.

[189] BVerwGE 24, 148.

[190] BVerwGE 25, 291; 44, 339; NW OVG, ZBR 76, 189. S. auch Schwegmann/Summer, BBesG, § 12, RdNr 12: Ein Verstoß gegen Treu und Glauben komme insbesondere dann in Betracht, wenn der Dienstherr bei Eintritt des Beamten in den Ruhestand oder bei sonstigem Ausscheiden aus dem Dienstverhältnis den Rückforderungsanspruch *nicht unverzüglich* geltend mache.

[191] S. Fußn 190. Zur Verwirkung des Rückforderungsanspruchs s. Fußn 217.

[192] BVerwGE 24, 92; 25, 97; 28, 68; BVerwG, ZBR 90, 80 (81); anders noch BVerwG, ZBR 66, 24. S. dazu auch Schwegmann/Summer, BBesG, § 12, RdNr 10.

[193] S. Fußn 192.

das Finanzamt abgeführt werden. In der Entscheidung BVerfGE 46, 97 (115 ff.) ist im einzelnen dargelegt, welchen Bedenken diese Auffassung angesichts des durch Art. 33 Abs. 5 GG verfassungsrechtlich abgesicherten Fürsorge- und Schutzprinzips[194] begegnen könnte; ein Verfassungsverstoß ist vom BVerfG insoweit freilich nicht festgestellt worden.

736 Allerdings ist das Bruttoprinzip rechtlich nur vertretbar, wenn der Beamte oder Versorgungsberechtige auch in Zukunft ein steuerpflichtiges Einkommen hat, den Rückzahlungsbetrag als werbungskostenähnlichen Aufwand geltend machen kann und dadurch einen annähernden Ausgleich zeitnah erreicht.[195] Hat er dagegen (etwa wegen fehlenden oder nur geringen zu versteuernden Einkommens) keine Möglichkeit, einen nachträglichen steuerlichen Ausgleich für die Bruttorückzahlungspflicht zu erlangen, so hat die Verwaltung hierauf durch eine Billigkeitsentscheidung dergestalt zu reagieren, daß sie von der Rückforderung des den Nettobetrag übersteigenden Teiles der Zuvielzahlung absieht.[196]

V. Billigkeitsentscheidung

737 Die Entscheidung darüber, ob aus Billigkeitserwägungen[197] ganz oder teilweise von der Rückforderung abgesehen wird (§ 12 Abs. 2 Satz 3 BBesG, § 52 Abs. 2 Satz 3 BeamtVG, § 87 Abs. 2 Satz 3 BBG, § 53 Abs. 2 Satz 3 BRRG), ist in das pflichtgemäße *Ermessen* der zuständigen Behörde gestellt.[198] § 40 VwVfG bestimmt dazu allgemein:

„Ist die Behörde ermächtigt, nach ihrem Ermessen zu handeln, hat sie ihr Ermessen entsprechend dem Zweck der Ermächtigung auszuüben und die gesetzlichen Grenzen des Ermessens einzuhalten."

738 „Zweck der Ermächtigung" ist es hier, die besonderen Gegebenheiten des Einzelfalles, soweit dies angemessen erscheint, gegenüber der notwendig generalisierenden gesetzlichen Rückforderungsregelung zur Geltung zu bringen.[199] In die Erwägungen sind vornehmlich die Möglichkeiten für eine

---

[194] S. dazu RdNrn 354 ff.

[195] Clemens/Millack, BBesG, § 12, Anm. 2.

[196] NW OVG 10. 12. 1979 – VI A 1492/78 –. S. auch BVerwGE 25, 97 (105). Außerdem GKÖD III, RdNr 18 zu § 12 BBesG: „Es dürfte . . . angemessener und sachgerechter sein, einen unmittelbaren Ausgleich zwischen diesen (sc. den verschiedenen ‚stationes fisci') selbst vorzunehmen, als den Besoldungsberechtigten in Anspruch zu nehmen und es ihm zu überlassen, einen Erstattungsanspruch gegen die Finanzbehörde geltend zu machen."

[197] § 52 Abs. 3 BeamtVG ist eine ausschließlich aus Gründen der Verwaltungsvereinfachung, nicht aus Billigkeitserwägungen getroffene Regelung; s. BT-Dr 12/5919, S. 17.

[198] BVerwGE 11, 283; 28, 68.

[199] Vgl. BVerwG, ZBR 83, 192, ZBR 83, 193 und ZBR 90, 80 (81).

Rückabwicklung der rechtsgrundlosen Leistung einschließlich der wirtschaftlichen und sozialen Auswirkungen auf den Betroffenen und seine Familie, daneben die Ursachen einzubeziehen, auf denen die rechtsgrundlose Leistung einerseits[200] und der Bereicherungswegfall andererseits beruhen.[201] Für die Frage der wirtschaftlichen Leistungsfähigkeit des Beamten ist auf die Situation in der *Erstattungsphase,* nicht hingegen auf die Lage abzustellen, wie sie zur Zeit der Überzahlung bestand.[202] Die „Härte", die eine jede Rückforderung unabhängig von den in concreto obwaltenden Umständen darstellt, ist im Rahmen der Ermessenshandhabung nicht berücksichtigungsfähig.

„Grenzen des Ermessens" ergeben sich insbesondere aus dem Gleichbehandlungsgrundsatz (Art. 3 Abs. 1 GG), dem Verhältnismäßigkeitsgebot[203] und dem Fürsorge- und Schutzprinzip.[204] **739**

Regelmäßig[205] genügt es den Anforderungen, die die Billigkeit stellt, **740** wenn dem Verpflichteten *Rückzahlungsraten* eingeräumt werden,[206] deren Höhe zum einen dem *insgesamt* zu erstattenden Betrag und zum anderen der wirtschaftlichen Leistungsfähigkeit des Verpflichteten Rechnung tragen muß. Auch ein Zahlungsaufschub oder sonstige Zahlungserleichterungen können in Betracht kommen.[207] Dem Betroffenen im Rückforderungs- oder im Widerspruchsbescheid lediglich anheimzugeben, Ratenzahlung zu beantragen,[208] dürfte nur ausreichen, sofern er während des Verwaltungs- und des Widerspruchsverfahrens keine hinlänglichen tatsächlichen Angaben gemacht hat, so daß die Behörde – auch nach Würdigung des aus den Akten ersichtlichen Sachverhalts – nicht zu einer verläßlichen Einschätzung der vertretbaren Ratenhöhe in der Lage ist. Keinen Ermessensfehlgebrauch wird

---

[200] Ein etwaiges Mitverschulden auf seiten der Verwaltung ist grundsätzlich für die Ermessensentscheidung relevant; BVerwG, NVwZ 95, 389 (390) mit weiteren Nachweisen. Vgl. auch BayVGH, ZBR 97, 290.

[201] BVerwGE 11, 283; 16, 2; 30, 296; BVerwG, DÖV 72, 573, Buchholz 232 § 158 BBG Nr. 31, RiA 83, 118 und ZBR 90, 80. Eine von der Behörde zu vertretende Mitursache für die Länge des Überzahlungszeitraumes kann auch dann für die Ermessensentscheidung von Bedeutung sein, wenn die Überzahlung nicht nur auf der Säumnis der Behörde, sondern außerdem auf einer Pflichtwidrigkeit oder Obliegenheitsverletzung des Leistungsempfängers beruht; BVerwG, ZBR 83, 193.

[202] BVerwGE 66, 251 (255 f.); BVerwG, NVwZ 90, 670 und NVwZ 95, 389 (390).

[203] Vgl. BVerwGE 1, 163; 30, 313 (318); 44, 156 (159).

[204] S. dazu RdNrn 354 ff.

[205] Vgl. jedoch BVerwG, ZBR 72, 335.

[206] BVerwGE 13, 248; 18, 72; 28, 68; 30, 296; BVerwG, DÖD 63, 233. S. auch BVerwG, ZBR 90, 80 (81) und ZBR 90, 265 (266). Das bloße Inaussichtstellen von Ratenzahlungen genügt den Erfordernissen einer Billigkeitsentscheidung nicht, es sei denn, der Rückzahlungsverpflichtete gibt trotz entsprechender Aufforderung nicht die notwendigen Informationen; HVGH, NVwZ 91, 94 (95). Vgl. aber ferner HVGH, ZBR 92, 220 (222): „Ersetzung" mangelnder Billigkeitsentscheidung durch Vorbehalt der beschränkten Erbenhaftung.

[207] S. auch BBesGVwV 12.2.17 Satz 1.

[208] Vgl. BVerwGE 18, 72. S. schon Fußn 206.

es in der Regel bedeuten, wenn die Rückforderung durch Aufrechnung oder Verrechnung gegen eine *Nachzahlung* verwirklicht wird,[209] es sei denn, der Beamte oder Versorgungsberechtigte benötigt diese in unverminderter Höhe, um Schulden zu begleichen, die ihm in der Zeit erwachsen sind, auf die sich die Nachzahlung bezieht. Einen gänzlichen Verzicht auf Rückforderung wird die Billigkeit nur selten gebieten, zumal die Fälle, in denen ein solcher in Frage kommen könnte, durch die Möglichkeit eines Ausschlusses der verschärften Haftung nach Treu und Glauben[210] gewöhnlich bereits erfaßt werden.

741   Bei der Rückforderung überzahlter Versorgungsbezüge von einem *Erben* verfährt die Verwaltungspraxis wie folgt:[211] Die Überzahlung wird nur insoweit zurückverlangt, als nach Begleichung der Bestattungskosten und anderer Nachlaßverbindlichkeiten noch verwertbarer Nachlaß vorhanden ist.[212] Im übrigen wird aus Billigkeitsgründen von einer Rückforderung abgesehen.[213]

742   Die Billigkeitsentscheidung[214] muß grundsätzlich spätestens in dem Bescheid getroffen werden, mit dem über den Widerspruch gegen einen Rückforderungsbescheid entschieden wird. Sie muß begründet werden (§ 39 Abs. 1 Sätze 1 und 3 VwVfG); eine fehlende oder unzureichende Begründung kann bis zum Abschluß eines verwaltungsgerichtlichen Verfahrens nachgeholt oder vervollständigt werden (§ 45 Abs. 1 Nr. 2, Abs. 2 VwVfG). Wird das Rückforderungsbegehren durch Leistungsklage verfolgt, so ist die Billigkeitsentscheidung bis zur letzten mündlichen Verhandlung möglich.[215] Ändert sich die für die Billigkeitsentscheidung maßgebliche Sachlage nachträglich, so muß der Schuldner, sofern ein unanfechtbarer Leistungsbescheid vorliegt, gemäß § 51 VwVfG, falls ein rechtskräftiges Leistungsurteil ergangen ist, gemäß § 173 VwGO iVm § 323 ZPO vorgehen.[216]

---

[209] BVerwG, DÖV 72, 573; s. auch RdNrn 750 ff.

[210] S. dazu RdNr 734.

[211] Vgl. Stegmüller/Schmalhofer/Bauer, BeamtVG, § 52, RdNr 9 (2.2).

[212] S. auch § 1990 BGB; dazu BVerwG, NJW 63, 1075.

[213] Zur „Ersetzung" einer mangelhaften oder fehlenden Billigkeitsentscheidung durch den Vorbehalt der Beschränkung der Erbenhaftung auf den Nachlaß s. HVGH, ZBR 92, 220 (222).

[214] Einer Billigkeitsentscheidung bedarf es auch dann, wenn die Rückforderung im Wege der *Aufrechnung* erfolgt; BVerwGE 71, 354 (357); BVerwG, NVwZ 95, 389.

[215] Zur Nachholung der Billigkeitsentscheidung während des Rechtsstreits vgl. BVerwGE 18, 72 (77); 28, 68 (79); 30, 296 (301); BVerwG, ZBR 90, 265 (266). S. nunmehr auch § 114 Satz 2 VwGO.

[216] S. auch § 59 BHO; die dort vorgesehene Möglichkeit der Niederschlagung bleibt unberührt. Die in VV 2 a zu § 98 NW LBG enthaltene generelle Weisung, von der Rückforderung abzusehen, falls das Einziehungsverfahren den Erstattungsbetrag übersteigende Kosten verursachen würde, wird a.a.O. zu Unrecht mit „Billigkeitsgründen" in Verbindung gebracht, während sie in Wahrheit allein auf – vernünftigen – fiskalischen Erwägungen beruht. S. auch Schwegmann/Summer, BBesG, § 12, RdNr 11 a. E.

VI. Geltendmachung der Rückforderung

Die Rückforderung kann durch Leistungsbescheid oder Leistungsklage 743
erfolgen; als Erfüllungsersatz kann sich die Aufrechnung anbieten.[217]

1. Leistungsbescheid[218]

Der Weg einer Rückforderung durch *Verwaltungsakt* (Leistungsbe- 744
scheid),[219] der grundsätzlich[220] eine vorherige Anhörung des Betroffenen
(§ 28 Abs. 1 VwVfG) voraussetzt, kann nur beschritten werden, wenn die
rechtsgrundlose Leistung im inneren Zusammenhang mit einem Beamtenverhältnis erbracht worden ist. Dies ist notwendig, aber auch hinreichend.
Der Beamte kann deshalb wegen einer ungerechtfertigten Bereicherung, die
ihm aus einem früheren Arbeitsverhältnis zu seinem Dienstherrn zugeflossen ist, nicht durch Leistungsbescheid in Anspruch genommen werden.[221]
Hingegen bestehen keine Bedenken gegen den Erlaß eines Rückforderungsbescheides gegenüber den Erben des Beamten (Versorgungsberechtigten),
falls es sich um die Erstattung einer Leistung handelt, die dem Beamten
(Versorgungsberechtigten) zu Lebzeiten mit Rücksicht auf sein Dienstverhältnis sine causa zuteil geworden ist.[222] Anders ist die Rechtslage, wenn die
Behörde nach dem (ihr noch nicht bekannten) Tode des Beamten (Versorgungsberechtigten) Dienstbezüge (Versorgungsbezüge) oder sonstige Geldleistungen weiter auf das Konto des Verstorbenen überweist, das inzwischen
auf die Erben übergegangen ist. Zwar dürfte in einem solchen Fall ein öffentlich-rechtlicher Erstattungsanspruch und nicht ein zivilrechtlicher Be-
reicherungsanspruch in Betracht kommen;[223] da zwischen der Verwaltung
und den Erben kein Subordinationsverhältnis besteht, kann die Rückforderung aber nicht durch Leistungsbescheid, sondern nur durch verwaltungsgerichtliche Leistungsklage erfolgen.[224]

---

[217] S. auch NW OVG, ZBR 95, 50: Ein Anspruch auf Rückforderung könne *verwirkt* sein, wenn er erst nach längerer Dauer der Untätigkeit erhoben werde und wenn
besondere Umstände vorlägen, die ein schutzwürdiges Vertrauen des Schuldners begründeten, daß der Anspruch nicht mehr geltend gemacht werde.
[218] Zur Handlungsform des beamtenrechtlichen Leistungsbescheides s. allgemein Günther, DÖD 91, 159 ff. (speziell zur Rückforderung durch Leistungsbescheid S. 176 ff.).
[219] Vgl. dazu BVerfGE 46, 97; BVerwGE 25, 72; 28, 1; 37, 314; 40, 237; s. auch
BVerwG, Buchholz 240 § 12 BBesG Nr. 19; zur Abgrenzung von schlichter Zahlungsaufforderung (auch zum Zwecke der Vorbereitung einer Leistungsklage) und Leistungsbescheid BVerwG, ZBR 69, 60 sowie NW OVG, OVGE 29, 15 (20 ff.).
[220] S. aber auch § 28 Abs. 2 sowie § 45 Abs. 1 Nr. 3 und Abs. 2 VwVfG.
[221] NW OVG, RiA 74, 20.
[222] BVerwGE 15, 234; 37, 314; BGH, MDR 71, 553; s. auch BBesGVwV 12.2.25.
[223] Vgl. zum Meinungsstand NW OVG, DÖD 86, 137.
[224] NW OVG, DÖD 86, 137; BW VGH, NVwZ 89, 892; a. A. Schwegmann/Sum-
mer, BBesG, § 12, RdNr 14. Vgl auch BVerwG, ZBR 87, 52.

745   Der Rückforderungsbescheid muß den Betrag der rechtsgrundlosen Leistung und die zu erstattende Summe enthalten; sofern während eines bestimmten Zeitraumes wiederkehrende Leistungen ganz oder teilweise zuviel
gewährt worden sind, ist es ferner angezeigt, diesen Zeitraum anzugeben,
und unerläßlich, eine detaillierte Berechnung in die gemäß § 39 Abs. 1
VwVfG in der Regel erforderliche Begründung einzufügen, die sich – wie
dargelegt[225] – auch auf die Billigkeitsentscheidung zu erstrecken hat.[226]

746   Der Adressat des Rückforderungsbescheides kann nach erfolglosem Widerspruch (§ 126 Abs. 3 BRRG iVm §§ 68ff. VwGO) verwaltungsgerichtliche *Anfechtungsklage* (§ 126 Abs. 1 BRRG, § 42 Abs. 1 VwGO) erheben.
Beruht die rechtsgrundlose Leistung auf einem rechtsbegründenden oder
rechtsbestätigenden (feststellenden) Verwaltungsakt, der ex tunc zurückgenommen worden ist,[227] so muß der Betroffene auch gegen den Rücknahme-
bescheid mit Widerspruch und Klage angehen, sofern er (auch) diesen nicht
für Rechtens hält. Beide Klagebegehren werden zweckmäßigerweise verbunden (§ 44 VwGO), es sei denn, rückfordernde und rücknehmende Behörde sind nicht identisch.

747   Widerspruch und Anfechtungsklage gegen Rücknahme- und Rückforderungsbescheid haben aufschiebende Wirkung (§ 80 Abs. 1 VwGO). Eine
Vollziehungsanordnung (§ 80 Abs. 2 Satz 1 Nr. 4 VwGO) wird nur dann zu
erwägen sein, wenn genügend Anhaltspunkte dafür gegeben sind, daß der
Erstattungsbetrag nach rechtskräftiger Klageabweisung nicht mehr zu erlangen ist.[228]

748   Eine Zinszahlungspflicht wird durch den Erlaß des Rückforderungsbescheides nicht ausgelöst;[229] er unterbricht aber die Verjährung (§ 53 Abs. 1
VwVfG), die (erst) nach dreißig Jahren eintritt (§ 195 BGB),[230] soweit nicht
besondere landesrechtliche Vorschriften kürzere Ausschluß- oder Verjährungsfristen festlegen.[231]

2. Leistungsklage

749   Für eine Geltendmachung des Erstattungsanspruchs durch verwaltungsgerichtliche Leistungsklage (§ 126 Abs. 2 BRRG)[232] kann sich der Dienstherr

---

[225] S. RdNr 742.
[226] Zur Verbindung von Rücknahme- und Rückforderungsbescheid s. RdNr 698.
[227] S. dazu RdNrn 693ff.
[228] S. auch BBesGVwV 12.2.22. A.A. BayVGH, BayVGH n.F. 8 I 80: Es sei meist
zweckmäßig, die sofortige Vollziehung anzuordnen.
[229] RP OVG, DÖV 83, 904. Vgl. auch Kamps, DVBl 82, 777 (779) sowie BBesG-
VwV 12.2.23 Sätze 3 und 4.
[230] BVerwGE 66, 251 in Übereinstimmung mit BGHZ 32, 13 und BAG, JZ 73, 27;
a.A. BSG, NJW 64, 1437 (§ 197 BGB sei entsprechend anwendbar.).
[231] S. dazu Art. 71 Abs. 1 Satz 1 Nr. 1 BayAGBGB; § 105a RP LBG. Zu Art. 71
Abs. 1 Satz 1 BayAGBGB s. BayVGH, BayVBl 93, 374 und DÖD 97, 200.
[232] Auch für die Rückforderung einer Beihilfe, die dem Erben des Beihilfeberech-
tigten zugeflossen ist, ist der Verwaltungsrechtsweg gegeben; BVerwG, ZBR 90, 265

entscheiden, ohne daß ihm wegen der Möglichkeit, durch Leistungsbescheid vorzugehen, fehlendes Rechtsschutzinteresse entgegengehalten werden könnte.[233] Eine gerichtliche Klärung ist so nämlich häufig schneller und mit geringerem Aufwand zu erlangen, als wenn zunächst ein Leistungs- und ein Widerspruchsbescheid ergehen, die – wie vorhersehbar – mit der Anfechtungsklage angegriffen werden.[234] Außerdem kann das obsiegende Leistungsurteil in der Hauptsache für vorläufig vollstreckbar erklärt werden (§ 167 Abs. 1 VwGO iVm §§ 708ff. ZPO), während ein Leistungsbescheid, sofern nicht ausnahmsweise die Voraussetzungen für eine Vollziehungsanordnung erfüllt sind,[235] erst frühestens drei Monate nach Ablauf der gesetzlichen Begründungsfrist des gegen die erstinstanzliche Abweisung der Anfechtungsklage gegebenen Rechtsmittels einer Vollstreckung zugänglich ist (vgl. § 80b VwGO). Schließlich können bei der Leistungsklage ab Rechtshängigkeit Prozeßzinsen verlangt werden (§ 818 Abs. 4, §§ 291, 288 Abs. 1 BGB); die bürgerlich-rechtlichen Vorschriften über den Verzugsschaden (§ 284 Abs. 1, § 286 Abs. 1 BGB) sind aber nicht (entsprechend) anwendbar.[236]

3. Aufrechnung

Nach § 11 Abs. 2 Satz 1 BBesG kann der Dienstherr gegenüber Ansprü- **750** chen auf Bezüge im Sinne des § 1 Abs. 2 und 3 BBesG grundsätzlich nur in den Grenzen der Pfändbarkeit aufrechnen. Gleiches bestimmt § 51 Abs. 2 Satz 1 BeamtVG für die Aufrechnung gegenüber Ansprüchen auf Versorgungsbezüge.[237] Beide gesetzliche Regelungen gehen davon aus, daß eine Aufrechnung gegenüber Ansprüchen auf Besoldungs- und Versorgungsbezüge prinzipiell *zulässig* ist.[238] Die Rückforderung rechtsgrundlos gewährter Geldleistungen ist – neben der Inanspruchnahme des Beamten auf Schadensersatz – das bedeutsamste beamtenrechtliche Anwendungsfeld dieses Gestaltungsrechts.[239]

Die einseitige, empfangsbedürftige *Aufrechnungserklärung* des Dienstherrn **751** (s. § 388 Satz 1 BGB) stellt keine verbindliche Entscheidung und damit keinen Verwaltungsakt dar.[240,241] Der Dienstherr braucht die Erstattungslei-

---

(dazu Verf., ZBR 92, 257 [258 f.]). Zur Rechtswegproblematik bei der Geltendmachung beamtenrechtlicher Erstattungsansprüche gegen Hinterbliebene s. Graf, ZBR 96, 380 ff.
[233] BVerwGE 28, 1 (s. auch insoweit Verf., ZBR 92, 257 [269]). Zur Leistungsklage gegen Erben s. RdNr 744.
[234] Vgl. BVerwG, MDR 66, 953 und MDR 67, 613.
[235] S. dazu RdNr 747.
[236] BVerwGE 48, 133 (136); BVerwG, ZBR 90, 265 (266).
[237] S. auch den im wesentlichen gleichlautenden § 84 Abs. 2 Satz 1 BBG (§ 51 Abs. 2 Satz 1 BRRG).
[238] Weidemann, DVBl 81, 113 (115).
[239] BVerwG, NVwZ 95, 389.
[240] Str.; wie im Text BVerwGE 66, 218; BVerwG, ZBR 86, 87; BayVGH, ZBR 60, 225; HVGH, ESVGH 27, 159; OVG Lüneburg, DÖD 84, 131; GKÖD I, RdNr

stung auch nicht vorab durch Verwaltungsakt festzusetzen;[242] andererseits steht der frühere Erlaß eines Leistungsbescheides einer nachträglichen Aufrechnung nicht entgegen.[243] Falls eine Aufrechnungslage im Sinne des entsprechend anzuwendenden § 387 BGB besteht, bewirkt die Aufrechnungserklärung eo ipso, daß Forderung und Gegenforderung, soweit sie sich decken, „als in dem Zeitpunkt erloschen gelten, in welchem sie zur Aufrechnung geeignet einander gegenübergetreten sind" (§ 389 BGB). Ist der Aufrechnungserklärung ein Leistungsbescheid vorausgegangen, so hat die aufschiebende Wirkung eines hiergegen gerichteten Rechtsbehelfs keinen Einfluß auf die Fälligkeit (s. § 387 BGB) des Erstattungsanspruchs.[244] Unerheblich ist es, ob der Aufrechnungsgegner seine Erstattungspflicht nach Grund oder Höhe bestreitet.[245] Der Dienstherr kann gegen den Anspruch auf Besoldungs- oder Versorgungsbezüge selbst hinsichtlich künftig fällig werdender Beträge aufrechnen,[246] da insoweit kein Leistungsverbot besteht (s. § 387 BGB).

752   Der Beamte oder Versorgungsberechtigte, der die zur Aufrechnung gestellte Rückforderung des Dienstherrn nicht anerkennt, kann den im Hinblick auf die Aufrechnung nicht gezahlten Teil seiner Bezüge – nach erfolglosem Widerspruch – bei dem Verwaltungsgericht einklagen.[247] Das Gericht prüft dann incidenter auch den Erstattungsanspruch und die Billigkeitserwägungen der Verwaltung.[248]

---

25 zu § 84 BBG; Battis, BBG, § 84, RdNr 6; Ehlers, NVwZ 83, 446; Vallendar, DÖD 73, 52; a. A. NW OVG, RiA 75, 116; RP OVG, VRspr 24, 409; Schmidt, JuS 84, 28. Das eigentliche Problem entsteht daraus, daß das BVerwG (BVerwGE 28, 1; 37, 314) die Möglichkeit eines Vorgehens mittels Verwaltungsakts (Leistungsbescheides) ausschlaggebend mit dem Über- und Unterordnungsverhältnis zwischen dem Dienstherrn und dem Beamten rechtfertigt. Es bereitet mindestens Schwierigkeiten, diese These mit der im Text übernommenen Ansicht in Einklang zu bringen, daß sich Gläubiger und Schuldner als Aufrechnungspartner *gleichgeordnet* gegenüberständen und daß deshalb in der Aufrechnungserklärung kein Verwaltungsakt zu erblicken sei.

[241] Zu Grundfragen der Aufrechnung im öffentlichen Recht vgl. auch Pietzner, VerwArch 82, 453. Sieht man die Aufrechnungserklärung – wie hier – nicht als Verwaltungsakt an, so kann vorläufiger Rechtsschutz nur nach § 123 Abs. 1 Satz 1 VwGO mit dem Ziel beansprucht und gegebenenfalls gewährt werden, bereits einbehaltene Bezüge auszuzahlen und von einer weiteren Einbehaltung abzusehen; vgl. HVGH, ESVGH 27, 159; OVG Lüneburg, DÖD 84, 131; Finkelnburg/Jank, Vorläufiger Rechtsschutz, RdNr 950.

[242] GKÖD I, RdNr 25 zu § 84 BBG; vgl. auch BVerwG, ZBR 72, 188.

[243] Die Anfechtung des Leistungsbescheides hindert die Aufrechnung nicht, weil es sich bei dieser nicht um eine Vollziehungsmaßnahme handelt; BVerwGE 66, 218 (221); OVG Lüneburg, DÖD 84, 131; a. A. HVGH, ESVGH 27, 159.

[244] BVerwGE 66, 218; BVerwG, ZBR 72, 188 und ZBR 86, 87.

[245] BVerwG, ZBR 72, 188; BGHZ 16, 124.

[246] RGZ 171, 215.

[247] BVerwG, ZBR 72, 188; vgl. auch BVerwGE 18, 283; zum vorläufigen Rechtsschutz s. Fußn 241.

[248] S. hierzu Fußn 214.

Keine Aufrechnung stellt es dar, wenn der Dienstherr für denselben Zeit- **753**
raum überhöhte Zahlungsteile und Nachzahlungsbeträge saldiert (verrechnet).[249]

VII. Beweislast

Der Dienstherr trägt grundsätzlich die Beweislast (Feststellungslast), **754**
wenn sich nicht aufklären läßt, ob das von der Behörde bei ihrem Schluß auf
die Rechtswidrigkeit eines zurückgenommenen begünstigenden Verwaltungsakts unterstellte Tatsachenfundament wirklich vorliegt.[250] Ausnahmsweise trifft der Nachteil eines non liquet allerdings insoweit den Begünstigten,
als dieser den Verwaltungsakt durch arglistige Täuschung, sonst vorwerfba-
res Verhalten[251] oder – schuldloses – Verschweigen eines rechtserheblichen
Sachverhalts erwirkt hatte, den im wesentlichen *nur er* hätte eröffnen können.[252] In bezug auf die in § 48 Abs. 2 Satz 2 VwVfG angesprochenen Tatumstände ist im allgemeinen der Begünstigte, wegen der einen Vertrauensschutz ausschließenden Fakten (s. § 48 Abs. 2 Satz 3 VwVfG) der Dienstherr beweisbelastet.

Die Unaufklärbarkeit entscheidungserheblicher tatsächlicher Umstände, **755**
auf die der Beamte oder Versorgungsberechtigte seine Bereicherungseinrede
stützt, führt dazu, daß ihm kein Leistungsverweigerungsrecht zugestanden
werden kann. Die Beweislast hinsichtlich der Tatsachen, die Voraussetzungen für eine verschärfte Haftung sind, fällt dagegen dem Dienstherrn zu.[253]

---

[249] S. dazu RdNr 712 sowie BVerwG, DÖD 65, 155; OVG Lüneburg, ZBR 69, 27;
RP OVG, NVwZ 91, 95; Schwegmann/Summer, BBesG, § 11, RdNr 39.

[250] BVerwGE 18, 168; 34, 225; vgl. aber auch BVerwG, DÖD 65, 56.

[251] BVerwGE 20, 95; 24, 294.

[252] BVerwGE 34, 225. S. auch BVerwG, DÖV 70, 783: Erweisen sich die dem rechtswidrigen Verwaltungsakt zugrunde gelegten tatsächlichen Angaben des Begünstigten
als unwahr, so hat er die Beweislast zu tragen, wenn unaufgeklärt bleibt, ob *andere*
von ihm *nachträglich behauptete* Tatsachen vorliegen, die den begünstigenden Verwaltungsakt im Ergebnis rechtfertigen könnten.

[253] GKÖD I, RdNr 26 zu § 87 BBG; GKÖD III, RdNr 30 zu § 12 BBesG.

Anhang A
Synopse

Anhang A

BBG	BRRG	BW LBG	BayBG	BeLBG	BbgLBG	BrBG	HmbBG
§§	§§	§§	Art.	§§	§§	§§	§§
1		1	1	1	1	1	1
2	2	2	2	2	2	2	2
3		4	4	3–5	4	4	3
4	2 II	5 I	5 I	6 II	5	5 I	4
5	3	7	6	7	6	6	5
6	5 I–III, 21	9, 12, 34 I	7, 8, 38	8, 63	7	7, 34	8, 32
7	4	6	9	9	9	8	6
8	7	11	12	12	12, 13	9, 9 a	7
8 a	7 a						11
9	6	8	11	10	11	10, 24 II	9
10	5 II–IV, 116	10, 12 III, IV	8 III, IV, 13	11, 13	8, 14	11, 165	10
11	8, 10 I	13	14	14	15	13	12
12	9 I, II	14	15	15	16	14	13
13	9 III	15	16, 17	16	15 V, 16 III	15	14
14		16 II	18	17	17	16 II	15
15	11	18 I	19		73, 74	17	16
15 a	13	20	19		79	17 a	18
16	13 II, III, 14 I	20, 22	23		80 I Nr. 1, 81 I Nr. 1	18	20
17	13 II, 14 I	20, 22, 27	24		80 I Nr. 2, 81 I Nr. 2	19	21
18	13 II, 14 I–IV	20, 22, 27	25		80 I Nr. 3, 81 I Nr. 3	20	22
19	13 II, 14, 14 a, 14 b	20, 22, 27	26		80 I Nr. 4, 81 I Nr. 4	21	23
20	14 VI	22 VII, 26, 28	28		82	22	25
20 a	14 c	28 a	22 a		82 a	22 a	
21	16 I	26, 30, 31	31		84	23	27 I
22	15, 16 II, III	29, 31, 32	30, 32		83, 85	24 I, III, IV	26, 28
23		34			12 II, III	25 II	19 II
24	12 II	34 IV	21 I, II		77 III, VI	25 II, IV	19 III, IV
24 a	12 a						
25	12 III	35	21 III		78 II	26	19 V
26	18, 20	36, 38	34–36	61	86, 88	27	30, 31
27	17	37	33	62	87 I, II, 88	28	29, 31
28	23 I, 33 III	41	40	65	94	35	34
29	22 I, II	40	39	64	93	36	33
30	23 I Nr. 3	42	41	66	95	37	35
31	23 III, 31 II	43, 46	42	67	96	38	36

BBG	BRRG	BW LBG	BayBG	BeLBG	BbgLBG	BrBG	HmbBG
§§	§§	§§	Art.	§§	§§	§§	§§
32	22 III, 23 IV	44, 46	43	68	97	39	33 VI, 37
33		45, 47	44	69	98	40	38
34		48	45	70	99	41	39
35	28	49	54 a	71	109	34 II	40
36	31 I	60		72	105	41 a	41
37		62	51	73	106	41 b	42
39	29 II, 32 I	64	53 I	74	107	41 d	43
40	32 I	64	53 II	75	148	41 e	44
41	25, 32 II	50, 51, 65	55	76	110	42	45
41 a	25 I	146, 150	135, 138	106, 108	142, 143	175, 181	121, 124
42	26 I, III	52, 53	56 I, III	77	111	43	46, 47
43	26 IV	54	57	78	112	44	48
44	26 I, II	55	58	79	113	45	49
45	29	56	59	80	114	46	50
46	27	57	60	81	115	47	51
46 a							
47	30	58, 59	61	82	116	48	52
48	24 I	66	46	83	100	49	53
49		67	47	84	101	50	54
50		68	49 I, II	85	103	51	55
51	24 II	69	48	86	102	52	56
52	35 I	70	62	18	18 I, II	53	57
53	35 II	72	63 I	19	18 III	54	58
54	36	73	64 I	20	19	55	59
55	37	74	64 II	21	20	56	60
56	38	75	65	22	21	57	61
57	33	76			67–70		
58	40	71	66	23	22	58	62
59		77	67	24	23	59	63
60	41	78	68	25	24	60	64
61	39 I, II	79	69, 71	26	25, 28	61	65
62	39 III, IV	80	70	27	26, 27	62	66
63		81	72		29		67
64		82	73 I	28	30	63	68
65	42 I S. 1	83, 87, 87 a	73 II–VII	29	31	64	69
66	42 I S. 3	84	74	30	32	65	70
67		85	75	31	33	66	71
68		86	76	32	34	67	72
69		88	77	33	35	68	73
69 a	42 a	88 a	78	33 a	36	68 a	73 a
70	43	89	79	34	37	69	74
71						70	75
72	44	90	80	35	38	71	76
72 a	44 a	152	86 a	43 I	48	71 a, 78 a	76 a, 89 I, II
72 c	44 c	153 b	80 c	35 c		71 c	
72 d		153 c				78 b	
72 e	44 b	153	80 a	35 a		71 a	76 a
73	47	91, 97	81	36	40	72	77
74		92	82 I, II	37	41 I, II	73	78
75		93	82 III	38	41 III	74	79
76		94	83	39	42	75	80
77	45	95	84	40	43	76	81
78	46	96	85	41	44	77	82

BBG	BRRG	BW LBG	BayBG	BeLBG	BbgLBG	BrBG	HmbBG
§§	§§	§§	Art.	§§	§§	§§	§§
79	48	98, 101, 102	86	42 I	45 I–III	78	84, 85
80		99	88	42 II–V	49	79	87
80 a	55 a	100	88 a	42 IV	50	79 a	88
80 b			88 b	46	45 IV	92	86
81	117	104, 105	89	47, 70 II, 82 III	51	80	90
83	50 I	106 I	90 II	48	52	81	91 I
84	51	108	92	49	55	85	92
85		106 IV	90 III	50	53	84	91 II
86	50 I						
87	53	109	94	49	55	85	
87 a	52	110	96	52	56	87	93
88		111	98	54	54	89	94
89	55	112	99	55	47	90	95
89 a	33		99 a			90 a	95 a
90– 90 g	56–56 f	113–113 g	100–100 h	56–56 g	57–64	93–93 h	96–96 g
91	57	114	101	57	65	94	97
92		116	102	58	66 II	95	98
93			103	59	71	96	99
94	58	120	104 I, III	60	72	97	100
95	61	121	105	87	118 I, 119 I		102 I
96		122	106	88	118 II–IV	23 III–V	102 II, III
97	62	123	108	89	119, 120	23 VII, VIII	103
98		125	109	90	121	23 II, 24 III, 25 IV, 160	104
99		126	110	91	122 I		105 II
100		127	111 I, III	92	122 II, III		105 I, 106
101		128	111 II, 114	93	124	23 IV	107
102		127 III, 129	112	94	123		108
103			113	95	122 IV, V		110
104		124	108 IV	96	125		109
171	60	117	121	111	126	159	111
172	126, 127		122	112	127 I–III		112, 113
174		118	123	113	127 IV	163	
175		119	124	114	128	164	114
176			125		129	165	115
176 a	96 III, 105, 125 II		127		131	165 a ff.	126 ff.
177	115	151	140	110	149	166	136
178			145, 146				138
183	50 II			53			
185			151	116			
187			141–143	115	151	188	141
188						189	
189	134		126		130	190	134
190	99–102	138–146	129–135	102–107	132–142	167–179	116–123
191							
199			156		157	192	142
200		167	155	119 II	156	193	
201							
202							

BBG	HBG	MVBG	NBG	NW LBG	RP LBG	SBG	SächsBG	BG LSA	SH LBG	ThürBG
§§	§§	§§	§§	§§	§§	§§	§§	§§	§§	§§
1	1	1	1, 1a	1	1	1	1	1	1	1
2	2	2	2 II, 4	2	3, 5	2	2	2	2	2
3	4	3	3	3	4	4	4	3		4
4	5 I	4 I	5 I	4 I	6 I, III	5 I	5 I	4	4	2 II
5	6	5	6	5	7	6	7	5	5	5
6	9, 38	7	7, 35	8, 30	8, 37	11, 12, 43	10, 13, 38	6	6	7
7	7	8	9	6	9	7, 8	6, 9	7	7, 8, 39	6
8	8	9	8	7, 8 IV	10	9	12	8	9	8
8a	10, 11	10	14a	8a	11, 30	10	8	8a	10	9
9	12	11, 12	11	9	8 IV, V, 13	13, 14	11, 13	9	11, 12	10
10	13	13	15, 16, 17	10	14	15	14	10	13	7 IV, V, 11
11	14	14 I, II, IV	18	11	15	16	15	11	14	12
12	15	13 V, 14 III	19	12	14 IV, 16	17, 18	15 IV–VI, 17	12	15	13 I, II
13	16 II	15	18 IV, 19 III	13	17	16 V, 18 I	16	13	14 V, 16 I, III	13 IV, 14
14	17		19 IV, 20	14 II	18	19	18	14	17	15
15		17	22 II, III	15	22	20	20 I, III	15	18, 28	17
15a	19a					21 III, IV	20 II Nr. 1, 22 II	15a	18a	18
16	20	21	23	18	23	23	20 II Nr. 2, 22 III	16	21	19
17	21	22, 23	24	19, 20	24	24	20 II Nr. 3, 22 IV, V	17	22	20
18	22	22, 23	25	19, 20	25	25	20 II Nr. 4, 22 VI	18	23	21
19	23	22, 23	26	19, 20	26, 27 II	26	27	19	24	22
20	24	24	28	21	27a	28, 29	9	20	28 I Nr. 2	23
20a	24a		28a	21a		29a			25b	24
21	26, 27	25, 26	10	22	29–31	31, 32	29–31	21	29–31	25
22	25	27	29	23	28	30	28	22	26, 27	26

BBG	HBG	MVBG	NBG	NW LBG	RP LBG	SBG	SächsBG	BG LSA	SH LBG	ThürBG
§§	§§	§§	§§	§§	§§	§§	§§	§§	§§	§§
23										29
24	19 II S. 3	28 III	14 II S. 2	25 V	21 I	22 II S. 2	33 IV	23	20 I	29 II
24a			194a, 194b	25 III	12 S. 3			24	20 III S. 2	
25	19 IV	20 II	30	26	21 II	22 VII	34	25	20 VI	30
26	29, 30	30, 32	32–34	28	33–35	33, 35	35, 37	26	32, 34, 35	31
27	28, 30	31	31, 33, 34	29	32, 34	34, 35	36	27	33, 34	32
28	40	34	37	31	39	45	40	28	40	34
29	39	35	36	32, 32a	38	44	39	29	41	33
30	41	36	38	33	40	46	41	30	42	35
31	42	37	39	34	41	47	42	31	43	36
32	43	38	40, 41 V	35	42	45 I Nr. 2, 48	43, 45	32	44	37
33	44	39 I, II	41	36	43	49	44–46	33	45	38
34	45	39 III	42	37	44, 44a	50	47	34	46	39
35	49a		37a	37a	49a	51 V	48	35	59 I	40
36	57	40	47	38, 39	35 II, 50	36 II, 58	37 II, 59	36	35 II, III, 48	41
37	58	41	48	40	51 II	59 II	61	37, 38	49 II	42
39	60 S. 1	42	50 S. 1	42	53 I	60	63 Hs. 1	39	51	43
40	60 S. 2	43	50 S. 2	43	53 II	61	63 Hs. 2	40	52	44
41	50, 61	44	51, 52	44	54, 55	51	49, 50	41, 41a	53	45
41a	194, 197 I	140	230	192, 197 II	208, 216	139, 148	151, 156 I	120, 121 I	195 I, 206 I	127, 128
42	51	45, 46	54, 57	45	56, 59	52	51, 52	42	54	46
43	52	47	55	46	57	53	53	43	55	47
44	53	48	56	47	58	54	54	44	56	48
45	54	49	59	48	61	55	55	45	57	49
46	55	50	58	49	60	56	56	46	58	50
46a										
47	56	51	60, 97	50	62	57	57, 58	47	59 II–IV	51
48	46	52	43	51	45	62	65	48	60	52
49	47	53	44	52	46	63	66	49	61	53

BBG	HBG	MVBG	NBG	NW LBG	RP LBG	SBG	SächsBG	BG LSA	SH LBG	ThürBG
§§	§§	§§	§§	§§	§§	§§	§§	§§	§§	§§
50	48	54	45	53	47	64	67	50	62	54
51	49	55	46	54	48	65	68	51	63	55
52	67	57 I, II	61 I, II	55	63 I	67 I, II	69	52	65 I, II	56 I
53	68	57 III	61 III	56	63 II	67 III	71	53	65 III	56 II
54	69	58	62	57	64 I	68	72 I	54	66	57
55	70	59	63	58	65	69	73	55	67	58
56	71	60	64	59	66	70	74	56	68	59
57	72	56	106	60	67	71	75	57		
58	73	61	65	61	68	72	70	58	74	60
59	74	62	66	62	69	73	76	59	75	61
60	75	63	67	63	70 I, II, 71	74	77	60	76	62
61	76	64	68, 71	64	70 III, IV	75	78	61	77	63
62	77	65	69, 70	65	72	76	79	62	78	64
63	78	66	72	66		77	80	63	79	65
64	79	67		67		78	81	64	80	66
65	80	68, 70, 71	73, 74 a II, 75 c	65, 65 a, 70 I	73, 74 a, 74 b	79	82, 86, 87	65	81	67
66		69	71 b, 74, 74 a III, IV	69, 70 I	74, 74 a, 74 b	80	83, 87	66	82	68
67	82	72	76	73	75	81	84	67	83	69
68	83	73	77	74	76	82 I	85	68	84	70
69	80 II, 81 II	74	75–75 e	75	77	83	88	69	85	71
69 a	83 a	75	77 a	75 b	77 a	83 a	89	69 a	85 a	72
70	84	76	78	76	78	85	90	70	86	73
71	85	77	80	77	79	86		71	87	74
72	85 a, 92 a	78	80 a, 87 a	78, 78 a	80	87	91	72	88	75
72 a	93 II	79, 80	80 c	78 b, 85 a	80 a, 87 a	87 a, 95	142, 143	72 a, 79 a	88 a, 95 a	
72 c	93 I		87 b	78 d		95 a II			88 c	
72 d				85 b		95 a I			95 b	

BBG	HBG	MVBG	NBG	NW LBG	RP LBG	SBG	SächsBG	BG LSA	SH LBG	ThürBG
§§	§§	§§	§§	§§	§§	§§	§§	§§	§§	§§
72 e	85 a	79	80 a	78 b	80 a	87 a	143	72 a	88 a	77
73	86	81	81	79	81	88	92, 98 S. 2	73	89	78
74	87	82	82	80	82	89	93	74	90	79
75	88	83	83	81	83	90	94	75	91	80
76	89	84	84	82	84	91	95	76	92	81
77	90	85	85	83	85	92	96	77	93	82
78	91	86	86	84	86	93	97	78	94	83
79	92	87	87	85	87	94	99	79	95	85
80	95	89	88 I	86 I, II	88 Nrn. 1–3	100 Nrn. 1–3	100	80	96	86
80 a	95 a	90	88 II	86 III	88 Nr. 4	100 Nr. 4	101	80 a	95 c	89
80 b	96	93	87 V	90	89	99	104	80 b	96 a	90
81	97	94	89	92, 93	91	101	105, 106	81, 82	97	91
83	98	95 I	90	94, 95	92	102 I	107 I, 108	83	99 I	92 I, II
84	100	96	98 a		97	103, 104	109	84	103	93
85	102	95 II	97	94, 96	94	102 II	107 III	85	99 II	92 III
86	99	96			95 I	103	110	86	103	94
87	103	97	95	98	95 II, 96 II	105	111	87	103 a	95
87 a	105	98	98	99	98	106	112	87 a	104	96
88	106	99	99	100	100	107	113	88	105	
89				101	101	107 IV		89		
89 a				60	101 a			89 a		
90–	107–107 g	100–107	105–108 b	102–102 g	102–102 g	108–108 g	117–124	90	106	97–104
90 g			101							
91	108	108	102	103	103	109	114	91	107	105
92	109	110	103	104 II	104	110	116	92	108	106
93		111	104	105	105	111	128	93	109	107
94	110	112, 113	116 I, 117 I	106	106	112	129	94	110	108
95	112	114	116	107	107	113	130	95	111	109
96	113	115		108				96	112	110 I–III

BBG §§	HBG §§	MVBG §§	NBG §§	NW LBG §§	RP LBG §§	SBG §§	SächsBG §§	BG LSA §§	SH LBG §§	ThürBG §§
97	114	116	117 I, 118	109	108	114, 115	131	97	113	110 IV, V
98	115	117	119	110	109	116	133	98	114 I	111
99	116 S. 2	118	120 I	111	110 I	117	134 I	99	115 VI	112
100	117	119 I, II, IV	120 II, III	112	110 II, III	118	135	100	115	113
101	118	119 III	122	113	110 IV, 112	119	136 S. 1	101	115 VII	114
102	119	120	121	114	111	120	135 III, 137	102	114 II, III	115
103		121	119 I S. 3	115	114	121	134 II, III	103		116
104			123		113	122	132	104		117
171	181	123	100	179	217	123	125	105	181	134
172	182, 183	124	192, 193	180	218, 219	124, 125	126	106	182	135
174	184	125	192 IV	181	220	126	127	107	185	136
175	185	126	191	182	221	127	11 II	108	186	137
176	198 ff.	130	200	199 ff., 224	189	128	152	110	187	118
176 a	186	144–146	201	183	190	150	157		217 ff.	130
177	225	129	195	220	188	131	168	109	188	119
178		147	250		222				229	138
183	217	142, 143	233	233	96 I	152, 153		122	239	
185	212		197–199	184	226				189	133
187	216		232		180, 184	155			242	
188	214		259		225				243	
189	187 ff.	131 ff.	218 ff.	185 ff.	205 ff.	132 ff.	144 ff.	123	198 ff.	120 ff.
190	215		261					113 ff.	245	
191			264 ff.		243				249	
199	233	150	268 a	238 II	245 II	156	170		250	140
200										
201										
202										

Anhang B

Allgemeine Verwaltungsvorschrift zu § 31 BeamtVG
(GMBl. 1980, 742, 772 ff.)

31.0   Allgemeines

31.0.1   Ein Unfall, den ein Beamter anläßlich der Wahrnehmung von Rechten oder Erfüllung von Pflichten nach dem Personalvertretungsrecht erleidet, ist kein Dienstunfall; es wird jedoch Unfallfürsorge in entsprechender Anwendung der beamtenrechtlichen Unfallfürsorgevorschriften gewährt (§§ 11, 109 des Bundespersonalvertretungsgesetzes). Entsprechendes gilt für die Vertrauensleute der Schwerbehinderten (§ 23 Abs. 3[1] des Schwerbehindertengesetzes).

31.1   Zu Absatz 1

31.1.1   „In Ausübung des Dienstes" (§ 31 Abs. 1 Satz 1) ist ein Unfall eingetreten, wenn der Beamte im Zeitpunkt der den Unfall auslösenden äußeren Einwirkung und des den Körperschaden verursachenden Unfallereignisses dienstliche Aufgaben verrichtet hat. Durch eine Tätigkeit, die lediglich eigenen Interessen oder Bedürfnissen des Beamten dient (eigenwirtschaftliche Tätigkeit), wird der Zusammenhang mit dem Dienst gelöst.

31.1.2   Als Abgrenzungsmerkmal für das Tatbestandsmerkmal „in Ausübung des Dienstes" ist im Regelfall die räumliche und zeitliche Beziehung zum Dienst anzusehen. Bei Vorliegen dieser Voraussetzungen ist durch eine dem privaten Lebensbereich zuzurechnende Verrichtung der Zusammenhang mit dem Dienst nur dann unterbrochen, wenn die private Betätigung des Beamten mit der Dienstausübung schlechthin nicht in den Zusammenhang gebracht werden kann. Der Zusammenhang wird jedoch nicht unterbrochen, wenn für eine an sich dem privaten Lebensbereich zuzurechnende Verrichtung die Anforderungen des Dienstes die wesentlichen Ursachen sind. So erhält z.B. die an sich dem privaten Lebensbereich zuzuordnende Einnahme einer warmen Mittagsmahlzeit ihre maßgebende Prägung dann durch den Dienst (durch die Erhaltung der Arbeitsfähigkeit für den Nachmittagsdienst), wenn der Beamte diese Mahlzeit bei sog. durchgehender Arbeitszeit während der

---

[1] Jetzt § 26 Abs. 3.

kurzen Mittagspause in der vom Dienstherrn hierzu eingerichteten Kantine einnimmt. Bei einer Verrichtung außerhalb des Dienstgebäudes oder der regelmäßigen Arbeitszeit müssen besondere Umstände vorliegen, die den Schluß rechtfertigen, daß die Tätigkeit, bei der der Beamte den Unfall erlitten hat, im engen Zusammenhang mit den dienstlichen Aufgaben oder dem dienstlichen Über- oder Unterordnungsverhältnis steht.

31.1.3   „Infolge des Dienstes" (§ 31 Abs. 1 Satz 1) ist ein Unfall eingetreten, wenn der Beamte im Zeitpunkt der den Unfall auslösenden äußeren Einwirkung dienstliche Aufgaben verrichtet hat, das Unfallereignis und der hierdurch verursachte Körperschaden aber erst nach der Dienstausübung eingetreten sind. Ein Unfall ist nicht schon dann infolge des Dienstes eingetreten, wenn er in irgendeinem ursächlichen Zusammenhang mit dem Dienst steht; zwischen dem Dienst und dem Unfall muß ein enger unmittelbarer Zusammenhang bestehen.

31.1.4   Einem Körperschaden steht die Beschädigung oder Zerstörung eines Körperersatzstückes gleich.

31.1.5   Ursachen im Sinne des § 31 Abs. 1 Satz 1 sind die Bedingungen, die wegen ihrer besonderen Beziehung zum Erfolg zu dessen Eintritt wesentlich mitgewirkt haben. Haben mehrere Umstände zu einem Erfolg beigetragen, ist nur diejenige Ursache, die den anderen gegenüber von überragender Bedeutung ist und die den Schadenseintritt daher entscheidend geprägt hat, Ursache im Rechtssinn. Sind mehrere Ursachen in ihrer Bedeutung für den Unfall als annähernd gleichwertig anzusehen und ist (mindestens) eine von ihnen auf den Dienst zurückzuführen, so liegt ein Dienstunfall vor.

31.1.6   Ob ein Unfall während einer Dienstreise, eines Dienstganges oder auf Wegen am Bestimmungsort einer Dienstreise (§ 31 Abs. 1 Satz 2 Nr. 1) als Dienstunfall anzusehen ist, ist in sinngemäßer Anwendung der Tz 31.2.1 bis 31.2.3 zu beurteilen. Für die dienstliche Tätigkeit am Bestimmungsort gelten auch die Tz 31.1.1 bis 31.1.5. Im übrigen kommt es für die Beurteilung der Frage des dienstunfallrechtlichen Schutzes bei Unfällen, die ein Beamter während des dienstlich bedingten Aufenthaltes am Bestimmungsort der Dienstreise erleidet, darauf an, ob eine besondere Gefährdung, der er am Wohn- oder Dienstort normalerweise nicht begegnet wäre und die auf die Anforderungen des Dienstes zurückzuführen ist, als wesentliche Ursache des Unfalles anzusehen ist.

31.1.7   Dienstliche Veranstaltungen (§ 31 Abs. 1 Satz 2 Nr. 2) sind solche Veranstaltungen, die im Zusammenhang mit dem Dienst stehen, dienstlichen Interessen dienen und durch organisatorische Maßnahmen sachlicher und personeller Art in den weisungsgebundenen Dienstbereich einbezogen sind; auf eine Verpflichtung des einzelnen zur Teilnahme kommt es nicht an. Zu den dienstlichen Veranstaltungen gehören z. B. der Pflege der Betriebsgemeinschaft dienende Gemeinschaftsveranstaltungen (Personalfeiern, Personalausflüge u. dergl.), die von der Dienststelle veranstaltet werden. Betriebssport kommt als dienstliche Veranstaltung nur in Betracht, wenn er dem Ausgleich der Belastungen durch die dienstliche Tätigkeit dient; die weiteren Voraussetzungen des Satzes 1 müssen stets erfüllt sein. Dies ist nicht der Fall, wenn Betriebssport wettkampfmäßig oder zur Erzielung von Spitzenleistungen ausgeübt wird.

31.1.8 Für den Weg von und zu einer dienstlichen Veranstaltung gilt § 31 Abs. 1 Satz 2 Nr. 1 und Abs. 2 Satz 1 Nr. 1 entsprechend.

31.1.9 Die Ausübung einer Nebentätigkeit ist Dienstausübung im Sinne des § 31 Abs. 1 Satz 1, wenn der Beamte die Nebentätigkeit im öffentlichen Dienst oder in dem ihm gleichstehenden Dienst oder auf Verlangen, Vorschlag oder Veranlassung seines Dienstvorgesetzten ausübt. Maßgebend ist das jeweils geltende Nebentätigkeitsrecht.

31.2 Zu Absatz 2

31.2.1 Der Weg nach und von der Dienststelle (§ 31 Abs. 2 Satz 1 Nr. 1 Halbsatz 1) beginnt und endet an der Haustür. Zum Weg nach der Dienststelle gehört auch ein zusätzlicher Weg nach und von der Wohnung, wenn eine dienstliche Veranlassung wesentliche Ursache für das Zurücklegen dieses Weges war. Eine dienstliche Veranlassung in diesem Sinne liegt z. B. vor, wenn ein in der Wohnung vergessenes, aber für die Dienstaufnahme unbedingt erforderliches Arbeitsmittel geholt werden muß.

31.2.2 Unterbrechungen des Weges nach und von der Dienststelle aus persönlichen Gründen, wie z. B. das Verlassen des Straßenraumes zum Zwecke privater Verrichtungen, gelten nicht als Dienst; der rechtlich wesentliche Zusammenhang des Weges mit dem Dienst wird beim Betreten des Straßenraumes wiederhergestellt. Längere Unterbrechungen lösen den Zusammenhang des Weges mit dem Dienst endgültig.

31.2.3 Der rechtlich wesentliche Zusammenhang mit dem Dienst im Sinne des § 31 Abs. 2 Satz 1 Nr. 1 Halbsatz 1 wird durch einen Umweg grundsätzlich unterbrochen. Das gilt nicht bei einer geringfügigen Abweichung von der kürzesten Wegeverbindung. Durch einen größeren Umweg tritt eine Lösung des rechtlich wesentlichen Zusammenhanges mit dem Dienst nur dann nicht ein, wenn eine dienstliche Veranlassung wesentliche Ursache für den Umweg ist, der gegenüber andere, dem persönlichen Bereich zugeordnete Gründe in den Hintergrund treten, oder wenn der Umweg sich bei Berücksichtigung aller nach der Verkehrsanschauung maßgeblichen Umstände als notwendig, zweckmäßig oder sogar vorteilhaft für ein möglichst schnelles und sicheres Erreichen der Dienststelle oder der Wohnung erweist.

31.2.4 Als Familienwohnung im Sinne des § 31 Abs. 2 Satz 1 Halbsatz 2 ist bei einem verheirateten Beamten die eheliche Wohnung anzusehen, wenn die Ehegatten in ehelicher Gemeinschaft leben. Bei einem ledigen Beamten ist die elterliche Wohnung als seine Familienwohnung anzusehen, wenn er ersichtlich seinen Wohnsitz bei den Eltern nicht aufgegeben hat, vielmehr die elterliche Wohnung Mittelpunkt seines Lebens geblieben ist. In anderen Fällen sind die jeweiligen Umstände besonders zu würdigen; dabei ist entscheidend, wo der Beamte den Mittelpunkt seines Lebens hatte.

31.2.5 Eines zeitlichen Zusammenhanges mit dem Dienstende oder dem Dienstbeginn bedarf es beim Zurücklegen des Weges von und nach der ständigen Familienwohnung (§ 31 Abs. 2 Satz 1 Nr. 1 Halbsatz 2) nicht.

31.2.6 Die Vorschrift des § 31 Abs. 2 Satz 1 Nr. 1 Halbsatz 3 erste Alternative ist auch anzuwenden, wenn der berufstätige oder nichtberufstätige Ehegatte infolge Krankheit zur Versorgung des Kindes nicht in der Lage ist oder das Kind aus besonderen Gründen (z.B. wegen einer Behinderung) nicht unbeaufsichtigt bleiben kann.

31.2.7 Zu den in der gesetzlichen Unfallversicherung versicherten Personen im Sinne des § 31 Abs. 2 Satz 1 Nr. 1 Halbsatz 3 zweite Alternative gehören die kraft Gesetzes versicherten Personen wie z.B. Schulkinder, Studenten, ehrenamtlich tätige Personen (vgl. § 539 der Reichsversicherungsordnung),[2] die kraft Satzung versicherten Personen (§ 543 der Reichsversicherungsordnung)[3] und die freiwillig versicherten Personen (§ 545 der Reichsversicherungsordnung).[4]

31.2.8 Für das Zurücklegen des Weges von und nach der Dienststelle im Sinne des § 31 Abs. 2 Satz 1 Nr. 1 Halbsatz 2 und 3 gelten die Tz 31.2.1 bis 31.2.3 sinngemäß.

31.2.9 § 31 Abs. 2 Satz 1 Nr. 2 wird nur angewandt beim erstmaligen Aufsuchen eines Geldinstitutes am Wohn- oder Dienstort oder in deren unmittelbarer Nähe nach Überweisung der Dienstbezüge; in

---

[2] Jetzt § 2 SGB VII.
[3] Jetzt § 3 SGB VII.
[4] Jetzt § 6 SGB VII.

welcher Weise der Beamte dabei über seine Dienstbezüge verfügt, ist nicht von Bedeutung. Dienstbezüge im Sinne des § 31 Abs. 2 Satz 1 Nr. 2 sind nicht nur die zur Besoldung gehörenden Dienstbezüge und sonstigen Bezüge (§ 1 Abs. 2 und 3 des Bundesbesoldungsgesetzes), sondern alle Bezüge, die dem Beamten in dieser Eigenschaft gewährt werden.

31.3 Zu Absatz 3

31.3.1 Der Gefahr der Erkrankung an einer bestimmten Krankheit besonders ausgesetzt (§ 31 Abs. 3 Satz 1) ist der Beamte, der eine Tätigkeit ausübt, die erfahrungsgemäß eine hohe Wahrscheinlichkeit für eine Erkrankung infolge des Dienstes in sich birgt (besondere Gefährdung). Die besondere Gefährdung muß für die dienstliche Verrichtung typisch und in erheblich höherem Maße als bei der übrigen Bevölkerung vorhanden sein. Es sind nach der Art ihrer dienstlichen Verrichtung der Gefahr besonders ausgesetzt z.B. der Arzt, der in einem Krankenhaus Kranke mit ansteckenden Krankheiten zu betreuen hat, oder der Polizeibeamte, der in einem Seuchengebiet zur Durchführung von Maßnahmen zur Bekämpfung der Seuche (Absperrung, Überwachung) eingesetzt ist; die Anwesenheit in einem Seuchengebiet allein genügt nicht.

31.3.2 Bei der Erkrankung eines Beamten mit dienstlich angeordnetem Aufenthalt im Ausland (§ 31 Abs. 3 Satz 2) kommt es nicht auf die Art der dienstlichen Verrichtung oder auf den Zusammenhang mit dem Dienst an. Dienstlich angeordneter Aufenthalt im Ausland kann auch ein vorübergehender Aufenthalt im Verlauf einer Dienstreise sein. Bei der Beurteilung, ob ein Beamter am Ort seines dienstlich angeordneten Aufenthaltes im Ausland der Gefahr einer Erkrankung besonders ausgesetzt war (§ 31 Abs. 3 Satz 2), ist eine im Ausland im Vergleich zum Inland gegebene erhöhte Erkrankungsgefahr besonders zu berücksichtigen.

31.3.3 Ein Dienstunfall ist bei einer Erkrankung in anderen als den in § 31 Abs. 3 genannten Fällen nur gegeben, wenn die Voraussetzungen des § 31 Abs. 1 erfüllt sind; ist die Krankheit durch eine längere Einwirkung schädlicher Einflüsse entstanden, denen der Beamte im Dienst ausgesetzt war, so liegt kein Dienstunfall vor.

31.4 Zu Absatz 4

31.4.1 Ein Körperschaden im Sinne des § 31 Abs. 4 Satz 2 liegt nicht vor, wenn der Beamte sich dem Angriff durch eine selbstgeschaffene Gefährdung ausgesetzt hat. Im übrigen gilt die Tz 31.3.2 entsprechend.

31.5   Zu Absatz 5

31.5.1   Die Gewährung von Unfallfürsorgeleistungen nach § 31 Abs. 5 setzt voraus, daß

31.5.1.1   der Beamte zur Wahrnehmung einer Tätigkeit beurlaubt worden ist, die öffentlichen Belangen oder dienstlichen Interessen dient (vgl. die Tz 6.1.8),

31.5.1.2   der Unfall innerhalb der in § 45 vorgesehenen Anmeldefrist bei der zuständigen Dienststelle angemeldet wird und

31.5.1.3   die Voraussetzungen des § 31 Abs. 1 bis 4 sinngemäß erfüllt sind.

31.5.2   Unfallfürsorge wird in der Regel nicht gewährt, wenn und soweit von anderer Seite Unfallfürsorge oder sonstige Leistungen wegen des Unfalles gewährt werden.

31.5.3   Vorherige Zusicherungen von Unfallfürsorgeleistungen nach § 31 Abs. 5 (etwa bei Beginn der Beurlaubung) sind nicht zulässig (§ 49 Abs. 2 Satz 1).

31.5.4   Wegen des Antragserfordernisses für die Gewährung von Unfallfürsorgeleistungen nach § 31 Abs. 5 und des Zahlungsbeginns vgl. die Tz 49.2.1.

Anhang C

Allgemeine Verwaltungsvorschrift zu § 12 BBesG (GMBl. 1997, 314, 316)

12.0 Allgemeines:

Zu den „**Bezügen**" gehören die Dienstbezüge (§ 1 Abs. 2), die sonstigen Bezüge (§ 1 Abs. 3) sowie alle anderen aufgrund besoldungsrechtlicher Vorschriften gewährten Leistungen. Unberührt bleibt die Rückforderung nach besonderen Bestimmungen wie z. B. §§ 75 Abs. 2 Satz 4, 76 Abs. 2 und § 3 Abs. 6 Sonderzuwendungsgesetz (SZG). Für die **Versorgung** gelten § 52 Beamtenversorgungsgesetz, § 49 Soldatenversorgungsgesetz, für **sonstige Leistungen** (z. B. Aufwandsentschädigungen i. S. des § 17; Beihilfen) gilt § 87 Bundesbeamtengesetz (BBG) oder entsprechendes Landesrecht, soweit keine besonderen Rückzahlungsvorschriften bestehen.

12.1 Zu Absatz 1:

12.1.1 Eine „**gesetzliche**" Änderung der Bezüge liegt auch dann vor, wenn die Änderung durch **Rechtsverordnung** erfolgt.

12.1.2 Ein Beamter wird durch eine gesetzliche Änderung „**schlechter gestellt**", wenn und soweit ihm durch die Änderung seiner Bezüge für den maßgeblichen Zeitraum im Ergebnis brutto weniger zusteht als zuvor.

12.2 Zu Absatz 2:

12.2.0.1 § 12 Abs. 2 enthält eine **spezielle Ausgestaltung des öffentlich-rechtlichen Erstattungsanspruchs** für den Bereich der Beamtenbesoldung und geht für diesen Bereich den allgemeinen Regelungen in § 48 Abs. 2 Satz 5 bis 7 Verwaltungsverfahrensgesetz (VwVfG) und entsprechendem Landesrecht vor.

12.2.0.2 Neben einem Rückforderungsanspruch aus § 12 Abs. 2 kann bei schuldhafter, die Überzahlung verursachender Pflichtverletzung (z. B. Verletzung der Anzeigepflicht) ein Schadenersatzanspruch aus § 78 BBG, § 24 Soldatengesetz oder entsprechendem Landesrecht gegeben sein. Da Ansprüche aus § 78 Abs. 1 Satz 1 BBG und § 12 Abs. 2 nebeneinander bestehen können, empfiehlt es sich, den Rückforderungsbescheid ggf. auf beide Vorschriften zu stützen; dabei sind auch etwaige sonstige Voraussetzungen für einen Anspruch aus § 78 Abs. 1 BBG zu beachten – z. B. Beteiligung der Personalvertretung nach § 76 Abs. 2 Nr. 9 Bundespersonalvertretungsgesetz oder entsprechendem Landesrecht und Beteiligung der Schwerbehindertenvertretung nach § 22 Abs. 4 Schwerbehindertengesetz. Wegen der unterschiedlichen Verjährungsfristen vgl. Nummer 12.2.24.

12.2.1 Die Rückforderung richtet sich nach **§ 12 Abs. 2,** wenn
  – Bezüge (Nummer 12.0) „zuviel gezahlt" (Nummer 12.2.2) wurden,
  – nicht § 12 Abs. 1 als Sonderregelung vorgeht und
  – nicht gesetzlich „etwas anderes" – wie z. B. in §§ 75 Abs. 2 Satz 4, 76 Abs. 2 oder in § 3 Abs. 6 SZG – bestimmt ist.

12.2.2 **„Zuviel gezahlt"** (= überzahlt) sind Bezüge, die ohne rechtlichen Grund gezahlt wurden, z. B. ohne Bescheid im Widerspruch zum geltenden Recht. Ein vorausgegangenes Handeln der Verwaltung bildet einen selbständigen Rechtsgrund für die Zahlung von Bezügen, wenn es sich um einen Verwaltungsakt i. S. des § 35 VwVfG oder entsprechenden Landesrechts handelt; das gilt auch für einen fehlerhaften Verwaltungsakt, soweit dieser nicht nichtig ist.

12.2.3 Eine Überzahlung liegt demnach vor, wenn und soweit Bezüge gezahlt wurden

12.2.3.1 **ohne Bescheid** im Widerspruch zum geltenden Recht,

12.2.3.2 **im Widerspruch** zu einem wirksamen Bescheid (Nummer 12.2.5),

12.2.3.3. aufgrund eines **nichtigen Bescheides** (vgl. Nummer 12.2.6) im Widerspruch zum geltenden Recht,

12.2.3.4 aufgrund eines zunächst wirksamen, später jedoch ganz oder teilweise **zurückgenommenen, widerrufenen, anderweitig aufgehobenen** (z. B. durch verwaltungsgerichtliche Entscheidung) oder **durch Zeitablauf** oder **in anderer Weise** (z. B. durch Beendigung des Beamtenverhältnisses oder durch förmliche Feststellung des Verlustes der Bezüge nach § 9) erledigten Bescheides (vgl. Nummer 12.2.7),

12.2.3.5 aufgrund eines später nach § 42 VwVfG oder entsprechendem Landesrecht berichtigten Bescheides.

12.2.4 **„Bescheide"** in diesem Sinne sind schriftliche Mitteilungen an den Beamten über ihm zustehende oder bewilligte Bezüge, sofern in ihnen eine Regelung der Bezüge oder die Festsetzung einzelner Bemessungsgrundlagen der Bezüge (z.B. des Besoldungsdienstalters) enthalten ist.

Hierzu gehören nicht bloße Gehaltsmitteilungen, da ihnen ein regelnder Charakter nicht zukommt und sie den Empfänger lediglich über die erfolgten Zahlungen unterrichten sollen. Gleiches gilt für Bezügeblätter in automatisierten Zahlungsverfahren oder Abdrucke von Kassenanordnungen; Überweisungsträger sind auch dann keine „Bescheide", wenn einzelne Bestandteile der Bezüge aufgeschlüsselt sind. Entscheidend für die Abgrenzung ist, ob im konkreten Einzelfall durch über das Zahlenwerk hinausgehende zusätzliche Entscheidungen der Verwaltung erkennbar eine Regelung getroffen oder aber nur informiert werden soll.

12.2.5 **Im Widerspruch zu einem wirksamen Bescheid** (Nummer 12.2.3.2) sind Bezüge „zuviel gezahlt", wenn sie z.B. infolge eines Fehlers in der Kassenanordnung oder beim Auszahlungsvorgang überzahlt wurden oder wenn sie wegen der aufschiebenden Wirkung von Widerspruch und Anfechtungsklage gegen einen Bescheid, der Bezüge entzieht oder herabsetzt, zunächst weitergezahlt worden sind, der angefochtene Bescheid aber aufrechterhalten wird.

12.2.6 Ein **nichtiger** Bescheid (Nummer 12.2.3.3) ist als Rechtsgrundlage für die Zahlung von Besoldungsbezügen unwirksam (vgl. § 43 Abs. 3 VwVfG). Wann ein Bescheid nichtig ist, ergibt sich aus § 44 VwVfG oder entsprechendem Landesrecht.

12.2.7 Ein **rechtswidriger** Bescheid bleibt nach § 43 Abs. 2 VwVfG wirksam, solange und soweit er nicht zurückgenommen (Nummer 12.2.8), anderweitig (z.B. durch verwaltungsgerichtliche Entscheidung) aufgehoben, berichtigt oder durch Zeitablauf oder auf andere Weise (z.B. Beendigung des Beamtenverhältnisses, Feststellung des Verlustes der Bezüge nach § 9) erledigt ist.

12.2.8 Wann und in welchem Umfange ein rechtswidriger Bescheid **zurückgenommen** werden kann (Nummer 12.2.3.4), ergibt sich aus § 48 VwVfG oder entsprechendem Landesrecht.

12.2.9 Zuviel gezahlte Bezüge sind **zurückzufordern,** wenn und soweit
– nicht der Wegfall der Bereicherung mit Erfolg geltend gemacht wird oder unterstellt werden kann (Nummern 12.2.11 und 12.2.12),

– die Berufung auf den Wegfall der Bereicherung unbeachtlich
ist (Nummer 12.2.14),

– nicht aus Billigkeitsgründen nach § 12 Abs. 2 Satz 3 von der
Rückforderung abgesehen wird (Nummer 12.2.17).

12.2.10 Die Rückforderung zuviel gezahlter Bezüge richtet sich nach
§§ 812 ff. BGB.

12.2.11 Die **Rückforderung** zuviel gezahlter Bezüge ist **ausgeschlossen,**
wenn die **Bereicherung weggefallen** ist (vgl. § 818 Abs. 3 BGB).
Der Beamte ist, sofern nicht ein Fall der Nummer 12.2.12 gegeben ist, auf die Möglichkeit hinzuweisen, sich auf den Wegfall
der Bereicherung zu berufen. Macht er den Wegfall der Bereicherung geltend, so ist er aufzufordern, sich innerhalb einer angemessenen Frist über die Höhe seiner Einkünfte während des
Überzahlungszeitraums und über deren Verwendung zu äußern
(Nummer 12.2.16). Inwieweit eine Bereicherung weggefallen ist,
hat der Empfänger im einzelnen darzulegen und nachzuweisen.
Der Wegfall der Bereicherung ist anzunehmen, wenn der Empfänger glaubhaft macht, daß er die zuviel gezahlten Bezüge im
Rahmen seiner Lebensführung verbraucht hat. Eine Bereicherung ist noch vorhanden, wenn im Zeitpunkt der Rückforderung
gegenüber dem Beginn des Zeitraums, in dem die Überzahlung
geleistet worden ist, ein Vermögenszuwachs zu verzeichnen ist,
der ohne die Überzahlung nicht eingetreten wäre. Eine Verminderung von Schulden steht einem Vermögenszuwachs gleich.

12.2.12 Ohne nähere Prüfung kann jedoch – wenn nicht die Voraussetzungen der Nummer 12.2.14 vorliegen – der **Wegfall der Bereicherung unterstellt** werden, wenn die im jeweiligen Monat
zuviel gezahlten Bezüge 10 v.H. des insgesamt zustehenden Betrages, höchstens 300 DM, nicht übersteigen; dies gilt auch dann,
wenn in einem Monat Nachzahlungen erfolgen.

12.2.13 Soweit für einen Zeitraum **Nachzahlungsansprüche** des Beamten Rückforderungsansprüchen des Dienstherrn gegenüberste-
hen, können diese auch dann verrechnet werden, wenn der Geltendmachung der Rückforderungsansprüche der Wegfall der Bereicherung entgegensteht.

12.2.14 Der **Anspruch auf Rückzahlung** zuviel gezahlter Bezüge **bleibt**
ohne Rücksicht auf den Wegfall der Bereicherung (Nummer
12.2.11) **bestehen,** wenn und soweit

12.2.14.1 die Bezüge ausdrücklich unter Rückforderungsvorbehalt, als Vor-
schuß, als Abschlag oder aufgrund eines als vorläufig bezeichneten oder erkennbaren Bescheides gewährt wurden,

12.2.14.2 die Bezüge wegen der aufschiebenden Wirkung von Widerspruch und Anfechtungsklage gegen einen Bescheid, der Bezüge herabsetzt oder entzieht oder Grundlage für die Herabsetzung oder Entziehung von Bezügen ist, zunächst weitergezahlt worden sind und der angefochtene Bescheid aufrechterhalten wird,

12.2.14.3 der Besoldungsempfänger den Mangel des rechtlichen Grundes der Zahlung oder die Fehlerhaftigkeit des der Zahlung zugrundeliegenden Bescheides beim Empfang der Bezüge kannte oder nachträglich erfuhr (Nummer 12.2.15) oder

12.2.14.4 der Mangel des rechtlichen Grundes der Zahlung oder die Fehlerhaftigkeit des Bescheides so offensichtlich war, daß der Empfänger dies hätte erkennen müssen (vgl. § 12 Abs. 2 Satz 2). Das ist dann der Fall, wenn der Empfänger den Mangel des rechtlichen Grundes der Zahlung oder die Fehlerhaftigkeit des Bescheides nur deswegen nicht erkannt hat, weil er die im Verkehr erforderliche Sorgfalt in ungewöhnlich hohem Maße außer acht gelassen hat. Dabei ist insbesondere auf die individuellen Kenntnisse und Fähigkeiten des Empfängers (z.B. Vor- und Ausbildung, dienstliche Tätigkeit) zur Prüfung der ihm zuerkannten Bezüge abzustellen. Ob die anordnende Stelle oder die mit der Zahlung betraute Kasse selbst die ihr obliegende Sorgfaltspflicht verletzt hat, ist in diesem Zusammenhang rechtlich unerheblich; dies kann allenfalls im Rahmen einer Billigkeitsentscheidung gem. § 12 Abs. 2 Satz 3 (Nummer 12.2.17) von Bedeutung sein. Aufgrund der ihm obliegenden Treuepflicht ist der Empfänger von Bezügen verpflichtet, einen Festsetzungsbescheid oder eine ihm sonst zugeleitete aufgeschlüsselte Berechnungsgrundlage auf ihre Richtigkeit zu überprüfen. Versäumt er eine solche Prüfung oder hat er diese nach seinen individuellen Kenntnissen oder Fähigkeiten nicht sorgfältig durchgeführt, so hat er regelmäßig die im Verkehr erforderliche Sorgfalt in ungewöhnlich hohem Maße außer acht gelassen, wenn er nicht durch besondere Umstände an der Prüfung verhindert war. Ergeben sich bei der Prüfung Zweifel, so hat der Empfänger die erforderliche Sorgfalt dann in ungewöhnlich hohem Maße außer acht gelassen, wenn er es versäumt, diese Zweifel durch Rückfrage bei der zahlenden Kasse oder der anweisenden Stelle auszuräumen. Bei maschinellen Berechnungen erstreckt sich die Prüfungspflicht des Empfängers auch darauf, Schlüsselkennzahlen anhand übersandter Erläuterungen zu entschlüsseln.

12.2.15 Hat der Besoldungsempfänger den **Mangel des rechtlichen Grundes** der Zahlung oder die Fehlerhaftigkeit des Bescheides nicht beim Empfang der Bezüge gekannt, sondern erst **später erfahren,** oder hätte er dies erkennen müssen, so ist bei dem erforderlichen Vergleich der Vermögensverhältnisse an Stelle des Zeitpunkts der Rückforderung der Überzahlung der Zeitpunkt zugrunde zu legen, in dem die Kenntnis erlangt wurde oder hätte erlangt werden müssen.

12.2.16   Wird nicht der Wegfall der Bereicherung unterstellt (Nummer 12.2.12), so ist dem Empfänger der Überzahlung Gelegenheit zu geben, sich innerhalb einer angemessenen Frist über die Verwendung der Überzahlung zu äußern, und zwar insbesondere über Beträge, die aus der Überzahlung noch vorhanden sind sowie über aus der Überzahlung geleistete
  – Aufwendungen für den Erwerb von Vermögensgegenständen (Sachen, Rechte), die noch vorhanden sind,
  – Aufwendungen zur Tilgung von Schulden,
  – Aufwendungen für den Lebensunterhalt oder sonstige Zwecke,
  – unentgeltliche Zuwendungen an Dritte.

12.2.17   Die Entscheidung darüber, ob und inwieweit aus **Billigkeitsgründen** (§ 12 Abs. 2 Satz 3) von der Rückforderung überzahlter Bezüge abgesehen wird oder ob Ratenzahlungen oder sonstige Erleichterungen zugebilligt werden, steht im pflichtgemäßen Ermessen der zuständigen Behörde. Die Entscheidung bedarf der Zustimmung der obersten Dienstbehörde oder der von ihr bestimmten Stelle, wenn die Rückforderung ganz oder teilweise unterbleiben soll. Bei der Entscheidung sind vor allem die wirtschaftlichen und sozialen Verhältnisse des Besoldungsempfängers und der Grund der Überzahlung zu berücksichtigen. Bei der Prüfung, ob von der Rückforderung überzahlter Bezüge ganz oder teilweise abgesehen werden soll, ist ein strenger Maßstab anzulegen. Für die Billigkeitsentscheidung kann auch ein (Mit-)Verschulden der Behörde an der Überzahlung erheblich sein. Ist die Überzahlung aufgrund eines schuldhaften, pflichtwidrigen Verhaltens des Empfängers (z.B. Verletzung von Anzeigepflichten) entstanden, so kann grundsätzlich nicht von der Rückforderung abgesehen werden. § 59 Bundeshaushaltsordnung oder entsprechendes Landesrecht bleiben unberührt.

12.2.18   Wird von der Rückforderung einer Überzahlung aus Billigkeitsgründen abgesehen und stellt sich nachträglich heraus, daß für denselben Zeitraum Bezüge nachzuzahlen sind, so ist, weil in diesen Fällen Vertrauensschutz nicht eingreift, gleichwohl die **Verrechnung** des nicht zurückgeforderten Betrages mit dem Nachzahlungsanspruch möglich.

12.2.19 Die Rückforderung überzahlter Bezüge wird durch **Aufrechnung** des Rückforderungsanspruchs gegen den Anspruch auf pfändbare Bezüge oder durch einen **Rückforderungsbescheid** geltend gemacht. Wenn dem Rückzahlungspflichtigen weiterhin laufende Bezüge zu zahlen sind, ist grundsätzlich aufzurechnen.

Die Beschränkung des Aufrechnungsrechts auf den pfändbaren Teil der Bezüge besteht nicht, wenn ein Schadenersatzanspruch wegen vorsätzlicher unerlaubter Handlung gegeben ist (§ 11 Abs. 2 Satz 2). Aus Fürsorgegründen ist dem Empfänger jedoch so viel zu belassen, wie dieser für seinen notwendigen Lebensunterhalt und die Erfüllung seiner laufenden gesetzlichen Unterhaltspflichten benötigt. Der zu belassende notwendige Unterhalt hat sich an der Hilfe zum Lebensunterhalt nach §§ 11 ff. Bundessozialhilfegesetz (BSHG) als unterster Grenze zu orientieren.

12.2.20 Ein **Rückforderungsbescheid** muß den Zeitraum, den Betrag der Überzahlung, die Höhe des zurückgeforderten Betrages sowie eine Rechtsbehelfsbelehrung (§ 58 Verwaltungsgerichtsordnung – VwGO –) enthalten. Der Empfänger ist darüber zu unterrichten, in welcher Form die Rückzahlung erfolgen soll. Der Bescheid muß ferner nach § 39 VwVfG oder entsprechendem Landesrecht eine Entscheidung der Behörde darüber enthalten, aus welchen Gründen von einer Billigkeitsmaßnahme (§ 12 Abs. 2 Satz 3) abgesehen wird.

12.2.21 Solange die **Vollziehbarkeit** eines Rückforderungsbescheides oder eines die Rückforderung betreffenden Widerspruchsbescheides infolge eines Widerspruchs oder einer Anfechtungsklage **aufgeschoben** ist, ist die „Einziehung" des überzahlten Betrages auszusetzen. Der Empfänger sollte jedoch vorsorglich darauf hingewiesen werden, daß er mit der Einziehung des überzahlten Betrages in dem sich aus dem Ausgang des Rechtsmittelverfahrens ergebenden Umfang zu rechnen hat und sich dann nicht etwa auf einen Wegfall der Bereicherung berufen kann.

12.2.22 Die Anordnung der sofortigen Vollziehung ist entsprechend § 80 Abs. 1 VwGO auf Ausnahmefälle zu beschränken und eingehend zu begründen. Ein Ausnahmefall ist insbesondere gegeben, wenn nach Lage des Einzelfalles die Durchsetzung des Rückforderungsanspruchs gefährdet erscheint.

12.2.23 **Zurückzufordern sind** die **Bruttobeträge;** ihre steuerliche Behandlung richtet sich nach den Vorschriften des Steuerrechts.

Ist die geltend gemachte Forderung fällig und rechtshängig, sollen **Prozeßzinsen** erhoben werden. Die Rechtshängigkeit tritt durch Erhebung der Leistungsklage, nicht schon durch Erlaß eines Leistungsbescheides ein (§ 90 Abs. 1 VwGO, § 261 Abs. 1 ZPO). Andere Zinsen sind bis zur Bestandskraft des Rückforderungsbescheides nicht geltend zu machen; danach können sie Teil einer Stundungsvereinbarung sein.

12.2.24   Für den Rückforderungsanspruch aus § 12 Abs. 2 gilt die **30jährige Verjährungsfrist** des § 195 BGB, soweit nicht besondere landesrechtliche Vorschriften anwendbar sind. Wird die Rückforderung als Schadenersatzanspruch (§ 78 Abs. 1 BBG oder entsprechendes Landesrecht) geltend gemacht, gilt die 3jährige Verjährungsfrist nach § 78 Abs. 2 BBG oder entsprechendem Landesrecht.

12.2.25   Nach dem **Tod des Beamten** ist der Leistungsbescheid zur Rückerstattung zuviel gezahlter Bezüge an die Erben zu richten, wenn die Überzahlung noch zu dessen Lebzeiten eingetreten ist. Nummer 12.2.17 gilt entsprechend. Bezüge, die nach dem Tod des Beamten fortgezahlt worden sind, können grundsätzlich nicht durch Leistungsbescheid von den Erben zurückgefordert werden. Hierbei handelt es sich vielmehr um einen unmittelbar auf §§ 812 ff. BGB gestützten zivilrechtlichen Erstattungsanspruch, der ggf. im Wege einer zivilrechtlichen Leistungsklage geltend zu machen ist. Mehrere Erben haften als Gesamtschuldner (§ 421 BGB).

12.2.26   Die **Rückforderung einer irrtümlichen Zahlung von Bezügen an einen Dritten** (z. B. wegen Verwechslung der Kontonummer oder wegen eines rechtsgeschäftlichen Wechsels des Kontoinhabers) erfolgt als zivilrechtlicher Erstattungsanspruch (§§ 812 ff. BGB), der ggf. im Wege einer zivilrechtlichen Leistungsklage geltend zu machen ist.

Stichwortverzeichnis

Die Zahlen verweisen auf die Randnummern.